国家出版基金资助项目

中国刑事法制建设丛书·刑事诉讼系列　总主编　陈国庆　孙茂利

刑事搜查扣押制度改革与完善

主编　吴宏耀　苏　凌

中国人民公安大学出版社
·北京·

图书在版编目（CIP）数据

刑事搜查扣押制度改革与完善 / 吴宏耀，苏凌主编. —北京：中国人民公安大学出版社，2011.3

（中国刑事法制建设丛书 / 陈国庆，孙茂利主编. 刑事诉讼系列）

国家出版基金资助项目

ISBN 978－7－5653－0365－4

Ⅰ.①刑… Ⅱ.①吴… ②苏… Ⅲ.①刑事犯罪－犯罪侦察－司法制度－研究－中国 Ⅳ.①D924.114

中国版本图书馆 CIP 数据核字（2011）第 034571 号

中国刑事法制建设丛书·刑事诉讼系列　总主编　陈国庆　孙茂利

刑事搜查扣押制度改革与完善

主编　吴宏耀　苏　凌

出版发行：中国人民公安大学出版社
地　　址：北京市西城区木樨地南里
邮政编码：100038
经　　销：新华书店
印　　刷：北京兴华昌盛印刷有限公司

版　　次：2011 年 3 月第 1 版
印　　次：2011 年 3 月第 1 次
印　　张：27.5
开　　本：787 毫米 ×1092 毫米　1/16
字　　数：539 千字

书　　号：ISBN 978－7－5653－0365－4
定　　价：74.00 元

网　　址：www.cppsup.com.cn　　www.porclub.com.cn
电子邮箱：zbs@cppsup.com　　zbs@cppsu.edu.cn

营销中心电话：010－83903254
读者服务部电话（门市）：010－83903257
警官读者俱乐部电话（网购、邮购）：010－83903253
公安业务分社电话：010－83905641

本社图书出现印装质量问题，由本社负责退换

本书咨询电话：（010）63485228　63453145

中国刑事法制建设丛书·刑事诉讼系列

编　委　会

前　言

刑事诉讼法律制度的健全和完善是建设法治国家的重要保障。跨入新世纪以来，随着我国经济社会发展和人权保障观念的日益深入人心，对刑事诉讼理论与实践运行问题的研究日益呈现繁荣的景象。许多研究者本着对刑事法制建设的高度社会责任感，投身于刑事诉讼理论与实务的研究，为刑事诉讼立法的完善提供了理论支持，也为司法工作者严格、准确执行法律提供了理论指引，使公正程序为实体正义的实现提供保障。

受国家出版基金资助，中国人民公安大学出版社启动了《中国刑事法制建设丛书》出版项目，将“刑事诉讼系列”作为丛书的重要组成部分。为了给广大从事刑事诉讼法学研究的专家学者提供一个高层次的交流平台，也使广大读者系统和全面地获取刑事诉讼理论和实践研究的成果，本丛书力求兼顾以下几方面特点：

第一，本丛书入选书目的内容全面覆盖从立案、侦查、提起公诉到审判和执行的各个诉讼阶段中的重要诉讼法律制度。本丛书对理论研究和司法实践中的热点问题予以充分关注，尤其是对管辖、证据、司法鉴定、强制措施适用、刑事被害人权利保障、刑事和解等方面的难点问题进行研究，力求从多角度提供更具可操作性的制度选择方案。在信息化时代，刑事诉讼法律制度必须对科学技术迅猛发展背景下的电子证据的收集、保全、证据规则，DNA 等生物证据的运用等前沿问题作出回应，本丛书也吸纳了一批介绍国外先进经验，探讨新时期程序法运行中的新问题的具有开创性的作品。

第二，本丛书的出发点是在现行的刑事诉讼法律制度基础上，深入探寻刑事诉讼的基本原理、基本规律和价值取向，以期对刑事诉讼立法的完善起到参考作用，帮助广大司法工作者正确理解法律精神，在办案过程中准确解释法律。为此，本丛书选择了一批对我国现行的刑事诉讼法律及司法解释的制定背景、具体内容进行详细解读，进而研究实践操作中存在的问题并提出解决方案的著作。希望这些研究成果能直接服务于刑事诉讼立法和司法工作，尤其是对公检法机关的司法工作人员规范执法、提高办案质量发挥指导作用。

第三，本丛书由最高人民法院、最高人民检察院、公安部等机关长期从事业务指导工作的专家担任总主编，选择了具有前瞻性、独创性、实用性和建设性的刑事诉讼领域的优秀研究成果收入本丛书。

希望在国家出版基金资助下，《中国刑事法制建设丛书》为我国的刑事法治建设发挥积极的推动作用。

由于时间仓促，疏漏之处在所难免，欢迎广大读者批评指正。

刑事诉讼系列编委会

2011 年 2 月

本书主编介绍

吴宏耀

河南省禹州市人。法学博士，2003 年于中国政法大学破格晋升副教授。2004 年获霍英东教育基金会第九届高等院校青年教师奖（研究类）二等奖。2008 年耶鲁大学法学院中国法学研究中心访问学者。迄今，已出版著作有：《美国联邦宪法第四修正案（一、二、三卷）》（主编）、《美国刑事诉讼法精解》（独译著）、《诉讼认识论纲》（独著）、《比较法视野中的证据制度》（译著）、《诉讼证明原理》（合著）、《刑事审前程序研究》（合著）等，并在《法学研究》、《中国法学》、《政法论坛》、《法学》等刊物发表学术论文四十余篇。现为中国政法大学诉讼法学研究院专职研究人员，兼任《中国诉讼法判解》执行主编、《诉讼法学研究》编辑并负责“诉讼法学文库”等系列丛书的编辑工作。

苏　凌

河南省沈丘县人。中国政法大学法律硕士，现任河南省周口市人民检察院纪检书记，兼任中国诉讼法学会会员，中国犯罪学研究会会员。主要代表著作有：《刑事证据法原理与适用》（合著）、《刑法分则适用典型疑难问题新释新解》（副主编）、《当代中国法学名家》（副主编）、《无罪案件研究》（主编）等，发表论文二十余篇，主持、参与最高人民检察院的《司法工作人员渎职行为的检察监督及其完善》（项目主持人）、《公诉制度改革研究》（课题组主要成员）、《检察业务考评机制研究》（项目主持人）等多项研究课题。曾荣立个人一等功三次，被最高人民检察院评选为首届全国检察理论研究人才。

本书撰稿人及分工

周士敏 中国政法大学教授（第八章）

山田直子 法学博士，日本关西学院大学法律系助教（第五章）

贾子申 日本关西学院大学法律系硕士研究生（第五章翻译）

汪贻飞 北京大学法学博士生（第一章）

刘　芹 耶鲁大学法学院 LLM，通用电气（中国）有限公司政府合同法律顾问（第二章）

刘　静 法学硕士，法国巴黎第一大学欧洲法硕士，法国斯特拉斯堡大学法学博士候选人（第三章）

陈　虎 法学博士，北京大学法学院博士后（第四章）

陈　汉 意大利罗马第二大学法学博士，中国政法大学副教授（第六章）

石　岩 法学硕士，中国政法大学法学博士生（第七章）

许家源 中国台湾地区台北大学法研所博士生（第九章）

向　燕 法学博士，中国社会科学院法学所博士后（第十章）

高　翡 法学硕士，北京市东城区人民法院法官（第十一章）

刘　畅 中国政法大学刑事诉讼法学硕士研究生（第十二章、第十六章）

郭　恒 法学硕士，太原理工大学教师（第十三章）

李　申 中国政法大学刑事诉讼法学硕士研究生（第十四章）

黄少石 中国政法大学刑事诉讼法学硕士研究生（第十五章）

目　录

第一编　域外刑事搜查扣押制度

第二编　我国港澳台地区刑事搜查扣押制度

第三编　刑事搜查制度专题研究

第四编　我国刑事搜查制度的改革与完善

附："刑事搜查扣押制度改革与完善"研讨会综述

第一编　域外刑事搜查扣押制度

第一章 英国刑事搜查扣押制度

一、导 言

19世纪以前的英国，刑事法律的执行大多是公民个人的责任，并以私人的名义执行。被害人在调查过程中可以得到治安法官的帮助，治安法官可以签发搜查证，在搜查疑藏有偷窃物的房屋时，治安法官也有权在场。地方各类警察由城镇或由私人支付薪俸。当时没有全国性的有组织的警察队伍，没有公诉人，也没有负责调查犯罪和起诉犯罪的中央集权的司法部。自1829年内政大臣罗伯特·皮尔爵士在伦敦组建了世界上第一支警察队伍之后，到1856年，各郡都陆续组建了一支高效的警察队伍。之后，新警察接受了传统步行士兵街边巡逻的职责，此时，他们的职责主要是为了预防犯罪，间或也会被叫去逮捕犯罪嫌疑人。"在整个19世纪，立法机关规定了大量可以基于'合理嫌疑'，且无须令状就可以进行逮捕的犯罪"，"逮捕提供了一种机制，不是仅仅将犯罪嫌疑人移送审判庭，而是要加强犯罪侦查工作。警察可以搜查被逮捕者，在其情况异常时还可以突击搜查其建筑物及周边属地。"[①] 1829年《英国大都市警察法》第66条规定也授权警察"对于可能被合理怀疑以任何方式拥有或运用任何偷窃或非法获得的物品的人，责令停止、搜查和拘留"。但责令停止和搜查只适用于伦敦的警察，而不适用于英格兰和威尔士的大部分地区的警察。

进入20世纪后，治安法官逐渐地不再直接介入对犯罪的调查，警察机关开始沿着有组织的方式建立，并且警察机关慢慢地接管了侦查犯罪和起诉犯罪的双重职责。1929年，关于警察权力与警察程序，皇家委员会在报告中指出："警察非常清楚，缺少法官的令状，他们无权搜查一个被逮捕者的建筑物及周边属地，任何未经授权的搜查都构成侵权。"然而，皇家委员会提供的信息表明："突击

① ［加］麦高伟、杰弗里·威尔逊主编，姚永吉等译：《英国刑事司法程序》，法律出版社2003年版，第40~41页。

搜查被逮捕者的建筑物及周边属地是警察的惯用手段。”[①] 英国议会也制定了全国性的法律，赋予警察机关全国性的权力，以处理各种问题，如毒品、火器和受保护的各种鸟类物种。这些立法包括1971年《英国毒品滥用法》、1968年《英国火器法》和1954年《英国鸟类保护法》。根据这些议会立法，如果合理怀疑某人非法拥有上述有关物品，警察有权责令其停止并对其实施搜查。

1972年4月21日至22日深夜，伦敦东区的一座房子燃起大火，接到报警的消防队员在现场发现康费特的尸体。两名男性少年——15岁的罗纳德·莱顿和18岁的科林·拉铁摩尔被指控谋杀了康费特，并和第三名男性少年——14岁的阿赫默特·萨利赫，一起被指控在发现康费特尸体的房子纵火。3名少年于1972年11月在伦敦中央刑事法院受审。结果是莱顿被判谋杀罪，拉铁摩尔被判杀人罪，萨利赫被判纵火罪。他们提起上诉的申请于1973年被上诉法院驳回。但是，在有罪证据的可靠性引起公众关注并对警察办理此案进行了一系列调查之后，1975年该案重新提到上诉法院，上诉法院撤销了关于谋杀罪、杀人罪和纵火罪的判决，3名少年被释放。[②] 这引起了公众对原判决根据的广泛关注，特别是对警察在侦查中所起作用的怀疑。警察是否按照法律规则办事？他们是否适当地对待这些孩子？他们对侦查的正确性和可靠性是否应当负责？这些问题出来后，上诉法院并没有回答。但上诉程序不足以解答公众对这件事的疑问，使得内政部长要求亨得费·希尔爵士对该案的法律问题进行调查，调查的许多结论直接指向刑事司法制度。因此，1978年，英国专门成立了一个刑事程序国家委员会调查这些事项。

委员会在进行广泛的调查后认为，有关警察对个人进行责令停止和搜查的权力存在严重缺陷。一是这种权力在不同的地方存在很大差异；二是这种权力需要明确和整顿。因此，在1984年《英国警察与刑事证据法》制定时，委员会关于“责令停止和搜查的权力”的大部分建议被政府采纳，并体现在1984年《英国警察与刑事证据法》第1条至第7条及其执行守则之中。该法赋予警察搜查任何人或车辆中的任何其他物品，寻找盗窃的赃物和违禁品（第1条第2款）的权力，这种权力只有在警察有合理根据怀疑该人携带赃物和违禁品时才能行使（第1条第3款）。“是否有合理根据怀疑之存在取决于每个案件的不同情况，但是必须有客观的基础”，“合理怀疑永远不能只根据个人因素作出决定。例如，一个人的肤色、年龄、发型或衣着，或者仅知其具有非法违禁品的前科的事实不

① ［加］麦高伟、杰弗里·威尔逊主编，姚永吉等译：《英国刑事司法程序》，法律出版社2003年版，第44页。

② 参见中国政法大学刑事法律研究中心组织编译：《英国刑事诉讼法（选编）》，中国政法大学出版社2001年版，第24页。

能单独使用或集合起来作为对该人进行搜查的根据，也不能根据一个人或一群人的印象得出其可能会犯罪的结论”①。根据委员会的建议，1984 年《英国警察与刑事证据法》还规定了一些使用责令停止和搜查权力的程序保障。在任何搜查之前，警察必须告知被搜查人一些信息，包括警察的姓名、警察局、搜查的目的和搜查的理由。警察还必须告知被搜查人，他有权收到搜查记录，并且警察只能在搜查允许的时间范围内羁留他。责令停止和搜查的权力并没有给予警察要求被搜查人在公共场所脱掉衣服的权力，警察只能要求其脱下外套或手套。

1984 年《英国警察与刑事证据法》通过后，英国政府利用新的立法（1994 年《英国刑事审判与公共秩序法》）赋予警察在预计可能有暴力情况的责令停止和搜查方面更广泛的权力。1994 年《英国刑事审判与公共秩序法》第 60 条规定，高级警官如果有理由相信有涉及严重暴力的事件可能在其区域内发生，为了防止其发生，他可以授权在该区域内任何地方 24 小时对个人和车辆进行责令停止。这赋予了警察行使责令停止和搜查的权力，而不管他是否怀疑某人携带武器或危险器具。当然，这只是一种例外性规定。

关于进入和搜查的权力，委员会指出，在公共警察进入和搜查房屋的法律方面也存在以下两大问题：一是权力很有限，差别也很大。例如，即使在有治安法官签署的证件的情况下，也没有权力进入和搜查谋杀或绑架现场。更为普遍的是，对犯罪所得的搜查比对违法证据的搜查更缺少权力。二是警察行使权力的方法问题。例如，警察有时以获取某项证据为借口得到进入某建筑物的许可，但在进入之后就对有关任何犯罪的任何证据都一并取走。这客观上鼓励了宽泛的（而非具体的）搜查。针对这些问题，在 1984 年《英国警察与刑事证据法》中，对有关进入、搜查处所的权力作了广泛的修改。该法第 8 条新增了一个取得搜查证的权力，以搜查严重可捕罪案件证据，但要根据规定的条件。该法第 17 条和第 18 条赋予了警察更为重要的权力：第 17 条规定了警察在一些根据下进入处所搜查的权力，如执行逮捕令或逮捕证对犯有可捕罪的人，如果警察有理由认为该人在该处所里；第 18 条规定了警察有权进入一个犯有可捕罪的人居住或控制的住所，但该条列出的限制情况除外。

关于进入和搜查的辅助权力，1984 年《英国警察与刑事证据法》第 19 条至第 22 条规定了搜查物品的范围和扣押时间。警察有权扣押被搜查处所中其他合法搜查的任何物品，如果他有理由相信这是与犯罪有关的应当列入侦查的证据，并且有必要予以扣押以防止隐藏、遗失、更改或者灭失。警察还有权要求把电脑资料制成“可以带走查看和可以看到和阅读”的形式。

① 参见中国政法大学刑事法律研究中心组织编译：《英国刑事诉讼法（选编）》，中国政法大学出版社 2001 年版，第 399 ~ 400 页。

总之，1984 年《英国警察与刑事证据法》是现代英国警察权力的奠基之作，是一部关于警察权力的“大宪章”。这部法律的最大贡献在于将原本分散的、零星的、不确定的法律规定变得相对集中、统一和确定，为警察权力建立了一个基本的法律框架，结束了以往普通法、国会立法以及地方附属性立法并用的混乱局面。从具体制度设计上来讲，这部法律不仅为英国警察权力的配置和行使提供了基本的法律框架，同时也确定了英国搜查、扣押制度的基本格局。在该法实施以后，尽管英国刑事司法改革仍大步向前，并先后颁布了《英国刑事审判与公共秩序法》（1994 年）、《英国刑事司法法》（2003 年）、《英国严重有组织犯罪和警察法》（2005 年）以及《英国反恐怖法》（2006 年）等重要法律，但是，至少在刑事搜查和扣押领域，这些改革都没有摆脱 1984 年《英国警察与刑事证据法》所奠定的基本格局。迄今为止，1984 年《英国警察与刑事证据法》仍然是指导英国警察实施搜查、扣押工作的一部最重要的法律。

二、英国刑事搜查扣押制度的基本框架

（一）搜查、扣押中的令状制度

令状（Writ）一词是拉丁文 breve 的英译，引申为“信件”。[①] 最早的令状出现于 9～10 世纪，主要是一些由教皇、国王和其他统治者颁发，用于教会事务或行政管理事务的简短的书面命令或通知。在英王亨利二世之前，王室令状主要是一种行政管理手段，通常并不导致一项审判，大多只是解决国王所干预的具体个案的执行命令。令状的制作是为了满足特定案件的需要，而不严格考虑先例，一个新令状的制作和颁发必须得到国王本人的同意或得到首席法官的明确指示，当事人还须向国王支付一定酬金。然而，王室令状也经常会命令领主和地方官吏全权处理一些特殊的事务，这种做法也就为“执行官吏的裁决留下了很大余地……由此，为地方专制统治者的专断行为敞开了方便之门”[②]。直到 12～13 世纪时，亨利二世利用撒克逊关于“国王安宁”的概念，把所有的刑事案件都收归王室法院管辖，并成功地借用和改造令状这一习惯，将令状转变为一种司法程序，并使王室法院的司法管辖权得以扩张，王室法院的判决由此也逐渐代替了地方法院的判决或习惯法，在此基础上全国统一适用的普通法便发展起来了。

英国目前的刑事诉讼程序中，令状主义（有时也译作令状原则）已经成为

① ［美］哈罗德·J. 伯尔曼著，贺卫方、高鸿钧、张志铭、夏勇译：《法律与革命》，中国大百科全书出版社 1993 年版，第 538 页。

② ［美］哈罗德·J. 伯尔曼著，贺卫方、高鸿钧、张志铭、夏勇译：《法律与革命》，中国大百科全书出版社 1993 年版，第 539 页。

规制警察实施搜查、扣押行为的一项最基本的原则。所谓令状主义，是指警察在进行强制性处分时，除非在紧急的情况下，应当向法官申请令状。法官应当对该申请是否合法和必要进行判断并决定是否签发令状。警察在执行强制措施的时候，原则上应当向被处分人出示令状。搜查证是证明搜查合法性的唯一法律文书，是进行搜查的前置条件，是搜查的合法通行证，“搜查证不仅仅是一份简单的法律文书，它还在更深层次上意味着政府执行合法搜查的法理基础，涉及私人财产与人身自由、政治自由之间的紧密关联”①。

从英国令状主义的具体操作程序来讲，其主要由申请和颁发两阶段组成。申请应以书面形式提出，记载颁发令状的所有必要内容，其中包括提出申请的理由及其法律依据，拟进入并搜查的场所，以及尽可能细致的被搜查对象的情况等。申请书也必须说明欲搜查、扣押之物并不包含哪些享有法律特权保护的材料以及排除性材料。如果有非警方人员参加搜查、扣押活动，也应写明。关于搜查场所，不能以“搜查可发现拟扣押物品的任何场所”加以记载，被搜查人不必是知其姓名并加以记载的人，只要持有拟扣押物品，与案件无关的人也可以搜查。另外，申请书应由书面告发加以支持，警察还应在宣誓后回答治安法官提出的问题。

治安法官接到申请之后，如果有合理理由认为该材料可能成为相关的证据，并且不是属于受法律特权保护的，也不是依法应被排除的材料或者与特别程序有关的材料；或者与任何有权同意进入该场所的人进行协商是不现实的，或者与有权同意支配证据的人进行协商是不现实的；或者除非令状得以发布，否则进入场所将不被许可；或者除非到达该场所的警察立即进入搜查，否则搜查目的的实现可能遭到阻却或受到严重损害，那么治安法官就可以颁发搜查令状。如果在审查过程中，治安法官对于欲搜查之物是否属于享有法律特权的物品或特别程序物品感到举棋不定，应拒绝颁发令状，让申请人按特别程序办理。

需要注意的是，令状主义也是存在例外情形的。原因很简单，在某些紧急的情况下，由于向法官申请签发令状会造成时间的延误，从而可能使搜查所要找的证据被转移或灭失。因此，如果警察有合理的根据相信搜查是正当而且必要的话，可以实行无证搜查。从英国权威的刑事诉讼法学著作来看，令状主义的例外主要存在拦截并拍身搜查、附带搜查和同意搜查等情形。

（二）刑事搜查的基本类型

在英国，搜查是一种官方权力，一般由警察行使，海关官员和移民局官员只

---

① 杨开湘著:《刑事诉讼与隐私权保护的关系研究》，中国法制出版社 2006 年版，第 137 页。

有在某些特殊情况下才有权进行搜查。公民无权以私人身份进行搜查，私人侦探也不能例外。刑事搜查的目的主要是为了查找各种与案件有关的证据材料。

英国刑事搜查分有证搜查和无证搜查两种。有证搜查由警察向治安法官提出书面申请，由治安法官进行司法审查并签发搜查证，警察负责执行。每张搜查证自签发后一个月内有效，只能使用一次。对于可捕罪，警察可以在进行有证逮捕后进入被捕人的房间，无需搜查证进行搜查。无证搜查，是指紧急情况下，没有搜查证而对犯罪嫌疑人进行的搜查。无证搜查的对象一般是人身与车辆，只要警察合理怀疑人身或车辆内藏有凶器、作案工具或其他法律禁止拥有的物品时，可以进行无证搜查。传统观点认为，在英美等判例法国家，由于没有成文法典，因此，法律对于搜查和扣押只是规定了一些原则性的问题，没有对执行的具体程序、立法作详细的规定。[①] 实际上，英国搜查制度现已经基本上实现了成文法控制，其中至关重要的成文法是 1984 年《英国警察与刑事证据法》。

1984 年《英国警察与刑事证据法》将搜查分为逮捕前的搜查、逮捕附带的搜查、逮捕后的搜查以及对于场所的有证搜查四大类，前三类无需搜查证。[②]

1. 逮捕前的搜查

英国警察拥有 14 种逮捕前的拦截和搜查权（Stop and Search）。尽管英国有多部成文法均对此有所涉及，但尤以 1984 年《英国警察与刑事证据法》与该法执行守则中的守则 A——警官行使拦截和搜查权的执行守则规定得最为详尽。按该两部成文法，英国警察在有合理的根据怀疑可能发现被盗物品或者违禁物品时，可以拦截和搜查任何人或车辆。该项拦截与搜查权适用于公共场所以及对公众开放的场所，但不适用于住所或私人建筑物。警察不得为了寻找搜查的证据而违背他人意愿拦截或者对其进行拘留。警察行使拦截和搜查权须以存在合理怀疑为根据。依照执行守则，公开场合的搜查须限于只能对外衣进行搜查。警察无权要求他人在公共场所脱掉一件外套、夹克衫或手套外的任何衣物。在具备合理的根据认为有必要进行更为彻底的搜查时（如要求他人除下 T 恤衫或帽子），应当在公众看不到的地方进行，如在警车或附近的警署内进行。在对要求他人脱掉外套、夹克衫、手套、帽子、鞋子以外的其他服饰进行的搜查，只能由同性别的警官进行；并且，除非被搜查人明确地要求有异性在场，否则不得在有异性在场的情况下进行搜查。

2. 逮捕附带的搜查，逮捕后的搜查

警察为执行有证逮捕，或者针对严重可捕罪执行无证逮捕时，也可以在无搜

---

① 周欣主编：《中外刑事侦查概论》，中国政法大学出版社 1999 年版，第 164 页。

② 孙长永著：《侦查程序与人权——比较法考察》，中国方正出版社 2000 年版，第 97 页。

查证的情况下进入一定的场所，但是警察须有合理理由相信犯罪嫌疑人在该场所内。警察在追捕过程中或者为了保护生命、健康或者防止对财产的严重损害，也可以对有关场所进行无证搜查。英国警察在场所外宣布对其将执行逮捕后，可以进入犯罪嫌疑人占据或控制的任何场所，只要警察有合理理由相信可以在里面发现有关的犯罪证据。

3. 对场所的有证搜查

依照1984年《英国警察与刑事证据法》的规定，根据警察的书面申请，治安法官如果认为有合理的根据相信存在下列情形，可以签发搜查证，许可警察进入并搜查有关场所：（1）一项严重可捕罪已经发生；（2）在申请书载明的场所内存在着可能对查清该犯罪具有重大意义的材料，不论该材料单独还是与其他材料一起发生这种作用；（3）该材料可能成为相关的证据；（4）它不属于受法律特权保护的事项、被排除的材料或与特别程序有关的材料；（5）符合下列条件之一：①与任何有权同意进入该场所的人进行协商是不现实的；②尽管与有权同意进入该场所的人进行协商是可能的，但是同有权同意接触证据的人进行协商却是不现实的；③除非令状得到公布，否则进入该场所将不被认可；④除非到达该场所的警察全部进入搜查，否则搜查目的的实现可能遭到阻却或受到严重损害。其中第（4）部分所涉及的“受法律特权保护的事项”主要包括：①在职业法律顾问与他的委托人或代表其委托人的任何人之间进行的有关为委托人提供法律建议的交流内容；②在职业法律顾问与他的委托人或代表其委托人的任何人之间，或者在职业法律顾问或其委托人的代表人与任何其他人之间，就有关诉讼问题或者是在诉讼进行之际为诉讼目的而进行的交流内容；③在上述交流中包含或者提及的事项，涉及提供法律建议，或者涉及诉讼问题，或者在法律诉讼进行之际为这一诉讼目的而产生，并且这些事项正被有权占有人占有。所谓被排除的材料（专有材料），系指个人不愿公开的私人记录，出于诊断或治疗目的而提取的人体组织或体液，某人秘密持有的新闻材料。所谓与特别程序有关的材料，系指除了被排除的材料之外，并且不属于法律上的特权保护范围内的特定材料和新闻材料。英国警察对于“被排除的材料”以及“与特别程序有关的材料”，出于侦查犯罪的考虑可以事先向巡回法官提出申请，由巡回法官根据法定的更加严格的条件进行审查后签发强制提交令或搜查证（若材料持有人拒不提交）。

（三）刑事扣押的基本类型

一般来讲，刑事扣押与刑事搜查之间关系异常紧密，搜查的目的是为了寻找犯罪证据，而扣押的目的主要是运用强制力来扣押和保全这些证据，因此，两者之间实际上是手段与目的的关系。有鉴于此，根据英国刑事搜查的一般分类，可以将刑事扣押分为以下四类：

1. 令状扣押

一般情况下，警察进行扣押也需要事先征得法官同意，并取得法官签发的令状。比如，2002 年《英国犯罪所得法》便详细规定了财产保全性扣押的令状主义决定程序。公诉人、没收财产管理机构主任或者受托的金融侦查警察，可以向皇家法院申请保全令。皇家法院认为申请符合法定条件的，如关于该罪的调查已经开始，而且有合理理由相信犯罪嫌疑人从中获取了利益的，即可签发保全令。根据有效的保全令，警察或者海关官员可以扣押任何与该犯罪有关的可变现的财产，以防止其转移出英格兰和威尔士。申请保全令的程序是单方程序，传闻证据亦可采用。保全令的申请者或者与保全令有利害关系的任何人，都可以向皇家法院申请解除或者变更保全令。皇家法院有权解除或者变更保全令。如果当初申请保全令的理由是已对某罪提起诉讼并已提出没收财产的申请，但后来诉讼终止或者没收财产的申请终止，那么皇家法院必须解除保全令。如果申请保全令的理由是已对某罪进行调查并将提出没收财产的申请，但经过了合理长的时间后未提起诉讼或者未提出没收财产的申请，那么皇家法院同样必须解除保全令。

2. 紧急扣押

令状主义程序采行法官决定模式，分权制衡，难免妨碍追诉效率。侦查阶段证据之收集与保全，时机往往稍纵即逝，如果一味地要求申请与决定分离，无疑是给犯罪嫌疑人逃跑和毁灭证据的良机，申请的时间越长，犯罪嫌疑人妨碍证据的时间越是充分。而且侦查犯罪具有高度的机动性，必须发动扣押的时点常常不分昼夜，如果扣押决定皆由法官作出，难免会贻误战机。于是，英国立法和司法实践中便产生了一种由警察自行决定搜查、扣押，无需获得法官令状的扣押方式。比如，2000 年《英国反恐怖主义法》规定，巡警官以上的警察可以授权在封锁区域进行搜查、扣押，在紧急情况下，巡警官及以下的警官也可以决定搜查、扣押。

3. 附随扣押

附随扣押，是指在进行一个原本不是搜查、扣押的侦查行为的时候，为了发现可供扣押的证据物或违禁品，执行人员无需令状当即进行的搜查、扣押。比如，1984 年《英国警察与刑事证据法》第 1 条规定，警察在有合理根据怀疑可能发现被盗物品或者违禁物品（主要是犯罪武器或工具）时，可以拦截任何人或车辆，进行外部衣服的表层检查，发现可以合理怀疑为被盗物品等的，即可扣押。按照该法 2003 年版的执行守则，“合理怀疑”意味着应以客观事实作为怀疑的基础，而不得以幻想、直觉等为基础。这样客观事实应是具体的、能由第三人进行评价的。合理怀疑的适用范围是在公共场所对人或车辆进行搜查以扣押被盗物品或违禁物品。违禁物品是指武器或被用于或企图用于攻击的物品，被盗物品还包括欺诈所得物品等。一个合理怀疑是否存在取决于每一个案件的具体情况，但是必须有客观的基础。

英国在相关法律中还规定了一种在查缉堵截时附随进行的附带扣押措施。1994 年《英国刑事审判与公共秩序法》第 60 条规定，当警察局局长或以下级别的警官或者找不到警察局局长时的巡警长或警探有充分理由相信在其辖区内任何地方有可能发生涉及严重暴力的事件，并且进行表层搜查、扣押违禁品有利于制止这样的事件时，他可以批准在不超过 24 小时的时间内，在他的辖区内对个人和车辆进行搜查，看是否有犯罪武器或危险工具需要扣押。按照 2000 年《英国反恐怖主义法》附表七第（a）条规定，为了防止恐怖主义，在港口、机场或封锁的街道，警长也可以在没有合理怀疑的情况下行使上述权力。

4. 同意扣押

按照 1984 年《英国警察与刑事证据法》的规定，如果经有权许可别人进入某住所之人的同意而对此住所进行搜查具有可行性的话，需在搜查发生之前以书面形式在“权力和权利通知”上作出。在同意之前，警官应当说明想要进行搜查的目的，并告知有关人员他不会被强迫同意，以及任何被扣押的东西可能以证据的形式出示。如果是出租的房屋或类似的住所，不仅要基于房主的同意，而且还要基于承租人、房客或占用人的同意，除非情况紧急而他们难以找到。如果当时此人不是犯罪嫌疑人，警官要在说明搜查目的时告知这些情况。如果同意是在强迫下作出或在搜查完成前撤销，警官就不能进入并搜查住所或继续搜查住所。不过，在合理假定无辜的占用人会同意并且可期望获得这种同意，而且警官应采取计划行动的情况下，可以无需按上述要求获得同意。

另外，1984 年《英国警察与刑事证据法》还详细地规定了警察扣押与犯罪有关物品的情况。该法第 22 条规定，为了实现下列目的，警察对扣押的物品有权予以留置：（1）出于刑事调查目的，被扣押的物品可以保留，如果该物品要在某犯罪审判场所用作证据，或者用于法庭调查，或者用于与某犯罪相关的调查；（2）如果合理相信是因实施犯罪而取得的物品，为了确定它的合法所有者；（3）被扣押的物品可能用于致任何人的人身伤害，损坏财产，干扰证据，或者用于协助逃离警察羁押和合法监禁。然而，如果警察基于社会防卫的目的留置被扣押物品，那么从物品被扣押的人被释放之日起，留置即应结束。对于刑事调查或法庭审判时作为证据的物品，当其已经履行了职能之后，警察即应予以返回。

（四）非法搜查、扣押的法律后果

“无救济便无权利”、“救济先于权利”这两句法谚恰当地表达了救济程序对于权利保障的重要性。由于搜查、扣押是对公民个人自由、隐私安全、财产权益的直接侵犯，因而救济程序对于防止警察权力的滥用和公民权益的保障具有重要的意义。从英国立法及相关判例来看，英国司法实践中对警察机关的违法搜查行为，权益受到侵害者可以通过非法证据排除规则以及民事赔偿之诉来获得救济。

1. 非法证据排除

1984 年《英国警察与刑事证据法》第 78 条规定要求法官在排除某一证据时，必须对该证据的证明价值与其对诉讼的公正性所产生的不利影响进行权衡。法官在此应把握的基本尺度是，应当保证被告人受到公正的审判，并排除所有严重妨碍被告人获得公正审判的证据。

2. 民事赔偿之诉

在英国历史上，警察机关不经屋主的允许无权进入私人住宅。只有在法律规定有明确的正当理由时，才可以进入。没有合法正当的理由或未经屋主的同意进入住宅被认为是民事错误，并构成要求损害赔偿的民事诉讼。[①] 当搜查的对象是犯罪嫌疑人或被告人时，通过对警察违法搜查所得的证据予以排除，其权益得到了某种程度上的救济；而对于非犯罪嫌疑人或被告人以外的其他公民个人进行的违法搜查，或在搜查过程中由于警察的行为对公民个人的财产造成不应有的损害的，他们的权益救济就不是非法证据排除规则所能实现的。在这种情况下，权益受到侵害者可以提起民事侵权之诉来获取民事赔偿。

三、英国刑事搜查扣押制度的重大变革

（一）警察拦截与搜查权的新发展[②]

近年来，随着绑架等暴力犯罪案件增多，英国公众普遍对违法犯罪行为感到担心和忧虑。因此，要求警方有效地打击各类违法犯罪活动，努力维护社会治安，增强公众安全感的呼声越来越高。以 1994 年《英国刑事审判与公共秩序法》的实施为契机，英国对警察拦截与搜查权进行了一系列重要修正与发展。

为了打击绑架、足球流氓等暴力犯罪行为，英国议会在 1994 年《英国刑事审判与公共秩序法》第 60 条确立了新的拦截与搜查权，在预期有暴力行为发生时适用。该条规定，当警察局局长及以上级别警官有合理理由相信本警区内可能发生严重暴力事件，迫切需要运用拦截和搜查措施加以制止时，他可以授权着装警察执行拦截与搜查行为。授权书上应说明可能行使该授权的地点以及执行授权的有效时间最长不得超过 24 小时。该授权必须采用书面形式或情况允许时在最短时间内补充书面形式。如果严重暴力事件近在眼前，而警察局局长或者探长因故无法及时授权，可先由警督授权进行拦截与搜查。如果暴力事件确已发生，或被怀疑已经发生，并认为有必要继续使用该授权来防止或处理此类事件的继续发

---

① 中国政法大学刑事法律研究中心组织编译：《英国刑事诉讼法（选编）》，中国政法大学出版社 2001 年版，第 4 页。

② 刘海鸥：《英国警察拦截与搜查权的发展变化》，载《河北法学》2006 年第 8 期。

生，则拦截与搜查的期限可再延长6小时。为阻止或预防暴力事件发生而行使拦截与搜查权时，不以警察有合理理由怀疑该人或车辆携带凶器为前提条件。

1997年《英国刀具条例》第8条对1994年《英国刑事审判与公共秩序法》第60条作了修订，其主要内容包括：第一，扩展了第60条第1款关于授权警察行使权力的条件，增加"有理由相信警区内可能发生携带危险器具或凶器的事件，可授权警察实施拦截与搜查行动"。第二，允许警督及以上级别警官的初步授权，这样就取消了必须为警监及以上级别授权的规定，但事后应尽快向警监及以上级别警官报告。第三，关于拦截与搜查权的最长期限可延长至24小时，而非6小时，但只有警监及以上级别警官有此权力。第四，授权书中除明确时间、地点外，还要写明授权的理由。第五，为了处理一伙人"全副武装"着穿过途中各警区，来到某一事先约定的地点斗殴的情形下可能发生的暴力，规定即使可以预料暴力的实际发生地点在另一警区内，只要嫌疑人携带了危险器具或攻击性武器，而且实际占有该器具或武器，哪怕只是通过本警区，亦可行使拦截与搜查权。此外，1997年《英国刀具条例》还将1994年《英国刑事审判与公共秩序法》第60条拦截与搜查权的适用扩展到苏格兰地区。

1998年《英国刑事犯罪与妨害治安法》第25条对1994年《英国刑事审判与公共秩序法》第60条作了进一步修订：当警察有理由相信某人故意蒙上面罩以掩饰其身份时，有权要求其摘除面罩。警察在行使这项权力时，必须有理由相信相对人戴面罩的全部目的或主要目的是为了掩盖自己的身份。当警察相信相对人为此目的企图戴上面罩时，也有权扣留面罩。此项规定主要是为了应对那些故意蒙上面罩掩饰自己身份制造混乱的人，尤其是在警方使用摄像机的时候。如果要求相对人摘下面罩可能存在敏感的宗教问题，如穆斯林妇女戴面罩是出于宗教信仰，则警察必须允许相对人在非公共场合摘下面罩，情况允许时，相对人摘除面罩时须有同性警察在场，并避开任何异性警察的视线。

1996年《英国预防恐怖活动补充权力法》第1条规定了为预防恐怖活动而拦截和搜查行人的权力，并将此内容增补为1974年《英国预防恐怖活动（暂行规定）法》第13（B）条。该条及《英国警察工作规程A》的配套规定的主要内容是：第一，当情况迫切需要通过执行该授权来阻止恐怖活动的发生时，可进行授权。有权签发授权书的及批准程序与1974年《英国预防恐怖活动（暂行规定）法》第13（A）条的规定相同。第二，着装警察可依授权拦截并搜查某个行人，搜查其随身携带的任何物品，以便检查是否有可用于恐怖活动的器具，这时，无论警察是否有理由怀疑存在这类器具，都有权执行拦截和搜查。第三，警官授权后，须在情况允许的合理时间内尽快报告内政部长。该授权在内政部长尚未作出是否确认之前有效，但如果在批准该授权后48小时内尚未获得内政部长的确认，该授权自行终止其效力。第四，在接到授权报告后，内政部长有权决定确认、取消或修改授权。此外，《英国警察工作规程 A》对依据 1974 年《英国预防恐怖活动（暂行规定）法》第 13（A）条和第 13（B）条确定拦截与搜查对象时，规定不得出于与恐怖活动无关的原因适用该项权力执行拦截与搜查，但这并不影响警察依据其他授权执行拦截与搜查行动。

2000 年实施的《英国反恐怖主义法》取代了 1974 年《英国预防恐怖活动（暂行规定）法》的“暂行规定”，授权警方正式的拦截与搜查权。着装警察依据授权命令，可以拦截特定区域或地点的任何汽车和个人，搜查车辆、司机、乘客、行人及他们所携带的任何物品。虽然该权力只能用于搜查与恐怖活动有关的物品，但不要求行使权力的警察对其携带这些物品具有有理由的怀疑。搜查后，警察有权没收有合理怀疑打算用于恐怖活动的物品。有权发布上述命令的包括伦敦大都会警察局及伦敦市警察局发令官及以上级别警官、北爱尔兰地区皇家厄尔斯特警局局长助理及以上级别警官、其他地区警察局局长助理及以上级别警官。在他们认为于反恐怖活动所必需时，可签署授权。2006 年《英国反恐怖主义法》将警察的上述权力扩大至内水，同时授予警察搜查、扣押和没收恐怖主义出版物的权力。2008 年《英国反恐怖主义法》规定，警察在执行搜查任务时，还可以将某项可疑文件带走进行检查，以确定是否对其进行没收。

（二）2003 年《英国刑事司法法》中关于搜查扣押的最新规定

《英国刑事司法法》于 2003 年 11 月获得了女王的御准。该法制定的原因在于公众认为原来的刑事司法体系运作太慢，因此对其失去了信心，而该法的主要目的在于使刑事司法更有效率，并且更加有效。该法的来源是政府于 2002 年 7 月公布的《英国所有人的正义》（即第 5563 号敕令书）这一白皮书，专门关注法院程序和量刑程序改革，以便于使审理更加快捷并且使量刑能够清楚、一贯和适当。[①]

2003 年《英国刑事司法法》第 1 条扩展了 1984 年《英国警察与刑事证据法》第 1 条关于违禁品的定义，这样违禁品就包括以造成刑事损害为目的而制造、改良或者设计的物品。该条是通过将 1971 年《英国刑事损害法》第 1 条规定的犯罪纳入到《英国警察与刑事证据法》第 1 条第 8 款所列的罪行中，实现上述修正的。[②] 其效果是，当警察有合理根据怀疑一个人携带诸如油漆喷射筒一

---

① 陈光中主编：《21 世纪域外刑事诉讼立法最新发展》，中国政法大学出版社 2004 年版，第 179 页。

② 1971 年《英国刑事损害法》第 1 条第 1 款规定，如果一个人没有合法理由而故意毁坏或者毁损，或者放任毁坏或者毁损一项他人所有的财产，那么他毁坏或者毁损任何财产的行为都构成刑事犯罪。该法第 1 条第 2 款规定了与此相关的犯罪，即以危害他人生命为目的的毁坏或者毁损财产的犯罪。

类的、旨在用来乱涂乱画的物品，警察有权临时截停并进行搜查。

1984 年《英国警察与刑事证据法》第 16 条第 2 款规定，授权进入并搜查场所的令状可以授权他人伴随警察执行令状。2003 年《英国刑事司法法》第 2 条则扩大了被授权陪同警察执行搜查令状的人的权力。该法第 2 条规定，任何陪同的公民，在执行令状和扣押与令状有关的物品方面，拥有与警察一样的权力。同时规定该公民只有在警察陪同下，并且在警察的监督下，才能行使这些权力。上述对 1984 年《英国警察与刑事证据法》的修改，将能够确保陪同警察执行令状的公民能够在搜查和扣押中发挥有效的作用。例如，在搜查可能找到某种特殊记录的房屋时，经常需要由精通计算机或者财务事务的人协助警察，这一规定使这些专业人员在完成搜查和扣押某些资料方面能够发挥积极的作用，而不仅仅是在场提供建议或者给予事务性的帮助。

四、英国刑事搜查程序

（一）搜查的权限

在英国，逮捕前以及附带于逮捕的搜查权属于警察固有的权力，警察有权决定搜查。但在其他情况下，除非经过被搜查人同意或者治安法官许可，不得进行搜查。

治安法官对于警察的申请应进行审查，如果认为申请有合理的根据相信，同时存在下列情形的，可以签发证件，许可警察进入并搜查一定的场所：（1）实施了严重可捕罪；（2）准备搜查的场所存在申请书中指定的、对于侦查犯罪可能具有重要价值的材料；（3）该材料可能是有关联性的证据；（4）该材料不包含任何受法律特权保护的内容或者不是“专有材料”或“特殊程序材料”；（5）符合下列条件之一：①没有切实可行的办法与有权许可进入该场所的人进行联系的；②虽然可以与有权许可进入该场所的人进行联系，但没有切实可行的办法与有权许可接触所要搜查的证据的人进行联系的；③如果不提供证件，将不能获准进入该场所的；④除非抵达场所的警察能够立即进去，否则搜查的目的将无法实现或者其实现将有显著困难的。[①]

而对于“专有材料”和“特别程序材料”的搜查，必须由巡回法官根据法定的更为严格的条件批准并签发搜查证后才可以进行。

需要注意的是，对于某些特殊的材料，不论警察是否持有令状，都无权搜

---

① 孙长永著：《侦查程序与人权——比较法考察》，中国方正出版社 2000 年版，第 106 ~107 页。

查、扣押。1984 年《英国警察与刑事证据法》第 10 条规定，警察向治安法官所申请的搜查证不得用于搜集属于受法律特权保护范围内的材料，即：(1) 在职业法律顾问与他的委托人或代表其委托人的任何人之间进行的有关向委托人提供法律建议的交流内容；(2) 在职业法律顾问与他的委托人或代表其委托人的任何人之间，或者在职业法律顾问或其委托人的代表人与任何其他人之间，就有关诉讼问题或者在诉讼进行之际为诉讼目的而进行的交流内容；(3) 在上述这种交流中包含或者提及的事项，涉及提供法律建议，或者涉及诉讼问题，或者在诉讼进行之际为这一诉讼目的而产生，而且这些事项正被有权占有人占有。

(二) 搜查的理由

对于有证搜查，1984 年《英国警察与刑事证据法》第 1 条规定，警察有合理根据怀疑他将发现被盗或违禁的物品，可以搜查任何人或者车辆，以及位于车辆内或车辆上的任何物品。[①] 也就是说，英国刑事诉讼程序确立以“合理的根据”(Reasonable Grounds) 作为搜查理由。警察一般向基层治安法院法官提出申请，法官在听审了经宣誓而提供的证据后相信有下列情形的，才确认已达到了“合理的根据”的证明标准：(1) 发生的犯罪是严重的可捕罪；(2) 居所中可能有对侦查犯罪有重大价值的材料（申请中提及）；(3) 该材料可能会成为有关证据；(4) 很难与有权允许警察进入居所的任何人联系上，或该人会拒绝警察进入，或除非有一名赶到居所的警官可以保证能够立即进入，否则搜查的目的会达不到或受到严重挫折。此外，法律规定，该“合理的根据”必须以可靠和有证明性的情报为基础，而不是一些主观的推测。例如，根据一个人的平时表现、衣着、性格、交际而推定其为嫌疑人，这是很不可靠的，不能够成为合理根据。

1984 年《英国警察与刑事证据法》第 8 条对搜查的“合理的根据”规定为：(1) 一项严重可捕罪已经发生；(2) 在申请书中载明的场所内存在着可能对查清该犯罪具有重大意义的材料（不论该材料单独还是与其他材料一起发生这种作用）；(3) 该材料可能成为相关的证据；(4) 它不属于本条第 3 款所规定的任何条件。根据该条的规定，犯罪发生是启动搜查的先决条件，也是“合理的根据”的基础性构成要素。而且，搜查的对象处存着与证明犯罪相关的“具有重大意义”的证据材料，而这种材料在搜查处存有可能性，这种可能性超出了不可能性，对于法官来说，搜查应当具有可接受性。此外，该法还规定了“合理的根据”的另外形式，该法的第 8 条第 3 款规定：(1) 与任何有权同意进入该场所的人进行协商是不现实的；(2) 尽管与有权同意进入该场所的人进行协

① 中国政法大学刑事法律研究中心组织编译：《英国刑事诉讼法（选编）》，中国政法大学出版社 2001 年版，第 257 页。

商是可能的，但是与有权同意接触证据的人进行协商却是不现实的；（3）除非令状得到发布，否则进入该场所将不被许可；（4）除非到达该场所的警察立即进入搜查，否则搜查目的的实现可能遇到阻却或受到严重损害。

尽管1984年《英国警察与刑事证据法》对搜查的理由作出了比较明确的规定，但是从立法和司法实践来看，英国对不同情况的搜查采用不同的标准，如对搜查人身或车辆采用了“合理的根据怀疑”，而对住宅采用了“合理的根据相信”，“相信”比“怀疑”的证明标准高。详言之，英国的搜查主要分为四类，即逮捕前搜查、逮捕附带的搜查、逮捕后的搜查和场所搜查。每一类搜查的对象与理由都有差异。

对于逮捕前搜查，英国法律规定，警察要有合理根据怀疑可能发现被盗物品或者违禁物品时可以搜查。对于是否存在怀疑的合理根据应当根据具体案件情况决定，但必须有一定的客观基础，合理的怀疑绝不能仅仅以个人的因素为依据。①

对于逮捕附带的搜查和逮捕后的搜查，要在警察认为存在有合理根据的情况下进行。另外，为了执行有证逮捕，或者针对严重可捕罪而执行无证逮捕时，也可在没有搜查证的情况下进入一定的场所，但警察必须有合理的理由相信犯罪嫌疑人在该场所内。在追捕过程中或者为了保护生命、健康或防止对财产的严重损害，也可以无证进入场所。警察在场所外宣布逮捕后，可以进入犯罪嫌疑人占据或控制的任何场所，只要警察有合理的理由相信可以在里面发现犯罪或与犯罪有关的证据。

对于场所搜查，英国要求一般持有搜查证进行。其搜查理由，即治安法官签发搜查证的情形。当然，场所搜查需要搜查证也有两个例外：第一，同意搜查；第二，逮捕附带的搜查。

（三）搜查令程序

1. 令状的申请

在英国刑事搜查、扣押中，令状主义程序是警察向治安法官申请搜查令状的一般程序，也由申请和颁发两阶段组成。申请应以书面形式提出，记载颁发令状的所有必要内容，其中包括：警察提出申请的理由以及签发令状的法律依据；拟进入并搜查的场所以及尽可能细致的被搜查对象情况；还必须说明欲扣押之物并不包含享有法律特权保护的材料以及排除性材料。如果有非警方人员参加搜查、扣押活动，也应写明。关于搜查场所，不能以“搜查可发现拟扣押物品的任何

---

① 孙长永著：《侦查程序与人权——比较法考察》，中国方正出版社2000年版，第98页。

场所”加以记载，被搜查人不必是知其姓名并加以记载的人，只要持有拟扣押物品，与案件无关的人也可以搜查。被搜查物品可以使用诸如“电子产品”之类的一般条款加以记载，但宜更为精确。另外，申请书应由书面告发加以支持，警察还应宣誓后回答治安法官提出的问题。

2. 搜查令状的审查

1984 年《英国警察与刑事证据法》第 8 条详细规定了治安法官可以签发搜查令状的理由。根据该条规定，治安法官在接到申请之后，如果有合理理由认为该材料可能成为相关的证据，并且不是属于受法律特权保护的，也不是依法应被排除的材料或者与特别程序有关的材料；或者与任何有权同意进入该场所的人进行协商是不现实的，或者与有权同意支配证据的人进行协商是不现实的，或者除非令状得以发布，否则进入场所将不被许可；或者除非到达该场所的警察立即进入搜查，否则搜查目的的实现可能遭到阻却或受到严重损害，那么治安法官就可以颁发搜查令状。在审查过程中，如果治安法官对于欲搜查之物是否属于享有法律特权的物品或特别程序物品感到举棋不定，应拒绝颁发令状，让申请人按特别程序办理。治安法官应当明白，仅有警察说存在合理理由是不够的，治安法官应独立地作出是否存在合理理由的决定，以免沦为受警察摆布的“橡皮图章”。

3. 治安法官签发搜查令状的类型

治安法官的决定不是一般令状而是特定令状。一般令状又称为普通令状，其基本特征是缺乏特定性，当局根据这种令状可以无节制地搜捕任何人或搜查任何场所，并扣押任何怀疑与违法犯罪有关的物品或文件。一般令状犹如空白令状，侦查人员拿在手里，可以肆意而为地搜查、扣押，致使民众之居住安宁与隐私不能获得保障。为防止这种脱法行为，法官签发一般令状的行为被英国法院宣布为非法。从目前来讲，英国法官只能以特定令状作为搜查、扣押决定的表现形式，特定令状记载了应予扣押的对象，起到了限定搜查、扣押范围与程度，避免不适当的搜查、扣押的作用。

4. 令状的执行

1984 年《英国警察与刑事证据法》第 16 条第 5 款规定，执行令状的警察进入前应当向居住者说明自己的身份，如果没有穿制服，应当出示书面证件表明自己是警察，还应向居住者出示一份搜查证副本和一份通知书，搜查证副本应交居住者保存。如果居住者不在，应将其留置于搜查场所的醒目位置；如果居住者不在，但有其他人在场负责，警察应视其为居住者履行告知义务。按照 1991 年修订的执行守则，通知书应以标准方式制成，载明如下事项：搜查的实施是否是按令状的要求或按 1984 年《英国警察与刑事证据法》的第 17 条、第 18 条或第 32 条规定进行的；简述该法规定的搜查和扣押的权力；解释居住者的权利或其财产将在搜查中被扣押的人的权利；说明如果由于进入和搜查而造成损害可以给付赔偿，并写明索赔地址；说明如果需要，可在警察局查阅执行守则 B 的副本。但是通知书本身不能授权搜查，也不能代替令状。通知书应在搜查前和令状一起（如果需要令状的话）交给居住者，或者留在无人居住的场所中的醒目之处。违反上述规定，可能导致搜查违法。

在特殊情况下，警察也可以不履行上述告知义务而强行进入或者化装进入。按照执行守则 B 第 6 条第 8 款的规定，当警察有合理理由相信如果履行告知义务会导致搜查的无法实现，或者危及自身安全时，他们可以强行进入或者化装进入，法院对此也予以认可。此外，英国上诉法院还明确规定，在特殊情况下，如果提示令状是不可行的就不必提示，如搜查毒品和恐怖主义案件就不必提示。

（四）无证搜查前的告知程序

在进行表层搜查时，按照 1984 年《英国警察与刑事证据法》执行守则 A 中第 2 条的规定，警察必须采取适当措施告知被搜查者如下事项：他正在为拍身搜查目的而被拦截；拍身搜查警察的姓名——在恐怖主义案件中或其他有合理理由相信告知姓名会使其身陷危险的情况中，告知警号即可；法定的搜查权力之内容；对于搜查目的的解释。如果搜查是基于合理怀疑而进行，还应说明合理怀疑的理由；如果无需合理怀疑，则应说明权力的性质及其已得到合法授权。

此外，如果警察没有穿制服，则必须出示书面证件证明他是警察。除非在警察看来不可能制造搜查笔录，否则他还应告知被搜查人（或被搜查车辆的所有人或管理人），如果其在 1 年之内提出要求，将有权得到一份搜查笔录的副本。如果被搜查人希望得到一份副本而没有当场得到，应当告知被搜查人有权向哪一个警署提出申请。为了保障效果，当被搜查人没有理解上述事项时，警察应采用合理措施使之明白。如果被搜查车辆是空车，警察必须留下通知书，告知如下事项：车辆已被搜查，执行搜查的警察局的名称，可向该局申请索赔以及可以向该局索要搜查笔录复印件。

（五）搜查、扣押笔录的制作

英国法律赋予警察制作搜查、扣押笔录或扣押清单的义务，其原因大致主要在于程序性保障。因为如果扣押利害关系人对警察执行的扣押行为不服，可以提起程序性诉讼请求救济。这种程序性诉讼以具体扣押执法行为作为审查对象，在性质上属于程序性上诉审程序，而且是一种事后性上诉审程序，仅对具体扣押行为的案卷材料进行审查，作出是否撤销或变更的处分。为了保障程序性审查的贯彻实施，需要赋予警察制作笔录以保全案卷的义务，否则程序性上诉审查便会无对象可审。而且，在程序性诉讼中，警察作为被告方负有举证责任，说明扣押实施行为是否符合法定标准。法律赋予警察制作笔录的义务，也可以视为一个证据保全职责。

1984 年《英国警察与刑事证据法》执行守则 A 中第 4 条对搜查笔录作出了详细的规定。该条规定：(1) 实施搜查的警察必须制作书面笔录，除非因为实施搜查的数量或其他操纵上的原因（例如，处在公众骚乱的情况下，使得实际上无法制作书面笔录）；(2) 搜查笔录必须尽量当场完成，除非情况（如其他紧急任务或非常坏的天气）不允许；(3) 搜查笔录必须按为此专门指定的格式（正式的搜查笔录）制作；(4) 为了完成搜查笔录，警察通常需要询问被搜查人的姓名、地址及出生日期，但是根据搜查程序，被搜查人没有义务提供这些细节，如果不愿提供这些细节，警察也无权拘留他；(5) 即便被搜查人不愿证明其身份或提供其出生日期，搜查笔录通常仍然须包含下列内容：搜查住所的地址、搜查的日期和时间、搜查持续的时间、搜查的依据、搜查目的、搜查结果等；(6) 执行搜查的警察的姓名（涉及恐怖主义的调查讯问的案件除外，在这种案件中应写明授权令或其他证件号码）及其工作的警察局；(7) 所知的场所内在场人员的姓名；(8) 如果有搜查证上未记载的财产，应列入扣押物品清单，或说明该清单保存的地方，并写明扣押这些物品的理由；(9) 是否使用强制力，以及使用强制力的理由；(10) 搜查中造成损害的详细记录以及引起损害发生的因素。

英国还有一个颇有特色的记录方式，就是在执行搜查证后，警察有责任在搜查证上记录下列事项：(1) 搜查证载明的物品是否已被找到；(2) 是否有其他物品扣押；(3) 执行的日期和时间；(4) 执行警察的身份，如姓名、警号等；(5) 是否已经将搜查证的副本、“权力和权利通知”的副本一起交给居住者，或者按照规定留置。作了记录的搜查证，应于执行结束后 1 个月内返还给签发搜查证的法院，以便法庭了解警察执行搜查证的情况。搜查证应在法院保留 12 个月，被搜查场所的居住者在此期间内有权随时查阅。另外，搜查笔录应交给搜查证返还地法院的书记官。

（六）搜查、扣押的特别程序

1984 年《英国警察与刑事证据法》在附表一“特别程序”中详细规定了搜查、扣押的特别程序。

1. 适用特别程序的条件

该附表一“特别程序”在第 2 条、第 3 条中详细规定了适用特别程序的两组进入条件和情形。第一组进入条件是：(1) 有合理的理由相信某严重的可捕罪已被实施，或者在申请书指明的场所存在的材料属于或者包括特别程序性材料[①]，且不包括排除性材料[②]，或者该材料对申请书涉及的调查可能具有重大意义（无论是通过它本身，还是与其他材料一起），或者该材料可能成为相关证据；（2）确定该材料的其他手段已经被尝试但未成功，或者因其可能注定失败而未被尝试；（3）获取该材料可能给调查带来益处，说明占有人持有该材料的情况，以及该材料被提供或获取是符合公共利益的。第二组进入条件是：（1）如果有合理的理由相信在申请书指明的场所存在的材料属于或者包括排除性材料或者特别程序性材料；（2）非因为本法正文第9条（b）[③]，针对该材料的搜查本已得到根据本附表之外的其他法令签发的令状的授权；（3）签发此类搜查令将是适当的。

2. 巡回法官发布的命令

该附表一"特别程序"在第1条、第4条和第5条对此作出了详细的规定。就警察提出的申请，如果巡回法官认为其满足进入条件中的一组或其他组，则可以发布如下命令，在巡回法官看来属于持有申请书指向的材料的人应当于命令发布之日起7日内或命令可能规定的期限内：（1）将材料交予警察带走（如果该材料由存储于计算机中的信息构成，则上述命令效力应当理解为要求将材料以可带走且以有形、可读的形式交予警察）；（2）允许警察获取该材料（如果该材料由存储于计算机中的信息构成，则上述命令效力应当理解为允许警察以有形、可读的形式制取该材料）。

3. 申请命令的通知程序

该附表一"特别程序"在第7条至第11条对此作出了详细的规定。此类命令的申请书可以直接送达、留置于适当地址，或者以挂号信形式或保价邮递形式寄送于法人组织的秘书人员、合伙组织的合伙人。上述命令的申请书一经送达某

---

① 关于特别程序性材料的范围，规定在1984年《英国警察与刑事证据法》第14条中。

② 关于排除性材料的范围，规定在1984年《英国警察与刑事证据法》第11条中。主要包括三类：（1）某人在任何商业、贸易、职业或其他工作中或者为了任何有偿或无偿的职位而取得或制作，并且为他所秘密持有的私人记录；或者为了诊断或医疗的目的而被提取并为某人秘密持有的人体组织或组织液；或者某人秘密持有的新闻材料，包括文件、文件以外的记录。（2）某人秘密持有的新闻材料以外的其他材料只有符合下列条件，方为本条所称的被排除的材料——为了信守明示或默示的要秘密持有这些材料的承诺；为了遵守任何法律规定限制公开或保密的义务。（3）某人秘密持有的新闻材料只有符合下列条件，方可称为被排除的材料——该人持有这些材料是为了遵守上述承诺、限制公开或保密的义务，并且自从这些材料基于新闻事业的目的而首次被取得或制作后，他们有1人或数人，为了遵守上述承诺、限制公开或保密义务，持续占有至今。

③ 1984年《英国警察与刑事证据法》第9条（b）的内容是：在本法之前通过的任何法律，授权警察以侦查犯罪为目的而对某地进行搜查，就应当在涉及授权搜查下列材料的方面停止其效力——（b）被排除的材料。

人，该人不应当隐匿、毁损、改变或处置申请书所指向的材料，直至：（1）该申请被驳回或放弃；（2）已经遵照以上第4条规定的针对该申请所发布的命令，除非上述行为取得法官准许，或取得警察书面许可。

4. 巡回法官签发令状

该附表一“特别程序”在第12条至第15条对此作出了详细的规定。就警察的申请，如果巡回法官认为其满足某组进入条件，且满足“特别程序”第14条列明的附加条件中的任何一项[①]；或者满足上述第二组进入条件，且指向该材料的命令未被遵守，他可以签发令状授权警察进入并搜查该场所。

与令状主义程序相比，该搜查、扣押的特别程序有如下特别之处：第一，就适用对象而言，特别程序欲扣押的对象是具有私密性的材料和被排除的材料。第二，就程序来讲，普通的令状程序一般是单方程序，仅有警方单方到场，对方当事人不能参与，而特别程序中则是双方程序。该法第7条规定，对于此类申请，法官应经由多方当事人予以处理。如果该申请应当送达给当事人并要求送达方配合，但是送达方却拒绝予以配合，法官才有可能发布正式的搜查令。第三，特别程序的令状有两种，一种是提出命令，即命令持有材料的人应当于命令发布之日起7日内或命令可能规定的其他期限内将材料交予警察带走，或者允许警察获取该材料。另一种是发布搜查令，这种措施一般是在例外的情况下使用的，例外的情况主要包括提出命令未被遵守，以及以提出命令扣押物品是不可行的。第四，从令状的签发主体上看，特殊程序中签发令状的主体是巡回法官，而不是治安法官。第五，签发提出命令的要件，除签发普通搜查证的要件外，还要求最后性要件（即取得该材料的其他手段已被尝试但不成功，或者因其他可能注定失败未被尝试）以及公益性要件（即获取该材料后会给调查带来的好处和该材料被提供或获取是符合公共利益的）。签发搜查证的要件，还另外要求提出命令不被遵守，以及以提出命令扣押物品是不可行的。

① 附表一“特别程序”第14条规定，“附加条件”指的是：（1）与有权准许进入申请场所指向的场所的任何人进行交流是不可行的；（2）与有权准许进入申请场所指向的场所的人进行交流是可行的，但与有权准许接近该材料的任何人进行交流是不可行的；（3）该材料包括以下信息——受本法正文第11条第2款（b）提及的限制规定或义务约束的，并且若不签发搜查令，可能会被非法泄露的；（4）若送达要求发布以上第4条所述命令的申请的通知可能会严重妨碍调查。

五、几种重要的搜查类型

（一）逮捕前的搜查：拦截与搜查

1984 年《英国警察与刑事证据法》第 1 条集中规定了在“合理怀疑”前提下的拦截与搜查权，即警察如有合理理由怀疑在公共场所的任何人或车辆涉嫌藏有被盗物品或违禁品，即可就地拦截和搜查可疑人员或可疑车辆，并有权以搜查目的而扣留人或车辆，一旦发现这些物品，给予没收。违禁品包括用于入室盗窃、偷窃、偷盗的机动车辆，诈骗财产犯罪的物品以及攻击性武器。攻击性武器被界定为不仅仅指本身就有攻击性的物品，还包括警察确信嫌疑人持有的用于攻击目的的任何物品，如锋利或锐利类器具，但不包括刀锋不长、可折放的、随身携带的常用小刀。至于该法所谓的公共场所，是指公众可以付费方式或不必付费就可自由出入、来往的地方，但不包括私人住宅、住宅大院或花园及类似场所。如果可疑人员未得到住宅主人的明许或默许，私自进入或驾车驶入住宅区，警察亦有权进行拦截和搜查。

在授权给警察的同时，英国议会与英国皇家刑事程序委员会一致认为，“权力的运用必须服从严格的防范措施”。1984 年《英国警察与刑事证据法》详尽规定了警察拦截与搜查的条件和程序，而内政部警察工作规程对此进一步给予细化，其目的是制约拦截与搜查权的滥用及为嫌疑人提供保护。

1. 前提条件

对于逮捕前的搜查，警察只有在有合理的理由怀疑可能发现被盗或违禁的物品时，才能拦截与搜查任何人或车辆。而关于合理怀疑理由，1984 年《英国警察与刑事证据法》及其执行守则又进行了明确说明：第一，合理怀疑理由的充分程度应与逮捕所依据的怀疑理由相当。第二，是否存在合理怀疑理由取决于每个案件的具体情况，但必须有某些客观依据。警察在考虑嫌疑人携带的物品性质时，需要考虑具体的时间、地点、嫌疑人及其同伙的行为等因素。第三，构成合理怀疑绝不能单凭个人因素和其他信息的支持，如不能单凭某人肤色、年龄、发式、装束或已知其以前持有非法器具等一种或几种理由就对某一类人存在更容易犯罪的偏执看法并作出搜查决定。第四，合理怀疑根据不能通过拘留后的询问而获得，或者因为对方拒绝回答问题而形成。警察无权为寻找搜查某人所必需的合理怀疑根据而违背其意愿对其横加拦截和扣留。第五，警察在具备必要合理怀疑根据而执行拦截后，如果通过简单对话和交流可以澄清疑点，不再存在理由怀疑对方携带应被搜查的物品，则不得进行搜查，而任其离去。

2. 场所和范围

逮捕前的拦截与搜查权仅限于在公共场所以及对公众开放的场所。泛言之，这些场所包括任何公共场所、任何公共（或其一部分）付费或免费被许可出入的地方，以及任何公众即使没有权利去但实际上有“经常出入权”的地方。此外，还包括停车场、前院、数排公寓的公用部分，甚至是与马路相连的私人院子或花园。但是，不能在一个人自己的院子或花园里阻止并搜查他，对经他允许在那里的人亦不可以。不过，如果一个陌生人跃过花园篱笆躲在树篱后面，警察有权在那里对他进行搜查。需要注意的是，对于此种公共场合的搜查，其范围限于被搜查人外部衣服的表层检查。只有在存在进一步搜查的合理根据时，才能进行较深入的搜查。但是，这种较深入的搜查必须在公众看得到的地方进行，且异性不得在场，除非被搜查人要求异性在场。

3. 搜查程序

为了杜绝拦截与搜查权的滥用，保障嫌疑人的权利，以便最大限度取得认可与合作，1984 年《英国警察与刑事证据法》第 2 条、第 3 条规定了严格的搜查程序，内政部警察工作规程 A 设计了一套完备的操作程序：第一，警察在搜查嫌疑人或可疑车辆之前，须采取合理步骤让对方了解警察的姓名以及所属警察局、搜查的目的物和搜查的理由。此外，非着装警察在搜查前须主动出示证件。第二，警察在完成搜查后，应在实际可能的最快时间内完成文字记录，除非实际情况不允许，如搜查对象的数量原因，或其他操作上的原因，或现场有公开骚乱等。除另有急务或气候条件恶劣等情况不允许外，文字记录应在现场完成。第三，文字记录应以同一表格形式完成。记录内容包括搜查对象的姓名、地址、年龄、车牌号码，搜查目的物、理由、时间、地点，搜查结果，搜查造成的损失，搜查警察的签名等，涉及恐怖活动调查的案件除外。搜查理由必须注明引起警察怀疑的究竟是嫌疑人的个人行为抑或当时周围的环境。如果对方拒绝提供姓名、地址和出生日期，警察无权因此将其拘留。第四，警察必须告知被搜查对象有权获得一份搜查笔录副本。如果无法当场发放副本，应告知在 1 年之内向指定警察局提出申请。对于没有听懂或因生理原因无法理解告知内容的当事人，警察有责任采取合理措施帮助其了解告知内容。第五，如果警察搜查的是无人空车或空车之上或之内的物品，必须留下一份通知放在车内或车上，告知车主车辆已被搜查，并署名和注明所属警察局。如果因搜查造成任何损坏，也应同时注明，车主可凭此通知到警察局领取赔偿金。第六，必须采取一切合理措施，把搜查对象可能感受的难堪降低到最小限度。即便对方起初反对搜查，也应尽量争取搜查对象的合作。只有在确定对方不愿合作或反抗时，才可强制。强制不可过当，以达到搜查或为搜查而拘留的目的为限。第七，嫌疑人或车辆被扣的时间视具体情况而定，但在任何情况下扣留的时间都不得超过搜查必要的时间。搜查的程度和幅度必须取决于怀疑携带的物品是什么和携带者是谁。如果警察发现某人的口袋里有某件是值得怀疑的具体物品，在没有其他疑点，也不可能将该物转移别处时，搜查的范围只限于那只口袋。如果是容易藏匿的小件物品如毒品，可能藏在嫌疑人身上的任何部位，这时则可进行更大范围的搜查。第八，搜查必须在嫌疑人或车辆被扣留现场或附近进行。第九，在公开场合如大街上进行的搜查，必须限于嫌疑人外面的衣物。警察无权要求对方脱去除外套、夹克、手套之外的其他衣物。当然，这并不妨碍警察请求该人自愿除去超过上述服饰外的其他服饰。

（二）附带搜查

根据1984年《英国警察与刑事证据法》第32条的规定，执行逮捕时，对于场所的搜查只有在警察“有合理的理由相信”该场所有“与被捕者的犯罪有关的证据”时才能进行，并且仅限于“在被捕时或被捕即刻之前所在的场所”。对人身的搜查只有在以下情况才可以进行：（1）被捕者可能对自己或他人采取危险性行为；（2）被捕者可能在身上隐藏有用于帮助其逃离合法羁押的物品或可能属于与某犯罪有关的证据。可以看出，在英国，附带搜查只有在为排除执行逮捕的危险和防止证据当场灭失而进行时才是正当的。

1. 附带搜查的实施条件

附带搜查的实施条件包括程序条件和实质条件两个方面。从程序条件来讲，附带搜查的合法性必须以合法的逮捕为前提，也即逮捕的合法性是附带搜查合法性的来源之一，不合法的逮捕所附带的搜查同样不具有合法的效果。从实质条件来讲，附带搜查的实质条件是指附带搜查应当有相当的必要性。一般情况下，附带搜查应当具备的“必要性”包括积极条件和消极条件两个方面：积极条件，是指附带搜查的实施具有一定的事实依据；消极条件，是指执行人员如果不及时采取搜查措施，犯罪嫌疑人就很有可能脱逃或者涉嫌犯罪物品或证据灭失的危险性就会增加，从而对案件的侦破带来较大的阻碍。根据1984年《英国警察与刑事证据法》第32条第5款、第6款的规定，除非警察“有合理的理由相信”人身或场所具备其他条款规定的情形，否则警察无权进行附带搜查。

2. 附带搜查的范围

附带搜查的对象主要包括人身和场所两个方面，相应的，其搜查范围也主要是指人身范围和场所范围。就人身范围来讲，其一般仅限于被逮捕者。1984年《英国警察与刑事证据法》第32条第4款的规定，除了外套、夹克和手套外，警察不得命令当众脱去任何其他的衣服。就场所范围来看，1984年《英国警察与刑事证据法》第32条第2款b项和第6款的规定，附带搜查的场所范围仅限于“被捕者被捕时或被捕即刻之前所在的场所”。但值得注意的是，该法在第32条第7款对附带搜查可能涉及其他人或同宅居住者的合法权益的情形作了特别规定。根据该款的规定，当搜查涉及由两个或更多的独立处所构成的场所时，搜查权仅限于“实施该逮捕行为的或者该被捕者在被捕即刻前所在的任何处所”以及“该场所中的任何独立处所占有者与其他独立处所占有者共同使用的任何部分”。

3. 附带搜查的目的

1984 年《英国警察与刑事证据法》第 32 条第 1 ~ 4 款详细规定了附带搜查的目的：（1）警察为了保护自身安全和安全地执行对犯罪嫌疑人的逮捕，在有合理的理由相信被捕者可能对自己或他人采取危险性行为时，可以附带搜查。（2）在执行逮捕时，警察有权为了寻找下列物品而搜查被捕者，即可能用于帮助其逃离合法羁押的物品，或者可能属于与某犯罪有关的证据。（3）在执行逮捕时，为了寻找与他据以被捕的犯罪有关的证据而进入并搜查任何他被捕时或被捕即刻之前所在的场所。也就是说，附带搜查的主要目的是为了保护执行警察的安全，防止犯罪嫌疑人逃跑，以及查获犯罪证据。

4. 附带搜查的后果

1984 年《英国警察与刑事证据法》第 32 条第 8 款、第 9 款详细规定了附带搜查之后的扣押行为：（1）警察根据第 32 条第 1 款授予的权力对人进行搜查时，可以扣押并保留其发现的任何物品，如果他有合理的理由相信该被搜查者可能将该物品用于致其本人或他人人身伤害；（2）警察根据第 32 条第 2 款 a 项授予的权力对人进行搜查时，如果他有合理的理由相信该人可能将该物品用于帮助逃离合法羁押，或该物品是犯罪证据或是通过实施犯罪而取得的物品，则警察可以扣押并保留其发现的不属于法定特权性事项的人和物品。

（三）场所和住所搜查

1984 年《英国警察与刑事证据法》第 8 条至第 18 条规定了警察根据法律授权而进入和搜查住宅的权力，在未经住宅主人同意的情况下，警察必须严格遵守这些规定，否则任何侵入公民住宅的行为都是违法的。1984 年《英国警察与刑事证据法》在第 23 条和执行守则 B 中分别对场所和住所的范围作出了明确的规定。这里的“场所”和“住所”主要包括任何地方，特别是：（1）任何车辆、船舶、航空器或气垫船；（2）任何海上装置（指 1971 年《英国矿务工事（海上装置）法》第 1 条界定的含义）；（3）任何帐篷或可移动建筑物。

1. 经过批准的搜查

根据 1984 年《英国警察与刑事证据法》的规定，警察应当向地方法院法官申请搜查令，法官在批准之前应当确信警察具有合理的理由认定发生了可逮捕的犯罪行为，而且提请搜查的住宅里藏有与犯罪有关的证据或者对于调查工作至关重要的物品。此外，该搜查还必须是出于下列原因非经批准而不能进行的搜查：（1）无法直接与当事人取得联系；（2）没有法官批准将会被拒绝进入住宅；（3）如果到达现场后不能立即进入并搜查，将会使搜查不能达到其原有的目的。

2. 不经批准的搜查

1984 年《英国警察与刑事证据法》第 18 条规定，警察在下列情况下可以不经法官批准而直接进入并搜查公民住宅：(1) 执行法官的逮捕决定；(2) 不经法院批准而实行逮捕；(3) 抓捕非法在逃者；(4) 为了保护他人免受伤害和避免重大财产损失。

3. 住宅搜查的注意事项

1984 年《英国警察与刑事证据法》执行守则 B 中规定了搜查住宅的注意事项：第一，有证搜查要在从搜查证签发之日起的 1 个月内进行，且搜查必须在合理的时间进行，除非这会妨碍搜查目的的实现。第二，授权进入的命令只能使用一次。第三，除非被搜查住所没有人使用，或占用人或其他有权允许进入住所的人不在；或者存在合理的根据相信如果试图与占用人或其他有权允许进入住所的人交流，将会警示他们破坏搜查物；或者危及警察或其他人的安全，负责搜查的警察首先要试图与占用人或其他有权允许进入住所的人交流，解释进入该住所的授权，要求占用人允许其进入。第四，在住所搜查时，在下列情况下，警察可以使用武力：(1) 占用人或其他有权允许进入住所的人拒绝了进入其住所的请求；(2) 与占用人或其他有权允许进入住所的人进行交流是不可能的；(3) 任何符合上述第三项列明的情况。第五，考虑到搜查物的尺寸和性质，对住所的搜查应限定在获取搜查物的必要范围之内。一旦所有在搜查证上列明的物品已经找到或负责搜查的警察确信他们不在被搜查的住所内，有证搜查就不得再继续进行。第六，搜查进行的同时要适当考虑搜查住所内的财产和占用人的隐私，不能造成必要范围之外的扰乱。在不能获得占用人的合作或其合作不足以达到搜查目的时，在必要的时候可以使用合理的武力。第七，如果占用人希望要求其朋友、邻居或其他人见证搜查，警察必须允许，除非负责的警察有合理的根据相信这样做会严重地妨碍调查或危及有关警察或其他人的安全。第八，如果已经使用武力进入住所，负责的警察在离开之前应当通过安排占用人或其代理人到现场或其他任何合适的方式以确保住所是安全的。

(四) 身体隐私处及脱衣搜查

1984 年《英国警察与刑事证据法》执行守则 C 在附件 A 中详细规定了身体隐私处及脱衣搜查的程序以及操作要点。

1. 身体隐私处搜查

身体隐私处搜查，是指对除口腔之外人体其他开口部位的搜查。身体隐私处搜查的前提条件是，只有警察长或者级别在此之上的官员有合理理由认为有以下几种情况时，才可进行：(a) 被搜查者在其体内隐藏了会伤害被拘留者或者警察署内其他人的物品；(b) 被搜查者在其体内隐藏了他准备提供给另外一个人或贩到境外的 A 类毒品；(c) 无论是以上哪种情况，对身体隐私处的搜查是唯一可获得该物体或毒品的方法。

操作注意事项主要包括：(1) 对当事人进行身体隐私处搜查之前，须向他解释做此搜查的原因。(2) 身体隐私处搜查只能由注册医生或者注册护士执行，除非级别至少不低于警长的官员认为这样做不切实际。(3) 对于根据上述 (a) 项情况进行的隐私处搜查，只能在医院、诊所、其他医疗地点或警察署进行；对于根据上述 (b) 项情况进行的隐私处搜查，只能在医院、诊所、其他医疗地点进行。(4) 在警察署对未成年人，或者患精神错乱或精神障碍的人进行身体隐私处搜查，只能在有同性别的适当成年人在场的情况下执行（除非当事人明确要求某一异性的适当成年人在场，且他或她又恰巧在场）。对未成年人的身体隐私处搜查可以在无适当成年人的情况下进行，但只能是该未成年人当着适当成年人的面表明若该适当成年人不在场他宁愿接受搜查，且该适当成年人对此表示同意。(5) 对于根据上述 (a) 项情况进行的隐私处搜查，如果由一名警察执行，该警察必须与被搜查人同性别。不是医生、护士，且与被搜查人不是同性别的人，以及其他人和不必要在场的人，均不得在场。(6) 搜查过程中，必须至少有两人在场。执行搜查时，须适当顾及被搜查人在这种情况下所处的敏感且易受伤害的地位。(7) 看守官在切实可行的情况下，须立即将身体隐私处搜查的执行作出如下记录：当事人身体的哪一部位被搜查；由谁执行的搜查；有哪些人在场；搜查的原因及结果。(8) 如果是由警察执行的搜查，须将为何不是由医生或护士执行的原因记录在案。

2. 脱衣搜查

脱衣搜查，是指需要脱去外衣里面的衣服的搜查。脱衣搜查只能是在警察有合理理由认为当事人身上隐藏有他非法拥有的物品时进行，没有理由认为他隐藏该物品时，脱衣搜查不应当作为例行搜查而进行。

执行脱衣搜查时应当履行如下程序：(1) 执行搜查的警察必须与被搜查人同性别。(2) 搜查须在被搜查人不被任何没必要在场的人或其他异性的人（除被搜查人特别要求在场者）看到的地点进行。(3) 除非在紧急情况下，如被搜查人或其他人有被严重伤害的危险，脱衣搜查会暴露被搜查人的隐私处时，至少必须有除了被搜查人以外的另外两人在场。被搜查人是未成年人，或者精神错乱或精神障碍患者时，上述另外两人之一必须为适当成年人。在上述紧急情况下，也可以对未成年人进行无适当成年人在场情况下的搜查，但未成年人必须曾经当着该适当成年人的面表明若该适当成年人不在场他宁愿接受搜查，且该适当成年人同意这样做。除非情况特殊，搜查时不得有（除适当成年人以外）两人以上在场。(4) 执行脱衣搜查时，须适当顾及被搜查人在这种情况下所处的敏感且易受伤害的地位，应尽一切合理的努力保证他的合作和减少他的窘迫。通常不会要求被搜查人同时脱掉其所有衣服。(5) 如果有协助搜查的必要，当事人可能会被要求将他的双臂举起，或两腿分开站立，身体向前弯曲，以便对其生殖器及肛门部位做直观检查，但不得有直接接触。(6) 在搜查过程中发现任何物件，被搜查人会被要求将此物件交给警察。如果该物件是在除口腔以外身体其他开口部位被发现，而当事人拒绝将此物件交出，则需对他进行身体隐私处搜查以取出物件，此搜查则需依照上述“身体隐私处搜查”部分的规定。(7) 脱衣搜查须被记录在搜查笔录上，内容包括搜查的原因、在场人员及结果。

(五) 同意搜查

1984 年《英国警察与刑事证据法》对搜查制度作出较为详细的规定，但在“无令状进入并搜查”部分，并未规定同意搜查制度。但这并不表明英国侦查实践中就不存在合意性搜查。相关学者在对该法实施情况的实证研究中发现，经同意的搜查占所有搜查的 32%。而且，同意搜查的滥用，既造成了被搜查人权利受到损害，也使由此获得的诉讼证据被大量排除。① 显然，1984 年《英国警察与刑事证据法》的规定并不能很好地适应诉讼实践的需要。基于此，1986 年 1 月英国立法机构在 1984 年《英国警察与刑事证据法》执行守则 B 中规定了“经同意后的搜查”。这一守则先后经过三次修订，有关合意性搜查的制度已较为完善。②

(1) 关于有权作出同意表示的主体。对此，相关规定并不具体，仅仅对于出租房的房主的同意权进行了限制，即对于出租房或类似的住所，仅仅基于房主的同意是不能进行搜查的，除非承租人、房客或占用人难以找到而情况紧急。

(2) 警察的程序性告知义务。在寻求同意之前，进行搜查的警察应当说明想要进入并搜查的目的，并告知有关人员他不会被强迫同意，以及任何被扣押的物品可能以证据的形式出示。除此之外，警察还应给予被搜查人一份“权力和权利通知”，通知上主要载明以下内容：搜查的性质属于经同意的搜查，拟搜查与扣押的范围，因进入和搜查住所时造成损害的情况下应作出赔偿。该“权力和权利通知”一式两份，由警察和被搜查人各持一份。

(3) 同意作出形式。被搜查人同意搜查的意思表示必须在“权力和权利通知”上以书面的形式作出。

(4) 同意的撤回及其法律后果。如果同意是在警察强迫之下作出或在搜查完成之前撤销，警察不能进入并搜查住所或继续进行住所搜查。

(5) 假定同意的搜查。如果合理地假定无辜的场所占用人会同意，并且期望警察采取计划行动，且存在如下可能引起有关人员过于不便的情况，就无需征得被搜查人的同意：嫌疑人已经逃离犯罪现场或躲避逮捕，而有必要尽快搜查四周

---

① Vaughan Bevan & Ken Lidston, A Guide to the Police and Criminal Evidence Act 1984, 1986, P73.

② 中国政法大学刑事法律研究中心组织编译：《英国刑事诉讼法（选编）》，中国政法大学出版社 2001 年版，第 408 页。

和易于到达的地方以查明他是否隐藏在那里；警察在夜间追捕后抓获某人，而有必要对沿着追捕路线的地方作简要的搜查以查明是否有盗窃物或显示犯罪的物品被丢弃；等等。

六、非法搜查、扣押的法律后果

在非法搜查证据的证据能力问题上，英国法院沿袭普通法传统，经历了一个反复的过程。在英国早期，不适当取得证据的可采性的判断标准是，它是否与刑事搜查具有相关性，以及根据整个证据法判断它是否可采。该规则适用于以侵权方式取得的证据和由便衣取得的证据，而且也不存在仅仅因为非法或者不适当取得而排除该证据的裁量权。

在英国，首次揭示非法搜查、扣押之证据无碍其证据能力的案件是 1807 年的 Johns v. Owens 一案。该案裁决由被告人袋中违法搜出的 25 条蛙鱼作为其非法捕鱼的证据。法院对该案的裁决表明：非法搜查获取的证据物，对于其证据能力丝毫无损。[①] 这表明英国最初对排除规则持完全否定的态度。在其后的利萨姆一案中，法官曾经说："问题的关键不在于你如何获取它，即使是你偷来的，它也将被作为证据采用。"适用这一规则的基本原理在于，事实审判者在作出裁判之前，应该获知所有与事实相关的信息。此外，非法收集的实物证据在证明事实真相上的价值，并不因收集手段的违法而有所降低或导致证据无法被采用。但这一古老的普通法原则在 20 世纪后半叶受到了挑战，并有所松动。

在 1955 年的库鲁巴诉英国（Kurama v. The Queen）一案中，英国上议院还坚持普通法的原则。在该案的侦查过程中，警察在无令状的情况下对被告人进行了不合法的搜查并取得了被告人非法持有弹药的证据。被告人上诉到上议院。上议院大法官戈德代表枢密院所作的阐述如下："适用于权衡证据是否可采纳的检验标准是证据是否与争议的问题有关。如果有关联，则可以采信。法院不关心证据是如何取得的。"但是，在该案中，上议院也认为在采信证据方面，如果有碍公正，法官有自由裁量权。其裁决意见同时表明："毫无疑问，在刑事案件中假如依照严格的可采性规则，将会导致对被告人的不公平，法官就有自由裁量权不采纳这些证据。"[②] 这说明英国在遵循普通法规则，并拒绝非法证据排除规则方面的态度已经有所改变。库鲁巴诉英国一案判决之后，由法官自由排除非法证据的范围呈扩大趋势。此后，英国曾一度出现了法官排除非法取得的实物证据的范

---

① 34J. P. 759（Q. B. 1807）.

② 杨宇冠著：《非法证据排除规则研究》，中国人民公安大学出版社 2002 年版，第 170 页。

围不断扩大的趋势。

在1969年的金诉英国（King v. The Queen）一案中，枢密院力图明确自由裁量的标准。枢密院认为，法院可对非法搜查、扣押的证据行使自由裁量权，政府不应从非法获取的证据中获益。[①] 在1978年的杰弗里诉布莱克一案中，英国在非法证据排除规则方面又前进了一小步。在该案中，警察不合法地搜查了被告人的房间并发现了毒品，被告人被指控持有毒品罪。治安法官以通过不合法的搜查而获得的证据不可采为由撤销了起诉。起诉方不服，并提出上诉。上诉法院确认了治安法官有基于不公平而排除违法获得的证据的自由裁量权，并认为："所谓自由裁量是指法官对于检察官提交的证据所享有的一种权力，该权力可在下列情况下行使：警察利用欺骗、强迫或不公正的方式，或者采用其他不道德的方式获取证据。"[②] 由此可见，此时英国法官对于拥有自由裁量权排除有关证据的范围颇为广泛。

但在1979年的英国诉桑（R. v. Sang）一案中，上议院阻止了上述扩大法官自由裁量权范围的趋势。Diplock 勋爵对该案的看法得到上议院同僚的赞同，他认为，法官在行使裁量权时，所能排除的证据须限于：（1）如果采纳该证据可能会导致陪审团产生偏见，这种不良影响远远大于该证据本身的价值；（2）非法获取的被告人自白。根据该规则，非法搜查、扣押所获得的证据是可采的，而被告人被欺骗所交出的证据不可采。Diplock 勋爵认为，应该排除的是被告人被诱骗而获取的证据，而不是非法搜查、扣押所获取的证据。原因在于，法官职责在于公平审判，其作用以法庭程序为限，他既不能控制警察又不能控制检察官。对于警察非法取证行为的受害者可以通过民事程序加以救济；如果该证据的获取符合法律但违反了警察守则，则由警察内部的行政惩戒加以解决即可。[③] 英国诉桑一案对实物证据的排除规则产生了以下两个方面的影响：一是该案在普通法上确立了在其他地区也被广为认可的排除证据的权衡标准，即如果证据可能对陪审团产生的不利影响大大高于它的证明价值，那么法官就可以行使排除证据的裁量权。二是上议院宣布排除证据的裁量权的行使是基于证据的"损害"性质，而非基于证据取得的方式，从而否定了法官因证据的取得方式而排除证据的裁量权。

如果说以往对于非法搜查、扣押的证据排除规则的争论集中在一系列重要的

---

① [1969] A. C. 304 (P. C. 1968) (Jamica).

② [新西兰] J. B. 道森：《英联邦成员国对非法取得的证据采证问题的若干法律规定》，载《法学译丛》1983年第4期。

③ [美] J. 大卫. 希塞尔，汪建成、张晓秦译：《我们能向英国法院对非法所得证据的探讨学些什么?》，载《国外法学》1985年第4期。

判例当中，那么自1984年《英国警察与刑事证据法》颁布之后，情况有了新变化，排除规则在英国有了成文法的规定。1984年《英国警察与刑事证据法》第78条规定：（1）在任何程序中，法庭可以拒绝将检察官据以作出指控的证据予以采纳，如果它在考虑到包括收集证据情况在内的所有情况以后，认为采纳这种证据将会对诉讼的公正性造成不利的影响，因此不应将其采纳为证据；（2）本条的规定不应有损于任何有关法庭排除证据的法律规则的适用。[①] 第82条规定：本法本部分的规定不应当有损于法院根据其意志排除证据（无论是以禁止提出问题的方式还是其他方式）的任何权力。通过上述规定可以看出，法官在考虑是否排除某项通过非法搜查、扣押取得的证据时，须对该证据的证明价值与它对诉讼的公正性所产生的不利影响加以权衡。法官在行使自由裁量权所要根据的基本尺度是，保证被告人获得公正审判，并排除所有严重妨碍被告人获得公正审判的证据。

分析上述法条可以看出，英国的非法证据排除规则有以下特点：第一，根据上述第78条，不适当行为并不是排除的绝对条件。在英国，警察机关不遵守规则或违反规则并非导致证据的自动排除，而只是使得审判法官对是否排除可进行自由裁量。第二，上述第78条适用于起诉方所提出的任何证据，但不适用于被告人或共同被告人提出的证据。第三，这些非法证据不限于从被告人那里所得来的证据。因此，不像美国那样，只有违法证据取证行为的受害人才能提出排除要求。第四，这些非法证据不限于其他法条没有规定的证据，而是与其他法条同时使用。例如，关于口供的可采性问题是由1984年《英国警察与刑事证据法》第76条规定的，在法庭审判时，审理法官要结合该法第76条和第78条的规定决定是否进行排除。第五，在说服法庭根据上述第78条排除起诉方证据问题上，辩护方应承担证明责任。

由上可知，1984年《英国警察与刑事证据法》第78条第1款的精神不是排除不公正行为取得的证据，而是要排除使判决不公正的证据。实际上，这项规定扩大了法官在采纳非法获得的实物证据上的自由裁量权，也即将非法搜查所获得的实物证据是否具有证据资格的问题交由法官自由裁量。裁量的标准便是“程序公正性”，即对公诉方和被告方都是公正的。

对于那些以非法口供为线索而获取的搜查、扣押证据的证据能力，即“毒树之果”是否有证据能力的问题，英国的处理方式有其自身的特点。英国普通法从来不承认“毒树之果”原则的正当性，根据一项形成于18世纪的判例，即使被告人供述被排除，由该供述所派生出的其他证据仍具有可采性，但前提是该

---

① 中国政法大学刑事法律研究中心组织编译：《英国刑事诉讼法（选编）》，中国政法大学出版社2001年版，第320页。

派生证据必须被“充分地和令人满意地证明”与供述没有任何关系。也就是说，如果非法搜查、扣押的证据在内容上与供述没有任何关系，那么这些“毒树之果”是具有证据能力的，可以被法官采纳。

1984 年《英国警察与刑事证据法》再次确认了这个原则。该法第 76 条第 4 款规定，“供述根据本条的规定被全部或部分排除这一事实不应影响以下事实作为证据的可采性——从被告人供述中发现的任何事实”。当然这里的事实可能是另一次口供，也可能是采取搜查或扣押获取的实物证据。由此可见，在英国，对于那些以非法口供为线索而搜查、扣押的实物证据是具有证据能力的。

综上所述，英国证据法将排除非法证据纳入了法官自由裁量权的范围之内，法官行使自由裁量权时只需遵守一个比较宏观的尺度标准——保证被告人获得公正审判。对于法官如何行使自由裁量权，英国没有设定具体的可操作性标准，但是普通法中的“遵循先例”原则，使得法官必须参考以往有关判例。可以说，法官排除非法证据的自由裁量权，在很大程度上要依赖法官个人的法律素养、法律意识、价值观念，甚至个性。①

① 赵朝、李忠诚、岳礼玲、陈瑞华：《英国刑事诉讼制度的新发展——赴英考察报告》，载《诉讼法论丛》1998 年第 2 期。

第二章　美国刑事搜查扣押制度

美国刑事诉讼程序中的警察搜查和扣押行为受到《美国宪法》的限制。[①] 美国联邦宪法第四修正案（本章以下简称第四修正案）规定："个人的人身、住宅、文件和财产不受不合理搜查和扣押的权利，不得侵犯，不得签发令状，但存在合理根据，以宣誓或代誓宣言保证，并具体记载拟欲搜查的地点和准备扣押的人或物的除外。"对于这里"个人"所指的范围，学术意见中有观点认为，之所以用"个人"（the People）这个词，是因为该修正案在制定时强调的是规制政府行为而非为个人提供救济。但是美国联邦最高法院在处理案件时用"个人"这个词限制第四修正案适用的人群范围。在贝尔杜戈－乌尔奎兹（United States v. Verdugo－Urquidez）[②] 一案中，美国联邦最高法院认为，对于位于国外并由非美国籍外国人拥有的财产的搜查不受第四修正案的限制。但至少有五名法官表示，如果该搜查发生在美国境内，则应该受到第四修正案的限制。2001 年"9·11"事件发生后，越来越多的官方观点认为，外国人不受第四修正案的保护。

第四修正案并非一项权利义务明确的法律条文，其中的诸多概念，如"无理"、"合理"、"合理根据"、"搜查"、"扣押"等含义都不明确。从其产生背景分析，它主要是当时美国的宪法制定者本着对于英国的刑事程序的警惕而规定了宪法的权利保护条款，但其要保护的是什么权利却并不明确。1960 年以后，美国联邦最高法院法官的判例意见通常认为，第四修正案要保护的是隐私权，当然也包括其他一些权利。但同时，第四修正案又明确规定，只要符合一定条件，政府是有权进行搜查和扣押的，而且这种条件要求并不是很高，即只要有"可能事实依据"就可以，而不需要刑事定罪的"排除合理怀疑"标准或民事程序的"优势证据"标准。而正是围绕着第四修正案到底赋予了政府多大程度的搜查和

---

① 原文为："The right of the people to be secure in their persons，houses，papers and effects，against unreasonable searches an seizures shall not be violated，and no warrants shall issue，but upon probable cause，supported by oath or affirmation，and particularly describing the place to be searched，and the persons or things to be seized."

② United States v. Verdugo－Urquidez，494 U. S. 259（1990）.

扣押权，以及如何令这些权力与公民隐私权和其他权利相平衡，才产生了美国的搜查扣押制度。面对一个涉及搜查扣押行为的案件，要回答两个问题：一是该搜查扣押行为是否为第四修正案所禁止；二是如果是的话，那么这一搜查扣押行为所获得的证据是否应该被排除。要了解美国的搜查和扣押制度，其实就是要了解美国的法院，尤其是最高法院对第四修正案的解读。

一、美国宪法意义上的“搜查”与“扣押”

第四修正案的用语并未说明其适用于哪一类，即由什么主体实施的搜查和扣押行为。一般理解为第四修正案不仅适用于警察的刑事侦查行为，而且普遍适用于所有官方和政府主体实施的搜查扣押行为，且不只局限于搜集证据的官方行为。[①] 那么，什么样的官方行为构成第四修正案意义上的搜查或扣押呢?

搜查主要包括物理性侵入（Physical Intrusion）、视力观察、监听或者使用其他设备仪器或辅助方式来感知对象的状况等。扣押则可以分为对人的扣押和对物的扣押，其中对人的扣押包括拦截和逮捕，对物的扣押则争议较少。关于搜查和扣押的区别，除了表现形式不一样之外，还体现在不同的警察行为所影响到的公民利益不一样。搜查行为主要涉及隐私利益，对人的扣押行为主要涉及的是公民不受身体上的干扰的利益，而对物的扣押行为主要涉及的是对物的占有利益。

（一）搜　　查

要定义一项行为是否属于第四修正案之下的“搜查”，首先要看该行为是否涉及《美国宪法》所保护的公民利益。如果答案是肯定的，接下来就要分析警察采取的手段是否符合第四修正案的要求。在第四修正案通过之初，由于侦查手段的有限性，其涉及的公民利益一般被表述为“不受政府不合理侵入”的利益，而警察行为的主要表现方式则是“物理性侵入”。美国法院对于“物理性侵入”的态度是明确而连续的：警察进入某所房屋寻找证据肯定是搜查，这几乎不会产生任何争议；警察对个人身体的检查也构成搜查，包括强制抽取公民血液来测定酒精含量[②]、强制从受伤嫌疑人身上取出子弹[③]、强制抽取嫌疑人的指甲组织[④]等都被法院认定为搜查。相对而言，提取字迹和指纹等却不属于搜查，因为这类行为不涉及公民的受保护利益。此外，检查嫌疑人的衣服或者寻找藏于嫌疑人身体

① 怀特大法官在 Soldals v. Cook County，506 U. S. 56（1992）中的意见。

② Schmerber v. California，384 U. S. 757，767－68（1966）.

③ Winston v. Lee，470 U. S. 753，759（1985）.

④ Cupp v. Murphy，412 U. S. 291，295（1973）.

内部的物品肯定是搜查。在黑克斯（Arizona v. Hicks）① 一案中，尽管存在反对意见，但法院判决还是认为，对于一项涉及公民利益的物品的任何“物理性操控”（Physical Manipulation）都是第四修正案意义上的搜查。物理性的搜查必须符合第四修正案的要求，如果超出了限度就构成违宪。比如，特瑞案（Terry v. Ohio）确立了警察的“保护性搜查权”，即在嫌疑人有可能携带武器时，轻拍其外衣以寻找武器，这种搜查是不需要可能成立的理由或者令状的。但是如果警察行为超出了特瑞案的赋权范围，就必须要按第四修正案的要求，具有可能实施的根据或者令状才行，否则就违反第四修正案的规定。在迪克森（Minnesota v. Dickerson）② 中，美国联邦最高法院确立了“一览无余规则”（Plain Feel Doctrine），认为警察在进行拍衣搜查武器时，对于嫌疑人携带的其他违禁品，只有在有明显触觉时，才能搜查，否则就构成违宪。

除了“物理性侵入”外，随着技术的进步，非接触性的侦查活动越来越多，但把这些侦查活动纳入第四修正案的保护却经历了一个漫长的过程。在博伊德案（Boyd v. United States）③ 中，一项法案要求嫌疑人交出私人文件，如果拒绝交出则推定该文件中载明的对嫌疑人不利的事实成立。美国联邦最高法院认为，这个案件中虽然没有实际发生搜查扣押，却相当于“推定的搜查”（Constructive Search），要受到第四修正案的规制。但是在奥姆斯泰德（Olmstead v. United States）④ 一案中，法院很快放弃了这一概念，而是强调只有“有形物体”（Tangible Objects）才可以受到第四修正案保护。该案中的警察窃听行为针对的是对话，对话不是有形物体，法院因此认为不受第四修正案保护。这样一种对于第四修正案的解读贯穿了20世纪的大部分时间，使得许多案件的争议点都放在了如何解读“物理性侵入”或者“有形物体”上。这种情况一直到著名的卡兹案（Katz v. United States）⑤ 才发生了变化。

卡兹案中，由斯图尔特法官撰写的多数意见明确表示，第四修正案保护的是人而不是财产，即使一个人身处公共地方，也可能存在受《美国宪法》保护的他不希望被外界所干扰的隐私。法院依据此判决，警方对于嫌疑人在公共电话亭中的电话对话进行监听的行为构成搜查，并违反第四修正案的规定。在卡兹案的同意意见中，哈兰大法官还确立了确定官方行为是否属于搜查行为的双层标准。根据这一标准，首先，官方行为应该侵犯到公民在主观上表露出来的希望被保护

---

① Arizona v. Hicks, 480 U. S. 321 (1987).

② Minnesota v. Dickerson, 508 U. S. 366 (1993).

③ Boyd v. United States, 116 U. S. 616 (1886).

④ Olmstead v. United States, 227 U. S. 438 (1928). 此案判决已经被卡兹案推翻。

⑤ Supreme Court of the United States, 389 U. S. 347 (1967).

的隐私利益。其次，这一被侵犯的隐私利益应该是可以被社会接受为“合理”或“合法”的利益。卡兹案之后，不仅窃听被视为搜查而纳入第四修正案的调整范围，而且用眼睛、鼻子等其他感知器官或仪器进行的侦查活动也渐渐被纳入第四修正案的调整范围，法院也都用“双层标准”来判断这些侦查活动是否属于第四修正案意义上的搜查。

“双层标准”还需要在具体案件的适用中进一步进行解释。比如，如何判断公民在主观上表露出了希望其隐私利益被保护的意思呢？法院会审查该公民是否采取了积极措施来保护自己的隐私利益。在贝利纳（United States v. Bellina）[①]中，法院认定警察使用梯子来窥探在一架飞机的内部所发生的活动，并不构成搜查，因为被告人并未采取措施来遮盖住窗户，也就是没有表露出要保护其隐私的意思。同样道理，对被抛弃的物品或财产进行的调查活动，也不构成第四修正案意义上的搜查。下面将在几个具体的语境中讨论卡兹案“双层标准”的运用。

1. 敞地搜查原则

敞地搜查原则在卡兹案之前就确立了。[②] 该原则将“敞地”与“其他宪法保护区域，如房屋”区别对待，认为在开放领域（即敞地）发生的侦查活动不受第四修正案规制，警察可以在无令状的情况下使用肉眼观察获取证据而不违反《美国宪法》。在1984年的奥利弗（Oliver）[③] 一案中，美国联邦最高法院认定，敞地搜查原则与卡兹案“双层标准”并不冲突，因为在敞地上不存在社会所期待的合法隐私利益。在奥利弗案中，警察无视“禁止擅自闯入”的警告牌，进入奥利弗的物业范围，步行数百码后，在离奥利弗的房屋大约1英里处发现了一片大麻种植地。法院依据敞地搜查原则判定，警察的上述侦查行为不构成第四修正案所说的搜查。本案中，美国联邦最高法院多数意见还进一步对敞地搜查原则进行了界定，指出“对一个家而言，并非周边所有地区都受第四修正案保护，只有紧邻家的庭院才属于第四修正案的保护范围”，那么，如何解读“庭院”（Curtilage）呢？

在邓恩一案（United States v. Dunn）[④] 一案中，美国联邦最高法院认定，在一片约200英亩的物业上，距离围绕居所的栅栏约50码的一座谷仓应该是在庭院之外，因此，警察在没有令状的情况下闯入该物业，在谷仓中发现一个毒品实验室的刑事调查活动并不受第四修正案限制，尽管该物业整个都是被栅栏和铁丝网所包围的。由怀特法官撰写的法院多数意见认为，在判断“庭院”的覆盖范

① United States v. Bellina, 665 F. 2d 1335 (4th Cir. 1981).

② Hester v. United States, 265 U. S. 57 (1924).

③ Oliver v. United States, 466 U. S. 170 (1984).

④ United States v. Dunn, 480 U. S. 294 (1987).

围时，要考虑下列因素：距离居所的远近；是否属于居所周围“圈起来”的区域；该区域的用途，以及业主为保护该区域内的活动不被人观察而采取的措施。具体到本案，怀特法官指出，谷仓离居所约50码，不在居所篱笆圈起来的范围之内，没有迹象表明该谷仓的用途与居所有密切联系，也没有迹象表明主人为防止他人观察该谷仓内的活动而采取了任何保护措施。哈特菲尔德案（United States v. Hatfield）进一步指出，即便被调查的区域按照上述标准是属于“庭院”内的，但从该区域外用肉眼进行观察并不构成搜查。

2. 公众获知原则

对于一个生活在社会中的人而言，并非所有隐私要求都是可以为社会所接受的。比如，一个人在大街上行走，不可能期待别人都不注视他。在卡兹案之后，美国联邦最高法院在一系列案件中确立了“公众获知原则”，其含义是，如果一项信息是普通公众都可以获得的，那么官方获取该信息就不受第四修正案限制。在具体运用中，“公众获知原则”又表现为：如果一个被牵涉进犯罪活动的人与他的同案犯（其实是警方的线人）进行交谈，被警察通过安装在线人身上的无线电接收器监听，那么这一监听不受第四修正案限制①，因为进行犯罪活动的人要承担其同案犯可能会向警方告发的风险；如果警察要求银行提供储户资料，也不涉及第四修正案的问题，因为储户既然可以把自己的资料交给银行，那没有理由不让官方了解这些信息。② 警察安装电话记录器，只记录某一电话机拨出的电话号码，但并不监听通话内容，也不构成搜查，因此，不需要符合合理性要求或者有合理依据。因为电话用户在拨打电话时已经主动把拨出的号码信息告知了电话公司，既然电话公司可以获得这一信息，那么警方也可以获得。③ 在California v. Greenwood④ 一案中，基于同样的理由，法院判决警察无令状从被告人房前装垃圾的塑料袋里获得的证据可以使用，因为公众也可以拿走该塑料袋。在California v. Ciraolo⑤ 一案中，警察从离地面1000英尺的高空侦察到被告人家的后院种植有大麻，首席大法官伯格代表美国联邦最高法院撰写判决意见，认为即使这一侦查活动没有获得令状，也没有证据表明有合理依据，也是被《美国宪法》

① United States v. White，401 U. S. 745（1971）.

② Banks Ass'n v. Shultz，416 U. S. 21（1974）；United States v. Miller，425 U. S. 435（1976）.

③ Smith v. Maryland，442 U. S. 735（1979）. 需要指出的是，安装电话记录器虽然不受第四修正案的限制，但是美国国会通过了制定法来限制警方对电话记录器的使用，要求警方必须先获得法院命令或者提供者的同意，方可安装电话记录器。Electronic Communications Privacy Act，18 U. S. C. §3121.

④ California v. Greenwood，486 U. S. 35（1988）.

⑤ California v. Ciraolo，476 U. S. 207（1986）.

所允许的，因为任何从空中俯瞰被告人家后院的人都可以看到那片大麻地。在Bond v. United States[①]一案中，边境执法人员登上一辆大巴，用手挤压乘客放在行李架上的软皮行李，并发现被告人的帆布包里有砖头状物品。美国联邦最高法院认为，这一行为已经不是被告人可以预期的旅客或其他公众的随意的触碰了，因此，构成搜查活动，并且违反第四修正案的要求。

3. 只可能发现非法活动的侦查行为

美国联邦最高法院认为，只有可能威胁到合法、私人活动的调查行为才构成第四修正案意义上的搜查。相反，如果一项调查活动，只可能发现和揭示非法活动，而对合法活动没有威胁，那么这项活动就不是搜查。在United States v. Place一案中，法院认定使用警犬对行李中的毒品进行搜索不构成搜查。[②]但是在警犬对某一件行李作出明显示警反应后，打开行李搜查毒品则构成搜查，需要令状或符合其他要求方可进行。因为这一紧随行为会涉及被告人的私人物品，而且缉毒犬也是可能犯错误的。值得注意的是，并非所有警犬查毒行为都不构成搜查，在United States v. Thomas[③]一案中，美国联邦最高法院认定在公寓门口使用大麻稽查犬构成搜查，因为人们对于公寓有着更高的隐私利益期待。

4. 使用技术来增强侦查能力的问题

侦查技术的进步对卡兹规则提出了一些新的挑战。在卡兹规则下，用肉眼来进行观察一般不构成搜查。但如果这种观察因为采用技术的辅助而变得十分具有探索能力呢？2001年发生的Kyllo v. United States[④]一案就提出了这个问题。在该案中，侦查人员使用热成像技术，从大街上观察被告人家中热量大小，并据此判断被告人家中是否种植有大麻。斯卡里亚大法官撰写的多数意见提出，“无证搜查止于家门前”，家的隐私利益值得特别的保护。由于警方使用的热成像技术是大众所不能利用的，而且这种技术协助警方从他人家中获得了以前只能通过物理侵入才能获得的信息，这一侦查行为构成搜查，应该符合第四修正案的要求方可进行。另外，美国联邦最高法院还认定使用电子寻呼机协助侦查一般也不构成搜查。在United States v. Knotts[⑤]一案中，警方在一个化学品容器中置入一个电子寻呼机，并用其追踪购买该化学品的被告人。法院认为，这一行为不是搜查，因

---

① Bond v. United States, 529 U. S. 334 (2000).

② United States v. Place, 462 U. S. 696 (1983). 但是在本案中，由于警犬到达现场之前，被告人的行李已被扣押了90分钟，因此，美国联邦最高法院认为，虽然没有搜查行为，但却存在受第四修正案规制的扣押行为。

③ United States v. Thomas, 757 F. 2d 1359 (2d Cir. 1985).

④ Kyllo v. United States, 533 U. S. 27 (2001).

⑤ United States v. Knotts, 460 U. S. 276 (1983).

为警方用肉眼也完全可以追踪被告人。在 United States v. Karo[①]一案中，法院得出了相同的判断，但怀特法官同时对于用电子寻呼机来判断某项物品是否位于他人家中的侦查手段进行了批评。

5. 由私人进行的侦查活动

美国联邦最高法院在麦克道尔案[②]中明确了第四修正案不用于规制由私人实施的侦查和调查活动，但有时会出现私人活动与官方调查相结合的情况。比如，如果私人是作为官方代理人而进行调查活动的话[③]，那么这一调查是要受第四修正案限制的。判断一个公民在进行调查时是否是官方代理人，标准是在该搜查活动进行之时，行为人是否相信自己的行为是官方明示或暗示要求进行的。[④] 有时候官方调查是紧接着私人活动而进行的。比如，在瓦特案（Walter v. United States）中，有人误收到一个内装胶卷的包裹并将其打开，在没有查看胶卷内容的情况下把它交给了警方，警方可否在没有令状授权的情形下对该包裹进行查看呢？美国联邦最高法院的意见并不统一，判决意见书认为警方可以接受该胶卷，但要查看内容需要有搜查令。在雅各布森案[⑤]中，确立的原则是“只要警察的调查活动没有超过之前私人进行的调查活动的范围，那么警察的调查活动就不属于第四修正案所规制的搜查或扣押”。但是在随后的佩奇案[⑥]中，法院又指出，在处理私人调查与官方调查相结合的案件时，要运用可预见性原则区别对待具体案件，即分析私人的侵入行为是否是业主可以预见的。本案中，装修工人进入业主房间找到大麻并报告了警察，警方随即派人在无证的情况下再次进入该房间取证。法院认为，不能仅仅因为警方的行为没有超过装修工人的行为就认定其合宪性，而是要看业主是否可以预见装修工人进入其房间的可能性，如果可以，那么他就失去了对于该房间隐私不受侵犯的期待。

6. 由外国人进行的侦查活动

美国联邦最高法院通过碧蒂一案（United States v. Behety）确认，国外的官方调查活动所取得的证据在美国一般是可以无条件被接受的，不论该调查活动是否符合第四修正案。但是有两个例外，一是如果国外的侦查活动采取的手段过于极端以至于令美国法官的司法良心感到不安；二是如果美国的警察实质参与了国外调查活动，以至于该调查活动应该被视为美国与国外的合作行动。在这两个例

---

① United States v. Karo, 468 U. S. 705 (1984).

② Burdeau v. McDowell, 256 U. S. 465 (1921).

③ United States v. Walther, 652 F. 2d 788 (9th Cir, 1981).

④ Skinner v. Railway Labor Executives' Ass'n, 489 U. S. 602 (1989).

⑤ 466 U. S. 109 (1984).

⑥ United States v. Paige, 136 F. 3d 1012 (5th Cir. 1998).

外之下，法院还是需要以第四修正案为标准，对警察的证据调查活动进行审查。

（二）扣　押

如前所述，对人的扣押主要涉及公民“身体上不受干扰”的利益，或是“自由移动”的利益等。在1968年以前，逮捕被视为唯一对人的扣押方式。从特瑞案（Terry v. Ohio）① 起，美国联邦最高法院开始拓展“扣押”的含义。特瑞案中，一位警官在街上巡逻时怀疑三个人正在计划抢劫商店，他上前表明了身份后询问他们的名字。被告人特瑞含糊地说了些什么，这时警官上前抓住了特瑞并拍打他的外衣，发现了一把手枪。在此案中，美国联邦最高法院认为，“当警官与某一个人攀谈，并限制了该个人离开的自由时，该警官就‘扣押’了该个人”。而且这种加之于被扣押人的限制或者是通过“有形力量”（Physical Force）或者是通过“展示权威”（Show of Authority）来实现的。尽管后来美国联邦最高法院对“扣押”的解读经历了许多变化，但“扣押”是“有形力量”或“展示权威”的结果这一点却被保留了下来。

有形力量的扣押主要是对嫌疑人身体的控制，包括抓住嫌疑人，从物理意义上限制其离开，建立路障甚至枪击逃跑的嫌疑人等。相对于有形力量的扣押而言，展示权威的扣押则是一种“精神上的扣押”，这种扣押带来的问题更多，尤其是在扣押发生的时间点上有很多争议。自1991年哈瑞达·D. 案（California v. Hodari D.）② 后，美国联邦最高法院确定，只有当警察以扣押的意图而展示权威并令嫌疑人屈从，或者以扣押的意图而对嫌疑人进行有形触碰（Physical Touch）时，才构成对嫌疑人的扣押。换言之，有形力量的扣押有两个要件：一是警察与嫌疑人有有形接触，对嫌疑人进行了有形限制；二是警察的这种限制行为是基于扣押的意图。而展示权威的扣押则需要三个要件：一是警察展示了权威；二是对方对这种权威展示了屈从（Submission）；三是警察的行为是基于扣押的意图。至于如何判断嫌疑人的屈从，则引入了“理性人标准”。这也就是说，要判断是否构成“扣押”，需要判断同警方的遭遇会对一个理性人的心理产生什么样的影响。按照门登霍尔案（United States v. Mendenhall）③ 所确立的公式，如果一个理性人在特定情形下仍觉得自己可以自由离开（Feel Free to Leave）的话，那么这样的情形就不构成扣押。“理性人标准”后来也经过了新的案例的发展，博斯蒂克案（Florida v. Bostick）④ 把“感觉能够自由离开”改成了“感觉能够自由结束与警方的遭遇”（Feel Free to Terminate the Encounter），以便让这一标

① Terry v. Ohio，392 U. S. 1（1968）.

② California v. Hodari D.，499 U. S. 621（1991）.

③ United States v. Mendenhall，446 U. S. 544（1980）.

④ Florida v. Bostick，501 U. S. 429（1991）.

准更为宽泛。

对人的扣押只能表现为两种形式：拦截或者逮捕（Stop or Arrest）。拦截是启动第四修正案保护的一种最基本的对人的扣押，如果对人扣押的程度超越了拦截，就可能构成逮捕。由于拦截的“侵略性”被认为低于逮捕或者搜查，所以在特瑞案中，美国联邦最高法院认定拦截的合宪性要求不是逮捕所要求的“合理根据”，而是被降低为“合理怀疑”。因此，拦截与逮捕之间的区别也就变得重要起来。拦截一般被定义为“为调查犯罪目的而暂时限制嫌疑人自由”，既然是“暂时”，那么限制自由的时间就比较重要了。但是时间长短本身并不是确定拦截是否合理的唯一标准，美国联邦最高法院倾向于使用综合标准，即需要根据被调查犯罪行为的性质、嫌疑人是否对于时间的延长负有责任，以及警察是否对于时间的延长负有责任等来判断公民被限制人身自由的时间是否合理。

最典型的拦截当然是特瑞式的拦截。但一般认为，交通拦截也可类推适用与特瑞拦截一样的规则。值得注意的是，交通拦截，是指针对特定车辆的拦截，针对非特定车辆而设置的检查站或者路障则不构成拦截，也就不构成第四修正案意义上的扣押。拦截时警方可以采取必要的有形威胁或者暴力，这种威胁或暴力的程度根据每个案件所涉及的嫌疑人和案件性质的不同而不同。最常见的例子包括要求嫌疑人现场捺指印，用电筒检查车辆内部，要求嫌疑人蹲在地上并用枪指着嫌疑人等。威胁和暴力的程度并不决定这项行为是拦截还是逮捕，因此，使用手铐的拦截并不必然会升级为逮捕，只要这种威胁和暴力不会导致限制公民人身自由时间的延长。

逮捕的合宪性前提是逮捕发生之时应当有“合理根据”，如果逮捕行为发生之时，警方有“合理根据”认为嫌疑人正在进行、已经进行或者将要进行犯罪活动，那么这项逮捕就是合宪性的。因此，在司法实践中经常出现的问题是：一项警察行为是否构成逮捕？如果是的话，逮捕是何时发生的？逮捕发生时是否已经存在“合理根据”了？另外，逮捕的含义还与“逮捕随附的搜查”这一概念有关，下文将会专门介绍这一概念。在1968年以前，美国联邦最高法院只有两个案例就逮捕的成立进行了分析，其依据的主要是普通法上的两个逮捕要件：一是警察要实际上“羁押”（Custody）嫌疑人；二是警察要有羁押嫌疑人的意图。按照这个定义，只要是有意图的羁押行为，不管时间长短，具体情形如何，都是逮捕。但这一定义在1968年的特瑞案后受到挑战。特瑞案为了把逮捕同拦截分开，认定逮捕不仅仅是羁押，而且应当是刑事控诉的第一个阶段。也就是说，逮捕之后，“不可避免地会有更多对于被逮捕人的自由的干涉，不论最终是否会有庭审和定罪”。

与对人的扣押不一样，对物的扣押含义清晰，引起的争议较少，美国最高法院针对物的扣押的案例也不多。因为适用第四修正案的前提是要确定哪些公民权利需要第四修正案的保护，所以法院在对物的扣押下定义时，不仅要分析警方行为的性质，也要分析该行为在多大程度上影响了公民的利益，并以这种利益的性质和受影响程度来判断是否构成对物的扣押。由于第四修正案在传统意义上是保护隐私权的，美国联邦最高法院的一项任务就是要确认：即使一项警方行为不涉及隐私权，也可能受第四修正案的规制，因为其侵害到了公民的其他权益。这个任务在索德尔案（Soldal v. Cook County）[①]中完成了，该案和其他一些案件指出，如果警方行为对公民物的占有利益构成"实际干扰"（Meaningful Interference）[②]，那么警方行为就构成第四修正案意义上的对物的扣押。美国联邦最高法院关于对物的扣押还有另外一种定义方式，即扣押是"剥夺了个人在其财产上的主导权（Dominion）"的行为。[③]

只有在一些特殊的情形中才会产生与对物的扣押相关的争议。比如，关于何种情形构成实际干扰的问题，美国联邦最高法院在梅肯案（Maryland v. Macon）[④]中指出，卧底警察在成人书店购买物品不构成实际干扰，从而也就不构成对该购买物的扣押；在黑克斯案（Arizona v. Hicks）[⑤]中，警察在合法搜查过程中发现了疑似被抢劫物品，并记下了该物品的产品序列号，美国联邦最高法院认为这一行为也不构成实际干扰。关于什么是物的占有利益的争议则主要出现在运送中的物品上。因为托运物品的主人其实已经暂时放弃了其占有该物品的权利，那么警察获取在运送中且物的主人并未陪同的物是否属于第四修正案意义上对物的扣押呢？由于美国联邦最高法院没有进行清楚的解释，而理论界也有不同的观点，所以各法院的一般做法是，如果警方控制该物的时间是在该物品由承运人占有的时间内，那么警方的行为就不构成扣押。还有一个问题是对物的主人故意不加陪同的物品的扣押，比如，毒品贩卖人故意将行李放在离自己很远的地方而不加陪同，在此过程中，警察为调查犯罪的目的而搜查或者控制该物也不构成第四修正案意义上对物的扣押。

① Soldal v. Cook County, 506 U. S. 56 (1992).

② See, United States v. Jacobsen, 466 U. S. 109, 114 (1984).

③ Horton v. California, 496 U. S. 128, 133 (1990).

④ Maryland v. Macon, 472 U. S. 463, 469 (1985).

⑤ Arizona v. Hicks, 480 U. S. 321 (1987).

二、关于“合理性”和“令状”的解释

（一）合理性要求与令状要求之间的关系，以及令状对于搜查和扣押的重要性

学术界有观点认为，“是否合理”是判断一项搜查或扣押是否合宪的终极标准，而不论该项搜查或扣押是否有令状。只有当需要以令状来支持搜查或扣押行为的合理性时，才会考虑令状问题。但是美国联邦最高法院的卡兹案意见却认为，除非搜查或扣押是根据搜查令或扣押令而进行的，否则本身就会被假定为不合理。但这个“本身不合理原则”却不是绝对的，美国联邦最高法院创建了一些该规则的例外，即并非所有未依据搜查令或扣押令而进行的搜查或扣押都会被假定为不合理而违宪。正是由于总有例外存在，所以在米恩斯案（Mincey v. Arizona）[①] 中，美国联邦最高法院重新组织了语言，把合理性要求与令状要求之间的关系表述为：如果事先未取得令状，那么在一些情况下，搜查和扣押行为将被假定为不合宪；但是在很多其他情况下，并不需要事先获得令状来使搜查和扣押正当化。至于为什么在一些情况下需要事先取得令状，美国联邦最高法院在约翰逊案[②]的判决意见中对这一问题进行了阐述，奠定了令状原则的基础。在该案中，有丰富经验的警察闻到被告人屋外有鸦片的味道，于是敲门询问。被告人把警察让进屋中，警察在没有搜查令的情况下搜查了屋子，找到了可令被告人入罪的违禁品。杰克逊大法官撰写的判决意见指出，第四修正案保护的意义，不是要否定警务人员基于常识和理性对是否存在“可能的合理依据”进行判断的能力，而是把这种判断的权限交予中立的第三人之手，除非有例外情形表明本案不需要令状。

一般认为令状可以发挥三项功能：首先，对于是否存在合理根据，中立的治安法官可以作出比与被告人存在竞争关系的警方更好的判断。其次，即使存在合理根据，并且搜查扣押对象也已特定化，治安法官仍然可以根据合理性标准而拒绝颁发令状。比如说，警方申请搜查一幢房屋，并且提供了房屋中有大麻的合理根据，但如果治安法官认为大麻的数量很小，不足以令搜查行为正当化，他仍然可以基于自由裁量而拒绝颁发搜查令。最后，如果警方实施搜查扣押时手执令状，那么被搜查或扣押的对象对搜查行为的权威性、合法性会更加认可。但是，

---

① Mincey v. Arizona，437 U. S. 385（1978）.

② Johnson v. United States，333 U. S. 10（1948）.

令状的上述功能在实践中是否真正能得到贯彻受到了质疑。根据《纽约时报》的调查，在对于安装窃听器、搭线窃听等电子侦查手段的控制上，法院的功能更像一个“橡皮图章”。在被调查的8950单个案中，法院只拒绝了7单电子侦查的申请。[①]

（二）令状合宪性的前提条件

一份令状需要具备四个条件才能合乎《美国宪法》要求。首先，负责颁发令状的治安法官需要确定，根据申请人提交给自己的材料，存在可据以签发令状的合理根据。其次，申请人应该对申请内容进行宣誓确认。再次，令状应该符合特定化要求。最后，治安法官还应确保令状符合其他的形式要件，如签名或者各州立法特别要求的形式要件等。除了普通的令状外，法官还可以签发先期令状。在格拉布斯案（United States v. Grubbs）[②] 中，美国联邦最高法院确认，如果宣誓书中存在合理根据能表明将来在某地会存在关于某一特定犯罪的证据，即可签发此令状。

1. 确立“合理根据”

在第四修正案中，“合理根据”是限制“颁发令状”这一行为的标准，只有存在合理根据时，才可颁发令状。因此，“合理根据”并不用于规定搜查或扣押行为的合理性本身。但这只是从语法上对第四修正案进行的解读，在美国联邦最高法院的实际案例中，很多情况下，即使根据相关事实并不需要颁发令状，美国联邦最高法院还是会援用“合理根据”标准来判断搜查或扣押的合宪性。对于“合理根据”的具体含义，《美国宪法》条文中并未提及，美国联邦最高法院通过许多案例对其进行了说明，下文中将会讨论。

一直到20世纪60年代，人们才开始关注“合理根据”这个概念本身的含义。阿贵拉案（Aguilar v. Texas）[③]、斯贝尼利案（Spinelli v. United States）[④]、盖茨案（Illinois v. Gates）[⑤] 三个案件确立了成立合理根据的如下标准：

阿贵拉案所确立的是双层标准。法院在承认传闻证据可以用于支持合理根据成立的同时指出，一方面，警方应提供足以令司法官独立地判断信息有效性的必要基础细节；另一方面，警方应该提供证据说明信息来源的可靠性或者线人的可信度。

---

① Labaton, Before the Explosion, Officials Saw Little Risk for Building in Oklahoma City, New York Times, May 2 (1995), A 19.

② United States v. Grubbs, 547 U. S. 90 (2006).

③ Aguilar v. Texas, 378 U. S. 108 (1964).

④ Spinelli v. United States, 393 U. S. 401 (1969).

⑤ Illinois v. Gates, 462 U. S. 213 (1983).

斯贝尼利案则基本沿袭了阿贵拉案，并确认了如下原则：如果警察声称提供给基层司法官的信息是警方自己掌握的第一手资料，那么基层司法官只审查该信息是否足以成立可能的事实依据并作出独立判断，而不对警察的可靠性作出质疑。如果警察说明其信息全部或部分依赖于第三人的提供，那么基层司法官不仅要审查信息是否足够，还要审查如下内容：第一，谁是信息的来源，或者说信息提供者的可信赖性。如果警方不知道信息来源，那么警方需要提供相当程度的其他证据来佐证信息的可靠性。第二，信息的细节和来源基础，或者说信息的可靠性。如果信息的基础是不清晰的，但是信息中存在的大量细节足以表明该信息是报料者通过亲自观察才可获得的，则可以弥补来源的不清晰。第三，假定该信息是可靠的，那么该信息可否满足基本的证明标准要求，即存在可能的事实依据。基层司法官应当依据常识，对官方是否已经成功表明了犯罪发生的可能性作出判断。

盖茨案则变更了由前两个案件确认的“线报可靠性＋线报来源基础”双层标准，认为双层标准过于僵化和技术化，与日常生活中理性与谨慎的普通人的思维方式冲突，并确立了“整体情况评价标准”（Totality of Circumstances Rule）。根据这个标准，司法官应该根据全案情况决定是否颁发搜查令或扣押令。判断时需要考虑四个因素，即信息的性质、警方是否有机会见到或听到被报告事宜、报料人的可信度和获得信息的方式以及警方是否通过调查独立证实了所报信息，某一方面的欠缺可以由其他方面得到弥补。比如，如果确实无法说明报料人的可靠性，但有其他报料可以补强前一报料的，仍然可能成立合理根据。①

值得注意的是，这三个案子都纠结于报料人的可靠性，原因是案件中所涉及的报料人，或者是警方线人，或者是匿名报料者。如果报料人是身份明确的、非职业化的、不因报料而获得报酬的普通市民，法院则认为无需适用上述标准，仅有公民报料人提供的信息就足以确立合理根据并依据此颁发搜查令或扣押令。②同样道理，法院认为共同犯罪人的证言也足以确立合理根据。③

2. 令状的特定性

（1）可以扣押的物品范围。在1967年之前，美国联邦最高法院在搜查活动可以扣押物品的范围上一直坚持“纯证据规则”（Mere Evidence Rule）。也就是说，警方在合法的搜查过程中，可以扣押的物品仅限于犯罪工具、犯罪所得或违禁品，而无权扣押仅有证据作用的其他物品。但是在沃伦法院处理的海登案

---

① United States v. Warner，894 F. 2d 957（8th Cir. 1990）.

② State v. Paszek，50 Wis. 2d 619，184 N. W. 2d 836（1971）.

③ United States v. Patterson，150 F. 3d 382（4th Cir. 1998）.

(Warden v. Hayden)[1] 中，布伦南大法官的多数意见推翻了这一规则，确认武装抢劫嫌疑人的衣服也在可扣押物品之列，从而极大地拓宽了扣押物品的范围。

(2) 可以搜查的地点范围。美国联邦最高法院认为，嫌疑人的家并不一定是可以搜查的地点，判断可以搜查的地点，关键在于要有合理理由相信待搜查和扣押的物品位于这些地点，因此要考虑犯罪的类型、要搜查的物品的性质、嫌疑人隐藏该物品的机会以及从常识上讲嫌疑人通常隐藏犯罪证据的地点。[2] 只要符合条件，非嫌疑人的家也可以成为搜查对象。另外，某些场所要求特殊的搜查条件，如律师事务所。在约翰逊案 (O'Connor v. Johnson)[3] 中，明尼苏达州法院判定，根据《明尼苏达州宪法》和第四修正案，为寻找律师的客户的资料而搜查律师事务所是不合理的，除非该律师也被怀疑从事非法行为而且有毁灭客户记录的可能性。

(3) 特定性要求。要求搜查令或扣押令将搜查或扣押对象特定化的目的在于控制搜查人员的自由裁量权，但特定化到什么程度才符合《美国宪法》要求呢？这是美国联邦最高法院需要解决的问题。按照美国联邦最高法院的解读，令状特定化并不需要达到事无巨细的程度。比如，令状无需载明要搜查的物业的业主姓名，也无需载明嫌疑人涉嫌的罪名。美国联邦最高法院在戴利亚案 (Dalia v. United States)[4] 中强调，令状的特定化要求并不是要具体指明执行这一令状所需的具体方式，特定化仅仅包括被搜查地点的特定化和要搜索的人或物品的特定化。

就搜查地点而言，第四修正案并不要求令状特定化到技术性精确的程度，具体的合理精确程度取决于要被搜查地点的性质以及警方在令状颁发之前可以合理得知的关于该被搜查地点的信息。如果合理根据只存在于一所公寓，就不应授权警方搜查该公寓所在的整幢大楼。[5] 一般认为，在城市，只要令状中载明了门牌号，就已经满足了特定化要求；在乡下，由于没有街道门牌号，因此特定化的标准更加宽松。[6] 还有一个问题是，在搜查令所载的待搜查场所中，哪些部分是可以搜查的呢？比如说，位于同一地址的车库是否包含在搜查范围内呢？在厄尔斯案 (United States v. Earls)[7] 中，法官判定可搜查范围包括特定地点的房屋、庭院内的车库、工具棚和办公室。不仅如此，搜查范围一般也包括停泊在同一地点

---

① Warden v. Hayden, 387 U.S. 294 (1967).

② Zurcher v. Stanford Daily, 436 U.S. 547, 556 (1978).

③ O'Connor v. Johnson, 287 N.W. 2d 400 (Minn. 1979).

④ Dalia v. United States, 441 U.S. 238 (1979).

⑤ Moore v. United States, 461 F. 2d 1236, 1238 (D.C. Cir. 1972).

⑥ See, United States v. Dorrough, 927 F. 2d 498 (10th Cir. 1991).

⑦ United States v. Earls, 42 F. 3d 1321 (10th Cir. 1994).

并有可能藏有被搜查物品的交通工具和阁楼等。处理这一问题的一般性原则为：一份载明了某一具体房屋或建筑的令状，可以授权警方搜查位于该地点的所有大小足以装下被搜查物的物品，包括置放于该地点但属于第三人的物品。关于被搜查物品的特定化要求，美国联邦最高法院认为搜查令应该载明所搜查的物品应该与所涉嫌的犯罪有关，而不能覆盖其他犯罪。即使有模糊用语，如本案中的"与犯罪有关"这一表述，也应该解读为"与此犯罪有关"。

3. 中立的治安法官

令状合宪性的最后一个条件，是签发者应当是中立的司法官员。何谓中立呢？在沙德威克案（Shadwick v. City of Tampa）① 中，中立被理解为"与执法活动的分立"。在利昂案中，法院认为如果治安法官完全抛弃了自己的司法官职责，以至于任何理性的执法人员都不能依赖该令状时，依据此令状所获得的证据就应该被排除。法官被认为不中立的具体情形包括：当州的检察长担任签发令状法官时，当治安法官参加到调查活动中去时，当治安法官以收费为代价签发令状时，当治安法官不过只是警察的"橡皮图章"时，等等。

与令状签发者有关的另一个问题是他们的法律素养程度。同样是在沙德威克案中，作为非律师的市政职员被授权签发轻微案件中的逮捕令状。鲍威尔大法官认为，市政职员缺乏法律培训背景这一事实并不使他们丧失中立性。但同时，鲍威尔大法官也强调并非所有非律师签发的令状都可以符合第四修正案的要求。

（三）令状的执行

1. 令状的执行时间

美国大多数法域规定，令状应该在一定的时限内执行，否则就过期失效。联邦一级的规则规定的时限是 10 天，在这一期限后，如果警方仍要执行搜查扣押，除非有不需要令状的理由，否则必须重新申请令状。而且美国联邦最高法院在史葛罗案（Sgro v. United States）② 中还确认，如果再次申请令状时，原先申请时的合理根据已不复存在，那么原先的令状并不能自动重生。签发令状时要求的合理根据必须是在签发当时仍存在的合理根据。但当代美国的法律体系中，要求令状必须在一定期间内执行的程序性规定并不常见。当警方原本所依赖的合理根据由于情况变化或者时间流逝而不复存在时，这一合理根据就"陈化"（Staleness）了 。如何判断签发令状时依据的合理根据是否已经陈化了呢？马里兰上诉法院对此进行了总结，认为应根据个案的具体情况来进行判断，所考虑的因素包括时间过去了多久、涉及的犯罪行为的性质、犯罪行为的持续时间以及被扣押的物品

① Shadwick v. City of Tampa，407 U. S. 345（1972）.

② Sgro v. United States，287 U. S. 206（1932）.

性质等。

2. 令状的夜间执行

传统上认为，夜间执行搜查对公民权利的侵略性高于白天。所以美国联邦法律一般要求令状应该载明在白天执行的要求，除非签发令状的治安法官有“合理理由”（Reasonable Cause）作出相反规定。联邦一级的规则对“白天”的定义为“当地时间上午 6 点至晚上 10 点之间”。美国的许多州也都有类似的程序性规则，要求若非紧急或特殊情形，不得在夜间执行令状。

3. 敲门和告知原则

美国联邦最高法院在 20 世纪 90 年代通过威尔森案（Wilson v. Arkansas）① 确立：第四修正案的合理性要求包含了普通法上的“敲门和告知原则”，即要求作为一项一般原则，警察在进入住所进行搜查之前，必须先敲门并告知对方自己的来意和权限。但是，自 2006 年的哈德森案（Hudson v. Michigan）② 之后，警察若违反此规则就只承担民事上的责任了。因为哈德森案明确规定，违反“敲门和告知原则”的搜查可以享受适用排除规则的豁免（此内容将在下文“排除规则”部分讨论）。这样一来，除非美国各州自己以此为根据设立排除规则，否则嫌疑人以违反此项原则为由挑战警察行为就不再具有刑事程序上的意义了。

（四）无令状搜查和扣押

1. 保护性武器搜查：轻拍搜查和大规模搜查

将保护性武器搜查纳入第四修正案下并允许在无令状情况下进行此类搜查始于特瑞案（Terry v. Ohio）③。美国联邦最高法院在该案中确立了判断何种搜查构成“轻拍”的两层标准：首先，要判断警察的行为是否从一开始就是正当的。其次，要判断警察后来的行为是否与一开始其依据的事实情况在程度和范围上相符合。换言之，第一个问题是判断《美国宪法》是否允许警察去“遭遇”（Encounter）嫌疑人，只有当警察有合理怀疑认为被限制自由的嫌疑人可能藏有武器并因而具有危险性时才可以进行轻拍搜查。第二个问题回答的是轻拍的程度，以免让搜查武器成为“探索性搜查”（Exploratory Search）的借口。如果警察在轻拍时能明显地触碰到硬物，那么他可以去够及该硬物以确定该物是否为武器；反之，如果警察能理性地判断所触碰到的物品不可能是武器，此时他伸手去取出嫌疑人衣服中的物品就违反了《美国宪法》的规定。特瑞案指出，之所以应该允许警察在没有令状的情况下拦阻并轻拍嫌疑人的外衣以搜查武器，是因为这种行为可能涉及的公民权利固然重要，但鉴于每年美国有无数警察因为携带武器的危

---

① Wilson v. Arkansas, 514 U. S. 927 (1995).

② Hudson v. Michigan, 547 U. S. 586 (2006).

③ Terry v. Ohio, 392 U. S. 1 (1968).

险嫌疑人而丧命或者受伤，保护警察安全同样重要。所以只要当事警察有清晰怀疑（Articulable Suspicion）嫌疑人携带有武器并有人身危险性，就可以令轻拍搜查正当化。法官在事后判断其行为是否合理时，不是看他的“直觉”怎样，而是要看根据他的经验是否从已知事实中得出了理性的判断。这类令轻拍搜查正当化的事实有很多，通常包括嫌疑人衣服中的硬块、可以观察到嫌疑人携带有其他武器、可靠线人提供该人携带有武器的线索，或者嫌疑人试图从衣服中或座位下抽出什么东西的动作等。

除了特瑞案以外，另一个确立保护性武器搜查的重要案件是西布罗案（Sibron v. New York）①，但两起案件都使用了一些含糊性的语言，导致对于轻拍搜查的合理范围的争议在接下来的案件和下级法院处理的案件中不断产生。特瑞案提到了“最低限度侵扰方法原则”（the Least Intrusive Means Analysis），所以美国一些州法院就用“最低限度侵扰”作为判断标准。但同时特瑞案又说判断搜查是否合理时要看个别案件的具体情形，这显然和一刀切的“最低限度侵扰”分析方法是背道而驰的。特瑞案中警察的行为仅限于拍打嫌疑人的外衣，但也有一些下级法院的观点认为特瑞案等一系列案件所承认的武器搜查方式并非仅限于拍打外衣。

另一个和轻拍搜查范围有关的问题是轻拍搜查所针对的武器的类型和尺寸。轻拍搜查可以用于传统的武器（如手枪、刀械、大棒等）是毫无疑问的，问题是此类搜查可否也用于一些非传统的武器，或者是很小的武器呢？美国有些州的法院对轻拍搜查所涉及的武器范围的理解可谓别出心裁，塑胶水枪被认为可以适用特瑞式搜查，因为水枪中装的可能是硫酸；打火机被认为可以适用特瑞式搜查，因为打火机可以用来烧警察等。但美国学术界一般认为，这样宽泛的解释不妥，一件物品能否成为搜查目标的武器，要看在该特定案件中警方是否有理由认为该物品会被嫌疑人用作武器。轻拍搜查有时也不只限于嫌疑人的人身，而是会扩展到其他场所和物品②，此时一般会用逮捕随附的搜查来解释其是否合宪（下文将详细叙述）。这也就是说，只有嫌疑人能够触及的范围才可以成为武器搜查的对象。

除了轻拍搜查外，美国联邦最高法院还允许警察在特定情形下，在无令状时使用“保护性大规模搜查”来搜查除嫌疑人以外的第三人，以免遭到伏击。这一概念由布伊案（Maryland v. Buie）③ 所确立。在布伊案中，警方持布伊的逮捕

① Sibron v. New York, 392 U. S. 40 (1968).

② 比如，在 Michigan v. Long, 463 U. S. 1032, 1049 (1983) 一案中，警察发现嫌疑人的车内有猎刀，在轻拍嫌疑人人身没有发现武器后，搜查了嫌疑人的车厢并发现了违禁品。

③ Maryland v. Buie, 494 U. S. 325 (1990).

令状进入其住所，因怀疑地下室中还有其他人，警察进入地下室进行搜查并发现了犯罪证据。法院认为，根据逮捕随附的搜查理论，警方在逮捕嫌疑人时，不需要有合理根据或者合理怀疑，就可以对紧邻的橱柜等他人可能发起攻击的空间进行搜查。在此之外，如果有清晰的事实足以让一位谨慎理性的警察判断某一空间中藏有第三人，而该第三人可能危及逮捕现场众人的安全，警方就可以进行保护性大范围搜查。不过，这种搜查只能是采用肉眼进行粗略检查，而且一旦逮捕行为完成就不能再进行这种搜查了。

2. 逮捕随附的搜查

在实践中发生最多的搜查是逮捕随附的搜查。在 1914 年的威克斯案（Weeks v. United States）[①] 之前，几乎没有关于逮捕随附搜查的理论和案例：一方面是因为威克斯案才确立了排除规则，有了排除规则之后人们才会去考察一项搜查是否合法；另一方面则是因为美国普通法上一直认为逮捕后必然会有搜查，这是顺理成章的。但自从排除规则确立并自 1961 年扩展适用到各州之后，关于逮捕随附搜查的讨论也多了起来。

罗宾逊案（Robinson v. United States）[②] 可以说是逮捕随附搜查理论的分水岭。在此之前，许多案例认为逮捕随附的搜查是无证搜查例外的一类，以此来说明其正当性。但罗宾逊案颠覆了这种理论，认为基于可能事实依据的逮捕是一种合法的侵入，只要这种侵入是合法的，那么其紧随的搜查活动就不再需要其他正当化事由来说明了。“在对嫌疑人进行羁押逮捕（Custodial Arrest）之后对其进行全面搜查，不仅仅是第四修正案无证搜查例外的一类，而且属于第四修正案所规定的‘合理’的搜查。”按照罗宾逊案所确立的原则，不论逮捕所基于的事实依据为何，其所紧随的搜查均为合法，法院没有必要进行个案分析，不需要理睬搜查的目的是为了保护警察安全还是为了寻找犯罪证据，甚至不论随附搜查所获得的证据是否与本案相关。因此，除了很少的例外，如当所搜查物品涉及嫌疑人在美国宪法第一修正案项下的权利时，或者不允许整体扣押嫌疑人家中的所有物品外，逮捕随附的搜查几乎可覆盖各种物品，从衣服到钱包，再到手机中的电子数据等。下面具体分析逮捕随附搜查的时间、地点和范围。

（1）随附搜查的时间、地点。随附搜查的时间可以早于逮捕本身，但前提是搜查之时必须已经有了逮捕所依赖的可能事实依据，至于搜查的地点则是逮捕人被逮捕之处，不能延伸到其他地方。美国联邦最高法院曾在一系列案件中强调，随附搜查同逮捕应当在时间、地点上“同步”（Contemporaneous）。发生于逮捕

① Weeks v. United States, 232 U. S. 383 (1914).

② Robinson v. United States, 414 U. S. 218 (1973).

两日之前的无证搜查不是有效的随附搜查[①]，将嫌疑人被逮捕时乘坐的车辆移交警局车库后对其进行的无证搜查也违反了同步要求[②]。但是，“同步”的含义并非总是那么清晰的。在拉斯基案（United States v. Hrasky）[③] 中，审理该案的法官们对于何谓“同步”就产生了很大的争议。多数意见认为，“同步”不一定只是时间的相近性，只要搜查是发生在逮捕之后不间断的事件中的一起，就可以构成“同步”。

（2）随附搜查的范围。

①人身搜查的范围。不论是美国普通法还是美国判例法都一向承认，为获取证据和犯罪所得而在逮捕后对被逮捕人的人身进行搜查乃是逮捕的题中应有之意。但问题在于这种对人身的搜查可以进行到何种程度。首先可以肯定的是，这种搜查所允许的范围远远超过拍打搜查，但是界限到底在哪里？一些非常具有侵略性的搜查手段，如脱衣、对隐私部位的搜查等是否被宪法所允许呢？美国联邦最高法院的一些案例否定了一些极端的搜查手段。比如，在罗钦案（Rochin v. California）[④] 中，警察目睹嫌疑人将犯罪证据吞下，便将其送往医院并运用器械强制其将吞下的胶囊吐了出来。但极端案件毕竟不多，更多的案件是位于“灰色地带”之中。施曼伯案（Schmerber v. United States）[⑤] 涉及警察为了获取嫌疑人醉酒驾车的证据而在无令状的情况下抽取了嫌疑人的血液做测试。美国联邦最高法院认为逮捕随附的搜查不应该侵入到嫌疑人的皮肤之下，但是鉴于如不当场提取血液，酒精浓度证据很快就将不存在，所以警方的行为合宪。在这些处于灰色地带的案件中，法院主要还是运用平衡分析法，将嫌疑人的权利和执法公益放在天平上衡量大小后再作判定。

②对场所搜查的范围。贯穿整个20世纪，美国联邦最高法院都在为如何界定逮捕随附的搜查的空间范围绞尽脑汁。最初适用的是“排他控制”（Exclusive Control）标准，即处于嫌疑人排他控制下的空间都有可能藏有犯罪证据或者犯罪所得，因此，对于嫌疑人公寓内的四个房间都可以合理地进行随附搜查。[⑥] 但是戚莫尔案（Chimel v. California）[⑦] 推翻了之前的规则，而确立了“立即可控原则”（Immediate Control Rule），即嫌疑人可以立即触及并拿到武器或者销毁证据的空间范围。根据这一原则，美国联邦最高法院认为对嫌疑人公寓内的全部三间

① See，Stoner v. California，376 U. S. 483，486（1964）.

② Preston v. United States，376 U. S. 364，367（1964）.

③ United States v. Hrasky，453 F. 3d1099（8th Cir. 2006）.

④ Rochin v. California，342 U. S. 165（1952）.

⑤ Schmerber v. United States，384 U. S. 757（1966）.

⑥ Harris v. United States，331 U. S. 145（1947）.

⑦ Chimel v. California，395 U. S. 752（1969）.

卧室都进行搜查是不能被“逮捕后实施的附带搜查”所正当化的。理论上讲，判断“立即可以触及”的时间点应该是逮捕之时而非搜查之时，但是警察们往往会在逮捕的第一时间将嫌疑人控制住而不给其任何机会去触碰武器或销毁证据，所以这一规则也带有很多拟制色彩。

把“立即可控原则”适用到对车辆的附带搜查中时，美国联邦最高法院对其进行了相应的具体解读。贝尔顿案（New York v. Belton）[①] 确认，不论逮捕是否发生在车上，只要嫌疑人刚从车辆上下来，那么逮捕后附带搜查的合理范围就包括该车辆的乘客乘坐空间以及该空间内的所有容器，但不包括车的后备箱或行李箱。

3. 经嫌疑人同意的搜查

经嫌疑人同意的搜查不需要令状，在实践中没有令状但经搜查对象同意的搜查频繁发生。但如何界定经嫌疑人同意的搜查却有不同的理论：第一种理论认为，是否构成同意要看同意的主体，也就是被搜查的对象是否获知了自己的权利，是否完全自愿，是否知道自己有权拒绝搜查。这种理论的基础是：第四修正案是保护公民权利的，只有当嫌疑人自愿放弃自己的权利时，无证搜查才是正当的。第二种理论主要把关注点放在执行搜查的警察身上，认为只要没有采取强制措施，而且警察可以理性地认为自己可以依赖嫌疑人的同意，那么这一项无证搜查就是合宪的。这种理论的基础是：第四修正案的主要目的是限制官方行为。换言之，只要被搜查人告诉了警察“你可以搜查”就足以令搜查正当化，至于被搜查人是否知道自己有权拒绝搜查并不重要。

前一种以公民权利为本位的理论一直被部分大法官所坚持，在美国学术界也有很多学者认同这种理论。持这种理论者批评后一种理论的依据是，普通公民对于权威的屈服具有根深蒂固的心理原因。事实上，心理实验早已表明，即便公民内心并非真正自愿，也很可能会同意警方进行搜查。但是美国法院始终在这两种理论之间徘徊，其趋势却是越来越多地采用第二种理论，近年以来，尤其是自施耐克罗斯案（Schneckloth v. Bustamonte）[②] 后，法院对于经同意的搜查的审查主要是审查警方行为的“合理性”（Reasonableness）。施耐克罗斯案提到了两种判断标准：一是必须证明被搜查人知道自己有权拒绝搜查；二是无须证明此点，而是要根据总体情况（Totality of Circumstances）来判断被搜查人的同意是否自愿，并在这两种选择中采纳了后者。根据总体情况规则，虽然美国联邦最高法院在处理案件时也会将被搜查人的具体情况纳入考虑的范围，但却从未在任何一起案件中以被搜查人作出同意的背景事实或具体情形为由认定搜查违宪。

---

① New York v. Belton，453 U. S. 454（1981）.

② Schneckloth v. Bustamonte，412 U. S. 218（1973）.

即便是根据后一种理论，如果被搜查人仅仅是服从警方的“权力主张”(Assertion of Authority)，仍不足以令“同意”成立。“同意”不能包含任何明示或暗示的胁迫因素，因此，在阿莫斯案（Amos v. United States）①中嫌疑人妻子因警方的咄咄逼人而同意搜查不构成有效的同意；巴姆普尔案（Bumper v. North Carolina）②中警方假称持有令状而令业主开门也不是有效的命令。判断是否构成被搜查人的自愿同意，要根据总体情况，而被法律纳入总体情况的因素不仅包括警察的语言和行动的强制程度，还包括嫌疑人的受教育状况、对法律的理解能力、警方是否进行了米兰达警告，甚至同意人的性别、种族等。

同意不一定要由被搜查者本人作出，法院一般认为第三人的同意也算合格的同意，只要第三人对于待搜查的场所或者财产拥有“共同权限”（Common Authority）或者其他足够紧密的关系即可。马特洛克案（United States v. Matlock）③对什么是共同权限进行了解释，特别说明这里的共同权限不是物权法意义上的权限，而是共同的管控和使用，而且被搜查者和第三人对于这种共同管控和使用关系应有共识。第三人同意可替代本人同意的理论基础在于，一个人既然同他人合住或者合用一件物品，就得承担其共同权限人可能会允许警察对共同居所或者物品进行搜查的风险。需要注意的是，即便拥有共同权限的部分人同意了，但在现场的其他共同权限人若反对，则警察仍不能进行无证搜查。④其他无效同意的例子包括房东的同意⑤和旅馆工作人员的同意⑥等。根据日常生活经验，房东是不能随意让人进入房客居所的，旅馆的工作人员也不应该让除内部工作人员以外的其他人进入客人房间，因此，对于出租房和旅馆房的客人而言，他们不应承担这种推定的风险。

除了共同权限人的同意外，法律还承认“表见同意”（Apparent Consent）。在罗德里格斯案（Illinois v. Rodriguez）⑦中，第三人陪同警方来到嫌疑人公寓，用钥匙打开了她口中的“我们的公寓”，事后警方才得知原来该同意者几周前已经搬出了该公寓并且她持有的钥匙也是未经嫌疑人同意而持有的。但是法院认为，判断是否构成同意要依据客观性标准，即一名理性的警察在当时能否形成该第三人拥有权限的确信。

---

① Amos v. United States, 255 U. S. 313 (1921).

② Bumper v. North Carolina, 391 U. S. 543 (1968).

③ United States v. Matlock, 415 U. S. 164 (1974).

④ Georgia v. Randolph, 547 U. S. 103 (2006).

⑤ Chapman v. United States, 365 U. S. 610, 616 - 17 (1961).

⑥ Stoner v. California, 376 U. S. 483 (1964).

⑦ Illinois v. Rodriguez, 497 U. S. 177 (1990).

4. 其他无令状搜查

（1）对机动车辆的搜查。1925 年的卡罗尔案（Carroll v. United States）[1] 确立了卡罗尔规则，即承认机动车辆及其他交通工具不同于其他被搜查对象的特性，确认只要存在可能事实理由，在没有令状的情况下也可对机动车辆进行搜查。这是一项“本身例外”（*per se* Exception），也就是说，不需要存在紧急情况，只要搜查对象是机动交通工具，同时又有可能事实依据，就可以进行无证搜查。搜查可以在当时进行，也可以在将交通工具拖离现场一段时间后再进行。

（2）紧急情况下的无令状搜查。紧急情况也构成令状的例外情形，所谓紧急情况，其含义是不言而喻的，即警方需要立即采取行动，没有时间去申请令状。至于什么是紧急情况则五花八门，但是最常见的紧急情况莫过于保护人不受身体伤害或死亡的威胁。但是实践中需要回答这种伤害要达到何种程度才能令无证搜查正当化。布里格姆案（Brigham v. Stuart）[2] 回答了这一问题，该案中警察收到噪音投诉后来到一所房子门口，发现四个成年人将一名未成年人困在厨房中，未成年人出手将其中一名成年人打出了血。在大声呼喝对方却听不到的情况下，警察进入了该房屋。美国联邦最高法院认为，警方无令状进入公民住所需要“有客观的合理根据相信该住所内有人受伤严重或者有迫在眉睫的受到严重伤害威胁”（an objective reasonable basis for believing that an occupant is seriously injured or imminently threatened by such injury）。该案无疑是符合这种情况的，因为不仅那位受伤的成年人可能需要帮助，警察也有客观的合理依据相信，发生在厨房里的暴力可能才刚刚开始。

除了保护生命外，其他典型的紧急情况还包括对重罪嫌疑人的“热追捕”（Hot Pursuit），防止嫌疑人逃跑，需要搜查住所中是否隐藏有危险嫌疑人，火灾，寻找危险物品（如炸弹），等等。警方需要承担举证责任，以证明理性的警察可以依据客观情况相信上述危险存在。

（3）财产清查。警方对合法控制下的车辆的内部和个人财物可以进行无令状清查，这种无令状搜查的典型例子是对于被羁押的嫌疑人随身所携带的物品的清查。其目的是为了保护嫌疑人的财产，防止嫌疑人携带物品可能产生的危险，同时避免警方被错误指控侵占嫌疑人财物，等等。在此类清查中发现的证据可以用作入罪和刑事调查的目的。财产清查要符合三项要求才合宪：一是原来的扣押（如羁押嫌疑人行为或扣押汽车行为）应当是合宪的；二是清查必须是依照日常管理规定进行的；三是警方不能仅仅为了寻找证据而进行此类清查。

除了上述无令状搜查的情形外，《美国宪法》允许的其他无令状搜查还包括

---

① Carroll v. United States，267 U. S. 132（1925）.

② Brigham v. Stuart，547 U. S. 203（2006）.

入门安检、边防检查等，无令状进行搜查所获取的物品可以合法扣押。至于无令状逮捕在何种情况下具有正当性，则要看逮捕发生的地点。对于发生在公民家中的逮捕，需要有令状载明警方有权进入公民家中逮捕嫌疑人；对于发生在公共场所的逮捕则不需要令状①。在佩顿案（Payton v. New York）②中法院解释了区分私人场所逮捕和公共场所逮捕的原因：很简单，第四修正案所要防止的“最大的恶”就是未经授权进入他人住所的官方行为。对于被无令状逮捕的嫌疑人需要继续羁押的，应该给予嫌疑人及时的司法听证机会，以确定是否存在可能事实依据。在麦克劳克林案（County of Riverside v. Mclaughlin）③中，美国联邦最高法院确立了48小时的“及时”要求。如果违反这一程序规则，可能导致警方的刑事责任以及对于羁押期间取得的口供的排除。

三、非法搜查扣押的救济途径——非法证据排除规则及其他

（一）非法证据排除规则的发展和争议

第四修正案并没有明确违宪的救济途径到底是什么。在第四修正案通过之后长达一个世纪的时间里，可用的救济途径只有两种：侵权损害赔偿之诉和返回原物之诉。但前者通常行不通，而后者往往涉及国家可以依法没收的违禁品、犯罪工具和犯罪所得，成功获得返还的机会也不大。因此，在1900年之前，非法获得的证据不论在联邦还是在各州，基本都是不经任何审查直接适用的。排除非法搜查扣押所得证据的第一个重要案例是博伊德案（Boyd v. United States）④，这个案件中，警方非法扣押的文件被法院排除，但依据却是不得自证其罪的特权。一直到威克斯案（Weeks v. United States）⑤，美国联邦一级才确立了今天采用的救济方式——排除违法搜查扣押所得的证据或者与非法搜查扣押活动直接相关的证据。在该案中，全体大法官无异议地认为，排除规则是保护第四修正案规定的美国宪法权利的唯一有效方法。但由于威克斯案明确排除规则不适用于各州，在接下来的数十年中，美国联邦一级的警察往往采取让州一级警察违法取证并提供给联邦警方使用的方式来规避排除规则，这就是所谓的“银盘规则”。一直到1960

① 根据 United States v. Watson，423 U.S. 411（1976）一案，逮捕站在自己家门口的嫌疑人为公共场合逮捕。

② Payton v. New York，445 U.S. 573（1980）.

③ County of Riverside v. Mclaughlin，500 U.S. 44（1991）.

④ Boyd v. United States，116 U.S. 616（1886）.

⑤ Weeks v. United States，232 U.S. 383（1914）.

年的埃尔金斯案（Elkins v. United States）[①] 才正式废除“银盘规则”。一年后，在马普案（Mapp v. Ohio）[②] 中，美国联邦最高法院认定排除规则也应当适用于各州。

比较1949年的沃尔夫案[③]和1961年的马普案，可以看出美国联邦最高法院对于排除规则态度的变化。沃尔夫案中法院反对将排除规则适用于各州，其主要论据包括：第四修正案并未明确规定排除规则，而且也无其他国会立法表明排除规则是第四修正案不可缺的一部分或者是实施第四修正案的方法；而且，数据表明，反对适用排除规则的州多于支持排除规则的州；就算排除规则真的有效，也不代表其他方式就无效；还可以使用排除规则以外的方式来满足正当程序的要求。而马普案则一百八十度大逆转，多数意见指出：第一，各州的态度在沃尔夫案以后已经发生了很大的变化，现在接受排除规则成为了大趋势；第二，有证据表明其他救济方式无效，排除是唯一有效的救济方式；第三，既然以非法手段获得的供述应当被排除，那么以非法搜查扣押手段而获取的实物证据也应当被排除。

马普案可以说是第四修正案项下的排除规则发展的巅峰。但是在“后沃伦”法院的时代，排除规则作为第四修正案的救济开始被一条又一条的例外或者例外的例外侵蚀。有关非法证据排除规则的争议从来没有停止过，最著名的批评莫过于卡多佐法官提出的“因为警察违法，就令犯罪人逍遥法外”。直到今天，美国学术界还是有很多观点对于排除规则持怀疑或否定态度。阿玛教授就指出，打击犯罪是更大的利益，而以排除规则阻却警察违法是以鼓励犯罪为代价换来的；很多时候并非“无违法便不可取得此证据”，这也就是说，一项证据本可轻易地以合法手段取得，只是由于警察的疏忽，或者警察自认为合法（后来却被法院确认为非法）而导致排除的话，既不能阻却警察违法，更不利于打击犯罪。[④] 而支持排除规则的意见除了继续强调排除规则是唯一有效的方法外，还主张人们对于排除规则会导致犯罪人逍遥法外的顾虑是多余的。

（二）非法搜查扣押所得证据的排除程序

根据《美国联邦刑事诉讼规则》第41条（g）和（h）的规定，个人如果要挑战违法的搜查，既可以提出返还证据的申请，也可以提出排除证据的申请，后者是针对证据的使用而非证据的占有和所有，因此，对于违禁品、他人所有之

---

① Elkins v. United States, 364 U. S. 206 (1960).

② Mapp v. Ohio, 367 U. S. 643 (1961).

③ 338 U. S. 25 (1949).

④ Akhil Reed Amar, Fourth Amendment First Principles, Harvard Law Review 757 - 819 (1994).

物、其他不可返还物品也可适用。一般而言，庭前处理此类申请要比庭审时处理此类申请效率更高，因此，美国许多州的法院都出台鼓励性或者强制性规定，要求排除申请应该以审前动议的方式提出，除非申请人未能在庭前申请是有充足理由（Good Cause）的。[①] 庭前的证据排除显然是由法官决定，即使在庭审中，是否排除也通常是法官而非陪审团决定的事项。但在个别州，法官如果认定一项搜查是违法的，会提交给陪审团进行再次审议。

要申请排除依据令状进行的搜查所获得的证据，就要挑战这项令状本身。此时法官会考虑，而且只考虑在颁发令状时警方经宣誓提供给司法官的证据来判断该令状是否合法。弗兰克斯案（Franks v. Delaware）[②] 确定了这种挑战应当符合的标准。首先，申请人关于警方在申请令状时陈述不实的指控不能只是推断性的，而是必须说明警方故意造假或者不顾事实[③]，而且这种故意造假和不顾事实对于令状的颁发有重大影响（Material Effect）。在坎贝尔案（United States v. Campbell）[④] 中，法院认定虽然警方据以获得令状的陈述中有一项是有瑕疵的，但宣誓陈述书中的其他几项陈述足以获得合法的令状，因此，驳回了申请人对令状合法性的挑战，并认为警方的那一项虚假陈述只是无害过错。其次，要申请排除无令状进行的搜查所获得的证据，申请人的证明负担就轻得多了。申请人只需要说明搜查无令状即可，举证责任转移到警方，警方必须以优势证据来证明无证搜查的正当性。[⑤]

在排除证据的庭审过程中，除了作证特权规则外，其余证据规则一概不适用，法官可以根据传闻证据作出判断。其中，如果申请人就是被告人，那么他用于说明自己具有申请资格的陈述，不能在事后的庭审中被用于指控其有罪。这是为了不让被告人为保护自己的一项宪法权利（第四修正案项下的权利）而牺牲另一项宪法权利（美国宪法第五修正案项下的不得被迫自证其罪的权利）。但是，被告人的此类陈述却可以用于在庭审中弹劾被告人的可信性。

对于法官是否排除相关证据的决定，警方和被告人享有不同的上诉权。如果法官决定排除一项证据，则联邦和大多数州都赋予警方立即上诉的权利，只是这种上诉要满足一定的条件。《美国联邦制定法》[⑥] 规定，如果被告人被置于双重

---

① 如《美国联邦刑事诉讼规则》12（b）（3）（C）。

② Franks v. Delaware，438 U. S. 154（1938）.

③ 故意造假或不顾事实这个标准只适用于警方陈述，不适用于非官方报料人的陈述。换言之，如果警方是根据第三人的不实陈述来申请的令状，除非警方明知第三人撒谎，否则第三人不实陈述不能成为挑战令状合法性的依据。

④ United States v. Campbell，878 F. 2d 170（6th Cir. 1989）.

⑤ See，United States v. Matlock，415 U. S. 164（1974）.

⑥ 18 U. S. C. §3731.

危险之中，则警方不可就排除证据的动议上诉；警方不得为延误程序的目的而上诉；被排除的证据必须是用于证明某一对于程序有重大影响的事实的证据。如果法官决定拒绝被告人的排除动议，只有少数州赋予被告人以立即上诉权。立即上诉的条件是审判法官或上诉法庭证明有关争议非常重要，而且立即上诉可以有助于加快诉讼。在美国大多数州以及联邦一级，被告人都不能对法官的拒绝排除决定立即提起上诉，而是需等到定罪之后才能提起上诉。

关于提出证据排除申请动议人的资格问题，判断标准经历了一个从“自动获得资格标准”到“隐私权合理期待标准”的变化过程。20 世纪 60 年代，美国联邦最高法院通过琼斯案（Jones v. United States）① 确立了“自动获得资格标准”。琼斯案指出，因为被告人对于被扣押毒品有所有权，他就自动获得了挑战发现该毒品的搜查程序合法性的资格。不只是他，任何在搜查发生时在场的人都可以挑战搜查程序的合法性。但是雷卡斯案（Rakas v. Illinois）② 中，伦切斯特大法官撰写的判决意见指出，排除规则要保护的是第四修正案项下的权利，而该权利只能由本人享有，是不能被他人主张代替的。因此，琼斯案确立的自动资格标准太过宽泛，应该采用卡兹案中的“隐私权合理期待标准”来判断申请人的动议资格。萨尔武奇案（United States v. Salvucci）③ 和罗林斯案（Rawlings v. Kentucky）④ 两个案件进一步指出，对被搜查物和扣押物的占有本身不再自动赋予申请人以排除动议的资格。卡特案（United States v. Carter）⑤ 是用于说明申请资格的重要案件。在该案中，警察非法搜查了一辆卡车并发现了毒品，当时车主和申请人卡特均在场，搜出的毒品属于两人所有。法院判定车主对于自己拥有的汽车有合理的隐私期待，因此有资格申请排除证据，车主也因为入罪证据被排除而未被定罪；而倒霉的卡特由于并非车主，也不实际控制该车辆，法院认为他对于该汽车不享有合理的隐私期待。同时，他也不能主张警方对毒品的扣押违法，因为不论是以哪种方式，警方对于违禁品一概有合法扣押权。本案最终以卡特一人被定罪而结案。

（三）非法证据排除的例外

1. 无因果关系的例外

排除规则只在非法行为与官方在庭审中将使用的证据之间有因果关系时才得到适用，换言之，如果警方非法程序与证据之间的联系得以消除，则构成排除规

① Jones v. United States, 362 U. S. 257 (1960).

② Rakas v. Illinois, 439 U. S. 128 (1978).

③ United States v. Salvucci, 448 U. S. 83 (1980).

④ Rawlings v. Kentucky, 448 U. S. 98 (1980).

⑤ United States v. Carter, 14 F. 3d 1150 (6th Cir. 1994).

则的例外。无因果关系的例外具体体现为：

首先，如果非法的搜查或扣押程序未能取得证据，自然不适用排除规则。在柯尔案（Ker v. Illinois）①和弗里斯比案（Frisbie v. Collines）②两个案件中，因为逮捕行为违法，所以被告人主张自己的身体作为逮捕所取得的证据应该被排除在庭审之外。法院认为，被告人的身体不是作为证据使用的，不能适用排除规则。

其次，如果因果关系链条被打断，取得的证据可以成功“洗掉原先非法取证行为的污染”，则不适用排除规则。在王森案（Wong Sun v. United States）③中，警方对王森进行了非法逮捕，被告人具结保证后被释放，后来又主动回到警局作出了供述。关于王森的这份口供是否被之前的非法逮捕污染而应该排除的问题，美国联邦最高法院认为，并非所有在非法侦查活动之后获得的证据都是“毒树之果”。以该案为例，被告人供述的自由意志消除了警方非法程序与证据之间的联系，因此构成排除规则的例外，口供可以在庭审中使用。王森案之后，在布朗案（Brown v. Illinois）④中，警察在非法逮捕被告人后，进行了两次米兰达警告，法院要判断警告之后被告人作出的供述是否应该作为非法证据而被排除，或者说米兰达警告能否打破非法逮捕与口供之间的因果关系。由布莱克曼大法官撰写的多数意见指出，在判断因果关系链条是否被打断时，要根据各个案件的不同情况考虑诸多因素的影响：警方是否进行米兰达警告只是需要考虑的因素之一，还要看逮捕与供述之间的时间间隔、介入因素以及警方行为的目的和过错程度等。法院最后依据上述标准判断布朗案不构成排除规则的例外。最近的一个案件是2006年的哈德森案（Hudson v. Michigan）⑤，在该案中，警察持有令状执行任务时违反了普通法上的敲门并告知规则（Knock and Announce Principle），判决前，奥康纳大法官对警察行为进行了批评，舆论都认为哈德森赢定了。没想到美国联邦最高法院5比4的多数意见指出，排除规则是保护美国宪法权利的最后手段，而非刑事诉讼的第一要务，对这一规则的扩大适用应谨慎为之。不仅如此，在适用时要进行利益平衡，只有当其对警察行为的威慑力量超过其适用所带来的社会代价时，方可适用。许多学者认为，该案将对排除规则的未来命运产生深远的影响。

① Ker v. Illinois，119 U. S. 436（1886）.

② Frisbie v. Collines，342 U. S. 519（1952）.

③ Wong Sun v. United States，371 U. S. 471（1963）.

④ Brown v. Illinois，422. U. S. 590（1975）.

⑤ Hudson v. Michigan，126 S. Ct. 2159（2006）.

2. 独立来源的例外

如果证据的取得是独立的，并不依赖于违法活动，那么证据仍具有可采性。首先，如果违法进入公民的住所并发现犯罪证据，事后通过完全独立于该违法侵入的合法令状取得了上述证据，则此证据具有可采性。确立这一原则的案件包括塞古拉案（Segura v. United States）①和墨里案（Murray v. United States）②。在墨里案中，警方非法进入货仓，一眼就看见一些用粗帆布包裹着的物品，但警察并未翻动这些物品。事后，警方申请了合法的令状，并依据令状在这些帆布包中找到了大麻。美国联邦最高法院判决，这些大麻作为证据具有可采性的前提是违法取证并非导致第二次合法取证的原因，而且违法取证所获得的信息并未用于发放第二次合法取证的令状。其依据是政府既不应当因违法侦查行为而获利，也不应当因为排除规则而被置于一个更不利的境地。墨里案中美国联邦最高法院明确要求，要构成独立来源，则事先的违法取证所获得的信息不能用于事后的合法令状的申请过程。但是，一些下级法院在适用这一例外时，采取了一种更加灵活的态度：即使非法取证获得的信息被用到了令状发放的申请中，只要未被污染的信息足以构成令状的合法来源，那么根据这一令状而获取的证据也具有可采性。③

3. 必然发现的例外

对以非法手段取得的证据，如果控诉方能够证明该证据最终必然也会以合法手段取得，则具有可采性，这个例外也被称为“假定独立来源的例外”。确立这一例外的案件是威廉姆斯案（Nix v. Williams）④。在该案中，警方在侵犯被告人根据美国宪法第六修正案而享有的律师在场权的情况下，获取了被告人的陈述，而且被告人在作出陈述的过程中，引导警方找到了被他杀害的10岁小女孩的尸体。美国联邦最高法院最后裁决，被告人的陈述本身应当被排除，但是作为证据的尸体发现地点和尸体状况却具有可采性。原因是即使没有被告人引路，警方的搜索队本来也可以很快发现尸体。伯格大法官撰写的多数意见指出，适用这一排除规则例外的条件是警方应当以优势证据标准证明该证据通过独立的合法手段也是必然可以获得的。尽管该案所涉及的违宪是违反美国宪法第六修正案，但从法院的意见本身以及法院之后对其他案件的处理情况来看，这一例外应当也适用于第四修正案，也就是搜查和扣押条款下的非法证据。必然发现例外运用于第四修

① Segura v. United States, 468 U. S. 796 (1984).

② Murray v. United States, 487 U. S. 533 (1988).

③ See, United States v. Markling, 7F. 3d 1309 (7th Cir. 1993), &United States v. Dessesaure, 429 F. 3d 359 (1st Cir. 2005).

④ Nix v. Williams, 467 U. S. 431 (1984).

正案违宪的一个经典案件是安德雷德案（United States v. Andrade）[①]。在该案中，法院指出，即使对被告人书包的搜查是违宪的，在书包中找到的可卡因也具有可采性。由于被告人是因为毒品违法行为而被羁押的，根据美国毒品管制局的规定，因毒品违法行为被羁押者都需要进行例行的财产清查。这也就是说，即使警察没有搜查被告人的书包，书包中的毒品在例行财产清查中也会被发现。

运用必然发现的例外时，可能会遇到如下情形：警方非法进行了无证搜查和扣押并取得了证据，然后以“反正我们有可能成立的理由，即使没有违法搜查，也可以通过申请令状而获得证据”为由反对对相关证据的排除。对于这个问题，美国大多数法院不支持警方的这一主张，但也有个别的例外[②]。在判断何为必然发现的“必然性”时，不能是推测性的，有的法院还要求警方应该有积极的追查行动。

4. 在刑事审判之外的其他程序中使用非法获取的证据

在美国大陪审团程序中，非法获取的证据具有可采性。在卡兰卓案（United States v. Calandra）[③] 中，被告人被指控放高利贷而被大陪审团传唤，并被要求就警方在其办公室非法搜查得到的一些问题回答大陪审团的提问。被告人提出了排除这些文件证据的动议，美国联邦最高法院认为，在大陪审团程序中，排除证据所带来的对于调查活动的阻挠大于其能带来的微不足道的威慑效果，因此并未支持被告人的动议。

在撤销假释的程序中，非法获取的证据具有可采性。在斯科特案（Pennsylvania Board of Probation and Parole v. Scott）[④] 中，托马斯大法官代表五位法官撰写了多数意见，对为什么在撤销假释程序中不宜采用排除规则的原因进行了分析，指出排除规则在此程序中适用的代价尤其大，导致无法实现假释制度的功能；而且排除规则与撤销假释程序的灵活性、非对抗性和行政性不符；另外，排除规则的适用可能导致政府今后不再批准假释。

此外，在民事税务程序、遣返程序、人身保护令程序和量刑听证中，都不适用证据排除规则。值得注意的是，在财产没收程序中却是应当适用排除规则的。美国联邦最高法院在 1963 年的普利茅斯·色当案（One 1958 Plymouth Sedan v. Pennsylvania）[⑤] 中指出，如果排除规则不能适用于财产没收程序的话，那么政府就可以通过非法搜查扣押活动为自己敛财。当然这一原则不适用于违禁品的没

---

① United States v. Andrade，784 F. 2d 1431.

② See，United States v. Goins，437 F. 3d 644 (7th Cir. 2006).

③ United States v. Calandra，414 U. S. 338 (1974).

④ Pennsylvania Board of Probation and Parole v. Scott，524 U. S. 357 (1998).

⑤ One 1958 Plymouth Sedan v. Pennsylvania，380 U. S. 693 (1965).

收。

5. 为质疑被告人的目的而使用非法获取的证据

在沃德尔案（Walder v. United States）① 中，被告人沃德尔在庭审中接受主询问时回答说，他一生之中从未拥有或出售过毒品。美国联邦最高法院指出，之前在对被告人家中进行非法搜查时找到的海洛因可以用于弹劾他的诚信度，因为排除规则不能成为“伪证罪的执照”。怀特大法官指出，非法获取的证据也可以在交叉询问中被用来质疑被告人，只要交叉询问中的问题在主询问的范围之内即可。但是非法取得的证据却不能用来质疑辩方证人②，这一方面是因为证人本身要受到伪证罪的威慑，不需要质疑程序的威慑力量来保证其讲真话；另一方面，如果将这一例外扩大适用于辩方证人，可能会打击被告人传唤证人的积极性。

6. 善意的例外

在利昂案（United States v. Leon）③ 中，法院确立了善意的例外。其含义是警察在搜查时，如以中立的法官或其他人签发的搜查证为依据且这种依赖是合理的，则尽管最终发现搜查不合法，但取得的证据仍可采用。怀特大法官指出，排除规则针对的是警察行为而非法官行为，当令状不合法而警察合理相信时，若适用排除规则，相当于因为法官的错误而惩罚警察；更重要的是，在这种情况下若适用排除规则，并不能实现排除规则威慑警察行为的目的。但善意的例外不是绝对的，它还存在着例外的例外。下列情况下善意的例外不再适用：（1）如果法官是受了宣誓陈述人明知错误的信息误导而发出的令状；（2）如果法官并非完全中立，而是被牵涉到了案件的调查和起诉过程中；（3）如果警察在申请令状时提供的信息是他若非重大过失应该知道其为虚假的信息时；（4）如果警察在申请令状时故意漏掉重要信息；（5）如果令状是具有很明显的表面缺陷的；（6）如果令状依据的宣誓证明书缺乏“可能事实依据”，以至于执行它的警察不可能视之为有效令状时。判断警察的善意不是要去探寻警察主观上是否善意，而是要判断警察对令状或其他命令的信任在客观上是否合理。只要令状是否有效这个问题足以引起理性人的争议，就可以适用善意的例外。相反，如果对一份令状，并不能提出任何其有效的理性主张时，依据该令状进行搜查而获取的证据就应当被排除。

适用善意的例外规则可能产生一个后遗症，这也是利昂案中反对意见所提出的顾虑，即善意的例外使得令状本身是否合法不再重要，哪怕令状违法，只要警察是善意的，那么取得的证据仍可以采用。长此以往，上诉法院会回避对令状的

---

① Walder v. United States，347 U. S. 62（1954）.

② James v. Illinois，493 U. S. 307（1990）.

③ United States v. Leon，468 U. S. 897（1984）.

合法性问题以及合理根据的范围问题作出裁决，那么签发令状的法官也好，复核的法院也好，执法的警察也好，就会失去具体案例关于什么样的令状才合法的行为指南。

善意的例外在没有令状的情况下也可能适用。利昂案之后，美国联邦最高法院在克鲁尔案（Illinois v. Krull）[①] 中，将善意的例外扩大适用到了警察善意相信州的制定法而进行搜查，结果该制定法被确认具有违宪的情形。在伊文思案（Arizona v. Evans）[②] 中，又把善意的例外扩大适用到了警察善意信赖法院文书人员的错误而导致违法搜查的情形。但善意例外的扩大适用仅限于警察善意地信赖一个中介的情形，不适用于警察善意地相信自己的错误判断的情形。

（四）其他救济方式

除了排除规则外，对警察违反第四修正案进行非法搜查和扣押的救济途径，还包括民事损害赔偿、对违宪警察的刑事追究和警察内部纪律措施。

民事损害赔偿的法律基础有三：一是依据普通法上的侵权。美国普通法上的侵权包括了错误逮捕、错误羁押和错误侵犯人身权利；二是 1964 年《美国民事权利法案》[③] 规定了州官员履行职务的行为或者依表面合法权力而为的行为如果违反了公民宪法权利，可以要求民事索赔；三是美国联邦最高法院将 1964 年法案的适用对象扩大到了联邦一级的官员。但是民事损害赔偿有着显而易见的缺陷：第一，警官行使自由裁量权的行为是享受有限制的豁免权的，这种情况下，公民打官司很难胜诉；第二，如果是刑事被告人提起的民事赔偿，那么他很难获得民事陪审团的同情；第三，对于公民而言，打民事官司的成本问题和最后判决的执行问题也是很头疼的。尽管如此，由于排除规则显而易见的社会成本，还是有很多人建议改善民事索赔程序，让政府而不是警察个人来对被侵权人负责，建立惩罚性赔偿、律师援助制度、非司法或准司法程序索赔等措施[④]，以便取代排除规则。但是正如反对意见提出的，如果让政府来买单，那么就意味着只要政府愿意出钱，就可以“购买到”非法搜查和扣押的权力。反对意见坚持认为，民事责任最多是排除规则的补充而非替代品。

刑事责任同样解决不了警察违法的问题。尽管美国早在 1921 年就有了可以据以追究警察违法行为刑事责任的联邦制定法[⑤]，但是到今天为止，也好似未曾听说过一例警察因为非法搜查或扣押而入狱的案件。因为非法活动而被追究刑事

① Illinois v. Krull, 480 U. S. 340 (1987).

② Arizona v. Evans, 514 U. S. 1 (1995).

③ 42 U. S. C. A. §1983.

④ Amar, Fourth Amendment First Principles, 107Harv. L. Rev. 757 (1994).

⑤ 18 U. S. C. A. §2236.

责任的警察，大多是涉及直接暴力的警察，如在著名的罗德尼·金案（Rodney King）中殴打当事人的警察。至于警察内部的培训、纪律、教育、规定等措施，与其说是排除规则的补充或替代，不如说是排除规则的后果。因为正是在马普案确立了排除规则之后，美国的警察培训或教育措施才大幅度增加和发展的。

第三章　法国刑事搜查扣押制度

一、法国搜查制度的起源及历史沿革

（一）搜查制度的起源

法律就像一条小溪，我们要想认识它，不是看它都经过哪里，而是看一看它的源头在哪儿。如果不追根溯源，仅仅依靠对相关法律的梳理，就很难了解其中的真谛。在法国，所有关于检察机构权力义务的规定都是以1539年和1670年的法令为基础的，通过这些法令，现代意义上刑事诉讼的主要来源就和教会法律渐行渐远了。而搜查和扣押作为侦查程序的一部分，自从私人报复被公力救济原则取代以后，就由司法官等社会强制力的代表来负责实施，其目的也是为了收集与犯罪有关的证据。

在雅典，由于实行的是人民进行控诉（accusation était populaire），法官只负责作出判决，调查证据的行为是由控诉人来进行；而且，控诉人还负责收集指控材料并为双方辩论做准备。在罗马，也是类似的情况，古罗马的大法官（prêteur）赋予控诉人调查证据的任务，因此，控诉人可以前往其怀疑的地点搜查与犯罪有关的证据。在控诉人执行任务的过程中，如果有人阻止搜查活动的进行将会受到处罚。但是，在控诉人进行搜查活动的时候，被控诉人可以随行并对其行为进行监督。被控诉人可以将他们的反对意见告诉守卫（gardien）——这里的守卫所负责的并不是一般意义上的安全看守，而是对侦查过程进行监督，帮助确认相关事实等。控诉人如果有大法官的命令，就可以到包括住宅在内的所有地点搜查他们需要的犯罪证据。一般经常扣押的是，被控诉人的居民登记簿（registres et papiers domestiques）以及家里的文件等所有可以提供线索和信息的证据。

从奥古斯特时期开始，控诉人收集完犯罪证据并将其提交给法官，这些都需要经过笔录程序。在此之前，程序完全是口头的，自奥古斯特时期开始，笔录程序开始成为了判决的要素之一。当没有任何控诉人时，法官可以单独告知，他将对所有他认为有必要搜查的家宅进行查访。

12 世纪到 13 世纪之间，由于侦查程序由上述的公开性转为了秘密性，致使侦查人员在没有任何监督和公开性的情况下进行犯罪的侦查工作。在法国，关于搜查的第一个书面文件要追溯到 1670 年法令。

根据 1670 年法令的规定，在发生诸如谋杀、盗窃、纵火、伤人等犯罪时，法官应该亲自到相关地点确认一些状态以及将情况记载于笔录。例如，在发生谋杀的情况下，法官应该表明他在哪里找到尸体、犯罪发生地点及人数等情况。

在 1665 年克莱蒙法院作出的一则判例中要求，当法官一旦知道这种情况时就应该到相关地点进行笔录程序（arret des grands jours de Clermont，10 decembre 1665）。1670 年法令肯定了这一判决："法官必须立刻进行笔录程序，诸如在哪里发现伤者或者死尸、犯罪发生地点以及所有有利于发现犯罪的证据。"

对被控诉人的住宅进行搜查必须根据相关规定或者根据当事人的请求。此外，与现在的规定不同的是，即便是在对没有被提起控诉的人有合理怀疑的情况下，为了可以收集到充分的证据，法官依然可以对他提起控诉，也可以到此人的住宅内进行搜查。

有权进行搜查的机构一般情况下是有权进行整个侦查活动的机构。在现行犯罪的情况下，Chatlet de Paris 的专员可以根据职权告知并进行搜查活动。即使不是在现行犯罪的情况下，被任命为专员的终审法院（les cours souveraines）的法官也会拥有这一权力。在裁判区以及皇家司法管辖区（les bailliages et sénéchaussées royales），这一权力被赋予刑事代理长官（lieutenants criminels），当案件分配到检察官（rapporteur）手里时，则由检察官进行。此外，1670 年法令并没有规定说，法官可以委派代表在其管辖区外进行搜查和扣押。上述活动必须告知距离搜查、扣押地点最近的地点的刑事法官。在进行搜查程序时，适格的司法警察必须带着书记官到被控诉人的家中进行搜查，寻找相关的文件、动产、毒药、毒品以及其他有利于查找犯罪的证据。为了使搜查程序有效，被控诉人必须在搜查和扣押物品时在场，如果被控诉人缺席或者抗传，则必须有检察官在场的情况下所进行的搜查才有效。

在被控诉人在场的情况下，法官应该对有关问题进行讯问，如所搜查的文件以及其他犯罪嫌疑人在犯罪中所起到的作用，并且应该将被控诉人的回答记录在案。搜查应该不受任何干扰地进行，如果搜查数目庞大，耗时很多，如搜查一家涉案商店里所有的商品，法官就应该命令将其查封放置在安全地点并派人看守。如果被控诉人在场，应该交给他一份查封物品的清单。在搜查的过程中不能强迫被控诉人提供与其犯罪有关的线索和证据，这可能构成轻罪也可能构成重罪。1679 年图卢兹高等法院就在其判决中重申了这一被控诉人的权利。

如果所扣押的物品数量较小，法官应该将其交付给诉讼档案保管室，但是法官必须采取相关的程序。例如，如果扣押的是文件，则应该由法官及被控诉人在文件上签名；如果扣押的是动产，则应该盖上法官的司法公章及被控诉人的印章。法官应该在笔录中记载这种形式要求，如果被控诉人拒绝签名或者盖上印章，法官也应该将这种情况记录在案。值得注意的是，笔录必须由法官亲自来做，而不是由执达员来做。

到此为止，我们所提到的搜查都只是在被控诉人住宅中所进行的搜查，但是1670年法令还规定了在第三人住宅中进行搜查的情形。在以下两种情形下，法官可以到第三人住宅中进行搜查：第一，涉及逮捕某一特定的人藏在第三人家中；第二，在该第三人住宅内藏有盗窃犯罪的赃物。尽管法令规定，除上述两种情形外，不允许进入第三人住宅中进行搜查，但是，说这是一种公认的司法原则似乎为时尚早，我们只能说其具有原则性的价值。法官可以在上述两种情形下作出搜查的授权决定，但是这一决定的作出也必须满足两个条件：第一，有消息显示存在证明被控诉人有罪的证据或线索；第二，在现行犯罪的情况下。

1670年法令还在几个零散的法条中规定了对书信的扣押。被控诉人书写的信件或者邮寄给被控诉人的邮件应该交给诉讼档案保管室并加盖司法公章和被控诉人的印章。如果检察官认为被控诉人犯的是重罪，并怀疑信件中有证明犯罪的线索，那么法官可以打开书信。监狱看守将就此作出一份书面报告，法官将报告附在笔录程序中，并在法官和被控诉人签名后告知监狱看守。

（二）搜查制度的发展

作为法国刑事诉讼的重要转折点，1808年《法国重罪审理法典》规定了搜查的基本制度。该法典第36条规定了搜查的最基本规定，对于可能参与犯罪的人所持有的证件或者其他物品，如果国王检察官（共和国检察官）认为搜查有利于对犯罪事实的认定，那么就可以到其住处进行搜查。第87～90条规定了由预审法官来指导侦查等基本制度。尽管通过法国大革命，制宪委员会通过1789年10月8日法令试图确立对侦查进行监督的制度，[①] 但是《法国重罪审理法典》时期的法国刑事诉讼依然是纠问式的，搜查中滥用权力，对被搜查人没有任何保障。按照该法典的规定，查证、确认犯罪以及对棘手案件的预审，仍然秘密进行，不实行对席审理。

在此后的一百多年中，《法国重罪审理法典》也在不断修改和完善。例如，1897年12月8日法令被称为关于对抗式侦查的法律（loi sur l'instruction），当然这是一个夸张的表达，但是辩方开始享有协助讯问、自由交谈、了解程序的权

---

① René Besnard, Des perquisitions et des saisies en matière criminelle, thèse, 1904, P157.

利。然而，这些权利对所有的侦查行为来说都是必需的，特别是对搜查制度来说。[①] 因此，其基本框架并没有太大的改变，预审程序仍然是书面的、非对审程序，但也受到监督。此外，立法者通过 1933 年 2 月 7 日法令将搜查与扣押视为预审行为。

简单来说，在《法国重罪审理法典》时期，所谓的搜查主要是指家宅查访，所有对于个人以及动产的搜查都是被法律所禁止的。同时，即便法律仅仅允许的对住宅的搜查，也被限制在严格的范围内，即只有当其他的寻找证据方法用尽而又得不到相关证据且对住宅的搜查极为必要时，才可以由法官发动搜查，但是一旦搜查侵犯到职业秘密，就要让位于对职业秘密的保护。对于搜查的发动权，主要是掌握在预审法官手中，另外在一些情况下可以由检察官来发动。

首先，对于由预审法官来发动的搜查，预审法官只能对可能会被认定为重罪或者轻罪的情况发动搜查，仅仅是简单的违警罪则不在此范围之内。而对于搜查地点，除了基于保护职业秘密而限定的特殊场所，预审法官可以到所有的地点包括住宅或者公共场所进行搜查。此外，还要遵守关于要求特定人在场的形式要求。尽管原则上规定由预审法官来进行搜查，但实际上预审法官可以授权司法警官、共和国检察官来进行搜查。

其次，对于由共和国检察官发动的搜查。一般来说，负责提起公诉的共和国检察官没有权力自己实施搜查，如果已经签署公诉书，那么检察官可以要求负责侦查的预审法官进行搜查。但是，这一权力受到三个限制：一是必须限定在现行犯罪之中，二是限定在走私犯罪之中，三是处于正式侦查阶段。[②]

法国目前适用的是 1958 年《法国刑事诉讼法典》。该法典由 1957 年 12 月 31 日第 57 – 1246 号法令和 1958 年 12 月 23 日第 58 – 1296 号法令颁布，一直沿用至今。其中关于搜查制度的规定，基本沿用了《法国重罪审理法典》中搜查制度的规定。当然，在几十年的适用过程中，立法者不仅对法典有所补充，而且对许多条文进行了修改：1998 年 8 月 20 日第 98 – 729 号法令对《法国刑事诉讼法典》增补了第 6 卷；2000 年 6 月 15 日第 2000 – 516 号法令对《法国刑事诉讼法典》进行了较大规模的修改和补充，一共修改了 350 余处，并增加了部分条款。此后，《法国刑事诉讼法典》受各方面的影响一直处在不断变化之中，如 2004 年 3 月 9 日颁布的法令对有组织的团伙犯罪规定了特别的程序规则，其中即涉及对该犯罪的搜查程序问题。

在现行的《法国刑事诉讼法典》之中，关于搜查的规定，主要集中在第 56 条、第 76 条和第 92 条关于现行犯罪阶段、初步调查阶段以及在预审阶段的搜

① René Besnard, Des perquisitions et des saisies en matière criminelle, thèse, 1904, P160.

② P. Brack, Perquisitions en matières répressives, thèse, 1910, P157 – 158.

查，第59条第2款关于搜查无效，第59条和第95条关于夜间搜查，第56－1条关于在特定地点实施的搜查，第706－89条关于组织犯罪中进行搜查的新规定等。

二、搜查制度概述

（一）搜查的概念及性质

1. 搜查的概念

“搜查”一词来自拉丁语的“perquirere”，其含义就是“寻找”的意思。但是什么是刑事诉讼中的搜查，在《法国刑事诉讼法典》中并没有明确定义，在以前的《法国重罪审理法典》中也没有关于搜查概念的解释。尽管如此，立法者却规定了搜查的目的，即《法国刑事诉讼法典》第54条规定的“为了保护有可能消失的痕迹以及有利于查明真相的一切物件”。毫无疑问，立法者认为搜查不管在语言学上还是司法实践中都由来已久，搜查本身可以自明其意而不需要立法者再加以定义。

由于立法者对搜查没有明确的定义，学界对于搜查的定义也就不尽一致了：Dalloz对搜查的定义是，一种警察或者司法官在一个人的住宅中寻找犯罪证据的行为；司法词汇组织对搜查的定义是，在所有地方（特别是在提起公诉或者被怀疑的人的住宅之中）发动的侦查行为，意在寻找、扣押所有有利于查明犯罪事实的文件或者物品；Guinchard和Buisson教授在其著述的《刑事诉讼法》教科书中对搜查的定义是，在住宅之中或者其他封闭的场所之中寻找有利于查明犯罪事实的线索或者证据；Roger Merle和André在《刑事诉讼专论》中将搜查定义为，在特定人住宅之中仔细寻找所有有用的证据；Haritini Matsopoulou教授在其著作《警察的调查》一书中认为，搜查是一种在住宅之中寻找可以查明重罪或者轻罪的证据并将其扣押的行为。最后，在Dalloz目录索引中，我们可以查到关于搜查的定义，即由初审法官或者司法警官（officier de police judiciaire）在封闭的场所特别是公民住宅之中进行的，为了查找有可能证明构成犯罪的文件或者物品以及可以证明有罪的证据的行为。

根据如上的几个定义，我们不难看出，“寻找”、“住宅”以及“证据”是搜查定义不可缺少的要素之一，总的来说，搜查有以下几个特点：

第一，要进入通常封闭的场所之中。尽管有学者认为搜查应该仅仅是指住宅搜查，但实际上的搜查远远不止住宅搜查。学界一般都将搜查的范围限定在进入通常封闭的场所之中。首先，假定搜查要进入一个相对封闭的场所、特定自然人或者公司的住所，如果涉及的是向公众开放的建筑，那么则是指公众不可以自由进入的场所，如主管或者会计师的办公室。[①] 因为搜查要求进入通常封闭的场所，如果不是在相对封闭的场所则不是由搜查规则来规制的（没有封住的河流、湖泊、森林，没有持续封住的地方，或者可以不顾国家的守卫而进入的地点就不是封闭的场所）。[②] 其次，需要进入才能构成搜查，如宪兵在停车场外对被盗机动车作出事实查证并拍照不是进入；[③] 对双胞胎在封闭的森林小屋外作出的事实确认也不是进入。[④]

第二，需要寻找与犯罪有关的证据或者线索。事实上，搜查的目的就在于在搜查地点寻找与犯罪有关的证据。搜查可以打开家具、橱柜、箱子，探查房屋的墙壁或者地下室的地面。根据法国最高法院在判决中的解释，所有的搜查都意味着寻找可以帮助证明犯罪或者查明犯罪者的线索。此外，法国最高法院同样认为搜查可以查找对双方当事人及第三者权利保护必需的物品或者文件。

第三，如果缺少了“寻找”就不能被定义为搜查。正如第二个条件所讲到的，搜查要求寻找与犯罪有关的证据或者线索，如果没有“寻找”就不构成搜查。很明显，如果宪兵进入住宅之内只是为了邀请当事人参军则与搜查行为无关。

第四，搜查不适用于自愿交出文件的情形。如果是在文件所在的地点之外将文件自愿交给司法警官则不构成寻找，从而也不构成搜查；[⑤] 或者在委托搜查时，某人或者行政机构将文件特别是医疗文件放了回去，而司法警官的搜查行为并不是为了查找这些文件。[⑥]

2. 住宅的概念

不管上述搜查的定义到底是将地点狭义地限定为住宅还是相对宽泛地限定为封闭的场所，住宅都是一个极为重要的、我们必须探讨的一个概念。

在民事上，根据《法国民法典》第 102 条的规定，住宅是指一个人的常住之处。而在刑事诉讼程序上，住宅的定义则要宽泛得多。住宅不仅仅指一个人的常住地点，而且还包括其他的地点，即不管他是否居住，但是基于司法上的占有权称之为家的地点。[⑦]

---

① 法国《刑事公报》第 118 期，1994 年 3 月 29 日。法国最高法院认为，所有的搜查意味着在通常封闭的场所，特别是在特定者的住宅之中寻找可以帮助证明犯罪或者查明犯罪者的线索。

② 法国《刑事公报》第 6 期，1992 年 1 月 9 日。

③ 法国《刑事公报》第 118 期，1994 年 3 月 29 日。

④ Droit pénal，1995 commentaire49.

⑤ 法国《刑事公报》1995 年 1 月 5 日，S 1911 I 233。

⑥ 法国《刑事公报》第 276 期，1995 年 9 月 20 日。

⑦ Bull. crim numéro 193，23 mai 1995.

由此可见，刑事诉讼程序中的住宅不仅仅包括常住地点，也包括他所拥有的其他各处住宅。此外，不管是哪种法律意义的占有，产权人、承租人、用益权人、享有居住权的人等占有的地点都被看做是刑事诉讼程序中的住宅。即使承租人有三年没有居住，但是依然按期交房租的地点都被看做是住宅。不仅如此，住宅涵盖宾馆的房间、一个人在公司的办公室等。

通常不被认为是住宅的地点包括酒店大堂、要出售的地点、被大火毁坏的住处、长五米且里面没有任何设施从而不能被看做是供人游玩的快艇、牢房等。①

3. 搜查的性质

搜查作为到某一特定人的特定地点仔细寻找所有有用证据的行为，其性质是什么呢？是一种侦查行为还是预审行为呢？在现行犯罪阶段，这是一种寻找证据的侦查行为，司法警官基于上级的命令，可以决定进行搜查；而在初步调查阶段，搜查同样是一种侦查行为，只是其规范与现行犯罪阶段不同而已。搜查也是一种预审行为，但是，此类搜查行为是由有管辖权的法官进行或在其监督下实施的，相关的内容规定在《法国刑事诉讼法典》第一卷第三编。由此看出，搜查到底作为一种侦查行为还是预审行为，由进行搜查的阶段所决定。

（二）概念辨析

1. 家宅查访（visite domicile）

关于家宅查访和搜查的区别，要追溯到 1791 年 7 月 19 日与 7 月 21 日两部法令。法令允许司法警官在夜间到游戏和卖淫场所“造访”，这些地点都对公众开放，可以进行上述事实确认行为，但是，却并不构成我们今天所说的搜查，而是属于所谓的家宅查访。尽管如此，在实践中，家宅查访是作为搜查的同义词使用的。在《法国刑事诉讼法典》之中，第 59 条和第 76 条使用了家宅查访一词，但是在第 92～98 条中又没有使用。② 应该说，家宅查访仅仅是一种附带情况下的表达，立法者没有给出区分这两者的任何定义或者标准。学界对这两者是否应该区分还是有一些不同意见。有学者就认为，家宅查访意味着进行简单的目击事实查证，而搜查需要深入而仔细地寻找。③ 但是，更多的意见认为，没有必要对两者进行区分，家宅查访是搜查的同义词，两者是可以相互交换使用的。

2. 拍身搜查（la palpation de sécurité）和人身搜查

拍身搜查是警察对某人用手触拍其衣服进行的、意在寻找武器或者定罪证据

---

① Mélanie Hudde, Perquisitions, saisies, visites domiciliaiares en procédure pénale, mémoire 2001.

② 《法国刑事诉讼法典》第 56 条和第 76 条分别规定的是现行犯罪阶段和初步调查阶段的搜查行为，而第 92～98 条则规范的是预审阶段的搜查行为。

③ Traité op. Cit. P198.

的行为。拍身搜查与搜查的区别在于规范的缺失。在现行犯罪阶段，所有抓获犯罪嫌疑人的人都可以进行拍身搜查；所有的警察，包括司法警官或者司法警察（agent de police judiciare）也都可以进行此类行为，所以说这并不是一种搜查。

尽管在实践中人身搜查是经常使用的一种行为，但是在过去的《法国重罪审理法典》及现行的《法国刑事诉讼法典》之中却找不到这样的表达，而在一些特别法律（如《法国海关法》等）之中却可以找到。1953 年法国最高法院将人身搜查吸收为搜查的一种，认为这是一种在现行犯罪阶段的侦查行为。司法警官可以决定并执行人身搜查，其目标是所有看似参加犯罪的人，目的是为了获取与犯罪事实有关的文件或者物品。人身搜查，特别是在现行犯罪阶段，主要是警察为了保护自身以及被控制的人而进行的。

人身搜查和拍身搜查的区别在于搜查的程度不同，即强制性不同。在进行人身搜查时，犯罪嫌疑人可能会被要求脱衣服。而拍身搜查，其一，不能只做一般性的粗略搜查，也不能将武器之外的物品作为搜查的目标；其二，拍身搜查必须限制于上下拍打衣服的外层表面；其三，在被扣押之前，拍身搜查的目标必须是为了寻找可合理怀疑属于武器的物品。

值得补充说明的是，2004 年 3 月 9 日法令修改的《法国刑事诉讼法典》第 55－1 条规定，准许司法警察为了分析、比较因调查需要而提取的痕迹与线索，对“可以就犯罪行为提供情况的任何人”或者对“存在合理根据怀疑其参与了犯罪行为的任何人”，进行或者派人进行必要的体外取样，以实现科学与技术检查。司法警官可以采集这些人的体貌特征，尤其是提取指纹或者照相；受到此项要求的人如果拒绝，将受到司法制裁。①

3. 搜查（perquisition）和搜索（la fouille）

这里的“搜查”，是指在住处或其他封闭的场所内寻找可以证明犯罪事实的线索或其他有用的物品的行为。法律规定搜查只适用于警察的侦查阶段及正式阶段。而搜索（la fouille）一般适用于除住宅外的其他情形，如对人或机动车的搜查。因此通常该词都会连带其他词一起使用，诸如下文即将提到的“机动车搜查”等。两者的区别在于前者通常都是指依据司法程序进行的搜查，而后者并不遵守法定程序。

4. 机动车搜查

2003 年 3 月 18 日法令在《法国刑事诉讼法典》“身份检查确认”一章中添加了与搜查有关的条款，由司法警官对在公共道路（la voie public）上行驶及在公共场所内停放的车辆进行搜查，即“在存在一项或数项合理根据可以怀疑开

---

① ［法］贝尔纳·布洛克著，罗结珍译：《法国刑事诉讼法》，中国政法大学出版社 2009 年版，第 50 页。

车的司机或者车上的乘客之一实行了犯罪或者犯罪未遂，或者是现行重罪或现行轻罪之正犯或共犯的情况下，司法警官可以拦截运行中的车辆并进行检查，或者对停放在公共道路上或公众可以进入的场所的车辆进行检查，这项规定也适用于犯罪未遂之情形”。该规定可能会让人觉得对侦查并没有太大的用处，因为规定本身就限制了这一权力。如果我们考虑的仅仅是简单的合理根据而不是客观线索，那么就会导致警察有足够的空间基于“怀疑”而进行搜查。在没有客观犯罪的情况下实施这种限制性权力是不可能的，法律授予警察的是基于怀疑有现行犯罪而进行的强制搜查，否则都是为法律所禁止的。

为了有效制止对自由的侵害以及对司法官认为缺乏充足理由的地点进行搜查，以保护刑事诉讼程序中的人身自由，法国宪法委员会裁定这些条款符合《法国宪法》的规定。原因是这些条款规定了搜查的条件，因此不是对《法国宪法》第66条的曲解；同时基于对《法国宪法》第34条授予立法者任务的尊重，这些条款也应视为有效。①

5. 进入权力（pouvoir de pénétration）和搜查权

进入和搜查地点主要涉及的就是进入权力和搜查权的区分。尽管两者看起来有诸多相似之处，然而背后却是两种完全不同的司法体制。为了确认法律的适用以及犯罪的关联性而进入一些业务地点（lieux professionnel），并不受初步调查阶段搜查规则的限制。根据《法国刑事诉讼法典》第54条的规定，司法警官在得知发生现行重罪时，应立即报告共和国检察官，并且不迟延地到达犯罪发生地点，进行一切必要的查证工作，如所涉及位置、尸体、指纹等。即使在预审阶段，甚至更为特别的情况即在审判阶段，这种进入权力也有可能被实施。当然，在后面两种情况下，双方当事人及其律师应该受邀参加。

（三）相关原则

1. 住宅不可侵犯原则

考虑到搜查的重要性，因此有必要首先探讨住宅的不可侵犯原则。在法国，住宅的不可侵犯性由来已久。1791年7月19日和7月21日法令第8条规定：“在没有法令、强制性命令、判决的授权或者根据尖叫声认定公民在住宅要求公共力量的援助时，任何市政长官、专员、警察不可以闯入公民住宅。”同时，第11条规定，除了已经规定的特定公共场所这一例外情形，警察在没有特别司法授权的情况下闯入公民住宅，公民可以要求损害赔偿。共和三年果月5日《法国宪法》第359条也再次重申了这一规则：“除非根据法律规定以及明确规定了行为的目的，否则任何人不得进行‘家宅查访’。”共和七年霜月22日《法国宪

① 法国宪法委员会2003年3月13日第2003-467号判决，第14段。

法》也规定了这一原则："公民的住宅是不可以侵犯的安身之处。在夜间，任何人没有权力闯入公民住宅，除非发生火灾、洪水或者住宅的人作出了请求。在白天，我们可以在法律特别规定的情况下或者权力机构发出命令的情况下进入公民住宅。"1848 年《法国宪法》第 3 条规定："在法国领土内的居民住宅是不可侵犯的，在没有法律规定的情况下任何人不能闯入。"而《法国刑法典》第 184 条也规定了惩罚这种侵犯公民住宅的情况。

住宅不可侵犯原则作为一条宪法性原则，其重要性是不可言喻的，法国宪法委员会在 1983 年 12 月 29 日的决定①中也再次重申了这一原则，认为搜查仅仅是一种例外。也正是这一原则决定了搜查的很多具体规定都是为了尽力维护公民的住宅不可侵犯的权利。例如，搜查的决定、执行以及监督不能全都由一个人进行，搜查也不能全天 24 小时进行。此外，搜查也只能在某些特定的地点进行。由此可见，住宅不可侵犯原则并不是一项绝对的原则，在具有正当性的情况下，允许进行搜查这种例外行为。

2. 比例与必要性原则

和其他所有的强制性措施一样，搜查或者搜索首先要符合欧洲人权法院、法国宪法委员会以及法国最高法院所适用的比例与必要性原则，即所有的搜查或者检查只能适用于以下情形：在相关地点寻找对发现犯罪事实有用的物品或者线索。必要性原则的一个重要表现就是相关人或地点和调查文件两者之间的联系。至于比例原则，是指搜查或者扣押必须根据具体的关联性进行衡量。

尽管这两项原则都早已规定在法国法律之中，但是 2000 年 6 月 15 日法令在第 1 条第 3 款中再次重申了这两项原则，规定强制性处分必须被严格限制在程序的必要性范围内，要与所调查犯罪的严重程度成比例且不能损害人生之为人的尊严。

三、搜查制度的基本内容

根据《法国刑事诉讼法典》的规定，搜查在不同的阶段对于实质和形式要件等各方面的要求都有差别，因此，在下文中笔者区分各个阶段的搜查分别对此加以论述。需要说明的是，《法国刑事诉讼法典》在一些特别情况下授予一些特殊主体行使某些司法警察的权力。例如，第 23 条关于区长与林木水道技术员及市镇行区的乡村治安员，具有对被窃走并转移他处的物品进行追踪并作为讼争物予以查封、保管的权力。第 28 条规定的特别法律授权政府机关行政公务员和公共服务官员行使某些司法警察的职权。但是，下文中所要论述的搜查不包括这些

① JO 30 dec. 1983，P3873.

特殊情况，而仅仅是严格意义上刑事侦查过程中的搜查。

（一）现行犯罪阶段的搜查

根据《法国刑事诉讼法典》第53条的规定，“正在进行或者刚刚实行的重罪与轻罪，称之为现行重罪与现行轻罪。在犯罪行为实施后紧接的一段时间内，涉嫌犯罪的人因公众呼喊而受到追捕，或者发现其持有赃物或带有犯罪痕迹或线索，据此可以认为其参与了重罪或轻罪的情形，也是现行重罪或现行轻罪”。现行犯罪强调的是“正在进行或者刚刚实行”或者“犯罪行为实施后紧接的一段时间内”，而正是因为不能再耽误时间了，所以搜查的目的就在于发现嫌疑人持有犯罪物品或带有犯罪痕迹或线索。

这一阶段的搜查是基于现行犯罪的紧迫性，因此根据《法国刑事诉讼法典》第56条的规定，“如果从重罪的性质来看，需要扣押被认为参与了该重罪的人或被认为持有与犯罪事实有关的文件、材料、信息数据或其他物品的人所占有的这种文件、材料、信息数据或其他物品，才能取得犯罪证据时，司法警官应立即前往这些人的住所进行搜查并作成笔录”。

1. 由司法警官发动的搜查

（1）实质要件。

第一，由司法警官实施。除受保护的地点以外，在现行犯罪侦查阶段的搜查，只能由司法警官来进行。这里的“受保护的地点”是指律师事务所或住宅，新闻企业、视听传媒企业，以及医生、公证人、上诉法院诉讼代理人或者执达员的办公室。在实施搜查中，只有司法警官有权同法定在场人员，在进行扣押之前了解这些文件、材料、信息资料或数据的内容。

第二，遵守法定时间。根据《法国刑事诉讼法典》第59条的规定，除非从房屋内发出请求之情形，或者法律另有规定，搜查和家宅查访不得在6时以前和21时以后进行。当然法律也规定了一些例外情形，允许在某些特定情况下遵循法国宪法委员会通过的严格限定的必要性原则进行夜间搜查。根据《法国刑事诉讼法典》的规定，主要有以下三种例外情形：首先，该法典第706-35条规定，为追查、查证、确认第706-34条所指的犯罪[①]，对经认定从事卖淫活动的人经常在其中受到接待的饭店、带家具出租的房屋、寄宿处、零售小酒店、俱乐部、舞厅、娱乐场所以及它们的附属设施，或者其他对公众开放、为公众使用的场所，得于白天与夜间的任何时候进行第59条所指的查看、搜查与扣押。其次，

---

① 《法国刑事诉讼法典》第706-34条所指的犯罪，是指《法国刑法典》第225-5条至第225-12-4条所指的犯罪以及参与《法国刑法典》第450-1条规定的坏人结社罪。

该法典第706-28条规定，为追查与查证第706-26条所指的犯罪[①]，在不涉及居住场所时，得在第59条规定的时间以外，到贩毒团伙使用的场所内，或者到非法制造、加工或者储存走私毒品的场所内，进行查看、搜查与事实扣押行动。最后，该法典第706-24条规定，在针对恐怖行动进行调查时，进入基于共和国检察官的申请由大审法院主席或其代表批准的相关地点进行搜查时，不受第59条规定的时间限制。此外，在实践中，如果搜查是在夜间时间开始前几分钟进行的，那么可以有20分钟到1个小时的法定时间。在上述三种情况下，如果为了其他目的而进行搜查，其结果只能是导致搜查行为的无效。同时，如果滥用这项权力，如司法警官没有预先得到授权即开始搜查行为，同样会导致搜查行为的无效。

第三，对信息资料的搜查。根据《法国刑事诉讼法典》第57-1条的规定，“司法警官或者在其负责下，司法警察在按照本法典规定的条件进行搜查的过程中，可以通过在搜查场所内安装的信息系统进入该系统或者其他信息系统内储存的、与正在进行中的调查有关的数据资料，只要这种数据资料可以从终端系统或者为终端系统安装的系统进入。只要事先证实可以从上述终端或者为该终端安装的系统进入的数据资料储存在位于法国领域之外的信息系统，司法警官可以收集这些数据，但进入这些数据资料的条件应遵守法国现在承担的国际义务。按照本法典的规定可以进入的数据资料，可以从任何依托上进行拷贝备份，信息储存依托可以受到扣押并按照本法条规定的条件加以封存”。

（2）形式要件。

第一，在场要求。根据《法国刑事诉讼法典》第56条的规定，司法警官必须采取一切可行的措施确保相关的职业秘密及防御权。除此以外，在住宅内所进行的搜查，应有该住所的人本人在场。本人不可能到场时，司法警官有义务提请该人自行指定一名代表；在没有指定代表的情况下，司法警官从不属于其行政领导下的人员中挑选两名符合搜查住宅要求的证人在场。

搜查时在场的人如有可能对受到扣押的物品、文件和信息数据提供情况，司法警官也可以让他们留在现场，但他们留在现场的时间严格以完成扣押行动之必要为限。

第二，搜查笔录。搜查笔录必须在搜查后立即完成并在每页上由执行人、当事人或者代表人或者两名证人签字，如果有人拒绝签字，也必须在笔录中予以记载。如果搜查结果不是一无所获，就要对此记载搜查所扣押的物品。

---

① 《法国刑事诉讼法典》第706-26条所指的犯罪，是指《法国刑法典》第222-34条至第222-40条所指的犯罪以及参与《法国刑法典》第450-1条所指的参加坏人结社之轻罪。

无论是在现行犯罪阶段还是在初步调查阶段，都要求进行笔录程序。司法警官或者司法官最起码必须记载参与者的姓名和情况，搜查的时间和地点，被控告人不能到场协助搜查的原因，同时还必须提到授权代表人在场。另外，笔录程序还必须说明在场的被要求协助搜查的人的情况。

（3）无效搜查。所有对实质要件和形式要件的不了解，都有可能导致搜查行为的无效以及由此所带来的对相关人员的不利。因此，法国最高法院认为，在相关人员不在场的情况下，如果不能够证明前者不可能到达住处，以及在场人员是经常被指定代表他的人时，基层法官不能驳回关于搜查无效的申请。在住宅内进行非法搜查甚至可能会导致对违反相关规定的警察提起的诉讼。

2. 由司法官发动的搜查

律师的职业保护原则上说是绝对的，律师可以自由获得有利于保护自己客户的秘密。这些秘密包括与客户之间的口头合同、信件以及备忘录等。实际上，这与他的职业有着必要的关联。他也可以拒绝到庭作证。这些原则早在 1886 年法国最高法院刑事庭的一则判例中就规定了："扣押权遇到了防御权利这一更高级别权利的限制，要求解除所有被控诉人和其建议者之间的限制。因此，不允许在律师以及诉讼代理人住宅中扣押与其客户往来的文件及信件。"

在现行犯罪的侦查阶段，对受保护地点的搜查，只有共和国检察官及代理检察官拥有合法的资格，可以在律师的办公室或者住宅、医师、公证人、诉讼代理人或者执达员的办公室内进行搜查。当然，在进行搜查时，可以由司法警官协助进行。在搜查过程中任何超出法律规定权限的行为都有可能导致搜查无效。

为了保持现有特殊搜查条款的完整性，2000 年 6 月 15 日颁布实施的第 2000－516 号法令特别整理了有关搜查的内容。而 2005 年 12 月 12 日颁布实施的第 2005－1549 号法令更是加强了对律师职业秘密的保护。该法令对搜查制度进行了改革，扩大了特殊搜查的适用范围及适用保障，以解决在实施此类搜查时所遇到的困难。

自此，共和国检察官在实施搜查时，必须书面详细记载犯罪的性质或者侦查的犯罪以及搜查的动机和目标，这份书面决定必须在搜查之前通知律师公会会长或其代表。

根据改革后的规定①，搜查律师的事务所或住所只能由司法官进行，并且应有律师公会会长或其代表在场。然而这一保护性措施却引起了争议，引起争议的问题并不在于是否由司法官进行，而是其同行的在场。试想一下，在一所小城市里，每一个律师都是名人，也有固定的客户，但是其竞争者却可以看到相关的文件，那么这种救济措施不是变得更坏了吗？当然，在诸如巴黎这种大城市里，职

---

① 2000 年 6 月 15 日第 2000－516 号法令第 44－1 条。

业律师成千上万，就不会产生这样的问题了。但是达成共识的是，律师公会会长的作用是保证对防御权的尊重，其本身并不进行搜查，而违反前述规定的行为会导致搜查行为的无效。这一条款的重要性在于，其强调了违反规定的后果，同时也涉及防御权的问题，可以说这等同于公共秩序。

根据法律规定，实施搜查的司法官有义务确保侦查不会侵犯律师的权利。同时，如果律师公会会长认为行为不符合规则时，特别是有可能侵犯到防御权时，可以反对扣押相关文件。这一反对的后果是，实施搜查的司法官必须将争议物品特别存放并在笔录上记载律师公会会长或其代表的反对意见。笔录并不依附于所进行的搜查程序，这份笔录连同被特别封存的物品以及该程序的原件和复印件，必须立即被转交于相应适格法官。

自 2005 年该法令实施以来，一般情况下是由自由与羁押法官负责处理在律师住宅或办公地点实施的搜查。而在特殊情况下，即在律师监督委员会（les locaux de l'ordre des avocats）或者交纳罚金的柜台（des caisses de règlement pécuniaire）以及律师公会会长的住宅或者办公地点进行搜查时，则由大审法院的主席来负责。在这种情况下，必须提前通知司法官要进行此类搜查。在所有情况下，同时也由实施侦查的共和国检察官所在法院的法官负责，而不论侦查所在地是否在该司法管辖区内。

在收到相关文件物品 5 日之内，经过对立双方的辩论，即进行搜查的司法官、涉及的律师、律师公会会长或其代表以及在各方在场的情况下开启扣押封条，而后，由相应的适格法官作出裁决。法官有权作出以下裁决：在法官认为不能继续扣押的情况下，要求立刻解除扣押物品，销毁笔录以及最终取消所有与扣押相关的正在进行的程序；在法官认为扣押具有正当性的情况下，会授权将查封和正在进行的笔录程序合并，使相关一方可以向初审法院要求撤销扣押或者要求一个完全有管辖权的法院作出判决。尽管这一规定在司法实践中并没有引起太大的争论，但实际上 2000 年 6 月 15 日法令进一步细化了《法国刑事诉讼法典》第 51 - 1 条至第 56 - 3 条的适用范围。

3. 特别规定

（1）夜间搜查。关于共和国检察官基于侦查的必要性提出进行夜间搜查的请求，自由与羁押法官可以授权司法警官对包括住宅在内的所有封闭场所进行夜间搜查。自由与羁押法官必须通过裁定（ordonnance）才能授权进行此类搜查，因此法律认为，有必要对此裁定进行细化规定：裁定必须是书面的，且需要具体指明对其查找证据的犯罪的罪名，以及可以在其内进行查看、搜查与扣押的场所的地址，否则批准无效。对这项裁定，不准向上诉法院提起上诉，并且应按照犯罪事实与证明有必要采取上述行动的法律规定说明理由。应在批准采取行动的司法警官的监督下实施这些行动。该司法警官可以亲自到现场，以保障遵守法律规定。

为了确保宪法委员会所要求的司法保障，即法律要求法官所进行的监督必须是具体的，因此，由作出授权的自由与羁押法官进行事实过程中的具体监督。根据《法国刑事诉讼法典》第706－93条的规定，这种在法定时间以外所进行的搜查不能以授权裁定上所详细记载的犯罪以外的其他犯罪为目的。换句话说，法律禁止对程序的随意篡改，而违反这一规定的后果通常就是侦查行为的无效。但是，如果在搜查行动中查出自由与羁押法官或者预审法官的决定所指的犯罪以外的其他犯罪，并不构成附带程序无效。

（2）不在场情况下的搜查。根据《法国刑事诉讼法典》第706－94条的规定，在对属于第706－73条适用范围的犯罪之一进行现行调查或预审时，如住所被搜查的人已经被拘留或者关押在另一地点，将其解送到现场有可能严重扰乱公共秩序，或者有可能逃跑或者在押送途中证据可能消失的危险，应当避免将该人解送到现场。事先经共和国检察官或者预审法官批准，得在第57条第2款所要求的条件下，即两名证人在场时，或者住所被搜查的人的法定代理人在场时进行搜查。此外，该条款还规定，在第76条与第706－90条所指条件下未经当事人同意即进行搜查时，本条之规定亦适用于初步调查阶段。于此情形，由自由与羁押法官予以批准。

（二）初步调查阶段的搜查

这一阶段的搜查和现行犯罪阶段所实施的搜查在定义上可以说是相同的，根据2004年3月9日法令，关于进入信息系统进行搜查的条款也适用于初步调查阶段。但是这两个阶段的不同之处就在于根据搜查的强制性而产生的在实质要件和形式要件上的差别。

1. 由司法警官发动的搜查

（1）实质要件。

第一，和现行犯罪阶段的搜查一样，这一阶段的搜查也必须遵循必要性、比例原则以及法定时间等条件。但是与现行犯罪的搜查相比，一个根本性的不同是，只有在获得明确授权的情况下才可以在住宅、封闭地点、机动车内进行搜查。

第二，根据《法国刑事诉讼法典》第75条的规定，司法警官以及第20条规定的在司法警官监督下的司法警察，根据共和国检察官的指示或者依自己职权，对案件进行初步调查。而搜查地点涉及律师的办公室或者住宅，医师、公证人、上诉法院诉讼代理人、执达员的办公室以及搜查新闻企业或视听传播企业的场所，只有共和国检察官或其替代者才是适格的。

第三，根据《法国刑事诉讼法典》第76条的规定，未经屋主的明示同意，不得对其进行搜身、室内搜查和证据扣押。初步调查阶段与现行犯罪阶段相比，公共秩序的要求不是那么迫切和明显，在这一情况下，住宅的不可侵犯性又开始发挥作用了，因此才有了第76条关于屋主必须明示同意这一强制要求。需要说明的是，这种同意仅仅存在于初步调查阶段，如果在现行犯罪和初审阶段当事人拒绝搜查，那么就构成了抗拒司法罪，可判1年监禁和一定数额的罚款，如果聚众抗拒或者携带武器则构成该罪的加重情节。

（2）形式要件。同样，在形式要件上，初步调查阶段的搜查和现行阶段的搜查所要求的也基本类似。特殊之处在于，如同涉及职业秘密保护的条款，要求有相关代表人在场，以及非经住所内的人明示同意，不得在住所内进行搜查。此种同意必须有当事人亲笔书写的声明，或者如当事人不会书写，应在笔录上记明，并写明当事人同意。这一程序的实质在于保证进行搜查的司法人员可以确保同意是在了解和自由的情况下作出的。法国司法部也建议使用上述被经常使用的表格形式，然而法国最高法院却更注重是否从实质上确保其满足了《法国刑事诉讼法典》第76条的要求，而不是表格本身的具体内容或者相关人的完全篡改。

2. 强制搜查

2004年3月9日法令在初步侦查阶段增加了关于强制搜查的规定，允许经过自由与羁押法官的同意而不需要相关人的同意，就可以进行搜查。

在这种情况下，强制侦查和所有的强制手段一样，都必须以侦查的必要性为基础，符合《法国刑事诉讼法典》关于侦查的各项规定，以及符合宪法及条约的相关原则。同时根据《法国刑事诉讼法典》第76条第4款的规定，如果所涉及的犯罪可能会判5年以下监禁，那么在这种情况下不适用强制侦查。

根据《法国刑事诉讼法典》第76条第4款的规定，强制搜查的适用条件如下：如为了调查至少当处5年监禁刑的轻罪有此要求，大审法院自由与羁押法官可以应共和国检察官的要求，作出说明理由的书面裁定，以决定在不经当事人同意的情况下在其住处进行搜查。自由与羁押法官应具体说明对犯罪行为所定的罪名，待查找的该犯罪的证据以及可以进行此种行为的场所，否则其决定无效；这项决定应当参照犯罪构成要求以及证明有必要进行该行动的法律，以说明其理由；所进行的行动的开展，受批准该行动的法官的监督。该法官可以到现场，以确保行动中遵守法律的规定。除了追查和确认自由与羁押法官的决定中所针对的犯罪以为，搜查行为不得有其他目的，否则搜查无效；但是，如果搜查行动进行过程中发现在原决定中并未指明的犯罪，则不构成附带程序无效之原因。

此外，在初步调查阶段，如果根据《法国刑事诉讼法典》第706－24条关于反恐的规定，大审法院的自由与羁押法官在确认搜查的必要性并经共和国检察官的请求，可以作出不需要当事人同意的搜查、家宅查访以及扣押的决定。在2000年6月15日法令（2002年6月16日生效）之前，这一权力属于大审法院的院长或其授权的法官来执行，而在改革之后，则统一交给了自由与羁押法官。

3. 夜间搜查

关于共和国检察官基于侦查的必要性提出进行夜间搜查的请求，自由与羁押法官可以授权司法警官在包括住宅在内的所有封闭场所，进行夜间搜查。

自由与羁押法官必须通过裁定才能授权此类搜查，这种裁定批准，应当作出书面裁定，具体指明对其查找证据的犯罪的罪名，以及可以在其内进行搜查的场所的地址，否则批准无效。对这项裁定，不准向上诉法院提起上诉，并且应按照犯罪事实与证明有必要采取上述行动的法律规定说明理由。应在批准采取行动的司法警官的监督下实施这些行动。该司法警官可以亲自到现场，以保障遵守法律规定。

为了确保宪法委员会所要求的司法保障，即法律要求法官所进行的监督必须是具体的，因此，由作出授权的自由与羁押法官进行事实过程中的具体监督。法律规定，这种在法定时间以外所进行的搜查不能以侦查裁定上所详细记载的犯罪以外的其他犯罪为目的。换句话说，法律禁止对程序的随意篡改，而违反这一规定的后果通常就是侦查行为的无效。

（三）预审阶段的搜查

预审阶段的搜查应该说和前述两个阶段的搜查在性质上是一样的，这一阶段的搜查也主要是在封闭的场所内进行。至于什么是封闭的场所，则根据法国最高法院的判决加以确定。[①] 此外，其目的也是为了寻找相关线索来证明犯罪或者确认罪犯。但是，与前两个阶段不同的是，可以搜查的地点范围有了很大的变化。《法国刑事诉讼法典》第 92 条规定：“预审法官得前往现场进行一切有益的勘验、查证，或者进行搜查。预审法官应将此通知共和国检察官。共和国检察官可以自行决定陪同预审法官。预审法官始终由一名书记员协助。预审法官制作查案行动的笔录。”第 94 条规定：“凡是可能发现有利于查明事实真相之物件或信息资料的地点，均可以进行搜查。”

1. 实质要件和形式要件

（1）必要性和比例原则。如前所述，尽管《法国刑事诉讼法典》第 94 条规定，“凡是可能发现有利于查明事实真相之物件或信息资料的地点，均可以进行搜查”，这一规定从表面上看比现行犯罪阶段有很大的优势，因为对搜查地点没有任何限制，但是，自从 2000 年 6 月 15 日法令颁布以来，法律明确规定，“所有的强制性措施……应当严格适用必要性原则，与犯罪的严重性成比例并且不能有损当事人的尊严”。即在初审阶段，搜查也只有在就证明犯罪事实必要的情况下并且符合所有强制性措施的宪法要求下才是有效的，在这一点上和前述两个阶

① Cass. Crim.，31 mais 1994，Qeurrien et a.：Bull. Crim. Numéro 213.

段没有任何差别。

可以肯定的是，在侦查阶段和初审阶段，对搜查的司法要求是相同的。在这两种情况下，《欧洲人权公约》第 8 条所规定的必要性和比例原则都在发挥作用，而这种必要性主要表现在发动搜查的动机和发动搜查的地点必须存在关联。

（2）遵守法定时间。在这一阶段，根据《法国刑事诉讼法典》第 95 条、第 96 条的规定，在受审查人的住所和在受审查人以外的其他人的住所进行的搜查，也必须遵守第 59 条关于搜查时间的规定，从这一点上说和前述两个阶段的要求是一样的。

特殊之处就在于，根据《法国刑事诉讼法典》第 706 – 24 – 1 条的规定，在反恐方面，初审法官有权在紧急情况下授权在法定时间以外为了寻找可判 10 年监禁以上的恐怖行为进行搜查，但是限于以下三个条件：现行犯罪；有犯罪证据或者线索立即消失的危险；推断在搜查地点内有一人或数人正在准备实施新的恐怖行为。自由与羁押法官必须通过裁定才能授权此类搜查，这种裁定批准应当作出书面裁定，具体指明对其查找证据的犯罪的罪名，以及可以在其内进行搜查的场所的地址，否则批准无效。对这项裁定，不准向上诉法院提起上诉，并且应按照犯罪事实与证明有必要采取上述行动的法律规定说明理由，并且授权裁定必须通知共和国检察官。但是，该规定已由 2004 年 3 月 9 日第 2004 – 204 号法令第 14 – 8 条废止。

（3）在场要求。与前述两个阶段相比，在场要求方面有一些差别，即《法国刑事诉讼法典》第 96 条规定："如搜查受审查人住所以外的他人住所，住所受到搜查的人应邀到现场旁观，如其不在或拒到现场，应有其血亲或姻亲二人在场，或者在没有其亲属在场时，应有 2 名证人在场。"

（4）遵守职业秘密和保护被告人的权利。根据《法国刑事诉讼法典》第 96 条的规定，预审法官有责任预先采取一切有效的措施以保障职业秘密和保护被告人的权利。

在律师的住宅或者办公地点以及医生的诊所进行搜查，预审法官应该首先请求律师公会的会长或者医生行业协会的负责人作为代表来协助搜查。但是，这一权力的行使属于初审法官，由初审法官来决定搜查装修的家具、阅读文件，而代表只是为了保护遵守职业秘密和被告人的防御权。与前述两个阶段的规定相似，只有预审法官可以决定在律师的办公室或住宅、医师、公证人、上诉法院诉讼代理人或者执达员的办公室以及新闻企业或视听传媒企业的场所进行搜查。

在 2000 年 6 月 15 日法令之后，2005 年 12 月 12 日法令再次进行了修改，强调了对律师住宅及办公场所保护，授权律师公会立即提出反对的权利（初审法官替代了共和国检察官）。尽管这一问题之前并没有讨论过，但是在该法典中明确表明，适用于现行犯罪阶段的第 56 条、第 56 – 1 条、第 56 – 2 条、第 56 – 3

条同时适用于预审阶段的搜查。

2. 夜间搜查

与前述两个阶段的夜间搜查不同，这一阶段的夜间搜查主要分为以下两种情况：

第一，在非住宅的其他封闭场所进行搜查。根据《法国刑事诉讼法典》第706-91条的规定，初审法官可以在必要的情况下，授权司法警察在夜间对非住宅的其他封闭场所进行搜查。

第二，在紧急情况下对住宅进行搜查。根据《法国刑事诉讼法典》第706-91条第2款的规定，在以下三种紧急情况下，预审法官也可以批准司法警官在居住场所采取这些行动，即：在涉及现行重罪或现行轻罪时；犯罪证据或线索有立即消失的危险时；在有一项或数项合理根据可以怀疑在应当进行搜查的场所内的一人或数人正在实行属于第706-73条适用范围的重罪或轻罪时。①

同前两个阶段一样。初审法官必须通过裁定的方式来授权此类搜查，该裁定必须包含以下内容：要寻找的犯罪证据，夜间搜查地点的地址；包含犯罪事实要件和法律要件的明确的动机；符合《法国刑事诉讼法典》第706-91条的规定。同时，根据《法国刑事诉讼法典》第706-92条的规定，该裁定不能提起上诉，作出裁定之后，司法警察可以立即进行搜查。此外，依然由作出授权的自由与羁押法官进行事实过程中的具体监督，而违反这一规定的后果通常就是侦查行为的无效。

3. 委托搜查

根据《法国刑事诉讼法典》第81条第4款的规定，“如果预审法官不能亲自进行全部预审活动，可以委托司法警察按照第151条及152条规定的条件与限制，进行一切必要的侦查行动”。搜查作为侦查活动的一种，自然也位列其中，因此，在下文中对查案委托进行简单的介绍。

（1）可以接受查案委托的人。尽管根据《法国刑事诉讼法典》第81条第4款的规定，只有司法警官可以接受查案委托，但是，实际上其他人员也可以接受查案委托。《法国刑事诉讼法典》第151条规定：“预审法官得以查案委托书，请求本法院的任何法官，任何其他预审法官或者任何司法警官在他们各自有地域管辖权的场所，进行其认为必要的侦查行动，在此情况下，受委托的法官、预审法官或司法警官应将此事由通知共和国检察官。”

（2）委托搜查的适用标准。根据上述条文我们不难看出，委托搜查仅限于预审法官认为有必要进行委托搜查或者自己进行搜查不可能的情形。事实上，预

① 这是2004年3月9日第2004-204号法令的新规定。《法国刑事诉讼法典》第706-73条规定了15项犯罪按照有组织的犯罪适用的程序进行调查、追诉、预审和审判。

审法官大量使用委托搜查，而不是仅在例外情况下使用。原因是委托搜查相比初审法官自己进行搜查，有很大的优势：委托搜查可以使预审法官在远离自己司法管辖区的情况下不需要移身就可以进行搜查，同时这有利于减轻初审法官的负担并让同时进行两个搜查成为可能。

但是，正因为委托搜查成为了一种经常性的行为而不是例外，从而引发了很多的批评：初审法官只关心自己作为法官的职权，而将查找证据的权力都交给司法警官来执行。如果是这样的话，倒不如直接把权力全部交给检察院好了。①

（3）查案委托书的形式。根据《法国刑事诉讼法典》第 151 条第 2 款的规定，查案委托书应当写明日期，经负责预审的法官签字并加盖印章。查案委托书应当写明作为追诉目标的犯罪的性质，并且比较具体地指出有待进行的查案活动或者一系列的查案活动。有待进行的所有活动都应当与受到追诉的犯罪有关联。

（4）具体实施。如果司法警官在执行查案委托时发现与本案侦查活动无关但有可能属于犯罪的其他事实，有责任通知委托查案人，但不要进行与对其规定的侦查并无关联的活动。司法警官也可以将这些情况报告共和国检察官。如果属于现行犯罪，司法警官可以扣押物证；如果不属于现行犯罪，则应当按照《法国刑事诉讼法典》第 75 条与第 76 条的规定办理。2002 年 11 月 22 日法国最高法院全体法官联席会作出决定，警察可以运用其在初步调查方面或者现行犯罪方面的权力。②

《法国刑事诉讼法典》第 94 条规定："搜查可以在任何可能存有某些如发现将有利于查明真相的物品的一切地方进行。"但是假定法官仅仅指定了一个搜查地点，而司法警官在搜查的过程中又发现了另外的地点，相关的证据表明在这一地点可以获得有利于查明真相的物品，那么在这种情况下，是应该防止浪费时间还是等待新的委托指示呢？答案是后者，如果没有授权就进行搜查，搜查结果就是无效的。如果司法警官在执行查案委托时发现与本案侦查活动无关但有可能属于犯罪的其他事实，有责任通知委托查案人。这再次验证了在法国，警察的权力是小之又小的。

此外，根据《法国刑事诉讼法典》第 151 条最后一款的规定，受委托人在执行查案委托之后，应当将全部文件、材料寄送发出查案委托的法官，并且应当在法官确定的期限内寄送。如果法官并未规定任何确定的期限，受委托进行查案活动的人应当在查案活动完成之后 8 日内将全部文件、材料寄送发出委托的法官。

① Donnedieu de Vabres, la réforme de l'instruction préparatoire, Rev. sc. crim. 1949, P1499.

② ［法］贝尔纳·布洛克著，罗结珍译：《法国刑事诉讼法》，中国政法大学出版社 2009 年版，第 427 页。

预审法官在接到委托查案的结果之后，应当审核已经收集到的各项侦查材料，尤其应审核是否已经按照规定完成了委托的活动，是否符合程序。预审法官可以自行重新进行查案，或者委托他人重新进行尚不完全或不够充分的查案活动。预审法官对委托查案的结果所进行的审核，明确受到上诉法院预审庭审判长的监督。

根据《法国刑事诉讼法典》第 152 条的规定，执行委托的法官或司法警官，在委托书限定的范围内行使预审法官的一切职权。那么涉及搜查时，就必须遵守有关搜查的形式要件和实质要件，如遵守法定时间、尊重职业秘密的保护等。

（四）审判阶段的搜查

在审判阶段，根据《法国刑事诉讼法典》第 283 条的规定，“审判长如果认为预审尚不完整，或者在预审结束后发现新的情况，可以命令进行他认为需要的任何有益的侦查行为。此项侦查行动由审判长或者一名同庭陪审官或者审判长所指派的一名预审法官进行。在此情况下，应当遵守第一卷第三编第一章中除第 167 条以外的所有规定”，即遵守有关预审管辖的规定。

在审判阶段的搜查，除上述情况外，还有根据《法国刑事诉讼法典》第 463 条的规定进行补充侦查的情况。该条规定：“如果需要进行补充侦查，法庭应当以裁定指派一名成员行使第 151 条至第 155 条规定的职权。”

由此可见，在审判阶段，如果有需要进行搜查行为时，应按照预审阶段的规则处理，在此笔者不予赘述。

需要说明的是，这四个阶段的搜查并不是说进行了某一阶段的搜查在下一个阶段就不能进行同样的搜查。事实上，搜查可以针对同一个人再次进行，可以在新的阶段对新的地点进行搜查，也可以在已经搜查过的地点再次进行搜查。也就是说，在同一程序中，如果一项证据被扣押后又被返还，后来又发现需要再次扣押则同样可以进行第二次扣押。在这里，值得一提的是 1977 年 3 月 23 日法国最高法院的一个判例。① 在该判例中，初审法官首先作出一个对公司财产扣押的决定，但是在被重罪起诉庭（Chambre d'accusation）取消了这个扣押的决定后，初审法官再次决定进行扣押。法国最高法院认为，即使第一次扣押的决定被取消了，还是可以进行新的扣押，唯一的限制条件是，第二次扣押的理由有别于第一次扣押。

四、扣押简述

可以说，搜查和扣押是两个紧密联系的侦查行为，因为扣押看起来就像是搜

① JCP 1979 Ⅰ 19039 note Chambon.

查的延伸附带行为，同样也是搜查的目的，即发现相关证据或线索并予以扣押。但是，在没有发现任何相关证据或线索的情况下，可能仅仅有搜查而没有扣押。同样，也可能仅仅有扣押而没有搜查，如《法国刑事诉讼法典》第56条规定，前往犯罪现场而进行扣押时，就没有预先的搜查行为。

扣押，即将文件、材料、信息资料或者其他与犯罪事实相关的信息和物品置于司法控制之下。通常情况下，扣押都是搜查的后续行为，在公共场所，可以在发现与犯罪有关的物品的同时将其扣押。此外，《法国刑事诉讼法典》第54条规定："司法警官应当扣押易于灭失的证据和一切有助于查明真相的物品。司法警官应当收取供犯罪使用或预定供犯罪使用的武器和工具，以及任何足以认为由犯罪所造成的物品。"也就是说，不论这些物品是在搜查现场发现还是通过搜查才查获，均可扣押。

（一）现行犯罪阶段的扣押

1. 适用条件

和搜查一样，扣押也受到必要性和比例原则的规制。也就是说，要扣押的文件、材料、信息资料或者其他与犯罪事实相关的信息和物品必须是查明犯罪事实所要求的。关于扣押的规定，主要规定于《法国刑事诉讼法典》第56条中，即只有司法警官有权实施扣押。那么，如果司法警察认为情况紧急必须立即实施扣押否则难以保证线索不会消失时，法国最高法院通过自己的判例确定了其解决方法，即只有当司法警察看到了现行犯罪时，基于发现犯罪事实的利益要求可以保存证据，并等待相关适格的司法警官到场实施扣押。这种必要的法官创制方法，体现了法官替代立法者补充了《法国刑事诉讼法典》第54条的内容，解决了司法警察经常会遇到的情况。

毫无疑问，和搜查程序一样，扣押也必须有详细的笔录程序。扣押必须详细记载发现的物品及发现物品的地点。被扣押的所有物品，应当立即进行清点并加封条；如现场清点有困难，可以临时加封封存，等待依《法国刑事诉讼法典》第57条规定的方式，在参加搜查的人员在场的情况下，再进行清点、登记并加最终封签。

2. 夜间扣押

夜间扣押是与现行犯罪阶段的夜间搜查相对应的，其基本要求和一般情况下进行的扣押并无太大的区别，因是在夜间进行，因此需要自由与羁押法官的授权。值得注意的是，在这一阶段存在一种有效附带扣押，即根据《法国刑事诉讼法典》第706-93条第2款的规定，在对毒品交易进行夜间搜查时，如果发现所要搜查犯罪以外的犯罪，司法警官可以进行附带扣押。如果附带扣押没有使程序改变方向，即没有转向所要搜查犯罪以外的犯罪时，那么这一附带扣押即为合法的。

（二）预审阶段的扣押

1. 适用条件

根据《法国刑事诉讼法典》第97条第3款的规定，如果扣押由司法警官认为有利于查明事实真相的那些物品，有必要事先征得预审法官的同意。如果文件、材料用封签封存，只有受审人在场并由其律师协助或者按规定传唤其到场时，才能开启封签并清点文件。启封在第三人住所受扣押的物件，应请该第三人到场。

在扣押信息物品时，根据《法国刑事诉讼法典》第56条第5款的规定，信息物品应该是有形的载体或者是复制品，应该有相关人协助搜查。而第56条第6款规定，在扣押复制品时，如果共和国检察官认为对信息物品的持有或者使用会对相关人的人身或财产安全产生损害时，可以授权司法警官删除信息物品原件。而通过其他的法律条款，法律授权司法警官或者在司法警官指挥下的司法警察在存有信息系统的地点进行搜查并进行查封或者扣押。

如果扣押的物品涉及现钞、金银条块、票据或有价证券，保存这些物品对查明事实真相或者对保护有关当事人的权利并无必要时，共和国检察官得批准将它们寄存于信托保管处或者寄存于法兰西银行。

如果扣押的是伪造的用欧元表示的银行券或货币，为了对其进行分析与鉴别，司法警官可以从被认为属于假钞的每一币种中至少抽出一份样品，转送为此目的而设立的分析中心。法国国家分析中心可以开启封条并进行盘点，制作报告。报告应写明开启封条或者重新开封的情况。在此活动结束之后，报告与封条均应交至有管辖权的法院书记室。此项存交事由应以笔录为见证。在被怀疑属于假币的币种仅有一份样品时，只要为查明事实真相有所必要，上述规定不予适用。

此外，根据《法国刑事诉讼法典》第99-1条的规定，如果扣押的是活物，可以将其寄放或者在向大审法院主席申请后，将其让与第三人，或者在其产生危险时对其实施安乐死。

根据《法国刑事诉讼法典》第706-30-1条的规定，在销毁所扣押的毒品时应对线索进行保存。为了在销毁毒品之后呈现在法官面前的物品仍具有真实性，必须在销毁之前提取一定的样品，由最后确认的专家进行保存。此外，在提取样品时，必须有犯罪嫌疑人在场或者有法官要求的两名证人在场。

如果在利害关系人申请时没有适格的司法管辖法院，归还扣押物品的责任就落到了共和国检察官的头上了。法律严格规定了拒绝退还扣押物品的理由，即会产生危险或者依法已销毁。如果扣押物品对证明事实真相已不再有用，那么共和国检察官也可以先行授权司法警官退还扣押的相关物品。

2. 被扣押的物品的归还

根据《法国刑事诉讼法典》第99条的规定，任何人，其中包括应受审查人和民事当事人，主张对在法院掌握下的物品或文件享有权利时，可以要求归还这些物品。但是，不得命令归还未受到扣押的物品，因支付损害赔偿而应对受害人给予赔偿的情形除外。

在整个侦查过程中，对归还扣押物品的请求，有权作出审理裁判的是预审法官。关于扣押物品的归还问题，集中规定于《法国刑事诉讼法典》第99条和第41－4条。据此，在侦查过程中，预审法官有权决定法院掌握的物品。预审法官根据检察官的请求，或者在听取检察官意见后，依职权或根据受审查人、民事当事人或者自称对该扣押物品享有权利之人的请求，作出裁判。经共和国检察官同意，预审法官可以依职权将受到扣押的但所有权并无争议的物品归还或至少归还犯罪的受害人。如果被扣押的物品有可能经审判法庭判决没收，则可以拒绝归还，但这并不是一项义务；如果归还被扣押的物品足以妨碍查明事实真相或者妨碍保护当事人的权利，以及可能对人身或财产造成危险时，则必须拒绝归还。

如果预审法官拒绝了当事人的申请，应通知申请人，或者在决定交还物品时，通知检察官以及一切利害关系人。对于预审法官的裁定，利益关系人可以通过法院书记室向上诉法院预审法庭申请救济。上诉期间具有中止效力。在提出上诉的情况下，检察长应当提前5日向各有关当事人通知上诉法院预审庭的开庭日期。不遵守这些规定，则引起程序无效的后果。对上诉法院预审庭的决定可以立即向法国最高法院提出上诉。

在预审已经终结，审判法庭已受理案件的情况下，由审判法庭决定被扣押物品的命运。因此，从这时起，有利益关系的当事人的相关要求应当向审判法庭提出。在预审法官以“不予移送起诉”裁定终结侦查的情况下，仍然由预审法官或上诉法院预审庭就这一问题作出审理决定。相反，根据《法国刑事诉讼法典》第41－4条的规定，如果没有任何法庭受理案件，或者如果受理案件的法庭已经停止管辖，但并未就归还被扣押的物品作出审理裁判时，1985年12月30日法令第2条赋予共和国检察官或者检察长对这一问题的管辖权。

在对涉案物品的所有权并无严重争议的情况下，共和国检察官或者检察长依职权或依申请作出宣告。如果归还物品将对人身或财产造成危险，共和国检察官或者检察长应拒绝归还这些物品。在此情况下，有关的当事人可以向轻罪法庭或者轻罪上诉法院提出申请，轻罪法庭在评议室作出审理决定。

1985年12月30日法令在《法国刑事诉讼法典》第41－4条第3款中作出了一项极为重要的规定：如果在检察官或检察长作出了不予立案的决定，或者自受理案件的法庭作出中止管辖的决定之日起，6个月内无人请求归还扣押物品，或者没有作出归还物品的决定，未予归还的物品收归国家，但仍然保留第三人的权利。物品的所有人在接受寄送至其住所的催告书之后的2个月期限内不要求取回物品时，也做相同处理。

（三）对涉及律师职业秘密文件的扣押

2000年6月15日法令再次加强了对律师职业秘密的保护，一般情况下，涉及律师职业秘密的文件是不可扣押的，而且当涉及律师职业秘密的文件同时也影响到被告人权利时，这些文件就变成了不可扣押的。但这并不是一块不可触碰的神秘之地。因此，笔者认为，有必要对这一比较特殊的规定加以特别说明。

首先，涉及被告人权利的文件不可扣押。这是由法国最高法院在1886年通过判例[①]创制的，至今已有一百年了，一直被视为强制性的命令。如果违反这一规定，则会导致扣押无效。除下文中所提到的例外情况，任何理由都不能成为违反这一原则的正当化理由。《法国刑事诉讼法典》第432条也规定："被告人与其律师之间的信件，不得作为书证。"当被告人选择律师时以及被告人请求其作为辩护人时，这种不可扣押性原则就开始适用了。不可扣押的范围不仅仅指通常所说的信件来往，还指物品和文件以及被告人想要在律师那里掩盖的定罪的文件。

其次，这种不可扣押性并不是绝对的，它并不保护律师的犯罪活动。当律师与客户之间的来往信件里面描述了律师自己的犯罪或者可以成为律师进行犯罪的证据时，不可扣押性的原则就不再适用了。

五、法国搜查制度的发展和评价

（一）对新闻来源秘密的新保护

欧洲人权法院在2003年2月25日作出的瑞蒙及施密特诉卢森堡一案[②]判决中认为，在新闻机构内实施搜查违反《欧洲人权公约》第10条关于新闻自由的保护。

在该案中，原告瑞蒙在一家报纸上发表了一篇文章，提到一名部长被判定偷税。这是一件极不光彩的事情，文章强调，该部长将会被处以约10万卢森堡法郎（约2500欧元）的罚金。据称，消息是从事务局（le service）一份内部文件流出的，于是该部长对处理文件的公务人员以及文章的作者提起刑事诉讼。初审法官授权在该记者的住处及工作地点进行搜查，法官甚至还授权在该记者律师的办公地点进行搜查。该记者及其律师对此提出控诉，认为该行为违反对新闻来源

---

① Bull. Crim numéro324，12 mars 1886.

② Roemen et Schmit c/ Luxembourg，CEDH，25 fevrier 2003，n°51772/99.

的保护及律师职业秘密的保护，但都被驳回，最终案件上诉至欧洲人权法院。

欧洲人权法院认为，早在1996年古德温诉英国一案[①]中就表示，保障新闻资料来源是新闻自由的基本条件之一。该案涉及试图强令一名新闻工作者披露其一份新闻报道资料来源的行为。法庭以11比7的票数裁定该行为违反《欧洲人权公约》第10条中有关表达自由的规定。法庭裁定只有在具有保障公众利益的凌驾性需要的情况下，才有充分根据发出此类命令。瑞蒙一案涉及具体的搜查行为，并且搜查令赋予侦查人员极为宽泛的侦查权力以至于可以搜查所有的文件，法院认为这显然是不合比例的，且没有其他的正当性理由，因此该搜查违反了《欧洲人权公约》第10条对于新闻自由的保护。

尽管这并不是一则针对法国的判决，但是如果法国也存在同样的情况，为了避免以后受到欧洲人权法院的谴责，对该判例的研究还是很有意义的。实际上，在法国，已经就对新闻媒体进行搜查展开了讨论。

学者认为，尽管《法国刑事诉讼法典》已经规定了在新闻企业或视听传播企业进行的搜查是一种特殊的搜查行为，应由一名法官进行，并由其负责监督此项搜查不损害新闻记者职业的自由活动以及不给新闻的传播造成没有正当理由的障碍和限制。但是，这种保护并不全面。例如，《法国刑事诉讼法典》仅仅保护这些媒体公司的场所，然而很多的新闻调查活动是由记者独立进行的，而且，他们有可能会把新闻来源的资料放在自己家里。再如，《法国刑事诉讼法典》仅仅要求法官负责监督搜查行为不得妨碍新闻自由以及不得损害公司的正常运作。

基于《法国刑事诉讼法典》的保护不够全面，有必要对新闻来源秘密在搜查扣押中给予更加特殊的保护。对于新近出台的关于记者来源秘密保护的第735号法律计划，给予记者更大的权利保护。在2009年1月，著名的雅克贝松教授对关于记者信息来源秘密保护的第735号法律计划进行了评论，他指出，题目的来源就指出了该法律的目的，“在民主社会中新闻的突出作用……记者保护自己的信息来源不受可能的侵犯，看起来对于不使他们的信息来源枯竭以及保护信息自由是必须的，而欧洲人权法院也在判决中确认了这一权利”。

该法律计划提议，将搜查中对新闻来源秘密的保护扩大到新闻公司、新闻机构以及记者的住宅。此外，必须详细规定进行搜查的法官必须保证对新闻来源秘密的保护与所要侦查犯罪的严重性要合乎比例。最后，对在律师事务所搜查方面的保护应该扩大到新闻场所以及记者的住宅内，允许自由与羁押法官在搜查扣押违反比例原则，即认为对新闻来源秘密的保护与所要侦查犯罪的严重性不成比例时，确认扣押的合法性。根据《法国刑事诉讼法典》第56-1条的规定，对律师的事务所或者住宅进行搜查，必须有律师公会会长或其代表在场，且他们有权

① Goodwin c/ Royaume-Uni, CEDH, 27 mars 1996, n°17488/90.

知道所要搜查扣押的文件并且当他们认为扣押不合理时提出异议。尽管律师公会会长在该程序中扮演相对重要的角色，但是与司法官的搜查扣押权力相比，职业秘密的保护还有很大的限制；同样，与发现与犯罪事实有关的证据相比，被告人权利的保护也没有被置于关键的地位。因此，在这种情况下，为了避免以后受到欧洲人权法院的谴责，应该赋予律师公会会长更大的权力：基于《欧洲人权公约》第8条和第10条，当所要扣押的文件涉及记者来源秘密时，律师公会会长也可以反对对该文件的扣押。因此，可以说，多亏了欧洲人权法院的干预，律师公会会长也可以成为新闻自由的保护者。

（二）职业秘密的保护和侦查权力的对抗

如前所述，《法国刑事诉讼法典》基于保护职业秘密的要求规定，在对某些特定职业群体（诸如律师、医师等）的住宅及办公场所进行搜查时应当遵守特定的程序。但是尽管如此，现行《法国刑事诉讼法典》的规定还是引起了很大的争议。

第一，对律师职业秘密的保护被认为是精心设计的制度，特别是自2000年6月15日法令明确规定无罪推定及被害人权利以来，使得对律师权利的保护更加趋于完善。其中，包括对律师住宅及办公场所的搜查扣押由法官发动并且律师公会会长或其代表也应该在场，并当对搜查文件有异议时可以提起反对意见等。

第二，对医生、公证员及送达员的保护被认为是薄弱的。根据《法国刑事诉讼法典》第56－3条的规定，对医生、公证员和送达员住处或办公地点的搜查必须有相关的职业机构的负责人或其代表在场。但是法律并没有明确规定，在有关文件涉及职业秘密时，他们有反对扣押的权力。可以说，相较于对律师职业秘密的保护，这种保护是相对薄弱和不完整的。

第三，缺乏对其他职业秘密的保护。《法国刑法典》第226－13条所规定的因为特定职业而享有沉默权的不止上述几种，而对其他职业的保护却并不存在，因而导致了很严重的问题。2001年发生的一个判例就能说明这种保护缺失所产生的问题。2001年8月，司法警察对里昂的教会大臣处进行了搜查，并扣押了电脑硬盘。关于到教会大臣处进行搜查，长久以来，法院和教会之间都达成了默认的共识，即不会到教会大臣处进行搜查。但是2001年以来，由于一些敏感问题，特别是涉及恋童癖的问题，教会大臣处开始成为了搜查的对象。但是，这种问题应该怎么解决才不会产生新的问题？如果教会大臣今天满意了，明天会计师会不会宣称不满？如果我们明天满足了会计师，银行是不是又会出来抗议？

（三）网络搜查的未来

2008年，德国的卡尔斯鲁厄创制了一项新的原则，即信息系统的秘密性及完整性原则。该原则认为，Rhenanie du Nord Westphalie 的一项法律允许在特别危害公民自由以及联邦及州安全时对网络进行搜查是不合宪的。[①] 而在法国，对网络安全进行搜查的趋势却是希望扩大范围。2008 年 2 月 14 日，法国内政部长米歇尔·阿利奥·玛丽公布了打击网络犯罪的计划，其中就包括通过网络进行搜查的方法。因为网络犯罪不断扩大，不仅仅包括侵犯知识产权的犯罪，还包括随着网上购物的增加而针对消费者的犯罪。米歇尔部长的计划不仅仅是可以在法官的监督下远程搜查计算机里的信息以及传输的信息，更重要的是，米歇尔部长提议，基于当时法国是欧盟轮值主席国，应当达成国际协定，允许进行远程信息搜查，而不需要获得服务器所在国的授权同意。

但很明显，这一计划要想真正实施，面临着极大的困难。一方面，要想符合《法国宪法》和《欧洲人权公约》的规定就很难；另一方面，这与《法国刑事诉讼法典》关于搜查的精神也相违背。如前所述，基于对公民住宅、隐私等一系列的保护，搜查原本就是个例外。一个简单的例子，在搜查的形式要件中，在各个阶段都有相应的在场要求和笔录程序，光是这一点，网络搜查就很难符合《法国刑事诉讼法典》关于搜查的精神。因此，这一计划面临着各种挑战，要想真正实施困难重重。

综上所述，正是因为每个公民都有可能成为搜查的对象，所以对于搜查制度的种种改革都会引起人们的关注。虽然搜查制度的整个设计最重要的是为了查明犯罪真相，保护社会的整体利益，但是对个人权利的保护越来越得到体现。如前所述，不管是对新闻来源秘密的保护还是对网络搜查的探讨，都是因为个人基本权利的重要性在发挥作用。因此，笔者相信，搜查制度将继续在两种利益的协调过程中，即对发现犯罪和对个人基本权利保护两种利益的权衡中不断发展。

---

① Les perquisitions en ligne et la surveillance d'internet，De Karlsruhe à Paris，similitude des enjeux，divergence des solutions? Revue Lamy droit de l'immatériel，numéro 41，P53.

第四章 德国刑事搜查制度

一、德国刑事搜查制度的基本框架

（一）搜查的概念与分类

德国法上的搜查（Durchsuchung），是指以发现犯罪嫌疑人（或被告人）、犯罪证据或其他可为没收或追征之物品为目的，而对被告人或第三人的身体、物品、住宅或其他处所采取的强制措施。①

按照不同的标准，可以将搜查划分为不同的种类：（1）以搜查的目的为标准，可以将搜查划分为调查性搜查（Ermittlungsdurchsuchung）和拘捕性搜查（Ergreifungsdurchsuchung）。前者是以发现犯罪证据或可以没收物品为目的的搜查，而后者则是以发现犯罪嫌疑人或被告人为目的的搜查。（2）以搜查的对象为标准，可以将搜查划分为对被告人的搜查和对第三人的搜查。前者是指对被告人或犯罪嫌疑人的人身、物品、住宅或其他处所进行的搜查，而后者则是指对第三人的人身、物品、住宅或其他处所进行的搜查。由于第三人并非本案被告，因此没有对强制措施的忍受义务，故对其进行的搜查行为应有较高的条件限制，而不得随意发动。比如，德国法要求根据推测即可对被告人进行搜查，但必须具备一定的事实基础才可以发动对第三人的搜查。（3）以搜查的客体为标准，还可以将搜查区分为对人之搜查和对物之搜查。前者是指对被告人及第三人人身进行的搜查，而后者则指对被告人、第三人之物品进行的搜查。这里的物既包括动产，也包括不动产。另外，必须指出的是，虽然某物可能并不属于被告人所有，但只要暂归被告人管理、持有或占有，或者与他人共同管理、持有或占有，都可视为被告人之“物”。（4）按照有无搜查令状，可以将搜查分为有令状搜查与无令状搜查。前者是指必须取得法官搜查令状方可进行的搜查，而后者则是指在紧

① ［德］克劳思·罗科信著，吴丽琪译：《刑事诉讼法》，法律出版社2003年版，第344页。

急情况下，如果延误就会发生危险，也可以由检察官或辅助官员自行决定发动搜查行为而不用取得搜查令状。目前，在司法实践中，无令状搜查已经成为主要的搜查形态，而令状搜查的原则早已被搁置。（5）以搜查的强制程度为标准，可以区分为强制搜查和同意搜查。所谓强制搜查，是指不以被搜查者意志为转移而强行采取的搜查措施；而同意搜查，是指经过被搜查者的同意方可采取的搜查措施。① 由于搜查所涉及的利益均属于可以放弃的基本权利，因此，如果被搜查者同意接受搜查，可以在没有取得搜查令状的情况下对其进行搜查。但是，由于同意搜查存在着被检警机构滥用以行非法搜查的风险，因此应当进行严格的限制。

（二）搜查的法律依据

搜查是对被搜查者人格权、隐私权和住宅权等基本权的侵犯和干预，因此，必须具有法律的明文授权方可进行。在《德国基本法》中，与搜查直接相关的有以下三个条文。《德国基本法》第 1 条规定："个人尊严不可侵犯，国家有义务尊重和保护个人尊严。"第 10 条规定："除了根据法律所签发的命令进行限制之外，邮件和电讯的秘密不可侵犯。"第 13 条规定："住宅不可侵犯，搜查只能根据法官的命令为之。在迟延就有危险的情况下，由法律规定的其他机构决定，而且，搜查仅得以法律规定的方式实施。"作为对宪法基本权干预内容的补充，刑事诉讼法对搜查这一强制措施的规定更为具体。但搜查在《德国刑事诉讼法》中并没有列为专章加以规定。与我国《刑事诉讼法》将搜查规定在侦查程序中（第 109 条至第 113 条）不同的是，《德国刑事诉讼法》更为重视搜查措施的强制性，而非其证据收集的功能，因而将其与待审羁押和暂时逮捕措施（《德国刑事诉讼法》第 112 条至第 131 条）规定在一起。

（三）搜查与通讯监控之区分

《德国基本法》第 10 条第 1 款规定："信笺的秘密性以及邮件和电子通讯的秘密性是不可侵犯的。"根据这一法律规定，邮件和电讯服务机构不得自动与检察机关或法院合作，提供《德国基本法》第 10 条第 1 款规定所包含的信息。但是，《德国刑事诉讼法》第 99 条和第 100 条，以及德国 1968 年通过的两项附加法案，却为上述规定设置了例外，即情报机构和侦查机关可以在符合严格条件的前提之下对公民的通讯进行监控。

在德国法上，通讯监控与搜查分属两种不同的基本权干预手段。第一，两者适用条件不同，《德国刑事诉讼法》第 100 条 a 严格限定了通讯监控的适用条件："有一定的事实使得有理由怀疑某人作为主犯、共犯实施了特定罪行，或者

---

① Amelung, 1981; StV 1985, 257ff; Amelung, ZStW 95 (1983), 1 ff.; Benfer, 1990, S. 329 ff.

在未遂也可罚的情况下实施未遂，或者以犯罪行为预备实施这些罪行，或者在以其他方式不能或者难以查明案情、侦查被指控人居所时，允许命令监视、录制电讯往来。”而搜查则对罪行的严重性并无特殊要求，只要为了破获案件的目的，或者推测可能收集到证据材料时，即可进行搜查。第二，两者审批程序不同。根据《德国刑事诉讼法》第100条b第1项的规定，通讯监控只允许法官决定，在延误就有危险时也可以由检察院决定。但如果检察院自行决定进行通讯监控，则应在三日内申请法官确认，否则其决定就自动失去效力。而对于搜查则没有此项要求。据此，警察不得以搜查令状直接实施通讯监控。第三，两者法律文件记载的事项不同。《德国刑事诉讼法》第100条b规定，通讯监控的命令必须写明以下事项：所针对的当事人姓名与地址，措施的种类、范围与持续时间。而搜查命令则需要写明被搜查人所犯嫌疑之种类、搜查的地点与范围以及搜查的对象，即警察希望找到的犯罪嫌疑人、物品或证据。[①] 第四，两者采取的手段不同。对于通讯信息的监控，多采取监听、录音、录像等方式进行，被监控人往往并不知情。而搜查虽然也会采取秘密进行的方式，但因其手段多为直接的物理强制，如进入住宅、搜寻场所、检查文件等，因此被搜查人都可在场监督。从这个角度而言，通讯监控对被监控人隐私权的干预更大，也更需要严格的程序限制。第五，两者涉及的权利属性不同。通讯监控往往涉及公民所享有的《德国基本法》第12条规定的秘密通讯的自由。而搜查则多涉及居住权、财产权和隐私权问题。

（四）搜查与人身检查之区分

《德国刑事诉讼法》第81条规定了人身检查的相关程序，要求为了确定对程序具有重要性的事实，允许命令检查被指控人的身体，为此目的，在对被指控人身体健康无害的条件下，许可不经被指控人同意，由医师根据医术规则，本着检查目的进行抽取血样验血、收集指印、身体测量和其他身体检查。但是对于非被指控的其他人员，如果他们有可能充当证人的，只有在为了侦查事实真相，必须查明他们身上是否带有犯罪行为的特定痕迹、后果时，才允许不经他们同意进行检查。对于非被指控的其他人员，在对他们身体健康无害并且检查措施对于侦查事实真相是必不可少的条件下，准许不经他们同意进行血统确定检查和抽取血样验血。检查抽取的血样，在任何时候都只允许医师进行。

众所周知，搜查可以分为对人之搜查和对物之搜查，而对人之搜查极为容易与人身检查相混淆，其实，二者是完全不同的概念。首先，二者适用的范围不同。对人之搜查，是指对身体表面或随身藏匿的证据或物品进行的搜查；而人身检查，则是指以确认身体本身的物理性质、外部特征、生理状态等为目的的检

① BVerfGE 42，212；BVerfG StrV 90，483；NStZ 92，91.

查。换句话说，对人之搜查是针对“体外异物”进行的侦查行为，而人身检查则是对“体内状态或物体”进行的侦查行为。按照这一标准，对口腔、耳穴、嘴巴等身体自然洞穴进行的搜索称之为搜查，而如果必须通过某种医疗器材辅助才能搜集的强制抽血、灌肠、插入内视镜以检查体内器官、开刀取出子弹等行为则称之为人身检查。但有时对人之搜查与身体检查之间确实很难区分清楚，如在警察搜查时，犯罪嫌疑人突然吞下某物，就很难确定究竟应该采取何种侦查措施。此时，可以根据涉及利益的性质加以判断。由于这种情况下，对犯罪嫌疑人的身体进行检查时，被检查者的身体健康有受到危害的风险，因此，理论界一般都认为应该适用《德国刑事诉讼法》关于人身检查的严格规定。其次，二者适用的条件不同。德国法上对犯罪嫌疑人的人身、财产及其住宅实施的搜查，只要求警察“怀疑”某一犯罪已经实施并且相信会发现证据即可进行。此处“怀疑”的标准低于美国的“合理根据”要求。在迟延就会产生危险的前提下，甚至允许检察官及其辅助官员自行判断是否可以实施搜查。因此，实践中搜查的实体性要求比法定标准更低。但是，人身检查由于可能会危及被检查人的身体健康，所以其程序性要求相对要严格得多。一般情况下，人身检查必须要在不会损害被检查人身体健康的情况下方可为之。为了保护被检查人的身体健康权，法律甚至要求对身体健康具有“侵犯性”的检查措施（如针刺皮肤的检查、X 光检查）都只有执业医师方可依照其行业规则进行。而对于没有犯罪嫌疑的人采取的检查措施，要求则更为严格，只有在对其身体健康无害并且检查措施对于侦查事实真相是必不可少的前提下，才可以进行验血和血统确定检查，但是其他“侵犯性”检查措施则不被允许。

二、德国刑事搜查制度的基本原则

（一）比例原则

《德国基本法》明确规定了比例原则，为侵犯公民基本权的公权力行使设置了法律上的边界，与法官保留原则同为德国宪法所规定的控制基本权干预的基本原则。比例原则被视为现代公法学领域中的“帝王条款”，其地位相当于民法中的“诚实信用原则”。[①] 所谓比例原则，是指任何旨在限制公民基本权利的手段都必须符合《德国基本法》的规定，并使用适当的、必要的手段，以便对公民权利的干预被控制在尽可能小的范围内。[②] 按照德国学者的解释：“在考虑某项

① 参见陈新民著：《宪法学导论》，台湾三民书局 1997 年，第 76 页。

② 陈瑞华著：《问题与主义之间——刑事诉讼基本问题研究》，中国人民大学出版社 2003 年版，第 177 页。

措施的比例性的时候，必须平衡犯罪的严重性、嫌疑的程度、保护证据或信息的措施可能带来的价值与对所涉及的人所带来的破坏或危害等因素。这也就意味着，如果对相对人不施加任何限制或者施以较弱较轻的限制，则无法取得预期的结果时，才能允许对所涉及的人的基本权利进行限制。”①

学界普遍认为，比例原则包含三项子原则：妥当性原则（Geeignetheit）；必要性原则（Erforderlichkeit）；均衡原则（Proprtionalitat），即狭义的比例原则。（1）妥当性原则，又称目的符合性原则，或目的切合性原则，是指某项基本权干预措施应达到立法之目的。如果法律规定的某项强制措施无法达到立法的目的，则不符合妥当性原则的要求。当然，根据德国联邦宪法法院判例的见解，如果该措施部分能够达到立法目的，也可以视为符合本原则。比如，根据《德国刑事诉讼法》第102条的规定，只有在为了破获犯罪嫌疑人，或者推测进行搜查可能收集到证据材料时，才可以搜查犯罪嫌疑人的住房与其他房间以及他的人身和属于他的物品。如果不能达到上述目的，则不允许随意发动搜查措施。（2）必要性原则。如果立法规定的基本权干预措施能够达到立法目的，则应当在所有这些方式之中，选择对基本权侵害最少的方法，因此本原则又称为最小侵害之原则，它最初起源于《德国警察法》。威玛时代的著名行政法学家弗莱纳曾有一句名言，即“警察不可用大炮打麻雀”，被认为是该原则的经典表述。必须注意的是，这种最小侵害手段的选择必须具备两个前提：第一，该手段的选择必须不损害立法目的的实现。第二，为了实现该立法目的，有数种手段同时存在，可供选择。比如，在进行搜查时，如果被搜查人同意主动交出被搜查的人或物时，则不应强行采取搜查行为。（3）均衡原则，又称狭义的比例原则，是指即使某措施能够达成立法目的，但却不可以给人民增加过重的负担。换句话说，就是指对基本权干预的行为所造成的成本或损失与其所追求的目的之间，不能不成比例，从而失去均衡关系。但需要注意的是，《德国刑事诉讼法》第111条关于检查站搜查的规定典型地体现了必要性原则的要求。根据该条规定，如果怀疑存在加重的抢劫罪或任何一种恐怖性质犯罪，那么，即使是最低的程序性限制也不存在；在这些情况下，警察没有司法授权也可以在街道或公共场所设置检查站，而且有权命令任何通过检查站的人停下接受搜查。

可以看出，如果说妥当性原则解决的是手段和目的之间符合关系的话，那么必要性原则解决的就是手段与手段之间的取舍关系，均衡原则解决的是目的与成本之间的平衡关系。按照我国台湾学者陈新民的观点，妥当性原则及必要性原则根本上是以达成措施目的为着眼点，所以不会为手段的后果而牺牲对目的的追

① 参见宋冰编：《读本：美国与德国的司法制度及司法程序》，中国政法大学出版社1998年版，第384页。

求。但根据均衡原则，如果损害的利益远远超过追求的目的的话，就可以推翻对该目的的追求。[①] 因此，前两项原则是以立法者的目的为导向的，而均衡原则则是以受干预者的成本损失为导向的。

（二）法律保留原则

法律保留原则（Vorbehalt des Gesetzes），是指国家在实施搜查等强制处分措施以干预公民基本权利时，必须有法律明确的授权依据方可为之，并且应当严格遵守法律规定的各项条件。该原则萌生于19世纪的法治国思想和民主思想。在德国19世纪早期一些邦国的宪法文件中，便已有只有议会决议或同意的法律才能限制人民自由与财产的条款。例如，1871年德国统一后颁布的《德意志帝国宪法》就规定："帝国立法通过联邦参议院和帝国众议院进行。"1882年6月14日，普鲁士高等行政法院作出的著名的"克罗依茨贝格判决"（Kreuzberg - Urteil）确立了行政未得法律明白授权，不可以侵犯人民权利的原则。[②] 1886年，奥托·迈耶在《法国行政法原理》一书中首次提出法律保留的概念。应该说，在产生之初，法律保留原则适用的范围主要是干预"行政"，但其产生之后，该原则已经超出行政法的范围，而逐渐开始适用于整个公法领域。搜查作为侵犯公民基本权利的强制处分措施，自然也应受到法律保留这一宪法性原则的限制。如果没有法律的明文授权，不得任意采取搜查措施。具体而言，搜查中的法律保留原则可以分为两个层次：宪法意义上的法律保留和刑事诉讼法意义上的法律保留。第一，宪法意义上的法律保留。《德国基本法》第13条规定："住宅不可侵犯，搜查只能根据法官的命令为之。在迟延就有危险的情况下，由法律规定的其他机构决定，而且，搜查仅得以法律规定的方式实施。"这是搜查的宪法依据，称之为宪法意义上的法律保留。第二，刑事诉讼法意义上的法律保留。《德国刑事诉讼法》第102条至第107条对搜查的适用条件和具体程序作出了详细的规定，此之谓刑事诉讼法意义上的法律保留。必须注意的是，尽管法律授予国家机关发动某项强制措施的权力，但是，如果不对发动条件进行严格的限制，这种授权对于控制国家权力的滥用就会失去任何实质性的意义。比如，如果允许警察任意以情况紧急为由对犯罪嫌疑人进行临时检查，从而规避正式搜查所应具备的各项要件，则搜查的程序性限制就会形同虚设。因此，法律保留原则必然要求对强制措施发动条件的明确规定，以及对例外情形的严格控制。

---

① 陈新民著：《德国公法学基础理论》（下），山东人民出版社2001年版，第370页。

② 参见陈新民著：《德国公法学基础理论》（下），山东人民出版社2001年版，第376～377页；［德］弗里德赫尔穆·胡芬著，莫光华译：《行政诉讼法》，法律出版社2003年版，第25页。

(三)法官保留原则

对于宪法基本权利的侵犯与干预,必须遵循法官保留原则(Grundsatz des Richtervorb - ehalts),即由法官批准后方可实施。① 根据侦查机关是否可以独立决定采取干预措施,法官保留原则还可以进一步细分为绝对法官保留和相对法官保留两种模式。所谓绝对法官保留,是指干预措施只能由法官批准实施,侦查机关不得自行决定,主要适用于那些剥夺人身自由的强制处分措施。而所谓相对法官保留,是指在一般情况下,应当由法官作为原始权限机关负责审批,但在特定条件之下(如紧急情况),也可以授予侦查机关以例外的权限(Ausnahmekompetenz)自行决定。该模式又可再分为两种子模式:第一,只能由检察院自行决定的模式。根据《德国刑事诉讼法》第 105 条第 1 款第二句的规定,为了破获具有实施了《德国刑法》第 129 条 a 或者该条所列之一的犯罪行为重大嫌疑的被指控人,在根据事实可以推断他正停留在某楼房内的时候,如果情况紧急,只有检察院有权决定对该楼房里的住房和其他房间进行搜查。第二,检察官及其辅助官员都有权决定的模式。根据《德国刑事诉讼法》第 105 条第 1 款第一句的规定,对于一般的搜查行为,只要在延迟就会发生危险的情况下,检察官及其辅助官员都有权决定。德国法关于搜查的规定采取了相对法官保留的立法模式。之所以会采取相对法官保留原则,是因为在侦查活动当中,常常会发生一些紧急情况,如果机械地要求必须获得法官令状才能实施强制处分的话,则会导致侦查机会的丧失。只要取得司法令状所导致的迟延会危及搜查的成功进行——目标物品可能被破坏或隐匿,就构成所谓的“迟延危险”。在实践中,意欲实施搜查的警察可以自由判断是否存在“迟延危险”,这直接导致德国的无证搜查行为占据了主导地位,这种自由判断的无证搜查使得非法搜查更加难以认定。② 但在立法上确认相对法官保留原则的直接后果就是,实践中检察官及其辅助官员往往成为绝大多数情况下的决定者,从而改变了绝对法官保留为主、相对法官保留为辅的立法格局。③

(四)证据禁止原则

不论是比例原则,还是法官保留原则,都是从正面为强制措施的实施设置实

---

① Zum Richtervorbehalt vgl. auch Hilger, über denss “Richtervorbehalt” im Ermittlungsverfahren, JR 1990, 485ff.

② [韩] Kuk Cho 著,陈芳译:《德国刑事司法中的“程序性缺陷”及其以人格权为基础的证据排除规则》,载卞建林主编:《诉讼法学研究》(第 14 卷),中国检察出版社 2008 年版,第 353 页。

③ 德国学者 Nelles 在 1980 年撰写的 Kompetenzen und Ausnahmekompetenzen in der Strafprozess ordnung 一书中对这一现象进行了集中的讨论与批评。

体性的条件和要求；而证据禁止原则则是从负面为实体性条件的贯彻而设置的保障手段。所谓证据禁止，是指对证据的取得和使用予以限制的法律规范。德国法学界一般将证据禁止分为证据取得的禁止和证据使用的禁止两类，以下分述之。第一，证据取得的禁止是对证据收集阶段的限制。理论上，证据包含的信息不能在诉讼的起初阶段被创造出来。因此，必须对取得证据的方式和途径予以一定的限制。[①] 在《德国刑事诉讼法》中，证据取得的禁止更多采取的是一种间接立法的形式，即从正面规定收集证据的方式，而非直接规定不得采取的取证行为。但也有例外，如《德国刑事诉讼法》第136条a，就直接禁止采用暴力、欺骗或者威胁的方法进行讯问。第二，证据使用的禁止是对证据价值进行判断的限制。由于德国的审问式诉讼模式要求法官必须全面而客观地了解所有证据，即使是违反证据使用禁止规则而获取的证据也会被法官接触到，因此，必须禁止法院在评价证据证明力时使用这些证据，这就是证据使用的禁止。为了使上级法院能够有效控制下级法院的证据使用过程，法律要求判决必须说明理由，对证据价值判断的原因作出解释，以供监督。[②] 由于德国法上证据禁止的上述两个方面相互独立存在，导致证据取得的禁止与证据使用的禁止两者之间并不存在必然的逻辑关系。比如，非法搜查所获取的证据有时会被法官采纳为定案的根据，而有时证据虽经过合法收集却仍然不得作为定案的根据。

三、德国刑事搜查制度的基本特点

（一）德国法对搜查的程序要求较为宽松

德国法对搜查的规定不可谓不详细，但是，德国学者却认为："德国法对以刑事起诉为目的而实施的搜查，对人身和居所只有很有限的保护。"[③] 这主要体现在以下几个方面：第一，搜查的适用条件要求较低。《德国基本法》第13条第2款和第3款明确规定，即使在没有司法授权的情况下，也可以基于侦查或行政目的而对住宅进行搜查。法律对这种全面搜查个人最为隐私范围的程序却几乎

① Perron, Beweisverbote in deutschen Strafverfahrensrecht（《德国刑事诉讼中的证据禁止》），2001年中德刑事证据研讨会论文。

② 岳礼玲：《德国证据禁止的理论与实践初探》，载《中外法学》2003年第1期。

③ Thomas Weigend, Criminal Procedure - A Worldwide Study（《刑事诉讼：世界范围的研究》），Craig Bradley Ed.，Carolina Academic Press，1999，P195.

未规定任何实质性的限制。[①] 近年来，德国联邦宪法法院日益强调必须要有具体的事实证明被搜查人确实具有实施某种犯罪的“嫌疑”，[②] 但这种要求并未对个人提供多少保护。《德国刑事诉讼法》使用的是“Verdaechtiger”（嫌疑人）这一术语，而不是“Beschuldigter”（被指控人）。后者的意思是侦查的对象。这意味着相当模糊的怀疑也可以成为搜查的充足理由。德国法上的搜查不需要有“合理的根据”即可发动。可以说，在司法实践中，德国对搜查行为适用条件的要求非常宽松。第二，搜查的时间限制宽松。搜查可以在任何必要的时候进行，根据《德国刑事诉讼法》第104条的规定，虽然夜间搜查受到了一定的限制，但是如果“延误就会产生危险”的话，仍然可以进行夜间搜查。第三，搜查决定的主体宽泛。尽管法律规定了法官保留原则，一般情况下，应当由法官签发搜查令状，这一点也得到了《德国基本法》的确认。但是《德国基本法》也同时规定，在有被拖延的危险下被法律授权的其他机关也可以决定搜查。在实践中，这一例外性条款却成为搜查的普遍依据，警察可以自行判断是否存在“有被拖延的危险”。

（二）德国法对刑事搜查的救济途径规定较为粗略

《德国刑事诉讼法》第105条第1项规定，搜查由法官决定，但在延误就有危险时也允许由检察官及其辅助官员决定。尽管这一条文承认了检察官及其辅助官员在紧急情况下自行决定搜查的权限，但却未规定如何进行事后救济。我国台湾学者将这种立法未予规定的情形称为“留白模式”。[③] 其实，德国法上对于同样采取相对法官保留原则的其他干预处分，如抽血检验与检查身体处分等，都没有明文规定事后救济途径。对此，德国通说认为，尚未终结的上述强制措施，由于具有相同的利益状态，应类推适用于《德国刑事诉讼法》第98条紧急扣押的事后救济规定。[④]

---

① ［德］苏姗娜·瓦尔特：《德国有关搜查、扣押、逮捕以及短期羁押的法律：批评性的评价》，载陈光中、［德］汉斯－约格·阿尔布莱希特主编：《中德强制措施国际研讨会论文集》，中国人民公安大学出版社2003年版，第166页。

② BverfGNJw－991，690；StV1994，353；OttoStV1994，409；BverfG NJW 1995，2839.

③ 参见林钰雄：《急迫性搜索之事后救济——兼评“刑事诉讼法”第131条之修法》，载台湾《月旦法学》第89期。

④ 在这一问题上，德国学者Amelung有较为深刻的评论，Rechtsschutz gegen strafprozessuale Grundrechtseingriffe（1976）及Probleme des Rechtsschutzes gegen strafprozessuale Grundrechtseingriffe（NJW 1979，1687 ff.）。

（三）德国法将搜查和扣押分开加以规定，并对后者适用独立的救济途径

与一般国家将搜查和扣押合并加以规定不同的是，德国法一直将搜查和扣押分开规定，因此素有“独立扣押”的概念。这在救济途径上直接产生了两个方面的效果：第一，非法搜查并不必然导致扣押行为无效。由于搜查和扣押是独立的两种强制处分行为，如果搜查是非法的，并不一定导致该搜查所获得的证据被排除，因此，法院需要对扣押的行为进行单独审查，考虑扣押行为是否通过暴力或欺骗进行。换句话说，非法搜查并不必然导致证据排除，而非法扣押却可以直接导致证据排除。① 第二，紧急扣押适用独立的救济途径。搜查和扣押均采取相对法官保留原则。检察官及其辅助官员在延迟就会发生危险的紧急情况下，可以进行无令状的搜查和扣押，在这种情况下，受干预人可以随时声请法院对扣押的行为进行合法性审查，② 而侦查机关不用主动向法院陈报，法院本身也不能依职权主动加以审查。学界一般称其为“声请救济模式”，以与“职权救济模式”相区别。之所以采纳声请救济模式的原因主要在于：（1）基本权是受干预人具有的权利，只有在其主动提出申请时，才可以启动法院的救济程序。（2）如果受干预人本人放弃救济，法院也可以因此免除无谓的审查负担，从而节省司法资源，以集中处理具有争议的案件。③ 在特定条件之下，如果紧急扣押是在受处分人不在场并且也无成年亲属在场的情况下实施的，或者虽然上述人在场但对紧急扣押明确表示异议的话，实施紧急扣押的侦查官员必须在3日以内主动向法院陈报并取得后者的确认。因此，总体而言，紧急扣押的事后救济模式应当说是声请救济模式与职权救济模式的混合。

（四）违法搜查并不必然导致证据排除，而是由法官结合案件具体情况进行判断或权衡

在证据禁止问题上，德国学界存在两种相对的理论主张：一种是规范保护目的理论。根据这种理论，违法取得的证据，究竟能否加以使用，要结合被违反的规则之规范目的加以考量。在符合下列两个条件时，违法取得的证据应当禁止使用：（1）取证过程的违法并未导致法规的规范目的产生终局性的损害；（2）但

---

① 杨宇冠著：《非法证据排除规则研究》，中国人民公安大学出版社2002年版，第191页。

② Vgl. Kleinknecht/Meyer - Goner, Strafprozessordnung (Kommentar), 45. Aufl. , 2001, § 98 Rdnr. 18ff. ; Nack, in: KK - StPO, 4. Aufl. , 1999, § 98 Rdnr. 11ff.

③ Vgl. Hahn, Die gesamten Materialien zu den Reichtsjustizgesetzen, Band 3, Materialien zur Strafprozess, Abteilung 1/2, 2. Aufl. , 1885/86, S. 623ff; vgl. auch Bachmann, Probleme des Rechtsschutzes gegen Grundrechtseingriffe im strafrechtlichen Ermittlungsverfahren, 1994, S. 107f.

是如果采纳该证据将会使该法规的规范目的受到进一步的损害。由于这一学说以法律规范目的为判断基准，而探求法律规范究竟具有何种目的则必须依靠法律解释论方可为之，因此，德国法上的这一学说实际上赋予了法官在证据禁止问题上较大的自由裁量权，这一点与美国的强制排除模式具有很大的不同。另一种是个案权衡理论。根据这种理论，在违法取证的案件中，究竟是否需要排除非法取得的证据，要结合案件具体情况，兼顾比例原则，在国家利益和个人权利保护之间进行个案衡量，以决定是否排除非法证据。具体而言，这些考虑的要素主要包括违法取证行为的严重程度、犯罪的严重程度、犯罪嫌疑的大小、侵犯嫌疑人权利的重要程度等。由于在法律上缺乏权衡的统一规则，导致这一学说很容易赋予法官过大的裁量权，从而失去法律的确定性和安定性。尤其是德国法对“常规性”私人领域的保护比较弱，个人隐私在个案中并没有总体上的优先性，使得代表国家执法的利益总是容易占据上风，尤其是确实找到有罪证据时，法官在个案权衡时就更会偏向控方。因此，个案权衡理论几乎总是难以保障被指控人的基本权利。而且，在上述两种观点中，以规范保护目的理论为学界通说。按照我国台湾学者林钰雄的说法：“证据使用禁止毕竟为证据法上之机制，应否禁止使用有其独自的考量因素。尤其是，取证规范不计其数，各自的规范目的有别，取证违法的形态轻重更是千奇百怪，不一而足，很难用一个简简单单的‘违法 = 排除’公式来解决所有的问题。”① 正因如此，一些用法律禁止手段获取的证据反而会被法官在判决时采用，如非法搜查所获取的证据有时就会被采纳为证据；而有时证据虽经过合法收集却仍然不得作为定案的根据。因此，搜查是否合法与非法搜查的证据是否应当禁止使用完全是两个不同层次的问题，前者并非后者的充分条件。

四、德国刑事搜查令状制度

《德国基本法》第 13 条规定了司法令状原则，《德国刑事诉讼法》第 81 条、第 98 条、第 105 条、第 114 条、第 115 条、第 125 条等都体现了该原则的具体要求。同时，德国联邦法院的判例也表明：司法令状就是对强制处分的事前司法审查，其性质属于司法行为。因此，刑事搜查应当取得司法令状的授权就成为一般性的原则要求。

（一）司法搜查令状的签发主体

根据《德国刑事诉讼法》第 105 条的规定，搜查必须首先取得法官的令状，

① 林钰雄著：《搜索扣押注释书》，台湾元照出版有限公司 2001 年版，第 46 页。

否则不得进行。但是，根据《德国法院组织法》第152条的规定，如果在延误有危险时，也允许由检察官及其辅助官员决定。为了破获具有实施《德国刑法》第129条a或者该条所列之一的犯罪行为重大嫌疑的被指控人，在根据事实可以推断他正停留在某楼房内的时候，由法官决定对其所在的楼房进行搜查，如果在延误有危险时，检察院也有权决定。根据上述规定，搜查原则上以法官授权为主，以检察官及其辅助官员自行决定为辅。无令状搜查并非绝对禁止。实践中，绝大多数搜查都是在未获得司法令状的情况下由警察作为检察官的辅助官员运用紧急权力自行决定的。据统计，实践中只有大约十分之一的搜查具有司法令状的明确授权。[①] 绝大部分的搜查都是在无令状的情况下实施的。实践中尚有争议的是，如果没有获得搜查令状，是否可以仅仅根据逮捕令对嫌疑人住宅进行搜查。主流观点认为，逮捕令本身即已默许了警察进入并搜查嫌疑人住宅的权力。但是，仅仅根据逮捕令是不能对非嫌疑人的住宅进行搜查的。[②]

（二）司法搜查令状的签发条件

与美国判例法明确要求搜查必须具备“合理根据”（Probable Cause）不同的是，《德国刑事诉讼法》并没有对签发令状的实体要件内容作出严格的限定，而只规定了最低限度的防止非法搜查的实体性和程序性保障措施，结果导致在实务中，没有充分具体化的模糊怀疑也足以成为搜查的充足理由。[③] 只要“依据逻辑演绎或刑事侦查经验归纳”[④]，推测对有犯罪嫌疑的人进行搜查可以发现证据，该搜查就可以在任何时候进行，而不需要任何实质性的事实根据。但是，在对第三人发动搜查时，条件则相对严格一些。《德国刑事诉讼法》第103条第1项规定，对其他人员的搜查，必须要有一定的事实依据方可进行，而不能仅仅依据主观推测。这被德国学术界称为“成效预期”（Erfolgsprognose）。

（三）司法搜查令状的记载事项

德国联邦宪法法院曾在判例中强调，为了保证国家对公民隐私领域的干预不

---

① Amelung, in: Alternativkommertar StPO, para. 105 n. 8; Nelles, “Komoetenzen und Ausnahmekompetenzen der Strafprozessordnung”, 1980, pp. 215, 220.

② OLG Duesseldorf NJW 1981, 2133; OLG Celle StV 1982, 561; Kleinknecht/Meyer – Gossner, para. 105n. 6; Nack, in: Karlsruher Kommentar para. 105n. 4; contra, Amelung, in: Alternativkommentar stop, para. 105n. 14; Rudolphi, in: SK StPO, para. 105n. 4.

③ ［德］克劳思·罗科信著，吴丽琪译：《刑事诉讼法》，法律出版社2003年版，第111页。

④ Vgl, Roxin, 1998: Strafverfahrensrecht, 25. Aufl.

得超过必要的限度,[①] 根据比例原则的要求，法官必须对搜查进行必要的程序限制。司法搜查令状应以书面形式作出，为了避免对基本权过度或恣意地侵犯,[②] 还应在可能的情况下明确注明以下事项：第一，被搜查人所犯嫌疑之种类，又称“案由”，即被搜查人涉嫌违反的罪名。其作用是表明警察为了什么案件而发动搜查行动。[③] 第二，搜查的地点与范围。对这一事项的记载旨在防止漫无节制地扩大搜查范围，对被搜查人造成过度侵害。[④] 因此，应在搜查令状中载明究竟是搜查住宅、身体还是车辆或者行李。第三，搜查的对象，即警察希望找到的嫌疑人、物品或证据。[⑤] 注明搜查对象的目的在于防止警察滥用搜查手段代替侦查。[⑥] 搜查对象的记载必须明确和特定，而不得做概括式的记载，以防止不当扩大搜查范围。如果在进入搜查场所后遇到数人，但却无法确定究竟何者为应予搜查的对象，则只能够对在场者采取一般的确认身份的措施，而不能逐个进行身体搜查。

五、德国刑事搜查的执行程序

（一）搜查时间

在夜间，人们享有安宁休息的权利，如果允许警察随意在夜间进行搜查，就会使得国民始终处于精神紧张和惶恐不安的情绪之中。因此，同很多西方国家一样,《德国刑事诉讼法》也禁止夜间搜查住宅。《德国刑事诉讼法》第 104 条对夜间搜查住宅作了详细的程序规定。第一，“夜间”的起止时间。在夏令时间，从 4 月 1 日至 9 月 30 日，夜间是指从晚上 9 时至次日凌晨 4 时的期间；在冬令时间，从 10 月 1 日至 3 月 31 日，夜间是指从晚上 9 时至次日凌晨 6 时的期间。[⑦]

---

① See BVerfGE 44, 353 AT 372 (1977); 103, 142 at 150 – 152 (2001); BverfG StV 1990, 483.

② Vgl. BVerfGE 42, 212ff,; BVerfG NStZ 1994, 349ff.; Roxin, 1998, 35/8.

③ Vgl. Kǔhne, 1993, Rn, 266.

④ Vgl. Kǔhne, 1993, Rn, 267.

⑤ BVerfGE 42, 212; BVerfG StrV 90, 483; NStZ 92, 91.

⑥ Vgl. Kuhne, 1993, Rn, 266.

⑦ 在夜间起止时间的规定上，存在着不同的立法方式。我国台湾地区将夜间规定为“日出前，日没后”，但却遭到了广泛的批评，认为该规定不够具体，只符合农业社会的作息习惯，而与现代社会格格不入。何况何时日出，何时日落，也随着时节不同而变动不居，因此容易造成实践中的混乱。而德国法根据不同季节径直以具体时刻加以规定，则避免了这一问题。而且，根据林钰雄教授的解释，在德国社会，人们普遍习惯于早睡早起，晚间 9 点以后一般就已休息，因此，德国法的夜间起止时间的规定与德国人的睡眠时间基本重叠。参见林钰雄著：《搜索扣押注释书》，台湾元照出版有限公司 2001 年版，第 264 页。

在这段时间内，禁止进行搜查。第二，禁止夜间搜查的住宅范围。根据该条的规定，住房、办公地点以及有圈围的产业都在禁止夜间搜查之列。但是，对于夜间任何人都可以出入的场所（如餐饮店、超市等），或者根据警察掌握的情况是有前科人员的投宿、聚集的地点，犯罪赃物贮藏室或者秘密赌场，麻醉品、武器的非法交易所，秘密卖淫地点的房间，则不在此限，警察可以随时进行夜间搜查。第三，夜间搜查的例外。虽然是在夜间，但如果警察正在追捕现行犯，或者延误就会发生危险，或者在捉拿潜逃囚犯的时候，也可以对住房、办公地点和有圈围的产业进行搜查。

（二）见证人

《德国刑事诉讼法》第105条第2项规定，搜查住房、办公地点或者有圈围的产业时，如果无法官、检察官在场的，在有可能的情况下应当请搜查区的一名市镇官员或者两名市镇公民作在场见证人。受请求在场的市镇公民不能是警察官员或者检察官的辅助官员。对住所、物品的搜查，屋主有权在场，屋主不在时，在有可能的情况下应当请他的代表或者一位成年亲属、家属或者邻居在场；对嫌疑人以外的人的住所或其他场所进行搜查，除可以在夜间搜查的场所（不包括夜间有紧急情况时的搜查）外，应当告知在场的屋主或者其他见证人搜查的目的；设卡检查身份时，也要告知被检查人检查的目的。另外，《德国刑事诉讼法》还规定，如果要在联邦部队的办公场所或者不对外开放的设施、设备站里进行搜查时，应当请求该部队的上级组织，被请求机关有权在搜查时参与，但如果需要在仅由非军人的其他人员居住的场所进行搜查时，则不必提出这样的请求。《德国刑事诉讼法》第106条规定，要搜查的房间、物品的业主允许搜查时在场。业主不在时，在有可能的情况下应当请他的代理人或者一位成年亲属、家属或者邻居在场。

（三）告知搜查目的

在对第三人的房间进行搜查之前（《德国刑事诉讼法》第103条第1款规定的搜查），要对业主或者如他不在时对请求在场的人员告知搜查目的。但是，如果是对以下处所进行搜查时，则不需要告知房间业主搜查目的：夜间任何人都可以出入的场所；根据警察掌握的情况是有前科人员的投宿、聚集的地点；犯罪赃物贮藏室或者秘密赌场；麻醉品、武器的非法交易所；秘密卖淫地点的房间。

（四）通知与清单

《德国刑事诉讼法》第107条规定，搜查结束后，依要求应向搜查当事人作书面通知，通知时必须阐明搜查理由（第102条、第103条）以及在第102条情形下写明犯罪行为。依要求，对搜查当事人还应当出据一份提取保管、扣押物品清单，未发现可疑物品时，也应当对此出据一份证明。

六、德国刑事搜查制度的主要类型

（一）住宅搜查

《德国刑事诉讼法》针对嫌疑人和第三人住宅之搜查分别规定了不同的程序要件。兹分述之。

1. 对嫌疑人住宅的搜查

《德国刑事诉讼法》对嫌疑人住宅的搜查程序主要规定在第 102 条之中："对具有犯罪行为主犯、共犯嫌疑，或者具有庇护、藏匿犯人或者赃物罪嫌疑的人员，为了将其查获，或者在推测进行搜查可能收集到证据材料时，可以搜查他的住房与其他房间以及他的人身和属于他的物品。"

据此，德国法上对嫌疑人住宅的搜查具有以下几个特征：

（1）适用对象。第一，具有本案犯罪嫌疑的主犯与共犯；第二，虽无本案犯罪嫌疑，但可能因为庇护、藏匿犯人或赃物行为而被另案追究的嫌疑人；第三，在理论上尚存争议的是，如果嫌疑人是儿童，能否根据《德国刑事诉讼法》第 102 条、第 103 条对其住宅进行搜查。克劳思·罗科信教授认为，《德国刑事诉讼法》这两个条文都必须符合犯罪行为之构成要件，但儿童的行为不具有可罚性，因此不得适用。①

（2）适用条件。进行搜查只需要猜测相关人员具有犯罪嫌疑或者可以通过搜查获取证据即可，这种猜测只需要依据经验产生，而并不要求提供证据或具体事实加以佐证，因此证明要求并不严格。尽管如此，在判断相关人员是否具有犯罪嫌疑时，亦不得随意为之，粗略的、不具体的甚至是纯感觉的怀疑都不能成为搜查的依据。这一点与搜查第三人住宅具有较大差别，后者要求必须具备一定的事实依据方可施行搜查。

（3）搜查范围。第一，搜查的范围应与本案有关。《德国刑事诉讼法》第 102 条将搜查的范围限定为嫌疑人的住房或其他房间，以及他的人身和属于他的物品。搜查的范围应与被追究的犯罪行为相关，对于与本案无关的物品和场所，不得进行搜查。第二，意外查获的例外。根据《德国刑事诉讼法》第 108 条的规定，如果在住宅搜查时发现虽与本案侦查行为无关，但却表明发生了其他犯罪行为的证据时（在德国法上称之为"意外的查获"（Zufallsfunde）），也要将物品

① ［德］克劳思·罗科信著，吴丽琪译：《刑事诉讼法》，法律出版社 2003 年版，第 344 页。但 Bamberg 教授却持相反观点。

临时扣押。尽管意外查获具有法律上的依据，但仍有学者主张以意外查获获取的证据作为追究犯罪的依据有违宪的嫌疑。因此，必须遵守严格的条件限制方可实施。比如，必须具有合法的搜查令状；必须遵守搜查的限制性规定；不得刻意寻求“意外查获”；遵守《德国刑事诉讼法》第97条的规定；等等。[①] 第三，非法搜查时意外查获证据的效力。如果搜查行为本身就是违法的，则其意外查获的证据将因此不具有证据能力，否则就将破坏法的安定价值。但在这一点上，实务界明显采取了相反的立场：依据判例（KGStrV85，404），如果以非法搜查的方式获取了某项证据，一般情况下应当承认该证据的证据能力，只有当程序违法极为严重，并且该案为严重犯罪，因而可能判处较重刑罚时，才可以将该证据排除在定案根据之外。

（4）搜查程序。第一，见证人的要求。《德国刑事诉讼法》第105条第2项规定：“搜查住房、办公地点或者有圈围的产业时，如果无法官、检察官在场的，在有可能的情况下应当请搜查区的一名市镇官员或者两名市镇公民作在场见证人。受请求在场的市镇公民不能是警察官员或者检察院的辅助官员。”如果警方与被搜查处所的所有人均同意，也可以不需要见证人在场。《德国刑事诉讼法》第106条规定：“……（一）要搜查的房间、物品的业主允许搜查时在场。业主不在时，在有可能的情况下应当请他的代理人或者一位成年亲属、家属或者邻居在场。”第98条规定：“……（二）未经法官决定而扣押了物品的官员，如果实施扣押时既无扣押当事人又无他的成年亲属成员在场，或者当事人、他不在场时他的成年亲属成员明确地对扣押提出了异议时，应当在三日以内提请法官确认扣押。当事人可以随时申请法官裁判。在尚未提起公诉之前，由扣押地属地地

---

① 《德国刑事诉讼法》第97条规定：“（一）对下列物品，不得扣押：被指控人与第五十二条、第五十三条第一款第一至三项的允许拒绝作证人员之间的书面通讯；第五十三条第一款第一至三项b中所列举人员对被指控人向他们信赖告知的事项所作的记录，或者他们对此有权拒绝作证的其他事项所作的记录；第五十三条第一款第一至三项b中所列举人员对此有权拒绝作证的、包括医生检查结果在内的其他物品。（二）以上限制，只有在物品被有权拒绝作证人所保管时才适用。医师、牙科医师、药剂师和助产士所对此有权拒绝作证的物品在由医院所保管时，以及第五十三条第一款第三项a、第三项b中所列举人员所对此有权拒绝作证的物品在由本法所阐明的咨询点所保管时，也不得予以扣押。当有权拒绝作证人具有共犯或者庇护、藏匿犯人、赃物罪嫌疑，或者物品是以犯罪行为获得的、实施犯罪行为时使用的、计划用来实施犯罪行为的或者来自于某犯罪行为的时候，不适用扣押限制规定。（三）对属于联邦国会成员、州议会成员或者下院成员的拒绝作证权（第五十三条第一款第四项）范围内的文件，不准许扣押。（四）在第五十三条a中所称人员的允许拒绝作证范围内，相应地适用第一至三款规定。（五）在属于第五十三条第一款第五项所称人员的拒绝作证权范围内，对由该人员、该编辑部、该出版社、该印刷厂或者该广播电视台所保管的文书、录音载体、录像载体、数据载体、图片以及其他资料，不准许扣押。相应地适用第二款中第三句规定。”

方法院裁判。业已在其他辖区内实施了物品扣押、邮件扣押或者搜查的，由主持侦查程序的检察院所在地属地地方法院裁判。在此情况中，当事人也可以向扣押地属地地方法院递交申请。如果该法院依照第四句规定无权管辖的，法官应将申请移交有管辖权的地方法院。对当事人要告知他的权利……”第二，出具证明的要求。《德国刑事诉讼法》第 107 条规定：“搜查结束后，依要求应向搜查当事人作书面通知，通知时必须阐明搜查理由（第 102 条、第 103 条）以及在第 102 条情形下写明犯罪行为。依要求，对搜查当事人还应当出据一份提取保管、扣押物品清单，未发现可疑物品的时候，也应当对此出据一份证明。”

2. 对第三人住宅的搜查

《德国刑事诉讼法》对于第三人住宅的搜查规定了较为严格的条件。根据《德国刑事诉讼法》第 103 条第 1 款的规定，这一种类的搜查必须具备以下几个条件：第一，必须具有特定的目的。对第三人住宅的搜查只能在为了破获被指控人、追踪犯罪行为线索或者扣押一定物品时方可采取。第二，必须具有一定的事实基础。只有在依据事实可以合理推测所寻找的人员、线索或者物品就在应予搜查的房间的时候，才准许进行搜查，该事实必须有具体的证据加以证明。第三，必须限定搜查的范围。一般而言，对第三人住宅的搜查只能限制在搜查令状允许的范围内。但是，1978 年德国制定了《反恐怖暴力主义法》，据此，《德国刑事诉讼法》扩大了搜查适用的范围。为了破获具有实施了《德国刑法》第 129 条 a 或者该条所列之一的犯罪行为重大嫌疑的被指控人，① 在根据事实可以推断他正停留在某楼房内的时候，也准许对该楼房里的住房和其他房间进行搜查。这一规定体现了比例原则的要求。第四，必须遵守特殊的程序要求。对第三人住宅的搜查，必须在开始搜查前将搜查的目的告知该住宅所有人，如果该所有人不在，应

---

① 《德国刑法》第 129 条 a 规定的是“建立恐怖团体罪”：“（1）行为人建立其目的或者活动旨在实施 1. 谋杀、故意杀人或者谋杀民众（第 2U 条、第 212 条或者第 220 条 a），2. 第 239 条 a 或者第 239 条 b 情形中的针对个人自由的犯罪行为或者 3. 第 305 条 a 规定的犯罪行为或者第 306 条至第 306 条 c 或者第 307 条第 1 款至第 3 款、第 308 条第 1 款至第 4 款、第 309 条第 1 款至第 5 款、第 313 条、第 314 条或者第 315 条第 1 款、第 3 款或者第 4 款、第 316 条 b 第 1 款或者第 3 款或者第 316 条 c 第 1 款至第 3 款情形中的公共危险的犯罪行为的团体的，或者作为成员参加这种团体的，处一年以上十年以下的自由刑。（2）行为人是叛乱领导者或者幕后人物时，处不低于三年的自由刑。（3）行为人援助第 1 款所标明的团体或者为其宣传的，处六个月以上五年以下的自由刑。（4）法院在第 1 款和第 3 款的情形中可以根据其酌量（第 49 条第 2 款）轻处其责任轻微的和所起的作用具有从属意义的参加者的刑罚。（5）相应地适用第 129 条第 6 款的规定。（6）除了被判处至少为六个月的自由刑的情形外，法院可以剥夺担任公共职务的能力和从公共选举中获得权利的能力（第 45 条第 2 款）。（7）在第 1 款和第 2 款的情形中法院可以命令予以行状监督（第 68 条第 1 款）。”冯军译：《德国刑法》，中国政法大学出版社 2000 年版，第 92 页。

告知其他请求在场的人员。第五，例外情形。《德国刑事诉讼法》第103条第2款规定，如果被指控人在某房间被抓获，或者在被追捕时进入某房间，则对该房间的搜查可以不受上述目的和事实基础的限制。除了上述特殊规定以外，对第三人住宅之搜查与对嫌疑人住宅之搜查大体相同，不再赘述。

（二）特殊场所的搜查

《德国刑事诉讼法》第105条第3项规定："要在联邦军的办公楼房或者不对外开放的设施、设备站里搜查的时候，应当请求联邦军的上级组织部门进行搜查。被请求部门有权在搜查时参与。需要在仅由非军人的其他人员居住的房间里搜查时，不必请求。"而对新闻业界处所的搜查，则应类推适用《德国刑事诉讼法》第98条第2项的规定，只能由法官为之。

（三）人身搜查

第一，人身搜查的适用对象。根据《德国刑事诉讼法》第102条的规定，在为了破获嫌疑人或者在推测可能收集到相关证据材料的时候，可以对嫌疑人的住房以及人身进行搜查。但第103条仅仅规定可以对第三人的住房进行搜查，至于是否可以搜查第三人的人身则并无规定。对此，理论界与实务界的争议颇大。主流观点认为，根据《德国刑事诉讼法》第81条c的规定，对于无嫌疑的案外人，尚可以为了查明事实真相而对其进行人身检查、血统确定检查和抽取血样验血，根据"举重以明轻"的解释原则，人身搜查这种较少侵害人权的措施也应被允许适用于第三人。

第二，人身搜查的范围。根据《德国刑事诉讼法》第102条的规定，人身搜查可以针对人身和所属物品进行。但由于《德国刑事诉讼法》并未明确规定"所属"的具体含义，因此引起理论界和实务界的争议。克劳思·罗科信教授认为，此处之"所属"应理解为持有、保管关系即可，而未必一定对该物品具有所有权。

第三，人身搜查与身体检查的转换。人身搜查与身体检查都是针对人身进行的，因此，两者之间往往很难区分。尤其是当警察搜查嫌疑人所属之物品时，嫌疑人突然将该物品吞下，此时侦查行为就从人身搜查转换为身体检查。由于身体检查对人身具有一定的侵犯性，因此，如果需要对嫌疑人进行灌肠以查明吞下之物品，就必须严格遵循《德国刑事诉讼法》第81条的相关规定。首先，身体检查的决定，必须得到法官的批准和许可，如果情况紧急，则检察官及其辅助官员也可以批准进行身体检查，但警察不得自行决定。其次，尽管经过扩大解释，第三人也可以成为人身搜查的对象，但在人身搜查转换为身体检查时，如果可能对其身体造成损害，则不能强迫其接受检查。

（四）检查站搜查（设卡检查）

由于20世纪70年代恐怖主义活动的猖獗，德国立法机关在修改《德国刑事诉讼法》时特别针对此类重大犯罪设置了专门的搜查措施。由于是特定立法背景的产物，针对检查站搜查所规定的实体和程序的限制条件明显要宽松得多，以至于德国著名学者托马斯·魏根特评论说，该条款是对恐怖主义浪潮所作出的“近乎偏执的反应的见证，同时也是对公民隐私权尊重程度过低的见证”①。《德国刑事诉讼法》第111条规定，当有一定的事实使得有理由怀疑发生了任何一种恐怖性质犯罪（《德国刑法》第129条a所列举的犯罪），或者加重的抢劫罪（《德国刑法》第250条第1款第1项规定的犯罪）时，如果有事实使得可以估计设卡措施将导致破获行为人、保全有助于查明犯罪行为的证据的，可以命令在公共街道、广场及其他公共场所上设立检查站。凡是经过检查站的任何人，包括有嫌疑的人和无嫌疑的人，都负有接受身份确定检查、搜查检查以及随身携带物品检查的义务。但是，需要注意的是，如果是出于确定其身份之目的而对非嫌疑人进行搜查，必须经其本人同意方可进行。被搜查人对警察根据《德国刑事诉讼法》第111条实施的搜查如有不服，可以向有权命令设置该检查站的法官申请救济。

七、对违法搜查的救济程序

（一）对无令状搜查的事后司法确认

德国法采取了两种方式防止公民权利遭受不合理的强制性侵犯：一是用立法的形式对国家权力进行明确的事前划分与限制。二是通过法院对强制性措施进行司法审查进行事后救济，尤其是在1949年德意志联邦共和国成立以后，事后救济制度更是得到了进一步的巩固与加强。《德国基本法》第19条第4款规定，其权利受到公共权力侵犯的任何人，都可以要求法院对侵犯进行审查。《德国刑事诉讼法》第304条第1项规定，程序中作出的所有裁定、裁判，对审判长、法官在侦查程序中作出的决定、命令，以及对受命、受托法官作出的决定、命令，不服时准许提起抗告。据此，如果搜查是依司法令状进行的，被搜查人可以向地区法院提起上诉。如果搜查是由检察官或警察命令进行的，被搜查人则可以要求进行事后司法确认。近几年，德国联邦宪法法院实质性地拓展了事后司法确认的

① ［德］托马斯·魏根特著，岳礼玲、温小洁译：《德国刑事诉讼程序》，中国政法大学出版社2004年版，第112页。

适用范围，规定被搜查人有合理的权利要求对搜查的合法性进行事后的事实确认。[①] 但是，由于警察可以自主解释“紧急情况”的含义，因此，在实践中，几十年来几乎不存在为住宅免受搜查而提供的宪法保护，不少学者主张对“紧急情况”进行狭义解释以加强对司法命令的控制。[②]

（二）对违法搜查所获证据的排除

证据禁止是一种程序性制裁手段，其目的是防止检警机关滥用搜查手段。在证据禁止的问题上，德国法一般都采取独立救济模式，即对证据的禁止独立于本案审判（包含审前或准备程序）以外之模式。其背后的理论基础在于《德国基本法》所规定的“听审原则”——基本权一旦受到公权力的干预，就有权请求法院救济。据此，在德国，警察一旦通过违法搜查而缴获毒品，无论案件是否已经起诉，被搜查人都有权独立请求法院救济。但是，这种独立救济模式与证据禁止原则之间容易产生以下问题：救济程序的裁判结论是否可以拘束证据禁止问题的裁判，究竟应采取前者约束后者的拘束模式还是互不拘束的分离模式，法律并未明确规定，因而尚存争论。但主流观点认为，大部分关于搜查执行的规定，其规范目的都不是分配证据归于何人之作用，因此，如果仅仅是搜查执行后的某些程序违法，便不一定产生证据排除的效果。比如，虽然法律规定搜查妇女的身体应由女工作人员进行，但该规定主要是从人格尊严的角度加以规定，而并不是否定国家取得被告人随身携带证据或危险物品的权力。因此，如果警察在追捕后误以为情况紧急而立即搜查，并不必然导致证据的排除，而可能只会遭到内部纪律责任的追究。也就是说，在理论上，即使搜查被法院认定为违法，审判法院仍然可以对此结论不予采纳，即使采纳这一结论，也并不必然禁止使用非法搜查得到的证据。[③] 在实践中，德国法官一般也不倾向于排除非法搜查得来的证据。[④] 在某一案件中，被告人的住宅在被第二次搜查时并没有获得司法授权，虽然联邦上诉法院也认为这次搜查缺乏法定条件，但对于非法搜查得到的证据，法院却认为，如果法官有恰当的意向授权这一搜查，所得证据就可以被采纳，并最终采纳

---

① BVerfGE 96，27 at 41（1997）；BverfG NJW1999，273.

② ［德］苏姗娜·瓦尔特：《德国有关搜查、扣押、逮捕以及短期羁押的法律：批评性的评价》，载陈光中、［德］汉斯－约格·阿尔布莱希特主编：《中德强制措施国际研讨会论文集》，中国人民公安大学出版社2003年版，第165页。

③ 林钰雄：《急迫性搜索之事后救济——兼评“刑事诉讼法”第131条之修法》，载台湾《月旦法学》第89期。

④ Thomas Weigend，Criminal Procedure—A Worldwide Study（《刑事诉讼：世界范围的研究》），Craig Bradley Ed.，Carolina Academic Press，1999，P193－194.

了这一证据。① 当然，对立的意见也是存在的。有些法院和学者就不承认在严重或蓄意违法的情况下非法搜查所获得证据的可采性。② 根据法律保留原则，《德国基本法》和《德国刑事诉讼法》对搜查权力和搜查的适用条件都作了明文的规定和授权，其规范目的是为了限制国家随意发动搜查行为。按照规范保护目的理论，一旦搜查行为违反了法律所规定的实体性条件和程序性条件，就表示国家根本没有取得搜查证据的法律依据和正当基础。如果侦查机关违法搜查后，法院仍然采纳该证据，就等于是错上加错，继续扩大对法律规范目的的损害。因此，应当对证据加以排除，不得作为定案根据。例如，在1977年，侦查人员在搜查一个毒品问题咨询机构时扣押了这个机构当事人的个人档案。德国联邦宪法法院认为，此扣押超出了法律执行机构合法利益的恰当范畴，因此认为扣押是违宪的，所取得的证据不可采。③

（三）违法搜查的远程效力（Fernwirkung，间接效力）

如果因为违法搜查得到某项证据（原始证据），侦查机关再根据该证据以合法手段取得其他证据（衍生证据），原始证据一般应予禁止，但该证据禁止的效力是否及于衍生证据，这就是违法搜查的远程效力理论所要解决的问题，亦即美国法上的“毒树之果”理论（Die Lehre der Fruchte des vergifteten Baumes）。德国联邦法院的判决显示，衍生证据一般不适用证据禁止原则。④ 之所以如此规定，根据德国联邦最高法院的解释，其原因在于排除衍生证据会过分损害查明事实真相的价值，从而导致整个刑事诉讼程序的瘫痪。⑤ 而另外一些学者则认为，之所以法院不愿意排除衍生证据，是因为美国“毒树之果”的理论基础对德国并不适用，依靠该理论并不能如美国一样有效遏止警察的违法行为。⑥

---

① 《联邦上诉法院新司法周刊》1989年，P1744.

② Kammergericht Berlin StV 1985，404；Landgericht Bonn NJW 1981，291；Landgericht Bremen StV 1984，505.

③ 德国联邦宪法法院判决第44册，P353，1977.

④ 德国联邦最高法院刑事判决第32册，第68页；第34册，第362页；第35册，第32页。

⑤ 德国联邦最高法院刑事判决第27册，第355～358页。

⑥ Hermann，Aufgaben und Grenzen der Beweisverwertungsverbote，Festschrift fuer HansHeinrich Jescheck，1985，P1307. 当然，也有一些学者认为，如果不排除衍生证据，就会变相鼓励警察的违法行为，从而使得证据使用禁止的功能进一步受到损害，因此建议应全部或在大部分案件中适用证据禁止的远程效力。Einsenberg，Beweisrecht der St PO，P403.

第五章 日本刑事搜查扣押制度

一、日本侦查制度概述

（一）侦查制度的基本结构

侦查，是指在侦查机关认为犯罪行为已经发生时，为了提起公诉以及继续公诉而进行的，为发现、保全犯罪嫌疑人，并收集、保全证据的行为。

法律赋予侦查权限的国家机关叫做侦查机关。日本的侦查机关有：（1）司法警察职员（《日本刑事诉讼法》第189条第2项、第190条。以下，关于《日本刑事诉讼法》仅标明法条序号）；（2）检察官以及检察事务官（第191条）；等等。

司法警察职员这个名称既不是职称名也不是官名，主要是指在刑事诉讼法上具有行使有关侦查具体权限的资格。司法警察职员作为主要侦查机关，拥有进行侦查的权限。其中，被赋予控告（提起诉讼）、受理检举以及请求令状等一定权限的司法警察职员叫做司法警官。

检察官可以在犯罪侦查中对司法警察职员作出以确保侦查的正当性等为目的的一般性指示，其对侦查所发挥的补充、补正作用值得期待。但是在疑难案件中，检察官作为主要旗手进行侦查。除了犯罪侦查外，检察官的活动还有决定起诉（不起诉）以及参与公审活动等。

日本关于刑事程序的大体流程如下：犯罪行为发生后，由市民的报案等为开端开始进行侦查，运用后述的多种强制性处分以及任意性处分发现以及保全犯罪嫌疑人，并且收集以及保全证据。侦查结束后，由检察官、被告人（提起公诉后，对于犯罪嫌疑人的称呼变为被告人）以及法院开始公诉，然后作出判决。

由侦查机关所进行的侦查有着支持检察官提起公诉和继续公诉的重要作用。因此，为了发现并保全犯罪嫌疑人、收集和保全证据，国家赋予了侦查机关强大的侦查权限。

与此同时，也需要对侦查机关如此强大的侦查权进行一定的制约。其理由是，对于在之后公审程序中极有可能成为被告人的犯罪嫌疑人行使无制约的侦查权，所带来的不只是对犯罪嫌疑人人权的侵害，还有可能造成犯罪嫌疑人在成为被告人后，在公审中无法进行作为诉讼当事人的防御活动，其结果是难以探求到事件的真相。因此应该认为，在侦查开始的同时，犯罪嫌疑人有为防备之后的公审程序进行独立防御活动的必要性。

此外，日本采取令状主义。这是指侦查机关在运用强制力进行强制性处分时，原则上必须要有司法官员出具的命令文件。对于强制性处分的定义，虽然从《日本刑事诉讼法》制定以来就一直存有争议，但从有必要以法律的事前规定这一标准来看，应该理解为：所有伴随着物理强制力的行为，以及虽不伴随物理强制力，但侵害或是危殆个人权利（利益）的所有行为。①

（二）侦查制度的基本原则

1. 令状主义

令状主义，是指如果没有司法官员发出的命令文件，侦查机关就无法进行强制性处分的原则。令状主义的目的是通过司法官员审查强制性处分的理由以及必要性，从而防止侦查机关滥用强制性处分以及侵害人权。

令状主义的法律依据是《日本宪法》第33条、第35条。根据这两条规定，在日本，原则上，如果没有司法官员发出的命令文件，不能对任何人实施逮捕；另外，其住宅、文件以及携带物品也不会受到入侵（搜查）和没收（没收包含扣押、提交命令、扣留三项强制性处分）。

当侦查机关考虑要进行强制性处分时，必须向司法官员（在侦查阶段为法官）申请签发命令文件，关于该强制性处分是否应该进行，仰其判断。如果法官判定应该进行该强制性处分，则签发相关命令文件，侦查机关依照文件进行强制性处分；如果法官判定不应该采取该强制性处分，则应当驳回侦查机关的请求。

令状主义是司法对于行政的控制。

另外，令状主义对现行犯的逮捕（《日本宪法》第33条、第213条）、在逮捕现场的搜查以及扣押（《日本宪法》第35条、第220条）等存在一定的例外。关于这些例外将在后述说明。

2. 强制性处分法定主义

强制性处分法定主义，是指除在《日本刑事诉讼法》中有特别规定的情况外，侦查机关不被允许进行强制性处分的法律原则。

由于强制性处分具有对于市民的利益以及权利造成侵害的潜在危险性，在通

① ［日］福井厚著：《刑事诉讼法讲义》，法律文化社2009年版，第94页。

常情况下对其行使加以限制是强制性处分法定主义的目的。

关于强制性处分法定主义，在规定了侦查技巧的《日本刑事诉讼法》第197条第1项“但书”有明文规定，其源自《日本宪法》第31条规定的法定诉讼程序（due Process）原则。

强制性处分法定主义就是要求强制性处分必须具备法定的一般要件及程序，也是对于行政权力的一种立法控制。

3. 侦查比例原则

侦查比例原则，即侦查必须符合必要性原则。侦查比例原则的根据是《日本刑事诉讼法》第197条第1项，即“关于侦查，可以进行为达到其目的所需要的审讯（侦查处分——笔者注）”。

侦查比例原则是关于侦查处分选择的优先权原则。侦查时刻伴随着侵害犯罪嫌疑人等案件关联人的人权的危险性。因此，在存在可以产生相同效果（达到目的）的多种侦查处分的情况下，侦查机关必须选择对人权侵害更低的侦查处分；在具有可以产生相同效果的多种强制性处分的情况下，侦查机关必须选择对人权侵害更低的强制性处分。

此外，由侦查比例原则所派生的原则还有任意侦查原则。任意侦查原则，是指在可以发生相同效果的强制性处分和任意性处分同时存在的情况下，侦查机关必须选择任意性处分。

（三）侦查制度的特征

日本侦查制度的第一个特征是人权保障被视为刑事程序的最重要目的之一。《日本刑事诉讼法》第1条规定，“本法对于刑事案件，以在维护公共利益和保障个人的基本人权下，查明事件真相，公正的适用刑罚条文并且迅速实现为目标”。正如此条规定所表示，在日本，人权保障被视为与查明事实真相所并肩的刑事程序最重要目的之一，并极端地认为，人权保障可以优于探求事件的真相。在侦查阶段，这样的人权保障至上的想法也同样存在。侦查机关在侦查时也必须着重考虑对犯罪嫌疑人等案件关联人的人权保障。

侦查制度的第二个特征是犯罪嫌疑人是行使防御权的主体。在侦查人员中也存在着对以弹劾角度来认识侦查构造的排斥，认为日本的侦查制度存在纠问构造（纠问侦查观念）。这样的观念是以实质真实主义为前提，认为侦查是侦查机关调查犯罪嫌疑人的程序，承认其强制性也正是因为如此。法官所进行的抑制仅仅是为了防止侦查机关滥用权限。但是，鉴于《日本宪法》和《日本刑事诉讼法》等法律是以犯罪嫌疑人作为当事人一方构建刑事诉讼制度的，以上的意见是不妥的。应该认为，日本的侦查属于弹劾构造，而且这种解释（弹劾侦查观念）也是传统的解释和通说。①

犯罪嫌疑人是行使防御权的主体，而不单是侦查的客体。犯罪嫌疑人作为一个相对于侦查机关独立的个体，为了将来的公审而要准备防御活动。这就意味着，侦查机关在行使侦查权的同时，犯罪嫌疑人作为行使防御权的主体也可以进行活动。

侦查制度的第三个特征是以上述第一个特征和第二个特征（即在刑事程序中保障人权，并且以犯罪嫌疑人可以作为行使防御权的主体而进行活动）为目的而设计制度。具体而言，如为了保障犯罪嫌疑人以及案件其他关联人的人权，为侦查机关的各种活动规定了立法上的控制和司法上的控制，以及犯罪嫌疑人在作为防御主体活动时被赋予了特别的权利。

（四）侦查处分的种类

为了达到侦查的目的，侦查机关会实施各种各样的侦查处分。以下将阐述这些侦查处分。

1.《日本刑事诉讼法》中规定的侦查处分

（1）对人的强制性处分。对人的强制性处分，是指对人的意思或人身自由施加强制（行为）的处分。其中，对人的强制性处分有逮捕（第199条第1项，第210条第1项，第212条第1项、第2项），拘留犯罪嫌疑人（第207条第1项），鉴定留置（第167条、第224条）等。

逮捕是实施比较短期身体束缚的强制性处分。拘留犯罪嫌疑人是实施比较长时间身体束缚的强制性处分，是将犯罪嫌疑人拘禁起来以等待审判以及执行。鉴定留置是法官判断有必要对犯罪嫌疑人的精神状态或者身体状态进行鉴定（鉴定，是指由有医学等特别知识或者经验的人才能认识到的法则，或是将该法则应用到具体事实后而得到的意见或者判断）的情况下，在一定的期间内将犯罪嫌疑人拘押在医院或者其他相当场所的强制性处分。

（2）对物的强制性处分。对物的强制性处分，是指强制性地排除他人对物支配的处分。代表性的对物的强制性处分有搜查（第102条第1项、第2项，第222条第1项），扣押（第99条第1项、第218条第1项、第221条第1项），查证（第218条第1项），扣留（第221条），鉴定处分（第168条第1项、第225条）等。

搜查，是指以发现物品或人为目的，对人的身体、物品或者居所以及其他场所进行的强制性处分。扣押，是指对于在搜查中发现的证据物以及应该没收的物品取得强制性占有的强制性处分。查证，是指以五官作用对人、物品或者现场的

---

① ［日］平野龙一著：《刑事诉讼法》，有斐阁1958年版，第83～85页。

对象的形状等做强制性的认识而取得证据资料的强制性处分。扣留，是指取得对犯罪嫌疑人等所遗留的物品或者由所有者任意交出的物品占有的强制性处分。鉴定处分，是指在鉴定的需要上被允许的强制性处分，如尸体解剖和坟墓的挖掘等。

（3）对人的任意性处分。对人的任意性处分，是指在征得了被处分者的同意下，侦查机关所进行的处分。对人的任意性处分不仅包括对犯罪嫌疑人的审讯（第198条第1项）和对知情人的审讯（第223条第1项），还包括鉴定、口译以及笔译的嘱托（第223条第1项）等。

对犯罪嫌疑人的审讯，是指对被怀疑的事实及其状况而寻求犯罪嫌疑人供述的任意性处分。对知情人的审讯，是指在侦查机关认为有必要的情况下，对犯罪嫌疑人以外的人寻求出面，取得关于事件供述的任意性处分。鉴定、口译以及笔译的嘱托，是指委托有医学或者语言等特别知识或者经验的人进行鉴定、口译或者笔译的处分。需要注意的是，鉴定嘱托本身虽然是任意性处分，但承诺了该嘱托的人（鉴定受托人）在鉴定需要的情况下，取得法官许可而进行的鉴定留置属于对人的强制性处分。

2.《日本刑事诉讼法》中没有规定的侦查处分

侦查机关所实施的侦查处分中也有《日本刑事诉讼法》中没有规定的种类。这样的侦查处分包括现场调查、强制性采尿、通讯监听等。

现场调查，是指司法警察职员在取得被处分者、场所以及物品的所有者或者保管者等的任意承诺后，对犯罪现场以及其他场所、物品或者人身所进行的状态调查。[①] 以任意性处分形式进行勘验的情况就相当于现场调查。虽然在《日本刑事诉讼法》中没有直接的规定，但人们一般将《日本刑事诉讼法》第197条视为其法律根据（《日本犯罪侦查规范》第104条）。

强制性采尿，是指从犯罪嫌疑人身上直接用导尿管采取尿液的处分。关于强制性采尿，日本最高法院下达过“强制性采取存在于体内的尿液作为犯罪证据的行为应视其有与搜查以及扣押相同的性质，所以侦查机关在实施强制性采尿时应当持有搜查扣押的命令文件。但是由于该行为有招致侵害人权的危险性，所以必须参照身体检查而定。因此，命令文件上必须记载强制性采尿是根据医生在医学范畴内认为适当的方法来进行的宗旨”的意见（最决昭55.10.23刑集34.5.300）。在实际操作中也是运用搜查扣押的命令文件来实施强制性采尿的。

通讯监听，是指在组织性犯罪中，对犯罪嫌疑人间用于相互联络的电话等其他设备进行监听。关于通讯监听，虽然长此以来都被认为在实际的犯罪侦查中有

---

① 可适当参考《中华人民共和国刑事诉讼法》第45条、第101条、第102条。——译者注

着很高的必要可行性，但《日本宪法》第21条第2项所规定的通讯的秘密性以及侵害隐私权的拥护者一直认为这么做存在问题，并期待着可以通过立法来解决。受此影响，日本于1999年制定了《关于为了犯罪侦查而实施的通讯监听法律》(以下称之为《通讯监听法》)，并于第二年开始实施。这部法律对通讯监听的要件、程序等其他必要事项作出了规定。通讯监听仅被认为有在过去实行了或将要进行毒品犯罪、集团偷渡、组织性杀人等重大嫌疑理由，并且该犯罪行为有足够的可能被怀疑是数人合谋所为，并且运用其他手段来收集证据十分困难的犯罪才可以实施；并且还要求只有对于可能借以实施上述犯罪行为的通讯下才可以实施通讯监听（《通讯监听法》第3条第1项）。

此外，监听命令文件的请求要由特定的检察官或司法警察职员向地方法院的法官提出（《通讯监听法》第4条第1项）。在法官认为请求有理由时签发监听命令文件。可以进行监听的期限为10天，虽然可以延长，但总计不得超过30天(《通讯监听法》第5条第1项、第7条第1项)。在实施监听时必须对管理监听通讯手段的人出示监听命令文件，而且在实施监听时必须有这些人在场（《通讯监听法》第9条、第12条)。实施监听的检察官或者司法警察职员可以为了判断监听的通讯内容是否符合命令文件上所记载的犯罪行为进行最小限度的监听(《通讯监听法》第13条)。此外，该法律还规定了监听后对通讯当事人的通知和政府关于监听的实施状况要对国会作出报告的义务（《通讯监听法》第23条、第29条)。

随着《通讯监听法》的颁布实施，一直以来模棱两可的通讯监听的强制处分性被明确了。可是依然存留有《通讯监听法》本身是否侵害了《日本宪法》第21条第2项所保障的通讯的秘密性，以及在监听对象的特定性和对被处分者出示命令文件上是否与《日本宪法》第35条所保障的令状主义相抵触的问题。今后关于这些问题还有必要做进一步的讨论。

二、日本搜查扣押制度

（一）根据令状所进行的搜查与扣押

1. 搜查与扣押

搜查，是指以发现物品或人为目的，而对人的身体、物品或者居所以及其他场所进行的强制性处分。在搜查的对象为犯罪嫌疑人的身体、物品或者居所以及其他场所时，只有在必要的情况下才被允许进行搜查（第102条第1项、第222条第1项)。在搜查的对象是犯罪嫌疑人以外的人的身体、物品或者居所以及其他场所时，仅限于所要扣押的物品存在，才允许进行搜查（第102条第2项、第222条第1项)。

扣押，是指对于在搜查中发现的证据物以及应该没收的物品取得强制性占有的强制性处分（第99条第1项、第218条第1项、第221条第1项）。

2. 搜查扣押令状的签发程序

有权请求搜查扣押令状的是检察官、检察事务官或司法警察职员（第218条第3项）。搜查扣押令状的请求必须以书面形式提出（《日本刑事诉讼规则》第139条第1项）。搜查扣押令状请求书上必须写明要扣押的物品，或者要搜查（检查）的场所、身体或者物品，请求者的官职、姓名，犯罪嫌疑人的姓名（犯罪嫌疑人是法人时为其名称）、罪名以及犯罪事实的提要。确有必要在日出前或者日落后进行搜查扣押时，必须注明主旨以及理由（《日本宪法》第35条第1项、《日本刑事诉讼规则》第155条第1项）。此外，请求时还必须提交认为可能是犯罪嫌疑人所犯罪行的资料（《日本刑事诉讼规则》第156条第1项）。接到请求的法官要从搜查扣押令状请求书的记载以及请求搜查扣押令状人所提交的资料来判断是否存在搜查扣押的必要性（是否存在特定犯罪的嫌疑，或者搜查扣押是否与该嫌疑具有关联性）以及搜查扣押的合理性（酌量搜查扣押的必要性和因进行搜查扣押而被侵害的诸权利，审查是否有即使侵害诸权利也要进行搜查扣押的必要性）。

鉴于搜查扣押的必要性以及合理性，在法院判断有必要进行搜查扣押时，法官即签发搜查扣押令状。

3. 搜查扣押令状的记载

搜查扣押令状必须记载犯罪嫌疑人的姓名、罪名、所要扣押的物品、要搜查的场所、身体或者物品、所要验证的场所等（第219条第1项）。另外，关于拟欲搜查的场所以及拟欲扣押的物品，根据《日本宪法》上的要求，必须予以具体记载（《日本宪法》第35条第1项）。

《日本宪法》要求对所要搜查的场所以及要扣押的物品需要做明示性记载的宗旨，可以认为是希望通过特定化搜查、扣押的范围和对象以防止侦查机关滥用权限。

关于搜查扣押令状的记载，特别是对要搜查的场所以及扣押对象的记载，其明示性成为一个问题。

关于所要搜查的场所，如记载了“A县B市C镇D街E号，F楼内，通称为G组的办公室以及被认为可能是隐匿的场所”时，这个记载是否满足《日本宪法》第35条要求的明示性，在过去有过争议。判例作出了“场所的表示，需要具有在合理的解释下可以进行特定程度的记载，而且只要达到这种程度就足够了”的判断（最决昭30. 11. 22刑集9. 12. 2484）。但是，本来所要搜查的场所的记载，在可以引导出隐私权和财产权的同一性的范围（同一管理权的范围）时，应该被理解为合法。根据“被认为有可能隐匿了扣押物品的场所”的表述，并不能必然赋予侦查人员对搜查场所的管理权。因为，这样的记载过于抽象，应该认为是违法的（佐贺地判昭 41. 11. 19 下刑集 8. 11. 1489）。

另外，关于扣押对象物的记载，如以“会议记录、斗争日记、指令、通达类、联络文书、报告书、笔记以及其他被认为与本案有关系的一切文件以及物件”记载时，该记载是否满足《日本宪法》第 35 条要求的明示性，在过去也有过争议。判例作出了根据这个记载在对扣押对象物的明示上没有缺陷的判断（最大决昭 37. 7. 29 刑集 12. 12. 2776）。但是，“其他被认为与本案有关系的一切文件以及物件”的表述过于抽象，很难特定扣押对象物。鉴于《日本宪法》对明示记载的要求主旨，应该对《日本刑事诉讼法》第 219 条予以严格解释。

4. 搜查扣押令状的执行

搜查扣押令状的执行者是检察官、检察事务官或者司法警察职员（第 218 条第 1 项）。在执行时，必须对被处以搜查扣押的人出示搜查扣押令状（第 110 条、第 222 条第 1 项）。在执行时，可以进行开锁、开封等必要的处分（第 110 条、第 222 条第 1 项）。在执行中，可以禁止任何人在没有许可的情况下出入该场所（第 112 条、第 222 条第 1 项）。在令状执行者认为有必要时，可以让犯罪嫌疑人在场（第 222 条第 6 项）。

此外，搜查对象以及扣押对象物在令状执行前无须一定在搜查扣押令状所记载的场所。判例作出了在搜查扣押令状执行中，有被认为与犯罪有密切关联的包裹被送到时，在没有经过犯罪嫌疑人的同意下进行开封的行为是合法的判断（最决平 19. 2. 8 刑集 61. 1. 1）。

扣押证据物或者应当予以没收物品时，侦查机关必须制作查抄记录，然后交给所有者、持有者或者保管者以及其他适格的替代者（第 120 条、第 222 条第 1 项）。

虽然进行了搜查，但没有发现证据物等时，如果被搜查处分的人请求，侦查机关必须交给其写有主旨的证明书（搜查证明书）。

5. 对于人身的搜查

《日本刑事诉讼法》规定，对于犯罪嫌疑人以及犯罪嫌疑人以外的人的身体可以进行搜查（第 102 条、第 222 条第 1 项）。这里所说的对于身体的搜查是在着装的状态下，从外部对身体进行搜查。搜查女子时，原则上需要有成年女子在场（第 115 条、第 222 条第 1 项）。

对体表或体腔的搜查相当于身体搜查，需要有身体搜查令（第 218 条第 1 项）。之所以需要身体搜查令，是因为身体搜查有很高的侵害权利危险性。检察官、检察事务官或者司法警察职员在申请身体搜查令时，必须向法官说明需要身体搜查的理由和接受身体搜查人的性别、健康状态以及其他情况等信息。此外，关于身体搜查，法官可以附加医生在场等合理的条件（第 218 条第 4 项）。

6. 拒绝扣押权

拒绝扣押权，是指对于涉及一定职务上秘密的物品，被处分者拒绝其被扣押的权利。也就是说，对于公务员或曾经是公务员的人所保管或持有的物品，在本人或有关公务机关提出物品涉及职务上秘密时，没有有关监督厅的承诺，不能扣押（第 103 条、第 221 条第 1 项）。对于国会议员或曾经是国会议员的人也是如此（第 104 条、第 221 条第 1 项）。此外，现在从事医生、牙科医生、助产师、看护师（“看护师”一词是对男女护士的统称——译者注）、律师、宗教职员的人以及在过去曾经是这些职位的人，由于受业务上委托，其保管或持有的物品有关于他人秘密的，也可以拒绝扣押（第 105 条、第 221 条第 1 项）。

关于新闻机关是否享有扣押拒绝权，迄今还存在争议（最决平 2. 7. 9 刑集 44. 5. 421）。的确，在《日本刑事诉讼法》中没有关于新闻机关享有扣押拒绝权规定。但是，新闻机关有表达的自由（《日本宪法》第 21 条）以及由该自由所派生的报道的自由和采访的自由。新闻机关就国民知情权上承担着重大的义务。如果认为新闻机关没有扣押拒绝权的话，那么可以说，包含新闻自由以及保护采访源自由的采访自由将会因搜查扣押而增加被侵害的危险性。

7. 对电磁记录的综合性扣押

作为搜查扣押的对象，电脑的硬盘或者 DVD 光盘等保存在媒体上的电磁记录与纸制媒体的文章间存在若干不同。也就是说，这些电磁记录在没有电脑等机械时无法确认其内容。此外，电磁记录所包含的情报量是庞大的，并且情报的销毁也比较容易。从这些特征来讲，在搜查扣押的现场对于电脑和各种光碟需进行总括性的扣押。这就是电磁记录的综合性扣押。

关于电磁记录的综合性扣押，日本最高法院以可能造成扣押对象物（电脑 1 台、磁盘 108 张）中是否存在信息和由信息被损而导致证据被毁灭的危险性为理由，认为侦查机关的扣押是合法的（最决平 10. 5. 1 刑集 52. 4. 275）。

但是，鉴于《日本宪法》对在搜查扣押令状中要求明示搜查扣押的范围及其对象的宗旨，上述综合性扣押应该被严格的限制。关于这个问题，尚有待于立法来解决。

（二）伴随逮捕的无令状搜查扣押

1. 伴随逮捕的无令状搜查扣押

伴随逮捕的无令状搜查扣押，是指检察官、检察事务员或司法警察职员，根据《日本刑事诉讼法》第 199 条的规定对犯罪嫌疑人进行通常逮捕，或者在逮捕现行犯中有必要时，可以：（1）进入他人的住所或者他人看守的宅邸、建筑物搜查犯罪嫌疑人；（2）在逮捕的现场搜查或者扣押等。上述规定同样适用于紧急逮捕（第 210 条第 1 项）。这些侦查处分叫做伴随逮捕的无令状搜查扣押。

伴随逮捕的无令状搜查扣押是进行强制性处分时需要司法官员签发令状的令

状主义的例外。

2. 成为令状主义例外的理由

对于伴随逮捕的无令状搜查扣押，首先需要探讨的问题是伴随逮捕犯罪嫌疑人的无令状搜查扣押作为令状主义例外的理由。为了确保逮捕执行者的安全，在必要的范围内进行搜查扣押的行为是无可争议且应被允许的。但是，对于超过上述范围而进行的证据收集以及保全活动是否应当予以允许的理由，在学说上存在着分歧。虽然有学说认为，为了防止犯罪嫌疑人的逃逸以及毁灭罪证而有必要允许实施此类行为，但逮捕现场存在证据的可能性很高，由此而来，如果有合理的理由，进行搜查扣押是可以被允许的说法更有说服力。可是，从逮捕令本应只是法院命令对犯罪嫌疑人的身体进行束缚的令状来看，应该认为，如果要进入上述（1）中的住所，则该住所一定要在客观上有很大的存在犯罪嫌疑人的可能性（大阪地判昭 38. 9. 17）。

3. 逮捕和搜查扣押的时间附着性

关于逮捕和搜查扣押的时间附着性，《日本刑事诉讼法》第 220 条第 1 项用了“逮捕犯罪嫌疑人时”以及“逮捕现行犯时”的语言规定之，但应该怎样去理解“逮捕时”呢？关于这一点，对于由于犯罪嫌疑人不在，先于紧急逮捕而对犯罪嫌疑人的住宅开始搜查，扣押了违禁品（本案中为毒品），搜查约 20 分钟后，因犯罪嫌疑人归来而进行了紧急逮捕的案例，判例表示，“‘逮捕时’的表述意味着比单个时间点更有幅度。虽然逮捕和搜查扣押必须具有时间附着性，开始搜查可以在逮捕前，也可以在逮捕后”（最判昭 36. 6. 7 刑集 15. 6. 915）。但是关于这个判例，犯罪嫌疑人回家刚好是开始搜查后 20 分钟不过是一个偶然。从如果犯罪嫌疑人没有回来搜查扣押将构成违法的情况来看，其是不合理的，故批判声也很高。事实上，为了避免日后在公审时的争论，通常侦查机关不会在逮捕前进行搜查扣押。

4. 逮捕和搜查扣押的地点附着性

紧接着时间的附着性，逮捕和搜查扣押的地点附着性也是一个问题。《日本刑事诉讼法》第 220 条第 1 项对于可以搜查扣押的范围用了“逮捕的现场”的表述。因此，“逮捕的现场”是否该局限于犯罪嫌疑人的身体以及其直接支配的范围（具体为犯罪嫌疑人伸手可及的范围）成为争论的焦点。关于这一点，在实际侦查中，“逮捕的现场”被认为包含了着手逮捕的地点、追缉中的地点、完成逮捕的地点，以及与这些地点直接相连接的空间范围。判例也认为，在逮捕后的 3、4 分钟后，在相距直线距离约 400 米的警察局里进行的搜查扣押是合法的（东京高判昭 53. 11. 15 高裁刑集 31. 3. 265）。但是也有判例认为，在距现行犯逮捕地点约 1 公里的警察局里所进行的搜查扣押是违法的（大阪高判昭 49. 11. 5），所以争论至今依然存在。

5. 对物品的无令状搜查扣押的可能范围

原则上，对物品的无令状搜查扣押的可能范围局限于关联被逮捕理由的证据或物品。这一点没有特别的争议。

此外，关于在伴随逮捕的无令状搜查扣押过程中发现毒品等违禁物时，是否可以对该违禁物进行扣押，在日本国内一般而言是可以的。但是在这种情况下，侦查机关可以采用：（1）让犯罪嫌疑人任意的提交该物品，然后扣留；（2）请求签发新的令状，在此基础上再进行搜查扣押；（3）以该违禁物品为根据，对犯罪嫌疑人进行现行犯逮捕或紧急逮捕，伴随着这样的逮捕然后进行搜查扣押。

三、日本侦查制度面临的课题

在日本的侦查制度中，有待解决的首要课题是令状主义形骸化的发展。

令状主义形骸化首先表现在各种令状请求的驳回率低下。在日本，各种令状请求的驳回率之低是显著的。特别是逮捕令或拘留状的请求基本上没有被驳回的。接到请求签发逮捕令或拘留状的法官对犯罪嫌疑人有“逃逸的可能”以及“毁灭罪证的可能”做广域解释的倾向性很强，只要有抽象性的可能，就很容易认可请求签发令状。同样，请求延长拘留的申请也基本上不会被驳回。特别是在犯罪嫌疑人否认指控事实时，法官认为其有逃逸或者毁灭罪证的可能性而认同身体束缚的情况非常的多。其结果是，否认指控事实的犯罪嫌疑人，绝大多数会被剥夺人身自由；而且，在一个罪名内，被束缚至提起公诉前的最大时限为23天。鉴于日本采用令状主义的主旨以及无罪推定原则，如今这般形骸化的令状主义必须立即得到解决。

其次表现在另案逮捕以及另案拘留在现实业务中的盛行。另案逮捕以及另案拘留，是指还不具备本案审讯的逮捕或拘留要件时，以具备了逮捕或拘留要件的另案故意进行逮捕或拘留。此外，进行另案逮捕以及另案拘留时，身体被束缚的时间因被怀疑事实的个数而相应延长，即对于2个另案进行另案逮捕或另案拘留的案件，其后进行本案的逮捕或拘留时，身体被束缚的时间将长及69天。

进行另案逮捕以及另案拘留时，基于另案签发逮捕令或拘留状的法官知道审查侦查机关真正的目的在于对本案的审讯，而对于本案来讲是没有经过令状审查，等同于在无逮捕令或无拘留状下进行的事态。迄今为止，在日本查清了很多误判。这些误判的大多数在日后发现是虚假供认，并有反复的以获取供认为目的的另案逮捕以及另案拘留。不用说，侦查机关是必须遵守法律的。但是，侦查机关自己却实施属于实质上脱离令状主义的另案逮捕以及另案拘留，因此应该严加禁止。此外，司法机关一方也应该采取措施防止这些行为在现实业务中的盛行。

第六章 意大利刑事搜查扣押制度

一、意大利搜查制度的历史沿革

现行1989年《意大利刑事诉讼法》中关于搜查的规定，是历史传承与革新的产物。翻开搜查制度的历史，我们看到的是一部“对人身自由与住宅安宁的保护”与刑事侦查需要之间的平衡的历史。

探究亚平宁半岛关于搜查的规定的历史沿革，我们可以从古老的罗马法出发。

在古老的罗马法中，关于搜查的规定最初见于针对被盗之人的搜查权。如果被盗之人怀疑赃物藏于某人之住宅，那么就可以要求搜查其住宅。根据《十二表法》的规定，除非房屋主人自愿同意，否则“正式搜查赃物时，搜查人应赤身光体，仅以亚麻布围腰，双手捧一盘”。要求搜查人这样做的理由，主要是为了防止他栽赃陷害。在当时的法律体系中，搜查是一种私人自力救济的方式，而非行使公权力的表现。

在乌尔比安时代，即公元2世纪末3世纪初，搜查制度还保留了“私”的性质，即被盗之人行使原物返还这一物上请求权的表现方式。但是，这一时期与《十二表法》时代的一个巨大区别是从注重保护被盗物的所有权人到注意保护被搜查人的转变。这一转变的标志性事件是公权力的介入。在这个时代，被盗之人如果怀疑某人藏有赃物而欲进行搜查，必须在得到司法官员的助理的协助下才能进行，或者由司法官员进行公告之后取得司法官员的批准文书才能进行搜查。

搜查制度从查找赃物到证据收集方式的转变，发生在罗马共和时代的末期，这个时期也正是弹劾式诉讼体制的逐渐盛行之时。根据原始文献的记载，当时的控诉方是私人而不是公权力机关，但是该私人并不一定是受害人，而往往是一个自愿者并且承担了寻找并收集证据的义务，该控诉方有权进入被告、第三人的住宅甚至罗马城邦公共机关办公场所，并要求对方交出指定的文件或者材料。他所收集到的材料需要打上标签之后上交法官。

在整个中世纪直到近现代法典化时代之前，整体而言搜查都是被盗之人的一项自助行为，只是在特定情况下，需要得到司法官员的批准。严格来说，从罗马法开始，直到中世纪，甚至到工业化初期，严格现代法意义的搜查制度尚未形成，但是具备了一定的雏形。

意大利的近现代刑事诉讼中的搜查制度起源于法国。1789 年，《法国刑事诉讼法典》随着拿破仑的军队来到了亚平宁半岛。受到法国法的影响，意大利的刑事诉讼制度也逐渐偏向于纠问式发展。整个 19 世纪，亚平宁半岛境内的很多城邦公国都继受了法国的刑事诉讼立法，制定了自己的刑事诉讼法典，其中，最为著名的是 1807 年受法国控制的未统一的意大利王国于米兰颁布的《意大利刑事诉讼法》。

确切地说，如果再次回顾一下意大利半岛统一之前的众多法典的话，我们就会惊讶地发现，当时的刑事诉讼制度与今天的刑事诉讼制度并没有本质的区别。在搜查领域，一个基本的指导思想或者原则就是：保证被搜查人不受过分的限制。更具体而言，就是从搜查启动的前提、允许搜查的时间和搜查的方式等方面来防止搜查的滥用。

1848 年，撒丁王国国王阿尔伯特颁布了《阿尔伯特大宪章》。这是一部宪法性文件，得到了较高的认可，后来也被亚平宁半岛西北部的皮埃蒙得王国几乎完全继受。在这部大宪章的第 27 条中，第一次郑重规定了私人住宅的不可侵犯性：只有在法律规定的情形并以法定的方式才能进入他人的住宅。一方面，这一规定使得搜查、保护住宅安宁有了一个宪法性的保障；另一方面，此条毕竟只是一条宣示性的规定，对于在法律中应当如何规范对住宅自由的限制，更具体地说，如何进行搜查才能尽可能地保护住宅的安宁，当时的立法者并没有找到一条清晰的解决途径。

1865 年，统一后的意大利王国颁布了自己的《意大利刑事诉讼法》。这部法典仍然带有强烈的拿破仑特色，当然也有一些甚至最后影响法国立法的改革成分。

在 1865 年《意大利刑事诉讼法》中，虽然立法者试图在保护住宅安宁与刑事政策和诉讼需要之间寻找一个平衡点，但最后并没有作出革命性的改进，而只是根据司法警察的级别区别对待搜查权。根据该法典的规定，三级司法警察（主要是指普通探员）只有在需要对犯罪物证或者与犯罪活动密切相关的物品进行扣押之时，才能对住宅、办公室与工厂进行搜查，并且需要有其上级司法警察官员陪同在场。

此外，对于住宅的搜查，从要件上来看要严格于其他类型的场所搜查。除了要求有“存在危险传播扩散的可能”（Pericolo nell’ Indugio）之外，尚要求住所属于“被调查人或者其他受怀疑之人”，而且进行搜查的人必须对被调查人之外的人也具有确实的依据和几乎可以达到肯定程度的怀疑，而不是一般性泛泛的怀疑。根据当时法学理论界的主流观点，只能在怀疑犯罪正在进行之时才能对住宅进行搜查。设置此项严格条件的原因是：在进行搜查之时，私人住宅已经完全交由司法警察支配了，司法警察可以以侦查为由根据其意愿随时进入私人住宅，而任意行使该等权力将对私人住宅的安宁构成极大的危险。

1913 年《意大利刑事诉讼法》被认为是意大利第一部真正自己的刑事诉讼法典。这部法典在保护个人自由与保障犯罪嫌疑人的权利方面具有很大的进步。就搜查制度而言，这部法典也有一个引人注意的创新，即在意大利立法史上第一次在场所搜查之外规定了人身搜查制度。

当时法学理论界并不满足于 1913 年《意大利刑事诉讼法》在此领域的创新，甚至出现了不少批判的声音。当时的主流观点一方面肯定了规定人身搜查制度的积极意义，另一方面对于将两种不同的搜查制度规定在同一条文中表示失望，因为考虑到人身搜查的重要性与对人身自由的巨大限制，主流的观点认为应当作出专门的规定。在很多方面，人身搜查甚至不如场所搜查。比如，该法典中备受批评的一点是，在场所搜查方面，法律规定了若干保护被搜查人的权利——特别是获得律师在场协助的权利，但是在人身搜查方面，这一点显然被忽视了。唯一值得肯定的一条规定是第 236 条，根据此条规定，对于女性的人身搜查，必须由女性来执行，除非当时的情况属于客观上不能。

1913 年《意大利刑事诉讼法》在搜查制度方面也有一些值得称颂的地方：对于进行搜查的前提条件的规定，相对于以往，显得更为严格了，特别是由司法警察独立完成的搜查，前提更为严格；在场所搜查方面，规定了被搜查人可以要求有律师在场协助；除非是犯罪正在进行之时，否则检察官在进行搜查之前必须得到初审法官的授权。

而对于探员根据现实情况现场决定进行人身搜查或者场所搜查，则规定了最为严格的前提条件。这些条件包括：第一，犯罪正在进行之时；第二，有充分的理由可以认为在被搜查人或者被搜查场所中藏有需要进行扣押之物，或者认为在被搜查人或者被搜查场所中有容易灭失或者被消除的犯罪证据材料；第三，发现了正在通缉的犯罪嫌疑人或者潜逃的犯罪嫌疑人、已决犯。当然，探员只要能够声称“有充分的理由”认定存在上述三个条件之一，即可进行搜查活动。这样，无法避免地产生了探员或者司法警察的自由裁量权可能过于宽泛的问题。

此外，1913 年《意大利刑事诉讼法》对于可进行搜查的时间也作了规定：除非被搜查人同意，对住所或者与住所相连的封闭场所进行搜查，只能在日出之后日落之前进行。只有在紧急情况下，经过初审法官或者省督府主席的同意才能在上述时间段之外的时间进行搜查。并且，在搜查进行之前，搜查人必须向被搜查人提交上述初审法官或者省督府主席的令状，同时告知被搜查人有权要求律师在场进行协助。

在是否赋予被搜查人律师在场协助的权利方面，1913 年《意大利刑事诉讼法》的立法者作了区别对待。对于司法警察直接进行的搜查，检察官、初审法官命令下进行的搜查以及人身搜查，都没有授予被搜查人得到律师在场协助的权利。上文已经提到过，这也是备受争议的一点。

另外，立法者也关注到了此前存在的众多特别法中对搜查的规定，这些特别法中的规定相较于 1913 年《意大利刑事诉讼法》的规定，在保障被搜查人的合法权益方面要落后很多。为了保障被搜查人的权益，特别是人身自由与尊严，1913 年《意大利刑事诉讼法》第 167 条规定，废除其他所有特别法中关于搜查的规定，统一适用《意大利刑事诉讼法》的相关规定。

总而言之，1913 年《意大利刑事诉讼法》尽管在内部体系化方面还显得非常粗糙，但无论是在制度建构上，还是在保障被搜查人的权益方面，都有非常大的进步。

到了 1930 年，意大利的政治环境已经发生了巨大的变化，法西斯势力取得了政权。法西斯势力的控制思想不但深刻地影响到行政管理系统，而且也影响了法律制度。在这样的背景下，1930 年制定的《意大利刑事诉讼法》大大加强了司法警察的职权范围与行使权力的自由裁量权，因而也大大地限制了被调查人的人身自由，特别是在获得律师协助方面的权利，几乎被架空了。

1931 年，法西斯政府出于控制的考虑，通过了一部名为《公共安全法》的特别立法。根据该法第 41 条的规定，司法警察可以以搜查武器、爆炸物的名义，随时对各种场所进行搜查。在那个特殊的历史时期，司法警察获得了非常大的自由裁量权，他们在进行场所搜查之时，不再需要经过司法机关（检察官与法官）的批准，甚至也不需要进行事后的正式书面说明。最终的结果是曾经被广为称道的保护住宅安宁的原则，事实上已经被架空了。

1944 年 1 月 20 日，意大利又颁布了一个特别法，即意大利王国第 45 号立法令。根据这部特别法的规定，司法警察在有所怀疑之时，有义务对个人与场所进行控制与搜查。这一规定进一步架空了人身搜查与场所搜查之时对被搜查人的保障。根据 1930 年《意大利刑事诉讼法》的规定，在进行夜间搜查之时，必须得到法官的批准。但是根据此部特别法的规定，法官的这一批准手续也不再是必须了。

虽然意大利在二战中战败并发生了政权的重建，但是意大利共和国的建立并没有完全废除此前的立法。1948 年，意大利通过了战后的第一部《意大利宪法》，在保障人权的背景下，在意大利历史上第一次较为完整地规定了犯罪嫌疑人的权利，特别关注防止公权力尤其是司法权滥用的情形。上述规定，对搜查制度也发生了重大的影响，特别是《意大利宪法》第 13 条、第 14 条与第 24 条第

2 款的规定。简单来说，第 13 条是关于人身权不可侵犯的规定，严格限制人身搜查；[①] 第 14 条主要是关于场所特别是住宅搜查的规定；[②] 而第 24 条第 2 款则规定了对辩护权的保障。

根据《意大利宪法》的规定，1930 年《意大利刑事诉讼法》第 244 条显然违宪，因为既没有关于司法警察在独立搜查之后特定时间（宪法规定 48 小时）之内向司法机关报告的规定，也没有规定司法警察的搜查需要司法机关事后的追认，而且对于辩护权的保障，也是相当薄弱的。

为了协调 1930 年《意大利刑事诉讼法》与 1948 年《意大利宪法》之间的矛盾冲突，1955 年意大利特别通过了一部法律，即 1955 年 6 月 18 日第 514 号法律。此部法律主要在两个方面对 1930 年《意大利刑事诉讼法》作了修正：第一，对于人身限制措施作了严格的限定；第二，对于辩护权作了更明确的规定。比如，根据第 514 号法律的规定，在场所搜查的时候，被搜查人有权要求其律师在场，并且对于任何涉及犯罪嫌疑人的搜查（包括场所搜查与人身搜查）、扣押等行为，犯罪嫌疑人的辩护人都有权及时知晓。

通过 1955 年的立法改革，虽然没有根本性的重新制定一部《意大利刑事诉讼法》，却实质性地改变了 1930 年《意大利刑事诉讼法》中落后的规定，特别是强化了辩护权的保障，从制度设计上确保人身自由、住宅安宁的权利。

到了 20 世纪 60 年代末 70 年代初，意大利爆发了左翼学生与工人运动，同时极左运动和极端组织活动也达到了二战之后的最高潮。以红色旅为代表的极端恐怖组织通过武装攻击政府组织，甚至在 1978 年绑架并杀害了当时的总理莫罗。到了 20 世纪 70 年代末，意大利的新法西斯主义力量也有所抬头，并且得到了部分民众的支持。

为了应对极左与极右的恐怖组织给社会治安带来的巨大压力，意大利在刑事立法方面的立场发生了转变。这种转变，主要发生在两个方面：第一，弱化了司法机关对司法警察的控制与业务上的引导，特别是在调查阶段的控制；第二，强化了司法警察在质询、调查等方面的权限，尤其是认为搜查是最为有效的抑制犯罪、追缉犯罪嫌疑人的手段。用一句话概括起来，刑事诉讼法的立法思想实现了

---

① 规定人身权的神圣不可侵犯，并且除非根据司法当局的说明理由的命令，并仅在法定场合和按照法定程序，不得以任何形式进行拘禁、检查和搜身，也不得对人身自由加以任何限制。在法律有明确规定的紧急需要的特殊情况下，警察机关可以采取临时措施，此项措施须在 48 小时内通知司法当局，若在随后 48 小时内司法当局不予批准，此项措施则被视为业已撤销而完全失效。

② 住宅不得侵犯，除非在法定场合按照法定程序并遵照旨在保护人身自由的各项保证，不得进行检查、搜查或查封。出于公共保健和防止公共利益受到损害的理由，或出于经济和税收目的而进行的搜查和检查，由特别法规定。

从保障犯罪嫌疑人为重到保护社会公共安全为重的转变，从保障个人权益为重到尽可能追求案件真相为重的转变。

正是在这样的背景下，1975 年 5 月 22 日意大利出台了一部以保护公共安全为要旨的第 152 号法律，即《意大利保护公共秩序法》。就本章研究的主题范围而言，此部法律特别值得一提的是允许在尚未有充分证据证明刑事犯罪的情况下也可以对某人进行人身搜查，只要该搜查是以保护公共安全为目的即可。

当然，尽管 70 年代的立法者作了方向上的转变，但是我们不能将此种变革等同于回到 1930 年法西斯主义立法者的那个时代。因为在当时法西斯主义立法者的一个指导思想就是通过国家暴力机关对社会大众进行控制；而 70 年代共和体制下的立法者最终的目的是为了保护民主体制，保护宪法所确立的基本制度和社会安全。

比如，以公共安全为由而进行的搜查，在《意大利保护公共秩序法》之前仅限于场所搜查，而根据《意大利保护公共秩序法》第 4 条的规定，司法警察单独进行搜查的权限不仅限于场所搜查，还包括人身搜查和对交通工具的搜查，唯一不变的搜查的目的是核实被搜查人及其所乘坐的交通工具之上是否携带有武器、爆炸物等可能危害公共安全的物品。值得注意的是，《意大利保护公共秩序法》并不是一部程序法，而是一部以保护公共安全为要旨的特别法。为了协调法律之间的冲突与不一致，该法也直接规定，在新的《意大利刑事诉讼法》诞生之前，此法所涉及的与既有法律包括《意大利刑事诉讼法》冲突的地方，以该法为准。这也意味着刑事诉讼程序中的搜查、扣押等都参照《意大利保护公共秩序法》来实施。

当时的理论界则非常清晰地区别两种不同的搜查，认为刑事诉讼中的搜查，以已经“认定”存在某项具体的犯罪为前提，以查实案件情况为目的；而《意大利保护公共秩序法》中的搜查，则是以预防犯罪为目的，不要求必须怀疑存在某项具体的犯罪，而是怀疑对象在不适当的场合持有武器、爆炸品等危害公共安全的物品。

为了限制《意大利保护公共秩序法》赋予司法警察过宽的自由裁量权，理论界归纳出了司法警察采取搜查、扣押等行动的几项必须同时满足的要件：第一，必须是紧急情况下，即无法从检察官或者法官处取得授权；第二，司法警察应当是在执行安检等任务中，而不能是因为其他一项具体的任务执行中搜查与任务无直接关系的人与场所；第三，从当时的具体情形来看，更具体而言就是从被搜查人的态度、所处的场合与时间来看，有充分理由怀疑对方持有武器、爆炸物等。尽管理论界所设定的这些要件已经大大限制了司法警察的任意武断性，但是在 70 年代那样的环境中，完全限制司法警察的自由裁量权并不现实，也不符合当时司法警察经常执行维持重大活动治安秩序、突击搜查恐怖分子等的现实需要。

虽然《意大利保护公共秩序法》扩大了司法警察在搜查、扣押方面的权限，但是《意大利宪法》第13条的规定并没有被废除，即司法警察必须在单独执行搜查或者扣押活动之后用书面形式向检察官报告，由检察官进行事后的认可。

随着70年代中后期意大利打击极端势力、平息社会矛盾取得了实效之后，“非常时期”已经过去了，司法警察在限制人身自由、限制他人住宅安宁方面的权力被认为过度了，因此产生了质疑与回归正常的声音。到了1989年《意大利刑事诉讼法》制定之时，学术界较为一致的想法是：保护人权、保护辩护权、保证程序的正当性、限制公权力。这些思想在很大程度上影响到了搜查与扣押这两项具体的制度。

二、搜 查

（一）1989年《意大利刑事诉讼法》中关于收集证据的基本规定

在1989年《意大利刑事诉讼法》中，搜查被规定于证据编（第三编）的“收集证据的方法”这一章。

在该章立法中一共列举了五种法定的收集证据的方法，分别为“检查”、“勘察”、“搜查”、“扣押”和“谈话或通讯窃听”。

所谓法定的收集证据的方法，通说认为除此之外所获取的证据材料都无法被刑事诉讼程序所认可。

虽然法律将这五种收集证据的方式分别作了规定，但是在实践中，往往是综合运用的，特别是搜查与扣押具有相当密切的关系，即搜查的目的往往就是扣押，关于这一点，下文将有更详细的介绍。

检查与搜查之间的关系，在实践中也会有重合之时。比如，对于人身的检查与搜查，往往会同时进行，特别是在涉及对体内的“搜查”（如体内藏毒时搜查毒品）时，理论界倾向性的观点是：必须执行关于人身检查的规定，而不是关于搜查的规定，因为前者对人身的保护更为严格。

（二）搜查的种类：人身搜查与场所搜查

1. 人身搜查

《意大利刑事诉讼法》第247条第1款规定，当确有理由认为某人身上藏有犯罪物证或者与犯罪有关的物品时，可以进行人身搜查。

《意大利刑事诉讼法》第249条规定，在进行人身搜查之前，向关系人交付搜查令的副本，告知他有权让其信任的人参加搜查，只要该人可以迅速找到并且根据第120条的规定是适宜的。

在实践中，通知律师（即被搜查人所信任的人）到场的权利是否能够得到充分的保障，一直是争议的焦点。《意大利刑事诉讼法》第 249 条一方面规定被搜查人有权要求其信任的人（通常为律师）在搜查之时在场，另一方面则规定只有在此人可以迅速来到搜查场所时被搜查人的辩护权才能得到保障。如何不致使这些辩护权被架空，是法学家们讨论的焦点。意大利宪法法院在 1974 年 5 月 2 日的第 123 号判决中指出，搜查之前并没有义务通知被搜查人的辩护律师到场。此项判决虽然是在 1989 年《意大利刑事诉讼法》制定之前作出的，但是所确定的这条规则直到今天都还一直为司法界与法学界的主流观点所推崇。

从司法警察的角度来看，只要告知被搜查人有权要求其所信任的律师在场即可，没有义务事先通知其律师。从搜查的合法性角度看，其律师在场并非必要条件。

人身搜查的执行，一般应当由同性别的司法警察进行。但是，在没有同性别的司法警察，或者在特别紧急的情况下，也可以由异性来进行。如果司法警察邀请了医生来执行人身搜查的话，那么就没有性别上的限制了。上述规则是《意大利刑事诉讼法实施细则与临时规定》（Disposizione per l'Attuazione del Codice Procedura Penale e Disposizioni Transitorie）第 79 条所规定的，同时也是《意大利刑事诉讼法》第 249 条“进行人身搜查时应尊重人格，并且尽可能地维护被搜查者的体面”规定的具体体现。

在人身搜查中，还有另外一个普遍得到承认的规则，即对于口袋里的物品，司法警察应当要求被搜查人在司法警察的注视下取出来，而不能是司法警察主动地伸入被搜查人的口袋进行搜查。这一方面是为了保障被搜查人的体面，另一方面则是为了防止司法警察滥用职权“制造证据材料”的发生。

一般认为，人身搜查并不仅限于对身体、身上穿着的衣物的搜查，而且也包括对随身携带的物品（如手袋、皮包、手机等）的搜查。在涉嫌毒品犯罪的情况下，人身搜查的含义更为广泛，还包括对交通工具的搜查。

在怀疑对方藏有毒品、兴奋剂等时，司法警察可以进行人身搜查。并且，人身搜查的范围并不限于身体体表。随着人体藏毒的事件频频发生，搜查已经扩展至人体内部。在 2005 年 9 月 22 日的第 33988 号判决中，意大利最高法院曾经指出，“司法警察对嫌疑人的体表进行搜查未得到所怀疑的犯罪物证，经检察官的批准，可以要求在医院由医生通过专业的设备对嫌疑人的体内进行搜查。此项体内搜查活动，不仅是为了核实犯罪事实，而且也是对嫌疑人身体健康权的保障”。随后，意大利最高法院在 2006 年 2 月 17 日的第 06284 号判决中进一步指出，司法警察如果怀疑被搜查者体内藏有犯罪物证的话，在得到检察官的事先批准之后，可以强行通过 X 光射线对人体内部进行检查。此项检查应当由专业的医生进行。这种对人体内部进行搜查的合法性，虽然没有立法上的规定，但是得到了意大利最高法院的认可。

简言之，对人体内部进行搜查是合法的，但是必须遵守以下规则：第一，必须得到检察官的事先批准，而不能进行事后的认可；第二，必须在医院由专业的医生具体实施此项搜查。

2. 场所搜查

相对于人身搜查，场所搜查是更为常见的一种搜查形式。场所搜查，学理上将之区分为两种类型，即普通场所搜查与住所搜查。住所搜查是场所搜查中的特殊类型，住所安宁是宪法所保护的人的基本权利之一。

进行普通场所搜查，如搜查厂房、办公室等场所，是不需要遵守特定的时间限制的，但是进行住所搜查则存在着时间限制问题。为了保护公民的住所休息安宁，法律规定从晚上 8 点到早上 7 点之间，是不能执行搜查活动的。但是，在紧急情况下，搜查者为了避免迟延搜查带来的不利后果可以依据《意大利刑事诉讼法》第 352 条的规定在搜查令中特别注明而进行搜查。

根据以下特别法，依据以下法律进行的搜查完全可以不遵从时间点而随时进行：1975 年通过的《意大利保护公共秩序法》（Tutela dell'Ordine Pubblico）；1990 年的《意大利反有组织犯罪法》（Prevenzione della Delinquenza Mafiosa）；1990 年的《意大利禁毒法》（Testo Unico Sugli Stupefacenti）。

在进行场所搜查时，与案件相关的犯罪嫌疑人可能并不在被搜查的场所中，如已经潜逃了或者已经被限制人身自由了，无论如何，只要犯罪嫌疑人已经指定了自己的辩护人，执行搜查者就应当通知该辩护人。

在进行场所搜查时，如果被调查人或者犯罪嫌疑人在场，应当向其出示搜查令原件并向其交付副本。如果被调查人或者犯罪嫌疑人不在场，则应当向该住所的实际占有人（如配偶及其他同居者）出示搜查令并向其交付副本。如果该住所没有其他人，则可以向门卫出示。

在搜查工作场所时，如果被调查人或者犯罪嫌疑人不在场，则应当向该场所之内与被调查人或者犯罪嫌疑人工作相关的其他人士（如助手、同事）履行出示搜查令与交付副本的手续。

根据《意大利刑事诉讼法实施细则与临时规定》第 80 条的规定，在搜查场所之时，如果无法向上述人士出示搜查令并交付副本，那么可以在签署搜查令的司法机关（Autorità Giudiziaria）的秘书处存档，同时在被搜查的场所的大门处张贴一项告示，将搜查令的内容写入告示之内。

即使搜查令的性质属于场所搜查，签发搜查令者还是可以在搜查令中命令在执行搜查之时对所有在场者进行人身搜查，只要签发者有理由怀疑这些人可能会隐匿与案件相关的物品。同时，即使没有命令对在场者进行人身搜查，也可以在搜查令中要求所有在场者在搜查活动结束之前不得离开该场所。

在进行搜查时，司法警察必须出示以下两类文件或证件：一类是注明搜查的理由以及搜查所涉及的刑事案件的搜查令。司法警察必须出示搜查令并且把搜查令的副本交给被搜查者。另一类是含有警种、所属单位以及警号的警察证。

因为搜查是司法警察（或者检察官）单方面收集证据材料的行为，不是质询或者谈话，因此，被搜查者可以拒绝搜查人员的任何性质的提问。

对于搜查的现场笔录，被搜查者有权拥有复印件；对搜查结果有异议的，可以拒绝签字，或者在笔录上说明对某项（或某些）内容的异议。

执行搜查的司法警察往往会确认被搜查者的地位，是证人、犯罪嫌疑人还是被害人？如果被搜查者属于后两者，就有权拒绝回答，或者要求律师在场时回答提问。

在搜查中，如果是作为证人被询问的话，法律要求必须先在现场笔录中说明询问的对象是证人，并且与被调查的案件没有任何牵连关系。在搜查现场以证人身份被询问时，经证人要求，所有提问也必须出现在现场笔录之中，最后经核实后签字；如有异议，可以拒绝签字或者在笔录签字处说明自己的异议。

在因搜查活动而被限制（即使这种限制是临时性质的）人身自由时，向司法警察所做的任何声明都是没有法律效力的，只有当着法官的面所做的声明才有法律效力。

（三）搜查令

在搜查活动中，最重要的文件即为搜查令。搜查令决定了搜查的对象或者范围、搜查的依据与合法性。

1. 搜查令的内容

启动搜查，必须得到搜查令（Decreto di Perquisizione）。《意大利刑事诉讼法》第249条与第250条都规定，在实施搜查之前，必须向被搜查者出示搜查令原件并交付一份复印件。[①] 因此，搜查令是常规的搜查程序的启动点。搜查令的内容主要包括：（1）对搜查对象的基本描述；（2）搜查理由，即表明有合理的怀疑。

如前所述，搜查在刑事诉讼程序中被定义为"收集证据的方法之一"，这也意味着搜查是进一步核实已经有相当确切消息的犯罪事实，而不是为了收集关于犯罪的消息。更明确地讲，不能仅仅依据猜测而进行搜查，也不能为了获得犯罪线索而进行搜查。而这一切，都将反映在搜查令中。搜查令必须依据既有确切消息的犯罪事实对搜查对象（自然人或者场所）中应当搜查的物品做一个大概的

① A. Gaito, A. Bargi (a cura di), Codice di procedura penale annotato con la giurisprudenza, UTET, 2003, P762.

描述。当然，考虑到搜查本身的目的是为核实犯罪事实而收集证据，因此，对搜查对象的基本描述必须（或者说能够）具体到何种程度确实是一个度的把握的问题。同时也意味着，对搜查对象描述上的错误并不必然导致搜查本身的非法无效，只要能从此前掌握的信息推导出搜查的必要性，或者此项搜查从逻辑上看是合理的，就不会被认定为非法。

根据《意大利刑事诉讼法》第 182 条的规定，如果当事人看到搜查令中关于搜查理由的表述严重失真而质疑其有效性的，他应当在搜查行为完成之前提出抗辩；如果在场所搜查之时不能当场提出的，应当随后立即提出。但是，搜查令理由不足而导致无效的情况，并不影响到程序与效力都相对独立的扣押，即使扣押是在此项搜查之后随即进行的。[①]

概括而言，搜查必须遵守《意大利刑事诉讼法》第 247 条的规定，即在人身搜查时必须有合理理由认定该人身上藏有犯罪物证或者与犯罪有关的物品；在进行场所搜查时，必须以合理理由认定上述物品处于某一特定场所或者在某一特定场所可能逮捕被告人或逃犯。在搜查令中，必须说明搜查所针对的犯罪案件，也必须说明怀疑的理由，即使只是根据既有信息而进行逻辑上的推测。

2. 搜查令的上诉（Impugnazione）与申诉（Ricorso）

对于搜查令，通说认为是不可通过上诉推翻的。这是基于《意大利刑事诉讼法》第 568 条的规定。根据该条的规定，对于法官的哪些决定可以进行上诉，法律应当明确列举。而搜查令恰恰是在这些列举之外，因此，通说认为对于法官所签发的搜查令是不能进行上诉的。

虽然搜查令不能通过上诉推翻，但是可以依据《意大利刑事诉讼法》第 606 条的规定进行申诉。

不仅仅对法官所签发的搜查令可以申诉，意大利最高法院认为对于检察机关所签署的搜查令也可以进行申诉。《意大利宪法》第 13 条、第 111 条都使用了“司法机关”（Autorità Giudiziaria）这样的表述，从更好地保护被搜查者利益的角度来看，申诉的对象应当做扩充解释而及于所有类型的搜查令。[②]

如果搜查的目的是扣押，即把搜查令与扣押令写入同一文件时，对扣押令的上诉中，法官也将审查搜查令。但这仅仅是因为搜查与扣押在该种情况下的不可分，并不意味着法官应当审查搜查令中所写明的搜查动机是否成立。这也意味着搜查令本身是不可上诉的。意大利最高法院在 1997 年第 1673 号判决中再次重申了这一点。

---

① 参见意大利最高法院刑庭 1998 年 5 月 26 日判决。

② A. Gaito, A. Bargi (a cura di), Codice di procedura penale annotato con la giurisprudenza, UTET, 2003, P763.

3. 搜查令无效的法律后果及限制

《意大利刑事诉讼法》第 191 条第 1 款规定，“在违反法律禁令的情况下获取的证据不得加以使用”。对于搜查令无效是否当然导致所获取的证据无效的问题，存在着一定的争议。意大利最高法院在一系列判决中表明了自己的态度，认为“如果搜查令本身没有严格遵照法律规定的形式作出，并不必然导致适用《意大利刑事诉讼法》第 191 条第 1 款规定而认定所收集的证据材料在法律上不具采纳性”。意大利最高法院同时也说明了理由：第 191 条规定不得采纳非法获取的证据与第 247 条对搜查所做的形式要件上的要求是出于不同的立法目的。因此，搜查令无效并不导致扣押令的无效，扣押的证据材料仍然可以在此后的诉讼中被采用。①

在实践中，导致搜查令无效的情形通常是司法机关根据匿名举报而进行的搜查。意大利最高法院曾经多次申明自己在这个问题上的态度，根据匿名举报而进行的搜查活动是非法的，因为匿名举报的材料不能作为案卷材料，也不能作为适格的犯罪消息以启动任何调查程序。②

（四）司法警察的搜查权

1. 司法警察（Polizia Giudiziaria）

意大利的警察系统相对较为复杂，警察内部的警种众多，各个警种的职能划分较为细致。其中，司法警察的职能包括犯罪预防、刑事侦查、抓捕犯罪嫌疑人、收集和保全与犯罪相关的证据材料。

绝大部分的司法警察都属于意大利内政部（Ministero dell'Interno）管辖。较为特殊的两个群体是财政警察（Guardia di Finanza）与武装宪兵（Arma di Carabinieri）。财政警察不属于意大利内政部，而属于意大利财政部（Ministro dell'Economia e delle Finanze）。财政警察的主要职责是调查税收财务方法的犯罪活动，其中最为主要的是走私、洗钱、逃税等。而武装宪兵则属于意大利国防部（Ministero della Difensa），主要职能是保护意大利的政治家、意大利境内的外国外交与领事人员、意大利境外的意大利外交与领事人员；调查军事领域的犯罪活动；同时武装宪兵也有类似于普通司法警察所拥有的职能，特别是毒品犯罪，通常由武装宪兵管辖。此外，意大利也有专门的反黑社会的组织（Squadra Antimafia），这个组织也有进行搜查的权限。

搜查是司法警察行使其职权的手段之一。司法警察行使搜查权可以区分为两

---

① 参见意大利最高法院刑四庭 2005 年 12 月 15 日第 150 号判决。此项判决所涉及的案件中，司法警察的搜查因为程序性瑕疵而没有得到检察官的认可，但是此项搜查所扣押的毒品却被认可为犯罪物证。

② 参见意大利最高法院 2004 年 5 月 13 日第 37941 号判决。

类：第一类是独立行使搜查权，前提是事出紧急；第二类是根据检察官或者法官的指示行使搜查权，没有紧急性这一限制性要求。

2. 司法警察独立进行搜查的程序

司法警察独立进行搜查的情形主要有以下两种：

（1）在当场发现罪犯或者罪犯脱逃的情况下，如果司法警察有理由认为可能藏有与犯罪有关的物品或痕迹并且可能被改变或者消除，或者认为上述物品处于特定的地点或者被调查人或脱逃人处于特定的地点，可以进行人身搜查或场所搜查。

（2）当对于因《意大利刑事诉讼法》第380条[①]列举的某一犯罪而受到指控或被判刑的人应当执行预防性羁押的决定或监禁令时，或者应当拘留犯罪嫌疑人时，司法警察也可以进行人身搜查或场所搜查，只要具备该条第1款列举的前提条件并且存在不允许适时发布搜查令的紧迫原因。

简言之，根据《意大利刑事诉讼法》的规定，只有在紧急的情况下，司法警察才可以未经司法机关（更多情况下是指检察官）的批准或者指示而进行搜查活动。

根据《意大利刑事诉讼法》第355条的规定，一旦完成搜查，无论是否进行了相应的扣押，司法警察都应当立即向搜查执行地的检察官移送搜查执行情况的笔录。在任何情况下，移送的期限不得超过48小时。如果具备有关的前提条件，检察官在随后的48小时内对搜查作出认可。在得到检察官的认可之后，司法警察的搜查活动的正当性得到确认。如果检察官认为搜查缺乏紧急性，则对搜查不作出认可；如在搜查之后进行扣押的，同时命令司法警察解除扣押恢复原状。

3. 特别法所规定的司法警察的搜查权

严格来说，《意大利刑事诉讼法》对司法警察独立行使的搜查权规定的限制较多，权限较小。但是在一些特别立法中，赋予了司法警察权限更大、限制更少的搜查权。

根据1975年《意大利保护公共秩序法》的规定，司法警察可以在执行公务时对人身或者车辆进行搜查，但只限于怀疑嫌疑人持有武器、爆炸物或其他暴力性质攻击物。

1990年《意大利禁毒法》授权司法警察在执行公务时对嫌疑人、场所、车辆进行检查（Ispezione）。虽然立法中用词是“检查”而不是“搜查”（Perquisizione），但实际上此“检查”不是《意大利刑事诉讼法》第244条所规定的“查明犯罪的痕迹和其他物质后果”为目的的检查，而是一种搜查。司法界普遍认

① 《意大利刑事诉讼法》第380条所列举的是必须当场逮捕的情况。——译者注

为《意大利禁毒法》规定的确实是一项搜查权而不是检查权，此种观点也得到了意大利最高法院的支持。

除了不必证实“紧急性”（或者说认为案件性质本身已足以证明其紧急性）之外，上述搜查权的行使，特别是对车辆的检查，是临时性的，都不必事先通知对方。因此，被搜查者要求律师或者他所信任的其他人在场的权利在这些情形中是不适用的。

但是，即使是依据特别法进行搜查，司法警察还是应当在搜查实施后的48小时内报告搜查实施地的检察官要求其认可。

（五）搜查的特殊问题

1. 对议员与政党场所的搜查

出于政治原因或者职业秘密保护的需要，法律规定对下列人士及由其支配的场所不得按照常规程序进行搜查和扣押：（1）现任的意大利议会或者欧盟议会的议员，但是在犯罪现场被抓获的除外；（2）宪法法院的法官；（3）外交及领事人员；（4）在《意大利刑事诉讼法》第103条第1、2款所规定的范围内的辩护人。关于上述人员的豁免特权，在刑事诉讼领域讨论最多的是议员的特权问题，而对于宪法法院的法官、外交及领事人员、刑事辩护人的豁免特权则几乎没有争议。

意大利参众两院议员的特权是由《意大利宪法》第68条第2款规定的：“对任何一个议会议员，未经其所属议院的批准，不得进行刑事审判，不得逮捕或以其他方法剥夺其人身自由，不得对其个人或住所进行搜查，但在犯罪现场予以拘禁者（必须有拘票或逮捕令）不在此限。即使为了执行某一无法改变的判决而逮捕或监禁议会议员，也需经该议员所属议院的批准。”

这也就是说，在得到所属议会的批准之前，不得对议员个人或者其住所进行搜查。具有争议的一点是住所（Domicilio）的范畴到底有多广？

一般认为，住所包括议员本人长期居住的场所，也包括其日常办公的场所，这是没有争议的。关于议员参与本政党活动的属于政党而不属于议员的办公场所是否也拥有搜查豁免权，理论界与司法界在马诺尼议员案之前并没有过多的讨论，而经过马诺尼议员案之后，意大利宪法法院表明了自己的态度。该案的大致情况如下：1996年9月17日，维罗纳检察院认为绿衫党（Camicie Verdi）这一激进团体的活动构成犯罪而对绿衫党的论巴蒂地区（Lombardia）首领马克尼（Corinto Marchini）的住宅进行了搜查。搜查令是维罗纳检察院签署的，具体是由4位司法警察来执行的。在马克尼先生家中，搜查出了绿衫党的标志性服装（即绿色衬衫），还有一些该团体的旗帜。马克尼先生在搜查之时正式声称，在意大利主要政党之一的北方联盟（Lega Nord）位于米兰的办公室中有一份绿衫党的名单。第二天早上，司法警察根据马克尼先生此前的声明，来到了北方联盟在米兰的办公场所——一座独立的大楼。但是，这些司法警察试图搜查的行为被众议员马诺尼（Maroni）先生所阻止，后者声称北方联盟的办公地点并没有马克尼先生的办公室。司法警察当即给维罗纳检察院检察长打电话，检察长当即作出第二项搜查令，对马克尼先生所指认的办公场所进行场所搜查。此项搜查令的执行再次被北方联盟以马诺尼先生为首的几位众议员所阻止，在身体接触之后司法警察最终强行进入了该大楼进行了搜查。在搜查之中，看到了一个办公室的门牌上写着“北方联盟-秘书处-马诺尼众议员”的字样，而恰恰这个办公室正是马克尼先生所声称的自己的办公室，里面放着绿衫党的名单。司法警察再次电话联系维罗纳检察院检察长，后者再次指示司法警察进入该办公室进行搜查。进入该办公室的行为再次引起了司法警察与各位众议员的身体接触冲突。

在随后的记者招待会上，检察官公开了搜查笔录，笔录中显示在北方联盟的办公楼中搜查出了大量属于绿衫党的物品，包括绿衫、身份证牌、波河的地形图等。绿衫党一案，共有22名人士被列入正式调查之列，其中包括6名属于北方联盟的议员，但是没有北方联盟的领导层。

此案发生之后，北方联盟一直声称搜查其政党的首要办公大楼，特别是在众多议员在场的情况下，严重侵犯了《意大利宪法》第68条第2款所赋予议员的豁免权。

尽管或多或少有各政治力量直接或间接的影响，本案最终演变成关于“议员的豁免权是否及于政党的主要办公场所”这个问题的争议。意大利宪法法院在2004年的第54号判决就此案表明了自己的态度：“《意大利宪法》第68条第2款的规定，目的是保证议员的住所不受侵犯，并且其他类似的场所也应当得到保护以保证议员能够完全独立地行使其职权，履行其职责，而免受其他国家权力机关的打扰。”在这个判决中，意大利宪法法院针对《意大利宪法》第68条第2款所规定的议员豁免权的范围，间接地表明对政党的主要办公场所进行搜查，必须得到在该办公场所的议员所在的议会的批准。因此，政党的主要活动场所，即使不是该政党议员的主要的办公场所，也属于“应得到议员所在议会的批准才能进行搜查”的场所。

2. 对银行的搜查

对银行进行搜查属于法定的特殊类型的搜查，规定于《意大利刑事诉讼法》第248条。根据该条的规定，对银行的搜查，必须有一个前置程序，即首先要求银行提供指定的文件、材料、往来信件等，如果银行拒绝提供，才可以进行搜查。该条的规定源于1930年《意大利刑事诉讼法》第335条的规定，其目的是达成一种合作，即采取“合意扣押”（Sequestro Consensuale），而不是通过搜查而进行“强制扣押”（Sequestro Coattivo）。立法者的意图是非常明显的，考虑到银行的特殊性，应当尽量避免对银行进行搜查与扣押。关于这一点，《意大利刑事诉讼法》第255条也作了相应的规定。

如果通过搜查寻找物品，司法机关可以要求银行交付该物。如果该物被提交，则不继续搜查，除非进行搜查有助于实现调查的全面性。

为搜寻应予扣押的物品或者为查明其他有助于调查工作的情况，司法机关或由司法机关指定的司法警察可以检查银行中的文书、文件和信件。在拒绝检查的情况下，司法机关可以进行搜查。

《意大利刑事诉讼法》第248条对要求提供的文件材料的列举说明（Atti、Documento、Corrispondenza）产生了一个解释的问题，即司法机关能否要求银行交出所持有的或者客户委托代管的证券、票据、合同和保险箱呢？意大利最高法院给出的答案是否定的。①

根据意大利最高法院的观点，② 出于了解保险箱中具体保管物的目的，法官或者检察官可以命令银行保险箱钥匙的持有人打开保险箱。因为此项命令的目的不是为了获取保险箱中的物品，而仅仅是为了了解保管了何物，因此不被认为是扣押令。

根据《意大利刑事诉讼法》第255条的规定，司法机关可以在银行扣押文件、票据、有价证券、账户存款和其他任何物品，包括保存在保险柜中的上述物品，只要司法机关确有理由认为这些物品与犯罪相关，且不问它们是否属于被告人或者是否以被告人的名义登记。

3. 对报社的搜查

新闻从业者在社会中承担着特殊的角色，他们的工作能够让更多的读者了解到我们这个社会正在发生的事。新闻从业者作为知识分子群体之一，区别于其他知识分子之处在于他们将社会政治、经济生活中的重大事项经过整理之后披露给社会公众，以供后者参考。意大利宪法法院在1993年第112号判决中指出，新闻报道必须遵守客观、不带偏见、完整、正确这几项要求，并且报道中必须尊重他人人格尊严、社会公共秩序和公序良俗。基于新闻传播在当今社会中的重要作用和新闻从业者对社会公共利益的贡献，意大利法律一直承认新闻从业者的职业秘密（Segreto Professionale），特别是新闻线索来源方面的职业秘密。

事实上，保守职业秘密也为1930年《意大利刑法》所规范。该法典第622条规定，披露职业活动中所获取的职业秘密将构成犯罪。1963年第69号法律即《意大利新闻从业者法》规定，记者与编辑“对新闻材料与线索负有保密的义务”（Sono tenuti a rispettare il segreto professionale sulla fonte delle notizie）。此项义务有助于新闻从业者获取更多的新闻线索，而线索提供者同时也能得到保证不因此而受到侵扰。1996年第675号法律即《意大利隐私法》（Legge Sulla Privacy）

① Di Luigi Grilli , Procedura Penale, Giuda Pratica, CEDAM, 2009, P38.

② 参见意大利最高法院1995年3月9日第231372号判决。

第 13 条也规定，记者在从事新闻活动之后，对于新闻线索来源，有权将其当做职业秘密而保守。违背职业保密义务者将受到相应的处罚。

可见，保守职业秘密，既是新闻从业者的义务，也是他们的特权，即他们可以合法、正当地披露新闻线索来源。根据意大利 Treviso 地区法院的观点，新闻从业者的职业秘密是受《欧洲人权公约》所保障的一项特权，只有在披露新闻线索来源对查明案件具有不可替代的作用或者核实新闻线索来源是确定案件事实的唯一办法时，法官（而不是检察官）才能根据《意大利刑事诉讼法》第 200 条的规定命令记者披露新闻线索来源。

根据以上规则，我们可以得出以下结论：（1）只有法官才能命令记者披露新闻线索来源，而检察官则无权否定新闻从业者的职业秘密；（2）披露职业秘密必须对查明案件具有“不可替代”的意义。

事实上，法官在通过适用《意大利刑事诉讼法》第 200 条的规定而在个案中否认新闻从业者职业秘密时，往往持非常保守的态度：只有在新闻线索来源是查明案件的唯一线索时才会命令记者披露。换句话说，整体上法官非常尊重并保护新闻从业者与其线人之间的信任关系。

意大利法学界认为，新闻从业者的职业秘密与其他专业人士（如律师、医生、公证员等）的职业秘密的最大不同之处在于：新闻从业者的工作要求他们必须披露他们所收到的信息，因此也包括线人提供的信息。为保护新闻线索来源，与线人有关的情况则是他们职业秘密中唯一可以保密不披露的部分。如果任意命令新闻从业者披露新闻线索来源，无异于彻底、完全地否认了新闻从业者的职业秘密，而这无异于打击新闻这一承担着重要公共利益的行业。因此，拒绝披露新闻线索来源成为新闻从业者的一个重要特权。

位于斯特拉斯堡的欧洲人权法院于 2003 年 2 月 25 日在 Roemen and Schmit 诉 Luxembourg（案件编号 51772/99）一案中论及新闻消息来源时，作了以下精辟论述：“表达意见的自由是民主社会的一个重要基础，而对新闻界的保障措施尤其重要。对新闻消息来源的保护是新闻自由的基石之一。缺乏该等保障，便会令人却步，不敢协助新闻界把涉及公众利益的事情公诸于世。这样，新闻界的重要公共监察功能便会被削弱，严重影响业界提供准确和可靠资讯的能力。由于在民主社会中保护新闻消息来源对体现新闻自由至为重要，任何干预都会违反《欧洲人权公约》第 10 条的规定，除非有关乎公众利益的凌驾性理据。法庭须对任何限制新闻消息来源保密原则的做法严加监察。法庭履行其监察职责，并非取代国家机关行事，而是检验有关机关在行使他们的职权时有否违反第 10 条的规定。法庭在审理‘干预’的投诉时，须以整体案情作考虑，并裁定国家机关所提出的理由是否‘相关及充分’。”

在 Roemen and Schmit 诉 Luxembourg 一案中，Robert Roemen 是卢森堡的一位

新闻记者，而 Anne - Marie Schmit 则是他的律师。Roemen 由于在报纸上发表了一篇关于卢森堡某部长偷税并遭税务机关处罚的文章而导致他的工作室和住所被搜查，并且他的律师的办公室也因此被搜查。所有这些搜查的目的都是为了寻找记者新闻线索的来源。

欧洲人权法院认为，通过搜查办公场所和住所的方式来寻找新闻线索来源，是一种严重侵犯新闻从业者的职业秘密的行为，是违背《欧洲人权公约》第 10 条规定的行为。

由于《欧洲人权公约》对意大利具有约束力，因此，意大利的记者完全有权拒绝检察官或者初审法官所提出的“披露新闻线索来源”的要求。为寻求新闻线索来源目的而对记者的办公场所或者住所进行搜查的行为是违法的。检察官或者初审法官有权调查新闻线索来源，但是无权从记者处调查其从何处得到新闻线索。

4. 对律师的搜查与扣押的特别规定

关于对律师的搜查与扣押的特别规定，主要是《意大利刑事诉讼法》第 103 条的规定，即出于客观需要而对律师的办公室或者住所进行搜查或扣押时，执行搜查的司法警察或者签署搜查令的法官必须事先通知该律师所在的律师协会(Ordine Degli Avvocati)，搜查或者扣押时必须有律师协会的主席或者主席的代表在场协助被搜查的律师。

此项规定，主要目的是为了保护律师的执业活动。但是，《意大利刑事诉讼法》的这一规定还过于粗糙，在实践中产生了一种“律师因执业而形成特权”的看法。对此，意大利宪法法院在 2003 年的第 35469 号判决中指出：“第 103 条规定的目的，是为了保护律师执业活动，而不是为了保护律师本人……否则律师也将与其他部分人士一样获得了一项特权。”

限制对律师执业场所的搜查、扣押，另外一个目的是为了保护律师的职业秘密。在搜查与扣押的过程中，司法警察将不可避免地接触到该律师因执业活动而与其他客户相关的文件、资料。确切地说，这不仅仅涉及律师的职业秘密，而且还涉及第三人的利益。因此，对于律师执业场所的搜查、扣押，向来是个饱受争议的话题。

意大利宪法法院在 1998 年的第 6766 号判决中，再次明确指出，如果律师本人被调查，那么对他进行搜查或扣押，就无需适用《意大利刑事诉讼法》第 103 条的规定，因为此项搜查所面对的被搜查者是普通的被调查人。而此后意大利宪法法院也一直持这样的态度。在 2007 年的第 6321 号判决中，意大利最高法院再次重申了自己的态度。

为了保护合伙制律师事务所中其他律师的执业秘密，如意大利最高法院 2007 年第 6002 号的判决中所言，如果被调查的律师所在的律师事务所还有其他律师，那么也应当适用《意大利刑事诉讼法》第 103 条第 3 款的规定，即事先通知所在地的律师协会以便协会主席或者其代表到场。

5. 监狱中的搜查

对于在监狱中能否再进行搜查活动，一直是有争议的。反对者认为，这将是对人身自由已经受到很大限制的群体自由的进一步剥夺。但是，从监狱管理以及监狱的安全角度出发，现实中有对监狱的特定场所进行搜查的必要性。因为探监者、律师甚至监狱管理人员将威胁监狱安全或者其他被关押者安全的物品带入监狱中并非偶发事件。

2000 年，意大利颁布了《关于监狱管理与剥夺或限制人身自由措施的规章》(Regolamento recante norme sull'ordinamento penitenziario e sulle misure privative e limitative della libertà)，对监狱中的搜查活动作了专门的规定。根据该规章第 74 条的规定，在监狱中的搜查活动由狱警进行，并且至少必须有一位狱警部门的副职官员在场才能进行搜查。具体进行搜查者、在场的其他狱警与被搜查者必须都是一个性别。如果借用其他器械（如金属探测器）可以查明是否携带违禁物品的，就不得进行搜查。在对被监禁者的住处进行搜查时，必须尊重其人格尊严与体面，也必须尊重其私人所拥有的物品。监狱可以制定内部规定以便执行日常的搜查。[①] 而对于非常规的搜查，即对特定对象的人身搜查或者场所搜查，必须由监狱长签署搜查令才能进行。如果出于现实的需要，监狱长可以要求狱警之外的常规警察、武装部队共同进行搜查活动。在紧急情况下，特别是在发生现行犯罪的情况下，狱警可以直接进行搜查，并且在搜查结束后第一时间通知监狱长，同时说明进行紧急搜查的理由。

无论是非常规搜查，还是紧急搜查，都必须做详细的笔录，在笔录中注明搜查的对象、时间、地点、进行搜查的理由、搜查的人员组成、搜查的方式等要素。关于搜查的理由，人身搜查只能是“出于安全的理由”；而场所搜查则既可以是“出于安全的理由”，也可以是“出于监狱管理的需要”。

《意大利宪法》第 14 条规定对住宅的搜查必须“法定”，即有法定的理由，在法定的时间里以法定的方式进行。但是，监狱中被监禁者的住处不被认为是私人住处的范畴，所以并不适用《意大利宪法》第 14 条关于住处搜查的限制性规定。如果被搜查者认为搜查违法，可以向监狱监管部门提出上诉。

6. 对信息设备的搜查与扣押

在意大利，对信息设备（主要是指计算机、信息存储介质）的搜查与扣押，

① 所谓日常的搜查，是指在会见探望者前后、劳动前后、进行弥撒活动前后、放风时间前后的搜查。对于这种搜查，监狱管理部门可以自由裁量是否进行，并且无需得到监狱长的批准即可进行，是监狱日常管理工作的一部分。

主要发生在怀疑存在盗版的情形。当然，也存在着这样的情形，即计算机或者其他信息存储介质中包含着某一其他性质刑事案件的证据材料或者信息而被搜查或者扣押。

因怀疑存在盗版而对信息设备的搜查与扣押的权力，归属于普通的司法警察，而对于财政警察（Guardia di Finanza）是否有权搜查与扣押，则存在着争议。

关于信息设备的搜查与扣押，意大利学术界认为需要遵守以下规则：

第一，司法警察只有根据既有的犯罪消息才能搜查与扣押信息设备，而不能仅仅因为怀疑持有信息设备的人犯罪而以寻找证据的名义或目的来扣押与搜查。

此项规则的目的，是信息设备作为证据的特殊性。信息设备作为证据材料，其证明功能主要来源于信息设备所记载的数字化了的信息。但是，数字化了的信息自身带有巨大的风险，即被人为“污染”的危险：搜查扣押者创设、修改或者删除某些信息而给持有者带来不利。之所以对信息设备的搜查与扣押作特别的规定，是因为出现过不少以怀疑为借口搜查、扣押信息设备，然后将之“污染”的事件。这些事件主要发生在借以打击政治对手方面，当然也有出于其他目的的。

第二，在搜查现场必须有相关领域的专家在场，以便只是将与怀疑的证据材料相关的设备材料扣押带走，而不给持有人带来过多的损害。

意大利最高法院在2003年第3983号判决中指出，检察官扣押了整个电脑，包括显示器、打印机和扫描设备，而在所有被扣押的设备之中，只有硬盘可以被扣押，其他的都是不必要的扣押。按照意大利最高法院的判决精神，侦查机关只有两种选择：（1）将信息设备中的存储介质扣押；（2）在搜查地当场对存储介质进行完全复制。尽量追求复制而不是直接将存储介质扣押的理由如下：对司法有意义的往往并不是存储介质本身，而是其包含的内容。现代的技术基本能够复制一个存储介质上所存储的所有数字化了的信息。该项复制与传统物证保留中对载于纸质材料上的信息进行复制是不同的，前者的复制基本能够达到与原件一样的效果。意大利法学家认为，禁止扣押整个电脑的理由如下：电脑是一个非常普通的物，它不像手枪那样具有自己的特性，因此，获取了其存储介质（硬盘、DVD、CD等）中的信息并在搜查笔录中对电脑本身有所描述即可，不必扣押整个电脑而给事主带来过多的损失与不便。

上述观点在都灵的一个案件中也得到了肯定。该案事关盗版软件的使用问题。都灵法院在判决中认为，一方面，检察官确实有权扣押与案件相关的电脑或者电脑的某个部件；另一方面，基于该案需要查实的事实是犯罪嫌疑人是否使用了盗版软件，而软件不管存在于哪个硬盘中都不妨碍其运行。因此，在该案中，都灵法院的法官认为，只要将硬盘完全复制然后交给相关领域的专家来进行分析就足以满足案件调查所需了。况且，此硬盘也可能属于第三人而不是犯罪嫌疑人，将之扣押可能对第三人造成损害。

三、扣　押

（一）扣押概论

扣押可以分为三种，即证据性扣押（Sequestro Probatorio）、预防性扣押（Sequestro Preventivo）和保全性扣押（Sequestro Conservatorio）。

关于预防性扣押的规定，主要由《意大利刑事诉讼法》第321~323条规定；而关于保全性扣押的规定，则主要由第316~320条规定。

证据性扣押不属于保全措施，而是一种收集证据材料的方法，是以收集犯罪信息为目的的扣押。对于证据性扣押，法律并不要求已经核实了某项犯罪，也不要求已经确定某一特定的人有犯罪嫌疑，而只要在扣押令中简单地说明所怀疑的犯罪行为的一些信息即可。

（二）扣押权力机关

根据《意大利刑事诉讼法》第253条条文中用了“司法机关”（Autorità Giudiziaria）而不是“法官”（Giudice）这一点来看，能够签署扣押令的，既包括法官，也包括检察官。如果检察官签署了搜查与扣押令，并且在搜查之后确实扣押了搜查与扣押令中所描述的与案件相关的物品的话，那么检察官不必再出具一个命令以核准此前的命令了。

根据《意大利刑事诉讼法》第253条第3款的规定，法官可以委托司法警察实际执行扣押。此项规定，本意并不在于让法官指定一个其所信任的司法警察去实际执行扣押，而是指法官不必事必躬亲地执行扣押令。考虑到这种委托并不具有身份上的信任关系，因此意大利宪法法院认为，如果受委托的司法警察将此项任务转委托于其他司法警察，此转委托合法有效。①

一般而言，只有司法机关才能签发扣押令，并且必须在扣押令中注明理由。但如果存在着上述物品有被改变或者消失的危险之时，可以由司法警察决定扣押。在司法警察独立决定扣押的情形中，司法警察必须做好扣押笔录，并且注明扣押的动机、理由。此项笔录必须做一副本交付给物品被扣押者，并且在48小时之内正式通知扣押所在地的检察官。在接到司法警察的正式通知之后，检察官必须在48小时之内作出相应的决定，如果认为司法警察的扣押理由成立，则确

---

① A. Gaito, A. Bargi (a cura di), Codice di procedura penale annotato con la giurisprudenza, UTET, 2003, P768.

认扣押行为；如果认为理由不成立，则命令司法警察将所扣押之物返还给物品被扣押者。检察官一旦作出确认扣押的文书，必须立即将副本传送给物品被扣押者。

（三）扣押令

《意大利刑事诉讼法》对扣押令具体应当包含哪些内容没有作直接的规定，但是司法界对此作了以下归纳：(1) 在扣押令中仅仅说明所涉嫌的罪名是不够的，必须指出所涉嫌的犯罪的时间、地点（或场所）、具体的犯罪行为等具体信息。(2) 必须指出拟扣押之物与所涉嫌的犯罪之间的关系。(3) 必须说明扣押的具体目的，即扣押是为了调查工作需要，并且，此项说明不能是抽象的，必须指出为查明具体何等事实所需要。

被告人、物品受到扣押的人以及有权要求返还被扣押物的人，可以依据《意大利刑事诉讼法》第324条的规定要求针对扣押令进行复查。根据《意大利刑事诉讼法》第324条的规定，在自执行扣押令之日或者关系人得知已发生扣押之日起的10日内，向作出扣押令的法官所在的省首府的法院提出复查申请，即上诉。复查要求不使扣押的执行停缓。

（四）扣押对象

扣押的对象，根据《意大利刑事诉讼法》第253条第1款的规定，大体可以划分为两大类，即犯罪物证（Corpo di Reato）和与犯罪相关的物品。对于《意大利刑事诉讼法》第253条第2款中的三个词，存在着解释的问题：产物（Prodotto），是指因犯罪行为而产生、转换或者获得的物品，如盗窃物；收益（Profitto），是指因为犯罪而获取的利益，如出售盗版物品所得收益；而利得（Prezzo），是指因为实施犯罪而获得的金钱或者其他类型的对价，如敲诈所得。对犯罪物证扣押的目的和对与犯罪相关物品扣押的目的往往是不同的。对于后者的扣押，只能是以证据为目的，即用于重构犯罪事实；而对犯罪物证的扣押，除了上述证据方面的理由之外，还有一个特别的理由，即为了没收。对犯罪物证进行没收的原因，是为了剥夺犯罪嫌疑人对此物的占有与使用，以免他再次使用该物犯罪，或者继续占有该物成为其继续犯罪的精神动力。因此，对于犯罪物证的扣押，只要表明是物证即可，不必说明其在程序中作为证据材料的性质。

根据《意大利刑事诉讼法》第253条第2款的规定，所扣押之物必须与所认定（或者怀疑）的犯罪具有直接关联性，即有助于查明案件情况。此项关联性在意大利最高法院最近的判决中再次得到确认。在一个关于不正当竞争的案件中，都灵法院的法官签署了一项扣押令，将涉案企业的整个服务器以及所有的文件资料都进行了扣押。意大利最高法院的法官认为，虽然扣押令中注明了扣押可以涉及所有类型的文件资料，包括信息存储区，但是这并不意味着可以将所有的文件资料都扣押。事实上，只能扣押所涉及的与 A. G 股份有限公司不正当竞争相关的文件资料。司法界一直毫无争议地强调所扣押的物品应当与犯罪直接相关。①

总而言之，在扣押理由部分，犯罪物证的说明理由较为简单；而对于“与案件相关的物品”的扣押，签发扣押令的司法机关必须说明与案件的具体、直接关联性。事实上，如果被扣押之物被定性为“犯罪物证”，在对扣押令复查或者申诉之时，很难将其推翻。相反，容易被推翻的扣押令往往是涉及“与案件相关的物品”。因此，在扣押令或者检察官在事后进行的认可法律文书中，必须查明被扣押之物的性质，而不能一概而论，且必须对被扣押之物进行逐一说明。事实上，意大利最高法院在 1996 年的第 3073 号判决中就认为，不逐一说明而做一揽子概述的扣押令将被认定为理由不充分而无效。

意大利最高法院早在 1993 年的第 194832 号判决中就认为，对于被扣押物的定性，即属于“犯罪物证”还是“与案件相关的物品”，并不需要完全充分的理由，也不能适用类似于终审判决中的标准，而是在执行搜查、扣押之时根据已经获得的信息来进行判断，这种判断并非终局性的。应当注意的是下列几种特殊物的扣押。

1. 对病历的扣押

根据意大利 1996 年 12 月 31 日通过的第 675 号法律，即《意大利个人信息保护法》的规定，复印含有个人敏感信息（如生理情况、身体健康方面的信息）的资料，必须得到信息直接利害关系人的事先书面同意。这造成了扣押病历的困难。意大利最高法院在 1999 年 3 月 23 日的一项判决中认为，刑事侦查活动要优先于对个人资料的保护，因此，司法机关在执行扣押之时，可以直接扣押病历或者制作病历的副本。

2. 对第三人之物的扣押

如果被扣押之物的所有权属于第三人，并不妨碍扣押。但是，如果被扣押之物是作为“犯罪物证”而扣押，并且属于非必须没收的，如果该“犯罪物证”在证明犯罪事实方面没有不可替代的作用，那么经第三人申请，司法机关可以将被扣押之物返还给第三人。

3. 对车辆的扣押

如果车辆被用于实施犯罪活动，如用于运载毒品、兴奋剂等，那么可以对车辆进行扣押。但并不是所有犯罪活动中用到的交通工具都可以扣押，意大利最高法院在一个关于毒品运输的判决中指出，只有将毒品直接藏在车辆之上运输时，

① 参见意大利最高法院 2009 年 3 月 19 日第 12107 号判决。

才能在扣押毒品的同时也扣押车辆。①

4. 对金钱的扣押

意大利最高法院认为，只有通过犯罪活动本身取得的金钱才能被当做“犯罪物证”，相反，如果这笔钱已经成为债权，如被存入了信贷机构，那么它只能以与犯罪相关的物品的名义被扣押。②

（五）扣押的执行

对于可轻易移动带走之物，应当进行扣押封存之后交给司法机关的文书室或者秘书室进行保管。对于无法带走的扣押之物，应当就地扣押、封存。对于文书类，如果不影响作为证据的效果，应当采用拍照、复印等方式制作副本，而将原件留给利害关系人。对于难以保管之物，应当进行拍照并做文字描述以书面方式固定之。对于容易腐烂、变质的物品，应当在拍照、文字记载描述之后根据实际情况对其加以转让或销毁。根据《意大利刑事诉讼法实施细则与临时规定》第83条的规定，在转让或者销毁之前，如果根据性质有其可能，应当在事先通知犯罪嫌疑人的辩护人的情况下，保留一份样品。

在扣押物确定最终归属之前，首先需要处理的是在扣押物之上加盖封印，此项工作由执行扣押的司法人员或者其助理人员进行。对于从性质上无法直接封印的物品，则采取其他足以表明该物已经由司法机关扣押的方式进行。封印的目的是为了防止未经许可的人动用被扣押之物，特别是在扣押之物无法带走只能留在扣押场所的情形下。

（六）扣押利害关系人的权利

扣押利害关系人（Interessato），是指对扣押物有直接利害关系的人。扣押利害关系人的权利主要包括以下两项：一是在扣押发生之后获得扣押笔录副本的权利。扣押笔录需要在扣押现场让与被扣押之物或者扣押执行的场所有最直接的关系之人进行签字核实扣押情况。除了在扣押笔录上签名核实之外，利害关系人还有权获得扣押笔录副本。二是获得被扣押物或者其副本的权利。对于被扣押的文书，如果司法机关出于需要拒绝返回被扣押的文书类物品，那么利害关系人可以申请要求文书室或秘书室出具副本，以便利害关系人在其他活动中使用该副本。

（七）对扣押物的处理

根据对扣押物最终处分的不同，可以将扣押之物分为三大类：第一类是必须没收之物（Confisca Obbligatoria），主要是指非法之物，如毒品；第二类是根据案情决定是否没收的扣押物，即酌情没收之物（Confisca Facoltativa），如用于犯

---

① 参见意大利最高法院2001年第218425号判决。

② 参见意大利最高法院2003年5月8日的刑三庭判决。

罪活动的交通工具；第三类是需要归还给真正权利人之物，如被盗窃的第三人的财物等。

在终审判决之后，应当将所扣押之物返还给权利人，除非根据法律需要将扣押之物没收。当然，返还被扣押之物并不一定要在终审判决之后，也可以在诉讼程序进行中，只要被扣押之物在诉讼程序中的功能（如证明案件事实）已经实现或者确定无法实现。如果权利人要求提前返还被扣押的物品，司法机关可以要求其缴纳保证金。

如果对于被扣押之物的权利归属等问题没有争议，那么司法机关应当发布命令返还被扣押之物。如果扣押发生在非权利人之处，扣押之物也可以直接返还给权利人，但是在返还之前必须举行听证让该第三人发表意见。如果对于被扣押之物的权属发生争议，法官则应当暂停返还而将案件转至有管辖权的初审法院的民庭解决权属争议。在有关权属争议的民事终审判决作出之前，应当保持扣押的状态。

扣押物的处理中较为特殊的是对文物、有科学价值的物品的处理。根据《意大利刑事诉讼法》第 264 条的规定，如果被扣押之物具有学术、历史或者艺术价值且不属于任何私人或者其他组织，那么应当交给司法部处理。根据《意大利刑事诉讼法实施条例》第 87 条的规定，对于被盗窃的具有历史或者艺术价值的物品，首先应当返还给被盗窃的博物馆或者其他机构。如果来源不明或者原本无归属的，且对于博物馆或者其他类似的机构来说无收藏价值的，那么司法部可以将其出售。

第二编　我国港澳台地区刑事搜查扣押制度

第七章 香港地区刑事搜查扣押制度

一、概 述

（一）香港法与香港法律的来源

香港，位于中国广东省东南海岸，珠江河口之东，包括香港岛、九龙、新界等三个部分，原属中国广东省新安县（现为深圳市）管辖，1840～1842年的中英鸦片战争后，逐步为英国所占领，成为英国的殖民地。中华民国以后，中国政府对于香港地位的问题，始终坚持不承认英国对香港拥有主权的立场。[①] 直至1997年7月1日，中国政府恢复对香港行使主权。至此，香港作为特别行政区无论在事实上还是在法律上都成为了中华人民共和国领土中不可分割的一部分。

众所周知，香港是秉承了英美法传统的普通法系地区。回归之后，《香港特别行政区基本法》（以下简称《香港基本法》）第8条规定："香港原有法律，即普通法、衡平法、条例、附属立法和习惯法，除同本法相抵触或经香港特别行政区的立法机关作出修改者外，予以保留。"在此条文中提及的"香港原有法律"，即指通常意义上的"香港法"，确切而言，是指19世纪40年代英国占领香港后，由港英当局在香港地区所实施的一套法律，[②] 其与英国本土法的关系十分密切，这也是为何当我们在查阅香港地区的很多判例时，会发现法官所使用的大量判例并非是在香港发生，而是英国本土的一些判例。这些判例对于香港法院而言，在香港回归之前，不但具有说服力，而且具有约束力，因为英国的上议院和枢密院对香港案件享有最终管辖权，但在香港回归之后，这种管辖权便不复存在，但这些判例的说服力仍在，[③] 这也就是说，这些判例所确立的一些规则对于香港法院来讲仍然是有效的，只是现在的终审权是由香港自己掌控，而非受制于

① 王泰铨著：《香港基本法》，台湾三民书局股份有限公司1995年版，第1页。

② 刘巍：《香港法与英国本土法关系的发展》，载《法学》1986年第12期。

③ 顾敏康：《简述香港普通法的保留与发展》，载《中外法学》1997年第4期。

英国本土法院或者中国内地的司法模式。了解这一点是非常重要的，因为在下文关于香港地区搜查与扣押制度的介绍中，不难发现，即便是在关于警察权力的成文立法已经比较详细的今天，普通法依然发挥着重要作用。

就目前而言，香港法律的来源主要有五部分，包括：《香港基本法》、普通法和衡平法、香港制定的成文法、中国习惯法以及国际法。[①]

首先，《香港基本法》是由全国人民代表大会根据《中华人民共和国宪法》制定，俨如香港地区的小宪法，香港地区的所有制度和政策，包括社会及经济制度，有关保障居民基本权利和自由的制度，行政管理、立法和司法方面的制度，以及有关政策，必须以《香港基本法》的规定为依据。此外，香港地区立法机关制定的任何法律，均不得与《香港基本法》相抵触。

其次，对于普通法和衡平法，主要见诸香港和其他普通法适用地区的高级法院的判决。追溯历史，至少自 15 世纪以来，法官判词的记录已逐步建立一些详细的法律原则，规管国家与公民之间和公民与公民之间的关系。现今，源自普通法适用地区的案例已盈千累万。有关言论自由、集会自由及免受任意逮捕或监禁的权利，已于 300 多年前判定的案例中载列，这些权利现在由《香港基本法》的条文加以保障。其最独特之处，在于案例可以引自所有普通法适用地区，而并不限于某一司法管辖区的判决。《香港基本法》第 84 条规定，香港特别行政区法院可参考其他普通法适用地区的司法判例。第 82 条规定，香港特别行政区终审法院有权邀请其他普通法适用地区的法官参加审判。

再次，香港地区绝大部分的现行成文法，都是在本地订立并载于《香港法例》中。香港地区很多法例都是根据获转授的权力而订立的，称为附属法例。例如，某条例可转授权力予行政长官会同行政会议（即行政长官经谘询行政会议的意见），就条例实施的细节订立规例。

另外，部分中国习惯法也适用于香港地区。举例来说，根据《新界条例》（《香港法例》第 97 章）第 13 条的规定，法庭可以认可并执行与新界土地有关的中国习俗或传统权益；而在《婚生地位条例》（《香港法例》第 184 章）中，中国法律和习俗也得到承认。

最后，关于国际法方面，现时已有超过 200 项国际条约和协议适用于香港地区。条约在立法机关准予施行之前，不算是香港本地法律的一部分，但仍可影响普通法的发展。举例来说，法庭可引用某条约，以助解释法例。发展迅速的国际惯例法的规定，也可纳入普通法内。

总之，香港地区的现有法律制度中最主要的两部分即为不与《香港基本法》相抵触的香港法以及香港现行的成文立法。前者多为普通法判例，后者则比较多

① 参见香港律政司编：《香港的法律制度》，香港律政司 2008 年版，第 8 ~ 9 页。

的体现于《香港法例》中，其中，现行条例共有 1181 章，附属法例共有 1156 章，数量可谓相当庞大，其中关涉刑事侦查中的搜查与扣押制度的条例与附属法例也不在少数，具体将在后文表述。

（二）与搜查、扣押相关的香港法律

搜查与扣押制度属于刑事程序的侦查阶段范畴，二者往往是警察最常采用的侦查手段，因此便与公民个人权利的关系最为密切。在香港地区，如前文所述，由于普通法与成文法的双重影响，警察在侦查阶段的职责也就带有双重色彩，表现在：一方面，有传统的判例对于搜查与扣押制度的根深蒂固的影响；另一方面，现今香港地区大量的成文法例已经牢固地建立了关于警察的搜查与扣押权的庞大成文法体系，而且这些已经成为了警察在日常工作中普遍采用的工作原则与工作方式。通过对于香港地区法律的一些阅读和分析，不难看出，如果要对香港地区的搜查与扣押制度进行比较深入的研究，最好的切入点并不在于刑事诉讼条例中关于侦查程序的那些规定，也不在于其他条例中对侦查手段又作了何种规定，关键点在于明晰香港警察的权力与职责。尽管在香港普通公民也是享有逮捕权的，但这种权限的行使与效用远不及香港警察的权力，香港警察才是进行搜查与扣押的主体，而且，“清楚地了解香港警察的权力与职责对于理解刑事司法实践的有效性是很基本的，因为警察不仅负责启动刑事程序，而且对于犯罪的调查他们可能会被要求赋予被调查者法律建议的权利。当被调查者需要明确哪些能对警察说而哪些不能时，律师通常会很早地介入案件的侦诉程序。出于此目的，而且法律为了避免被调查者受到警察权力滥用的影响而提供的一些救济手段，律师通常要非常明确地知晓香港现今关于公民权与警察权力的详细规定”①。

因此，只有全面地分析香港警察所具有的与搜查扣押规则相关的权力和职责，我们才能比较全面地把握香港刑事程序中搜查与扣押制度的真实运行状况。而且，不可忽略的一点还在于普通法判例对于香港警察执法方式的影响，毕竟在很多约束警察行为的条例运作之前，还要凭借大量的普通法判例来对警察搜查、扣押行为的合法性与正当性进行评断。

正是基于以上原因，本章在结构上将进行如下几个层次的区分：第一，按照搜查、扣押行为实施主体的不同，分为香港警务处的警察实施的搜查与扣押和廉政公署实施的搜查与扣押，原因在于廉政公署在香港具有超凡的地位，廉政公署专员在某些领域内的权力是远大于一般警员的。第二，关于搜查制度，本章将其区分为对人实施的搜查和入室搜查；而关于扣押制度，本章同样分为对人实施的

---

① Gary N Heilbronn，Criminal Procedure in Hong Kong（third edition），Longman Hong Kong Education，P1.

扣押和对财产实施的扣押。在我国内地，如果谈及搜查与扣押制度，通常不会进行此类区分，更多地会把逮捕从对人扣押中解放出来，而对于搜查行为也不会区分为对人与对物，只是会区分为有搜查证的搜查和没有搜查证的搜查。但是在香港地区，通过对条例与判例的筛选，笔者认为，先从搜查与扣押的对象上进行区分比较符合英美法的传统，也便于对香港地区相关制度进行梳理。第三，在关于搜查和扣押制度的具体介绍中，本章将区分出普通法和成文法的不同规定。对于前者，将会以判例的形式进行呈现，而对于后者则主要集中于《香港法例》中关于具体事项的成文规定。

下面，略述一下《香港法例》中调整警察权限的法例。在犯罪侦查阶段，按照侦查主体的不同，规制警察权力与职责的法例主要包括两个方面：其一，控制香港警务处警察权限的法例，包括《刑事诉讼程序条例》、《警队条例》、《公安条例》、《入境条例》、《火器及弹药条例》以及《香港人权法案条例》。而这其中，很多对于警察权力的规定主要集中在《警队条例》和《香港人权法案条例》中，尤其是后者对于香港刑事程序的影响更为巨大，因为《香港人权法案条例》采纳了很多国际上通行的对于犯罪嫌疑人在犯罪侦查阶段的保护措施，而且是与联合国国际刑事司法准则接轨的，对于警察权力的界限与公民权利的界限也有了更为明确与坚定的划分。其二，调整香港廉政公署专员的权力与职责的法例，包括《廉政公署条例》、《防止贿赂条例》以及《舞弊及非法行为条例》。香港廉政公署专员在有些权力上可能超越了香港警务处警察，鉴于本章探讨的主要对象是香港警务处警察进行的搜查与扣押活动，所以不再详细介绍廉政公署专员进行搜查和扣押的具体规则，只在介绍香港警察时附随介绍。

二、香港警务处实施的搜查与扣押

（一）香港警务处与警察职责

香港警务处是香港特别行政区政府保安局辖下的纪律部门，该部门成立于1844年5月1日，初时称为香港警察队。第二次世界大战以后警队进行了重组，在1967年香港发生暴动后，英国女王为嘉奖警队的贡献，在1969年赐予“皇家”二字成为皇家香港警察队。1997年香港回归后，“皇家香港警察队”更名为“香港警务处”，其处长成为了香港特别行政区的主要官员之一，须由香港特别行政区行政长官提名，报请中华人民共和国中央人民政府任命。

香港警察享有的权力主要来源于其职责，而这些具体职责更多的是通过立法加以规定的。《警队条例》第10条列举了香港警队的19项职责，其中最为重要的是维持公安，防止刑事罪及犯法行为的发生和侦查刑事罪及犯法行为，以及拘捕一切可能合法拘捕而又有足够理由予以拘捕的人。[①] 而就上述职责，普通法中也能瞥见踪影，在 Rice v. Connolly（（1966）2QB414）案中，首席法官帕克勋爵说：“警察的部分义务和职责是采取必要行动以维持公安，防止犯罪和保护财产不受刑事损坏。虽然对警察的权力和义务不能作出详尽的定义，但是至少包括上述含义，另外，还应该包括侦查犯罪和将犯罪交付审判。”[②]

而如今，香港警察的权力仍在不断进化，香港法律改革委员会公布的逮捕报告（Report on Arrest）中采纳了同 1984 年《英国警察与刑事证据法》相类似的一些做法。当然，对警察权力的赋予同样会产生一些副效应，那就是对公民权利的侵蚀，如警察有权介入公民的公众集会，而且是无条件介入，那么，对于公民的公众集会自由实际上是施加了一种变相的枷锁；再如，警察有权扣押特定的财产，而这恰恰也是通过公民对其个人财产权利的让渡得来的。如此一来，两者势必会有交锋与冲突，尤其是当警队的职责并不是那么明晰的时候，如《警队条例》第 10 条中的兜底性条款，这给了警察很大的裁量空间。例如，警察有权对刑事犯罪进行调查，但他可能出于合法目的而将警察权力运用于《警队条例》第 10 条规定范围之外的事项。不过，日前有判决对这种情形予以否定。

“在 Ho Sbau – bong v. Commr of Police 案中，法院判决认为，如果警察实施了《警队条例》第 10 条列举的警队职责以外的行为，那么可以被认定为不合法。但是，由于立法上并未明确加以禁止，所以当警员行使了普通法赋予普通公民的任何一项权利时，他们并不会因为其非属警队职责而被禁止，或者由于他们

---

① 《警队条例》（《香港法例》第 232 章）第 10 条规定：“警队的职责是采取合法措施以——（a）维持公安；（b）防止刑事罪及犯法行为的发生和侦查刑事罪及犯法行为；（c）防止损害生命及损毁财产；（d）拘捕一切可合法拘捕而又有足够理由予以拘捕的人；（e）规管在公众地方或公众休憩地方举行的游行及集会；（f）管制公共大道的交通，并移去公共大道上的障碍；（g）在公众地方及公众休憩地方，和公众集会及公众娱乐聚会举行时维持治安；而为上述目的，任何当值警务人员在该等地方、聚会及集会对公众开放时得免费入场；（ga）协助死因裁判官履行他在《死因裁判官条例》（第 504 章）之下的责任和行使他在该条例之下的权力；（h）协助执行任何税务、海关、卫生、保护天然资源、检疫、入境及外国人士登记的法律；（i）协助维持香港水域治安，并于香港水域内协助强制执行海港及海事规例；（j）执行法院发出的传票、传召出庭令、手令、拘押令及其他法律程序文件；（k）提交告发书及进行检控；（l）保护无人认领及遗失的财产，并寻找其拥有人；（m）管理及扣留流浪动物；（n）在火警中协助保护生命及财产；（o）保护公众财产免受损失或损害；（p）在刑事法庭出席，并于有特别作出的命令时在民事法庭出席，以及维持法庭秩序；（q）押送及看守囚犯；（r）执行法律委予警务人员的其他职责。”

② 赵秉志主编：《香港刑事诉讼程序法纲要》，北京大学出版社 1997 年版，第 40 页。

具有维护社会公共安全的职能因而不被禁止。”①

既然警察的权力存在着被滥用的风险，那么从理论上讲，必须对警察行为施加更为严格的限制才会避免滥权的事件发生。在香港，诚如上文所述，尽管缺乏立法上的明确禁止，但是在现有法例中依然能够找到对警察权力加以更严格限制的法例，《香港人权法案条例》② 就是典例。根据《香港人权法案条例》第 14 条的规定，任何人之私生活、家庭、住宅或通信，不得无理或非法侵扰，其名誉及信用，亦不得非法破坏；对于此种侵扰或破坏，人人有受法律保护之权利。这与联合国《公民权利和政治权利公约》第 17 条的规定相一致，通过对公民个人权利更为积极的保护，来限制警察权力的过分膨胀。

总而言之，在香港，对于警队的权力与职责的规制大抵体现为上述法例，下面，本章将着重介绍由香港警务处的警察实施的搜查与扣押活动。

（二）搜查制度

1. 人身搜查

（1）普通法上关于人身搜查的几则标志性判例。

“在普通法中，只有对某人进行逮捕之后才可对其进行搜查。”③

---

① Gary N Heilbronn，Criminal Procedure in Hong Kong（third edition），Longman Hong Kong Education，P2.

② 《香港人权法案条例》（《香港法例》第 383 章）中与警察权力和职责相关的内容主要集中在该条例第Ⅱ部“香港人权法案”第 5 条、第 6 条、第 10 条及第 14 条，第 10 条主要涉及审判阶段的内容，此处不赘言。仅将第 5 条、第 6 条、第 14 条的内容列于此处。第 5 条规定：“（一）人人有权享有身体自由及人身安全。任何人不得无理予以逮捕或拘禁。非依法定理由及程序，不得剥夺任何人之自由。（二）执行逮捕时，应当场向被捕人宣告逮捕原因，并应随即告知被控案由。（三）因刑事罪名而被逮捕或拘禁之人，应迅即解送法官或依法执行司法权力之其他官员，并应于合理期间内审讯或释放。候讯人通常不得加以羁押，但释放得令具报，于审讯时、于司法程序之任何其他阶段、并于一旦执行判决时，候传到场。（四）任何人因逮捕或拘禁而被夺自由时，有权声请法院提审，以迅速决定其拘禁是否合法，如属非法，应即令释放。（五）任何人受非法逮捕或拘禁者，有权要求执行损害赔偿。”第 6 条规定：“（一）自由被剥夺之人，应受合于人道及尊重其天赋人格尊严之处遇。（二）（甲）除特殊情形外，被告应与判决有罪之人分别羁押，且应另予与其未经判决有罪之身份相称之处遇。（乙）少年被告应与成年被告分别羁押，并应尽速即予判决。（三）监狱制度所定监犯之处遇，应以使其后悔自新、重适社会生活为基本目的。少年犯人应与成年犯人分别拘禁，且其处遇应与其年龄及法律身份相称。”第 14 条规定：“（一）任何人之私生活、家庭、住宅或通信，不得无理或非法侵扰，其名誉及信用，亦不得非法破坏。（二）对于此种侵扰或破坏，人人有受法律保护之权利。”

③ 赵秉志主编：《香港刑事诉讼程序法纲要》，北京大学出版社 1997 年版，第 46 页。

第一，Lindley v. Rutter[①]案。

在普通法中，Lindley 案是关于警察搜查权的一个标志性案例，它涉及了人身搜查的很多问题，如“搜查只能在进行逮捕之后方可发生”，又如“搜查权的行使要考虑个案情况，不能完全依照指示行事”，再如“进行逮捕后搜查的前提是什么”，上述问题均在 Lindley 案中得到了答案。

首先，大法官 Donaldson 认可了在《霍尔兹伯里法律大全》（Halsbury's Laws of England）中对搜查条件的定位：“在普通法中并未规定对被逮捕者进行人身搜查的权利，但是如果该人处于下述情形则可以对其进行搜查，即有合理根据确信：（1）他本人携带有可能对他自己或者其他人造成伤害的任何武器或者有助于他逃跑的任何工具；或者（2）他本人持有对其被诉的罪名具有实质性作用的证据（Material Evidence）。”[②]

大法官 Donaldson 在本案的判决中提及了 Reg. v. Naylor（（1979）Crim. L. R. 532）案，该案同 Lindley 案的案情相似，该案中警察试图拿走被逮捕者的珠宝。大法官 Skinner 指示陪审团作出了无罪判决，并写道：“警察有权合法地对处于监禁中的人进行搜查并且取走其财产，但是这种权利是非常有限的。他们可以搜查并且拿走那些他们有合理根据确信可能与被告人实施的犯罪相关的物品。他们可以搜查并拿走那些囚犯可能用来自我伤害或者伤害他人的物品，或者也可以拿走那些可能被囚犯用来逃跑的物品……但是在本案中，并没有证据显示那些戒指有能力造成伤害，或者那些耳环和项链能够对被告人或者其他什么人造成伤害。搜查没有问题，戒指和珠宝都是显而易见的，但是唯一的问题在于警察是否有权将这些珠宝拿走。女警主张说将这些珠宝从被监禁人身上拿走是警察的权力和职责，无论他们是否采取了暴力的行为方式。我认为，这是对警察权力的一种夸大。在这种情况下，警察无权力采取武力行为拿走被告人的珠宝，而不

---

① Lindley v. Rutter（1981）1QB128. Lindley 是一名女性被告人，她在深夜被警察以酒后妨害社会治安的罪名带至警局，并安置在一个单独的囚房之内。一名女警试图对被告人进行搜查但遭到了被告人的抵抗。另一名女警上前协助，之后两名女警对被告人进行了人身搜查并且拿走了她的胸罩。两名女警认为她们的行为遵守了她们所理解的警员的行为规范，即要求她们对每一位女性监犯进行搜查并且出于对她们自己进行保护的目的而拿走她们的胸罩。Lindley 以酒后妨害社会治安罪被起诉。她被判有罪并且对其行为并未做任何辩解。而后她又被以当警察根据 1964 年《警察法案》第 51 条第（1）款正常执行公务的过程中非法地袭击了警察的罪名起诉并且被判有罪。之后 Lindley 基于第二项指控提出了上诉，上诉法院认为指控 Lindley 妨害执行公务的罪名不能成立，因为女警的行为不属于执行公务的行为，这样一来被告人自然有权采取适当的武力进行抵抗。

② Halsbury's Laws of England，4th ed.，Butterworths Press，vol. 11（1976），Para121. See：Lindley v. Rutter（1981）1QB128，P134.

论被告人的行为是否是不可宽恕的。”①

其次，大法官 Donaldson 认为，法院虽然有责任持久地保护所有公民的自由、隐私及尊严，所有被认为有权对这些权利加以干涉的行为都应被仔细审查，但是公民的这种权利并不绝对，同样要同警察的权力和职责加以比较与权衡。对于任何一位合法地起诉被逮捕者的警察而言，采取所有合理的措施以保障被逮捕者不会逃跑或者协助他人逃跑，不会自杀或者伤害他人，不会破坏或者隐藏证据，并且不会实施进一步的犯罪是警察的职责。但必须注意的是，“这些具体情形的规定并不是无遗漏的、无穷尽的，而在履行职责的过程中所采取的措施哪些是合理的则要依赖于个案的具体情况。这就促使警察必须在采取这些措施时对于被逮捕者的状况有清醒的认识。那些不考虑个案中被逮捕者具体情况的做法永远不会是适当的”②。

这也不是说没有一个衡量的标准或者说是规则。但在个案中总会有一些特别之处，比如说搜查，表面上看来是确凿的，而且根据案件情况来看也是必要的。这是一种经验之谈，而且可以被警察代代传递。但是对于警察而言，他仍然有义务根据不同的案件情况进行合理的平衡与考虑，以判断他是否有必要采取搜查或者其他措施，以及这些措施是否是恰当合理的。很显然，对某人的口袋或者包进行搜查，其侮辱的程度远弱于对公民的人身进行搜查。在任一案件中，警察进行一项以拿走被逮捕者随身物品为目的的搜查都应该是有充分理由的，而非仅仅依照所谓的警察守则③。

在 Lindley 案中，警察本可以证明其对被告人进行的搜查是正当的，只要她曾经质疑被告人是否正在遭受酒醉或者药物的痛苦，并且之后实施的搜查能够解除这种迷惑。但是当然，无论什么理由都不能确信被告人当时的状况是归因于兴

① Lindley v. Rutter (1981) 1QB128, P133 - 134.

② Lindley v. Rutter (1981) 1QB128, P135.

③ 此处所言的警察守则，是指警察在辩解中提到的其对 Lindley 实施的搜查并拿走其胸罩的行为是依据“所有的女性犯人都不应穿戴内衣”这项标准化指示。但是根据法院的判决，警察局长在当时确实曾经签发指示要求所有的犯人在进入监房前应当被搜查，而且他还解释了搜查目的之所在：(1) 收取可能致使犯人进行自我伤害或者伤害他人或者导致损害的任何武器或物品。(2) 拿走并且保护个人财产（不是通常服装），包括特制的带子、眼镜、鞋带以及领带。如果犯人通常都要戴着眼镜或者出于阅读的目的而需要佩戴眼镜，则不能将眼镜取走，除非该名犯人存在暴力倾向、酒醉，或者有理由相信他或她有自杀倾向。犯人的结婚戒指是不能被收走的。然而，当犯人要保有眼镜或者戒指时，需要在案件记录上恰当地记载此项。(3) 犯人持有与被诉罪行或者其他罪行相关的证据。由此可见，在这项指示中并未存在任何明示或暗示的授意，即内衣不是女性犯人的通常服装因而应当被收走或者内衣属于能够造成伤害的物品。因此能够肯定的是，或许真的有这种指示，但这种指示绝对不会来自于警察局局长，也即该案中警察的辩解是不确实的。

奋或者其他什么。而且，通过仔细观察被告人的状态，包括她对将其逮捕的反应，如果警察有理由相信被告人可能带有一些物品，而这些东西她可能会用来突发地或者蓄意地伤害自己或者其他人的话，那么搜查行为也能被证明是正当的。但可惜警察并没有能证明上述理由的证据。

最后，大法官 Donaldson 认为，被告人认为警察强制性地拿走她的内衣的行为是对她的一种侵犯，这是可以理解的。这种行为需要相当程度的理由。本质上，我们并不会认为穿着胸罩会导致意外的伤害行为。如果它会被蓄意地用作此目的，那么其他的衣服也会有同样的功效。事实上，本应有证据表明通常这些酒醉的女性会有使用她们的内衣伤害自我的倾向，或者被告人已经显现出了这么做的倾向。如果被告人曾经用语言或者行为威胁会这样做的话，那么警察采取的措施就明显是适当的。但是本案中的情形显然不是如此。这也就是说，警察的行为并非属于履行其职责的行为，其行为的起因并不能符合前文所言的对被逮捕者实施人身搜查的条件，那么自然，其之后拿走 Lindley 胸罩的行为也不能被认为符合进行搜查的缘由。因此法官在判决中判定："实施搜查的警察并未根据其职责实施行动，而且被告人有权采取合理的武力予以抵抗。事实上，被告人使用了超过必要限度的武力而且构成了一般意义上的袭警。然而，她并不构成对正在执行职责的警察进行袭击，因为警察的行为超越了其职责范围。这样一来，Lindley 的有罪判决应当被撤销。"①

第二，McBean v. Parker② 案和 Brazil v. Chief Constable of Surrey③ 案。

McBean 案和 Brazil 案都围绕着"警察在进行搜查前应当告知搜查的理由"这一主题。

在 McBean 案中，两名警察在执勤中拦住了在路上行走的被告人，并要求被告人清空口袋，但被其拒绝。之后两名警察试图对被告人进行搜查，但在这之前并未告知为何要对其进行搜查。被告人拒绝了两名警察的搜查行为并进行了挣扎，此时其中一名警察试图阻止被告人进行反抗。事后，被告人被以妨害执行公务罪诉至法院。初审法院判决被告人的罪名成立，后来他提出了上诉。上诉审法院判决认为，两名警察在对被告人进行搜查前并未告知搜查的理由，导致了两个后果：其一，两名警察对被告人采取的行为不能被认为是执行公务的行为；其二，在这种情况下，被告人完全有理由对限制其人身自由的行为使用恰当的武力加以反抗。因此，法院最终撤销了对被告人的有罪判决。

而在 Brazil 案中，法官的态度则更加明朗。Brazil 案的情形同 Lindley 案有些

① Lindley v. Rutter（1981）1QB128，P135.

② McBean v. Parker（1983）Crim LR 399.

③ Brazil v. Chief Constable of Surrey（1983）1WLR1155.

相似，均是一名女性被告人在女警对其进行搜查时加以反抗，后被以妨害执行公务罪起诉。初审败诉后，被告人同样提出了上诉，她的上诉理由是：进行搜查的警察并未凭借对于其人身自由进行限制的手令而执行公务，而且依据《欧洲人权公约》的规定，其行为已经构成了对她的个人隐私的侵犯。她的辩护律师还主张，“如果一个人不知道他为何要被搜查，那么他们就无法判断在那种情况下他们被搜查是否是合理的”。有鉴于此，英国上诉法院大法官罗伯特认为，“总的来说，我认为，无论警察采用最简单还是最复杂的语言向被搜查人解释搜查的原因，都是没有什么困难的。在我看来，一般而言，这种解释行为是应该进行的。这与 1947 年西蒙子爵在克里斯蒂案中的说法一致，那就是有可能存在无需解释搜查原因的情况。举例来说，可能是这样的情形，即搜查的理由是非常明显的、显而易见的，无需解释。如果是这样的话，那么警察对搜查进行解释则是完全多余的”。而且，“一般来讲，出于本国领域内之公民，其自由不应被侵犯除非这种侵犯是合法的，而且，在我看来，在通常情况下在对个人人身进行搜查前都应当告知被搜查人对其进行搜查的原因”。[①]

上诉审法院最终判决认为，在通常情况下，警察无权进行未能事先告知搜查理由的搜查。而且指出，警察之所以要进行搜查前的告知，目的即在于让被搜查者能够说明或者反对其实施搜查的理由是不充分的。

综上可见，在进行搜查前，要给出搜查的恰当理由，或者被搜查者同意，或者当时的情况给出原因不必要或不切实际，否则搜查都是不合法的，这种非法性同没有给出理由的逮捕等措施是相似的。

（2）成文法上关于人身搜查的规定。

在香港，对人身进行的搜查可以分为两类：一类是在逮捕后进行的人身搜查，另一类则是在行使截停权和询问权之后进行的人身搜查。对于前者，关于犯罪嫌疑人在被带至警局后进一步实施的搜查行为，成文法上并没有明确的规定，相反，在判例法中却有大量的规制，如前文所言的 Lindley 案。而对于后者，香港则有很多条例对此类搜查权加以规定，但其中最重要的规定当属《警队条例》第 54 条。依据该条，警察有权截停并在合理期间内扣留某人并进行恰当的搜查，前提是：该人行动可疑，或者一般而言，该人极有可能已经实施，或即将实施，或意图实施某项犯罪。警察不再需要以进一步的调查为目的而逮捕或扣留某人。[②] 该条完整条文如下：

“（1）警务人员如在任何街道或其他公众地方、或于任何船只或交通工具

① Brazil v. Chief Constable of Surrey（1983）1WLR1155.

② Gary N Heilbronn，Criminal Procedure in Hong Kong（third edition），Longman Hong Kong Education，P21.

上，不论日夜任何时间，发现任何人行动可疑，该警务人员采取以下行动，乃属合法——

“（a）截停该人以要求他出示身份证明文件供该警务人员查阅；

“（b）扣留该人一段合理期间，在该期间内由该警务人员查究该人是否涉嫌在任何时候犯了任何罪行；及

“（c）如该警务人员认为以下行动乃属必需——

“（i）向该人搜查任何可能对该警务人员构成危险的东西；及

“（ii）扣留该人一段为作出该项搜查而合理需要的期间。

“（2）警务人员如在任何街道或其他公众地方、或于任何船只或交通工具上，不论日夜任何时间，发现任何人是他合理地怀疑已经或即将或意图犯任何罪行者，该警务人员采取以下行动，乃属合法——

“（a）截停该人以要求他出示身份证明文件供该警务人员查阅；

“（b）扣留该人一段合理期间，在该期间内由该警务人员查究该人是否涉嫌在任何时候犯了任何罪行；

“（c）向该人搜查任何相当可能对调查该人所犯或有理由怀疑该人已经或即将或意图犯的罪行有价值的东西（不论就其本身或连同任何其他东西）；及

“（d）扣留该人一段为作出该项搜查而合理需要的期间。”

不难看出，第54条第（1）款和第（2）款规定了不同的搜查权限。根据第54条第（1）款的规定，如果警察认为搜查是必要的，那么搜查就可以合法地进行，即搜查是以警察认为有必要为前提。此时，判断必要性的标准不在于通常理性的警察是否认为有必要，而是处于特殊情况之中的那个警察认为是否有必要。警察至少能够清楚明白地表明其持有“搜查是必要的”这一观点的具体理由。而且，该条例本身并未明确要求“出于特定目的搜查方为必要”。比如，为了确保警察自身的安全，或者因为延迟可能会使警察自身置于危险之中，即使搜查可能仅仅是为了避免警察发生危险。一个人的口袋里可能有小刀、指甲锉、剃刀，而这些“可能会带来危险”，即便确实没有明显的证据表明搜查的原因在于此种危险的存在。在这种情况下，对“认为有必要”的解释就应当是“出于自身安全的考虑而认为有必要”。①

而第54条第（2）款规定的搜查权限又有所不同，它将搜查的范围限于“任何相当可能对调查该人所犯或有理由怀疑该人已经或即将或意图犯的罪行有价值的东西（不论就其本身或连同任何其他东西）”。这就要求，当警察进行此

① Gary N Heilbronn，Criminal Procedure in Hong Kong（third edition），Longman Hong Kong Education，P24.

类搜查时，其头脑中必须对被搜查者涉嫌何种罪行有所了解。尽管如此，“如果搜查的目的是为了发现假币或者假的信用卡，但是发现了毒品，没有任何理由能够阻止警方以持有毒品罪起诉被扣留之人。在此种情况下，这种基于合法目的进行的搜查中的偶然发现并不会被搜查本身的非法性所污染”[①]。

2. 入室搜查

（1）普通法上关于入室搜查的几则标志性判例。

第一，Davis v. Lisle[②] 案——无手令，无同意，不得入室搜查。

Davis 案是关于无手令搜查方面比较典型的一个案例，其确认的原则是：没有法律授权，或者没有裁判官的手令，除非房屋居住者同意，否则任何人不得进入私人住宅进行搜查。

Davis（上诉人）是 R. Davis 公司的成员之一，也是一段铁路拱桥的承包人和所有者，而该铁路拱桥被其用作修车厂。1935 年6 月11 日晚6 点50 分，两名执勤的警察——一名是被上诉人，穿着便衣，另外一名是 P. C. Rose，穿着制服——注意到一辆停在修车厂外的卡车，以他们的观点来看，该卡车阻碍了公路的交通。两个男人正在修理停在公路上的卡车，而此举违反了 1839 年《英国首都警察条例》第 54 条第（6）款。两名警察沿着街道向前走，5 分钟之后又折了回来。他们回来之后发现卡车已经被转至修车厂内。接着，两名警察便进入了修车厂以便就谁应当对阻碍交通一事负责进行调查。两名警察中的任何一人都没有请求或者获得准许进入该修车厂，而且也从未获取手令进入并且搜查该修车厂。警察发现刚刚在路上修车的两人此时也在卡车下，被上诉人便同他们搭了话，而穿警服的警察 Rose 则站在门边。不久，Davis 从街上进入了修车厂，从 Rose 身边挤了过去然后问道：“这是什么？你们想要干什么？”Rose 回答道：“我的同事是一名警官。我们可以见一下这辆车的驾驶者吗？”Davis 接着就用辱骂性的言语说道：“滚出去！没有搜查令你们不能进来！”被上诉人正试图出示其手令，但此时上诉人冲向他并且用拳头击打了被上诉人的胸部和胃部，然后对被上诉人实施了殴打并造成了损害。之后，地方法庭判定 Davis 袭警并且妨害警察执行公务罪名成立，Davis 遂提出了上诉。上诉审法院判决认为，“即便警察有权进入修车厂进行调查，但是当 Davis 要求他离开其居所之后他就变成了一个侵入者，因而从那时起，他就不是在执行其职责，因此导致的结果便是，Davis 不应当被判袭击警察或者是妨害警察执行公务罪”[③]。

① Gary N Heilbronn，Criminal Procedure in Hong Kong（third edition），Longman Hong Kong Education，P25.

② Davis v. Lisle（1936）2KB434.

③ Davis v. Lisle（1936）2KB434，P437.

此处，判决中使用的是“他就不是在执行其职责”这一说法，这意味着法院没有认可警察的搜查行为，认为如果警察试图进行入室搜查，那么首先应当获得手令，在没有获得手令或者没能出示手令的情况下，房屋居住者完全有权利驱逐出其土地上的入侵者，这是个人权利与个人权利的对峙，而非个人权利和公权力的抗衡。

首席法官 Hewart 在判决中写道：“我认为，有必要区分两件事情。其一是，在那个关键性时间点上警察们是否在执行公务；其二则是，当上诉人将警察视为了其领地的侵入者时所进行的攻击是否是恰当的……在我看来，他们并不是，而且也没有证据表明他们能够被认为是在执行公务。他们提出的支持其主张的唯一根据——追踪违法车辆——对我而言也是未能切中肯綮的。不可否认的是，警察们并未获得进入该建筑物进行搜查的手令。说警察可以自由地进入修车厂进行调查是一回事，但是当 Davis 已经明确地让他们‘滚出去’的时候，说他们还有权逗留在修车厂则是件难事。即从那一时刻起，警察仍然逗留在那里，对于我而言，他们就是侵入者，而且很显然，在袭击之前警察即刻采取的行为等同于提出了一个他有权呆在那儿的主张。他试图拿出手令卡片，但那是在 Davis 已经说了‘滚出去’之后。所以，我认为，他拿出手令卡片的行为就可以推断出其在这之前并未在执行公务。我对这一点非常确信。”①

第二，Robson v. Hallett② 案和 Snook v. Mannion③ 案——默许规则（Implied License）。

默许规则的内容是：住宅的居住者实际上对于公众中的任一成员都给予了这样一种许可，即任何公众成员基于合法目的，有权穿过大门，到台阶，然后敲门，进而相应的，警察也有权这样做。但是，如果住宅的居住者反对进入或撤销允许进入，那么应当留存合理的时间给警察让其可以退出住宅之外，并且取消默许应以清楚的语言表明。

---

① Davis v. Lisle（1936）2KB434，P437 - 438.

② Robson v. Hallett（1967）2QB939.

③ Snook v. Mannion（1982）Crim LR601.

在Robson案①中，比较有趣的是，当三名警察穿过被告人的花园，走上门前的台阶并敲了门，此时三名警察得以进入该住宅范围的权限来源并不在于其警察权力或警察职责，原因在于普通法中不存在这样的无手令进入并搜查的授权。他们的权限来源在于普通民众，即住宅的居住者给予公众的一种默示许可。譬如，如果你不是以警察的身份而是以邻居的身份，此时，邻居同样有权穿过院门来到住宅门前，这三名警察得以进入的权限即来自于此。而之后，其中一名警察在得到应门人的准许后进入该住宅的行为也是合法的。按照普通法的原则，房屋居住者的同意是使警察在无手令情况下得以进入住宅行为合法化的途径之一。但当房屋所有者要求警察离开其住宅时，警察的进入行为就不那么合法了，他需要其他的授权来使其进入并询问的行为变得合法化。但在当时，既无手令，也没有其他相应的合法授权，警察选择离开住宅的行为是恰当的。此时就出现了一个问题，当警察选择离开公民住宅和警察彻底离开公民住宅，这两者之间存在着一个时间区域。而Robson案的一个关键性意义即在于解决了在此时间区域内警察行为和公民行为的性质问题。

判决中这样写道，“警察合法地进入了建筑物，而这种默示的许可并未被撤回，所以当另外的警察进入以协助另一名警察时是属于执行公务的行为，而且意在阻止任何破坏和平的事件发生。尽管居住者采取了一些行为撤回了这项许可，但是同样应该给警察留存合理的时间以保障他可以这样做，即离开该处住宅，因此，当警察试图离开时是在履行其职责……”②

这也就是说，警察在准备离开直至完全离开这段期间内的行为是属于履行职责，是先前的默许规则效应的延伸，所以此时被告人攻击警察的行为自然应当被视为阻碍执行公务之行为，虽然被告人的父亲撤回了默许，但并不是默许一旦撤

① 该案案情大致如下：P、M和J三名警察得知两名被告人可能涉嫌犯罪，便前往被告人的住处调查。警察M负责开车，抵达地点之后，警察P和J先进入了被告人住宅前的花园并走上台阶敲了门时，被告人T应了门时，然后警察P简单询问了T。警察M将警车停在了门前然后走进了院子。T在看到M和警车后，情绪很激动。但M上前和T表明了他们不会逮捕T，接着询问T能否让他们进入房内。之后T允许M进入房子但没有允许另两名警察进入，后者便等在门外。当被告人的父亲看到M时，他命令M离开。M便照做了，但当M走到房子门口的时候，T从M的身后猛扑了过来并用拳头打了M。当门打开后，门外的两名警察看见M向前倒了过来，而T在M的背后。警察J便上前帮助M将T拉了下来，然后混战就开始了。本来在屋内的D看见他的父亲卷入了混战之中，便冲了过来踢打了警察P、M，接着D和T又猛打了P。初审法院判决D袭击了执行公务中的M、P和J，判决T袭击了P。他们上诉至地方法庭，法庭撤销了对D袭击了J和M的有罪判决。D和T就关于其袭击了P的有罪判决提出了上诉，而控诉方也就地方法庭撤销了对D袭击M的有罪判决提出上诉。

② Robson v. Hallett（1967）2QB939，P940.

回警察就要消失，而是要给予警察合理的时间让其能够离开。

而在 Snook 案[①]中，这种默许规则更加为法院所明确。判决认为，“警察，同其他所有的公民一样，都享有住宅居住者的默示的许可，除非被明确的拒绝，都允许他从院门走到住宅的门口，只要他具备与住宅居住者相关的合法理由；而且无论何种情况下，这种默许是否被撤销均应由法官来裁决。而通常情况下，我们要求撤销默许应用清楚的语言表明”[②]。

第三，McLorie v. Oxford[③] 案——搜查被逮捕者住宅必须与逮捕同时进行。

“一旦警察已经对涉嫌暴力犯罪的嫌疑人实施了逮捕，即逮捕已经执行完毕，那么在普通法中，警察就没有权力在没有手令的情况下进入被逮捕人的住宅，无论是为了寻找犯罪工具，还是为了扣押那些据他们所知在该处所内的物品。”[④]

McLorie 案[⑤]确立了一项规则：在警察实施逮捕后，如果警察还想凭借先前实施的逮捕行为的效力，在无手令、无同意的情况下，进入被逮捕者的住宅进行搜查或者进行其他具有搜查扣押性质的活动，那么根据 McLorie 案法官的判决，这种行为是不合法的，这就意味着，如果被搜查者对警察在逮捕实施完毕之后进行的搜查行为进行反抗，可能是合法的，因为此时警察的行为已经不是在履行职责了。

首席大法官 Donaldson 在判决中写道：“如果警察能够追踪驾驶人至该处所，那么他们本来是能够在无手令的情况下进入该住宅并且无需顾虑住宅所有人的反对。在这种情况下，他们同样可以扣押并移走仍然被驾驶者所控制的车辆。而且，如果他们被拒绝进入或者取走车辆时，他们本可以使用必要的武力来达成其目的，但是这些都是如果，在缺失最大的那个前提的条件下，警察的后续行为就

---

① 该案案情简述如下：警察跟踪一名驾驶者，直至他将车停在了自家的车道上。警察走上了车道，然后要求驾驶者进行呼气测醉试验。驾驶者拒绝合作并且说了一句“滚开”，接着他就被逮捕并被起诉。

② Snook v. Mannion（1982）Crim LR601.

③ McLorie v. Oxford（1982）3WLR423.

④ McLorie v. Oxford（1982）3WLR423.

⑤ 该案案情大致如下：一名驾车人（Marcus McLorie）被卷入1981年6月1日发生的一起严重犯罪事件。那天的晚些时候，该人在其与他的父亲、兄弟以及被告人（Malcolm McLorie）共同居住的住宅内被逮捕。他被指控以汽车作为武器实施谋杀。他的父亲和被告人并未卷入此事件。在6月2日的早晨，警察再次来到被逮捕者的住宅，目的是寻找那辆汽车，他们看见汽车就停在屋子的后院。接着他们进入了房子，但被逮捕者的父亲不允许他们在无手令的情况下开走汽车。在父亲已经拒绝他们将汽车开走之后，一名巡官（Inspector，仅低于警察长的地方官员）又带了四名警察回来，这时被告人试图阻止后来的警察进入其住宅。被告人被以袭警罪起诉，而且构成妨害警察执行公务罪。一审法官认为，警察有权进入该住宅以获取与严重犯罪相关的实质性证据，如果对警察的行为进行阻止则是不合法的，因此被告人被判有罪。后被告人不服提出了上诉，上诉法院在审理后撤销了一审对于被告人的有罪判决。

不那么合法了，或者说其并不是在履行其职责，因此，对于被告人的抵抗行为所做的有罪判决应当被撤销。”①

第四，Re Ip and Willis② 案——搜查手令。

在成文法中，《警队条例》第50条第（7）款规定了裁判官签发搜查手令之事项。而在普通法中，Re Ip and Willis 一案所确立的搜查手令的一些内容则是至关重要的。该案中，廉政公署官员怀疑某律师助理有收取委托人过多费用及开具的正式票据与所收钱数不符之嫌。为了调查曾与该助理接触的委托人是否受到欺骗，廉政公署官员希望能够获知与该助理接触过的委托人的人员名单和住址，并且能够查看该助理出具给他们的正式票据。但是雇用该助理的律师拒绝了廉政公署的这一请求，并认为这部分信息属于特权范围内的信息。应廉政公署的请求，裁判官签发了一纸搜查手令，其上载明：其一，摆在他面前的事实向他表明，而且他有理由相信律师的办公场所可能藏有涉嫌《廉政公署条例》第10条规定的犯罪的证据；其二，授权廉政公署官员进入并搜查该处所。廉政公署官员向律师出示了该搜查手令，但是后者拒绝移交任何材料。最后双方达成协议，廉政公署需要的文件被装在一个密封的信封内。高等法院法官发布了一个单方的命令，要求廉政公署不能拿走这些文件，可以将其留交之后的司法审查。

在该案中，涉及这样一个问题，那就是裁判官签发的搜查手令是否有效，即该手令是否能够得到正确地执行？我们可以看到，在该手令中主要包括两项内容：其一，裁判官表明他有合理理由相信拟被搜查处所内藏有与《廉政公署条例》所列犯罪相关的证据；其二，裁判官授权搜查该处所。此处，仅仅指出了搜查该律师事务所，但并未表明搜查的具体场所以及意欲搜查的对象。进而，关于该手令的有效性问题，Sears 法官判决认为：“一项搜查手令，应当写明下述事项——（1）应该写明与搜查相关的被指控的犯罪，以免误导阅读者对被控犯罪性质的认识；（2）仅能授权搜查和扣押那些能够使裁判官合理地相信是所实施的犯罪的证据的场所或物品；（3）必须将搜查与扣押的对象具体列明，使得这些财产的所有者或占有者能够清楚的理解，而且，如果必要的话，使得这些所有者能够就可允许搜查的限制获得法律建议。”③

而在本案中的搜查手令，首先，它未能表明与所授权进行的搜查相关的特定犯罪罪名；其次，它未能清楚列明廉政公署有权搜查和扣押的文件或材料名称；最后，它未能排除那些与法律职业特权相关的文书。因此，该项搜查手令在范围上是如此的宽泛以至于在法律上它是无效的。

---

① McLorie v. Oxford（1982）3WLR423.

② Re Ip and Willis（1990）1HKLR154.

③ Re Ip and Willis（1990）1HKLR154，P155.

在法院的裁决中有这样一段话，给我们提供了一个很好的警示，即在侦查犯罪与保障公民基本权利之间如何平衡的问题："搜查手令是一份非常重要的文件，它对于公民个人权利的保护是最为根本的，即公民个人有权在未经其同意的前提下，不允许他人非法侵入或侵犯其处所及实产。而在法官裁量是否将手令归于无效时，这点是势必会被考虑的。因此，本案裁决撤销该搜查手令。"①

第五，Yuen Tai－bu v. The Queen② 案——警察持有搜查手令时他人行为构成阻碍之情形。

"警察凭借手令，可以在任何时间进入得到授权的建筑物，以探查建筑物内是否正在发生犯罪，并且拘捕任何正在这么做的人，因此，一切对警察该行为构成阻碍之人或事，皆可构成阻碍警察执行公务之行为。"③

Yuen Tai－bu 案本身是非常简单的，案情大致如下：警察根据《赌博条例》第 23 条的规定来到被告人 Yuen Tai－bu 家门口。进入房屋的入口处有一道木门和一个铁格栅。木门是开着的，但铁格栅是锁着的。警察意图进入房屋进行搜查以便查探该处是否是不符合规定的赌博场所。当时警察均着便衣，并且带队的人揌了门铃，被告人在屋内应答。被告人问他们是谁，此时警察要求被告人开门，并向其出示了搜查手令，该手令用英文和中文双语标示。然后警察向被告人解释了他们是谁以及他们想进去干什么。但在警察向被告人出示手令之后，被告人的妻子便关闭了木门。这时警察听到房间内有很大的收拾东西的声音。5 分钟后警察听到屋内有人喊"抢劫"。接着，被告人打开了木门和铁格栅，然后让警察进入屋内。

被告人在一审中辩称，警察没有向他们解释他们是谁，也并没有解释手令，而且只是隔着一段距离向被告人出示了该手令。被告人说他没有开门是因为他以为他看见的门外的那些人是劫匪。这项辩解被治安法官驳回，认为被告人所说的不是事实。

本案争议的焦点在于被告人的行为是否等同于根据《赌博条例》第 27 条规定的阻碍警察执行公务的行为。首席法官 Briggs 在判决中引用了 Hinchliffe v. Sheldon（（1955）1W. L. R. 1207）一案，并引用了大法官 Goddard 的话，即"基于这些原因，我认为，警察在执行公务的过程中，试图进入该旅馆，而且他们想要进入以免犯罪人有机会处理掉犯罪证据。如果警察敲了门而房间的使用者在几分钟内没有开门，那么法官不得不认为该人是在阻碍警察。阻碍意味着使警察更不容易去履行其职责。很显然，在本案中，被告人通过发出警告的方式耽搁

① Re Ip and Willis（1990）1HKLR154，P155.

② Yuen Tai－bu v. The Queen（1978）HKLR128.

③ Yuen Tai－bu v. The Queen（1978）HKLR128.

了警察；他的行为使得警察更难确定是否进入该房间，因此判定被告人有罪”。

接着，关于本案中被告人实施的不开启铁格栅的行为是否是阻碍行为，法官 Briggs 写道：“在本案中，被告人有权不打开铁格栅的门，因为每个公民都是其自己城堡的主人。在我看来，上述原则仅能够适用于公民无权进入的情形。如果一个人，他可能是个警察也可能不是，他没有权利进入，此时房屋所有人可以拒绝打开自家的房门。但是在本案中，警察则是有权进入的，而且这种授权已经向被告人作出了解释。那么，房屋所有者就有义务不增加警察履行其职责的困难度。而这种阻碍可以是多种形式的，包括 Hinchliffe v. Sheldon 案中的警告，或者仅仅是不作为，或者如本案中的情形，即不打开铁格栅。”①

第六，LeeYin - Ping v. The Queen② 案——警察非法进入后实施逮捕之效力。

“如果一名警察进入住宅时不合法，但是如果其在住宅内发现了犯罪的证据，那么，他就有权并且有职责，采取任何在发生犯罪行为时警察可能采取的任何行动。这就当然包括逮捕的权力。”③

LeeYin - Ping 案④中，被告人 LeeYin - Ping 的律师在初审中的辩护主张是，被告人案发当时由于饮酒过度而失去意识导致采取了暴力行为，一审法院驳回了

---

① Yuen Tai - bu v. The Queen（1978）HKLR128，P129.

② LeeYin - Ping v. The Queen（1979）HKLR454.

③ LeeYin - Ping v. The Queen（1979）HKLR454.

④ 该案的案情如下：1978 年 9 月 25 日晚 9 点 40 分，一小组警察在沃什巡官（Inspector Walsh）的带领下来到位于北九龙 Tung Choi 街 196 号夹层楼中的一间房子。沃什巡官称，她和其他同组人员是依据手令行事进入该幢建筑物的。她声称，她们具有根据《保护妇女和少年条例》签发的搜查手令。当时，该房间的铁门并未上锁，只有一个窗帘挡在门口。警察们扯掉窗帘进入了屋内。屋内有两名男性坐在理发用的椅子上，两个女孩在他们旁边，另外一名男性坐在入口处的窗帘后面。警察进入了房间内的小卧室，此时本案的被告人 LeeYin - Ping 正躺在床上。沃什巡官告知被告人她已被逮捕，并让另外一名警察写明提醒事项交予被告人签字，但被告人拒签。沃什巡官知道被告人会讲英语，于是告知她被逮捕的原因，让她起床并穿上衣服，然后准备将被告人带至警局。被告人要求警察离开她的房间并开始辱骂对方。沃什巡官返回了外间屋子，然后让其他警察将房间内的其他人带到走廊上。她又返回了小卧室让被告人跟着她出来。但此时被告人从她身边挤了过去，并朝厨房跑去。接着被告人右手拿着一把斧头又冲了回来，嘴里咒骂着什么。被告人一边向沃什巡官靠近，一边喊着：“我要杀了你！滚出去！让我一个人待着！”沃什巡官和另两名警察迅速跑到走廊。被告人也冲了出来，并辱骂甚至威胁早先带其他人出来的两名警察。沃什巡官迅速溜进了屋内，捡起了电话并通知警局增援。当她正这么做的时候，被告人又返回了屋内并叫嚣着要杀了沃什巡官。沃什巡官扔下了电话躲进了小卧室，关上门并上了门闩。被告人用斧子砸门，继续嘶叫着如果沃什巡官敢出来就杀了她。她不停地撞门以至于木片碎屑四散。不久之后，两名警察赶到制服了被告人，被告人被戴上手铐时仍然充满暴力性，并且不停地挣扎。后被告人被诉至法院，一审败诉，案件进入上诉审。

律师的上述主张，并判决被告人有罪。但在上诉审中，上诉人的律师提出了下述新的主张：其一，警察进入建筑物的行为不合法；其二，警察逮捕上诉人的行为也就相应的不合法；其三，因此，当上诉人袭击警察的时候，警察并不是在履行职责的过程中；其四，上诉人有权使用一定的武力将一群侵入其房间的人赶走。针对这些主张，首席法官罗伯茨发表了法院的判决意见，他在判决中分别论述了警察进入被告人住宅的合法性问题，警察进入住宅后实施的逮捕的合法性问题以及被告人实施的暴力行为的合法性问题。对于第一点，首席法官罗伯茨认为，“控方律师认为，沃什巡官并没有说因为她怀疑那儿有一家非法按摩院所以她才进入了那栋房子；仅仅是这种手令使她有机会进入任何她怀疑存在非法按摩院的场所。我认为，在任何情况下，我都没有根据去推翻治安法官的决定，即在关涉非法按摩院时，警队是在执行《保护妇女和少年条例》下的手令。但是，控方也未能证明警队最初的进入是合法的，即便同第16条①授权的手令相一致。沃什巡官本可以出示该手令。当然她没有这样做并非她的错，因为在初审的任何阶段都没有人质疑警队进入房间的合法性问题”。

从上可以看出，罗伯茨法官对于警察无手令入室搜查的合法性是不认可的，只是在本案中，最开始没有人质疑其合法性，所以警察入室搜查之行为似乎成了顺理成章之事。但是在关于上诉人质疑的逮捕的合法性问题上，罗伯茨法官却站到了另一条线上，他这样写道：“毫无疑问，我认为并不会不合法。如果一名警察进入住宅时不合法，但是如果其在住宅内发现了犯罪的证据，那么，他就有权并且有职责，采取任何在发生犯罪行为时警察可能采取的任何行动。这就当然包括逮捕的权力……我认为，警察在房间内根据《警队条例》第50条第（1）款所实施的逮捕被告人的行为是合法的。而且，即便最初的逮捕（基于被告人经营一家非法按摩院的事实）是不合法的，那么后面也因为她拿着斧头胡乱攻击并且威胁警察的行为而使前面的逮捕合法化。在这一点上来说，警察逮捕被告人就不仅是适当的行为，而是其职责义务之所在，即逮捕那些对公共安全有危害的人。而关于被告人对警察所为的行为是否是将非法侵入其领域内的人进行合法驱逐的行为，我不得不说，在逮捕已经是合法的前提下，被告人所运用的武力已经超过了赶走入侵者所需的合法必要的范围。”②

---

① 《保护妇女和少年条例》（现已更名为《保护儿童及少年条例》）第16条规定：“任何不低于警长职级而获警务处处长为此目的以书面作一般授权的警务人员，以及任何获社会福利署署长为此目的以书面作一般授权的人士，均可无须发出通知而随时进入任何他有理由相信是用作娼妓住所或妓院而设在水上或陆上的地方，或他有理由相信是与犯有本条例所订罪行相关的水上或陆上的地方，并可要求面见及讯问任何或所有在该地方内的人。”

② LeeYin－Ping v. The Queen（1979）HKLR454.

（2）成文法上关于入室搜查之规定。

“在执法官员的武器库中，进入住宅并加以搜查的权力无疑是非常重要的，尤其是对于实现逮捕以及更深层次的目的而言，它使得执法官员能够进行彻底的侦查活动和证据的收集活动。”①

事实上，在香港，关于入室搜查权这一部分，基本上是以立法为根本，辅以大量的普通法原则，譬如在 Snook 案中确立的默许规则。但是，随着时代的变迁，人们居住方式和环境的改变，大多数的香港人现今都居住在公寓楼里，很少有人能够住在带有开放式花园的庭院中，因此，我们很难把握默许规则的实际应用。“逻辑上讲，此种默许规则可以被延伸为授权警察能够接近建筑物的程度限为可以与房内的房主进行对话的距离。这也许意味着警察可以一直接近到房间的门口，除非该房间所在建筑物门口有可以同房主进行沟通的电子装置，那么此时警察只能停留在整栋建筑物门口而不得直接进入建筑物内部。”② 但究竟如何把握，还要看实践中的警察的具体操作。除了这些普通法原则之外，警察进行入室搜查时，最常凭借的多是大量的成文法规定，其中包含有搜查手令和无搜查手令而入室搜查的区分，下面将分述之。

第一，有搜查手令而入室搜查。

在众多成文法中，最为重要的是《警队条例》的规定。具体而言，是指《警队条例》第 50 条的规定。《警队条例》第 50 条第（7）款规定了由裁判官签发手令的权力。它规定：“裁判官如在任何人作出誓言后，觉得有合理因由怀疑在任何建筑物、船只（军用船舰或具有军用船舰地位的船舶除外）或地方内，有任何报章、簿册或其他文件、以及该等报章、簿册或文件的任何部分或摘录、或任何其他物品或实产是相当可能对调查该人所犯或合理地怀疑该人已经或即将或意图犯的罪行有价值的（不论就其本身或连同任何其他东西），则该裁判官可向任何警务人员发出手令，赋权给他带同所需的助手，在日间或夜间——（a）进入及在有需要时破门闯入或强行进入该建筑物、船只或地方，并搜查及接管可能于其内寻获的任何该等报章、簿册或其他文件、以及该等报章、簿册或文件的任何部分或摘录、或任何其他物品或实产；及（b）于为容许该项搜查得以进行而合理地需要的期间内，扣留任何看似是管有或控制该等报章、簿册或其他文件、以及该等报章、簿册或文件的任何部分或摘录、或任何其他物品或实产的人，而该人若非如此扣留，则会妨碍该项搜查的目的者。”

① Gary N Heilbronn，Criminal Procedure in Hong Kong（third edition），Longman Hong Kong Education，P36.

② Gary N Heilbronn，Criminal Procedure in Hong Kong（third edition），Longman Hong Kong Education，P36.

原则上讲，手令中使用的术语必须足够具体以保证建筑物的所有者能够获知可以允许的搜查的范围，也即，“手令必须清楚地指出被搜查的处所以及极为具体地指出要搜查的物品和与签发该手令相关的犯罪。只有在有合理的根据和构成犯罪的证据时才能授权搜查并没收物品”①。另外，手令所用的词语与范围不得超越立法上对裁判官的授权。例如，基于《廉政公署条例》而签发的手令不得被延伸至搜查与廉政公署罪行不相关的其他罪行，而且如果执法官员想要获得该手令必须提供充足的证据来证明搜查的必要性。②

总之，在有搜查手令实施入室搜查时要注意两点：其一，获得搜查手令所要具备的条件，即警察要具备合理的根据来证明其搜查的必要性；其二，警察在凭借手令进行搜查时必须注意其实施的搜查必须与手令上的要求相一致，不能超越手令所规定的范围，否则可能导致搜查的非法性。在警察的入室搜查权和公民的住宅及个人隐私权之间存在着一种微妙的关系。一方的让与势必会导致另一方的进犯，或许“进犯”这个词并不恰当，但却能很好地反映公权力对私权利的一种侵蚀。那么二者之间的平衡点又在哪里呢？搜查手令的存在就是解决这种冲突的方法之一，即“如果手令是在搜查进行之前签发的，且调查人员本身又符合立法上对于签发手令的要求，那么两者之间的冲突往往就可以避免。但是另外的情形下则不太好说”③。

第二，无搜查手令而入室搜查。

《警队条例》第50条的第（3）、（4）、（5）、（6）款分别规定了不同情形下的无手令入室搜查。

第（3）款规定：“如任何警务人员有理由相信任何须予逮捕的人已进入或置身在某处，则居住在该处或管理该处的人在该警务人员提出要求时，须容许该警务人员自由进入该处，并给予一切合理的便利，以便他在内搜查。”

第（4）款规定：“如未能根据第（3）款获准进入该处，则任何人在根据手令行事的情况下，及在本可发出手令但为免使须予逮捕的人有机会逃离警务人员而未取得该手令的情况下，该人进入该处及在内搜查，乃属合法；该人如在妥为宣告其所具权能、目的及内进的要求后，仍无其他方法获准内进时，则他为得以进入该处而击破任何地方的外部或内部的门或窗，均属合法，不论该地方是属于须予逮捕的人或其他人的。”

---

① 赵秉志主编：《香港刑事诉讼程序法》，北京大学出版社1996年版，第50页。

② Gary N Heilbronn，Criminal Procedure in Hong Kong（third edition），Longman Hong Kong Education，P36.

③ Gary N Heilbronn，Criminal Procedure in Hong Kong（third edition），Longman Hong Kong Education，P37.

第（5）款规定："警务人员或其他获授权执行逮捕的人，为使自己脱身或为使任何其他合法进入任何地方以执行逮捕而被扣留在内的人脱身，可强行闯破任何地方。"

从上述规定来看，在进行这种无手令进入并搜查行为时，一个大前提在于警察须有理由相信该人"须予逮捕"；或者说他必须有合理怀疑认为该人依据《警队条例》第50条第（1）款的规定是有罪的；或者必须存在其他授权，如逮捕手令的存在。如果警察只是意图进入并进行询问是不能依据上述规定的。而且，如果情况允许，应当先征询同意再进入，但是如果没有获得同意而且调查人员也不通过其他途径获得准许，他就可以根据《警队条例》第50条第（4）款而强行进入。但是上述没有同意的情况下入室或者使用武力进入室内的情形，只有在该警察依据手令行事或者本可发出手令行事的情况下方为合法，也即裁判官本可发出手令，但为免使须予逮捕的人有机会逃离警务人员而未取得该手令的情况，换言之，当时的情形满足了签发一纸有效的搜查手令的要件。

第（6）款规定："凡任何人被警务人员拘捕，如该人员合理地怀疑任何报章、簿册或其他文件、以及该等报章、簿册或文件的任何部分或摘录、任何其他物品或实产是对调查该人所犯或合理地怀疑该人曾犯的罪行有价值的（不论就其本身或连同任何其他东西），则在该人身上或该人被拘捕现场或现场附近搜查并取去上述各物，乃属合法；但本款的规定，不得解释为对任何个别手令所授予的搜查权力有所减损。"

同样是没有搜查手令的情况，但如果警察是根据《警队条例》第50条第（6）款的规定实施搜查和扣押行为，那么与先前的无手令搜查规定相比，此处警察需要负担更多的东西，即要满足一些特定的要件："第一，必须已经实施了合法的逮捕；第二，搜查的物品应当在被逮捕者的身上，或者是在实施逮捕的现场；第三，调查人员对于被搜查物品同被调查罪行之间的相关性必须具有合理的怀疑，而通常被疑罪行也是逮捕该人的原因。而在上述搜查中发现的其他可疑物品是否可以被扣押则要看此种扣押是否有其他的授权。"①

第三，其他规定。

在其他的立法条文中也能找到相似的签发搜查或其他手令的影子，如《防止贿赂条例》第17条规定：

"（1）为调查怀疑犯了本条例所订罪行或为进行与该罪行有关的法律程序，任何调查人员可向法庭提出单方面申请，要求根据第（1A）款发出手令。

"（1A）凡有申请根据第（1）款提出，而法庭信纳有合理因由相信在任何

① Gary N Heilbronn, Criminal Procedure in Hong Kong (third edition), Longman Hong Kong Education, P40.

处所或地方可能有任何物件本身是或包含有本条例所订罪行的证据，法庭即可发出手令予手令中指名的调查人员，使该人员及任何其他调查人员有权进入该处所或地方（必要时可强行进入），并进行搜查。

“（1B）尽管有第（1）及（1A）款的规定，凡专员信纳有合理因由相信——（a）在任何处所或地方可能有任何物件本身是或包含有本条例所订罪行的证据；及（b）根据第（1）款提出单方面申请会严重妨碍对怀疑犯了的本条例所订罪行的调查或严重妨碍与该罪行有关的法律程序的进行，专员可发出手令予手令中指名的调查人员，使该人员及任何其他调查人员有权进入该处所或地方（必要时可强行进入），并进行搜查。

“（2）在不损害任何其他有关进入及搜查的法律的原则下，本条或根据本条发出的手令所授权力，不得用于进入及搜查大律师或律师的事务所，除非该项进入及搜查是为对本条例所订罪行进行调查，而被指称或怀疑犯了该罪行的人是该事务所的大律师或律师（视属何情况而定），或是其属下文员或受其雇用于该事务所的任何雇员。

“（3）任何人妨碍或抗拒专员或调查人员根据本条行使进入及搜查的权力，即属犯罪，一经定罪，可处罚款＄20000及监禁1年。”

（3）逮捕后的附带搜查。

逮捕后的附带搜查主要包含两部分：一是对被逮捕者人身进行的搜查；二是对逮捕发生时被逮捕者所在处所及其居所进行的搜查。

就前者而言，关于嫌疑人被带至警局后对其实施的搜查行为在成文法上并没有明确的规定，一般是通过普通法加以规制，如前文详细介绍过的Lindley案和Brazil案。而在实践中，这种附随的搜查又势必会发生，而香港目前并没有关于能够规制进一步的比较私密的搜查行为的成文立法。尽管在实践中严格限制此类搜查措施的采用，如采集体内样本，包括血液、毛发、指甲以及唾液、精液等，而且在《警队通例》第49章第4条规定了对女性的人身搜查，但是一般意义上的搜查仍然缺乏立法上的正面回应，更重要的问题在于，这些附随于逮捕的搜查行为，尤其关涉到搜查、搜查的程序以及特定主体个人权利的保障问题。

到目前为止，香港法律改革委员会对待这个问题的看法是，建议参照1984年《英国警察与刑事证据法》第55条的规定，即：（1）对人体的搜查（Intimate Search）只能在有警官或者上级官员的授权下才能进行；（2）上述官员有合理根据相信此种搜查是必要的而且意欲搜查的项目是通过其他任何手段都无法获得的；（3）此种搜查应当由一名登记在册的医师或者护士进行；（4）香港警务处处长要在他的年度报告里提供关于此种搜查的统计信息以保障存在对于此类搜查实践的公众审查。[①]

而就后者而论，即警察在实施逮捕后有权对逮捕该人的场所或附近进行搜查，此种权力更多的来自于成文法的授权，即《警队条例》第50条第（6）款之规定，此种搜查被视为任何逮捕均可以附带进行的。虽然如此，我们会发现，此规定授予警察的搜查权限是如此的有限，因为必须发生了逮捕才可以进行对场所的附带搜查。而且，警方有权搜查的范围仅限于逮捕现场及其周围。同时，搜查的对象只能是“任何报章、簿册或其他文件、以及该等报章、簿册或文件的任何部分或摘录、任何其他物品或实产是对调查该人所犯或合理地怀疑该人曾犯的罪行有价值的（不论就其本身或连同任何其他东西）”。但有趣的是，如果逮捕发生在其他公民的私人住所，那是否意味着警察可以对其他公民的私人住所进行搜查呢？答案是肯定的，因为在《警队条例》中并未对此类情形加以排除，这就意味着，“警察有权搜查整个房屋，即使此时被告人并不实际控制该房屋。警方也可以没收表明被告人犯其他罪的证据，而不局限于作出逮捕的犯罪”[②]。

那么，警察是否有权在逮捕嫌疑人的同时对被逮捕者的另一居所进行搜查呢？成文法没有给我们答案，而普通法判例则给了我们两个相反的答案。在Jeffrey v. Black[③]案中，首席法官认为，虽然被告人是在其住所之外的地点被逮捕，但是如果警察有任何原因相信搜查是必要的，并且搜查所得的东西与被逮捕者涉嫌的犯罪相关，那么警察有权搜查另一地点的被逮捕者的居所。而在4年后的McLorie v. Oxford[④]案中，大法官Donaldson则认为，当被告人因暴力犯罪被逮捕时，逮捕后警方无权在无手令的情况下，回到并搜查被告人的居所以寻找犯罪工具或其他什么，即使被告人在其自己的房屋内被逮捕也是如此。[⑤]可见，对于此问题，现今有效的看法是，警察在没有搜查手令的情况下，即使已经实施了逮捕，也不能对被逮捕者在逮捕现场以外的居所进行搜查，搜查必须持有手令。

（三）扣押制度

1. 对人身实施的扣押：截停、扣留与逮捕

（1）截停与扣留。

第一，普通法的规定。在普通法中，不存在关于扣留的一般权力，任何扣留

---

① Gary N Heilbronn，Criminal Procedure in Hong Kong（third edition），Longman Hong Kong Education，P20.

② 赵秉志主编：《香港刑事诉讼程序法》，北京大学出版社1996年版，第63页。

③ Jeffrey v. Black（1978）1QB490.

④ McLorie v. Oxford（1982）1QB1291.

⑤ 赵秉志主编：《香港刑事诉讼程序法》，北京大学出版社1996年版，第62~63页。

都必须建立在合法逮捕的基础上，[①] 除此之外，警察通常无权截停并扣留某人，即便对于犯罪的发生存在合理怀疑。但也有例外情形，即警察以阻止破坏安定为目的而享有的截停和扣留权。[②] 任何公民，当然也包括警察，即便并非要进行逮捕，都有权扣留任何试图破坏社会安定之人。[③]

第二，成文法的规定。在成文法中，香港有很多条例规定了警察在特定情况下有权截停并扣留某人。其中，最重要的是《警队条例》第 54 条的规定，而关于此条本章在介绍人身搜查之成文法规定的部分就已经做过介绍，此处不再多谈。而且，《警队条例》第 55 条也授权警察有截停、搜查和扣留涉嫌运送被窃财产的船只等或人的权力。[④]

另外，还要注意《入境条例》第 17C 条的规定。《入境条例》第 17C 条第（2）款规定，当警务人员要求查阅某人身份证明文件时，该人只要符合第 17C 条第（1）款的规定，则必须出示。此处没有需要预先满足的前提条件，而这种权力的行使完全是由警察或者其他入境事务管理人员自由裁量。这种情形在香港街头非常常见。某人一旦不遵守，则等待他的可能是逮捕。然而，第 17C 条只授权警察能够查阅身份证明，并无其他权力，除非当时的情况让警察就身份证明的真实性或合法性产生了合理怀疑。尽管如此，很明显的是，如果在上述截停或者扣留的过程中，被截停或扣留的人的行为非常可疑，或者警察有合理的怀疑认为该人已经实施，或即将实施，或意图实施任何犯罪，那么根据《警队条例》第 54 条的搜查与逮捕就会随之而来。[⑤]

那么，关于如何判断被截停或扣留者的行为是否可疑的问题，Attorney General v. Kong Chung – shing[⑥] 案给了我们答案，即被扣留者行为是否可疑要取决于警察的主观判断。在该案中，“控方的代表律师同意证据不能表明被告人行为可

---

① Kenlin v. Gardiner（1967）2QB510.

② Albert v. Lavin（1982）AC546.

③ Gary N Heilbronn, Criminal Procedure in Hong Kong（third edition）, Longman Hong Kong Education, P19.

④ 《警队条例》第 55 条规定：“任何警务人员，如有理由怀疑任何船只、船艇、车辆、马匹或其他牲畜或物件之上或之内可寻获偷窃或非法得来的东西，及合理地怀疑任何人以任何方式有或运送偷窃或非法得来的东西，则将该船只、船艇、车辆、马匹、牲畜、物件或该人截停、搜查及扣留，均属合法；任何人如获他人要约向他售卖或交付任何财产，而他有合理因由怀疑已有就该财产而犯的任何上述罪行，或该财产或其部分是偷窃或以其他非法方式得来的，该人即获本条授权将该犯罪者拘捕及扣留，而如该人有此能力，则本条规定他须将该犯罪者拘捕及扣留，并尽快将犯罪者连同上述财产交付警务人员羁押，以待依法处理。”

⑤ Gary N Heilbronn, Criminal Procedure in Hong Kong（third edition）, Longman Hong Kong Education, P26.

⑥ Attorney General v. Kong Chung – shing（1980）HKLR533.

疑，但上诉法庭却接受了判断标准是主观性的观点。因为不必表明怀疑的合理性，所以条件很容易满足。但怀疑必须是诚实的，可以对警察怀疑的诚实性提出质疑。警察必须能够解释是什么行为引起他的怀疑，仅仅凭预感和直觉不能成为扣留的根据”①。

（2）逮捕。

逮捕是对人身进行扣押的最为有力的一种方式，警察最重要的权力之一就是逮捕权。通常而言，警察实施逮捕有两个目的：其一，保证追诉犯罪的顺利进行；其二，迫使被逮捕者与警方合作以便警察能够更有效地侦查犯罪，并且防止被逮捕者继续犯下其他罪行。与搜查有所不同，警察行使的逮捕权更多的源自成文法，当然也会伴随着普通法，但无论是普通法还是成文法的规定，现在都要受制于《香港人权法案条例》。

“除了手令的可用性之外，几乎没有必要区分普通法和《警队条例》对逮捕权的规定，至少在警察层面上如此。这些权力可以相互补充，但同样需要其他一些类似的逮捕权限的填补，比如根据多种多样的香港法例授予警察以及其他法律执行者的逮捕权力。通过对后者的辨识、考察，能够更好地甄辨《警队条例》赋予警察的逮捕权是否得到扩张，以及扩张到何种程度，尽管这种扩张是极其稀少的。”②

另外，何种情况可以被视为发生了逮捕呢？在 Hussien v. Chong Fook Kam③案中，首席大法官 Devlin 认为，“当一名警察以语言表明他正在进行逮捕，或者他使用武力来限制该人时，属于逮捕。如果他使用恰当的语言或行为清楚地表明，必要的话，他会采用武力防止某人逃跑，此时也属于逮捕。警察内心只需达到合理怀疑的程度即可”④。

有鉴于此，此处关于逮捕的介绍将不再进行成文法与普通法的区分，而是仅区分无手令逮捕与有手令逮捕这两种情形，综合《警队条例》中的一般规定进行介绍。

第一，无手令逮捕。《警队条例》第 50 条第（1）款规定了警察无手令逮捕的基本权力：

“（1）警务人员拘捕任何他合理地相信会被控以下罪行的人，或拘捕任何他合理地怀疑犯了以下罪行的人，乃属合法——

“（a）任何由法律订定判处的罪行，或有人（就该罪行首次定罪时）可被判

① 赵秉志主编：《香港刑事诉讼程序法》，北京大学出版社 1996 年版，第 42 页。

② Gary N Heilbronn，Criminal Procedure in Hong Kong（third edition），Longman Hong Kong Education，P4.

③ Hussien v. Chong Fook Kam（1970）AC942.

④ Hussien v. Chong Fook Kam（1970）AC942.

处监禁的罪行；或

“(b) 如该警务人员觉得因以下理由将传票送达并非切实可行，则任何罪行——

“(i) 该人的姓名不为该警务人员所知，亦不能由该警务人员轻易确定；

“(ii) 该警务人员有合理理由怀疑该人所报姓名是否其真实姓名；

“(iii) 该人并无报出一个可作送达的妥当地址；或

“(iv) 该警务人员有合理理由怀疑该人所报地址是否可作送达的妥当地址。

“(1A) 警务人员可根据第(1)款行使拘捕任何人的权力，即使他没有为此而发出的手令，亦不论他是否目击任何人犯罪。

“(1B) 警务人员拘捕他合理地怀疑可被递解出香港以外的任何人，乃属合法。”

从上述规定来看，警察进行无手令逮捕的唯一根据就是存在“合理怀疑”，但是如何判断存在“合理怀疑”呢？通常，会采用一种“常识判断法”(Common Sense Approach)，即警察必须能够指出使其合理地怀疑犯罪已经发生或将要发生的特定情况或者事件。当然，警察不会等到犯罪已经发生才有足够的根据去证明存在合理怀疑；这种怀疑可以在比较早期的阶段产生。事实上，合理怀疑所需的根据和“表面证据确凿”的水平差不多，当然，它不仅仅是种可能性。仅仅可疑的行为只能证明询问是正当的。存在合理怀疑预示着那些事实或信息能够让一个普通的客观观察者认为可能发生了一起犯罪案件，尽管基于所有可能的情况，那些事实或信息可能被视为“合理的”。①

《警队条例》第50条第(2)款中，警察有权在进行无手令逮捕时使用适当的武力。该款规定：“任何根据第(1)或(1B)款可被合法拘捕的人，如强行抗拒为逮捕而作的行动，或企图逃避逮捕，则警务人员或其他人可使用一切必需的办法，以执行逮捕。”

使用武力进行逮捕的前提仅仅是被逮捕人抗拒逮捕或者企图逃避逮捕，而警察可使用的方式则是“一切必需的方法”。如果警察此时使用的武力超越了“一切必需的方法”这一范围，那么，警察使用武力所进行的逮捕很可能构成对公民的伤害、袭击或者非法监禁，而此时被逮捕者的反抗行为则可能被视为是正当的。

另外，《廉政公署条例》第10条的规定也要注意，它规定了廉政专员的无手令逮捕权：

“(1) 如获廉政专员为此授权的廉署人员合理地怀疑某人犯本条例或《防止贿赂条例》(第201章)或《选举(舞弊及非法行为)条例》(第554章)所订

① Gary N Heilbronn, Criminal Procedure in Hong Kong (third edition), Longman Hong Kong Education, P7.

罪行，或合理地怀疑某人身为订明人员而藉着或通过不当使用职权而犯勒索罪，可无需手令而将该人逮捕。

“（2）廉政公署在调查一宗涉嫌犯《防止贿赂条例》（第201章）或《选举（舞弊及非法行为）条例》（第554章）所订罪行时，如揭发另一项罪行，则任何该等廉署人员如合理地怀疑某人已犯该另一项罪行，以及——

“（a）他合理地怀疑该另一项罪行与涉嫌犯《防止贿赂条例》（第201章）或《选举（舞弊及非法行为）条例》（第554章）所订罪行有关连，或是直接或间接因涉嫌犯《防止贿赂条例》（第201章）或《选举（舞弊及非法行为）条例》（第554章）所订罪行而引致；或（b）该另一项罪行乃属为本款的施行而于第（5）款指明的罪行，可无需手令而将该人逮捕。”

第二，有手令逮捕。逮捕手令是由一位裁判官或者一名和平绅士所签发的命令逮捕某人并将其带至法庭的准司法命令。其作用在于，任何警察均可以依照逮捕手令上的授权而逮捕某人。在有逮捕手令的情况下，对于“被逮捕者是否实施了犯罪行为”这一点，警察无需具备任何的怀疑或者相信，无论是合理的还是不合理的。签发手令的情形具有多样性，一般而言，如果对某人实施了犯罪行为存在确实的合理怀疑，而警察又不知晓能够找到嫌疑人的准确地点，或者警察认为嫌疑人不会自首的情况下，警察通常会使用手令。在刑事程序中，如果存在被追诉者未能出席法庭审判，或者已经签发传票要求某人出庭而该人未出庭，或者该人被保释后并未如期出席法庭等情况，也属于逮捕手令签发的范畴。而且，逮捕发生时执行逮捕的警察不是必须带有逮捕手令的。[①]

第三，实施逮捕的程序。无论是有手令逮捕还是无手令逮捕，逮捕本身的有效性[②]都是最为重要的。警察在进行逮捕的过程中，通常会涉及以下几个问题：

其一，应当告知被逮捕者逮捕的原因。在 Christie v. Leachinsky[③] 案中，西蒙子爵阐述了关于告知逮捕原因的几点意见：“1. 如果一名警察基于重罪的合理怀疑而在无手令的情形下实施了逮捕，或者其他的那些同样不需要手令的罪行，在通常情况下，他必须告知被逮捕者逮捕的真正根据。他无权不告知或者告知虚假的理由。换言之，公民有权知晓他是基于何项指控或基于何种怀疑而被捕。2. 如果该名公民并未获得上述告知，但仍被逮捕，那么除非具备特定的例外条件，

---

① Gary N Heilbronn，Criminal Procedure in Hong Kong（third edition），Longman Hong Kong Education，P10.

② 逮捕本身的有效性，直接会牵连到搜查和其他的扣押行为的合法性。如果行为的相对人并不知晓其处于被逮捕的状态之中，也就是说逮捕本身的有效性被行为相对人不知晓其被逮捕这一缘由而架空，那么，犯罪嫌疑人进行的武力反抗或者逃跑行为则很可能是合法的，因为任何公民都有权对干涉其自由和人身安全的行为进行抵抗。

③ Christie v. Leachinsky（1947）AC573.

警察都要承担非法监禁之责任。3. 如果情况表明该名公民必然知晓他被逮捕或扣留的原因，那么，警察的告知义务可以免除。4. 应当告知公民他被逮捕的原因的要求，但这并不意味着要运用技术性的或者非常准确的语言。5. 如果是由于被逮捕者自身的原因致使告知其逮捕原因成为不可能，那么，此时被逮捕者不能抱怨他没有获知关于其逮捕原因的信息。例如，被逮捕者抗拒逮捕或者逃跑的行为。”①

虽然在通常状况下应当告知被逮捕者被逮捕的原因，否则逮捕便会不合法，但也有例外存在。一个非法的逮捕并不必然废除随后的犯罪认定，并且其非法性可以通过事后告知被逮捕者正确的原因得到改正。②

其二，以恰当的行为或语言向被逮捕者表明正在进行逮捕。在 Hussien v. Chong Fook Kam③ 案中，Devlin 法官强调，在进行逮捕时，警察必须采用恰当的语言或行为，使被逮捕者知晓他正在被逮捕，而非简单地截停、扣留，因为如果警察仅仅是截停了某人进行询问是不属于逮捕的。在实践中，通常出现下列情形即属于逮捕：（1）采用下述语言：“我现在逮捕你；请跟我来。”（2）警察将一只手放在某人的肩膀上。（3）如果某人有暴力倾向或威胁使用暴力，那么警察可以使用手铐。

当实施逮捕时，可以采用任何语言告知被逮捕者他现在所处的被强制的状态，即使其知晓他已经被逮捕。在 Alderson v. Booth④ 案中，首席大法官 Parker 说道，“在过去，通常我们会认为，如果没有发生确实的抓捕或者接触行为，那么该行为就不属于逮捕，但是现今已经不同了，上述看法已经不再发挥作用。如果警察没有任何接触行为，他仅仅说了‘我逮捕你’，那么这就是逮捕，当然，被逮捕者还应当服从于警察的行为。同样清楚的是，至少在我看来，如果一名警察根据不同的案件情形使用不同形式的语言，旨在引起被逮捕者的注意，并且确实引起了注意，即使其知晓他正处于强制措施之下，并且他应当对这种状况表示服从，那么此时逮捕便发生了”⑤。

对于警察而言，让被逮捕者知晓他不再自由、不再能随意去他想去的地方，

---

① Christie v. Leachinsky（1947）AC573.

② 参见 Kulyncycz（1971）1QB367 和 Chan King Hei（1995）2HKC681，载赵秉志主编：《香港刑事诉讼程序法》，北京大学出版社 1996 年版，第 61 页。

③ Hussien v. Chong Fook Kam（1969）3All ER1626.

④ Alderson v. Booth（1969）3All ER1626.

⑤ Alderson v. Booth（1969）3All ER1626.

这是一种责任。那么，这种责任可否解除？在 Inwood 案[①]中，法院清楚表明了下述观点："首先，警察有义务确保被逮捕者知晓他正处于被逮捕的状态之中，确保其知晓他已不再是自由人；其次，对于嫌疑人是否知晓他已经被逮捕，这是一个争议点，这样的事实问题应该由陪审团来判断；最后，一审法官的判决是错误的，他错误地指示了陪审团关于上述争议的认知。法庭认为，判断一个人是否已经被逮捕这一事实要依赖于不同案件的特定情况。没有固定的模式可以适用于所有的案件以及不同的程序，这些都要根据不同的人而定，取决于他们的年龄、种族、运用英语的能力、智商以及是否存在身体或精神障碍。"

其三，逮捕中适当使用武力的情形。《香港刑事诉讼程序条例》第 101A 条规定，一个实施逮捕的人可以使用"在当时环境而言属于合理的武力"。如果被告人没有企图逃跑或者拒绝逮捕，没有必要和理由使用武力。根据 Reed v. Weatie[②] 案，使用武力惩罚嫌疑人是非法的。[③]

2. 对财产实施的扣押

（1）普通法的要求。普通法中，在以下两种情形下，警察可以合法地扣押公民财产并且基于相关目的扣留合理的时间。

第一，正式进入刑事程序之后的扣押。这是比较普通的一种情形，当逮捕已经发生，并且已经提起了指控，此时案件正式进入了刑事程序，这时进行的财产扣押行为通常都是合法的。正如在 Chief Constable of Kent v. Anor[④] 案中，判决认为警察有权扣押并扣留与追诉罪行相关的货物，或者甚至是追查此类货物的销售过程，其原因在于，在刑事指控中，警察有责任扣留可作为实质证据使用的货物，而且也为了使其最终能回到其真正的所有者手中。

第二，进行逮捕之前的扣押。除了上述情形外，另外一种，也是比较复杂的扣押财产的情形是，在没有进行逮捕之前的扣押与扣留。此种情形通常是指已经

---

① Inwood（1973）2All ER645. 该案的案情大致是：一名有着良好品格的被告人，自动跟从警察到了警局以便就失窃物品事件接受询问。在询问中，警察告知被告人他将会被起诉，但并未明确告知他已经被逮捕。被告人允许警察对其进行了搜查并且被采集了指纹样本。在这之后被告人想离开警局，但是被警察阻止，这时被告人进行了反抗，接着他被以妨碍警察执行公务罪被起诉。一审法官对陪审团进行了如下指示，即从被告人被告知他即将被以特定罪名起诉的那一刻起，他就已经处于被强制的状态，并且不再是一个自由的人，相应的，在此之后他实施的任何针对警察的行为都属于妨碍警察执行公务的行为，因此警察有权扣留被告人。最终，被告人被判有罪。后来被告人提起上诉，其上诉理由是：他从不知晓自己已经被逮捕，因此是警察非法地限制了他的自由。上诉法院支持了被告人的上诉，有罪判决被撤销。

② Reed v. Weatie（1972）Crim LR221.

③ 赵秉志主编：《香港刑事诉讼程序法》，北京大学出版社 1996 年版，第 61 页。

④ Chief Constable of Kent v. Anor（1982）3WLR462.

进行了搜查，但除此之外并没有其他逮捕或针对人身的任何强制措施存在。此时，如果是根据手令进入建筑物，那么依据成文法的规定，警察可以取走嫌疑人或其房屋内所有的任何物品，只要警察合理地相信该物品对于所调查的罪行（嫌疑人因该罪行被逮捕）而言是实质性证据。进一步说，如果在搜查的过程中警察找到了涉嫌其他罪行的一名嫌疑人的物品，他们可以搜查并扣押此类物品，只要能够证明他们的行为是合理的，并且扣押也是完全必要的。通常，普通法允许警察在合法地拥有了某些财产的前提下，可以继续扣留这些财产以用于今后的起诉，[①] 但是，Ghani v. Jones[②] 案在侦查中，从被告人（被怀疑与某谋杀案有关）处拿走的一些护照和文件被判决返还给物主，因为他们继续扣押的行为不能满足以下特定标准：其一，警察必须有合理根据相信已经发生了严重的犯罪，这样一来将嫌疑人带至法官面前就是极为重要的；其二，处于争议中的物品必须是犯罪的赃物，如实施犯罪所使用的工具，或者证明实施了犯罪的实质性证据；其三，警察必须有合理理由相信持有该物品的人与犯罪有着隐藏的或者线索性的某种程度的关系；其四，该物品不会为了侦查或者保全证据而被扣留很长时间，如做一个副本，或者尽可能地将原件归还。而且，在判断警察行为合法性的时候要考虑的是行为当时的情况而不是在那之后发生了什么。[③]

（2）成文法的规定。成文法中，调整财产扣押行为的法例主要针对的是上文的第一种情况，即发生于逮捕之后的扣押行为。《警队条例》第 50 条第（6）、（7）款和《警队条例》第 57 条[④]分别规定了逮捕后对人进行的附带搜查，在逮捕现场的被逮捕者身上或附近发现的物品的扣押，以及对处于监禁中的人的车辆、船艇、马匹或其他牲畜或物件的扣押。财产一旦被扣押，会将其存放在安全的保管地点作为保证，以确保曾将其掌管的人可能须缴付的罚款得以缴付，以及确保为将其接管及保存而需要招致的开支得以缴付。此时聆讯该案的裁判官可以命令出售该等车辆、船艇、马匹等物，以偿付该罚款及合理开支。

---

① 赵秉志主编：《香港刑事诉讼程序法》，北京大学出版社 1996 年版，第 54 页。

② Ghani v. Jones（1969）G. No. 2947.

③ Ghani v. Jones（1969）G. No. 2947.

④ 《警队条例》第 50 条的内容在“入室搜查”部分已有介绍，此处不再重复。《警队条例》第 57 条规定：“（1）警务人员如根据本条例将掌管任何车辆、船艇、马匹或其他牲畜或物件的人羁押，则该人员接管该马匹、车辆或船艇或其他牲畜或物件，并将其存放在某些安全保管地点，作为保证，以确保曾将其掌管的人可能须缴付的罚款得以缴付，及确保为将其接管及保存而需要招致的开支得以缴付，乃属合法。（2）聆讯该案的裁判官，在上述罚款及合理开支未予缴付时，命令出售该等车辆、船艇、马匹或其他牲畜或物件，以偿付该罚款及合理开支，乃属合法。出售方式犹如该等车辆、船艇、马匹或其他牲畜或物件均属扣押的对象及为上述罚款及合理开支的缴付而已被扣押一样。”

第八章 澳门地区刑事搜查扣押制度

一、概　　述

（一）《澳门刑事诉讼法典》立法概况

澳门刑事诉讼中的搜查扣押制度规定在《澳门刑事诉讼法典》之中。《澳门刑事诉讼法典》是1996年8月15日依法核准的，同年9月2日公布，并于1997年4月1日起开始生效。这部法典在澳门被称为"新刑事诉讼法典"。《澳门刑事诉讼法典》是澳门地区政府自己制定的第一部刑事诉讼法典。在此前，澳门实行的是《葡萄牙刑事诉讼法典》。该法典是葡萄牙于1929年制定的，1931年1月由葡萄牙政府命令在澳门生效。《澳门刑事诉讼法典》生效后，又于1999年经澳门立法会以法律的形式进行过两次修改。鉴于这些修改并不涉及搜查扣押制度，本章不作介绍。现行的《澳门刑事诉讼法典》又被称为大法典①，是澳门法律体系的基本构成之一。澳门自主制定法典，是彪炳澳门法制史册的大事。《澳门刑事诉讼法典》共有499条，其结构是：引则及一般规定，在后面分为第一部分和第二部分。部分以下为卷，两部分共有11卷，其卷的顺序号统一排列。本章讨论的搜查和扣押制度，规定在第三卷"证据"中的第三编"获得证据之方法"中。

搜查与扣押，是澳门法制的重要法律制度之一。为了准确理解这两项制度，有必要了解现行《澳门刑事诉讼法典》的立法背景。根据1987年4月13日中葡两国政府签署的关于澳门问题的联合声明，确认中华人民共和国政府于1999年12月20日恢复对澳门行使主权。其间于1993年3月31日，我国第八届全国人大通过了《澳门特别行政区基本法》（以下简称《澳门基本法》）。根据中葡两

① 澳门立法会出版了大法典汇编，包括《澳门民法典》、《澳门刑法典》、《澳门商法典》、《澳门民事诉讼法典》和《澳门刑事诉讼法典》。见2003年7月澳门特别行政区立法会组织出版之大法典汇编（中文版）前言。

国政府联合声明和《澳门基本法》的规定，澳门开始清理和制定若干重要法律，实现法律制度的顺利过渡和法律本地化，以便规范、管理和调整回归以后的社会秩序和法律关系。在制定《澳门刑事诉讼法典》时，不仅存在澳门即将回归祖国的历史背景，即它必须体现和遵守中葡两国政府联合声明和《澳门基本法》的精神和原则；而且也正值欧美许多国家刑事制度改革的时期，刑事法律制度中维护个人自由和扩张人权保障的精神与元素普遍增加。特别是欧洲的法国、意大利和德国的刑事法律制度改革，对《澳门刑事诉讼法典》产生了相当大的影响。当时的立法者主要是葡萄牙法律专家，他们草拟法典，也必然根据或参照葡萄牙的宪法和刑事诉讼法。因此，《澳门刑事诉讼法典》体现的一些规则和程序具有当时的成功经验和历史烙印都是必然的。

（二）有关本章使用的几个基本概念

搜查与扣押是刑事诉讼中查获犯罪嫌疑人，发现、收集和保全证据（或可没收物）的重要手段之一，是国家或独立的法域（如我国的香港和澳门地区）通过制定刑事诉讼法等法律、法规，赋予侦查、起诉和刑事审判机关获得证据，查明案件事实的强力措施；同时，也是维护公民（居民）基本权利不受非法侵犯的重要制度。尽管不同国家或地区的法律中对搜查与扣押的称谓、规则以及具体操作程序不尽相同，然而，这项制度却注定是一切刑事诉讼法中所不可或缺的基本制度。

1. 搜　　查

汉语中的搜查通常是指搜索和检查（犯罪嫌疑人或违禁的物品），搜查包含搜索。搜索则是进一步仔细寻找（隐藏的人或物品）。我国《刑事诉讼法》第109条以立法语言比较清楚准确地规定了搜查的概念，即“为了收集犯罪证据、查获犯罪人，侦查人员可以对犯罪嫌疑人以及可能隐藏罪犯或者犯罪证据的人的身体、物品、住处和其他有关的地方进行搜查”。在《澳门刑事诉讼法典》中，将搜查和搜索并用，称为“搜查及搜索”。这在其他诉讼法中是不多见的，我们将在下文进行具体介绍。有关搜查的概念，还应当注意它与“检查”的区别。《澳门刑事诉讼法典》第156条对检查的概念进行了规范：“透过对人、地方及物之检查，查看犯罪可能遗下之痕迹，以及有关犯罪之方式及地方、犯罪行为人或犯罪所针对之人之一切迹象。”这与我国《刑事诉讼法》中的“勘验、检查”十分相近。可见，《澳门刑事诉讼法典》中之检查，是为了获得有关“痕迹或迹象”。与之相比，搜查、搜索，则是为了获得有关“物件”，或犯罪嫌疑人或其他应被拘留之人。

2. 扣　　押

法律用语中的扣押，是指公安、司法机关将与案件有关的某些物品、文件强制留置的措施。法律规定的扣押有行政执法中的扣押、刑事诉讼中的扣押以及民事诉讼中的扣押，其规则和程序各有不同。[①] 刑事诉讼中的扣押与民事诉讼中的扣押尽管都以诉讼形式存在，但也有扣押权力主体、标的和程序等方面的差别。在刑事诉讼中，扣押标的物与证据相关，我国《刑事诉讼法》在“侦查”一章中规定为“扣押物证、书证”，属于侦查行为；而《澳门刑事诉讼法典》则规定为“获得证据之方法”。但通说是，侦查、检察和审判机关都有权决定扣押。在我国民事诉讼中，人民法院为诉讼保全或者判决裁定执行，依照法定权限和程序可以扣押与案件有关的财物。

3. 假扣押

假扣押是《澳门刑事诉讼法典》第 212 条使用的特殊概念，法律称之为“预防性假扣押”，规定在“财产担保措施”一编之中，与“人身强制措施”并列，并规定在同一卷中。该条法律规定，“如嫌犯或应负民事责任之人不提供其被命令之经济担保，法官得应检察院或受害人之声请，依据民事诉讼法律之规定命令进行假扣押”。假扣押是从《澳门民事诉讼法典》中嫁接过来的。[②] 可见《澳门刑事诉讼法典》第 212 条虽然使用了扣押概念，又冠以“假扣押”，但与获得证据方法关系不大，此不赘述。

（三）搜查、扣押的性质问题

事物的性质，更多情况下指该事物的本质属性。本章所讨论的搜查与扣押的性质，是一种规定在刑事诉讼法之中的行为，因此，它们既受诉讼法的规范，同时又是一种与追究犯罪相关的活动。而追究犯罪，通常是一定国家机关的权力。我国《刑事诉讼法》将它们规定在“侦查”章节之中，属于侦查活动，体现出立法者对其本质的认识。这就突出了搜查和扣押的强制性和权限性；在价值取向上强调了惩罚犯罪的方面。因为我国的侦查权只属于侦查机关。当然，也并不是没有从其他角度观察和探讨的余地。例如，我国《刑事诉讼法》第 158 条规定，人民法院在审判中，调查核实证据时可以进行扣押等活动。而在第 77 条又规定，人民法院在必要时可以扣押被告人的财产（此处之扣押又不同于第 158 条规定之扣押）。这也就是说，人民法院在特定情况下有权进行扣押。

而澳门立法者对搜查、扣押性质的认识显然与我国内地立法者的认识略有差异。例如，《澳门刑事诉讼法典》将搜查和扣押规定在“获得证据之方法”中，这便淡化了它们的强制性色彩，而显示出对其偏重于方法性的认识，更趋于中性。同时，澳门立法将搜查和扣押规定为“获得证据之方法”，便于搜查、扣押行为主体的分散化和多元化。在许多场合，搜查、搜索或扣押权由警察、检察院

---

① 《辞海》（增补本），上海辞书出版社，第 200 页。

② 见《澳门民事诉讼法典》第 351 ~ 355 条之规定，该概念的解释，参见李伟民主编：《法学辞海》，蓝天出版社 1998 年版，第 1557 页。

和法院多个主体相互制约行使，以防止此等权限被滥用，从而背离立法的初衷。相比之下，我国《刑事诉讼法》将它们规定为侦查行为，则使主体和权限集中化，程序也相对简便，这似乎更有利于提高收集证据和打击犯罪的效能。此外，我们也看到《澳门刑事诉讼法典》特别把搜查与搜索分开，这也许并不只是技术性处理，而在于更加注重刑事诉讼的人性化，更加突出对人身权利、人格尊严的重视和保护。正如《澳门刑事诉讼法典》第160条规定，“进行搜查时应尊重个人尊严，并尽可能尊重搜查所针对之人之羞耻心”。在使用搜索概念时，除区分对人和场所（处所）的程序不同以外，更是为了对个人住所、特殊地方、场所（处所）和单位的特殊保护。当然，澳门立法对搜查和扣押性质的体现也还有发展和完善的空间。特别是在注重人性化和保护人权的同时，也必须考虑充分发挥搜查和扣押的及时性和效率性问题。尤其是随着科学技术的发展和使用，搜查和扣押会更多进入个人的隐私权范畴，如何规范搜查和扣押的权限、规则和程序，是立法和执法面临的现实问题。

二、搜查、扣押的原则

原则是对一些基本准则的抽象和概括性表述。《澳门刑事诉讼法典》并没有专门文字规定搜查和扣押的原则。此处所阐述的原则，是笔者从法典的相关规定中归纳的，并且基本上只作客观介绍。

（一）突出保障人权，并与有关国际公约接轨

《澳门刑事诉讼法典》在基本价值取向上，即在打击犯罪和保障人权基本价值目标上，将保障人权放在更为突出的位置。这与《澳门基本法》的精神是一致的。在《澳门基本法》的“居民的基本权利和义务”一章中，有多个条文规定保障人权的精神和原则。例如，禁止非法搜查居民的身体；澳门居民的人格尊严不受侵犯；澳门居民享有个人的名誉权、私人生活和家庭生活的隐私权；澳门居民的住宅和其他房屋不受侵犯；禁止任意和非法搜查、侵入居民的住宅和其他房屋。《澳门基本法》的这些规定，在《澳门刑事诉讼法典》的执法权限、基本原则、规则和操作程序上都有表现。《澳门刑事诉讼法典》在搜查、搜索和扣押等涉及可能侵害人身权利、隐私、财产权利的程序规则中，突出保障人权的价值倾向更加明显。澳门当局在公布该法典时，澳门护理总督签署核准该法典生效的第48/96/M号法令前言中，曾作如下表述，“本法典之结构、体系及所体现之一切具体解决办法，均力求更严格地完全符合有关保护人权、人身自由及保障之国际法文书之规定，甚至单纯之指令，但也不忽视有效地贯彻保护澳门社会及其根本价值，尤其是维护社会秩序、安宁以及法律上之安定。同时，力图使刑事调查迅速与有效，并在受保护之法益遭到侵犯时作出弥补及使社会感到安心”。基于

这一原则精神，立法者在规范执法机关搜查、搜索及扣押权限上，作出了非常严格的规定；在程序上规定得也相当细密，有的几近繁琐。同时，还规定了在许多情况下使行为无效的规则。该法典除在“获得证据之方法”一章中，“搜查及搜索”规定了4个条文，“扣押”规定了9个条文以外，又在侦查行为的规定中特别重申了对住所、医生诊所、律师事务所、银行等场所的搜索规则；对一些特殊的部门、单位的文件及函件的扣押，作出了更加严格、细密的规定。澳门在立法过程中，搜查和扣押规则的制定也成为有关部门（如司法及安全委员会）和立法会极为关注的几个重点问题之一。这充分体现在澳门的第9/V/96号法案和《澳门刑事诉讼法典》草案讨论的意见以及理由阐述中，这些文件反复强调了有关羁押、住所搜索及私人通讯保密等三个方面的立法规定，而且总督必须获立法会许可后，才能核准法典，防止法典草率出台。因为上述三个范畴均为限制公民重要基本权利之例外行为，因此，《澳门刑事诉讼法典》草案规定，作出该等行为，须由法官命令或许可，否则无效；同时，亦清楚及明确规定具体实施该等措施之条件。《澳门刑事诉讼法典》第162条、第165条规定，对有人居住之房屋或其封闭之附属部分之搜索，仅得由法官命令或许可进行。除所针对之人同意，不得在日出之前，亦不得在日落之后进行。搜索律师事务所或医生诊所或实施扣押，都必须由法官亲自在场主持，否则无效。可见，对权限和程序的控制都是十分严格的。

（二）合法性原则

合法性原则的宗旨在于防止滥用权力，并实行程序法治。《澳门刑事诉讼法典》的合法性原则，不仅表现为强调诉讼权限的正当性与诉讼程序的合法性，还特别强调合法性原则的实体法效力。该法典第2条就明确规定，“必须依据本法典之规定，方得科处刑罚及保安处分”。在该法典第三卷“证据”中的第112条再次规定了证据之合法性原则，即“凡非为法律所禁止之证据，均为可采纳者”。第113条亦规定了“在证据上禁用之方法”。其中，与搜查、扣押有关的规则特别强调获得有关权利人的同意，否则除属法律规定的情况外，便违背了证据之合法性原则，所获得之资料为不可采纳。不仅在搜查和扣押程序上严格规定了执法机关必须遵守之权限和程序，进而还规定了行为无效程序。在诉讼行为卷中，专门列出第五编规定行为无效的原则和补正规则，又特别指出，有关“本编之规定不影响适用本法典关于证据上之禁止之规定”。这就明确了证据程序的合法性，延伸为违法证据之排除规则，即“违反证据上禁止之规定的行为必然导致获得证据能力的排除”。可见，《澳门刑事诉讼法典》的证据合法性原则，不仅要求权限的合法和行为程序的合法，还会导致非法获得的证据因证据能力（可采性）而被排除。

（三）区别对待原则

搜查和扣押活动针对的情况是纷繁复杂的，这就要求立法者既应当充分发挥搜查、扣押的公权力效能，又要最大限度地控制公权力对公民权利干预的力度。如何将两者的关系处理得恰到好处，就是权限和程序的比例原则要解决的问题。《澳门刑事诉讼法典》大都是以法定方式规制区别对待的权限和程序，检察院和法官的自由裁量余地很小，这符合程序法治原则。区别对待原则的主要内容如下：

1. 搜查及搜索

原则上搜查及搜索由有权限的司法当局（检察院和法官），以批示许可或命令进行，并应尽可能由该司法当局主持，但若干种法定情形下则可由刑事警察当局进行。对律师事务所和医生诊所（这些场所会涉及与案件无关公民的信息甚至个人隐私）的搜查或搜索，必须由预审法官批示，并且必须由预审法官亲自在场主持进行，否则行为无效。对有人居住的住所进行搜查或搜索，原则上由法官命令或许可进行，但法定的情况下也可以由检察院甚至是刑事警察机关实行。对有人居住之房屋或其封闭之附属部分之搜索，除所针对人同意，不得在日出之前和日落之后进行，此外的场所则不受时段限制。

2. 扣　押

《澳门刑事诉讼法典》规定，对于扣押活动，某些情形由司法当局批示许可或命令为之，某些情形由刑事警察当局进行，尔后再由司法当局宣告有效。例如，该法典第163条第4款规定："依据本法典就搜查或搜索作出之规定，又或遇有紧急情况或如有延误将构成危险者，刑事警察机关在进行搜查或搜索时得实行扣押。"此外，法典对函件扣押，在律师事务所或医生诊所、银行场所等特定处所进行扣押，都具体作出了权限和程序限制的一些规定，以体现区别对待原则。

3. 比例原则

比例原则是区别对待原则的一项限制性规则，也称禁止过分原则。[①] 它意味着对公民权利的限制或不利影响，只有在公共利益所必要的范围内方得为之。比例原则，使执行区别对待原则时将对有关公民的不利影响压缩在最低限度；同时，又使公权力的行使符合诉讼效能的要求。例如，《澳门刑事诉讼法典》第163条规定了可扣押之物件及扣押之前提的一般规定。而同时在"扣押"一章的其他条文中分别作出了对函件扣押、在律师事务所或医生诊所内进行扣押、在银

---

① 关于比例原则的含义，参考《中国大百科全书》（第二版）（法学），中国大百科全书出版社2009年版，第589页。该解释为：为控制行政自由裁量权的运用，19世纪以来，德国提出了比例原则，目前已为世界很多国家所采用，比例原则也称禁止过分原则。

行场所内进行扣押等特别规定，以体现对有关公权力行为的限制和对公民个人权利的保护。

三、搜查、扣押的程序

（一）搜查与搜索程序

《澳门刑事诉讼法典》将搜查与搜索程序相区分进行并列规定，两者既有共同的程序规则，也有各自的程序规则。

《澳门刑事诉讼法典》将搜查与搜索程序分为共同程序与独立程序分开规定。该法典第159条第1款规定，如有迹象显示某人身上隐藏任何与犯罪有关或可作为证据之物件，则命令进行搜查。可见，搜查的证据条件是“有迹象显示”。这是澳门程序法常用的一个概念。例如，《澳门刑事诉讼法典》第186条规定羁押条件为“有强烈迹象显示”；第239条规定现行犯情况下之拘留条件时，表述为“带有能清楚显示其刚实施或参与犯罪完毕之物件或迹象者”或“存有能清楚显示犯罪正在实施及行为人正参与犯罪之迹象时”；第265条规定有关检察院提出控诉的证据条件时，表述为“侦查期间收集到充分迹象，显示有犯罪发生及何人为犯罪行为人”。由上可见，有迹象显示、有强烈迹象显示、清楚显示迹象、充分迹象显示等，都是证据条件的具体等级，有的侧重于个别证据的可靠程度，有的则包括一系列证据的质与量。搜查的证据条件要求不高的，搜索的证据条件与其一致，只是搜索是针对与犯罪有关或可作为证据之物件，或者嫌犯或其他应被拘留之人，正处于保留予某些人进入之地方或公众不可自由进入之地方（《澳门刑事诉讼法典》第159条第2款）。正因为搜查是针对人身，而搜索是针对地方（处所），所以二者在程序上就会有同有异，相同者一并规定，不同者各自规定。

1. 共同程序

根据《澳门刑事诉讼法典》第159条第3款的规定，通常情况（一般情况）的搜查与搜索，应当由有权限之司法当局以批示许可或命令进行，并应尽可能由该司法当局主持。此外，即相对于通常情况，可以称之为特殊情况的搜查与搜索，该法典第159条第4款以列举方式对此加以规定，并明确授权由刑事警察当局进行搜查与搜索。立法以列举方法授权可以避免执法者权限扩张。特殊情况分别是：（1）有理由相信延迟进行搜查或搜索可对具有重大价值之法益构成严重危险；（2）获搜查或搜索所针对之人同意，只要该同意以任何方式记录于文件[①]上；（3）因实施可处以徒刑之犯罪而在现行犯情况下进行拘留者。对于第二种情况，只要有能证明所针对人明确表示同意的文件记录就可以实施搜查或搜索。这种情况要求法律手续完备。第三种情况也相当明确，即《澳门刑事诉讼法典》第238条第1款之规定，现行犯则是指该法典第239条之规定。对现行犯，通常是在警察拘留的同时或警察接手时，就立即对该人进行搜查或对与该人涉嫌犯罪的地方或有关物件进行搜索，当然法律另有规定的除外。但值得注意的是，关于对现行犯的拘留，《澳门刑事诉讼法典》第238条第1款规定，"任何司法当局或警察实体须进行拘留"；而该法典第159条第4款规定由刑事警察当局进行搜查及搜索。拘留的权限主体宽于搜查或搜索的权限主体，二者的主体是包含关系（见该法典第1条）。实际上，对现行犯实施拘留的同时进行紧急搜查或搜索，应当是通常做法。笔者认为，对《澳门刑事诉讼法典》第159条第4款中"刑事警察当局"的概念，应当作广义解释，即与第238条的规定是一致的，不仅指澳门的"刑事警察当局"，也应指其他具有调查犯罪权限的机构。

再看可由刑事警察当局进行紧急搜查或搜索的第一种情况。《澳门刑事诉讼法典》在此使用了分量很重的措辞，即有理由相信延迟搜查或搜索可对具有重大价值之法益构成严重危险。这种概念表述说明立法者要求慎重对待此种权限。当然，法律也留有刑事警察当局的裁量余地，即"有理由相信"，这又回到搜查与搜索的前提条件了，即"有迹象显示"。为了避免刑事警察当局不当使用该种权限进行搜查或搜索，《澳门刑事诉讼法典》特别规定事后的司法审查认可程序。凡属于此种情况的搜查或搜索，刑事警察当局"须立即将所实施之措施告知预审法官，并由预审法官审查该措施，以便使之有效，否则该措施无效"。

除上述三种情况以外，在《澳门刑事诉讼法典》的第二部分（诉讼程序）的初步阶段中也规定了搜查及搜索（第234条），它们属于诉讼保全措施及警察措施性质，但适用此种规则时必须与前面之规则协调一致。这意味着在前述第159条第4款列出的三种情况之外，还存在一种适用紧急搜查和搜索的情形。

2. 搜查程序

依照《澳门刑事诉讼法典》的规定，搜查程序可分为通常搜查（一般程序）与紧急（例外）搜查（刑事警察当局直接进行的搜查）。该法典第160条的规定属于通常情况的搜查。进行搜查前，先由法官或检察院将命令搜查的书面批示之副本交予搜查所针对之人。该副本须指明搜查所针对之人得指定其信任且到场不

① 刑事法律中的"文件"的概念参见《澳门刑法典》第243条的规定。但此处所指文件应当是指通常用于记录陈述之文书文件或者本人书写之文书文件，便于日后作为证明文件，属于狭义文件。

会造成耽搁之人于搜查时在场。如果被搜查人拒绝接受搜查副本，通常应当由实施搜查之负责人，宣读搜查所针对之人的权利，包括指定某见证人在场。当然，他也可以明确表态，不指定见证人在场。对于《澳门刑事诉讼法典》第 159 条第 4 款规定的搜查，则由刑事警察当局直接进行紧急搜查，而不必事先取得司法当局的批示或命令。

《澳门刑事诉讼法典》在规定搜索程序时，又规定了一种属于可以进行紧急搜查的情况。具体是指第 161 条（搜索之程序）第 3 款之规定，在执行通常搜索程序时“如命令或执行搜索者有理由推定第一百五十九条第一款之前提成立，得于搜索之同时或搜索期间，对身处搜索地之人进行搜查；在搜索时，得同样采取第一百五十八条所规定之措施”。此处之紧急或特殊情况，应当是指此时此地“正在进行搜索”的事实情况，此时只要是身处搜索地的人，并且搜查的前提成立，就可以进行紧急搜查，不需要有权限之司法当局另行批示或命令许可。对此，法律规定的条件是“有理由推定搜查之前提成立”，而不是前述第 159 条第 1 款规定的“有迹象显示”。何谓“有理由推定”，没有法律解释，也没有相关的规定。所以此处的“推定”，应当是执行搜索者（执法者）根据经验或逻辑规则进行的事实推定，甚至可以适用检查程序（《澳门刑事诉讼法典》第 156 ~ 158 条规定的强制方法）。

搜查是直接针对人的身体进行的，所以《澳门刑事诉讼法典》规定不论是通常搜查还是紧急搜查，都“应当尊重个人尊严，并尽可能尊重搜查所针对之人之羞耻心”。如果需要进行体内查验（如体内可能藏有毒品等），还需要采取保护人身健康的必要措施，并且需要在合适的场所进行。

3. 搜索程序

搜索与搜查一样，也分为通常情况（一般情况）的搜索与特殊情况（场所）的搜索。

（1）通常搜索。根据《澳门刑事诉讼法典》第 161 条的规定，进行搜索前，须先将司法当局命令搜索之批示副本交予事实支配搜索地之人，该副本须指明该人得在场观看搜索，并由其信任且到场不会造成耽搁之人陪同或替代。事实支配该搜索地之人，通常是指对被搜索地具有所有权或使用权或管理权责或代管、守护等权责，并且对同意搜索的允诺表态能够负责的人。如果该人拒绝接受搜索批示副本，主持实施搜索的人应当宣告副本指明的有关内容。

如果事实支配搜索地之人不在现场，则应尽可能将副本交予该人的亲属、邻居、门卫或其他可替代之人。其他可替代之人，也应当包括与案件无关，可以在场见证搜索程序合法性之人（我国《刑事诉讼法》第 112 条的相关规定为，在搜查的时候，应当有被搜查人或者他的家属、邻居或者其他见证人在场）。其他在场见证人作为最后选择的规定，具有可操作性。

《澳门刑事诉讼法典》第 161 条在规定通常搜索程序的同时，在其第 3 款又赋予命令搜索的主体或执行的主体可以适用检查程序中的两项权限：其一，在法定条件下“对身处搜索地之人进行搜查”；其二，“在搜索时，得同样采取第一百五十八条所规定之措施”，即“有权限之司法当局或刑事警察机关得命令某人或某些人不得离开受检查之地方；欲离开受检查之地方之人必须在场时，有权限之司法当局或刑事警察机关得在有需要时借助警察部队强迫该等人逗留于受检查之地方，直到检查完结”。为了在紧急情况下防止犯罪痕迹在检查前湮灭或改变，《澳门刑事诉讼法典》又授权具有当局权力之人员，暂时采取保护现场的限制措施。

（2）对特殊场所的搜索。搜索针对的场所或处所是多种多样的，与单指对人的搜查不同。对住所、律师事务所或医生诊所、官方卫生所等特殊场所的搜索，除应当遵守上述通常搜索程序之外，《澳门刑事诉讼法典》还作了如下特别规定：①第 162 条第 1 款规定，对有人居住之房屋或其封闭之附属部分的搜索，仅得由法官命令或许可进行；在进行搜索的时间上，规定为除搜索针对之人同意外，不得在日出之前和日落之后进行。根据一般规则，当事人同意，应当记录于日后可以查阅的文件上；至于日出与日落时间问题，通常应当按照澳门当地的习惯解释，如事后有争议，应当以澳门当地权威部门的认定为准。第 162 条第 2 款又规定，如果属于《澳门刑事诉讼法典》第 159 条第 4 款规定的第一种和第二种情况（即本章前面称之为紧急搜索的情况），亦得由检察院命令进行，或者由刑事警察机关进行。同时规定，相应适用第 159 条第 5 款的规定，即必须立即告知预审法官审查认可。值得注意的是第 162 条第 1 款与第 2 款的关系问题。特别是第 162 条规定的是“住所搜索”，其第 2 款使用“住所”概念，而第 1 款却使用“有人居住之房屋或其封闭之附属部分”，前后两个概念如何适用？其关系如何？从法典的立法技术看，立法者的目的是为了特别保护“私人生活”，因此将第 1 款解释为“搜索当时正在有人居住”可能更切合立法意图。第 2 款应当是紧急情况下对住所的搜索程序之规定，不能适用于第 1 款情况。②第 162 条第 3 款是对律师事务所或医生诊所进行搜索的一些特别规定 。其一，实施搜索须由法官亲自在场主持，否则无效。这比第 1 款规定之“有人居住之房屋”的搜索要求更加严格。其二，如果有代表该职业之机构，则法官须预先告知该机构之主持人，以便其本人或其代表于搜索时能在场。如此规定“在场权”，当然是为了强化保护此等单位的正常执业，同时也为了保护与其有关的居民个人或有关单位的权利和利益。此外，第 162 条第 4 款特别规定了搜索官方卫生场所时，告知该场所领导人或法定替代人在场的程序。

（3）在搜索中实施搜查的程序。《澳门刑事诉讼法典》第 161 条第 3 款规定，在搜索过程中如果命令或者执行搜索者，有理由推定搜查的前提成立，得于搜索之同时或搜索期间，对身处搜索地之人进行搜查；在搜索时，得同样采取第158条所规定之措施。此项规定是在对地方（场所）进行搜索过程中，遇有需要进行搜查之人的紧急处置。此时之搜查，只需要命令搜索者或执行搜索者“有理由推定”进行搜查的前提成立，就可以对身处搜索地之人直接进行搜查，与通常搜查的前提即“有迹象显示”的事实条件相比更加急迫。此规定的关键问题是如何把握“有理由推定”即搜查前提的成立。对此，笔者认为，可以参考《澳门刑事诉讼法典》第234条的规定，即“只要涉嫌人即将逃走，又或基于有依据之理由相信在涉嫌人身上或某地方上藏有与犯罪有关而可用作证据之物件，且如不进行搜查或搜索，将有可能失去该物件者，则除第一百五十九条第四款所规定之情况外，刑事警察机关亦得未经司法当局预先许可而搜查涉嫌人及进行搜索；但属住所搜索者，则必须经司法当局预先许可”。当然，《澳门刑事诉讼法典》第234条同时规定，必须执行及时向预审法官报告审查认可的程序。

（二）扣押程序

扣押也是获得证据的方法，通常是与搜查或搜索同时进行或者在之后进行，也可以单独进行扣押。《澳门刑事诉讼法典》第163条规定的扣押对象为“物件”，并且必须是“曾用于或预备用于实施犯罪之物件，构成犯罪之产物、利润、代价或酬劳之物件，以及行为人在犯罪地方遗下之所有物件或其他可作为证据之物件”。《澳门刑事诉讼法典》在本章的其他地方又多次使用“文件”概念，可见物件也包括文件。何为物件？我国内地《现代汉语词典》将“物件”解释为：“泛指成件的东西。”这一解释外延过宽，似乎也不是十分准确。因为扣押物件的一个法律特征是一定权利所指向的物件，扣押必然涉及对一定权利的限制。如果某个成件的东西不属于任何权利主体，则并不需要扣押，而是直接提取在案即可。扣押物件的另一个法律特征就是必须与犯罪案件有一定的关联，并且这种关联程度应当是有诉讼（证据）意义。如果关联特别微弱，没有诉讼意义，也不必或不能扣押。

至于“文件”的概念，《澳门刑法典》第243条有专门定义，即“（一）表现于文书，又或记录于碟、录音录像带或其他技术工具，而可为一般人或某一圈子之人所理解之表示，该表示系令人得以识别其由何人作出，且适合用作证明法律上之重要事实，而不论在作出表示时系作为此用，或之后方作此用者；及（二）对一物实际所作或给予之记号，又或实际置于一物上之记号，其系用以证明法律上之重要事实，且令一般人或某一圈子之人得以识别其用途及其所证明之事”。

关于扣押程序，《澳门刑事诉讼法典》规定得比较详细。下面分别对扣押的一般程序规则、函件扣押、在特定场所进行扣押、对扣押物件的处置等几个问题分别加以介绍。

1. 扣押的一般程序规则

关于可以扣押之物件，有以下几种：曾用于犯罪或预备用于犯罪之物件；构成犯罪之产物、利润、代价或酬劳之物件；行为人在犯罪地方遗下之物件；其他一切可作为证据之物件。概言之，即与犯罪有关的一切物件和可作为证据之物件。可作为证据的物件，不仅是可证明嫌疑人有罪的物件，也应当包括可证明嫌疑人无罪的物件（我国《刑事诉讼法》第114条的规定较好，即在勘验、搜查中发现的可用以证明犯罪嫌疑人有罪或者无罪的各种物品和文件，应当扣押）。对于扣押前提问题，《澳门刑事诉讼法典》第163条规定，"扣押系由司法当局以批示许可或命令为之，或宣告有效"；"依据本法典就搜查或搜索作出之规定，又或遇有紧急情况或如有延误将构成危险者，刑事警察机关在进行搜查或搜索时得实行扣押"。也就是说，法律允许刑事警察机关（当局）直接进行搜查或搜索的情况就可以直接进行扣押。但法律同时规定，此种情况刑事警察机关执行的扣押，最迟须于72小时内由司法当局宣告有效。此外，属于检察院许可、命令或宣告有效的扣押，有关当事人得于5日期间内向预审法官申诉。对此，法律又作出限制性规定，对扣押的申诉必须与其他问题分开提出，而且此种申诉仅具移审效力，即此种申诉不直接中止或停止扣押的执行。

2. 函件扣押

汉语的函件即信件，作为法律用语则可以扩展为通过邮政或电讯机构传递的物件或信息的载体。《澳门刑事诉讼法典》中的"函件"包括书信、包裹、有价物、电报或其他函件。目前通行的利用电话（包括有线和无线）、网络（包括互联网）传递的信息，其获得证据之方法，应当由《澳门刑事诉讼法典》"电话监听"一章规定的程序规则予以规范。

保障公民的通讯自由和保护通讯秘密是当代法治社会的一项基本原则。《澳门基本法》第32条规定："澳门居民的通讯自由和通讯秘密受法律保护。除因公共安全和追查刑事犯罪的需要，由有关机关依照法律规定对通讯进行检查外，任何部门或个人不得以任何理由侵犯居民的通讯自由和通讯秘密。"扣押函件是公权力对居民通讯自由和通讯秘密权利的干预，所以只有在严格的法定条件下和依照严格的法定程序，才允许法律授权的单位和人员扣押函件和审查其内容是否与犯罪有关以及有何种关联。

函件与其他物件不同的是，即使与案件有关的函件，通常也会有涉及个人秘密甚至隐私，而不便为他人知晓的信息，所以澳门法典对扣押函件作出了更加严格的程序规定。《澳门刑事诉讼法典》第164条第1款规定，即使扣押系在邮政及电讯局进行，均须经法官作出批示许可或命令，且基于有依据之理由相信有下列情况出现，方可进行，否则无效：其一，函件系涉嫌人所发或寄交涉嫌人者，即使函件系以另一姓名或透过别人寄发或接收；其二，涉及之犯罪可处以最高限度超逾3年之徒刑；其三，扣押对发现事实真相或在证据方面属非常重要。这三个方面的情况必须同时具备，缺一不可。而且，必须是基于“有依据之理由相信”，而不是猜测。为了防止扣押程序中侵犯嫌犯和辩护人之辩护权，《澳门刑事诉讼法典》第164条第2款又明确规定了禁止性规则，即“禁止扣押及以任何方式管制嫌犯与其辩护人间之函件，除非法官基于有依据之理由相信该函件为犯罪对象或犯罪元素，否则所作之扣押或管制无效”。

为了保护函件涉及的信息不被任意泄露，根据《澳门刑事诉讼法典》第164条第3款的规定，即使对依法扣押的函件，仍须遵行下列规则保管、阅读和使用：许可或命令扣押之法官为首先知悉被扣押函件内容之人；如（法官）认为函件在证据方面属重要者，则将其附于卷宗；否则须将函件返还予对之有权利之人，并且该函件在案件中不得作为证据。为了保护通讯秘密和个人隐私，《澳门刑事诉讼法典》第164条第3款又特别规定，知悉函件内容的法官对于证据方面属不重要之内容负有保密义务。

3. 在特殊场所进行扣押之规则

《澳门刑事诉讼法典》规定了在律师事务所、医生诊所及银行场所实施扣押的特殊程序规则。

（1）在律师事务所内和医生诊所内进行之扣押。《澳门刑事诉讼法典》第165条规定，对律师事务所和医生诊所进行搜索的一些程序规则，相应适用于在该等场所进行之扣押。其一，实施扣押必须由法官亲自在场主持，否则扣押无效；其二，如有代表该律师事务所和医生诊所之机构，则法官须预先告知该机构之主持人，以便其本人或其代表能在场。当然，如果该机构之主持人明示其不必在场，则须报告在场主持扣押的法官，否则可能导致拖延实施扣押。如果是在官方卫生场所实施扣押，主持实施扣押的法官须告知该场所的领导人或他的法定替代人为之。根据上述规则，应当理解为，在律师事务所、医生诊所和官方卫生场所的扣押，“仅得由法官命令或许可进行”（见《澳门刑事诉讼法典》第162条第1款、第3款）。

根据《澳门刑事诉讼法典》第165条的规定，在上述场所进行的扣押中，对于属职业秘密或载有职业秘密的文件，除其本身为犯罪对象或犯罪元素外，不得扣押，否则所作之扣押无效。在实施扣押中如果不能确定某文件是否属职业秘密，或者是否为犯罪对象或犯罪元素，则可参照《澳门刑事诉讼法典》第122条的相关规定处置（“证据方法”之“人证”中对职业秘密的处置程序），或先行实施扣押，而后审查确定，否则可能会丧失获得该证据的时机。

在律师事务所和医生诊所扣押的物件或函件，批示许可或命令扣押的法官为首先审查和知悉其内容之人。如果法官认为物件或函件在证据方面属重要时，应当将其附于卷宗；否则就应当返还权利人，并且此物件或函件即不得作为证据使用。

（2）在银行场所内进行之扣押。银行包括金融机构以及信用机构等，在此等场所的扣押，会涉及居民（公民）或单位的财产秘密、个人资讯以及存放于银行的保险箱内保存的涉及个人隐私的信息，所以在银行场所内进行扣押，须作出一些特殊规定。《澳门刑事诉讼法典》第 166 条第 1 款对此规定了专门关于扣押的条件（前提），该条款规定："如司法当局基于有依据之理由，相信存于银行或其他信用机构，甚至个人保险箱内之证券、有价物、款项及其他物件，系与一犯罪有关，且显得对发现事实真相或在证据方面属非常重要者，须将该等物件扣押，即使其非为嫌犯所有，或非以其名义存放。"此规定至少包含以下内容：其一，此等扣押的理由，必须有依据存在，通常是须有相当的证据显示之理由，能够使法官相信必须进行扣押，而不仅仅是怀疑。其二，应当扣押的物件必须与一犯罪有关，并且对发现事实真相或在证据方面属于非常重要。何为"非常重要"？应当是不可或缺，或无可代替。其三，该等应当扣押的物件，不论是否为嫌犯所有或者以其名义存放。也就是说，只要符合上面的条件，也可以扣押其他人的物件，包括存放于保险箱内的物件。

《澳门刑事诉讼法典》第 166 条规定赋予了主持进行扣押的法官为寻找符合上述扣押条件的物件，有权限检查银行之函件或任何文件。也就是说，法官可以要求银行或其他信用机构提供查阅某函件或文件，如果拒绝提供，法官可以强行获得必须查阅的某函件或文件。《澳门刑事诉讼法典》第 166 条特别规定，上述检查必须由法官亲自进行；如有需要，得由刑事警察机关及具有资格之技术人员协助进行。此等程序提出一个扣押规则，即虽然《澳门刑事诉讼法典》规定扣押主体是"司法当局"（第 166 条第 1 款），但检查银行之函件或文件却必须由"法官亲自进行"（第 166 条第 2、3 款）。如此只能是：如果直接扣押必须扣押的标的物，而不需要检查银行的函件或文件时，检察官和法官均可进行扣押；如果必须检查函件或文件的，则只能由法官亲自进行检查，而不能由检察官进行检查。此外，该法典还明确规定，主持进行和协助进行检查函件或其他文件的人员，其各人就其所知悉但在证据方面属不重要之全部内容均负有保密义务。当然，如果某些函件或文件为证据者，应当依法附卷，办理扣押手续；有关人员也需依法作证。

我国在 1996 年修改《刑事诉讼法》时专门增加了查询和冻结存款、汇款程序。该法第 117 条规定："人民检察院、公安机关根据侦查犯罪需要，可以依照规定查询、冻结犯罪嫌疑人的存款、汇款。犯罪嫌疑人的存款、汇款已被冻结的，不得重复冻结。"在我国内地，将扣押物证、书证规定为"侦查行为"，查询、冻结犯罪嫌疑人的存款或汇款有双重目的，既是为了获得证据，又要追缴赃款和非法所得，防止其被转移。因此，把查询、冻结犯罪嫌疑人的存款、汇款程序予以单独、明确规定是必要的，这也是诉讼经验的总结，此前的我国《刑事诉讼法》并没有该条规定。澳门立法没有单独规定查询、冻结存款、汇款程序，而是在《澳门刑事诉讼法典》之第164条（函件扣押）中包含了对汇款的扣押查询，在第166条（银行场所内进行之扣押）中列出对款项的扣押程序。采取此种立法技术处理，也并不影响公权力机构对具有证据价值的存款、汇款进行扣押的权限。但是，澳门用“获得证据之方法”包含“冻结存款、汇款”，也似有不妥。因为存款、汇款如果只是证据，当然用扣押程序是顺理成章的；如果它们并不是特定物的款项，而只是非特定物的款项，或是非法所得或黑钱，则只需就地冻结而不必扣押在案。

（3）对可能涉密问题的处置规则。《澳门刑事诉讼法典》在第167条专门规定了扣押程序中属于涉密问题的规则，该规则涉及人证规则的三类秘密，即第122条“职业秘密”、第123条“公务员之秘密”和第124条“本地区机密”。在扣押程序中，作为原则，一切人员，包括公务员和法律允许保守职业秘密的人，在有司法当局命令时，都应当提交其本人所占有而应予扣押的文件或任何物件。但是法律容许或规定须保守职业秘密的人员（含律师、医生、新闻工作者、信用机构之成员、宗教司祭或各教派司祭等）或公务员，如果“以书面提出，有关文件或物件系属职业秘密或本地区机密者，不在此限”。如果以职业秘密为依据，拒绝提交有关文件或物件，适用第122条“职业秘密”规则处置。总的精神是，一旦提出，司法当局必须进行调查，然后分情况决定是否扣押，甚至可能动用上级法院介入审查决定；如果是公务员以执行职务时知悉且构成秘密之文件或物件，也适用第122条“职业秘密”规则处置；如果属于以本地区机密为依据，则由有权限之当局确认之。

4. 对扣押物件的处置规则

（1）关于副本及扣押证明。一般来说，就证据能力而言，扣押在案的文件正本与副本有同等证据能力，因为正本与副本的内容应当相同。如果被扣押之文件只有一个版本，通常应当扣押该版本。如果有正本和副本，则可将被扣押文件之副本附于卷宗，而将正本予以返还。如果需要在案内（卷宗）保留正本（通常是正本有特殊痕迹、注记等，而副本没有），得制作副本或发出证明，并指明正本被扣押，然后将之交于正当持有被扣押正本之人。

在实施扣押中，如果正当持有被扣押文件或物件之人提出要求，须将扣押笔录交予该人。当然，即使没有提出要求，也应当将扣押清单交给该人。此规则可以参考我国《刑事诉讼法》第115条规定的规则。

（2）扣押物件的加封。《澳门刑事诉讼法典》第163条规定，扣押之物件须尽可能附于卷宗；第169条又规定，扣押之物件须尽可能加上封印。两者规定并不矛盾。也就是说，不论是否提取附卷，都应当尽可能加上封印。这既有利于保持物件的完好性，又有利于保护其证据价值的充分性。当然从技术层面考虑，一切被扣押的物件都应当就地拍照或制作录影。在以后解除封印时，原在场见证之人尽可能在场，并由其作出有关证明。

（3）扣押物件的保管。扣押行为大都在法庭审判前的侦查、调查阶段实施，所以扣押物件的保管规则对于保护扣押物件，防止毁损和保全扣押物件的证据价值至关重要。对此，《澳门刑事诉讼法典》作出了明确规定。通常情况下，扣押之物件要尽可能附于卷宗，以便与案件程序同步流转；如果不可能附于卷宗的物件，如过大物件、非常珍贵物件、危险品及巨毒有害物件（如放射物）、涉及国家或本地区重要秘密的文件等，则交托负责该诉讼程序的司法公务员保管或交托受寄人保管。除附卷的扣押物件以外，交托保管的扣押物件必须制作有关笔录，详细记录交托保管的具体事项。《澳门刑事诉讼法典》第 170 条特别规定："如扣押物属可灭失或变坏之物或危险物，司法当局得按情况而定命令将之出售、毁灭或作对社会有益之用途。"当然，有关当局在作出此等处置时必须作出一定的程序处置。例如，某些物件的处置，首先必须保全其证据功能，作出必要的勘验、拍照、录像、制作笔录等加以固定，相关人员（包括当事人）必须签署确认保全程序的合法和有效的文件，在确认保全其证据价值后再按规定处理。其间，法官的介入是必不可少的。而且，在处置某些物件时当然应当遵守安全和环保的原则。

（4）扣押物件的返还。根据《澳门刑事诉讼法典》第 171 条的规定，扣押物的返还分为以下几种情况：①扣押之物件一旦不需要继续被扣押作为证据，须返还予对之有权利之人；②判决一旦确定，扣押之物件须返还予对之有权利之人，但宣告丧失而归本地区所有之物件除外（此等宣告应当载于生效判决，在我国内地是由判决宣告没收的）；③如扣押之物件属嫌犯或应负民事责任之人所有，则不适用上述规定，而应以该法典第 212 条所规定之预防性假扣押之名义继续该扣押。

第九章 我国台湾地区刑事搜查扣押制度

一、我国台湾地区刑事诉讼制度之梗概

刑事诉讼制度，虽然可远溯及中国周朝时代，并且从清代就开始继受西方之刑事诉讼法制思想，但就近代刑事诉讼法典之体例而言，台湾地区“刑事诉讼法”之内容，则应追溯至国民政府于1928年7月28日所公布的刑事诉讼法，当时全文分为九编，共513条（自同年9月1日起施行）。之后，于1935年1月1日首次全面修正（同年7月1日施行），全文同样分为九编，共516条，奠定了台湾地区现行“刑事诉讼法”之基本体例，即便日后历经二十多次修正，但仍维持其基本架构。其中，台湾地区“刑事诉讼法”几次较具影响力之修正，大致罗列如下：

1995年10月：扩大检察官依职权为不起诉处分之范围（第253条），严格限制第三审上诉之案件（第376条），简易程序之部分修正等。

1997年12月：增加预防性羁押（第101条之1），确立羁押之拘捕前置原则（第93条之1）等。

2001年1月：大幅修正搜查之相关规定，将搜查权改隶于法官。

2002年2月：确立检察官应负举证责任及起诉审查制度（第161条），证据调查由当事人主导，法院仅居于补充性之地位（第163条），增订缓起诉制度与交付审判制度等。

2003年2月：本次修法堪称是有史以来最大幅度之修正，并以证据法为主轴。内容包括：确立证据排除法则（第158条之2至第159条）及传闻法则（第159条之1至第159条之5），交互诘问程序明文化（第166条至第166条之7），增订证据保全一节（第219条之1至第219条之8）等。

2004年4月：增订协商程序（第455条之2至第455条之11）。

2007年7月：这是最近一次修正。增订无辩护人之被告于审判中之阅卷权（第33条第2项），第二审上诉状须具备理由（第361条第2项）等。

二、以宪法为中心的侦查理念

（一）宪法基本权利之保障

有谓“宪法是人民基本权利的保证书”，回顾台湾地区近十几年来“刑事诉讼法”修法过程中所产生之论辩，完全是以“宪法”基本权利的维护为主轴，足以印证这句话的重要性。具体来说，“刑事诉讼法”的目的不外是发现真实与保障人权，台湾地区一改过去轻忽“宪法”上基本权利、过度着重发现真实的态度，转而全面地检视人民基本权利在刑事诉讼程序中所遭受的侵害、干预，继而导出部分法律条文内容“违宪”的结论，迫使法律必须回归“宪法”本旨而为检讨、修正，让“宪法”之基本权利具体落实于“刑事诉讼法”之中。

以羁押为例，在 1997 年 12 月修法之前，依当时台湾地区“刑事诉讼法”规定，检察官有羁押犯罪嫌疑人或被告之权力，被学者诟病多年，多数认为此与“宪法”第 8 条保障人身自由之规定不符。1996 年，大法官会议第 392 号解释出炉，明确表示检察官拥有羁押权之规定违宪，促使修法将羁押决定权回归法院。又以监听为例，在 1999 年 7 月之前，实施监听之依据并非法律，而是行政命令①，此举已不当侵犯人民之隐私权及通讯自由，违反法律保留原则，同样受到学者严厉批评，因而在 1999 年完成“通讯保障及监察法”之立法。再以警察机关的临检、盘查等勤务为例，在 2001 年 12 月以前，警察依据“警察勤务条例”实施临检勤务时，得径行检查人民行李、随身物品，实质上已相当于“刑事诉讼法”上之搜查，若警察得任意为之，则无法保障人民之财产权、隐私权可以免于侵害。因此，依照大法官会议第 535 号解释内容，必须通盘检讨，因而催生了“警察职权行使法”，以作为警察执行临检、路检、盘查等勤务之规范。

（二）正当法律程序（Due Process）之理念

“正当法律程序”一词，在《美国联邦宪法》增修条文第 5 条、第 14 条或《日本宪法》第 31 条中，均有明文，但台湾地区“宪法”条文上并未出现“正当法律程序”的表述。何以“正当法律程序”在台湾地区刑事诉讼法学界，甚至是实务界，已经成为耳熟能详的法学概念？此乃肇因于大法官会议解释文的采用。

大法官会议于 1995 年 7 月 28 日、12 月 22 日分别公布第 384 号及第 392 号解释。该两号解释，对日后台湾地区刑事诉讼之改革理念，提供了具有宪法位阶

① 即“检察机关实施通讯监察应行注意要点”、“国内犯罪案件通讯监察作业执行要点”等两项行政命令。

的正当法律程序思想。一言以蔽之，解释文明确阐述了正当法律程序法理，且认为被“宪法”第8条所包含，亦即为“宪法”第8条注入新的内涵，赋予新的生命，再加上学者们不断加以阐述，无形中使“宪法”第8条实质上发挥了英美法上正当法律程序之作用，其影响至今未见稍减。①

大法官会议第384号解释指出：“宪法第八条第一项规定：‘人民身体之自由应予保障。除现行犯之逮捕由法律另定外，非经司法或警察机关依法定程序，不得逮捕拘禁。非由法院依法定程序，不得审问处罚。非依法定程序之逮捕，拘禁，审问，处罚，得拒绝之。’其所称‘依法定程序’，系指凡限制人民身体自由之处置，不问其是否属于刑事被告之身分，国家机关所依据之程序，须以法律规定，其内容更须实质正当，并符合宪法第二十三条所定相关之条件。检肃流氓条例第六条及第七条授权警察机关得径行强制人民到案，无须践行必要之司法程序；第十二条关于秘密证人制度，剥夺被移送裁定人与证人对质诘问之权利，并妨碍法院发见真实；第二十一条规定使受刑之宣告及执行者，无论有无特别预防之必要，有再受感训处分而丧失身体自由之虞，均逾越必要程度，欠缺实质正当，与首开宪法意旨不符……”并宣告“检肃流氓条例”上述规定于1996年12月31日起自动失效，促使“立法院”尽速修法。在大法官会议第384号解释之基础上，大法官会议第392号解释针对当时检察官拥有羁押权之规定，宣告违宪。该解释文指出：“宪法第八条第一项、第二项所规定之‘审问’，系指法院审理之讯问，其无审判权者既不得为之，则此两项所称之‘法院’，当指有审判权之法官所构成之独任或合议之法院之谓。法院以外之逮捕拘禁机关，依上开宪法第八条第二项规定，应至迟于二十四小时内，将因犯罪嫌疑被逮捕拘禁之人民移送该管法院审问。”亦即运用正当法律程序之概念而为解释。②

2008年2月1日公布之大法官会议第636号解释，再一次针对“检肃流氓条例”部分条文宣示其违反正当法律程序之意旨，指出：“本条例第二条关于流氓之认定，依据正当法律程序原则，于审查程序中，被提报人应享有到场陈述意见之权利；经认定为流氓，于主管之警察机关合法通知而自行到案者，如无意愿随案移送于法院，不得将其强制移送。本条例第十二条第一项规定，未依个案情形考量采取其他限制较轻微之手段，是否仍然不足以保护证人之安全或担保证人

---

① 在大法官会议第384号解释公布之前，在大法官会议第271号解释（1990年）、大法官会议第300号解释（1992年）之解释文中，虽然均曾使用“法定程序”一语，但未见进一步阐述是否为“正当法律程序”之概念。

② 进一步详细分析，可参考陈运财：《宪法正当法律程序之保障与刑事诉讼——以释字第384号解释为中心》及《释字第392号解释与刑事诉讼制度的变革》，收录于其所著《刑事诉讼与正当之法律程序》一书，台湾月旦出版社1998年版，第3页及第61页以下。

出于自由意志陈述意见，即得限制被移送人对证人之对质、诘问权与阅卷权之规定，显已对于被移送人诉讼上之防御权，造成过度之限制，与宪法第二十三条比例原则之意旨不符，有违宪法第八条正当法律程序原则及宪法第十六条诉讼权之保障。”显然的，从1995年至2008年，“正当法律程序”已成为台湾地区“刑事诉讼法”上根深蒂固的基本理念。

（三）小　　结

基于“宪法”的最高性，“宪法”上规定以及大法官释宪的结论，对于立法权、司法权及行政权均有拘束力。凡政府之任何行为，都必须以“宪法”为依归。而所有政府行为之中，影响人民基本权利最直接、最严重者，莫过于刑事诉讼程序之强制处分行为。因此，搜查、扣押等政府行为，必须受到“宪法”的严格检视，人民于此一程序之基本权利最需要受到维护。

以下，将针对台湾地区搜查、扣押及其相关制度之发展轨迹与基本设计进一步加以介绍。

三、搜查制度

搜查制度堪称是台湾地区“刑事诉讼法”十年来变化最大的制度。从发展历程来看，可以说是基于学术界长期以来的推动，但真正加速改革的导火线却是2000年间所发生的几则不当搜查事件。

（一）以2001年的修法为分水岭

1. 改革的导火线

所谓搜查，不外是以发现被告、犯罪嫌疑人或应扣押之物为目的，而对被告或第三人之身体、对象、电磁纪录及住宅或其他处所施以搜查检索之强制处分。因此，在搜查的标的上，包括物的搜查与人的搜查。台湾地区在搜查制度的发展上，在2001年1月发生了重大改革，将原本检察官之搜查决定权（签发搜查票之职权）改由法官担任。此一改变，从现在看来，在法理上似乎理所当然，但却是源自于2000年8月16日偶然发生的一桩检察官带队搜查“国会”（“立法院"）事件。[①]

当时，台南"地检署"检察官一行人，为了侦办一件伪造有价证券案[②]，持搜查票欲进入嫌疑人亦即廖姓"立法委员"之办公室及宿舍，但遭警卫拦阻并立即联络"立法院院长"。"立法院院长"抵达现场后，向检察官主张国会自治，认为搜查"立法院"院区必须得到院长同意，因而拒绝其进入搜查，但检察官则认为依台湾地区"刑事诉讼法"第149条规定，仅须通知其在场即可，无须得其同意，双方几经沟通之后，检察官当天仅搜查非"立法院"院区所在之宿舍。此事件引发"国会"及舆论对于检察官应否拥有搜查权及其相关法制的检讨，虽然主管检察事务的"法务部"一再强调检察官若失去搜查权将严重影响侦查效率，甚至使犯罪率上升，但仍无法抵挡改革的声浪。最后，便酝酿成为2001年1月的大幅修法，将检察官搜查票之签发权改由法官签发。[③]

2. 修法内容大要

该次之修法，将搜查决定权回归法院，固然是最具关键性的修正，但除此之外，同时还有其他重要修正，全部罗列如下：

（1）搜查权的决定与声请。搜查的发动改由法官决定（第128条），检察官及司法警察官仅拥有声请权（第128条之1第1项、第2项）。

（2）增订电磁纪录为搜查之对象（第122条第2项）。以计算机作为犯罪工具之情形日益增加，故配合实务需要，增订电磁纪录为搜查之对象。

（3）搜查执行程序之修正。在执行机关方面，除了法官、检察官、司法警察官及司法警察之外，增加了检察事务官（第128条之2）。执行机关之执行成果，

---

① 搜查"国会"事件只是一个开端，事实上，在该事件之后，陆续发生两件疑似违法搜查之案件，更引起舆论认为检察官滥权，质疑检察官在侦查中是否应拥有搜查权。在2000年9月间，因为《中时晚报》将某侦查中案件之侦讯笔录，一问一答式的、一字不漏地全文刊载，台北"地检署"因此展开泄密罪之侦办，并于同月3日上午带队搜查《中时晚报》办公室，搜查相关事证，引发检察官滥权侵犯新闻自由之指责。之后，2001年4月，又发生台南市成功大学宿舍遭搜查之事件（时称"成大MP3事件"），也引起舆论及学界一阵挞伐。这次事件主要是因为该校部分学生涉嫌擅自下载流行音乐，触犯台湾地区"著作权法"第91条违法重制罪。经检举之后，司法警察疑似在无搜查票之情形下，由学务处人员陪同进入学生宿舍，于发现相关证据后始通知检察官到场，因此被质疑该搜查程序不合法。

② 该案件即"立法委员"廖福本因涉嫌伪造奇美公司股票，检察官侦查后予以起诉，台南地方法院判决廖福本有期徒刑6年、褫夺公权5年，经上诉"高等法院"台南分院及"最高法院"，均维持原判，于2009年2月12日判决确定，入监服刑。

③ 由于按台湾地区"刑事诉讼法"第149条规定，对政府机关等之搜查仍维持通知该管长官或可为其代表之人在场即可，无须得其同意。因此，之后陆续发生于2007年7月24日、8月22日、12月27日检察官带队搜查"立法院立法委员"办公室之案件，均未再引起法制上的检讨。

必须呈报法院（第132条之1）；于执行过程中，并得封锁现场（第144条第2项、第3项）。

另外，在有关无令状搜查方面，也有大幅修正，包括：

（1）删除职权搜查之规定（第129条）。[①]

（2）扩大附带搜查范围及于随身携带对象、所使用之交通工具及其随身可触及之处所。

（3）增订紧急搜查，赋予侦查机关于侦查犯罪时，得因情况急迫而证据有伪造、变造、湮灭或隐匿之虞者，得展开搜查（第131条第2项）。

（4）增订同意搜查，如受搜查人出于自愿性之同意，亦得不使用搜查票而为搜查，但执行人员须出示证件，并将其同意之意旨记载于笔录（第131条之1）。

（二）有令状搜查

1. 令状原则之支配[②]

对于人民受“宪法”保障之自由、隐私、财产等基本权利之干预、侵害，如无急迫之情事，应由中立、超然之司法机关审查并签发令状，始得为之，此即所谓令状原则。[③] 例如，搜查之搜查票、羁押之押票等，在侦查阶段，应由法院审查、签发。[④] 因此，其意义不仅在于形式上的一纸令状，最重要的是，该令状必须是由中立、超然之第三者所作成。

为何需要令状原则？为何需交由第三人判断？其理由不一而足，包括[⑤]：（1）检警身为侦查之人，无法正确判断何时应发动强制处分；（2）避免无实质理由之强制处分；（3）藉由事先审查，避免事后判断之错误；（4）藉由事先审查，避免警察作伪证；（5）藉此建立书面记录；（6）藉由声请程序，筛检无必要之强制处分等。但无论如何，就台湾地区“宪法”第8条而言，担任审查之超然、中立第三人，应指法院，而非属检察官或其他国家机关。

2. 制度内容

基于上述令状原则，搜查之执行固然以事先声请并持有搜查票为原则，但考

---

① 台湾地区“刑事诉讼法”修正前第129条规定：“检察官或推事亲自搜索时，得不用搜索票。但应出示证件。”

② 参见王兆鹏著：《刑事诉讼法讲义》，台湾元照出版有限公司2008年版，第95页以下。

③ 在此意义下，如果仅要求强制处分须持令状执行，充其量只能称为要式主义，尚不得称之为令状原则。

④ 台湾地区检察官依据现行“刑事诉讼法”，仍有一定之强制处分权，如传唤、拘提等，理论上应认为违反令状原则。

⑤ 参见王兆鹏著：《刑事诉讼法讲义》，台湾元照出版有限公司2008年版，第97～103页。

虑到侦查之某些特殊性，仍开放无须事先声请搜查票之例外。一般称前者为有令状搜查、有票搜查，称后者为无令状搜查、无票搜查。

台湾地区“刑事诉讼法”在有令状搜查方面，其主要制度设计可说明如下：

(1) 决定机关与声请程序。决定机关依法仅由法官执掌（执行机关则包括法官、检察官、检察事务官、司法警察官及司法警察）。至于修法之前拥有搜查决定权的检察官，则与司法警察官一样，原则上仅保留其声请搜查之权。

检察官与司法警察官如何声请搜查？若由检察官提出之声请，声请书必须记载第128条第2项各款，包括：①案由。②应搜查之被告、犯罪嫌疑人或应扣押之物。但如果被告或犯罪嫌疑人不明时，得不予记载。③应加搜查之处所、身体、物件或电磁纪录。④有效期间，逾期不得执行搜查及搜查后应将搜查票交还之意旨。并叙述理由，向该管法院声请（第128条之1第1项）。若由司法警察官提出之声请，则同样须以声请书记载第128条第2项各款，并叙述理由，但不同于前者的是，在向法院提出声请前，必须先报请检察官许可之后，始得向该管法院提出声请（第128条之1第2项）。换言之，司法警察官在声请程序上，比检察官多了一道关卡。当时立法之用意在于希望藉由检察官之先行筛选，避免司法警察官滥行声请搜查权。

(2) 审查程序。当法院收受检察官或司法警察官之声请后，进行签发搜查票与否之审查。此一签发搜查票之审核程序，依法不公开（第128条第4项）。法院在审核程序上，首先，除了在形式上必须合于前述声请程序（亦即审查其有无以书面记载第128条第2项各款事由，或得检察官之事先许可等）之外，实质上必须审查的是第122条第1项“必要”及第2项“相当理由”等两项要件。由于程序要件均有书面为据，其判断至为容易，反而是有无必要、有无相当理由，因为法官有裁量空间，其判断标准如何确立、如何裁量，便成为审查阶段之焦点。

就法条用语而言，区分搜查之对象为被告或第三人，有其不同之发动门槛，亦即对被告仅须有搜查之必要即可发动，对第三人则须达到相当理由，两相对照，显然前者的发动门槛比后者还低。其法理基础何在？立法者认为，刑事程序中之被告或犯罪嫌疑人具有较高之忍受义务，第三人则有较低之忍受义务，所以导致发动搜查门槛有如此之差别。但是，此一区分是否有必要？有学者认为，不论是对谁发动搜查，其侵害人民隐私权是没有差异的，所以均应具备“相当理由”始可发动。[①] 或有学者指出，不论是必要或相当理由，虽然高低有别，但在

① 参见王兆鹏著：《刑事诉讼法讲义》，台湾元照出版有限公司2008年版，第82~83页。王教授进一步指出，台湾地区“刑事诉讼法”第122条第1项与第2项立法不当，应合并修正为“有相当理由”作为一致的发动门槛。

审查时，均应统一以有合理依据为审查之核心，而其所谓合理依据包括存在犯罪嫌疑之合理依据、存有搜查标的之合理依据、存于搜查范围之合理依据。①

此外，依照多数学者看法，搜查票审查程序毕竟不是审判期日程序，其目的不在于确认犯罪之成立与否。因此，只要有合理之依据认为存有犯罪嫌疑，而且有相当理由认为该搜查标的存在于声请搜查之范围内，则应允许其声请，依格式签发搜查票。

(3) 搜查票之记载与指示。一旦为准许之决定，法官则应签发搜查票。搜查票应如何记载？即依第128条第2项规定，记载：①案由。②应搜查之被告、犯罪嫌疑人或应扣押之物。但被告或犯罪嫌疑人不明时，得不予记载。③应加搜查之处所、身体、物件或电磁纪录。④有效期间，逾期不得执行搜查及搜查后应将搜查票交还之意旨。搜查票应由法官签名，并依同条第3项规定，法官得于搜查票上对执行人员为适当之指示。

对于搜查票上记载事项之解读，有几点值得注意。首先，如果仅记载某公寓之住址，可否连同该公寓楼梯间一并搜查？实务界认为，楼梯间在客观上与被搜查人有密不可分之关系，所以持肯定见解。② 依理推测，若与搜查票记载之标的有密不可分关系之处所，亦属该搜查票所得搜查之范围。其次，关于有效期间之记载，法官不宜为过长或过短之记载，若期间过长，容易形成“库存搜查票”，有损法官保留之功能；反之，若期间过短，则往往无法达到侦查目的。③ 何况，随时间变化，“相当理由”也可能产生变化，影响搜查票之正当性与合法性，因此，法官对搜查票有效期间之记载，必须慎重地作出适切的决定。④ 至于所谓适当之指示，则系赋予法官依个案情形，兼顾法律利益之下，在执行方法上之裁量权。例如，指示执行人员仅得扣押文件，不得阅览，或指示得于夜间进行搜查。⑤

（三）无令状搜查

顾名思义，无令状搜查，系指执行人员在未持有搜查票之情形下所进行之搜查行为。在法官保留原则、令状原则之下，其原本属违法之搜查，但基于个别理

---

① 参见林钰雄著：《刑事诉讼法（上）》，台湾元照出版有限公司2007年版，第394页。

② 参见台湾地区“最高法院”94年度台上字第500号判决。

③ 参见林钰雄著：《刑事诉讼法（上）》，台湾元照出版有限公司2007年版，第359~397页。

④ 参见王兆鹏著：《刑事诉讼法讲义》，台湾元照出版有限公司2008年版，第159页。

⑤ 参见王兆鹏著：《刑事诉讼法讲义》，台湾元照出版有限公司2008年版，第158页。对于法官得否指示夜间搜查一事，有学者持不同见解。因为有无夜间搜查之必要，法官无从事先预测，故应交由执行人员于执行时自行判断。

由之考虑，于一定之要件下，法律例外地排除其违法性。台湾地区现行“刑事诉讼法”有下列三种无令状搜查之类型：

1. 紧急搜查

紧急搜查（或称径行搜查），其立法目的在于防止已在掌握中之嫌犯或证物因来不及向法院声请搜查票而导致嫌犯逃亡或证据逸失。因此，赋予侦查人员在一定要件之下，得发动搜查，藉以迅速保全证据。

在2001年修法前，紧急搜查之类型仅有现行法第131条第1项之情形，亦即仅有对人的紧急搜查，但修法之后，扩及对物的紧急搜查。因此，现行法依照搜查目标之不同，将第131条紧急搜查区分为两种类型：一是发现嫌犯之紧急搜查（第1项），另一是保全证据之紧急搜查（第2项）。

（1）发现嫌犯之紧急搜查。当检察官、检察事务官、司法警察官或司法警察遇有“一、因逮捕被告、犯罪嫌疑人或执行拘提、羁押，有事实足认被告或犯罪嫌疑人确实在内者。二、因追蹑现行犯或逮捕脱逃人，有事实足认现行犯或脱逃人确实在内者。三、有明显事实足信为有人在内犯罪而情形急迫者”三种情形之一时，虽无搜查票，得径行搜查住宅或其他处所。可见，此种紧急搜查之目的在于找人，若因此进入住宅或其他处所搜寻嫌犯，一旦寻获嫌犯，则目的已达，不得继续搜查之。

另外，在适用上应特别注意的是，执行发现嫌犯的紧急搜查，虽然无须事先持有搜查票，但各款中均规定“有事实足认……”或“有明显事实足信……”等要件，此一要件之设定，等同于前述第122条第1项、第2项之“必要”或“相当理由”之门槛，当然，这样的要件也是事后审查其合法性之标准之一。此外，既然目的在于搜查人（嫌犯），则不可能藏匿人之处所、对象，执行人员不得予以翻动，如信件、抽屉等。

至于如何判断上述三款事由之有无，亦即法院事后审查其合法性之标准。以下进一步说明：

第一，不论是第1款的逮捕、执行拘提、羁押，或是第2款的追蹑现行犯、逮捕脱逃人等，均须以具有合法性为前提。换言之，若一开始即属非法之逮捕、追蹑、拘提或羁押等行为，仍无适用本项紧急搜查之余地。

第二，所谓“有事实足认……”或“有明显事实足信……”等要件，实施紧急搜查之人员于事后陈报时，应同时对于该事实之有无向法院提供判断之依据，如网民提供之线报、对现场人员所搜集之情资等。

（2）保全证据之紧急搜查。检察官于侦查中确有相当理由认为情况急迫，非迅速搜查，24小时内证据有伪造、变造、湮灭或隐匿之虞者，得径行搜查，或指挥检察事务官、司法警察官或司法警察执行搜查，并层报检察长。相对于上述发现嫌犯之紧急搜查，此为证物之搜查。其重要差别在于其发动主体仅限于检察官，司法警察官等其他侦查辅助机关不得主动为之，必须听命检察官之指挥。不过，于实务操作上，一旦发生证物之紧急搜查之情状时，也不禁止侦查辅助机关主动与检察官联络，取得其同意后而发动之。

上述两种搜查，系基于侦查之实际需要所设之例外，虽然事先不及签发搜查票，但为了避免侦查机关之滥用，在设计上采事后审查制。此即经第 131 条第 3 项规定，如由检察官为之者，应于实施后 3 日内陈报该管法院；若由检察事务官、司法警察官或司法警察为之者，应于执行后 3 日内报告该管检察署检察官及法院。若法院认为不应准许者，应于 5 日内撤销之。更具重要意义的是，若侦查机关未能依上述规定陈报法院，或其紧急搜查被法院撤销者，2002 年于第 131 条增订了第 4 项规定：第 1 项、第 2 项之搜查执行后未陈报该管法院或经法院撤销者，审判时法院得宣告所扣得之物，不得作为证据。换言之，以证据排除之法律效果，进一步抑制违法发动紧急搜查。

2. 同意搜查

搜查对人民隐私、财产等基本权利既然有所侵害，原则上应依照一定之法定程序始得为之，但若人民出于自愿放弃其基本权利，得成为令状原则之例外。基于前述法理，2001 年增订第 131 条之 1 规定，搜查，经受搜查人出于自愿性同意者，得不使用搜查票。但执行人员应出示证件，并将其同意之意旨记载于笔录。不过，同意搜查之执行程序上，除了执行人员必须出示证件、同意之意旨必须记载于笔录①外，所谓同意，解释上以有同意权限、出于自愿性之同意为前提，并且得限制一定之范围。换言之，须为有处分权限或控制权限之人，且其同意得限制执行人员于一定之空间、时间，若不在同意之范围内，则不得搜查，否则即属违法搜查。例如，同意搜查客厅，则不及于卧室；同意搜查 20 分钟，则经过 20 分钟后，不得继续搜查。

3. 附带搜查

所谓附带搜查，系指检察官、检察事务官、司法警察官或司法警察逮捕被告、犯罪嫌疑人或执行拘提、羁押时，为保障执法者之人身安全，并防止被告湮灭证据，虽无搜查票，得径行搜查其身体、随身携带之物件、所使用之交通工具及其立即可触及之处所（第 130 条）。由此可见，附带搜查必须以合法之逮捕、拘提或羁押为其前提。②

---

① 目前有部分侦查机关自行制作所谓“自愿受搜查同意书”给被告或犯罪嫌疑人签名，作为其同意搜查之证明。

② 台湾地区在侦查实务上，也不排除同时适用附带搜查与同意搜查之情形，如基于合法逮捕而实施附带搜查之后，在取得被告同意之下，继续搜查其身体、随身携带之对象、所使用之交通工具及其立即可触及之处所以外之物品或处所。

附带搜查之目的既然在于维护执法者人身安全并避免证据灭失，因此，在此目的之限缩下，必须注意实施之时点与范围之限制。首先，就实施之时点而言，必须是在合法逮捕被告、犯罪嫌疑人或执行拘提、羁押之时，亦即强调其实时性，不得于逮捕、拘提、羁押已经过相当时间之后，始实施附带搜查，以防止侦查机关藉附带搜查之名，逃避声请搜查票之程序。其次，就附带搜查之范围而言，依条文规定，包括被告或犯罪嫌疑人之身体、随身携带对象、所使用交通工具及立即可触及之处所，除身体及随身携带对象易于认定外，应注意所谓所使用之交通工具及立即可触及之处所，必须限于被告或犯罪嫌疑人足以立即取得伤害执法人员之物品或足以湮灭证据之范围内，如逮捕通缉之被告时，搜查被告大衣口袋或手上之购物袋等。换言之，附带搜查必须限于其可立即控制的范围，此即美国法上所谓立即控制原则（Within His Immediate Control）。

（四）执行搜查之限制

侦查机关持有合法签发之搜查票，固然得进行合法之搜查；符合无令状搜查之要件时，亦得进行合法之搜查。但即使是合法的搜查，为了避免搜查行为对人民基本权利之侵害进一步扩大，甚至进一步侵害其他法益，在执行搜查之手段、程序等方面，因而设有若干限制，包括：

（1）人身之限制：指对于妇女身体之搜查，原则上应命妇女为之（第123条）。

（2）对象之限制：指一般公物、公文书之搜查，原则上应先请求交付，有必要时，始得发动搜查（参照第125条）。

（3）处所之限制：指军事秘密处所之搜查，非得该管长官之许可，不得为之（第127条第1项）。

（4）时间之限制：指对于有人住居或看守之住宅或处所，原则上不得于夜间进入搜查（第146条第1项），但从日间开始之搜查，得继续至夜间（同条第3项）。

（五）其他搜查类型

1. 汽车之搜查

对于汽车之搜查，依法是否须事先声请搜查票？由于台湾地区并无类似美国在Carroll v. United States[①]一案中创设所谓汽车例外（Automobile Exception）之无令状搜查类型，因此，依照现行法规定，如果仅单纯地对某车牌号之车辆进行搜查，似乎仍须事先声请搜查票始得为之。但是，汽车是具有机动性、移动性之交通工具，如须事先声请搜查票，显然不合实际，很有可能因此错失侦查之先

---

① 267 U.S. 132（1925）.

机，现行法规定显然有缺漏。

目前，台湾地区对于机动车辆实施搜查之现况，绝大多数是采取前述同意搜查之方式为之，加上人民对于侦查机关之要求多采取配合之态度，在执行上并未发生重大争议，但这种迂回的方式终非长久之计。对于机动车辆之搜查而言，一方面必须因应侦查机关实际需要与机动性之特征，另一方面则必须考虑被搜查人之隐私权。在法制设计上，有学者认为，不妨类推适用第131条，使执法人员得为无令状之搜查，惟仍须以具备相当理由为前提，因此，其得搜查之范围，亦受相当理由之限制。[①] 例如，有相当理由认为某通缉犯藏身于某出租车内，则不得搜查不可能藏匿人犯之前座置物箱或背包。

2. 新闻媒体之搜查

引发2001年大幅修正搜查规定的事件中，虽然也包括新闻媒体的搜查，但当时并未针对个别搜查类型一一检讨，因而针对搜查新闻媒体亦未新增任何规范。因此，依照现行法，搜查新闻媒体与一般处所之搜查并无二致，仍以事先取得搜查票为原则。但是，搜查新闻媒体所牵涉之基本权利侵害态样与内涵，显然与一般处所之搜查存有极大差异。具体来说，除了一般搜查可能侵害的隐私、财产、自由等基本权利之外，搜查新闻媒体也可能侵害"宪法"所保障的新闻自由[②]。若与一般处所之搜查、扣押等同视之，对于其基本权利之保障显然不足，而且提供新闻来源者也可能因此曝光，甚至可能招致报复等不利影响。新闻媒体肩负所谓"第四权"的监督功能有可能因此被一并扼杀，不可不慎。

虽然现行法未有特设之规范，但有学者提出解决之道，认为得藉第128条第3项之规定，若有检察官或司法警察官声请对新闻媒体为搜查者，得于签发搜查票之同时，对执行人员指示不得当场阅览、开封，避免进一步侵犯新闻自由，暴露消息来源提供者等。更值得注意的是，重视新闻自由、保障消息来源提供者等媒体利益的同时，对于打击犯罪之侦查利益亦不能偏废。因此，如何平衡二者，如何划定新闻媒体搜查、扣押之原则与例外，是未来继续修法的另一重要课题。[③]

3. 律师等专门职业场所之搜查

对于律师、会计师、医师等专门职业人员的工作场所，也可能藏有被告或犯罪嫌疑人等相关犯罪证物，而成为发动搜查的对象。但不同于一般处所搜查的

---

① 参见王兆鹏著：《刑事诉讼法讲义》，台湾元照出版有限公司2008年版，第159页。

② 台湾地区"宪法"第11条规定："人民有言论、讲学、著作及出版之自由。"

③ 相关讨论，参见王兆鹏著：《刑事诉讼法讲义》，台湾元照出版有限公司2008年版，第150～152页。

是，这些专门职业人员往往在法律上同时享有拒绝证言权。[①] 若法律上一方面赋予拒绝证言权，另一方面对于其搜查、扣押未设有限制，则无疑架空其拒绝证言权。更严重的是，这些专门职业背后均负有社会上职业分工、共同生活所需的信赖关系。[②] 若侦查机关得任意进行搜查、扣押，该社会信赖关系将因此被破坏，造成基本权利的间接侵害。

台湾地区目前在这一方面的法制设计依然不足，亦即未针对具有重要社会信赖关系之专门职业工作场所之搜查、扣押设有限制，问题状况与上述新闻媒体之情形颇为类似。因此，如何限制其搜查、扣押，以能够平衡犯罪侦查利益与拒绝证言权之利益，未来修法时亦应严肃面对。

4. 勘验、鉴定所可能发生之搜查

（1）因勘验所可能发生之搜查。所谓勘验，系指法院或检察官为了调查证据及犯罪情形，以五官作用观察场所、人身、对象等之处分（第 212 条）。因此，检察官于侦查阶段，得以勘验之方式搜集犯罪证据；法官则得于审判阶段，以勘验之方式作为证据调查之方法。

但勘验何以涉及搜查？因为第 213 条规定："勘验，得为左列处分：一、履勘犯罪场所或其他与案情有关系之处所。二、检查身体。三、检验尸体。四、解剖尸体。五、检查与案情有关系之物件。六、其他必要之处分。"其中第 1 款、第 2 款及第 5 款，在实施当时，事实上与搜查难以清楚区分，尤其已经无搜查决定权的检察官一旦实施此等勘验，难免有"假勘验之名，行搜查之实"的可能。因此，有必要从目的上加以限缩。换言之，如属勘验处分，其所实施之行为，不得逾越勘验之目的。例如，勘验杀人案件现场所在之客厅时，应仅限于在该处所进行表面之目视、测量（嫌犯与被害人相对位置之测量、比对），不得有开启衣柜、文件之行为；如欲开启，则应循搜查之途径为之，否则应视为违法搜查。

（2）因鉴定所可能发生的搜查。类似上述勘验处分所生之问题，也发生在鉴定处分。鉴定不同于勘验，因为犯罪证据有多种存在之态样，有些证据以一般人的五官作用即可以辨识，但有些则需依赖特别之专业知识、仪器始能判断、解

① 虽然在学理上，普遍承认新闻记者对于消息来源有拒绝证言权（秘匿权），但到目前为止，台湾地区"刑事诉讼法"并未承认记者有拒绝证言权。按台湾地区"刑事诉讼法"第 182 条规定，仅医师、药师、助产士、宗教师、律师、辩护人、公证人、会计师或其业务上佐理人或曾任此等职务之人，因业务所知悉有关他人秘密之事项受讯问者，除经本人允许者外，得拒绝证言。

② 例如，病患基于对医师的信赖，希望获得最佳的医疗服务，因而诚实告知身体各种信息、生活各项细节等个人隐私事项。若国家机关仍可藉由搜查、扣押取的此等涉及隐私之信息，则人民恐怕不愿轻易信赖医师，医师也将难以对症下药，医病间之信赖关系一旦瓦解，社会分工之共同生活的利益也将恶化，其他专门职业之信赖关系也是如此。

读，如血型、尿液成分、精神状态等。因此，前者以勘验之方式为之，后者则依鉴定制度，由具有专业知识的鉴定人判断。

按第 204 条第 1 项规定，鉴定人因鉴定之必要，得经检察官或法官之许可，实施检查身体、解剖尸体、毁坏物体或进入有人住居或看守之住宅或其他处所等行为。其中，检查身体及进入有人住居或看守之住宅或其他处所等鉴定之行为，外观上无异于搜查。在 2003 年之前，鉴定仅凭检察官或法官之口述之命令亦得为之，但为了使执行明确起见，2003 年增定第 204 条之 1，规定检察官或法官应签发许可书。但无论如何，即便在名义上有所谓许可书，但因为是由非属中立、超然第三人之检察官所签发，仍不合于令状原则，尤其是进入有人住居或看守之住宅或其他处所，系为了特定事项而进入（如火场鉴定等），并非为了搜寻证物或可得没收之物。因此，所实施之行为必须受其目的之限缩，仅得实施鉴定所必要之行为，不得藉此变相进行搜查。

（六）小　结

综观我国台湾地区在 2001 年大幅修正搜查制度之后，相较于修法前的确是有长足的进步，尤其是落实令状原则之后，人民在宪法上的财产、自由、隐私等基本权利获得进一步的保障。但搜查之态样不一而足，现行法充其量仅是基础性的修正，未来仍有许多亟待明文化的部分，如汽车搜查、新闻媒体搜查、律师等专门职业工作场所的搜查，以及防止勘验、鉴定等可能产生的违法搜查等，改革之路尚称遥远。

此外，由于台湾地区在警察法制方面，如身份查证、车辆拦停等行政上勤务，早期常伴随发生事实上的搜查，往往导致警察假行政警察之名，行司法警察之实，回避司法之监督。但是在台湾地区“警察职权行使法”制定之后，法制上已渐趋明确，其过程如何演变，以下另为说明。

四、扣押制度

（一）一般之扣押

1. 扣押之意义与执行

所谓扣押，是指取得可为证据之物或可得没收之物（第 133 条），并暂时予以占有的强制处分。扣押虽然通常紧接于搜查之后，但并不当然以先行搜查为要件，仍得单独实施。①

① 例如，台湾地区“刑事诉讼法”第 126 条规定：“政府机关或公务员所持有或保管之文书及其他物件应扣押者，应请求交付。但于必要时得搜索之。”依其文义，不排除得直接扣押之。

扣押本身常有搜查行为在先，并无类似搜查票之独立令状（亦即无所谓扣押票）之设计。目前扣押制度之设计上，似乎有意以搜查票为其令状，所以搜查之决定机关及执行机关，亦同时为扣押之决定机关及执行机关。换言之，随着有令状搜查而产生之扣押，可视之为有令状之扣押；反之，则属无令状之扣押。也正因为如此，扣押之程序、限制等规定（包括第 144 条至第 153 条），多与搜查适用相同之规定。此外，由于扣押不排除单独实施，所以检察官依现行法虽已无搜查决定权，但其若未先实施搜查而是独立实施扣押，仍难谓违法。不过，这种状况存在已久，台湾地区在 2001 年修改搜查制度时，并未就此同步修正，导致扣押制度留下上述法律漏洞，显然有违令状原则，日后势必再加以修补。

2. 扣押物之发还与处置

已扣押之物应如何处置？依照第 139 条规定，扣押时，依法应制作扣押收据，详细记载扣押物之名目，并将收据付与扣押物所有人、持有人或保管人。扣押物上应加封缄或其他标示，如在扣押之纸箱黏贴封条以防开启，并由扣押之机关或公务员盖印。此外，扣押物既然为证物，为避免其丧失或毁损，应为适当之处置，如扣押物为生鲜食品，则应以冷藏设备保存；如果有不便搬运或保管之扣押物，得命人看守，或命所有人或其他适当之人保管，如厂房、大型机械设备之扣押；易生危险之扣押物，如爆竹等易燃物，则得毁弃之（第 140 条）；至于有丧失、毁损之虞或不便保管者，如生鲜鱼货，亦得拍卖之，保管其价金（第 141 条）。最后，当扣押物已无留存必要者，如已调查完毕之证物，案件即便尚未终结，应以法院之裁定或检察官之命令发还之；其系赃物而无第三人主张权利者，应发还被害人（第 142 条）。

（二）特殊之扣押：附带扣押与另案扣押

1. 附带扣押

于执行合法之搜查、扣押过程中，如发现与本案有关之应扣押物，但却是搜查票未记载者，如不加以扣押，恐怕与搜查之目的不合，且有导致该证据于日后难以取得的风险。例如，搜查票上记载搜查重利罪之账册，但发现现场有记载账册上符号说明笔记本（非属账册）。因此，第 137 条第 1 项规定，检察官、检察事务官、司法警察官或司法警察执行搜查或扣押时，发现本案应扣押之物为搜查票所未记载者，亦得扣押之。此即所谓附带扣押。

不过，应注意的是，为了避免过度搜查，如搜查人员早已发现搜查票上记载应扣押之物，但却以附带扣押为由继续搜查，此举虽不违法，但却有不当执行之嫌，似有违反比例原则。因此在解释上，应该限制附带扣押之时间点，若搜查票上记载应扣押物已经发现，则不得继续附带扣押。换言之，附带扣押之时间点，必须限于在发现搜查票上记载应扣押物之前。

2. 另案扣押

除了上述附带扣押外，若侦查机关于执行搜查、扣押时，发现非本案而是另案应扣押之物，又该如何处理？例如，记载搜查持有海洛因（毒品）案件之证物，在搜查过程中发现被搜查人所涉及之违法持有枪炮案之枪支。若该另案之证物必须另外声请搜查票才能加以扣押，显然造成证物日后有灭失之虞。因此第152条规定，实施搜查或扣押时，发现另案应扣押之物亦得扣押之，分别送交该管法院或检察官。当然，另案扣押与附带扣押一样，皆须以合法实施之搜查、扣押为前提。比较特别的是，另案扣押并未设有事后审查之机制，应属立法疏漏，有待日后修法增订。

3. 一目了然原则（Plain View Doctrine）之适用

附带扣押与另案扣押之规定，其程序看似简单，但执行上却未必容易，最困难的在于如何当场判断。法条上未有着墨，实务上也无标准可循。因此，学者引进美国法上之辅助原则，即一目了然原则。其意义系指当执法人员在合法之搜查或逮捕时，落入视线范围内之证据或得没收之物，得无令状扣押之。[①] 亦即在适用范围上，不论有令状搜查或无令状搜查，均得适用。

其之所以无须再以令状为之，原因除了前述避免取得证据的第一时间丧失，导致证据灭失之外，还考虑到避免危及执法人员安全，而且因为仅容许以目视之方式为之，侵犯个人利益尚称轻微。

（三）小　　结

相较于搜查制度，扣押制度显然较不具争议。当然，这是因为绝大部分的扣押是已有合法搜查在先。但如前所述，扣押并非附属于搜查，其侵害人民基本权利之内容与程度，与搜查有别，且有独立实施之可能（如命被告或犯罪嫌疑人提出之证物而有扣押之必要者），所以应该建构其为一独立类型之强制处分为宜。日后我国台湾地区在这方面的修正幅度也许有限，但至少应有独立令状之设计，始能合于令状原则之要求。

五、通讯之监察及保障

（一）法制沿革

以通讯监察（俗称监听）作为侦查犯罪之手段，事实上与前述之搜查无异。同样是国家机关以侵犯隐私权的方法搜集犯罪事证，由于其更具有隐秘性，人民

① 参见王兆鹏著：《刑事诉讼法讲义》，台湾元照出版有限公司2008年版，第237～243页。

更不易察觉。相较于一般的搜查，对于人民隐私的侵犯有过之而无不及，更应归属于强制处分类型之一，受法律保留原则等宪法上原则的拘束。

虽然台湾地区目前实施监听之法律依据为1999年7月所制定公布之“通讯保障及监察法”，不过，在此之前，侦查实务上早已惯用监听作为侦查手段，只是当时之实施依据并非法律，而是依据“检察机关实施通讯监察应行注意要点”及“国内犯罪案件通讯监察作业执行要点”等两纸行政命令，因此其合宪性备受质疑，滥用之情形亦时有所闻。

对此，政府早有意识到立法规范之必要性，遂早在1992年5月制定台湾地区“通讯监察法草案”送请“立法院”审议。但碍于立法速度缓慢，且部分条文极具争议，短时间内难有共识，因而延宕至1999年7月始完成立法，并在法律名称上加上“保障”二字，以强调其性质不仅在于通讯之监察，也同时重视通讯之保障。之后，更在大法官会议第631号解释的影响下，于2007年7月11日完成重要的修正。[①]

（二）“通讯保障及监察法”之设计

1. 通讯之范围

早期所谓监听，系指利用电信设备之有线或无线信息之监听，如提供电信服务公司之机房挂线，对家用电话之监听或录音。但台湾地区“通讯保障及监察法”之通讯，范围更广，不限于电信讯息之监听。依据台湾地区“通讯保障及监察法”第3条第1项规定：“本法所称通讯如下：一、利用电信设备发送、储存、传输或接收符号、文字、影像、声音或其他信息之有线及无线电信。二、邮件及书信。三、言论及谈话。”而且第2项规定，该通讯必须“以有事实足认受监察人对其通讯内容有隐私或秘密之合理期待者为限”。

---

① 事实上，台湾地区“立法院”之修法早于大法官会议第631号解释之公布。为何如此？因为该声请解释案提出之后，台湾地区“立法院”早已意识到大法官之解释将宣告旧法第5条第2项违宪，遂抢先一步完成修法。按照1999年所制定公布之台湾地区“通讯保障及监察法”第5条第2项规定，侦查中通讯监察书（俗称监听票）之核发，系由检察官为之，并非由法院核发，这违反令状原则，因此，大法官会议第631号解释认为，“宪法第十二条规定：‘人民有秘密通讯之自由。’旨在确保人民就通讯之有无、对象、时间、方式及内容等事项，有不受国家及他人任意侵扰之权利。国家采取限制手段时，除应有法律依据外，限制之要件应具体、明确，不得逾越必要之范围，所践行之程序并应合理、正当，方符宪法保护人民秘密通讯自由之意旨”。并指出，1999年7月14日制定公布之台湾地区“通讯保障及监察法”第5条第2项规定“前项通讯监察书，侦查中由检察官依司法警察机关声请或依职权核发”，未要求通讯监察书原则上应由客观、独立行使职权之法官核发，而使职司犯罪侦查之检察官与司法警察机关，同时负责通讯监察书之声请与核发，难谓为合理、正当之程序规范，而与台湾地区“宪法”第12条保障人民秘密通讯自由之意旨不符，因而宣告其违宪。

2. 通讯监察之要件及类型

（1）一般通讯监察。除后述三种特殊通讯监察类型之外，大部分之通讯监察系属“通讯保障及监察法”第5条之一般通讯监察。

一般通讯监察之案件，本于重罪原则、必要性原则及相关性原则，系指有事实足认被告或犯罪嫌疑人有“通讯保障及监察法”第5条第1项所列各款罪嫌之一，[①] 并危害国家安全或社会秩序情节重大，而有相当理由可信其通讯内容与本案有关，[②] 且不能或难以其他方法搜集或调查证据，[③] 而签发通讯监察书予以监察之案件。

（2）紧急通讯监察。对于某些特定之犯罪，于有紧急实施通讯监察之必要时，若尚须等待通讯监察书之核发，恐怕法益早已受害，缓不济急。因此，对于紧急通讯监察另设程序，在一定之要件下，允许侦查机关先行监察，事后再补发通讯监察书，此即“通讯保障及监察法”第6条所规定：“有事实足认被告或犯罪嫌疑人有犯刑法妨害投票罪章、公职人员选举罢免法、总统副总统选举罢免法、枪炮弹药刀械管制条例第七条、第八条、毒品危害防制条例第四条、掳人勒赎罪或以投置炸弹、爆裂物或投放毒物方法犯恐吓取财罪、组织犯罪条例第三

---

① 基于重罪原则，台湾地区“通讯保障及监察法”第5条第1项列出15款之重大犯罪类型，包括：“一、最轻本刑为三年以上有期徒刑之罪。二、刑法第一百条第二项之预备内乱罪、第一百零一条第二项之预备暴动内乱罪或第一百零六条第三项、第一百零九条第一项、第三项、第四项、第一百二十一条第一项、第一百二十二条第三项、第一百三十一条第一项、第一百四十二条、第一百四十三条第一项、第一百四十四条、第一百四十五条、第二百零一条之一、第二百五十六条第一项、第三项、第二百五十七条第一项、第四项、第二百九十八条第二项、第三百条、第三百三十九条、第三百三十九条之三或第三百四十六条之罪。三、贪污治罪条例第十一条第一项、第二项之罪。四、惩治走私条例第二条第一项、第三项或第三条之罪。五、药事法第八十二条第一项、第三项或第八十三条第一项、第四项之罪。六、证券交易法第一百七十一条或第一百七十三条第一项之罪。七、期货交易法第一百十二条或第一百十三条第一项、第二项之罪。八、枪炮弹药刀械管制条例第十二条第一项、第二项、第四项、第五项或第十三条第二项、第四项、第五项之罪。九、公职人员选举罢免法第八十八条第一项、第八十九条第一项、第二项、第九十条之一第一项、第九十一条第一项第一款或第九十一条之一第一项之罪。十、农会法第四十七条之一或第四十七条之二之罪。十一、渔会法第五十条之一或第五十条之二之罪。十二、儿童及少年性交易防制条例第二十三条第一项、第四项、第五项之罪。十三、洗钱防制法第九条第一项、第二项之罪。十四、组织犯罪防制条例第三条第一项后段、第二项后段、第六条或第十一条第三项之罪。十五、陆海空军刑法第十四条第二项、第十七条第三项、第十八条第三项、第十九条第三项、第二十条第五项、第二十二条第四项、第二十三条第三项、第二十四条第二项、第四项、第五十八条第五项、第六十三条第一项之罪。”

② 此即“相当性原则”。

③ 此即“必要性原则”。

条、洗钱防制法第十一条第一项、第二项、第三项、刑法第二百二十二条、第二百二十六条、第二百七十一条、第三百二十五条、第三百二十六条、第三百二十八条、第三百三十条、第三百三十二条及第三百三十九条，为防止他人生命、身体、财产之急迫危险，司法警察机关得报请该管检察官以口头通知执行机关先予执行通讯监察。但检察官应告知执行机关第十一条所定之事项，并于二十四小时内陈报该管法院补发通讯监察书；检察机关为受理紧急监察案件，应指定专责主任检察官或检察官作为紧急联系窗口，以利掌握侦办时效”（第 1 项）。对于该陈报，“法院应设置专责窗口受理前项声请，并应于四十八小时内补发通讯监察书；未于四十八小时内补发者，应即停止监察”（第 2 项）。特别值得一提的是，因为紧急监察的程序，未事先经由核发通讯监察书之程序详细审核，为避免侦查人员滥用、误用，影响真实发现与正当法律程序之利益，特别规定一旦违反本条规定进行监听行为情节重大者，“所取得之内容或所衍生之证据，于司法侦查、审判或其他程序中，均不得采为证据”（第 3 项），亦即采取证据排除之方式抑制不法。

（3）国家安全通讯监察。国家安全监察，系指“通讯保障及监察法”第 7 条第 1 项所规定：“为避免国家安全遭受危害，而有监察下列通讯，以搜集外国势力或境外敌对势力情报之必要者，综理国家情报工作机关首长得核发通讯监察书。一、外国势力、境外敌对势力或其工作人员在境内之通讯。二、外国势力、境外敌对势力或其工作人员跨境之通讯。三、外国势力、境外敌对势力或其工作人员在境外之通讯。”

比较特别的是，国家安全通讯监察，其通讯监察书之核发是由受“高等法院”专责法官核发；[①] 若程序上有所违反，与紧急通讯监察一样，采证据排除原则。[②]

（4）军事通讯监察。按“通讯保障及监察法”第 32 条第 1 项规定：“军事审判机关于侦查、审判现役军人犯罪时，其通讯监察准用本法之规定。”

3. 通讯监察之执行规范

（1）通讯监察书之声请与核发。在侦查阶段，除紧急通讯监察及国家安全通

① 台湾地区“通讯保障及监察法”第 7 条第 2 项规定：“前项各款通讯之受监察人在境内设有户籍者，其通讯监察书之核发，应先经综理国家情报工作机关所在地之高等法院专责法官同意。但情况急迫者不在此限。”而且，如果属于但书之急迫情形所为之监听，则依同条第 3 项规定：“综理国家情报工作机关应即将通讯监察书核发情形，通知综理国家情报工作机关所在地之高等法院之专责法官补行同意；其未在四十八小时内获得同意者，应即停止监察。”

② 台湾地区“通讯保障及监察法”第 7 条第 4 项规定：“违反前二项规定进行监听行为所取得之内容或所衍生之证据，于司法侦查、审判或其他程序中，均不得采为证据。”

讯监察之外，通讯监察书之核发，按“通讯保障及监察法”第5条第2项规定，原则上是由检察官依司法警察机关声请或依职权，以书面记载第11条之事项，并叙明理由、检附相关文件，声请该管法院核发；若为审判阶段，则由法官依职权核发。

（2）通讯监察之执行方法。

第一，执行方法与期间之遵守。监察通讯得以截收、监听、录音、录像、摄影、开拆、检查、影印或其他类似之必要方法为之，但不得于私人住宅装置窃听器、录影设备或其他监察器材（“通讯保障及监察法”第13条）。至于监听之期间，依照监听种类之不同，期间也有不同，一般通讯监察及紧急通讯监察之期间不得逾30日，而国家安全通讯监察之期间则不得逾一年。

第二，执行机关之报告义务。执行机关于监察通讯后，应按月向检察官、依职权核发通讯监察书之法官或综理国家情报工作机关首长报告执行情形。检察官、依职权核发通讯监察书之法官或综理国家情报工作机关首长并得随时命执行机关提出报告(“通讯保障及监察法”第16条第1项)。

第三，事后通知受监察人之义务。监察通讯结束时，通讯监察案件之执行机关应即叙明受监察人之姓名、住所或居所报由检察官、综理国家情报工作机关陈报法院通知受监察人(“通讯保障及监察法”第15条第1项)。

第四，保存及保密义务。监察通讯所得之资料，应加封缄或其他标识，由执行机关盖印，保存完整真实，不得增、删、变更，除已供案件证据之用留存于该案卷或为监察目的有必要长期留存者外，由执行机关于监察通讯结束后，保存5年，逾期予以销毁。通讯监察所得资料全部与监察目的无关者，执行机关应即报请检察官、依职权核发通讯监察书之法官或综理国家情报工作机关首长许可后销毁之(“通讯保障及监察法”第17条)。

此外，监察通讯所得资料，为保障个人隐私，原则上不得提供与其他机关、团体或个人，违反者需负民事损害赔偿责任(“通讯保障及监察法”第18条、第19条)①。

4. 违法执行之法律效果

违法通讯监察所得之数据，如许其作为证据数据使用，恐怕将变相鼓励违

---

① 台湾地区“通讯保障及监察法”第18条规定：“依本法监察通讯所得资料，不得提供与其他机关（构）、团体或个人。但符合第五条或第七条之监察目的或其他法律另有规定者，不在此限。”第19条规定：“违反本法或其他法律之规定监察他人通讯或泄漏、提供、使用监察通讯所得之资料者，负损害赔偿责任。被害人虽非财产上之损害，亦得请求赔偿相当之金额；其名誉被侵害者，并得请求为回复名誉之适当处分。前项请求权，不得让与或继承。但以金额赔偿之请求权已依契约承诺或已起诉者，不在此限。”

法通讯监察，因此，有必要加以排除。依照“通讯保障及监察法”规定，其排除之效果，按通讯监察种类之不同，效果亦不同，这也是2007年修法的另一重点。

在2007年修法之前，违法通讯监察所得之数据，实务见解认为，应以“刑事诉讼法”第158条之4之规定，亦即依照证据排除法则中所谓权衡法则加以判断。[①] 但修法之后，依照现行法规定，于一般通讯监察及紧急通讯监察，如有违反各该规定进行监听行为情节重大者，所取得之内容或所衍生之证据，于司法侦查、审判或其他程序中，均不得采为证据，亦即采取相对排除（“通讯保障及监察法”第5条第5项、第6条第3项）。但是，于国家安全通讯监察或军事通讯监察，如有违反各该规定进行监听行为，则不论情节重大与否，所取得之内容或所衍生之证据，于司法侦查、审判或其他程序中，均不得采为证据（“通讯保障及监察法”第7条第4项、第32条第4项）。

（三）小　　结

通讯监察之立法，固然使政府的监听行为有了明确的遵守依据，防止政府滥行监听，保障人民通讯自由不受侵犯。但科技日新月异，除了以监听设备搜寻通讯内容作为犯罪侦查手段之外，运用其他高科技设备以非物理性方式入侵、监视人民生活，藉以搜集犯罪情报之情形所在多有，如卫星或高空摄影、体温显示器等，其运用均有构成搜查之事实，但不论是刑事诉讼法本身或其特别法，仍欠缺明确依据，如何规范政府以高科技设备侵害人民隐私之行为，其因此搜集之证据数据如何评价等问题，仍有待日后建立规范。[②]

六、警察职权行使法

（一）立法背景

警察依其执行职务内容之不同，可能是司法警察之身份，也可能是行政警察

① 台湾地区“最高法院”96年度台上字第5568号判决认为：“司法警察机关实施通讯监察时，必须合于通讯保障及监察法第五条第一项所规定之要件，且依法取得检察官或法官所核发之通讯监察书，始得为之；其有通讯保障及监察法第六条所规定之急迫危险，经检察官以口头通知先予执行通讯监察者，亦应于二十四小时内补发通讯监察书，始符合法定程序。倘未依上开程序之通讯监察所取得之证据，即属违背法定程序取得之证据，其有无证据能力之认定，依刑事诉讼法第一百五十八条之四规定，应审酌人权保障及公共利益之均衡维护，以为判断。”

② 相关精辟论述，可参考王兆鹏：《重新定义高科技时代下的搜查》一文，收录于其所著《新刑诉·新思维》一书，台湾元照出版有限公司2004年版，第57页以下。

之身份，前者目的在于犯罪侦查，后者之目的则在于犯罪预防。例如，执行路检之警察，系属行政警察之身份，但若发现执行之民众具通缉犯身份而加以逮捕，则由行政警察身份转而具有司法警察身份。因此，警察之身份，存有转换、交错之灰色地带，惟一旦认定其所实施之行为具有司法警察（侦查犯罪）之性质者，则应受刑事诉讼规范之拘束，不容“以行政警察之名，行司法警察之实”，藉以逃避法律之规范。

在台湾地区“警察勤务条例”中，定有多种警察勤务内容，如巡逻、临检、值班等勤务（该条例第 11 条）。但其中之临检最具争议，因为警察所实施临检之具体行为，实质上往往等同于“刑事诉讼法”上之搜查或逮捕，如检查民众行李、随身物品等，若放任由警察依据该条例进行临检，将无法保障人民“宪法”上自由、隐私、财产等基本权利，因此，该规范不无违宪之虞。在此背景下，大法官会议于2001 年 12 月 14 日公布第535 号解释①，除要求立法机关检讨“警察勤务条例”之外，同时指出警察执行职务之法规有欠完备，应通盘检讨，也因此催生“警察职权行使法”之立法，俾使警察于实施行政勤务时有所遵循，以免其跨越分际形成非法之侦查行为。

（二）警察行为之属性

“警察勤务条例”中之盘查或临检，实际上皆属多义、混称之名词。所谓盘查，事实上相当于英美法上的“Stop and Frisk”，解释上可以包含拦阻、盘诘、

---

① 该解释指出：“警察勤务条例规定警察机关执行勤务之编组及分工，并对执行勤务得采取之方式加以列举，已非单纯之组织法，实兼有行为法之性质。依该条例第十一条第三款，临检自属警察执行勤务方式之一种。临检实施之手段：检查、路检、取缔或盘查等不问其名称为何，均属对人或物之查验、干预，影响人民行动自由、财产权及隐私权等甚巨，应恪遵法治国家警察执勤之原则。实施临检之要件、程序及对违法临检行为之救济，均应有法律之明确规范，方符宪法保障人民自由权利之意旨。上开条例有关临检之规定，并无授权警察人员得不顾时间、地点及对象任意临检、取缔或随机检查、盘查之立法本意。除法律另有规定外，警察人员执行场所之临检勤务，应限于已发生危害或依客观、合理判断易生危害之处所、交通工具或公共场所为之，其中处所为私人居住之空间者，并应受住宅相同之保障；对人实施之临检则须以有相当理由足认其行为已构成或即将发生危害者为限，且均应遵守比例原则，不得逾越必要程度。临检进行前应对在场者告以实施之事由，并出示证件表明其为执行人员之身分。临检应于现场实施，非经受临检人同意或无从确定其身分或现场为之对该受临检人将有不利影响或妨碍交通、安宁者，不得要求其同行至警察局、所进行盘查。其因发现违法事实，应依法定程序处理者外，身分一经查明，即应任其离去，不得稽延。前述条例第十一条第三款之规定，于符合上开解释意旨范围内，予以适用，始无悖于维护人权之宪法意旨。现行警察执行职务法规有欠完备，有关机关应于本解释公布之日起二年内依解释意旨，且参酌社会实际状况，赋予警察人员执行勤务时应付突发事故之权限，俾对人民自由与警察自身安全之维护兼筹并顾，通盘检讨订定，并此指明。”

检视或检查等行为；而所谓临检，则包含路检、对场所之盘查、对人的身分查证等行为。因此，依照大法官会议第535号解释之立论，如欲判断警察于进行盘查或临检勤务时，究竟有无实施搜查、逮捕、侦讯等侦查行为，不应着眼于行政警察之勤务名词，而应检视警察实际行为为何，并判断其是否侵犯人民基本权利，如有侵犯，其侵犯有无法律依据等问题。例如，警察于重要道路设置检查哨实施路检勤务时，为了查证某车驾驶人身份，要求该驾驶人停车并出示身份证件，如该驾驶人已出示身份证件，经查明却属本人无讹，如无其他可疑情形，应予放行，但却反而要求驾驶人开启后车厢受检，则此一行为应属无令状之搜查，若不合于“刑事诉讼法”上无令状搜查之要件时，则属违法搜查，非属路检勤务之行为。

（三）“警察职权行使法”之规范

承上所述，警察于实施行政法上勤务时，理应恪遵其界限，于是在大法官会议第535号解释的催生下，2003年6月25日制定公布“警察职权行使法”，分为五章，全文共73条。其中，第二章“身分查证及资料搜集”之第6条至第8条系规定有关临检或盘查时之身份查证与车辆拦停。以下分别说明之：

1. 身份查证

按“警察职权行使法”第6条规定，“警察于公共场所或合法进入之场所，得对于下列各款之人查证其身分：一、合理怀疑其有犯罪之嫌疑或有犯罪之虞者。二、有事实足认其对已发生之犯罪或即将发生之犯罪知情者。三、有事实足认为防止其本人或他人生命、身体之具体危害，有查证其身分之必要者。四、滞留于有事实足认有阴谋、预备、着手实施重大犯罪或有人犯藏匿之处所者。五、滞留于应有停（居）留许可之处所，而无停（居）留许可者。六、行经指定公共场所、路段及管制站者”（第1项）。“前项第六款之指定，以防止犯罪，或处理重大公共安全或社会秩序事件而有必要者为限”（第2项）。此即对临检之对象实施身份查证。由上述各款规定可以得知，警察须具备有合理怀疑、有事实足认、无停留之许可，以防止犯罪，或处理重大公共安全或社会秩序事件而有必要者等要件之限制之范围内实施身份查证，尚不得任意为之。

若合于上述要件而实施身份查证，警察亦不得以任意手段进行查证。按“警察职权行使法”第7条规定，“为查证人民身分，得采取下列之必要措施：一、拦停人、车、船及其他交通工具。二、询问姓名、出生年月日、出生地、国籍、住居所及身分证统一编号等。三、令出示身分证明文件。四、若有明显事实足认其有携带足以自杀、自伤或伤害他人生命或身体之物者，得检查其身体及所携带之物”（第1项）。“依前项第二款、第三款之方法显然无法查证身分时，警察得将该人民带往勤务处所查证；带往时非遇抗拒不得使用强制力，且其时间自拦停起，不得逾三小时，并应即向该管警察勤务指挥中心报告及通知其指定之亲友或律师”（第2项）。换言之，警察仅得以拦停、询问、令出示等方式为之，如仍无法查证身份时，依法虽得带回勤务处所，[①] 但留置时间不得逾3小时。而且，一旦查证完毕，除非有现行犯或通缉犯之情形外，应立即回复其自由；反之，若超过3小时仍无法查证其身份，亦应任其离去，否则即属逮捕。另外，第1项第4款所谓“得检查其身体及所携带之物”，解释上也应以警察有合理怀疑该受检人携带武器或危险物，如口袋露出类似刀柄、枪托之物，则得以拍触身体外部方式检查之。若因此进一步产生相当理由，相信其携有武器或危险物（如刀、枪形状之物），则得依一触即知之法则，予以取出，转而进行搜查。

2. 交通工具之拦停与检查

按“警察职权行使法”第8条规定，“警察对于已发生危害或依客观合理判断易生危害之交通工具，得予以拦停并采行下列措施：一、要求驾驶人或乘客出示相关证件或查证其身分。二、检查引擎、车身号码或其他足资识别之特征。三、要求驾驶人接受酒精浓度测试之检定”（第1项）。不论拦停、查证身份、检查或进行酒测等，基本上均属行政法上之勤务，但其发动之门槛须为已发生危害或易生危害之交通工具，亦即依此一标准拦停之后，始进行检查证件、检查引擎号码、酒测等，不得本末倒置地为了检查证件、检查引擎号码、酒测才拦停交通工具。

但是，如果“警察因前项交通工具之驾驶人或乘客有异常举动而合理怀疑其将有危害行为时，得强制其离车；有事实足认其有犯罪之虞者，并得检查交通工具”（第2项），此规定事实上相当于搜查。就一般情形而言，警察无相当理由不得搜查（汽车），但如果警察在拦停后情势通常对警察有危险性，如警察有合理怀疑该受检对象具有危险性，且可能立即取得武器时（如警察一靠近车窗，看到驾驶座旁有一把开山刀），警察对于驾驶人立即可控制的范围及可能放置或隐藏武器之处，得以发现武器为目的而展开搜查。

（四）小　　结

经过大法官会议第535号解释之催促，“警察职权行使法”在制度面上划出了行政警察与司法警察之行为界线。但此终究为法制层面的设计，警察在实际执行勤务时能否恪遵这样的界线，却仍有赖于警察的教育训练与值勤技巧，仍有待日后持续观察。

---

① 有学者认为，不得仅因其拒绝回答而强行带回，否则几乎等同逮捕，已逾越临检权限。更不得因人民拒绝回答，而嗣后依台湾地区“社会秩序维护法”第67条处以拘留或罚锾。参见王兆鹏著：《新刑诉·新思维》，台湾元照出版有限公司2004年版，第263～264页。

七、搜查、扣押之救济程序

（一）“准抗告制度”之创设

关于搜查、扣押之处分之救济方法，必须先从台湾地区的刑事救济制度谈起。

对于法院的裁判不服时，依照台湾地区“刑事诉讼法”规定，基本上是依法院所做成的是裁定或是判决而有不同之救济管道：若是对于法院之裁定不服，须直接向上级法院请求撤销或变更，称之为抗告制度；若是对法院之判决不服，则直接向上级法院请求撤销或变更，称之为上诉。但就抗告制度而言，法院于判决前关于管辖或诉讼程序之裁定，依照台湾地区“刑事诉讼法”第404条规定，原则上不得提出抗告，仅于该条所列两款例外之情形，始得提出抗告。[①] 但因为何人为做成裁定的主体，在“刑事诉讼法”上并未明确划分，有时以法院名义为之，有时以审判长、受命法官或受托法官之名义为之，复因抗告仅得对以法院名义做成之裁定提出，所以若非属裁定，或非以法院名义做成之裁定，均无抗告程序之适用。

承上所述，对于法院或检察官有关搜查、扣押等非以法院名义做成的强制处分，显然不能适用抗告程序，而形成救济管道的缺漏，那应该如何救济？对于此一缺漏，在2001年之前，并无明确之解决方法，但是在2001年台湾地区“刑事诉讼法”修法时，修正了第416条，设计出所谓准抗告制度，于该条第1项规定，“对于审判长、受命法官、受托法官或检察官所为下列处分有不服者，受处分人得声请所属法院撤销或变更之。一、关于羁押、具保、责付、限制住居、搜索、扣押或扣押物发还、因鉴定将被告送入医院或其他处所之处分及第一百零五条第三项、第四项所为之禁止或扣押之处分。二、对于证人、鉴定人或通译科罚锾之处分”。换言之，得于5日内，[②] 向该法官所属法院声请撤销或变更，而且该搜查或扣押因此被法院撤销者，法院得宣告该扣得之物，

① 台湾地区“刑事诉讼法”第404条规定，“对于判决前关于管辖或诉讼程序之裁定，不得抗告。但下列裁定，不在此限：一、有得抗告之明文规定者。二、关于羁押、具保、责付、限制住居、搜索、扣押或扣押物发还、因鉴定将被告送入医院或其他处所之裁定及依第一百零五条第三项、第四项所为之禁止或扣押之裁定”。

② 台湾地区“刑事诉讼法”第416条第3项规定：“第一项声请期间为五日，自为处分之日起算，其为送达者，自送达后起算。”

不得作为证据。[①]

（二）救济管道的不足与不及

总结来说，对于搜查、扣押处分不服时，“刑事诉讼法”上固然提供了上述抗告及准抗告两种救济管道，然而，对整体来说，仍不足以提供完整的救济途径。首先，强制处分之样态非常多，第416条所列出的羁押、具保、责付、限制住居、搜查、扣押或扣押物之发还、鉴定等处分，显然无法涵盖刑事诉讼法之所有样态。再者，若仅就搜查、扣押来说，执行搜查、扣押之主体，并不限于法官、检察官，还包括检察事务官、司法警察官或司法警察，如附带搜查、同意搜查、紧急搜查等，此一部分显然不在现行法的准抗告之列，依然是一个法律漏洞。若再进一步观察，由于目前未建立实时抗告制度，受处分人即使对于处分不服，即便提出抗告或准抗告，待所属法院做成决定后，恐怕为时已晚。因为一方面无从即时中止受处分人基本权利之被害，另一方面也影响日后证据之保全。如何两全，是后续修法必须再度加以权衡思考的。

① 台湾地区“刑事诉讼法”第416条第2项规定：“前项之搜索、扣押经撤销者，审判时法院得宣告所扣得之物，不得作为证据。”

第三编　刑事搜查制度专题研究

第十章　刑事搜查扣押与宪法权利保护

美国联邦宪法第四修正案（本章以下简称第四修正案）规定：“个人的人身、住宅、文件和财产不受不合理搜查和扣押的权利，不得侵犯，不得签发令状，但存在合理根据，以宣誓或代誓宣言保证，并具体记载拟欲搜查的地点和准备扣押的人或物的除外。”从19世纪末期开始，在美国联邦最高法院积极能动的司法干预下，第四修正案保护利益的重心开始了从财产到隐私的迁移。美国搜查法律历经80年的从财产到隐私的变迁，根植于美国社会的现实需要，反映了其间政府权力、个人财产权与隐私权间的力量变化和兴衰起落。对这段历史的回顾，可以带领我们探寻第四修正案保护重心变迁之原因及其对第四修正案权利保护的深远影响。

一、从保护财产到保护隐私的历史

第四修正案的缔结，根源来自于殖民地时期北美民众对英国统治者使用的一般性令状（General Warrant）的激烈斗争。第四修正案宣告并保障公民享有不受不合理的政府搜查扣押的权利。值得注意的是，第四修正案适用于政府的所有搜查行为，并不限于刑事搜查。但是，由于搜查被频繁使用，并且搜查扣押所得证据又往往涉及犯罪嫌疑人定罪量刑的重大利益，因而美国联邦最高法院关于第四修正案的判例大多集中于刑事领域。根据美国联邦最高法院的判例，要确定政府对公民的干涉行为是否受第四修正案的保护，需要越过两个门槛：（1）政府的行为是否构成搜查？（2）如果构成搜查，该搜查是否合理？其中，就第一个问题，美国联邦最高法院对第四修正案的解释，经历了一个从关注财产利益到关注隐私利益的巨大转变，并由此赋予了第四修正案更为广阔的适用空间。

第四修正案的实质在于强调公民享有的不受政府任意干涉的权利。在其通过之时，立宪者并未考虑如何界定政府的搜查行为这类具体的法律适用问题。在美国联邦最高法院的阐释下，早期的第四修正案侧重于保护公民的财产利益。这是因为，在早期的搜查扣押判例中，美国联邦最高法院是以美国财产法的概念来确定政府搜查的权力范围，即只有存在对公民财产权利的侵犯、对场所的物理性侵入（Physical Intrusion），政府行为才构成宪法意义上的搜查。在 1967 年之前，美国财产法上的“非法侵入”（Trespass）概念一直是美国联邦最高法院判断政府行为是否构成搜查的重要标准。如果缺少这样的物理性侵入，政府干预公民生活的活动就不构成宪法意义上的搜查，也不属于宪法的保护范围。①

1886 年的博伊德案（Boyd v. United States）② 是第四修正案从保护财产转向保护隐私的奠基性判例。有美国学者认为，博伊德案孕育着第四修正案保护隐私利益的萌芽。③ 在该案中，美国政府根据海关税收法律规定，指控博伊德公司欺诈逃税。检察官在扣押被指控逃税的货物后，向法院提起罚没财物的诉讼。在这一诉讼过程中，检察官根据一项法令向法院申请了强制提交证据的命令，要求被告提交可证明其有罪的发票。美国联邦最高法院的 9 名大法官一致认为，该法令侵犯了美国联邦宪法第五修正案中反对强迫自证其罪特权的规定，因此违宪。而由 7 名大法官组成的多数意见进一步裁决，本案中的提交证据命令，也构成了第四修正案语义下的“对文件的不合理扣押”。

因此，在将第四修正案宽泛地解释为保护“人身安全、人身自由和私人财产”诸种不可废止之权利，并特别强调“个人的住宅的神圣性与生活的隐私”之后，布拉德利（Bradley）大法官最终将强制提交证据的程序解释为第四修正案语义下的“搜查和扣押”。通过将第四修正案与美国联邦宪法第五修正案予以联系，美国联邦最高法院得以将第四修正案保护的价值延及财产利益以外。

当然，博伊德案对第四修正案精神意蕴的探析并未突破以美国财产法的方法判断政府搜查权力的传统。在 1928 年的奥姆斯特德案（Olmstead v. United States）④ 中，美国联邦最高法院裁决，政府对被告电话交谈的窃听行为没有涉及“对被告房屋或办公室的进入”，交谈也不是第四修正案保护下的财产，因此，政府的窃听行为并不构成搜查。在该案中，美国联邦最高法院狭隘地将第四修正案下的搜查界定为对人身或不动产的物理性侵入。⑤

不过，奥姆斯特德案常被人提及，并非因其对美国财产法分析方法的固守，而是因为布兰代斯（Brandeis）大法官在该案中发表的不同意见。他反对多数意

① Olmstead v. United States，277 U. S. 438，457（1928）；Goldman v. United States，316 U. S. 129，134 - 136（1942）.

② Boyd v. United States，116 U. S. 616（1886）.

③ See e. g.，Richard C. Turkington & Anita L. Allen，Privacy Law：Cases and Materials，St. Paul，Minn，1999，P78，Note，The Life and Times of Boyd v. United States（1886 - 1976），76 Mich. L. Rev. 184（1977）.

④ Olmstead v. United States，277 U. S. 438（1928）.

⑤ Olmstead v. United States，277 U. S. 466（1928）.

见中“搜查限于有形物”的狭隘观点，首次将隐私作为第四修正案保护的基本利益。他撰写道：宪法的缔造者授予了“不受干扰的权利”（The Right to be Let Alone）——内容最为广泛的权利，也是文明人最为珍视的权利。为保护该权利，政府对个人隐私的每一次不正当侵害，都必须视作是对第四修正案的违反，而不论政府所用的手段如何。[①] 布兰代斯大法官在此提出的不受干扰的权利，被美国学者认为是美国联邦最高法院关于隐私权的最早定义。

奥姆斯特德案后，美国联邦最高法院在多个判例中重复了“宪法保护的地方”（Constitutional Protected Area）的表述，实际上将搜查的标准进一步发展为：是否存在对“宪法保护的地方”的物理性侵入。[②] 与此同时，美国联邦最高法院在适用美国财产法的方法时，也发现了在搜查扣押案件中严格继受美国财产法中的技术性术语带来的问题，认为第四修正案的内在权利并不最终取决于侵权法或不动产法中古老的细微之处，从而摒弃了美国财产法中的一些技术性区分。[③]

自奥姆斯特德案后，美国联邦最高法院越来越关注第四修正案保护的隐私利益。[④] 在1967年的海登案（Warden v. Hayden）[⑤] 中，美国联邦最高法院通过对第四修正案保护的隐私利益的肯定和认可，废除了以美国财产法为依据的纯粹证据法则。同年，美国联邦最高法院在卡兹案（Katz v. United States）[⑥] 中，彻底推翻了财产权对第四修正案的支配效力，使隐私成为了第四修正案所关注的首要利益。[⑦]

---

① Olmstead v. United States，277 U. S. 478（1928）.

② See Silverman v. United States，365 U. S. 505；Lopez v. United States，373 U. S. 427，438－439；Berger v. State of New York，388 U. S. 41，57，59.

③ See Silverman v. United States，365 U. S. 505；Jones v. United States，362 U. S. 257，266；On Lee v. United States，342 U. S. 747，752；Hester v. United States，265 U. S. 57；United States v. Jeffers，342 U. S. 48，51；McDonald v. United States，335 U. S. 451，454.

④ See e. g.，“不受警察恣意侵犯的个人隐私安全——即第四修正案的核心——是一个自由社会的根本”。Wolf v. Colorado，338 U. S. 25，27（1949）.“第四修正案最为重要的功能是保护个人的隐私与尊严不受政府无根据的侵犯……” Schmerber v. California，384 U. S. 757（1966）.

⑤ Warden v. Hayden，387 U. S. 294（1967）.

⑥ Katz v. United States，389 U. S. 347（1967）.

⑦ 美国学者对卡兹案的意义有着不同的论述。例如，“最高法院的标杆性判例卡兹案，使隐私位于了第四修正案的核心……” See Mary I. Coombs，Shared Privacy and the Fourth Amendment，or the Rights of Relationship，75 Calif. L. Rev. 1593（1987）.“斯图尔特大法官强调了隐私而非财产，才是第四修正案关注的首要对象，从而为‘物理性侵入’理论的消亡奠定了基础。（法庭）承认了隐私是不受‘不合理的搜查扣押’宪法保障的主导动因……” See James J. Tomkovicz，Beyond Secrecy for Secrecy's Sake：Toward and Expanded Vision of the Fourth Amendment Privacy Province，36 Hastings L. J. 645，650（1985）.

该案中，卡兹被指控违反联邦法律，从洛杉矶打电话传送赌博信息到迈阿密和波士顿。FBI 特工人员将电子窃听和录音设备附置于公共电话亭的外部，取得了卡兹的电话录音。在初审中，政府被允许举出卡兹的电话谈话作为证据。案件上诉到美国联邦最高法院。美国联邦最高法院否定了长期以来的“宪法保护的地方”的提法，转而提出第四修正案保护的是公民，而不是地方。因此，第四修正案中关于保护的适用，不应当取决于是否存在对某个封闭空间的物理性侵入。当政府的行为侵犯了该人正当倚赖的隐私时，该行为就构成了第四修正案中的搜查。卡兹案后，主张第四修正案权利需要接受的第一个检视便成为：政府的行为是否侵犯了公民持有的对“隐私的合理期待”（Reasonable Expectation of Privacy）？卡兹案对美国财产法分析方法的彻底抛弃和“隐私的合理期待”标准的确立，最终完成了第四修正案所保护利益的重心从财产到隐私的变迁历程。

就何为合理的隐私期待问题，哈伦（Harlan）法官在卡兹案的协同意见中提出了著名的双叉标准（Two - pronged Test）：第一，该人已经表现出对其隐私的真实的（主观的）期待；第二，该种期待社会愿意承认为是“合理的”。[①] 卡兹案后的大多数判例，都将主客观两个条件的满足视为隐私保护的必要条件，但美国联邦最高法院也曾在判例中表示，主观性标准不能作为第四修正案保护的充分指标。例如，如果政府突然在全国电视上宣布，今后所有的住宅都可无令状地进入，那么自此以后，个人可能无法对他们的住宅、文件和财产再持有任何实际的隐私期待。同样，如果一个来自极权国家的难民，不知晓美国的传统，错误地以为警察一直在监听他的电话谈话，那他也会对自己的通话缺乏主观的隐私期待。[②] 主观性标准的个别化与不稳定性，导致了判断是否存在“隐私的合理期待”时，具有规范意义的客观性标准发挥着更为重要的作用。客观性标准强调社会对个人隐私期待的承认，因此，法庭在适用该标准时，将会超越宪法的文本，从社会惯例中寻找隐私规则。

二、第四修正案保护范围的变化

第四修正案的关注重心从财产转向了隐私，使第四修正案的保护范围发生了相应变化。那么美国联邦最高法院对第四修正案的宪法解释，是扩大了还是限缩了公民不受政府任意干涉的私人领域呢？对这个问题，并不能简单作答，以下分述之：

---

① Katz v. United States，389 U. S. 361（1967）.

② See Smith v. Maryland，442 U. S. 735，n5（1979）.

(一)纯粹证据法则的废止

第四修正案保护重心从财产到隐私的变迁，直接影响到政府得以搜查的对象。传统上，只有当政府对所搜查、扣押的财产享有比财产持有人更高的财产权利时，才可实施合法的搜查、扣押。在博伊德案中，美国联邦最高法院将搜查、扣押的范围限定为“违禁品”和“犯罪果实”。就违禁品而言，法律规定了违禁品的持有属于犯罪，政府即有权对其搜查、扣押；就犯罪果实而言，政府是代表被害人来追索被盗财产，所以享有财产利益，从而获得实施搜查、扣押的正当权力。[①] 以此论述，博伊德法庭暗示了政府不得对违禁品、犯罪果实以外的“纯粹的证据”进行搜查、扣押。此种纯粹证据法则，在1921年古尔德案（Gouled v. United States）中得到全面的阐释。[②]

隐私利益在第四修正案领域中的崛起，最终导致了美国联邦最高法院在1967年海登案中废除了纯粹证据法则。海登案是在卡兹案的前一个开庭期作出判决的，它与卡兹案在时间上的毗邻，表明了当隐私利益即将成为第四修正案的首要关注时，搜查正一步步挣脱美国财产法的束缚。在该案中，美国联邦最高法院认为，纯粹的证据与赃物、犯罪工具、违禁品所包含的隐私利益并无二致，因此，应当给予它们同等的第四修正案的保护。[③]

纯粹证据法则的废止，扩大了政府对“人”及对“物”的搜索范围。就“人”的范围而言，持有犯罪工具、犯罪所得、违禁物者，多为有罪之人或犯罪嫌疑人，所以依传统法制，搜索之对象通常为犯罪者，而不及于第三人。但废止“纯粹证据法则”后，第三人持有证据，亦可能成为被搜索的对象。[④] 就“物”的范围而言，凡可为侦查或审判中之证据，虽非违禁物或犯罪工具，皆可搜索扣

---

① See Daniel B. Yeager, Search, Seizure and the Positive Law: Expectations of Privacy Outside the Fourth Amendment, 84 J. Crim. L. & Criminology 249, 256 (1993).

② 大法官克拉克（Clarke）发表的法庭意见里的此段陈述，充分反映了在第四修正案的历史初期财产权对搜查对象的限制：“它们（搜查令状）不能仅仅为取得在刑事或刑罚程序中反对某人的证据的目的，而被用作进入一个人的住宅或办公室获得他的文件的手段。只有在存在着搜查、扣押的首要权利时，才可签发搜查令状，包括：公众或控告人对被扣押的财产或是对该财产的占有享有利益；或是警察权力的合法行使将导致被告人对该财产的占有构成违法，使得警察可以占有。”Gouled v. United States, 255 U. S. 298, 309 (1921).

③ 在该案中，法庭意见指出，“财产利益决定控方搜查和扣押的权利，该前提已不再为人相信……我们已意识到，第四修正案的主要目标是保护隐私，而非保护财产，并日趋抛弃建立在财产概念基础上虚设的程序障碍……不论搜查只是针对‘纯粹证据’，还是针对赃物、犯罪工具或违禁品，第四修正案的要求能够提供给被搜查的物品同等的隐私保护。”Warden v. Hayden, 387 U. S. 294, 305 (1967).

④ 参见王兆鹏著：《美国刑事诉讼法》，北京大学出版社2005年版，第104页。

押。这扩大了可扣押物品范围，也扩大了警察可搜索的范围。因为单纯证据之物品，可能置放于任何地方，警察为搜寻这些散落于各地的单纯证据，其搜索范围即因此扩大。可见，在第四修正案被解释为包括对隐私的保护后，政府的权力也深入了公民的私人领域，更多的“人”和“物”被置于政府权力干涉的危险之中。当然，从另一角度看，即便如此，“侵犯的发生，也必须是在满足了合理根据和第四修正案特定化要求，并在中立和超然的法官批准之后进行的”①。这就在扩大政府搜查范围的同时，对政府的搜查行为施以了程序制约：虽然更多的“人”或“物”可能会受到政府的侵扰，但这些“人”或“物”也将获得第四修正案的程序保障。

（二）隐私与科技、社会习惯的联系

第四修正案的保护重心从财产转向隐私，尽管扩大了政府得以搜查的对象和范围，但并非绝对限缩了公民的私人领域。从理论上而言，以隐私的方法来界定搜查，还可能会扩大第四修正案的保护范围：其一，以隐私为保护对象，能将政府利用科技手段实施的干涉行为纳入到第四修正案的审查范围之内，使后者的保护涵盖未来科技发展；其二，美国联邦最高法院确立的“隐私的合理期待”的双叉标准，将隐私权保护与社会生活相连接，社会习惯、惯例成为了确定隐私利益的主要因素，使第四修正案保护范围可随着社会实践的发展而变化。②

1. 隐私与科技

隐私权的兴起与美国社会科技的发展之间呈现出相互作用的微妙关系。美国联邦最高法院在卡兹案中决然脱离了判断搜查扣押的美国财产法分析方法，确立起对抽象的隐私权的保护，与美国社会通讯技术的发展不无关系。从奥姆斯特德案到卡兹案，经历了40年的时间。这40年，也正是美国科技迅猛发展，政府规制也相应加强的时期。至1968年，美国已“拥有大规模的电子邮件交流、手机和无线电话、传呼器、无线监控的小型发射机，以及令人眼花缭乱的一系列数码信息网络，而在40年前，这些还只是理论上的概念”③。在卡兹案的时代，电子监控在美国国内已经变得很平常。高科技的发展带来的对公民权利的威胁，成为了美国联邦最高法院决定将第四修正案的保护范围扩及隐私利益的重要动因。美国联邦最高法院在卡兹案中就指出，如果将宪法狭义地解释为仅保护某个地方，便会“无视公共电话亭在私人通讯中的重要地位”④。科技的进步推动了第四修正案中隐私利益的确立，反之，隐私利益的确立也扩大了第四修正案的保护范

① Warden v. Hayden，387 U. S. 294，310（1967）.

② 当然，在审视美国联邦最高法院的相关判例后可以发现，上述论断也不乏例外。

③ See H. R. REP. NO. 647，99th Cong.，2d Sess. 17 – 18（1986）.

④ Katz v. United States，389 U. S. 347，352（1967）.

围。因为若根据宪法语言，第四修正案保护的具体对象仅限于其列举的公民的人身、住宅、文件与财产。卡兹案后，美国联邦最高法院通过隐私概念的运用，突破了宪法文本列举的限制，使第四修正案的保护延及抽象的私人谈话，并可能随着新的高科技侦查手段的运用覆盖更多的保护客体。

关于科技对第四修正案下隐私保护的影响，一个最为重要的判例是2001年凯乐案（Kyllo v. United States）[①]。在该案中，警察怀疑凯乐用高热度的灯在家中培植大麻，于是在凌晨3点的时候，站在凯乐家外，用一个热量探测器来检测从其住宅中散发出的红外线，再将其转化为热能。此番探测得出的数据表明，凯乐家中车库屋顶的温度明显比他住宅的其他部分以及附近的其他住宅的温度高。根据此检测结果和其他证据，警察取得了搜查令状，并在执行令状时发现了凯乐在家种植了超过100棵的大麻。警察通过热量探测器对房屋外部热量的收集是否构成搜查，成为了本案的争点。在该案中，美国联邦最高法院承认，“如果主张说，公民享有的由第四修正案赋予的隐私程度完全不受科技发展的影响，这样的论断无疑是不明智的”[②]。大法官斯卡利亚在代表法庭书写意见时说：“我们今天面临的问题是，科技的力量使受保障的隐私领域缩小，而我们对科技的力量应当作何限制”[③]。美国联邦最高法院注意到科技的发展极大增强了政府获得信息的能力，如果只将搜查界定为物理性侵入，政府将很容易凭借科技的力量规避第四修正案的禁止。于是作出裁决，“通过提高感官能力的科技而获得的关于住宅内部的任何信息，如果除此之外只能通过对宪法保护区域的物理性侵入而获得，那么该信息获得则构成了搜查，至少当争议的科技尚未被公众普遍使用时应为如此”[④]。这样的裁决，抛弃了机械的监测仪器是否“穿透墙壁”的区分标准，力图将“正在使用或正在发展的更为成熟的科技”[⑤]纳入到第四修正案的规范范围之内。

不过，正如对该案的不同意见中所批评的，该裁决的范围既过于宽泛，又过于狭窄。法庭意见将第四修正案的保护范围扩及所有的提高感官能力的科技的运用，但又仅仅将其保护限定在对住宅的信息获得。因此，个人在其他场所享有的隐私利益是否可以免受政府利用高科技手段的侵犯，还有待新的判例进一步阐释。而且，凯乐案肯定了在政府运用的科技手段尚未被公众普遍运用时，政府获取信息的行为应认定为搜查。根据这样的分析方法，某项技术的市场力量将在第

① Kyllo v. United States，533 U.S. 27（2001）.
② Kyllo v. United States，533 U.S. 33（2001）.
③ Kyllo v. United States，533 U.S. 34（2001）.
④ Kyllo v. United States，533 U.S. 34（2001）.
⑤ Kyllo v. United States，533 U.S. 40（2001）.

四修正案的隐私保护中扮演重要角色。① 如果某种监测手段的制造商能成功地将其仪器推广到公众中，获得广泛的应用，那么个人将不再受到第四修正案的保护。非法的个人监控行为能否为政府的监控行为提供正当依据？即使个人监控行为合法，是否应当对个人行为与政府行为作一定的区分？这些问题并没有在美国联邦最高法院的判例中得到解决。美国联邦最高法院在此案中将技术适用普及度作为隐私保护的因素之一，无疑使第四修正案下隐私与科技的关系更加复杂。

2. 隐私与社会习惯

卡兹案提出，个人是否享有第四修正案的保护，取决于个人对该隐私是否表现出真实的期待，且社会也愿意承认该期待为合理。在卡兹案后，鉴于主观性标准的高度不确定性，美国联邦最高法院在之后的判例中表现出更侧重于客观性标准的倾向。社会是否承认某种具体的隐私期待为合理，常常是以社会现存的惯例与做法为判断。因此，与财产权的方法相比，“隐私的合理期待”的标准对隐私的保护更加灵活，能够随着社会习俗的变化适时调整保护范围。此外，采用隐私的方法来界定搜查，可以突破狭隘的财产权概念，赋予不享有财产权的第三人以“不受政府不合理搜查”的保护。例如，在主人家过夜的客人就充分享有对隐私的合理期待，因为“在别人的家里过夜是长期以来的社会习惯，这样的社会习惯，还承载着社会承认的重要功能”②。由于主人在一般情形下都会尊重客人的隐私利益，且享有隐私的合理期待并不等同于对住宅享有法律权利。因此，尽管客人并不对主人的房产享有任何财产权利，也无权允许或排斥他人进入住宅，但在主人的住宅里，客人仍享有第四修正案不受不合理搜查与扣押的权利的保护。③

第四修正案的保护从取决于个人是否享有美国财产法上的权利转向了社会生活惯例，尽管在一般意义上，应当是扩大了第四修正案的保护范围，但根据美国联邦最高法院的判例来看，也并非绝对。在1984年奥利弗案（Oliver v. United States）④ 中，美国联邦最高法院通过裁决个人对旷地（Open Field）的隐私期待不符合社会的合理预期，反而限缩了公民不受政府干涉的自由空间。该案中，肯

① See William C. Heffernan, Fourth Amendment Privacy Interests, 92 J. Crim. L. & Criminology 1, 103 (2002).

② 美国联邦最高法院解释道：“当我们因工作或消遣而旅行到陌生的城市，当我们拜访自己的父母、小孩或是在城外的远亲，当我们在换工作或搬家当中，或是当我们为朋友看守房子的时候，我们都会在别人的家中居住。在我们的一生中，我们将多次成为主人和客人。不论从哪种角度，我们都认为，对一个家里来的客人在其主人的住宅里享有的合法隐私期待，是社会予以承认的。” Minnesota v. Olson, 495 U. S. 91, 99 (1990).

③ Minnesota v. Olson, 495 U. S. 91, 99 (1990).

④ Oliver v. United States, 466 U. S. 170 (1984).

塔基州的两名州警察开车进入了一户竖有“禁止非法侵入”牌子的住宅的大门，往里走了数百码，对奥利弗冲他们“不准打猎”的喊叫置之不理，最终在奥利弗住宅的土地上发现了大麻植物。如果按照美国财产法的方法确定搜查的含义，警察的行为已构成了对私人财产的非法侵入，应当构成第四修正案下的搜查。但根据隐私的合理期待理论，美国联邦最高法院在得以区分庭院（Curtilage）与旷地的基础上，裁决警察的侵入行为并不构成第四修正案语义下的搜查，①从而排除了第四修正案对个人在旷地内的活动享有的隐私利益的保护。

可见，第四修正案保护重心从财产到隐私的转变，不均衡地影响了政府与公民的关系：（1）搜查对象从违禁品、犯罪工具及犯罪果实扩大到“纯粹的证据”，使政府得以对更大范围的“人”和“物”进行搜查，但与此同时，也使此种扩大了的政府行为，受到法定程序的规制。（2）保护客体从人身、住宅、财产、文件四类宪法文本列举的有形物扩大到诸如谈话、热量等无形物，使第四修正案能灵活地涵括政府利用高科技手段对公民实施的各种干涉行为。公民基于隐私权得以要求法院对各种新型的政府行为的合宪性进行审查，在此意义上，扩大了公民不受政府任意干涉的私人领域。（3）从仅保护财产的所有权和占有权人，到保护对“场所”（Premises）享有合理隐私期待的人，使第三人得以主张不受政府无理搜查扣押的权利。（4）以社会习惯作为主要衡量标准，也使第四修正案的保护范围可随着社会的发展而变化。不过，在一些情形下，财产的所有权人或占有权人因不享有隐私的合理期待，而不得主张第四修正案的权利。

三、财产权与隐私权的联系——社会历史语境探析

毫无疑问，第四修正案蕴含的隐私权的诞生离不开美国联邦最高法院对宪法的积极能动的解释。然而仔细回顾美国联邦最高法院的判例，却难以看清美国联邦最高法院是如何在第四修正案的文本中发现此项权利或利益的。从财产权到隐私权的转变到底沿袭的是何路径，尚未有人做过分析。那么孕育隐私权萌芽的博伊德案，便应是探寻第四修正案下的隐私权诞生的起点。

（一）博伊德案：从财产权中发现隐私利益

美国联邦最高法院对第四修正案下隐私权的解读最早始于1886年的博伊德案。博伊德案裁决于19世纪后半期。当时美国的财产法继受了洛克、布莱克斯通等英国法学家的财产权理论，使得个人的财产权获得了前所未有的保护。作为

① 美国联邦最高法院认为，旷地自身也不能对第四修正案意在保护的亲密活动提供合适的场所，并且公众与警察通常可以自由进入，因此，从社会习俗来看，个人声称在旷地上保有的隐私并未得到社会的承认。Oliver v. United States，466 U. S. 179（1984）.

早期的财产权综合论者（Integrated Theorists），洛克、布莱克斯通等理论家强调财产的排他性权利在美国财产法发展过程中占有重要地位，认为对财产概念的充分描述还应包括更为根本的权利，即对财产的获得、使用、处分的权利。[①] 由此，“财产成为一个含义宽泛的概念，能够在各种政治和法律理论中得以不同的适用”[②]。此种强调财产概念一体化的综合理论，解释了为何18世纪的政治家和学者时常将“财产权”论述为无所不包的权利。譬如，美国宪法的缔造者之一詹姆斯·麦迪逊曾言，财产有时是在法律的意义上使用，指称“一个人的土地、商品或者货币”[③]。但他也注意到，财产也有着“更宽泛、更为公平的含义，该含义包括了一个人对其赋予价值，并享有权利的任何一件东西”[④]。在这个更为宽泛的含义下，麦迪逊论辩说，“一个人对其意见享有财产权”，他“对自己人身的安全和自由享有财产权”，并且“同样，还可以说他对其权利享有财产权”[⑤]。麦迪逊此处的观点即根源于洛克的学说。洛克在广泛含义上运用财产权概念，认为一个人采取行动保护其“财产”（Property），就是采取行动保护他的“生命、自由和所有物”（Life，Liberty and Estate[⑥]）。他在讨论市民社会的形成时，注意到人们进入到市民社会，是“为了彼此保护他们的生命、自由和所有物，我将三者统称为财产”[⑦]。

此种扩张性的财产权概念在美国的继受，与19世纪的美国社会发展背景密切相关。从殖民地时期开始，美国就深受新英格兰牧师带来的洛克理论的影响。美洲大陆的开发与工业制度的建立，需要鼓励个人发挥自己的天赋，去开辟这片尚未驯服的大陆，实现其发财致富的梦想。[⑧] 洛克的个人自然财产权理论与布莱

① See generally Adam Mossoff，What Is Property? Putting Pieces Back Together，45 Ariz. L. Rev. 371（2003）.

② See generally Adam Mossoff，What Is Property? Putting Pieces Back Together，45 Ariz. L. Rev. 400（2003）.

③ James Madison，Property，Nat'l Gazette，Mar. 5，1792，reprinted in James Madison，The Mind of the Founder 186（Marvin Meyer ed.，1981）. See Adam Mossoff，What Is Property? Putting Pieces Back Together，45 Ariz. L. Rev. 371，377（2003）.

④ James Madison，Property，Nat'l Gazette，Mar. 5，1792，reprinted in James Madison，The Mind of the Founder 186（Marvin Meyer ed.，1981）. 68 – 69（2003）.

⑤ James Madison，Property，Nat'l Gazette，Mar. 5，1792，reprinted in James Madison，The Mind of the Founder 186（Marvin Meyer ed.，1981）. 186（2003）.

⑥ Adam Mossoff，What Is Property? Putting Pieces Back Together，45 Ariz. L. Rev. 371，401（2003）.

⑦ Adam Mossoff，What Is Property? Putting Pieces Back Together，45 Ariz. L. Rev. 371，401（2003）.

⑧ See Willam H. Hamilton，Property：According to Locke，41 Yale L. J. 873（1932）.

克斯通的绝对财产权观念，正好满足了社会的需要。无所不包的财产权概念，不仅反映了此时期私有财产在社会经济发展中所占据的重要地位，还体现了当时的私有财产权与自由价值的紧密联系。因为在19世纪的美国，社会的主流观念是，“财产是一个人自由意志的体现，是他自由的外在领域”①。财产权的概念在传统上与自治（Autonomy）相联系。通常认为，人们可以在他们自己的土地上，做他们想做的事情。②

洛克的理论“不仅对美国宪法的缔造者有着深远的影响，还影响着那些为这个初生的国家界定财产制度的下一代人”③。因此，19世纪后期美国社会的财产权仍带有浓厚的个人主义气息。财产权在法律体系中的核心地位和宽泛含义，直接体现在美国的司法实践中。直到20世纪初，财产权还统摄着一些人身权利，财产权中的概念，如非法侵入被美国联邦最高法院适用于涉及婚姻权利的纠纷中。例如，1904年廷克案（Tinker v. Colwell）④ 中，法庭确认了普通法的规则，即丈夫对妻子的身体享有财产权，他有权要求妻子满足他个人的享受，如果这项权利受到侵犯，他有权以丈夫的名义予以起诉。而妻子与他人的通奸行为，被视为对丈夫婚姻权利的侵入，尽管他所承受的损害是其妻子在身体和精神上的堕落。⑤ 由此，我们也不难理解早期的美国联邦最高法院采用美国财产法中“非法侵入”（Trespass）的概念来界定政府实施的搜查。而在搜查扣押领域中适用此种财产权方法的历史，可以追溯到被博伊德案法官援引的英国判例恩廷克案（Entick v. Carrington and Three Other King's Messengers）。该案法官卡姆登便是从对前述洛克理论惊人相似的重述中⑥指出，政府的搜查应具备正当根据，否则将被指控为非法侵入。而此种正当根据，即指政府在美国财产法上享有更高权利。

在博伊德案中，美国联邦最高法院的判决明显地承继了洛克与麦迪逊的思想。为将第四修正案适用于本案的事实，书写法庭意见的布拉德利大法官不得不

---

① ［美］沃纳：《论美国行政法》第1卷，第4节（1889年）。转引自［美］伯纳德·施瓦茨著，王军等译：《美国法律史》，法律出版社2007年版，第135页。

② Jennifer Nedelsky, Law, Boundaries, and the Bounded Self, 30 Representations 162, 169 (1990). See Joseph William Singer, Property Law: Rules, Polices, and Practices, Little, Brown and Company, 1993, P22.

③ Adam Mossoff, What Is Property? Putting Pieces Back Together, 45 Ariz. L. Rev. 371, 378 (2003).

④ Tinker v. Colwell, 193 U. S. 473 (1904).

⑤ Tinker v. Colwell, 193 U. S. 483 (1904).

⑥ 个人缔结社会的主要目的是为了保护他们的财产。在任何情形下，这样的权利都是神圣的、不可剥夺的，除非公共法律为了整体的利益将其剥夺或削减。Boyd v. United States, 116 U. S. 616, at 627 (1886).

将强制提交文件解释为“搜查和扣押”，他追溯了《美国权利法案》的历史及当时英国普通法的搜查扣押，大段引用了卡姆登法官在恩廷克案中的陈述。在该案中，卡姆登法官一方面强调了个人的财产神圣不可侵犯；另一方面又指出，文件是个人宝贵的财产，强制获得这些文件用作证据，无异于强迫他作出反对自己的证言。根据该判例，布拉德利大法官如此阐释了第四修正案的实质：在此判决确立的原则，影响到宪法自由和安全的本质。这些原则的意义，远远超过提交到法院的充满外来不定因素的具体个案，它们适用于所有政府方及其雇员实施的，对一个人的住宅的神圣性与生活的隐私的侵犯。构成此种侵犯的实质的，并不是砸开他的房门，翻找他的抽屉的行为；而是对他的人身安全、人身自由和私人财产此种不可废止之权利的侵犯，这些权利不会因他实施了某些公共违法行为，被判有罪而丧失——正是对此神圣权利的侵犯，支持并构成了卡姆登法官判决的实质。闯入住宅，打开盒子、抽屉是加重情节，而强迫或强制地获取一个人的证言或私人文件，作为证明其有罪或罚没其财产的证据，才是该判决所反对的内容。在此方面，第四修正案和美国联邦宪法第五修正案几乎互相交叉。①

布拉德利大法官也不得不承认，对第四修正案的此种解释，无法与其文义解释相一致，但他对此辩解道，“尽管该争议的程序并不具有许多真正的搜查扣押的恶劣情节，然而，正如前面所述，它具备了它们的内容和要旨，实现了其实质性目的”②。不要忘记，那个时期财产权法律制度的核心是创造并保护存于各种财富形式的某些个人权利。财产的功能之一便是在政府权力与私人权利之间划分界限，为个人或私有组织的活动领域界定范围，在此领域内，所有者享有比领域外更大的自由。③ 正因如此，政府对私人财产的搜索翻寻，可以被解释为延展至对个人的“人身安全”、“人身自由”等神圣权利的侵犯。博伊德案的法官正是将上述“不可废止”的权利作为连接第四修正案和美国联邦宪法第五修正案的核心，④ 通过构建第四修正案和美国联邦宪法第五修正案“互相交叉”理论，将保护财产权的第四修正案扩大为对“住宅的神圣性与生活的隐私”的保护，在第四修正案的沃土上播下了隐私权的种子。可见，在美国联邦最高法院积极能动的司法干预下，19 世纪的财产权仍然可以作为捍卫个人自由的工具，为孕育中的隐私利益构筑起一道阻挡政府任意入侵的屏障。

---

① Boyd v. United States，116 U. S. 616，at 630（1886）.

② Boyd v. United States，116 U. S. 616，at 622（1886）.

③ Charles Reich，The New Property，73 Yale. L. J. 771（1964）.

④ See Note，The Life and Times of Boyd v. United States（1886 – 1976），76 Mich. L. Rev. 184，at 188（1977）.

（二）奥姆斯特德案：隐私权的兴起

40年后，在1928年奥姆斯特德案中，美国联邦最高法院的多数意见支持政府的搭线窃听，以协助政府惩治犯罪。布兰代斯大法官发表了具有深远影响的不同意见。尽管在奥姆斯特德案中布兰代斯大法官输掉了战役，但在20世纪的后半期他赢得了整个战争。他在奥姆斯特德案中的不同意见最终成为了美国联邦最高法院的正式立场。[①] 那么布兰代斯大法官在其意见中是怎么看待财产权与隐私权的关系呢？

在讨论布兰代斯大法官的意见之前，需要简单提及他年轻时候的经历。布兰代斯大法官无疑是美国联邦最高法院历史上的一个著名人物。在路易斯维尔长大之后，他进入了哈佛法学院并逐步成长为波士顿的一名成功律师，很快便作为一位改革家而崭露头角。[②] 1890年，作为一名年轻的律师，他与另一名作者沃伦（Warren）在《哈佛法律评论》上共同发表了美国隐私权的奠基之作——《隐私权》。如今但凡提到隐私权的起源，没有人能避开这一经典作品。在该文中，他从公民对其人身和财产享有的权利谈起，指出人们日渐强烈的智识和感情生活，以及随着文明的进步而增强的情绪告诉我们，"人生只有部分的痛苦、欢乐和利益植根于物理的存在。时代的发展要求赋予人们的情感、感受以法律的保护"。他并未对隐私权的定义多加着墨，而是直接采用托马斯·库利（Thomas Cooley）法官在1880年一篇关于侵权法的文章中谈到的"不受干扰的权利"予以定义。[③] 布兰代斯和沃伦的论文在学术界引起了广泛的影响，但在美国财产法观念盛行的年代，尚未能触动法院的判例。例如，1902年的纽约州法院拒绝承认隐私权，因为他们认为隐私权并不属于"对财产占有或享有"的附属权利。而其他法院坚持这样一种理论：与人格有关的利益不能得到保护，除非能够把它们归结为某种财产利益。[④] 1916年，布兰代斯被威尔逊总统任命为美国联邦最高法院的大法官，接替逝世的约瑟夫·拉马尔。1928年的奥姆斯特德案为当时身在美国联邦最高法院的布兰代斯大法官提供了绝好的机会，于是在不同意见中，他执笔了美国联邦最高法院关于第四修正案下隐私的最早论述。

布兰代斯大法官首先阐释了美国联邦最高法院对宪法解释的原则，指出法院

---

① See Note, The Life and Times of Boyd v. United States (1886 - 1976), 76 Mich. L. Rev. 184, at 195 (1977).

② 参见［美］伯纳德·施瓦茨著，毕洪海、柯翀、石明磊译：《美国最高法院史》，中国政法大学出版社2005年版，第235～236页。

③ Warren & Brandeis, The Right to Privacy, 4 Harv L. Rev. 193 (1890).

④ ［美］伯纳德·施瓦茨著，王军等译：《美国法律史》，法律出版社2007年版，第160～161页。

应当随着时代的发展对宪法作出不拘泥于文字的解释，因此法官们的考虑“不应当是已经发生了什么，而是可能发生什么”①。他主要以恩廷克案、博伊德案和古尔德案为依据，认为它们体现了第四修正案旨在保护的“不受干扰的权利”：“修正案所保障的保护在范围上更为广泛。宪法的缔造者是在为追求幸福创造有利的条件。他们认识到人的精神方面，及其感受和智识的重要性。他们知道，人生只有部分的痛苦、欢乐和满足源于物质的存在。他们旨在保护美国人的信仰、思想、情感和感受。他们授予了人民‘不受干扰的权利’——它是内容最为广泛的权利，也是文明人最为重视的权利。为保护该权利，政府对个人隐私的每一次不正当侵害，都必须视作是对第四修正案的违反，而不论政府所用的手段如何……”

在不遗余力运用《隐私权》一文中人的精神维度支持其观点后，布兰代斯接着探讨了不受干扰之权利的真谛在于防止个人自由受到政府的任意干涉的问题：“通往被告住所的电话线连接在哪里，当然是无关紧要的。该侵犯是否为了协助执法的目的，同样也是不重要的。过去的经验应当教会我们，在政府抱着善意的目的时，我们却应以最大的警醒去捍卫自由。”②

可以看出，布兰代斯大法官眼中的隐私权，已经完全与财产权脱离了联系。这表现在他不仅没有从财产权中引申出隐私权，而且还否认了对场所的物理性侵入与侵犯隐私的相关性。③ 其实在20世纪20年代的美国，财产权仍然受到较高的强调。尽管在第一次世界大战中，美国联邦最高法院对联邦政府的战时权力，尤其是对私人财产权的限制，给予了坚决的支持，但在战后保守的政治气候下，美国联邦最高法院转而开始对联邦政府管理经济的权力进行反对和限制。美国联邦最高法院的9名大法官，至少有6人都对管制性法律抱有敌视态度。作为首席大法官的塔夫塔（Taft），尤为私有财产权的坚决维护者。④ 在奥姆斯特德案中，也正是他代表法庭撰写了以狭隘的财产权概念界定搜查的多数意见。在这个保守的法庭上，布兰代斯大法官可谓是一位支持美国法律从自由放任主义转向福利国家的先驱者。他对当时美国社会图景下的私有财产权的地位有着难得的远见卓识。在其1914年的著作中他曾言，“财产只是一种手段。我们的法院经常犯的一个错误是，他们把这些手段当成了目的”⑤。

---

① Olmstead v. United States，277 U. S. 438，473（1928）.

② Olmstead v. United States，277 U. S. 480（1928）.

③ 即引文中强调的部分，“通往被告住所的电话线连接在哪里，当然是无关紧要的”。

④ 参见王希著：《原则与妥协——美国宪法的精神与实践》（修订本），北京大学出版社2005年版，第314～321页。

⑤ Brandeis，Bussiness－A Profession 322（1914）. See Bernard Schwartz，The Law in America：A History，McGraw－Hill，1974，P149.

从博伊德案到奥姆斯特德案这一时期，美国财产法的变革是缓慢而渐进的。与此同时，美国社会对保护隐私的需要也与日俱增。19 世纪后期始，美国社会发生着巨大的变化，突出表现为大量移民的涌入和社会的工业化，使得人口大规模地从乡村迁移至城市。在 1840 年到 1890 年间，城市人口从 1845000 激增到 22000000，城市人口的比例从 11% 增至 35%。[①] 一方面，城市人口的日趋密集，使人们不得不紧密地毗邻而居，从而增加了地理上隐私的紧张。居住在城市中的人们尽管失去了地理上的隐私，可是他们的生活却更为私密。[②] 另一方面，伴随着城市化的进程，人们的精神生活也丰富起来。新闻行业的兴旺，免费公共教育的发展与一个富足的社会阶层的诞生，无一不刺激着隐私的需要。《隐私权》一文发表的前 10 年，也正是出版业发展最为强劲的 10 年。从 1880 年到 1890 年，月报从 7811 份增加到 13559 份。日报的发行量也从 1870 年的 2607000 份激增到 1890 年的 8387000 份。[③] 1890 年后，美国的中学也得到了极大的发展。原来在全国 14 岁到 17 岁的人口中，上中学的比例不到 7%，到 1920 年，就达到了三分之一。[④] 人们在智识、精神生活上的丰富与拥挤城市生活的紧张关系，强化了他们对隐私的渴望和需要。他们一旦体验到不受他人干扰的自由，便希望能获得他人的尊重与法律的保障。[⑤]

工业化和人口的压力也促使美国联邦最高法院对私有财产权作出一定调整。在 1926 年著名的分区权（Zoning Power）的判例中，美国联邦最高法院指出，“直到近几年，都市生活都相对简单，但随着人口的急剧增长和聚集，问题会出现，并且会持续积累，这就要求对城市社区中的私人土地的使用和占有作出限制”[⑥]。基于社区的健康与安全考虑，个人不得完全无限制地使用财产权，这正反映了该时期财产权在保护个人自由意义上的削弱。

布兰代斯尽管认同随着时代的发展应对财产权进行广义解释，但并不认为财产权的范围可以扩及一切精神方面的事物。在 1918 年的国际新闻机构案（Inter-

---

① Donald R. Pember, Privacy and Press, at 7 (1972). See Richard C. Turkington & Anita L. Allen, Privacy Law: Cases and Materials, St. Paul. Minn., 1999, P43.

② See Edward Shils, Privacy: Its Constitution and Vicissitudes, 31 Law & Contemp. Probs. 281 (1966).

③ Donald R. Pember, Privacy and Press, at 10-11 (1972). See Richard C. Turkington & Anita L. Allen, Privacy Law: Cases and Materials, St. Paul. Minn., 1999, P43.

④ ［美］丹尼尔·J. 布尔斯廷著，谢延光译：《美国人——民主的历程》，上海译文出版社 1997 年版，第 728 页。

⑤ See Edward Shils, Privacy: Its Constitution and Vicissitudes, 31 Law & Contemp. Probs. 281 (1966).

⑥ Euclid v. Ambler Realty Co., 272 U.S. 365, 386-387 (1926).

national News Service v. Associated Press)[①] 中，他讨论了法律已经将财产权的客体扩展到“文学、戏剧、音乐和其他艺术作品”以及“发明创造与发现”，但认为，基于财产权的特定属性，其客体不应扩大到新闻。[②]

值得注意的是，布兰代斯大法官在奥姆斯特德案中并未从财产权中引申出隐私的权利，而是倚赖于“追求幸福”的概念。“追求幸福”源于1776年发表的《独立宣言》。托马斯·杰斐逊（Thomas Jefferson）宣称：“下述真理是不言自明的：一切人生来平等；造物主赋予他们以某些不可剥夺的权利，其中包括生命、自由和追求幸福……”杰斐逊有意以追求幸福权取代财产权，表明他将财产权看作是社会权利而非自然权利，反映了其共和主义思想的因素。帕灵顿说：“用‘追求幸福’代替‘财产’，这标志着与洛克传给英国辉格党中产阶级的财产权理论的彻底背离，取而代之的是更加广泛的社会学观念，而正是这一取代给这份文献以理想主义的气息，使之具有永恒的人性和生机。”[③] 不过，直至20世纪初，美国社会经济发展的需要使得“政府存在的目的即为保护生命、自由和财产，其中最主要的是财产”[④]，而鲜有人注意到《独立宣言》中的“追求幸福”。布兰代斯大法官在此引用“追求幸福”而非“财产权”的概念，不仅区分了人类在精神方面与物质方面的不同利益，还得以从更宽泛的含义上解释宪法的目的。与其在《隐私权》一文中倡导的普通法权利不同，布兰代斯大法官在此提出的隐私权是一种对抗政府的权利。他意在通过“追求幸福”权发展出一种新的权利，使美国社会蓬勃发展的个人精神需要获得来自宪法的保护。

（三）卡兹案：从财产权到隐私权

在20世纪前半期，美国法院开始从过去强调财产权利转变为强调人身权利，这也成为20世纪美国公法的主旋律之一。到20世纪中期。美国的社会制度逐渐变成“政府具有明确责任促进社会福利的制度，甚至可以以牺牲个人财产权作为代价”[⑤]。绝对的财产权开始受到削弱，与此同时，隐私的需要与利益也获得了法院的认可。1967年的卡兹案最终推翻了财产权在第四修正案中的主导地位。这正反映了美国社会逐渐积蓄的权利力量对比的变化。

---

① International News Service v. Associated Press, 248 U. S. 215 (1918).

② 法庭多数意见认为，新闻具有准财产权的性质。International News Service v. Associated Press, 248 U. S. 235 – 236 (1918).

③ [美] 沃浓·路易·帕灵顿著，陈永国、李增、郭乙瑶译：《美国思想史：1620 – 1920》，吉林人民出版社2002年版，第300页。

④ Children's Hospital v. Adkins, 284 Fed. 613, 622 (D. C. Cir. 1922).

⑤ 参见 [美] 伯纳德·施瓦茨著，王军等译：《美国法律史》，法律出版社2007年版，第182，245页。

在自由竞争主义经济理论指导下，美国长期积累的经济问题在1929年爆发，引发了全国范围内的经济危机。美国联邦最高法院对私有财产的竭力保护以及对政府干预经济的种种限制，已被证明不能挽救美国的经济局势。1933年罗斯福就任政府总统后，采取了有力的新政举措，对金融、银行、工业等行业实施了强制性管理。随着罗斯福在任期间改组法院计划的冲击以及1937年至1941年美国联邦最高法院显著的人事变动，使得自由派的法官在美国联邦最高法院中占据着主导地位。新政获得了美国联邦最高法院的支持，随之而来的是私有财产权的绝对地位在严峻的经济形势下受到削弱。第二次世界大战和紧随其后的冷战，也使美国政府的权力得到了极大扩张。法律倾向于对财产权作必要的限制，到20世纪中期后，个人的财产权利日益服从于公共利益的调整。

二战和冷战还在其他方面影响着美国的社会生活。在战争期间，美国的间谍组织和反间谍组织得到前所未有的发展。战略局、军事情报局、联邦调查局以及后来的中央情报局等情报机构广泛运用相关秘密技术来获取信息，并训练了大量掌握这类技术的人员。在战后的生活中，这些秘密技术与人员仍在为各类调查机构服务。借助电子技术、核物理技术等科技的观察和录音、录像手段，在政府对私人领域的信息调查和获取中进行了广泛的应用。尽管在和平时期，基于“安全”与“忠诚”的考虑而收集情报的动机并不那么迫切，但在福利国家的旗帜下，政府的活动日渐深入社会生活。政府出于制定政策、引导民意等目的，仍十分重视信息的收集活动。而国家经济力量的逐渐恢复和发展，也为战后的政府提供了更多的资源，使其能雇佣更多专业人员和应用新的科技手段来采集信息。①

警察在长期与惯犯打交道的过程中，开始熟知“罪犯的黑社会”。通过自身对罪犯作案习惯的经验积累与线人的帮助，警察开始了解有关罪犯个人生活的很多情况。罪犯们不仅胆大包天，同时也享有更多的资源，这不得不迫使本来人手不够，工作已经超出负荷的警察也开始采用更新的技术。② 如前所述，通讯技术的革命使得电话窃听、谈话录音以及在罪犯所在场所安装窃听器（Bugging）等侦查手段成为可能。自奥姆斯特德案至卡兹案作出期间，呈交给美国联邦最高法院审理的有关政府窃听的案件与日俱增。③ 这正反映了在该时期，政府运用窃听

① See Edward Shils, Privacy: Its Constitution and Vicissitudes, 31 Law & Contemp. Probs. 281, 297 - 298 (1966).

② See Edward Shils, Privacy: Its Constitution and Vicissitudes, 31 Law & Contemp. Probs. 281, 299 - 300 (1966).

③ See e. g., Goldstein v. United States, 316 U. S. 114 (1942); Goldman v. United States, 316 U. S. 129 (1942); On Lee v. United States, 343 U. S. 747 (1952); Rathbun v. United States, 355 U. S. 107 (1957); Silverman v. United States, 365 U. S. 505 (1961); Lopez v. United States, 373 U. S. 427 (1963); Berger v. New York, 388 U. S. 41 (1967).

手段侦查刑事犯罪已经非常普遍，但对于政府侵入私人领域的界限应划在何处还存在着较大争议。

20世纪后期，政府权力的增长及其对公民私人生活的渗透现状，也使得宪法面临着保护人身权利和人身自由的时代任务。1953年，首席大法官文森突然去世，艾森豪威尔总统任命沃伦接替这个席位。从1953年到1969年，美国沃伦法院迅速承担起司法创造的重任，以适应20世纪后期急剧的社会变革。在沃伦任期内，美国联邦最高法院的主导趋势是保护重心从财产权转向人身权。首席大法官沃伦在1955年的一篇文章中称，“当1980年的人从我们手中接过权利法案时，这份文件的含义会和我们从我们的父辈手中接过它的时候不完全一样”[①]。的确，被称为是“革命性的团体”与“社会变革的强大力量”[②] 的沃伦法院，为美国公法领域的变革作出了卓越的贡献。沃伦法院在人身权保护方面有三项发展：[③]（1）优先地位学说的接受。[④] 该学说认为宪法赋予了人身权相对于财产权优先的地位。因此，美国联邦最高法院在行使其审查功能时会运用双重标准。在涉及公民自由和人身权的案件中，司法克制原则并不严格约束法官。（2）裁定《美国权利法案》的保障措施趋向于约束各州。因此，在1949年沃尔夫案中，美国联邦最高法院裁定第四修正案保障的隐私权如此根本，应通过美国联邦宪法第十四修正案适用于各州；在1961年马普案中，第四修正案的救济手段——非法证据排除规则也作为第四修正案的一部分，约束各州的刑事司法。（3）权利本身实体性内容的扩张。在1965年著名的避孕案——格里斯沃尔德案（Griswold v. Connecticut）[⑤] 中，美国联邦最高法院首次明确承认，在第四修正案之外还存在着独立的受宪法保护的隐私领域。以道格拉斯法官为代表的多数派意见认为，《美国权利法案》中明确列举的权利都有“一圈模糊的阴影地带”（Penumbras），正是从这些明确指出权利的阴影地带的交错中，隐私权具备了它的“生命和内容”。这些明确列举的权利，包括《美国权利法案》的第一、三、四、五、九修

---

① Warren, The Law and the Future, Fortune 106, 126 (Nov. 1955). 转引自［美］伯纳德·施瓦兹著，毕洪海、柯翀、石明磊译：《美国最高法院史》，中国政法大学出版社2005年版，第308页。

② ［美］小卢卡斯·A. 鲍威著，欧树军译：《沃伦法院与美国政治》，中国政法大学出版社2005年版，第1页。

③ ［美］伯纳德·施瓦兹著，毕洪海、柯翀、石明磊译：《美国最高法院史》，中国政法大学出版社2005年版，第308~310页。

④ 该学说源于休斯法院时期的United States v. Carolene Products Co. 一案中的脚注。See 304 U. S. 144, 152, n. 4 (1938).

⑤ Griswold v. Connecticut, 381 U. S. 479 (1965).

正案。[①] 随后的伯格法院继而开拓了隐私权的新领域，将隐私权与自治相联系，保护人们独立作出某些决定的自治利益。

因此，在卡兹案开庭前，美国的法律体系就已经形成了人身权优于财产权的格局。随着隐私权的宪法地位的明确，卡兹法庭更是毫不犹豫地抛弃了“非法侵入”的财产权方法，将第四修正案扩张为不倚赖于美国财产法而侧重保护个人隐私的法律。除了布莱克大法官一张反对票，法庭以7:1的绝对多数通过了斯图尔特法官撰写的法庭意见。多数的自由派奉行扩张性的“自然法”正当程序和司法能动主义，从而在宪法中发现了隐私权。对此，布莱克法官在格里斯沃尔德案和卡兹案中发表了坚决的不同意见。这位来自美国参议院的政治家和改革者于1937年被罗斯福总统提名担任美国联邦最高法院的法官。或许正是他在参议院工作的经历使他清楚地记得，20世纪二三十年代的塔夫塔和休斯法院的保守派是如何扼杀他们所不喜欢的重要立法。因此，在他自己到美国联邦最高法院任职后，一直积极主张司法克制，防止美国联邦最高法院充当立法机构来权衡立法者的智慧、侵犯共和国代议民主制的核心。[②] 尽管如此，此种在20世纪中期后显得“老式”的法哲学未能成为美国联邦最高法院的主流。但现在再回头来看，布莱克大法官在卡兹案中的不同意见，也是饱含深意。[③] 正如他所批评的，从博伊德案到卡兹案，美国联邦最高法院一直在自由运用宪法解释方法，去捕捉宪法语言与隐私的微弱联系。而正如布莱克大法官所担心的，卡兹案确立的“宽泛、抽象、模糊”的“隐私”概念在以后的法律适用中也确实带来了不少问题。对此的详细分析，须待后文讨论。

---

① 参见王希著：《原则与妥协——美国宪法的精神与实践》（修订本），北京大学出版社2005年版，第429页。

② 参见［美］霍华德·鲍著，王保军译：《宪政与自由—铁面大法官胡果·L. 布莱克》，法律出版社2004年版。

③ 布莱克大法官认为，通过任意地将宪法的保护不受不合理搜查和扣押的语言替换为法院意图保护隐私的语言，法院已使第四修正案成为自己的工具，只要法律触犯了本法院对隐私界定的宽泛的概念，法院就可一概裁决其违反宪法。正如他在格里斯沃尔德案（Griswold v. Connecticut，381 U. S. 479）中说的：“本法院谈到宪法的‘隐私权’时，就像是宪法上有某项或更多的规定，来禁止通过任何可能剥夺个人‘隐私’的法律，但实际上却没有这样的规定（P374）（Dissenting opinion，at 508，85 S. Ct. at 1695）。当法院用一个‘宽泛、抽象、模糊’的‘隐私’概念来‘全面替代第四修正案提供的反对不合理搜查和扣押的保障’（See generally dissenting opinion，at 507 – 527，85 S. Ct.，at 1694 – 1705）时，我在不同意见中清楚地表明了我对涉及的危险的担心。” Katz v. United States，389 U. S. 347，373，Black dissenting（1967）.

（四）卡兹案后财产权之地位及展望

严格说来，卡兹案后，美国财产法与第四修正案的联系并不清晰。在卡兹案中，法庭意见似乎暗示了财产利益并非完全被第四修正案所抛弃。法庭意见声言："第四修正案不能被解读为一个宽泛的宪法性'隐私权'。第四修正案保护个人的隐私不受某些政府行为的侵犯，但它赋予的保护不限于此，很多情形下与隐私权毫无关系。"① 至少对于刑事扣押，第四修正案自应包括对财产权的保护，但仅就搜查而言，卡兹案也未能干净快捷地斩断隐私与财产的关联。

在1978年拉卡斯案（Rakas v. Illinois）② 中，美国联邦最高法院否认了汽车上的乘客持有的隐私期待。法庭运用的一个重要论证，即是作为被告的乘客并没有主张其对汽车或对被扣押物品的财产利益或占有利益（Possessory Interest），乘客也未能表明其对车厢和座位下面的部位享有合法的隐私期待。

在此案的法庭意见中，大法官雷奎斯特（Rehnquist）如此阐述了隐私与财产的关系："对隐私的合法期待必须依赖于第四修正案以外的来源，可能是借助于动产或者不动产的概念，或者是求助于社会承认、允许的认识。附着于财产的主要权利之一是排他权（Right to Exclude），③ 一个人对财产的所有，或者对财产合法的占有或控制，很有可能依据排他权而享有隐私的合法期待。当然，第四修正案保护的隐私的期待，不用建立在普通法中的动产或不动产的利益之上，也不用建立在对此种利益侵犯的基础上。这已在琼斯案和卡兹案中受到反对。但是本法庭将第四修正案聚焦于隐私的合法期待，并没有完全抛弃运用财产的概念来决定是否存在修正案保护的隐私利益。再没有比奥尔德曼案（Alderman v. United States）④ 中的裁决能更好地说明这个主张了。该案中，法庭裁决，一方面，个人在其家中的财产利益如此重大，可以允许他反对对他家中谈话的电子监听，即使他自己并不是谈话的主体之一。另一方面，即使享有对某场所的财产利益，也不足以确立对位于该场所的物品或在该场所进行的活动持有的对隐私的合理期待。"⑤

在之后的判例中，法庭也反复强调了这样的观点，即财产上的权利只是考虑是否存在隐私的合理期待的因素之一，但并不是决定是否存在合理隐私期待的充

---

① Katz v. United States，389 U. S. 347，350（1967）.

② Rakas v. Illinois，439 U. S. 128（1978）.

③ See W. Blackstone，Commentaries，Book 2，ch. 1.

④ Alderman v. United States，394 U. S. 165，89 S. C. 961，22 L. Ed. 2d 176（1969）.

⑤ Rakas v. Illinois，439 U. S. 143，n12（1978）.

分条件。[①] 关于财产与隐私的联系，美国联邦最高法院依据的是财产权的基本属性“排他权”。排他权是财产所有权人或占有权人享有的权利。因此，如果以排他权为隐私与财产的连接点，即是以财产权人来界定隐私权人，无疑会大大限缩第四修正案保护的人群。所以，美国联邦最高法院必然会裁决，财产权并不是决定隐私合理期待的充分条件。

虽然美国联邦最高法院并未完全否认第四修正案保护的隐私权与财产权的联系，但可以推断的是，在卡兹案后，二者联系将越来越弱，合理的隐私期待的判断将很少，甚至可以毫不倚赖美国财产法的方法或概念。除了因为第四修正案所保护的隐私利益已经发展出自己的标准，另一个原因便是财产权中“排他性”概念对判断隐私的意义开始减弱。

早在美国建国前，排他权就受到了宪法之父们的关注，被认为是财产权的核心属性。[②] 雷奎斯特法官在上述拉卡斯案中所引用的布莱克斯通关于“排他权”的论述，直至19世纪初期仍在财产法理论中占据主导地位。科恩（Cohen）在其《财产与主权》一文中指出，“私人财产的核心总是排除他人的权利。法律不能保证我在物理上或社会能力上，实际地使用我所有的东西……但财产法能帮助我直接排除他人使用已分配给我的东西”[③]。

此种强调排他性与个人权利绝对性的财产权概念在20世纪前半期开始受到法律现实主义者发起的“唯名主义”（Nominalism）的冲击。韦斯利·霍菲尔德（Wesley N. Hohfeld）在1913年发表的那篇享誉法学界的论文，将“权利”的概念解析为社会中的个人相关的权利主张和义务，指出财产的所有权人享有的只是复杂的权利（Right）、特权（Privilege）、权力（Power）和豁免（Immunity）的混合物。财产应当看作是个人之间的相互关系，而非人和物的关系。[④] 霍菲尔德的财产权观点，继而获得昂纳（A. M. Honore）同样著名的《所有权》[⑤] 一文的

---

① See e. g. , Rawlings v. Kentucky, 448 U. S. 98 (1980); United States v. Salvucci, 448 U. S. 83 (1980); Oliver v. United States, 466 U. S. 170 (1984).

② 例如，詹姆斯·麦迪逊认为，财产权意味着一个人可以对世界外部事物主张和行使排除其他任何人的支配权利。托马斯·杰弗逊认为，知识产权实际上并非属于“财产”，他论证道，“发明……在本质上不是财产的客体”，因为思想“不能受限或被独占”。See Adam Mossoff, What Is Property? Putting Pieces Back Together, 45 Ariz. L. Rev. 371, 377 (2003).

③ M. Cohen, Property and Sovereignty, in Law and Social Order 46 (1933). See Richard H. Chused, A Modern Approach to Property, West Publishing Co. 1978, P60.

④ Wesley N. Hohfeld, Some Fundamental Legal Conceptions as Applied in Judicial Reasoning, 23 Yale L. J. 16 (1913).

⑤ A. M. Honore, Ownership, in Oxford Essays in Jurisprudence 107, A. G. Guest ed. , 1961, P112 -24.

补充，发展为“权利束”理论，成为当代财产法的主流观点。该理论认为，财产权实质上是主体之间就一定资源或物的一束权利、义务和相互关系。

法学理论的变化反映了现代财产法已摒弃了保护个人自由意志的传统理论，越来越侧重于规范人与人基于利益关系而形成的权利与义务。历经几个世纪的发展，美国财产法已经充斥着用以界定人们之间基于财产而形成的各种关系的精确概念。正如约瑟夫·威廉·辛格指出的，“大部分财产权都被几个人共享或者分属于不同的人……比如，房东与承租人，抵押人与抵押权人，私房屋主与留置权人，地役权人与供役地人，终生所有权与将来所有权，父母与子女，丈夫与妻子，立遗嘱人与继承权人，私房屋主联合会与单个业主，股东与经理，慈善基金会的受托人与受益人，雇主与员工，债权人与债务人，买方与卖方，寄托人与受托人”①。在这样的情形下，财产所有权人或占有权人常常难以主张绝对的排他权。财产权涉及的复杂关系与利益，必然使以“排他权”为隐私与财产连接点的二者之间的关系相去甚远。

财产权及其重要属性（即排他权）在20世纪末发展成了相对性的权利，与美国当时福利国家的社会背景密切相关。如果说在19世纪与20世纪之交，财产还意味着权力，那么到20世纪70年代中期以后，财产在法律上却意味着责任。② 个人财产权越来越多地受到了公共利益与人身权的限制，这在1971年State of New Jersey v. Shack and Tejeras一案③中得以充分体现。Shack和Tejeras是分别来自“经济机会办公室”（Office of Economic Opportunity）设立的两个非营利组织的职员。为了对身为移民的农场工人提供帮助，他们进入了Tedesco拥有的农场。农场所有权人Tedesco要求两人离开农场，遭到拒绝，于是根据新泽西州的一项成文法向检察机关提起告诉。检察官发动了刑事非法侵入的指控。被告在初审和上诉程序中被判有罪。案件最后上诉到新泽西州最高法院，法庭撤销了有罪判决，并发回初审法院，指令作出无罪判决。在这篇引用率极高的法庭意见中，温特劳布法官（Weintraub）指出，“财产权服务于人类的价值。它们因此而被承认，并受其限制”④。新泽西州最高法院拒绝用美国财产法中的“佃户”（Tenant）概念界定农场工人，而是直接“根据移民工人和容纳他们居住的经营者的关系现状，公平地衡量当事人互相矛盾的需要”⑤。法庭强调，“处于极其不

---

① 参见王铁雄著：《财产权利平衡论——美国财产法理念之变迁路径》，中国法制出版社2007年版，第278～279页。

② ［美］伯纳德·施瓦茨著，王军等译：《美国法律史》，法律出版社2007年版，第289页。

③ State of New Jersey v. Shack and Tejeras, 58 N. J. 297, 277 A. 2d (1971).

④ State of New Jersey v. Shack and Tejeras, 58 N. J. 303 A. 2d (1971).

⑤ State of New Jersey v. Shack and Tejeras, 58 N. J. 307 A. 2d (1971).

利地位”、“无依无傍，孤立”的移民农场工人群体，需要获得积极的帮助，才能实现国会1964年颁布的《美国经济机会法》的目的。因此，在财产权与其他权利的权衡中，“个人对其不动产的权利当然不是绝对的……个人在使用其财产时不得伤害其他人的权利”[①]。而对于“工人的隐私，或是其有尊严地生活，享受在公民之间平常的结社机会”，“这些权利如此之根本，不能因不动产的利益而否认它；它们也如此脆弱，而不能由不平等的当事人的交涉力量决定”[②]。

从该案可以看出，在与保护社会弱势群体的利益与公民的隐私权等人身权利的抗衡中，财产权不得不败北而归。如果说，“财产的概念存在于既存的期望中，是能够从占有物中获取这样或那样的益处的信念”[③]，那么，到20世纪后期，财产权的所有者或占有者已不能确定地实现排除他人的期望：财产权上牵涉的复杂关系，以及它所受的其他权利的制衡，使我们并不能自动地判定财产权人对其财产享有合理的隐私期待。这足以证明美国财产法的分析方法已经逐渐失去判断隐私是否存在的意义。公民是否享有隐私的合理期待，将更多地求助于卡兹案确立的社会习俗标准。雷奎斯特法官在拉卡斯案中的论述是正确的，因为财产与隐私的联系如今只是“可能”而已；但雷奎斯特法官为证明财产概念在判断隐私适用的价值时，却举了一个不甚恰当的例子。[④] 实际上，他所列举的奥尔德曼案的法庭不是出于保护家中的“财产利益”，而是基于保护个人“住宅安全”的考虑，赋予了并非谈话方的户主主张第四修正案权利的诉讼资格。[⑤]

不过，例证失当并不等于结论错误。在卡兹案之后，人们“合理的隐私期待”与美国财产法并非毫无关系。在卡兹案后的判例中，合理的隐私期待主要是由社会习惯与规范来界定，而社会习惯在很大程度上受到了既定实体法的影响，尤其在那些简单的财产关系的案件中，人们对财产权排他性的预期与社会普

---

① State of New Jersey v. Shack and Tejeras, 58 N. J. 305 A. 2d (1971).

② State of New Jersey v. Shack and Tejeras, 58 N. J. 308 A. 2d (1971).

③ Jeremy Bentham, The Theory of Legislation 111 - 113 (C. K. Ogden ed. 1931). See Joseph William Singer, Property Law: Rules, Polices, and Practices, Little, Brown and Company, 1993, P16.

④ 雷奎斯特法官在拉卡斯案中陈述道，“奥尔德曼案中，法院认为个人在其家中的财产利益如此重大，可以允许他反对对他家中谈话的电子监听”。笔者认为这是对奥尔德曼法庭意见的不准确解读。Rakas v. Illinois, 439 U. S. 128 (1978).

⑤ 在奥尔德曼案中，美国联邦最高法院驳斥了谈话主体并非屋主，因此，屋主不得主张排除证据的错误观点。美国联邦最高法院裁决：“我们坚持本法庭持有的观点，即在自己家中不受未经授权的侵犯的安全权利，并不限于不受警察观察或扣押有形财产——‘文件’和‘物品’——的保护。否则，第四修正案对住宅安全的明确规定将会近乎多余。”Alderman v. United States, 394 U. S. 165, 174 (1969).

遍承认的隐私是相符的。[①] 但此种符合，并不能视为财产权概念具有判断是否存在隐私利益的功能，而只能说明，财产权在一定程度上仍保留着其捍卫个人自由、自治的价值，因而对某些权利主体，可能会出现既受财产权保护，又受隐私权保护的情形。

四、结　　语

在美国历史上，隐私权萌芽于1886年的博伊德案。由此算起，至1967年卡兹案中隐私权地位的初步确立，前后历经80年。80年间，随着美国从初建伊始的新工业国家成功转型为强大的福利国家，关于隐私保护的粗疏法律框架也日渐丰满为精密的法律体系。在此背景下回顾第四修正案保护重心从财产到隐私的变迁历史，我们可以得出以下几项初步结论：

第一，隐私权的产生，以及与其他权利、权力间力量对比变化的根本动因深深植根于美国社会的现实需要。为了鼓励民众去创造财富，推进工业制度在美洲大陆的建立，19世纪的美国法律赋予财产权以支配的地位并施以绝对保护。然而，19世纪末20世纪初，美国社会的工业化与移民的大量涌入，刺激了人们对隐私利益的需要，也相应地使财产权受到一定的限制。极端自由主义的财产权制度最终引发了潜伏已久的经济危机。罗斯福新政以及随后的第二次世界大战、冷战，都应时扩张了政府的权力，削弱了绝对性的私有财产权。战后的美国政府以福利国家为目标，依靠较为成熟的科技、经济力量，其权力深入公民的个人生活。于是，沃伦法院的自由派法官们也开始将法律保护的触角逐渐从个人财产权转向人身权：他们不仅从宪法中发现了一项新的权利——隐私权，而且，将其视为第四修正案保护的核心领域。究其原因，正是社会的转型和发展，促成法律肯定和认可政府权力与公民权利的变动，并决定了此权利的兴起与彼权利的衰落。

第二，政府权力与个人权利之间应当保持适当的平衡。20世纪中期，美国政府权力与个人权利的关系出现了前所未有的紧张。法律为促进公共利益的目的，扩大了政府的权力，对个人享有的私有财产权进行了大幅削减。诚如伯纳德·施瓦茨所言，随着财产权利在宪法上原有地位的削弱，除非人身权得到相应

---

① 此点在罗林斯案（Rawlings v. Kentucky）中可以得到较好的阐释。该案中警察在有证搜查住宅时，被告罗林斯与其女友考克斯（Cox）正好在场。警察要求考克斯清空她的手提包，从而发现了被告罗林斯藏于考克斯手提包里的毒品。法庭通过分析考克斯与罗林斯间关系的诸多因素，包括他对其手提包没有任何可辨识的所有或占有利益，他们之间相处的时间短暂，他之前从未要求考克斯为他保管财产等，得出罗林斯对考克斯的手提包并不享有隐私的合理期待。在此案中，一个人对另一个人的所有物不享有排他权，正与隐私的合理期待的分析相符合。See Rawlings v. Kentucky，448 U. S. 98（1980）.

扩大，个人才不至于最终被剥夺掉宪法的保护。① 政府权力在现代社会的膨胀和渗透，尽管带来了财产权的消减，却相应地刺激并形成了新的个人权利以保障个人利益的需要。

第三，第四修正案下的财产权与隐私权也呈现出此消彼长的关系。上述伯纳德·施瓦茨关于财产权与人身权的观点，似乎主张通过保持个人权利总量的平衡以对抗政府权力。但根据前文的论述，还可对第四修正案下的财产权与隐私权的关系作更为清晰、准确的解释。不论是财产权还是隐私权，都旨在为生活在政府权力网络下的个人构筑一个自由的私人空间。美国都市生活的形成、现代政府的权力集中与福利国家体系的密织，使个人自由面临着强大政府权力的威胁，而现代财产权的相对性及其数世纪以来为本学科发展而形成的概念工具的细密性，使财产权已不能胜任捍卫个人自由的使命。此时，美国联邦最高法院便通过自由的《美国联邦宪法》解释，将隐私权纳入第四修正案的保护范围，填补了财产权受限缩后留下的大片空白，从而使个人在无所不在的政府视野下仍能保有一方自由领地。在卡兹案后，美国联邦最高法院确立了“隐私的合理期待”的标准，使第四修正案对搜查的界定完全脱离了财产权概念的桎梏。由于现代财产权越来越多地涉及复杂的身份关系，财产权概念对于判断“隐私的合理期待”的意义也正在减弱。如此一来，财产权将渐渐从搜查的宪政舞台上隐退。

第四，第四修正案保护中心从财产权转向隐私权的迁移历程，与美国联邦最高法院的权力与司法职能的定位有着密切联系。1789 年《美国司法法》的第 25 条授予了美国联邦最高法院对所有涉及联邦宪法、联邦法和联邦条约的案件的终审权，由此美国联邦最高法院可以对所有经过州法院审理的，但其审理结果被认为是对没有给予《美国联邦宪法》和联邦法最完全尊重的案件进行“复审，或推翻，或肯定原来的决定”②。1803 年美国联邦最高法院大法官约翰·马歇尔确立的司法审查权原则又大大加强了美国联邦最高法院在“三权”中的分量。自 1789 年至今，美国联邦最高法院及其法官们在美国宪政舞台上扮演了重要角色，在回应社会需要、塑造国家与社会生活方面施以深远的影响。第四修正案对隐私权保护的倾斜，正是美国联邦最高法院积极司法的产物。美国联邦最高法院成员所信奉的法哲学及其个人经历，也成为影响法庭意见最终形成的不可忽视的因素。以前文为例，正是布兰代斯、斯图尔特、哈伦等自由派法官对《美国联邦宪法》的自由解释，才使第四修正案对“不合理搜查”的禁止涵盖了公民的隐

---

① 参见［美］伯纳德·施瓦茨著，王军等译：《美国法律史》，法律出版社 2007 年版，第 272 页。

② 王希著：《原则与妥协——美国宪法的精神与实践》（修订本），北京大学出版社 2005 年版，第 131 页。

私利益，从而突破了“人身、住宅、文件、财产”的文本限制，得以适用于政府实施的窃听等各种高科技实践之中。① 即使美国联邦最高法院未能将第四修正案拓展至保护隐私，在奥姆斯特德案后，美国国会也相继通过了《美国联邦通讯法》（1934 年）与《美国联邦综合犯罪控制与街道安全法》（1968 年），对政府窃听行为所侵犯的通讯隐私赋予法律的保护。半个世纪以来，美国联邦最高法院努力从宪法文本与历史中寻找隐私权的艰难历程，足以证明，与美国相似的现代社会中，搜查所涉及的人权保障将越来越脱离财产而倾向于隐私。

附录：本章出现的美国联邦最高法院重要判例表

年代	案件名称	意　义
1886 年	博伊德案	孕育着第四修正案保护隐私利益的萌芽，是第四修正案从保护财产转向保护隐私的奠基性判例。
1921 年	古尔德案	全面阐释了纯粹证据法则，即政府不得对违禁品、犯罪果实以外的“纯粹的证据”进行搜查和扣押。
1928 年	奥姆斯特德案	布兰代斯大法官在其著名的不同意见中，首次将隐私作为第四修正案保护的基本利益，并撰写了美国联邦最高法院对隐私权含义的最初阐述。
1965 年	格里斯沃尔德案	美国联邦最高法院首次明确承认，在第四修正案之外还存在着独立的受宪法保护的隐私领域。
1967 年	马普案	第四修正案的救济手段——非法证据排除规则通过美国联邦宪法第十四修正案正当程序条款而适用于各州。
1967 年	海登案	美国联邦最高法院通过对第四修正案保护的隐私利益的肯认，废除了以美国财产法为依据的纯粹证据法则，扩大了政府搜查的范围，也相应地将更多政府行为纳入到第四修正案的程序规制中。
1967 年	卡兹案	美国联邦最高法院彻底抛弃了界定搜查行为的财产方法，确立了“隐私的合理期待”标准，使隐私最终成为了第四修正案所关注的首要利益。

① 在倡导司法克制的布莱克大法官眼中，此种完全脱离《美国联邦宪法》语言的解释却潜伏着对自由侵害的危险。因此，不论是在“发现”新的隐私权的格里斯沃尔德案，还是彻底推翻将“非法侵入”的财产概念作为判断搜查标准的卡兹案中，布莱克大法官都对上述法哲学予以严厉抨击。不过，布莱克大法官所反对的，是美国联邦最高法院不应承担自由造法的职能，而并非反对保护公民的隐私利益。

年代	案件名称	意　义
1978 年	拉卡斯案	美国联邦最高法院认为，一个人对财产的所有，或者对财产合法的占有或控制，很有可能依据排他权而享有隐私的合法期待，从而确认了隐私权与财产权的联系。
1984 年	奥利弗案	美国联邦最高法院裁决个人对旷地的隐私期待不符合社会的合理预期，排除了第四修正案对个人在旷地内的活动享有的隐私利益的保护。
1990 年	奥尔森案	美国联邦最高法院依据社会习惯，裁决在主人家过夜的客人享有对隐私的合理期待，从而赋予不享有财产权的第三人以第四修正案的保护。
2001 年	凯乐案	美国联邦最高法院将第四修正案的保护范围扩及所有的提高感官能力的科技的运用，但将其保护限定于住宅的信息获得。

第十一章　美国宪法规制下的令状原则

美国联邦宪法第四修正案（本章以下简称第四修正案）规定：“个人的人身、住宅、文件和财产不受不合理搜查和扣押的权利，不得侵犯，不得签发令状，但存在合理根据，以宣誓或代誓宣言保证，并具体记载拟欲搜查的地点和准备扣押的人或物的除外。”据此，美国联邦最高法院通过一系列的判例，发展出了一套极为精密、复杂的搜查扣押制度。① 一般而言，对搜查活动的宪法规制主要表现在两个方面：令状原则和非法证据排除规则。前者通过对启动搜查时的前置型程序要求对搜查行为本身进行限制；后者则通过排除非法搜查取得的证据来间接地约束搜查行为。其中，对于非法证据排除规则，我国法学界已经进行了较为深入的研究和讨论；与此相比，关于令状原则的研究则显得相当薄弱，以至于很多人误将我国的逮捕证、拘留证也视为令状原则的体现。

如果着眼于“行动中的法”，在美国司法实践中，令状原则的价值无疑比非法证据排除规则更为直接、更为重要。就非法证据排除规则而言，其适用必须同时具备以下条件：必须通过非法搜查扣押获得了相应的证据；案件必须发展到了审判阶段；该证据对于证明犯罪必须至关重要。因此，美国有学者认为，非法证据排除规则只是“偶尔进入人们的视野”，而且“没有任何经验性的证据证明，排除证据对于执法官员的违法行为实际起到了抑制作用”，因此，通过排除规则来达到预期的目的，不过是“一个可望而不可即的梦想”。② 与此不同，令状原则以其事前审查的特点，直接作用于准备采取相应活动的侦查人员，因而，对于

---

① 我们习惯上将美国法律制度下的“Search and Seizure”翻译成“搜查扣押”。但是，究其实质，第四修正案规制下的搜查扣押在内涵与外延上与我国有着相当大的区别。例如，在第四修正案中，搜查（Search）不仅包括执法人员通过感官的搜寻活动，而且包括监听（Surveillance）、电子邮件拦截（Electronic Surveillance of Email）、高温仪器探测、高空观察、体内搜查（Bodily Intrusion）等形形色色看似与搜查无关的活动；扣押（Seizure）不仅包括对物品、文件的扣押，而且包括对人的扣押，即所谓的逮捕、拦截（Stop）。

② Jerold H. Israel , Wayne R. LaFave, Criminal Procedure, St. Paul: West Publishing Co. , 1989, P108.

保护公民宪法权利、抑制搜查权的滥用具有更为现实的意义。

基于上述原因，本章试图以《美国联邦宪法》判例为依托，深入探讨第四修正案中令状原则的宪法意蕴及其基本的制度要求。

一、令状原则的宪法基础

第四修正案对令状原则的强调源自英国殖民地时期的惨痛经历。在殖民地时期，英国统治者为了有效地打击北美地区的走私活动，普遍使用协助令状的方式（the Writ of Assistance）收缴走私物品。协助令状是一种一般性令状（General Warrant），由殖民地统治者向税收官员签发。这一全权式令状（the All - purpose Warrants）赋予执法官员对藏有走私物品的可疑地点进行搜查的广泛裁量权，并可以据此要求任何人对该搜查活动予以协助。协助令状的恣意性及其执行的破坏性，使得北美地区的民众对它痛恨有加，并最终在18世纪60年代爆发了出来。其中，以1761年马萨诸塞州的帕克斯顿案最为有名。在该案中，詹姆士·奥蒂斯（James Otis）在法庭上痛陈协助令状的罪恶。他争辩说，这一令状是“任意权力的最坏手段，是在英国法律历史中，对英国自由和根本法律原则的最大破坏”；因为它们将“每个人的自由都交于小官吏之手”。[①] 在本案中，奥蒂斯先生指出，一项令状要想有效，必须“授权执行的具体官员并指明搜查的是特定的住宅”（Directed to specific officers, and to search certain house），而且，执法官员应当宣誓保证。奥蒂斯先生虽然没有赢得诉讼，其法庭辩论却引发了报纸对协助令状的更为猛烈地抨击。自此，反对内容空泛的令状逐渐成为各殖民地民众的共同呼声。因此，在美国宪法史上，与其他宪法条文引发的激烈争论不同，对詹姆士·麦迪逊提交的第四修正案草案，几乎没有做任何修改，就获得了各州的批准。[②]

（一）令状原则何以上升到宪法高度

在美国，关于搜查扣押的令状原则是《美国联邦宪法》的一项明确要求。令状原则受到如此程度的重视，固然与其殖民地时期的经历有关，同时也与其国家政治理论密不可分。

在美国政治理论中，国家公权力固然是维护秩序必不可少的手段，同时也是一种危险的力量，随时有可能像利维坦中所描述的怪兽一样侵蚀个体的合法利

① Kris E. palmer Ed., Constitutional Amendments: 1989 to the Present, Gale Group, Inc. (2000), P72.

② Kris E. palmer Ed., Constitutional Amendments: 1989 to the Present, Gale Group, Inc. (2000), P72.

益。因此，天生处于弱势的个体权利必须由法律赋予其对抗具有侵犯性权力的手段和庇护。在此意义上，“司法审查”成为了一种平衡国家公权力与个人合法利益的基本装置。“司法审查的机会是一种宪法权利。宪法观念认为，没有这种机会，受其影响的当事人将在未经正当法律程序的情况下遭受丧失权利的危险。也就是说，审理人身权利的正当程序，只有在其决定受制于司法审查的法院方得以实施”①。而以司法审查为基础的令状原则，则被视为“自由社会的基础”和“有序自由概念的应有之意”。通过令状原则，宪法将政府与公民之间具有宪法意义的“政治关系”转化为了一种“技术化”的程序处理。

（二）令状原则的宪法地位：支配性抑或从属性

从字面上看，第四修正案包括两部分内容：一是“合理性条款”，禁止“不合理的搜查”，保障公民的人身、住宅、文件及财产的安全；二是“令状条款”，允许在有“合理根据”的情况下，签发明确记载搜查场所、物品及人身的令状。长期以来，美国学界围绕令状条款的宪法地位进行了旷日持久的争论，以期确定在自由与安全的天平上究竟应当倾向何方。

以斯图尔特大法官为代表的传统派主张：除了极少数已被详细描述、明确规定的例外情况，由中立、超然的法官签发令状是搜查扣押活动不可或缺的部分。对于警察及检控官而言，“任何没有令状的搜查都是不合理的”，“除非不能获取令状，否则总是应当循规蹈矩”②。

与此相对，以怀特大法官为代表的另一派则认为：从字面上看，第四修正案所禁止的只是侦查人员“不合理的”、“随意的”搜查行为，而执行过程中是否拥有法院签发的令状并不重要。因此，主张取消“例行公事的令状原则”，通过对搜查行为本身是否出于“合理的根据”、实施的手段和方式是否“合理”进行审查，综合考量这一强制处分是否合法。③

在上述有关宪法条文解释的争论中，斯图尔特大法官所主张的“令状支配论”强调限制警察的权力，遏制犯罪的法律地位和社会使命决定了警察无法在启动搜查程序时“充当自己的法官”，因此，只有经过“中立、超然”的司法人员事先审查，才能尽量避免公民与政府之间的利益冲突。而以怀特大法官为代表的“令状从属论”则认为，正是由于殖民地时期法官有权签发“漫无边际”的

---

① 参见蒋石平：《浅论对侦查行为的司法审查制度》，载《现代法学》2004 年第 2 期。

② Joshua Dressler, Understanding Criminal Procedure, Newark, NJ: Lexis Nexis, 2002, P190.

③ Joshua Dressler, Understanding Criminal Procedure, Newark, NJ: Lexis Nexis, 2002, P191.

一般令状，才使公民陷于水深火热之中，他们并非“时代的英雄，而是一种负担”[①]，因此立法的目的，在于限制法官权力的恣意滥用。

20世纪60年代以来，美国联邦最高法院不断以判例的形式认定一些无令状的搜查行为合法，令状原则“至高无上”的地位似乎已经江河日下，法院正日渐沦为警察行为的“橡皮图章”。然而，托马斯·戴维斯教授近年来的一项权威研究似乎重新点燃了“令状支配论”者的希望。他主张“令状优先原则”更接近立法的本意，认为“立法者阐述令状的构成，而忽视对于无令状搜查的关注是历史的必然”[②]，这并不意味着对无令状行为的默许。在立法时代，由于警察权力相当有限，无令状搜查公民住宅的情形几乎不存在，因此没有必要在宪法中“画蛇添足”。然而，宪法解释应当随着时代变迁适应不同历史时期的要求。由于现代社会追求公共安全的步伐加快，执法者的权力呈现出极度膨胀的趋势。在此背景之下，除了满足“禁止一般令状”的立法初衷，第四修正案还应当用以防止警察权力的恣意滥用。

从这个意义上讲，对于令状原则的坚持，隐含着无令状搜查本质上的不合理性。一般情况下，搜查的进行应当以获得司法人员的许可令状为原则，警察的无证搜查只能是紧急情形之下的一种例外，这种紧急情形也只能是为了公共安全或警察的自我防卫需要，而且仅限于达到这一需要为止。

二、令状原则的法治价值

令状原则是刑事诉讼审前程序中最直观地体现司法抑制和人权保障理念的一项原则。[③] 美国司法程序如此青睐令状原则，是因为它“在中间插入了一个牵涉司法公正性的有序程序”[④]；在该程序中，一名“中立、超然”的法官将对是否存在合理根据进行审查，从而最大限度地避免将该权力交由警察独立行使后，可能导致的“经常进行具有紧迫性的犯罪侦查工作的人”草率行事。

（一）抑制警察机关的自由裁量权

“一切有权力的人都容易滥用权力，这是一条万古不易的经验。有权力的人

① Joshua Dressler, Understanding Criminal Procedure, Newark, NJ: Lexis Nexis, 2002, P185.

② Joshua Dressler, Understanding Criminal Procedure, Newark, NJ: Lexis Nexis, 2002, P187.

③ 参见宋英辉、吴宏耀著：《刑事审判前程序研究》，中国政法大学出版社2002年版，第39页。

④ United States v. Jeffers, 342 U. S. 48 (1951).

们使用权力一直到遇有界限的地方才休止。”因此，“要防止滥用权力，就必须以权力约束权力。”①

现代警察制度的建立在于保障社会秩序，维持一种安定的社会状态。警察在破案或遏制犯罪的“竞争事业”中，通常面临极大的压力。由于与案件存在着直接的利害关系，他们在作出强制性处分时，往往倾向于维护国家、社会的利益。若对此置之不理，则宪法对人民的保护将形同具文，公民的权利将完全系于警察的裁量。② 况且，所有的搜查皆为恶害，在未事先仔细检验是否有搜查的必要性之前，任何的搜查皆无正当性。③ 作为个体，犯罪嫌疑人自身的力量不足以与代表国家的“恶害”相抗衡，同时又不能寄希望于警察机关的“自省”，因此，只能诉诸令状原则，预防性地震慑、抑制警察机关的自由裁量权，避免流于损害发生后无关痛痒的救济。

一方面，不仅警察机关在采取搜查行动之前需要具备“合理根据”，并将书面材料提交“中立、超然”的司法官员进行审查，而且如果被告人认为警察提供的用以获取令状的誓言有伪证成分或“不顾事实的疏忽”，他有权提出听审要求。第三方的介入以及随时面临的“当堂对质”，着实令执法人员“有所畏惧”，从而迫使其谨慎行使权力。由于在搜查之前，警察尚不确信是否能够发现犯罪证据，而捏造“合理根据”发动搜查则可能使其面临刑事惩罚的危险，因此，这在一定程度上遏制了警察伪证的现象。另一方面，令状的“特定性要求”为依法行使权力提供了明确的指引。尽管繁琐的申请程序是一种负担，费时且令人畏惧、沮丧、迷惑，④ 却能够最大限度地提高警察办案的细心程度，预防责任的推诿现象，使执法机关的法律权威得以维持。

（二）保障公民“合理的隐私期待”

法律的实施需要权力的运作，但是这种权力运作一旦形成，当执法者可能出于一时好恶或应急目的，毫无限制地将意志强加于那些为它所控制的人的时候，这种权力的行使就会对该权力的来源产生威胁甚至损害。权利是产生权力的来源，也是行使权力的界限。归根结底，抑制“具有天然扩张倾向的权力”是手段，保障“神圣而不可剥夺的权利”是目的。

受保障的公民权利在早期仅仅被解读为“处于宪法保护区域的人身及财产权益”，警察行为只有构成普通法上的物理性侵入，并且侵入的对象系第四修正

① 参见［法］孟德斯鸠著，张雁深译：《论法的精神》（上册），商务印书馆1995年版，第154页。

② Johnson v. United States, 333 U. S. 10 (1948).

③ Coolidge v. New Hampshire, 403 U. S. 443 (1791).

④ 参见王兆鹏著：《美国刑事诉讼法》，北京大学出版社2005年版，第96页。

案所列举的“人身、住宅、文件、财产”时，才具有强制处分性，公民权利才面临被侵犯的危险。随着监视、窃听等先进技术的发展，1967 年具有里程碑意义的卡兹案将公民权利的保障从封闭的私人住宅拓展到了开放的公共空间，最终确立了“合理的隐私期待”。“宪法涉及的范围不能依赖于任何特定暴露的形体性侵犯存在与否”，用哈兰大法官的话说，令状原则“保护的是公民，而不是某个场所”①。一旦公民寻求将某事物作为隐私保护，且该种欲求属于社会预备承认的合理愿望的话，那么，即使是在公众可以自由进入的公共场所，也可以得到宪法的保护。反之，如果公民故意将某事物暴露于公众，即使是在颇具私密性的住宅或办公室，也不处于保障的范围之内。正是由于美国崇尚这些“植根于传统与人民意识中的价值判断”，警察运用的监督手段才日渐受到更为广泛的宪法约束，“公民的自由才不至于被减至与社会目的不符之范围”②，令状原则才能在美国刑事司法中处于举足轻重的地位。同时，令状原则也为公民获得特别救济提供了便利的途径。由于令状中详细地记载了包括发动搜查的“合理根据”以及执行令状的时间、范围等内容，公民不仅可以及时地提交优势证据，发动听审质疑警察的宣誓以对抗国家暴力机器，而且被搜查的公民也能够凭借令状回执，将其作为将来排除非法证据的依据。

（三）维护司法权威的公正性

在维护公共秩序的过程中，如果任由国家以其无坚不摧的力量去对付一个对它来说微如草芥般的个人，实在不啻人碾死一只蚂蚁那样简单。而如果一个国家果真如此简单地予以处理，它就只能变成无声无息、无休无止的屠宰场，永远难以实现其所期待的统治秩序。由于令状原则将政府与公民之间具有宪法意义的“政治关系”纳入了“技术化”的程序处理系统，从这种意义上看，由中立、公正的司法权威介入具有特殊的重要意义：它为个人提供了一种表达冤情、诉诸法律的基本途径，使得那些面临各种公共权力侵害或威胁的个人，可以透过司法这一中介和桥梁与国家权力机构进行一场平等的理性抗争。③

由于法官是正义女神所代表的抽象正义在世俗中的实现者，除了法律以外，没有别的上司；法官的责任是当法律运用到个别场合时，根据他对法律诚挚的理解来行使司法权，因此我们有理由相信，法官能够超脱于政府权力的威慑，独立地实现正义。但是实证研究表明，即使刚正不阿的法官，在证明被搜查人有罪的

---

① Katz v. United States, 389 U. S. 347 (1967).

② Anthony Amsterdam, Perspective on the Fourth Amendment, 58Minn. L. Rev. 349, P403 (1974).

③ 参见陈瑞华：《司法权的性质——以刑事司法为范例的分析》，载《法学研究》2000 年第 5 期。

证据已被发现之后，亦不能排除心证干扰，公正地判断警察在搜查之前仅仅是“单纯地怀疑”证据存在抑或是有“合理根据”相信证据存在。① 在此种情况下，即使搜查违法，法官也会不自觉地对警察的行为持宽容态度，致使公民的权利受到侵害而无法获得救济，权力恣意行使而不受制衡，从而自由、权利将被秩序、安全所湮没，正义将不复存在。

然而，令状原则系“中立、超然”的法官依据具体、特定的事实对“合理根据”存在与否事先进行的判断。由于法官未受事后调查的影响，不能形成任何不利于被搜查者的心证，他仅是从普通人的视角出发，依据客观事实进行周密严谨的判断，因此通常所得的结论忠实于正义。这不仅从制度上保证了司法机关独立公正的权威，而且构成了合理制衡政府权力的力量，能够增强警察机关行使职权的正当性，甚至可以吸收被搜查者的不满进而调和社会矛盾。

三、搜查令状的构成要件

为了获取搜查令状，警察首先应当相信嫌疑人实施了犯罪或者在特定时间、特定地点能够发现犯罪所得、违禁品、犯罪工具或者犯罪证据，并以提供附誓证言的方式使得“中立、超然”的法官确信“合理根据”的存在，进而签发令状，通过对被搜查的人、地点或物品的“特定性”描述来限制警察的裁量权。

（一）“中立、超然”的司法人员

第四修正案仅规定“无合理根据不得签发令状”，至于令状由何机关签发，宪法无明文规定。在1948年约翰逊案（Johnson v. United States）② 中，美国联邦最高法院认为，“只有司法官员有权决定公民的隐私权何时有必要让位于国家的搜查权”。这里的司法官员不同于警察，“不能从事发现犯罪的竞争性事业”，而应当是“中立、超然”的司法人员。当然，这并不是说警察不能像一般理智之人那样对合理根据进行判断，而是因为他们过于热衷执法，通常不能掌握第四修正案的精髓，因此被排除在签发令状的主体之外。然而，该案并未阐明何谓“中立、超然”的司法人员。

作为司法机关不可分割的一部分，从广义上讲，司法人员不必局限于法官或律师，但是应当满足两个标准：他不仅是“中立、超然”的，而且必须“能够判断对于要求实施的搜查是否存在合理根据”③。

显而易见，对于签发令状有着“金钱利害关系”的司法人员不能满足“中

① 参见王兆鹏著：《美国刑事诉讼法》，北京大学出版社2005年版，第93页。

② Johnson v. United States，333 U. S. 10（1948）.

③ Shadwick v. City of Tampa，407 U. S. 345（1972）.

立性”的要求。“每签发一张令状，政府会给予报酬；反之，则得不到任何费用”[①]的情形对于作为法官的普通人来说实在是一种诱惑，由于经济利益只能通过积极行动得以提高，其根本无法在国家与被告之间维持真实、完美的平衡。

与此类似，若扮演的角色与“中立性”的本质及外观不相称，那么该司法人员仍然不适格。1971年柯立芝案[②]恰到好处地予以了阐明，“作为州执法人员的最高长官，本案中州检察长亲自负责侦查并在审判中成为首席检控官，由于与侦办案件存在利害关系，不可能达至宪法要求的中立”。正如英国学者费尔曼所言“即使是最谦逊的追诉人，也难免对被告抱有偏见”。时隔一年，美国联邦最高法院在美国地区法院案（United States v. United States Dist.）[③]中，明确指出“任何检察官无论如何不能成为签发令状的判断者，因为行政官员的责任及义务在于执行法律、侦查、起诉，从而决定了其本质上绝非中立及超然”。

除了避免签发令状时形式上的利益冲突，司法人员还应当在特定案件中，通过自身行为真诚地展示其“中立、超然”性。正如娄－吉销售有限公司案（Lo－Ji Sale，Inc. v. New York）[④]，即使签发搜查淫秽物品令状的法官不以领导身份参与令状的执行，仅到现场审查对特定物品实施的搜查有无合理根据，但实际上他已经成为执法官员，从事着警察行为，从而丧失了中立及超然的地位。

那么，满足了“中立、超然”要求的司法人员是否必须是受过良好的法学教育、全日制的专职律师或法官呢？究竟何种主体才具备必要的认识能力，能够充分地确定合理根据存在与否？美国联邦最高法院认为“将攸关人民利益的令状交由未受法学教育者签发，并不违反宪法精神”，宪法之精髓即为主权在民，政府的一切权力来自于公民，其行使权力的目的也是为了公民，长久以来，宪法将起诉职能赋予大陪审团，由小陪审团承担审判职能便是有力的诠释。如此一来，由“中立、超然”的法庭书记员签发令状也无可非议。[⑤]就其职位而言，他自然能够判断对于法典中的普通犯罪是否存在合理根据，但是由于案件的种类千差万别，某些合理根据问题远远超出了普通人的知识领域，因此有学者主张应当区分轻罪、重罪的判断标准，具体案件具体分析。[⑥]

综上所述，作为抵御警察行为的第一道防线，“中立、超然”的司法人员仅应当关心司法对于可执行裁决的反应，而不能违背“权力制衡”原则参与侦查

---

① Connally v. Georgia，429 U. S. 245（1977）.

② Coolidge v. New Hampshire，403 U. S. 443（1971）.

③ United States v. United States District Court，407 U. S. 297（1972）.

④ Lo－Ji Sale，Inc. v. New York，442 U. S. 319（1979）.

⑤ Shadwick v. City of Tampa，407 U. S. 345（1972）.

⑥ Abraham S. Goldstein，The Search Warrant，The Magistrate，and Judicial Review，62 N. Y. U. L. Rev. 1173，P1184（1987）.

行为。第四修正案似乎只赋予了其利用警察提供的现成信息作出裁决的权力，禁止在该权力之外寻求更多的信息填补合理根据的缺口。但是满足“中立及超然”的要求，并不意味着司法人员自始至终必须保持被动性。用法兰克福特大法官的话说，“法官是正义的化身，正因为如此，他们有义务发挥某种程度的主动性”①。当然，由于主动性可能不知不觉地使法官走向极端，从而面临亵渎司法角色的风险，因此必须谨慎地加以行使。

在单方参与的令状申请程序中，原则上应当根据警察机关提供的证据材料进行书面审查，但是如果司法人员认为不会对侦查活动造成妨碍，并且为作出适当的裁决所必需时，这种主动性则引导着他们依据第四修正案，探寻为裁定合理根据所必需的事实及法律问题。司法人员可以传唤书面或口头附誓宣言中提到的证人，甚至是秘密线人或专家，以决定是否应当签发令状。尽管该过程可能带有侦查的性质，但此时的司法人员并非警察的助手，仍扮演着司法审查员的角色。

那么，是否只要满足了合理根据的要求，司法人员就有“行政义务”签发令状？能否忽视诸如收集证据的手段不合理等其他超出“合理根据”范围的问题？答案是肯定的。司法人员毕竟不是一线的侦查人员，对案情的把握不如警察准确，对何时运用、运用哪种侦查行为的把握也不如警察专业。如果在“合理根据”之外还允许他们对警察行为的合理性进行评价，无异于越俎代庖，失去了司法客观性，并且似乎过于限制警察，可能迫使其千方百计地逃避搜查令状。

（二）合理根据

“合理根据”（Probable Cause）是对搜查扣押活动的核心要求。从警察角度看，申请令状时必须证明存在搜查的合理根据；而从“中立、超然”的司法人员签发令状的角度看，则必须且仅限于围绕“合理根据”行使司法审查职责，裁定搜查行为合法与否。

那么，“合理根据”的含义是什么？美国法官又是如何对其进行判断的呢？

1. 合理根据的判断标准

在卡罗尔案（Carroll v. United States）② 中，美国联邦最高法院指出：“当执法官员掌握有可能合理地相信其真实的信息，而根据这些信息所获取的事实及情况本身，足以使理智且谨慎的普通人相信，与犯罪有关的物品能够在申请搜查的场所被发现，合理根据就成立了。”这种判断采用一般人“正常理性”的认识标准。如果对于警察某份令状的申请，即便是未受过专业法律训练的“普通人”也认为警察所要寻求的物品与犯罪行为存在联系，并且该物品在申请搜查的场所

① Johnson v. United States，333 U. S. 10（1948）.

② Carroll v. United States，267 U. S. 132（1925）.

内，那么司法人员可依此逻辑思维签发令状。

也有学者从警察的视角出发，认为“合理根据”是由“警察对他们的所见所闻，所知道的情况与信息，根据以往的经验进行综合分析，‘合理地’作出通过搜查将发现某种犯罪物品的判断”[①]。只要在申请书上提出事实和证据的警察主观上有合理理由信以为真，即构成令状签发的基础。即使事后发现事实与证据错误或根本不存在，也不影响令状的合法性。

显然，对于以上两种针锋相对的标准，争议的本质在于判断的角度不同。究竟采用哪种标准才有利于问题的解决？“合理根据，顾名思义，我们要解决的是可能性问题，而不是技术问题，它是理智谨慎之人——并非技术人员——日常的实际思考和行为。”[②]“如果执法官员的主观善意本身是标准，那么第四修正案的保护就不存在了”[③]，这不仅等于赋予警察不受约束的裁量权，使其可以任意决定何时搜查人民，随时侵犯人民的人身、住宅、文件和财产，而且法院也将沦为警察的“橡皮图章”，失去独立判断的功能。因此，无论警察主观上多么真诚地相信某嫌疑人为犯罪行为人或相信某处藏有应扣押之物，都不足以构成合理根据。[④] 但是，毕竟作为从事发现犯罪的专业人员，在某些特定的场合，警察本身的经验及知识有助于合理根据的判断，因此，司法人员应当从“一般人”的角度出发，参考警察的专业见解，裁判是否存在合理根据。

2.“合理根据”的程度要求

以杰克逊大法官为代表的学者曾主张，“合理根据”并非僵硬的法律规则，而是滑动的概念，依具体个案中伤害的紧迫性、搜查的侵害性不同，合理根据的标准也有所不同。“当所涉为严重犯罪时，合理根据代表较低的正确率、较高的错误率；但所涉为一般犯罪时，合理根据的标准又予以升高。”[⑤] 例如，若为阻止绑架者将人质带离犯罪现场，警察可以在附近设置路障，逐辆搜查经过的汽车。虽然对每辆车的搜查皆无合理根据，但该警察行为合法。但若为抓捕走私犯或赌徒，则不得为同样的搜查行为。[⑥]

然而，一旦承认了“滑动的合理根据”（Sliding Scale）学说，第四修正案则会变成一个巨大的“罗夏克墨迹”（Rorschach Blot），尽管拥有“无与伦比的灵

① 参见［美］韦恩·W. 贝尼特、凯伦·M. 希斯著，但彦铮等译：《犯罪侦查》，群众出版社2000年版，第159页。

② Illinois v. Gates，462 U. S. 213（1983）.

③ Beck v. Ohio，379 U. S. 89（1964）.

④ Beck v. Ohio，379 U. S. 89（1964）.

⑤ 参见王兆鹏著：《美国刑事诉讼法》，北京大学出版社2005年版，第76页。

⑥ Brinegar v. United States，338 U. S. 160（1949）.

活性"①，但是"经常进行紧迫性搜查犯罪工作"的警察只有有限的时间和专门知识来反映并平衡所涉及的社会利益与个人利益，② 这样的标准不仅"难以执行、缺乏强制力，而且法的安定性也将荡然无存"③。

因此，为了执法者明确地执法、司法人员谨慎地审查，大部分学者主张"合理根据"必须具备固定的"可能性超过不可能性"的标准，不只是预感或者对犯罪行为发动侦查程序的"单纯怀疑"，但也无须达至定罪量刑的"排除一切合理怀疑"，将该标准量化约等于46%或量化为平均值45.78%。④ 正如布莱克大法官所说，"当然如果目击证人声称被告人犯罪有合理根据……但我们宪法并没有要求事实是确定无疑的"⑤。由此可见，美国在解决"警察权力与公民权利"的冲突和"安全与自由"的两难问题上并不是简单地采取"平均主义"，直接选择一个命题而弃之另一个，而是选择了理性的平衡。

从这个意义上讲，"合理根据"是"迄今为止发现的协调"经常处于对立地位的隐私利益与有效执法的"最好妥协"。⑥ 它不仅设定了政府行使强制处分权的最低标准，可以避免政府毫无理由地指控犯罪，保障人民的隐私免受鲁莽、不合理的侵扰，而且给予了警察适当的空间，一定程度上容忍了执法过程中谨慎但不可避免的错误。

3. 关于形成"合理根据"的证据审查

对于"中立、超然"的司法人员来说，掌握了"合理根据"的"合理"内核之后，判断附誓宣言提供的事实、证据是否构成"合理根据"可谓"驾轻就熟"。但是如何确保在具体个案中，不会轻率地认定"合理根据"？相对来说，更为艰巨的工作在于如何甄别这些构成"合理根据"的信息本身的可信性。

警察在申请搜查令状时，向司法人员呈交的信息通常源于警察的亲身感知或警察以外的第三人。前者通过警察的视觉、听觉、味觉、触觉或嗅觉感知，其可信性由附誓宣言可能招致的伪证罪加以担保，甚至其经验或特定领域的专长也会

---

① Joshua Dressler, Understanding Criminal Procedure, Newark, NJ: Lexis Nexis, 2002, P140.

② Dunaway v. New York, 442 U. S. 200 (1979).

③ Joshua Dressler, Understanding Criminal Procedure, Newark, NJ: Lexis Nexis, 2002, P141.

④ Mccauliff, Burdens of Proof: Degrees of Belief, Quanta of Evidence, or Constitutional Guarantees? 35Vand. L. Rev. 1293, P1325 (1982).

⑤ Spinelli v. United States, 393 U. S. 410 (1969).

⑥ Brinegar v. United States, 338 U. S. 160 (1949).

有助于该证明。[①] 但是对于后者，尤其是鉴于秘密线人的不可靠性，曾经有学者质疑能否将传闻证据作为签发令状的基础。美国联邦最高法院明确地对此予以肯定，因为“侦查的目的在于厘清混沌不明的事实、快速地收集保全证据，而警察的执法多依赖于线人的举报，若仅以警察的第一手信息为限，则会导致警察功能的瘫痪，影响有效的执法”[②]，但阐明“即使执法官员忠实地转达线人的表述，该传闻证据本身必须有合理的可信性”[③]。

20 世纪 80 年代之前，判断传闻证据是否具有可信性，须同时满足“（阿古拉—斯皮内利）双叉标准”（Two - pronged Test）的要求，未经任一要件检验，不得予以肯定。

第一个标准是“信息的可信性”（Basis of Knowledge），即须探究线人提交给司法人员声称犯罪证据将在某个地点被发现的信息是否有足够的依据支持。[④] 支撑每一方面的信息必须是详尽的，以至于得出的结论可以审查已知的事实。信息若系线人亲自感知，则可信性自不待言；若系他人辗转而得，则须进一步考证既得信息来源之真伪。但若线人未能阐明信息来源，却在提供的信息中充分地描述犯罪活动的若干细节，经证明与事实相符，则可以推断线人“能够接触到非法活动的可靠信息”，该信息的可信性就被视为得以证明，因为“司法人员有理由相信，线人依赖于某种实质性证据，而非凭谣言臆测或依据名声诬告某人”[⑤]。

第二个标准是“线人的信用度”（Veracity），即线人即使声称提交的是“第一手信息”，他也可能是在撒谎或者他收集信息的技术根本不值得信赖，因此，须探究提交证据的线人本身是否可信，或者至少在引起争议的特定情况下是否值得信任。[⑥] 一般情况下，警察通过向司法人员提供线人的“立功记录”来证明其可信性。对此美国联邦最高法院未多加着墨，而下级法院一向认为，“即使线人以往提供的信息只有一次导致了定罪，或没有任何定罪的具体证明，但与以前同警察打过交道的经验一样，足以证明信息提供者的可信性”[⑦]。

除了直接的证明，还有必要考虑在特定情况下，线人是否值得信赖。如果“在没有理由说谎的情况下”[⑧]，该信息明显是一个对自己不利的声明，随时可以

---

① John N Ferdico, Criminal Procedure for the Criminal Justice Professional, Wadsworth Thomson Learning, 2002, P225.

② 参见王兆鹏著：《美国刑事诉讼法》，北京大学出版社 2005 年版，第 79 页。

③ Brinegar v. United States, 338 U. S. 160 (1949).

④ Spinelli v. United States, 393 U. S. 410 (1969).

⑤ Spinelli v. United States, 393 U. S. 410 (1969).

⑥ Spinelli v. United States, 393 U. S. 410 (1969).

⑦ McCray v. Illinois, 386 U. S. 300 (1967).

⑧ Dutton v. Evans, 400 U. S. 74 (1970).

支持对线人本人提出指控并可能对其定罪，则该线人将被烙上“可信性的标记”。因为“人们一般不会承认犯罪并将重要证据以自己供述的形式交给警察，常识会使得一个谨慎、公正的旁观者相信这一陈述”①。但是当线人的身份未被暴露时，应当谨慎地运用该推论，因为如果警察长期以容忍线人的小错误为代价来换取信息，那么他在承认这种小错误时可能不承担被指控的真正风险。

依据“双叉标准”原则，警察在申请令状的过程中有义务提交特定类型的事实证据，促使司法人员考虑适当要素据以确定合理根据存在与否，从而使其彻底摆脱警察既得结论的束缚，真正确立了由“中立、超然”的司法人员行使司法审查权的模式。然而，该标准实际上是“一套极其复杂的法律规则”，并未将合理根据视为“一般合理、谨慎之人依照普通常识应做的判断”②，可能会导致警察千方百计地逃避令状，一定程度上阻碍了法律的执行。

于是，美国联邦最高法院在盖茨案（Illinois v. Gates）中，摒弃了“双叉标准”，采用“综合全案情形的审查标准”（a Totality of the Circumstances Test），主张在确定传闻证据的可信性时，某一要件的缺陷可以通过另一要件的有力证明得以弥补。信息的来源固然重要，但是如果“某一线人以极高的信用度著称，能够准确地预测某地即将发生某一类型的犯罪活动，那么，在某个特定的案件中，即使他没有详细地描述信息的来源，也不可以绝对地认为其所提供的信息不能成为合理根据的判断基础”③。同样，这与线人的诚实程度“密切相关”，但是“即使我们对线人的动机持有某种怀疑，其对于违法行为明晰、详细的描述，事实上使该信息具有了更大的可信性”④。

通过该程序，合理根据似乎是交由签发令状的司法人员进行常识性地判断而无须复查，但实质上由于对“双叉标准”的过度反应，“裁决权重又回到了执法官员的手中”⑤，并且“没有证据的主张或者对一个诚实者的信任满足合理根据的要求”这一论断与美国联邦最高法院在盖茨案以前所反复摒弃的“警察‘武断未阐明的’陈述不得作为合理根据的依据”的结论互相矛盾。⑥ 诚然，正如怀特大

---

① United States v. Harris，403 U. S. 573（1971）.

② Joshua Dressler，Understanding Criminal Procedure，Newark，NJ：Lexis Nexis，2002，P156.

③ Illinois v. Gates，462 U. S. 213（1983）.

④ Illinois v. Gates，462 U. S. 213（1983）.

⑤ Matthew Barden Hammons，Whether there is Probable Cause for the Issuance of a Search Warrant Based upon an Informant's Tip is to be Determined by the Issuing Magistrate in Light of the Totality of the Circumstances，52U. Cin. L. Rev.，P1103（1983）.

⑥ John N Ferdico，Criminal Procedure for the Criminal Justice Professional，Wadsworth Thomson Learning，2002，P248.

法官所言，“一条匿名的秘密消息是否可以为签发令状提供依据的问题经常是一个难题”，但是盖茨案中对“双叉标准”的抛弃是非常不幸的，美国联邦最高法院应当“通过澄清（阿古拉—斯皮内利）双叉标准为问题的解决提供更为准确的指南，而不是选择正好相反的程序”①。

（三）特定性要求

源于对殖民地时期“漫无边际”的“一般性令状”的深恶痛绝，为了防止基于不牢靠、模糊不清或可疑的事实确定“合理根据”存在与否，第四修正案又以“对将要搜查的地点、将要扣押的人或物进行特定的描述”作为令状不可或缺的要素，这通常被称为令状的“特定性要求”。通过引导执行人员将可实施的搜查权限制在具有“合理根据”的特定范围内，“特定性要求”确保了搜查具有充分正当的理由，不会变成无约束的“探测性”行为。

1. 地　点

最早确立“特定性要求”的是1925年斯蒂尔案（Steele v. United States），美国联邦最高法院认为，“如果对搜查地点的描述，使得持有令状的执行搜查的官员通过合理的努力能够确定并识别出将要搜查的地点，已足矣”②。

要判断搜查令状中的描述是否足够“特定”，通常需要以个案为基础进行。“中立、超然”的司法人员需要考虑若干要素，包括令状的实际语言、是否存在“合理根据”以支持对令状中所描述的所有地点进行搜查、令状中是否涵盖了充分的信息能够抵御对错误地点实施搜查的风险。③ 司法人员运用这些“带有些许弹性实用主义味道的”基本标准加以衡量，并且在有合理理由相信纵使警察竭尽所能也将无法避免的情况下，容忍令状描述中存在一定程度的模棱两可。④

一般情况下，对于市内有待搜查的地点，只要能够通过明确的街道地址加以辨认，令状就具备了“特定性”。但是如果另有描述性事实合理地排除了错误搜查其他地点的可能性，也可以忽略街道地址的作用。对于没有街道地址或郊区的搜查场所来说，一般需要通过详细地描述到达该地点的方式或者通过提供该房主的名字来加以“特定”。

对于公寓、旅馆等多户型建筑物来说，情况较为复杂。如果仅仅通过房屋所处的街道号码或者其他适用于所有单元的共同标志来描述该建筑物而不能充分地确定待搜查单元的话，该搜查令状通常会被裁定为无效，除非存在合理根据可以

① Illinois v. Gates，462 U. S. 213（1983）.

② Steele v. United States，267 U. S. 498（1925）.

③ Maryland v. Garrison，480 U. S. 79（1987）.

④ Larry Echohawk and Paul Echohawk，Curing a Search Warrant that Fails to Particularly Describe the Place to be Searched，35Idaho L. Rev. 1，P12（1998）.

不加辨认地搜查所有单元。但是如果通过合理的努力能够查明特定单元的具体位置，“轻微的疏忽和该描述的不精确性”① 就不会影响令状的正当效力，此为“特定性要求”的例外之一。

同时，如果某一建筑物从外观上看被认为是独居结构，直到侦查人员执行令状时才知道或可能知道其事实上是多户型结构，那么，该令状并不会因此而存在缺陷，这种情况是“特定性要求”的另一例外。这种例外是明智的：如果执行人员已经知道或应当知道上述情况而不加以修正，那么众多无辜公民合理的隐私期待利益将系于权力者的股掌之间，社会的信任体系将面临崩溃的危险。然而，若无法通过合理的侦查发现，并且在警察已经进展到如果撤退将不利于搜查的地步之后发生该种情况，那么“警察未能完全执行过于宽泛的令状，客观上是合理的、可以理解的”②。

2. 物　品

在所有的案件中，要对搜查令状中列明的物品进行“具体而详细的描述”，首先必须要解决的问题是究竟哪些物品处于合法搜查的范围之内。

在 1921 年的古尔德案（Gouled v. United States）中，美国联邦最高法院认为：“在刑事诉讼中，如果搜查的物品并非犯罪所得、犯罪工具或违禁品，而仅具有单纯的证据价值，则不得被扣押，除非政府对于该物品有大于或高于该财产所有权人的利益。”③ 但是随着权利保护的范围挣脱“财产”的束缚，日趋扩大到“合理的隐私期待”，该项被称为“纯粹证据”的规则在随后的海登案中被摒弃。从字面上看，第四修正案并未支持对“纯粹证据”和犯罪工具、犯罪所得或违禁品的区分，保障“公民的人身、住宅、文件、财产不受侵犯的权利”与这些物品用于何种目的没有任何干系。当然，扣押犯罪所得、工具或违禁品的案件自动会呈现一种关系，即被扣押物品与犯罪行为的关系。但是，指向纯粹证据物品的搜查并不一定会比指向这些特定物品的搜查侵犯更多的隐私，尤其是同样的物品在一案中可能是“纯粹证据”，但在另一案中则可能是犯罪工具。政府对扣押的物品宣称享有某些财产利益的要求，“长期以来不过是虚幻的想象，模糊了政府对追究犯罪应有的利益”④。由此可见，无论置于何地，只要基于收集“特定物品”或散落的“纯粹证据”的目的，警察即可发动搜查。如此一来，搜查范围事实上呈现扩大化，因此更有必要明确重申特定空间内搜查的“精准

① Larry Echohawk and Paul Echohawk, Curing a Search Warrant that Fails to Particularly Describe the Place to be Searched, 35Idaho L. Rev. 1, P12 (1998).

② Maryland v. Garrison, 480 U. S. 79 (1987).

③ Gouled v. United States, 255 U. S. 298 (1921).

④ Warden v. Hayden, 387 U. S. 294 (1967).

度”，避免公民权利遭受“雪上加霜”的摧残。

“令状应当具体描述所要搜查的物品，使得一般搜查成为不能，并且防止按照描述一个物品的令状去扣押另一物品。”[①] 这便是物品的“特定性”标准。该描述决定了可允许搜查的强度以及执行令状可用的搜查时间，对于防止一般搜查有所助益，并且“不会给执行令状的官员留下任何裁量的余地”[②]。

但事实上，几乎没有任何令状能够通过如此严格的标准，从该领域的判例中总结出以下若干一般例外的情形：①对于违禁品，由于其特殊性质决定不能被期待拥有更具体的特征时，较笼统的描述即符合条件。②当同类的其他物品可能在搜查的特定地点被发现时，要求比一般情况下更具体的描述。③当错误搜查无辜物品（如新闻组织的文件）的后果非常严重时，要求在描述时持有最大程度的谨慎。[③] 同时，如果合法的搜查正在进行，警察不经意间发现了一项物品，其可能与犯罪相关的特征如此明显，而“要求警察忽略该证据直到取得对其具体描述的令状将会带来不必要的不便，抑或对于公众及警察本身来说具有危险性”[④]，便可以突破“特定性”约束直接扣押该物品。该原则被称为“一览无余规则”，属于“特定性要求”的最大例外。该原则可能影响公民的利益，因此“不得被用来将一般的探询性搜查从一个物品扩大到另一个物品，直到有罪证据最终出现”[⑤]。作为先前有效进入的结果，执法人员必须处在一个他有权出现的位置上，能够合法地接触到被扣押的物品，并且该物品所具有的与犯罪相关的特征对该执法人员来说必须是立即显而易见的，无须任何进一步的检查或搜查。那么执行人员通过“一览无余”发现证据，是否必须是不经意的抑或无关紧要呢？答案是，毋庸考虑执行人员的个人期望。在令状搜查中，只要发现令状中未指明的物品就必然属于不经意的发现。但是“不经意的发现”既没有阻止非法进入，也没有限制依令状搜查的范围，而只是保护了被告人对自身财产的占有权。对此，几乎不值得用如此难以掌握的规则来保护，况且遵守“特定性要求”，“服务于限制搜查范围和时间的利益，这些利益是‘不经意的发现’所无法充分保护的”[⑥]。

---

① Marron v. United States, 275 U. S. 192 (1927).

② Marron v. United States, 275 U. S. 192 (1927).

③ John N Ferdico, Criminal Procedure for the Criminal Justice Professional, Wadsworth Thomson Learning, 2002, P171.

④ Coolidge v. New Hampshire, 403 U. S. 443 (1971).

⑤ Coolidge v. New Hampshire, 403 U. S. 443 (1971).

⑥ Horton v. California, 496 U. S. 128 (1990).

3. 人　身

为了搜查人身而取得令状的情况并不常见,① 通常只要得知姓名就可将该人"特定化"，但是该要素也绝非充分必要条件，只要全面地对其体重、身高、年龄、民族、衣着、地址以及别名等详细描述，即使不知道姓名或假报姓名，也足以确定地将其辨认出来。

然而，对于授权搜查特定场所的令状，能否赋予执行人员权力以对该场所内的任何人抑或只对那些可能隐匿、毁灭犯罪证据的人进行搜查？由于警察能够确定搜查令状的适用对象，从这个意义上看，这样的令状并不缺乏"特定性"，但是由于缺乏证明被搜查场所的哪些人可能参与了犯罪或藏有犯罪证据的合理根据，该令状亦然是有缺陷的。对此，某些下级法院曾裁定一律不得对搜查场所内的个人实施搜查。但是在侦查阶段，往往难以决定谁是嫌疑人，谁是无辜的第三者或者谁可能隐匿、毁灭证据，若对人身的搜查附加如此限制，将有碍于警察有效地执法。② 况且在搜查现场时，警察可能面临被袭击的风险，为了自我保护，他们有必要对在场的人进行搜查，"以发现他合理地相信或怀疑与之谈话的人所藏有的武器"③。

随着"纯粹证据"规则的废止，司法人员的尺度有所放宽，某些授权搜查从事非法行为的场所的令状，也被用来支持对该场所内的任何人实施搜查。④ 不仅持有犯罪工具、犯罪所得、违禁品者被列为搜查对象，而且持有"纯粹证据"的第三人也可能面临被搜查的命运，这在一定程度上扩大了搜查的范围。

通过以上对搜查令状的要件阐述，我们可以看出：有关令状原则的立法设想表面上仅仅是诉讼规则的技术性调整，但事实上它反映了社会现实的需要，涉及诉讼观念的转变，体现了犯罪控制与权利保护两种模式之间难分伯仲的较量。美国的判例制度为这种模式之争提供了一个展示的舞台，使其不但能够适应时代发展的需要，而且也保证了制度自身必须坚持的稳定和连贯，并最终使之成为宪法意义上一项不可或缺的制度，在保障人权与制衡权力的天平上扮演着"平衡器"的角色。正是有了令状的约束，政府才不再能够借着打击犯罪的名义为所欲为；也正是因为有了令状的保护，公民才可以理直气壮地拒绝政府的非法侵犯。

---

① Conn v. Gabbert, 526 U. S. 286 (1999).

② Joseph G. Cook, Requisite Particularity in Search Warrant Authorizations, 38Tenn. L. Rev., P496 (1971).

③ Ybarra v. Illinois, 444 U. S. 85 (1979).

④ Joseph G. Cook, Requisite Particularity in Search Warrant Authorizations, 38Tenn. L. Rev., P496 (1971).

第十二章　住宅搜查

一、住宅搜查概述

（一）研究住宅搜查之必要

无论古今中外，住宅在人们心目中都占据着举足轻重的地位。从文化层面看，中国古代的《黄帝宅经》中曾有如下评价住宅的妙语，“宅者，人之本；人因宅而立，宅因人得存；人宅相扶，感通天地”。唐代的诗圣杜甫也曾写下“安得广厦千万间，大庇天下寒士俱欢颜”的名句。从法律层面看，“汉代贼律已有无故入人室宅庐舍，格杀勿论之条。自唐迄清，刑律的规定亦大率如此。唐律云：‘诸夜无故入人家内者，笞四十，主人登时杀者无论’”①。在西方，诸如“风能进、雨能进、国王不能进”、“每个人的住宅都是他的城堡”等关于住宅神圣的经典法谚已流传了数个世纪。可以说，住宅几乎是每个人的安身立命之所，住宅权的保有和实现对于人的生存、人格尊严之维护以及人性的自由发展都具有特别重要的意义。而住宅搜查则是国家直接干预公民住宅权的典型形态。在各种强制性侦查行为中，若论涉及公民权利种类范围之广、干预程度之深、社会影响之大，当属住宅搜查。因此，住宅搜查问题在现代法治社会中理应备受关注，相关法律制度理应成熟完备。

然而，就当下中国的住宅搜查而言，立法上漏洞百出②，执法中恣意滥权现象严重。此种现状既不利于有效追诉、控制犯罪，又有损于人权保障。笔者以

---

① 王世杰、钱端升著：《比较宪法》，中国政法大学出版社 1997 年版，第 76 页。

② 例如，在发动有证搜查的实质条件方面我国存在着立法缺失。我国《刑事诉讼法》也并未明确规定搜查证的签发主体。依照《公安机关办理刑事案件程序规定》第 205 条和《人民检察院刑事诉讼规则》第 178 条的规定，我国县级以上侦查机关首长正掌控着启动有证搜查的决定权。对搜查证上应具体记载哪些事项，《刑事诉讼法》和相关的司法解释都只字未提。在现代法治国家中普遍受到法律规范调整的夜间搜查、第三人搜查、紧急搜查、附带搜查、同意搜查等问题，《刑事诉讼法》及相关司法解释均无条款涉及。

为，抛开执法者自身素质问题不论，仅就制度建设层面而言，我国的住宅搜查程序也亟待修正完善，正当程序的理念亟须在相关立法和执法活动中得到贯彻落实。

其实，正当程序并不是国人固有的传统价值观念，甚至对于整个东方来说都是“舶来品”。它是西方近现代法治文明的产物，在英美法系数百年的法律发展史中已经形成了深厚的理论基础和较为完备的法律制度。他山之石，可以攻玉 。为了防范我国住宅搜查中权力滥用与擅断之风险，强化对公民住宅权的保障，我们必须追根溯源探究程序法制发达国家的相关理论，借鉴其成功的制度经验。因此，本章在阐述住宅搜查基本理论的基础上，对美国的住宅搜查程序及其特色制度进行了考察和分析，并对完善我国住宅搜查程序进行了有益的思考。

（二）概念界定

1. 关于“搜查”的界定

搜查，英文为 Search，德文为 Durchsuchung。对于这个术语，不同的国家和地区在理论和制度上有着不同的解释和规定。中国大陆刑事诉讼法权威教科书对其作出如下定义：“搜查，是指侦查人员对犯罪嫌疑人以及可能隐藏罪犯或者犯罪证据的人的身体、物品、住处及其他有关地方进行搜索检查的一种侦查活动。”①

我国台湾地区“刑事诉讼法”将搜查称为搜索。“搜索，意义系指以发现应受拘捕之人或应扣押之物（犯罪证据或得没收之物）为目的，而搜查被告（含犯罪嫌疑人）或第三人之身体、物件、电磁记录、住宅或其他处所之强制处分。”②

在我国澳门特别行政区的“刑事诉讼法”上则有搜查和搜索之别。“搜查，是指针对人身进行的有关搜身和查看，目的是发现和收集可能隐藏于人身的与犯罪有关或可作为证据的物件；搜索，是指对地方进行的搜查检索，目的是收集有关物证或缉拿涉嫌犯罪的人。”③

德国学者认为，“搜索为一种寻找，即寻找可为没收或追征之客体或证据物，但却被藏匿起来之物品，以及可疑之嫌犯。可为搜索之客体如下：住宅及其他处所；有嫌疑之人及无嫌疑之人，以及前两者所属之物品”④。

---

① 陈光中主编：《刑事诉讼法》（第二版），北京大学出版社、高等教育出版社 2005 年版，第 289 页。

② 林钰雄著：《搜索扣押注释书》，台湾元照出版有限公司 2001 年版，第 22 页。

③ 周士敏著：《澳门刑事诉讼制度论》，国家行政学院出版社 2001 年版，第 147 页。

④ ［德］克劳思·罗科信著，吴丽琪译：《刑事诉讼法》（第 24 版），法律出版社 2003 年版，第 344 页。

在美国，“搜查”是美国联邦宪法第四修正案（本章以下简称第四修正案）判例法中的一个技术性术语。该词语使用的并不是它的日常流行语义。[①] 以1967年美国联邦最高法院所作的卡兹案[②]判例为分水岭，美国关于“搜查”一词的分析方法被分为两个历史阶段。在卡兹案之前，对于某种警察行为是否构成第四修正案中的搜查，大法官们进行的是以财产权为中心的考察（a Property - focused Inquiry）。如果不存在对“宪法保护领域”（即人身、住宅、文件和财产）的物理性侵入，那么就不属于第四修正案意义上的搜查。对于住宅尤其如此。[③] 然而，美国关于“搜查”的当代分析方法却来源于卡兹案，而不是前述财产权侵害分析方法。具体而言，如果公民对某一空间领域表现出来的隐私期待是一种“能够被社会公众认可的”合理的期待（Society is Prepared to Recognize as “Reasonable”），那么警察对公民此种合理隐私期待的侵犯就构成第四修正案意义上的搜查。[④] 据此，秘密监听以及使用热像仪探测公民住宅内是否种植大麻[⑤]等技术性信息收集活动在美国都属于搜查之范畴。

笔者认为，无论从“搜查”一词在汉语中的基本语义还是从中国法律对其传统定义来看，我国都不宜效仿美国对“搜查”所作的如此广义的解释。换言之，笔者主张保留现行法律的相关规定，将“搜查”界定为对特定空间领域的物理性侵入、搜索、检查更为适宜。至于那些与搜查相类似的技术性侦查手段如监听等，应当创设特别程序另行加以规范。因此，本章所论搜查仅限于其传统语义范围之内。

2. 关于住宅的界定

笔者以为，住宅搜查语境下的“住宅”，其内涵完全可以参照最高人民法院《关于审理抢劫、抢夺刑事案件适用法律若干问题的意见》在解释“入户抢劫”认定标准时对“户”的界定。根据该司法解释的规定，“户”是指住所，其特征表现为供他人家庭生活和与外界相对隔离两个方面。因此，笔者认为“住宅”是指那种在社会一般人看来可以称之为“家”的场所，它能够体现出公民安居的私人法益。具体而言，住宅应具备以下特征：

首先，住宅必须能被用于稳定的家庭生活并且兼具私密空间的性质。“家庭

① 参见［美］约书亚·德雷斯勒、艾伦·C. 迈克尔斯著，吴宏耀译：《美国刑事诉讼法精解》第一卷·刑事侦查，北京大学出版社2009年版，第67页。

② Katz v. United States，389 U. S. 347（1967）.

③ 参见［美］约书亚·德雷斯勒、艾伦·C. 迈克尔斯著，吴宏耀译：《美国刑事诉讼法精解》第一卷·刑事侦查，北京大学出版社2009年版，第69～70页。

④ 参见［美］约书亚·德雷斯勒、艾伦·C. 迈克尔斯著，吴宏耀译：《美国刑事诉讼法精解》第一卷·刑事侦查，北京大学出版社2009年版，第71、73页。

⑤ See Kyllo v. United States，533 U. S. 27（2001）.

生活，一般是指具有血缘或拟制关系的亲属组成的家庭成员相对固定地居住在一起，其特点有二：一是居住成员间具有亲属关系；二是居住的成员比较固定，既可能是多个成员，也可能是一人独居。”① 作为住宅的场所必须具备供人日常生活、起居之功能，除去一人独居的情形外，应具备家庭成员多人一起生活的氛围、模式，应具备家的功能和感觉。② 此外，住宅一定是公民的私密空间，公民在其中享有免受他人窥探、干扰的自由和安宁感。

其次，住宅必须具备与外界相对隔离的封闭性。封闭性，意味着出入住宅的人员结构相对稳定，人员流动性弱，安全性、排他性强。因此，不具有相对封闭性、独立性和排他性的场所不属于住宅；无法为公民的人身和财产安全提供一定防范措施和保障的地方也不是住宅。

最后，住宅是公民在其中有久住的意思和居住事实的场所。公民有无久居某处的意思，应依据一些客观事实来认定，如户籍登记、居住情形、家具配置、家属情况及是否在当地工作等事实。公民尚未入住、正在装修的私人房屋，因尚未发生居住的事实，所以不能被认定为住宅。此外，尽管住宅不必是公民的永久居所，但是居住者在其中居住的时间必须具有相对的连续性。对于长期无人居住明显被人废弃的房屋，不宜认定为住宅。

由此，依据住宅的上述特征，对于以下场所是否属于住宅可以作出如下认定：(1) 牧民的帐篷、渔民作为家庭生活场所的渔船、为生活租用的房屋属于住宅。(2) 机关、企事业单位、人民团体和社会团体的院落和办公场所，单纯用于生产、经营和娱乐的场所不是住宅。固定值班人员长期居住的单位门卫室因以办公性为主不属于住宅。家庭旅游帐篷因封闭性差，也不宜被认定为住宅。(3) 尽管学生或职工的集体宿舍也是供人生活居住的场所，但是由于其人员流动性相对较大，私密性差，往往是多人活动的场所，公共性强，所以一般不属于住宅。然而，对于单位分配给员工的独门独户的“单身宿舍”或“家属宿舍”，由于它具有居家生活的功能并且具有独立性、相对稳定性和私密性，所以应当以住宅的名义予以保护。(4) 在通常情况下，供人临时休息、住宿的宾馆、旅店的客房因其具有经营性、公共性和居住者的不稳定性，所以不属于住宅。但在特殊情况下，如果宾馆、旅店的整体或部分房间被长期租用而成为了公民较为固定的居住、生活场所，那么因其具有了家居生活性和私人性，也应被视为住宅予以保护。在区分“临时”和“长期”时，笔者认为应参照《民法通则》关于住所的规定，即连续居住一年以上才视为“长期”，不满一年就属于“临时”。

---

① 顾保华：《〈关于审理抢劫、抢夺刑事案件适用法律若干问题的意见〉的解读与评析》，载《人民检察》2005 年第 8 期。

② 参见王嘉、田银行：《“入户抢劫”的阐释和认定》，载《理论观察》2005 年第 2 期。

（5）有些房屋具有商住两用的性质，如个体裁缝店、理发店、小卖店等，白天作为经营场所，晚上作生活起居之用。对于这类“前店后屋”、“下店上屋”等“店家一体”的场所，如果能够区分生活与经营区域的，则以搜查人员侵入的具体区域来认定；如果无法区分，应根据侦查机关实施搜查时该房屋所处的状态来确定其是否属于住宅。当处于营业状态时，不应视为住宅；当夜间已处于关门歇业、休息的状态时，就属于住宅。另外值得注意的是，如果该场所的经营功能大于家庭生活功能、生活功能依附于经营功能，那么这些场所都不属于住宅。例如，居住者为了看护店铺而临时居住在店铺中，场所的生活设施不齐全，具有临时性，或者是供经营者在夜间非营业时间休息和存放营业款的值班室等。（6）封闭的独家宅院，由于其毗邻公民居住的房屋，因而可视为住宅的一部分。但多户共有的院落因属各家通用的场所，人员流动性大，具有公共性，不符合私人性和封闭性特征，不宜被认定为住宅。独家楼房的楼道是住宅的组成部分，而公寓的楼道归多户业主共有，不属于私人住宅的组成部分。（7）临时搭建的简易构造物不是住宅。例如，为管理果园而建造的果棚、为看护鱼池而搭建的渔棚、为看护公共财产而建起的临时值班室等临时简易构造物，因不具有居家生活的功能和私密特征而不属于住宅。又如，工程建设中为满足工人生活起居需要而搭建的临时简易房，城市拆迁时为安置拆迁户而建造的临时过渡房等，这些场所虽用于公民日常生活起居，但如果其中居住人数较多，那么就类似于集体宿舍。因为他人可以随意出入，其私密性与排他性极差，所以不宜被视为住宅。至于流浪乞讨人员的临时居住场所，无论是从社会公众普遍认识角度，还是从其居住地点不确定性的角度来看，都难以归入住宅之列。

（三）两大法系中住宅搜查程序的共同特点

1. 以有证搜查为原则，以无证搜查为例外

以实施搜查时是否需要持有搜查证为标准，可将搜查分为有证搜查和无证搜查。有证搜查是实行令状原则的产物。“所谓‘令状’（Warrant），是指记载有关强制性措施裁判的裁判书。而令状原则，是指在采取强制性措施时，关于该强制性措施是否合法必须由法院或法官来予以判断并签署令状。当执行强制性措施时，原则上必须向被处分人出示该令状。”① 英、美、德、日等现代法治国家在住宅搜查上普遍遵循令状原则，旨在使作为中立第三方的审判机关就搜查这种强制性侦查活动的理由和必要性进行审查并作出公正的判断，以杜绝搜查启动阶段的滥权现象，从而为公民的住宅自由和隐私权提供特别保障。

为了弥补严格的令状程序在有效执法方面的不足，两大法系在坚持有证搜查

---

① 宋英辉主编：《刑事诉讼原理》（第二版），法律出版社2007年版，第277页。

这一原则的基础上大多创设了若干种例外情形，从而形成了无证搜查制度。无证搜查主要包括：同意搜查、附带搜查、紧急搜查和我国台湾地区创设的径行搜查。这些无证搜查有的是基于权利人有权处分自己权利的现代法理念；有的是出于保全证据、保障执法者安全的考虑；有的是为了避免重大法益遭受严重损害且急不可待之危险。

尽管以同意搜查为代表的无证搜查制度对传统的令状原则有所突破，但就住宅搜查而言，这种突破也受到了严格的规制。正如美国联邦最高法院大法官斯图尔特（Justice Stewart）在柯立芝案[①]的判决中所言，“这一领域最根本的宪法规范是：‘根据第四修正案，未经法官或地方法官的事先批准而在司法程序之外进行的搜查，本质上都是不合理的——除了一些专门建立并详细描述的例外。’这些例外，都是‘谨慎而仔细创立’的。因此，寻求豁免的人必须证明存在紧急情形使得其有必要采取行动”[②]。无证搜查必须被严格限定于允许发动搜查之情形，并以此作为它的正当理由。[③] 换言之，令状原则的任何一种例外，其范围都必须受到使其正当化的“紧急情形”的严格限制。

2. 普遍限制夜间搜查公民住宅

以执行搜查的具体时间是白天还是夜间为标准，可将搜查分为白天搜查和夜间搜查。这种分类对于住宅搜查而言意义重大。因为夜间是人最脆弱、防御能力最低的时候。因此，夜间搜查住宅，固然具有侦查上的便利，但是从人权保障角度看，却非常容易对被搜查人造成精神上的创伤，社会效果也极其不好。因此，两大法系中的主流法治国家在其立法中都对夜间搜查住宅进行了严格的限制。

在美国，依照《美国联邦刑事诉讼规则》第 41 条第 3 款第 1 项的规定，搜查令状的执行时间应在日间，但签发机关因为被证明的合理原因（如有在夜间执行令状的需要）而在令状上适当授权可以在其他时间执行的除外。在法国，对住所的搜查不得在早上 6 时以前晚上 9 时以后进行，除非屋主提出要求或法律另有规定。[④] 在日本，依据《日本刑事诉讼法》第 116 条和第 117 条的规定，在令状没有记载夜间也可以执行的意旨时，不得为执行查封证或者搜查证而在日出前、日没后进入有人住居或者有人看守的宅邸、建筑物或船舶内；但针对被认为是用于赌博、彩票或者妨害风化行为的场所，以及对旅馆、饮食点或其他在夜间

---

① Coolidge v. New Hampshire，403 U. S. 443（1971）.

② 吴宏耀等译：《美国联邦宪法第四修正案：令状原则的例外》，中国人民公安大学出版社 2010 年版，第 405 页。

③ 参见吴宏耀等译：《美国联邦宪法第四修正案：令状原则的例外》，中国人民公安大学出版社 2010 年版，第 477 页。

④ 余叔通、谢朝华译：《法国刑事诉讼法典》，中国政法大学出版社 1997 年版，第 59 页。

公众可以出入的场所进行搜查则不受夜间禁止搜查的限制，但仍以在它们对公众开放的时间内为限。[①]

二、住宅权：公民宪法性基本权利

（一）住宅权的权利体系

随着近现代法制的发展，个人的住宅利益通常表现为法律规定的公民住宅权利。笔者认为，在住宅权的权利体系中与刑事搜查密切相关的权利主要有以下几项：

1. 住宅不受非法侵入权（住宅安宁权）

住宅不受非法侵入权，即公民享有其住宅空间免受非法外来侵入的权利。这种非法的外来侵入既包括自然危险之侵入，又包括社会力量或国家公权力的非法侵入。住宅不受非法侵入权维护了公民住宅内的生活安宁，因而又称为住宅安宁权。

住宅安宁可以从住宅安全与住宅的和平宁静这两方面的价值来理解。所谓住宅安全，一方面是指住宅能够满足人对自然安全的需求。因为住宅最原始的功能就是为人类提供一个躲避豺狼虎豹攻击、遮挡风雨雷电侵袭的栖息之地。另一方面是指住宅应当满足人对于社会安全的需求。正是住宅构成了公民个人相对独立于社会的私人领地，在个人、社会与国家之间形成了一道屏障，从而确保人们在自身安全面临来自于社会的各种威胁时能够找到一处避难所。

住宅的和平宁静直接表现为住宅空间内的环境宁静，但其深层次价值在于维护人们心灵上的宁静与太平。因为人是有精神和情感的社会动物，除了物质生活外尚有众多迫切的精神需求。尤其是在生活节奏不断加快、各种竞争日益激烈的现代社会，人们需要在完全属于自己的小天地里独处，以便缓解紧张的情绪，释放种种压力，寻求内心的成长与安宁。因而人们有正当理由期待在住宅这块有限的私人领地内没有社会上的喧嚣，没有他人的窥探、监督、评价，没有竞争和压力，没有虚伪造作的面孔，只有真实的自我和从容平静的心态。当然，人们享受这种心灵上的宁静也是为了与他人、社会更好的合作共融提供心智上的必要准备。从某种意义上讲，如果人没有独处的机会，没有平稳宁静的心态，那么就很难形成和谐、成熟的社会关系。

由此可见，住宅不仅是人们遭遇危险时的避风港，更是人的精神家园和心灵归宿。因此，住宅安宁权在公民住宅权利体系中占有特别重要的基础性地位，住

---

① 参见宋英辉译：《日本刑事诉讼法》，中国政法大学出版社 2000 年版，第 29 页。

宅不受非法侵入理应成为法律保护公民住宅时需要首先关注的问题。

2. 住宅隐私权

住宅的特殊性质决定了它是公民个人隐私的“聚集地”。从物理属性看，住宅通常都是将公民个人与他人及公共领域隔离开来的相对封闭的建筑结构，因而住宅可以自然而然地阻却他人对住宅内个人隐私的窥探和打扰；从社会功能看，住宅是人们生活、学习、休息的主要场所，绝大多数人一生中有一半以上的时间是在住宅内度过的。因而有关公民个人及其家庭生活的各种私密信息和私人活动大多存在于或发生于公民的住宅内。可以说，住宅是公民隐私利益的首要载体，而这种隐私利益又常常与公民的人格尊严紧密联系在一起。因此，对住宅内隐私的充分保护在某种意义上讲，就是对公民人格尊严的最大维护。

3. 住宅财产权

在民事法律上住宅属于不动产。与其他财产权一样，住宅是公民实现意思自治和维护个人尊严的物质基础。因而从物质财产的角度看，住宅本身以及住宅内的附属设施都不容随意侵犯。法律应当对住宅财产权给予必要的保护，否则上述两项精神性住宅权都将失去物质载体和存在基础。

4. 住宅内的自由权

一方面，公民在住宅内应当享有各种自由。正如哈耶克在其名作《自由秩序原理》中所云：“自由预设了个人具有某种确获保障的私域（Some Assured Private Sphere），亦预设了他的生活环境中存有一系列情势是他人所不能干涉的。”① “在自由的社会中，每个个人都拥有一个明确区别于公共领域（Public Sphere）的确获承认的私域，而且在此一私域中，个人不能被政府或他人差来差去，而只能被期望服从那些平等适用于所有人的规则。”② 住宅是人们最主要的生活环境，也是承载着公民各种自由的最基本的私域。公民于住宅内的自由主要表现为人身自由（即人身活动范围不受限制）、行为自由（即行为内容和方式不受拘束）、思想自由和言论自由等。住宅内的这些自由是人所应享有的底线自由。另一方面，住宅内自由的本质内涵在于强调：公民在住宅内实施的任何行为只要不会损害他人或公共利益，就不应受到外来的道德评价和法律评价。正如约翰·密尔所论：“任何人的行为，只有涉及他人的那部分才须对社会负责。在只涉及本人的那部分，他的独立性在权利上则是绝对的。对于本人，对于他自己的

---

① ［英］弗里德利希·冯·哈耶克著，邓正来译：《自由秩序原理》（上），生活·读书·新知三联书店 1997 年版，第 6 页。

② ［英］弗里德利希·冯·哈耶克著，邓正来译：《自由秩序原理》（上），生活·读书·新知三联书店 1997 年版，第 264 页。

身和心，个人乃是最高主权者。”① 由此可见，住宅内的自由实质上是一种消极自由，即要求他人、社会和国家尊重公民在住宅内的各项自由权利，不得任意干预侵犯，从而让住宅内的每一个人都能不受限制、不被监督的全面发展自己的个性。

（二）住宅权的效力位阶

如前所述，刑事法语境下的住宅权是一项含有多种权能的综合性权利。它既体现为住宅的财产价值不容贬损，更融合了人们在住宅中的精神性权利必须得到尊重的意旨。然而，笔者认为，在为公民住宅权设计法律保护方案之前，除了要阐明住宅权的法律内涵外，还应当明确其在整个权利体系中的地位，即住宅权的效力位阶问题，以便在制度构建过程中面对多种价值或利益间的冲突时能够准确地把握权衡尺度，避免犯下舍本逐末式的错误。

考察各国近现代法制很容易发现这样一个事实，即在世界上两大法系的主流国家，住宅不受侵犯权都被纳入到了公民基本权利的体系之中并且明确记载于宪法中。例如，1799 年《法国宪法》对于公民住宅不受侵犯作了较为详细的规定。“该宪法对于侵入人民住宅之行为，分为日间侵入和夜间侵入两种。夜间除遇有室内呼助或不可抗力（如水警、火警之类）等场合外，虽官吏之持有法院命令者，亦不能侵入；日间则官吏可以侵入，但在原则上亦必须握有一种国家机关之正当命令。”②《德意志联邦共和国基本法》第 13 条规定：“住宅不受侵犯；只有法官发布命令，或如延搁即将发生危险的情况下，根据法律规定由其他机关发布命令，才能进行搜查，并且只能按法律规定的方式进行。”日本宪法则规定了公民住宅不受非法搜查的权利。1946 年《日本宪法》第 35 条规定：“任何人的住所、文件及其所有物不受侵入、搜查或没收。此项权利，除第三十三条规定情况外，无依据正当理由签发并明示搜查场所及没收物品的令状，不得侵犯。搜查或没收，依据有权司法机关分别签发的令状实行之。”③ 美国联邦宪法第三修正案规定：“士兵在和平期间，未得屋主之同意，不得驻入任何民房；在战争期间，除依法律所规定之手续外，亦不得驻入民房。”第四修正案规定：“人民有保护其身体、住所、文件与财产的权利，不受无理拘捕、搜索与扣押，此为不可侵犯的权利。除有可能之理由，以宣誓或代宣誓言确保，并详载指定搜索之地、拘捕

---

① ［英］约翰·密尔著，程宗华译：《论自由》，商务印书馆 1959 年版，第 10 页。

② 王世杰著：《比较宪法》（上），商务印书馆民国十六年版，第 144 页。

③ 中国人民大学法律系国家法教研室、资料室编：《中外宪法选编》，人民出版社 1982 年版，第 178 页。

之人或扣押之物外，不得颁发搜索状、拘票或扣押状。”[①] 我国《宪法》第 39 条也规定：“中华人民共和国公民的住宅不受侵犯。禁止非法搜查或者非法侵入公民的住宅。”

此外，国际人权公约中也有关于保护公民住宅权的原则性规定。《公民权利和政治权利国际公约》第 17 条规定：“任何人的私生活、家庭、住宅和通信自由不得任意干涉，他的荣誉和名誉不得加以攻击，人人有权享受法律的保护，以免受这种干涉和攻击。”《世界人权宣言》第 12 条也有类似的规定。

由此可见，正是因为住宅与人的生存和发展息息相关，反映了人类的一种普遍需求，所以公民住宅权尤其是住宅不受非法侵犯权已经成为了全世界公认的基本人权，成为了各个法治发达国家普遍承认的公民宪法性基本权利。而宪法作为一国之根本大法，无论在哪个国家的法律体系中都具有至高无上的地位，其效力等级优于其他法律。因此，宪法确认的公民基本权利在效力位阶上也应高于其他法律权利。而法律权利大多代表某种利益或体现某种立法价值。当维护公民住宅权的利益与其他利益或价值发生冲突、产生纷争时，裁决者应务必铭记住宅权属于宪法性基本权利，具有崇高的地位和极强的效力。换言之，对于实行法治的国家而言，无论是其立法还是司法、执法活动，只要涉及公民的住宅权利，都不可忽视对此项基本人权的保障。

（三）对住宅权的限制及所应遵循的原则

尽管以住宅安宁为核心的住宅权属于公民宪法性基本权利和人权之范畴，但不可否认的是当今时代价值是多元的，任何权利或自由都不是绝对的、无界限的，住宅权当然也不例外。恰如对于个人滥用住宅权为实施犯罪提供便利或寻求庇护之情形，法律自然不能袖手旁观、视而不见。因而在打击、控制犯罪和维护社会公序良俗等公共利益需求的召唤下，国家公权力对公民住宅权进行适当的干预和限制则具有了显而易见的必要性和正当性。

然而，当一个崇尚法治的文明社会允许行使公权力的官员踏入公民住宅大门的时候，包括决策者在内的社会公众都应当警醒地意识到以下问题：首先，法律授权之目的正当能否全盘代表整个权力运行过程都是正当的？其次，如何才能确保侵入公民私域的公权力得到公正行使？

维护社会公共利益听起来固然有着很强的说服力，但这仅仅表明国家官员侵入并搜查公民住宅时，其行使权力之目的或动机是正当的，至于为达成目的而采取的手段是否正当则应另当别论。而“现代国家的刑事诉讼不容许以不择手段、

---

① ［美］汉密尔顿等著，严欣淇译：《美国宪法原理》，中国法制出版社 2005 年版，第 163 页。

不问是非、不计代价的方法来发现真实，因为尚有其他目的追求”[①]。

此外，公共利益本身是一个很难界定的、带有较大模糊性色彩的抽象概念，因而在个案适用中容易被曲解并导致住宅搜查权的滥用。正如丹宁勋爵所云：“每一社会均须有保护本身不受犯罪分子危害的手段。社会必须有权逮捕、搜查、监禁那些不法分子。只要这种权力运用适当，这些手段都是自由的保卫者。但是这种权力也可能被滥用。而假如它被人滥用，那么任何暴政都要甘拜下风。”[②] 因此，在实行宪政的法治国家中，对于执法官员侵入、搜查公民住宅这种干预公民宪法性基本权利的强制处分行为，法律均要求它必须同时受到法律保留原则和比例原则的拘束，以保证权力得到公正行使。

三、美国住宅搜查制度：考察与分析

在英美法系国家广泛流传着这样一句话，“每个人的住宅就是他的城堡”。这句话不仅是一句法谚，更是对在美国确立已久的、与住宅神圣和个人隐私密切相关之法律的一种生动形象的表述。美国是移民国家，殖民地时期之后的美国人特别关注保护自己的住宅免受政府的不合理侵扰。因此，数世纪以来，住宅隐私和安全的价值一直都是第四修正案权利保障的核心。围绕着第四修正案的两个组成部分——令状条款与合理性条款，美国逐步形成了一系列规范政府住宅搜查行为的复杂精细的判例法规则。

（一）令状条款概述

美国联邦最高法院的判决已经牢固确立了这样一条规则，即无令状的住宅搜查扣押被推定为不合理。[③] 尽管美国的判例法也认可了多种无证搜查情形，但在住宅搜查领域，令状原则的主导性地位仍然牢固不可撼动。

令状条款为公民住宅提供了以下两个方面的宪法性保护：第一，地方法官的审查意在消除所有缺乏合理根据的侵入住宅的搜查行为。第二，那些被认为必要的搜查也应该尽可能地受到限制，即由法官审查判断搜查是否具备合理性[④]。尽管在一定程度上令状条款不利于提高执法效率，但是它绝不是一个累赘，而是美国国家机器运行中的重要部分，是对“善意但错误地过分热衷于打击犯罪的执

① 参见林钰雄著：《刑事诉讼法》（上册 总论编），中国人民大学出版社 2005 年版，第 8 页。

② ［英］丹宁勋爵著，李克强、杨百揆、刘庸安译：《法律的正当程序》，法律出版社 1999 年版，第 109 页。

③ See Katz v. United States, 389 U. S. 347, 357 (1967).

④ 笔者以为，美国法对搜查提出的合理性要求相当于德国法上的比例原则。

法官员”的一种制衡机制。令状条款并不是不尊重政府的执法人员，关键问题在于法律根本无法要求检察官和警察在自己的侦查活动中保持必要的中立，因为侦查是一项极具竞争性的活动，这势必会使执法人员产生单向思维。

（二）令状的特定性要求

1. 令状特定性要求的价值功能

令状条款中的特定性要求在规制警察的搜查扣押权方面发挥了关键作用。这里涉及的特殊罪恶是殖民地时期美洲人民所憎恨的“一般性令状”(General Warrant)，而且问题不仅在于闯入本身，更在于对私人住宅进行一般的、探寻式的到处搜查。只有要求令状详细描述拟欲搜查之地和拟欲扣押之物，才会有助于法官判断警察所申请的搜查是否具有合理根据，该搜查行为是否属于过度的、不合理的搜查，从而确保政府的住宅搜查行为是合理合法的。而不具有特定性的搜查扣押，在执行中完全取决于执行官员的自由裁量，不受约束的具体执法者很可能恣意擅断，随意行使搜查扣押权。因此，特定性要求的功能在于防范政府发动住宅搜查时的草率和执行中的专横暴行。

2. 对拟欲搜查之地的特定化描述

对拟欲搜查之地的特定性要求，其功能体现为以下三个方面：首先，如果执行搜查的官员并不知晓合理事实根据，那么令状对拟欲搜查之地的特定化描述就会对其执行活动中的自由裁量权起到必要的限制。没有特定化的描述，不明情况的执行人员可能对符合概括性描述的每一个地点都进行搜查。人们绝不希望警察一旦持有令状就可以搜查某条街上的每一个住宅。其次，令状对拟欲搜查之地的特定化描述还可以明确记录下搜查前有关具体搜查地点的合理根据。因为法律不允许警察在事后构建事实来证明搜查其选择的地点是正当的。最后，如果令状过于笼统地描述了拟欲搜查之地，那么警察可以任意扩展其搜查权限，从而使搜查活动不受任何空间上的限制。特定性要求就可以防止上述情况发生。总之，令状对拟欲搜查之地的特定化描述为住宅搜查的执行者设置了必要的权力界限。

此种特定性要求并不意味着令状对拟欲搜查之地的描述必须与客观事实完全一致，第四修正案只是要求令状对拟欲搜查之地的描述应当具备合理的特定性。而特定化描述是否合理则取决于：（1）拟欲搜查之地的性质；（2）在签发令状前，警方能够合理取得哪些有关拟欲搜查之地具体方位的信息。例如，在加里森案（Maryland v. Garrison）①中，美国联邦最高法院判决，尽管第三层楼实际上有两个公寓住宅，但是授权警方搜查位于三楼公寓住宅的令状并不会因为特定性方面的瑕疵而无效。斯蒂文斯（Stevens）大法官在判决意见中称，本案中的令状对

---

① Maryland v. Garrison，480 U. S. 79（1987）.

于拟欲搜查之地的描述是足够详细的，符合了合理的特定性要求。因为警方在执行搜查之前根本无法获知第三层实际上有两个公寓。法官也只能根据警方采取行动时已掌握的信息和有义务查明的信息来判断警察行为的合宪性。在令状签发后才出现的证据与签发令状是否合法之间没有任何关系。

3. 对拟欲扣押之物的特定化描述

对拟欲扣押之物进行特定化描述，其目的在于通过事前的司法审查来防范以下滥权行为，即警察进入住宅后实施探寻式的、地毯式的搜查，以及随随便便地将可能与案件有关的所有物品一扫无遗、不加区分地扣押。

对拟欲扣押之物的特定化描述也只需要是合理的。一个与特定性要求相关的因素是物品的性质，物品的性质通常会表明令状需要进行多大程度的细节化描述。有些物品只需概括性的描述即可，如美国通货。另一个与特定性要求相关的因素是，警察在取得扣押物品之合理根据的过程中对该物品的了解程度。例如，富奇洛案（United States v. Fuccillo）① 的判决，“如果警方在申请令状前已经获得了有关被盗物品的详细清单，那么授权扣押被盗衣物的令状就不具备合理的特定性”。与此相比，阿帕姆案（United States v. Upham）② 的判决意见则称在有关淫秽制品犯罪的案件中，对拟欲扣押的淫秽制品所做的如下描述已经最大限度地满足了合理的特定性要求，即“无论使用什么方式或媒介，所有直观描述了具体性行为的物品”。

（三）住宅搜查执行程序

对住宅执行搜查时如何行动最为妥当？在美国，这一问题一般都留给执法者来裁量。尽管如此，持有搜查住宅的令状绝不意味着许可执行官员随心所欲地使用任何执行方式。警方执行住宅搜查的方式总是要受到法院的司法审查，以保证执法者没有违反第四修正案关于搜查扣押的合理性要求。

1. 何时执行搜查令状

在美国，通常都是由成文法或法庭判例规则来确定搜查令状的有效期及具体的执行时间。例如，《美国联邦刑事诉讼规则》第 41 条（c）规定，令状应命令警官在 10 天之内搜查令状中所列明的人或地点，发现特定的物品。令状应在白天执行，除非签发令状的法官在令状中适当地说明了合理的原因，并准许在白天以外的其他时间执行令状。令状中应指明执行完毕后令状应被归还给哪位联邦治安法官。《美国联邦刑事诉讼规则》第 41 条（h）规定，白天是指执行地时间的上午 6 点至晚上 10 点。

---

① United States v. Fuccillo, 808 F. 2d 173 (1st Cir. 1987).

② United States v. Upham, 168 F. 3d 532 (1st Cir. 1999).

还有一些法院会判决令状有效期内的具体执行时间应留给警方自行决定。[①]然而，时间上的拖延也许会使执法官员无法执行令状，因为可能会有中间介入的情况使得先前证明的合理根据无效。

2. 住宅搜查中的敲门规则

（1）敲门规则的概述。在美剧中，我们经常能够看到执法者敲门并高喊“警察，我们有搜查令”这一场景。其实，这并不只是戏剧情节的一部分。警察在进入公民住宅前敲门并告知自己的身份和来意，这是一项根植于英国普通法的古老的法律规则。这一敲门规则在美国建国之时便被纳入其法律之中，而且近几十年来它已经被公认为“第四修正案合理性审查的考量因素之一”[②]。美国联邦最高法院通过判例明确了该规则的具体内容和功能，限定了它的适用范围，并为其创设了诸多例外情形。对于警察违反这一规则时应采取什么样的救济措施，美国联邦最高法院在哈德森案（Hudson v. Michigan）[③] 中一反常态，作出了不得适用排除规则的判决。

（2）敲门规则的内容和功能。在对敲门规则的通行表述中，该规则包含两部分内容：首先，它要求警察在进入公民住宅实施搜查或执行逮捕前，必须先敲门，然后告知住宅内的人警方的来访和执法权限，并明示要求住宅内的人准许警方进入住宅。其次，在敲门并告知权限后，警察不可以立即使用暴力强制进入住宅。他们还必须在室外等上一段时间，这段时间的长度应该是合理的。如果居住者明确拒绝警方进入住宅，或者警方合理地等待了一段时间后无人回应，那么可以认定警方已被拒绝准许进入，[④] 这时警察才可强制进入住宅。

尽管有人认为敲门规则所提供的权利保护是微不足道的，但是该规则通常被认为至少服务于以下三种重要目的：第一，它使公民有机会自愿地服从于警方的职权，从而可以避免警民之间不必要的潜在暴力冲突，保护人的生命和肢体安

---

① See State v. Morgan，222 Kan. 149，563 P. 2d 1056（1977）.

② Wilson v. Arkansas，514 U. S. 927，931 – 32（1995）.

③ Hudson v. Michigan，126 S. Ct. 2159（2006）.

④ 能否将一段时间内无人应门这一事实视为屋主已拒绝警方进入，这取决于当时的具体情况。例如，曾有法院判决在夜间执行令状时，应给公民留有更多的时间去应门，而在白天执行令状时等待的时间可以少一些。参见詹金斯案（United States v. Jenkins，175 F. 3d 1208（10th Cir. 1999））的判决意见，“本案中警方在两次告知其在场后等待了 14 秒，之后的强行进入是合理的。由于警方是在上午 10 点钟执行的搜查，这个时间大多数人都已起床并从事着日常活动，因此要求警方等待的时间在某种程度上会缩短”。在莫尔案（United States v. Moore，91 F. 3d 96（10th Cir. 1996））中，警察已告知了他们的来访并等待了 3 秒钟。当他们没有听到回应时，便强行进入了室内。法院认定警察实际上是在告知身份权限后即刻实施的强行入室行为，这就不属于根据具体案情推断出警方已被拒绝准许进入的情形。

全。因为如果警察不经敲门告知而直接破门而入，那么住宅居住者很有可能误以为警察是入室行窃者并采取反抗措施，这将危及警民双方的生命和身体安全。第二，它有助于防止在执法过程中发生不必要的、本可避免的财产损害，如保护警方强制进入过程中可能损坏的门或窗。第三，它有助于保护公民的住宅隐私和人格尊严。突然间的闯入不仅会使住宅内的公民受到惊吓，而且还会损害他们的隐私和人格尊严。实行敲门规则可以使居民有机会在应门前提起精神、镇静下来或者能够下床并穿好衣服，为警察入室做好准备。这样就有助于公民的私密生活氛围免受侵扰，避免出现人格尊严受损等尴尬局面。①

（3）敲门规则的适用范围。美国联邦最高法院曾反复在其判决中强调敲门规则的历史起源。② 现行的敲门规则是由下述古老的英国普通法规则发展而来的：即尽管每个人对其住宅内的隐私都有权获得一般性的保障，但是国王的治安官为了将其逮捕或执行国王的其他命令，可以破门进入当事人的住宅。③ 然而作为一项先决条件，普通法院要求治安官在破门而入前应当表明其来意，并请求住宅主人开门。④

尽管随着时代的发展破门而入的方式有所扩展，但美国联邦最高法院一直认为敲门规则只与暴力性的物理侵入有关。该院一直主张敲门规则不是那种在所有案件中都普遍适用的程序性要求，它暗示了敲门规则仅仅适用于执法者有权强制进入公民住宅的案件。例如，在罗德里格斯案（Illinois v. Rodriguez）⑤ 中，美国联邦最高法院明显没有要求警方遵守敲门规则。该案中进入住宅的方式是被告人从前的共同居住人从室外用钥匙打开的房门，从而允许警察进入了被告人的住宅。此案中警方入室前并没有敲门并告知身份和来意，但这一事实并没有影响美国联邦最高法院认定搜查是合法有效的。⑥

此外，美国相关的制定法也反映出敲门规则适用范围的有限性。美国现行成文法只明确规定在三类警察入室的案件中要求警察遵守敲门规则，它们分别是：

① See Daniel A. Gutin, Technical Knockout: Hudson v. Michigan and the Unfortunate Demise of the Knock - and - Announce Rule, 44 Am. Crim. L. Rev. 1239 (2007).

② See Hudson v. Michigan, 126 S. Ct. at 2162; Wilson v. Arkansas, 514 U. S. 927, 931 - 34 (1995).

③ See Wilson v. Arkansas,, 514 U. S. at 931 (1995) (alteration in original) (quoting Semayne's Case, (1603) 77 Eng. Rep. 194, 195 (K. B.)).

④ See Wilson v. Arkansas, 514 U. S. at 931 (1995) (alteration in original) (quoting Semayne's Case, (1603) 77 Eng. Rep. 195 - 196 (K. B.)).

⑤ Illinois v. Rodriguez, 497 U. S. 177 (1990).

⑥ See People v. West, CC633123 (Cal. Super. Ct. Aug. 9, 2006), 120 Harv. L. Rev. 836 (2007).

为了执行搜查令而入室，为了执行逮捕令而入室，为了实施无证逮捕而入室。[①]这三种情形的共同之处在于，在这三种情形中执法者都有权不顾住宅主人的意愿而强制进入住宅。而相关成文法并没有规定无证搜查尤其是同意搜查住宅这种情形，这并不是一个偶然，因为这类案件中尽管政府可能有搜查公民住宅的需要，但是执法者却无权强制入室。

综上所述，美国联邦最高法院关于敲门规则的判例以及相关制定法都证明了该规则的适用范围是很有限的，它仅仅适用于执法者有权强制进入公民住宅的案件。

（4）敲门规则的例外。敲门规则的例外情形主要有以下两种：

第一，紧急情况。在威尔森案（Wilson v. Arkansas）[②] 中，美国联邦最高法院强调敲门规则并不是一项在所有情况下都必须被绝对遵守的刚性规则。因为敲门规则是第四修正案合理性条款的组成部分，而第四修正案对搜查之合理性提出的要求是灵活而富有弹性的，所以不能将敲门规则解读为无视执法利益的、绝对的、机械的法律规则。[③] 在该案中，美国联邦最高法院还在判决称，“在会给警察带来暴力威胁的情形下”，“当囚犯逃跑并躲避在自家住宅中时”或者“在警方有理由相信如果事先敲门并告知身份来意则证据很可能被毁灭的案件中”，警察不经敲门和告知而直接入室的行为是正当的。[④] 这些敲门规则的例外情形在两年后的理查兹案（Richards v. Wisconsin）[⑤] 中再次得到了美国联邦最高法院判决的肯定。

在理查兹案中，美国联邦最高法院为敲门规则创设了以下三种例外情形，即如果警方能够合理地怀疑在特定情况下敲门并告知身份权限将是危险的、无益的，或者当囚犯逃跑并躲避在自家住宅中的，或者可能导致证据被毁灭以至于妨害了对犯罪的有效侦查，那么入室搜查时就可以免除敲门告知的义务。[⑥] 与“合理根据”要求相比，这个“合理怀疑”标准已在执法利益和个人隐私利益之间进行了适当的权衡。警方并不需要有合理根据去相信一旦遵守敲门规则证据将被销毁，因为合理怀疑是警方主张敲门规则例外时的唯一要求。[⑦] 这一较低的标准

---

① 参见 18 U. S. C. §3109（2000），该联邦成文法只规定了执行搜查令状这一种情形。美国联邦最高法院在萨伯斯案中将该成文法的规定扩展适用于执行逮捕的案件。Sabbath v. United States，391 U. S. 585 ，588 – 89（1968）.

② Wilson v. Arkansas，514 U. S. 927（1995）.

③ See Wilson v. Arkansas，514 U. S. 927，934（1995）.

④ See Wilson v. Arkansas，514 U. S. 927，936（1995）.

⑤ Richards v. Wisconsin，520 U. S. 385（1997）.

⑥ See Richards v. Wisconsin，520 U. S. 385 ，394（1997）.

⑦ See Richards v. Wisconsin，520 U. S. 385 ，394（1997）.

使得警方可以相对容易地证明自己未经敲门告知的入室行为是正当的。

在美国，许多州都授权治安法官可以签发免除敲门告知义务的令状，只要警方预先证明了他们合理地怀疑在特定情况下不经敲门告知而进入更为适宜。美国联邦最高法院在审理理查兹案时也称，如果能够预先证实有充分的理由这么做，那么允许法官签发免除敲门告知义务的令状是完全合理的。

除了理查兹案，还有其他判例认定案件中存在着足以使执法者免除敲门告知义务的紧急情况。例如，库珀案（United States v. Cooper）① 判决称："本案中被告人在家中贩卖毒品、家中藏有武器、住宅周围设有栅栏，而且被告人还有暴力犯罪的历史，这种情况下特种警察部队（SWAT）未经敲门和告知而直接进入搜查是正当合法的。"又如，威克斯案（United States v. Weeks）② 的判决意见称："本案中警方了解到居住者应门时手中会拿着枪，其中一个居住者曾被定过枪支类犯罪，而前门又是被加固的。在这种情况下，未经敲门告知而直接进入存有毒品的住宅是正当合法的。"

值得一提的是，美国联邦最高法院在理查兹案的判决中还明确地否定了威斯康星州最高法院为敲门规则创设的一种一揽子规则（Blanket Rule）。该案中威斯康星州最高法院判决称，如果在重大毒品犯罪案件中警方被授权对住宅实施搜查，那么无论案件的具体情况如何都将自动免除警察入室前的敲门告知义务。该法院论证说，在重大毒品犯罪案件中总是存在着紧急情况证明不经敲门告知而进入搜查是正当的。因为这类案件中存在着证据毁损灭失的风险极高，而且毒贩们都很可能持有武器并极具人身危险性。

然而，美国联邦最高法院并不赞同这种"固有的紧急情况"规则。大法官斯蒂文斯（Stevens）论证道："基于某一类犯罪产生的文化背景而为敲门规则创设例外情形，这种做法至少存在下述两方面的严重问题：首先，此种例外实在过于笼统概括。尽管对毒品犯罪的侦查确实经常给执法者的安全带来特殊的危险，但是并非所有的毒品犯罪侦查活动都会带来足够高程度的风险。例如，有时执行搜查之际，住宅内的人与毒品犯罪毫无关系并且不可能威胁到执法者的安全，也不会破坏证据。还有时，警方会知道他们正在搜寻的毒品是那种不可能被迅速销毁的类型，或其所藏位置使其不可能被迅速销毁。在上述情况下，政府宣称的保全证据并保障执法者安全方面的利益，可能就不会优于因未经敲门告知而直接进入所侵犯的个人隐私和人格尊严利益。威斯康星州最高法院所主张的一揽子规则（Blanket Rule）使得法院无法对此类案件进行司法审查。其次，此种做法会带来以下弊端，即将某一类犯罪行为作为例外情形的理由很容易被扩展应用于其他类

① United States v. Cooper, 168 F. 3d 336 (8th Cir. 1999).

② United States v. Weeks, 160 F. 3d 1210 (8th Cir. 1998).

型的犯罪。例如，武装抢劫，从概念上看犯罪人就很可能持有武器，而销毁犯罪所得也并非难事。尽管在对某一类犯罪的侦查活动中，理论上存在着危及执法者安全或毁灭证据之相当风险，但是如果将这样的侦查活动都视为一种固有的、必然的例外情形，那么第四修正案合理性条款下的敲门规则将变得毫无意义。因此，尽管对重大毒品犯罪的侦查过程中经常会出现紧急情况足以证明直接入室搜查是正当的，但这一事实并不能使警察在特定个案中所作的不敲门、不告知决定免受法院对其合理性的审查。相反，在每一个案件中，判断进入搜查时的事实和具体情况是否足以免除警方的敲门告知义务，这是法院的一种职责。”①

笔者以为，作为美国的最高司法者和部分规则的制定者，美国联邦最高法院的大法官们拒绝过于笼统的、武断的裁判方式，奉行具体问题具体分析的逐案审查方法，其严谨审慎的司法精神非常值得我国的立法者和司法官员们效仿借鉴。

第二，不属于破门而入的情况。例如，在雷米日乌案（United States v. Remigio）② 中，法院判决由于本案中住宅的房门是开着的，所以警察的入室行为不属于“破门而入”，因而本案不适用敲门规则。又如，孔特雷拉斯－塞瓦约斯案（United States v. Contreras－Ceballos）③ 的判决意见称，本案中假称自己是联邦快递工作人员的执法者并没有违反敲门规则。因为居住人回应执法者并开门时，执法者已站在了入口处并使得门无法再次关闭，这种进入不属于破门而入。④

（5）执法者违反敲门规则的后果。美国联邦最高法院从20世纪50年代末到90年代末通过一系列的判例对敲门规则的多方面内容进行了阐释，其中包括警察违反敲门规则时的救济措施。例如，在米勒案（Miller v. United States）⑤ 的判决中，美国联邦最高法院称：“因为警方没有向上诉人告知他们的身份、职权和来访意图就破门而入，所以警方在上诉人住宅内对其实施的逮捕行为是非法的，并且扣押的证据本应被排除。”⑥ 由此可见，在米勒案中美国联邦最高法院已经明示了该院因为警方没能遵循敲门规则而要求排除证据的立场。

同样，在萨伯斯案（Sabbath v. United States）⑦ 中，美国联邦最高法院再一次完全基于警察没能遵循敲门规则而责令排除证据。大法官马歇尔（Marshall）

---

① See Stephen A. Saltzburg，Daniel J. Capra，American Criminal Procedure：Cases and Commentary（Six Edition），West Group．2002. 137－139.

② United States v. Remigio，767 F. 2d 730（10th Cir. 1985）.

③ United States v. Contreras－Ceballos，999 F. 2d 432（9th Cir. 1993）.

④ See Stephen A. Saltzburg，Daniel J. Capra，American Criminal Procedure：Cases and Commentary（Six Edition），West Group．2002. 137.

⑤ Miller v. United States，357 U. S. 301（1958）.

⑥ See Miller v. United States，357 U. S. 301，313－314（1958）.

⑦ Sabbath v. United States，391 U. S. 585（1968）.

撰写的多数意见将他们所面对的争点问题表述为："对上诉人实施的逮捕是否会因为联邦警察没有遵守敲门规则而无效。"① 大法官最后宣称："我们判决认为本案中警方入室的方式导致随后的逮捕活动无效，同时入室后警方通过搜查发现的证据也不得在对上诉人进行的刑事审判中被采纳。"②

综上所述，在米勒案和萨伯斯案这两个判例中，美国联邦最高法院已经明确具体地阐述了用排除规则作为违反敲门规则的救济措施。然而，在三四十年后的哈德森案（Hudson v. Michigan）③ 中美国联邦最高法院一反常态，判决对警察违反敲门规则的案件不得适用排除规则。

在哈德森案中大法官斯卡利亚撰写的多数意见认定，第四修正案的排除规则不是应对警察违反敲门规则案件的适当救济措施。同时他还提出了以下五个方面的理由，用以支持上述判决意见。

第一，先例要求警察的违法行为与发现证据之间必须具有必然的因果关系，这种必然的因果关系是适用排除规则的前提条件。在哈德森案中警方持有合法有效的搜查令状，但是没能遵循敲门规则，然而这种非法的进入方式从来都不是发现并取得证据的必要前因。因为无论警方是否犯有这种起始性的错误，他们都将执行搜查令状并最终发现、扣押本案系争的证据。同时，大法官斯卡利亚将"未经告知而进入"与"随后依据令状实施的搜查活动"这两者区分开来，并承认前者违反了第四修正案，但认为后者是独立的是与前者相分离的，而且是合法有效的。

第二，如果警察的违法行为与取得证据之间的因果关系过于微弱（Attenuated），那么也没有正当理由排除证据。大法官斯卡利亚认为，在该案中，适用排除规则根本不会促进敲门规则所保护利益的实现。因此，即使认定违反敲门规则与发现证据之间有直接的因果联系，这种联系也是过于微弱的，所以在警察违反敲门规则的案件中不应适用排除规则。

第三，依据利弊权衡测试法（Balancing Test），多数大法官认为，对警察违反敲门规则的案件适用排除规则将会带来巨大的社会成本，这种巨大的社会成本已经超过了在阻却警察违法方面取得的收益。众所周知，适用排除规则的通常代价是放纵了具有潜在危险性的犯罪嫌疑人。此外，因警察违反敲门规则而排除证据很可能导致费时的诉讼案件激增，使法院系统陷入不断涌现的被告人主张警察违反敲门规则的诉讼洪流之中。因为对于被告人而言，主张警察违反敲门规则是相对容易的，可能轻而易举地就开脱了罪责；而法庭要查明事实真相——警察是

① See Sabbath v. United States, 391 U. S. 585, 586 (1968).

② See Sabbath v. United States, 391 U. S. 585, 586 (1968).

③ Hudson v. Michigan, 126 S. Ct. 2159 (2006).

否真的违反了敲门规则，则是相对困难的。大法官斯卡利亚还预言，由于根据具体案情判断警察入室前等待的时间长短是否合理，这本身就是十分艰难的任务，所以这种诉讼洪流将会给司法带来特别大的难题。另外，由于美国联邦最高法院从未明确地指示警察在敲门并告知身份和来意后等待多长时间才能强制进入住宅，所以鉴于排除规则的震慑，警方会倾向于等待比法律所要求的更长的时间。这样很可能贻误战机，给执法者和证据都带来危险。因此，大法官斯卡利亚认为，适用排除规则会产生过度震慑，以致束缚了警察正常执法的手脚。

第四，多数大法官主张不适用排除规则，还是因为他们认为有其他更好的、更合适的救济措施来替代排除规则。首先，大法官斯卡利亚论证道，与审理马普案的那个年代相比，如今的民事侵权损害赔偿诉讼是一项更为有效的阻却违法的措施。他指出，对于违反敲门规则的警察，受害公民可以依据《美国联邦法典》第42卷第1983条（42 U.S.C. §1983）提起侵权损害赔偿的民事诉讼，而且近年来越来越多的律师愿意代理此类民事诉讼。依《美国联邦法典》第42卷第1988条（b）（42 U.S.C. §1988(b)），如果原告胜诉，那么律师代理费用由被告承担。他还举例说明，已经有下级法院认定在此类民事赔偿诉讼中警察主张职务豁免权是无效的。其次，多数大法官认为不断提高的警察队伍职业化水平，尤其是警界重新强调了内部纪律，也是阻却警察违法的有效方法。

第五，多数意见认为警察通常缺乏违反敲门规则的动机，所以在此类案件中适用排除规则来阻却违法的价值并不大。大法官斯卡利亚解释说，阻却某一类违法行为其价值大小取决于人们违法动机的强弱。由于违反敲门规则一般不会帮助警察发现在遵守这一规则时无法发现的证据，因而警察几乎没有违反敲门规则的动机。

3. 搜查的具体范围和细致程度

除了拟欲搜查之地的具体位置外，还会遇到另一项特定性问题，即令状是否详细地描述了在拟欲搜查的场所（General Area）中所要搜查到的特定的具体地点（Particular Place）。例如，如果令状授权搜查某某大街的某某号房屋，那么警察是否有权搜查该住宅后面的独立车库？这就涉及警方执行搜查时具体的搜查范围和细致程度这一问题。

在厄尔斯案（United States v. Earls）[①] 中，法院判决授权警察搜查某一特定地点的房屋的令状覆盖了令状所描述的住宅庭院内的独立的车库、车棚和办公室。类似的还有法院概括地判决称，“如果搜查目标（拟欲发现之人或物）能够藏在车中，授权警察搜查特定住宅（Premises）的搜查令状通常都包括授权搜查住宅庭院（Curtilage）内的任何车辆”。

---

① United States v. Earls, 42 F. 3d 1321 (10th Cir. 1994).

对于偶然造访警方所搜查的住宅的人，只要他所携带的物品能够容纳下令状中所描述的拟欲扣押之物，那么来访者必须接受搜查。例如，冈萨雷斯案（United States v. Gonzalez）[①] 的判决意见称，“如果来访者的公文包能够用于藏匿令状所寻找的证据，那么法院会支持对该公文包进行搜查”。如果来访者携带的物品中恰好装着证明来客有罪的证据，即使来客之罪与主人之罪毫不相干，搜查也是合法有效的，他只能认倒霉。

其实，几乎所有关于具体搜查范围的判例[②]都是对下面这个原则的具体适用，即授权警方搜查住宅或其他建筑物的令状，只允许警方对建筑物或住宅庭院内任何足以容纳下拟欲扣押之物或拘捕之人的空间场所实施搜查。在伊文斯案（United States v. Evans）[③] 中，法官波斯纳（Posner）用生动形象的语言阐释了在令状描述了某一搜查区域的情况下，执行官员具体的搜查权限范围有多大，“如果警方正在寻找一只金丝雀的尸体，那么他们可以搜查碗橱，但是不能搜查项链坠式的纪念盒。如果警方正在寻找幼年河马，他们可以搜查起居室或车库，但是不能搜查微波炉。如果警方正在寻找可卡因，他们可以搜查足以容纳下一克或更少物质的容器”。

由此可见，在美国，对于特定住宅的合法搜查一般会扩展至在其中可能发现搜查目标的所有区域。但每一项进入或开启行为都必须有助于发现特定的搜查目标，即拟欲拘捕之人或扣押之物。

4. 搜查活动的强制性与破坏力

尽管警方有权搜查在其中可能发现特定搜查目标的任何空间区域，但这是否意味着警察可以砸开墙体、拆毁地板或天花板，并造成其他永久性的损害呢？对此曾做过有益讨论的判例是巴克利案（Buckley v. Beaulieu）[④]。该案中法院判决称，执法官员在拆毁住宅内的墙体后并未能找到烈性酒，他们的搜查行为是过分而又不合理的。法院认为执法官员本应使用破坏力相对小的微型电子探头来搜寻可能藏在墙体内的烈性酒。

与此相反，韦恩本德案（United States v. Weinbender）[⑤] 的主审法官认为，警方为了搜寻被告人犯罪时所穿的衣服而拆除了一小块清水墙的行为是合理搜查。警方在墙体夹层空间里找到了枪支。法院评述说：“清水墙体并未完工，而

---

① United States v. Gonzalez, 940 F. 2d 1413 (11th Cir. 1991).

② See United States v. Earls, 42 F. 3d 1321 (10th Cir. 1994); United States v. Gorman, 104 F. 3d 272 (9th Cir. 1996); United States v. Kyles, 40 F. 3d 519 (2d Cir. 1994); United States v. Gonzalez, 940 F. 2d 1413 (11th Cir. 1991); United States v. Evans, 92 F. 3d 540 (7th Cir. 1996).

③ United States v. Evans, 92 F. 3d 540 (7th Cir. 1996).

④ Buckley v. Beaulieu, 104 Me. 56, 71A. 70 (1908).

⑤ United States v. Weinbender, 109 F. 3d 1327 (8th Cir. 1997).

且拆除的部分只是一小块正方形墙体，它明显覆盖着一个可以储物的空间。警方利用工具几秒钟便可将其拆除，而且警方早已获知被告人在其家中使用这种小型的储物密室。因此，本案中警方所掌握的信息以及清水墙体可以被轻易方便地拆装的事实都令本法庭得出结论，认为警方的搜查活动是合理的。”

5. 逮捕后实施的保护性扫视搜查（Protective Sweep after an Arrest）

在住宅中将拟欲拘捕之人逮捕后，如果有必要，警方还可以对执行逮捕之地实施保护性扫视搜查。在布伊案（Maryland v. Buie）[①] 中，美国联邦最高法院将“保护性扫视搜查”界定为“一种对住宅快速而又有限的搜查，它附随于逮捕，并且执行目的仅限于保护逮捕现场的警官和其他人的安全”。美国联邦最高法院判决，只要警方能合理地怀疑拟欲扫视的区域藏有某人并且会伤害在场警官和其他人，那么这种保护性扫视搜查就是正当的。进行保护性扫视搜查并不需要有合理根据。

大法官怀特（White）撰写的判决意见称，允许警方基于合理怀疑而实施保护性扫视搜查并不会否定戚莫尔案对附带搜查设置的空间范围限制。与附带搜查不同，保护性扫视搜查仅指迅速地查看能够藏下人的地方。而且执法官员也不必然实施保护性扫视搜查，而附带搜查则是一种法定的必然要行使的权力。大法官斯蒂文斯（Stevens）在附随意见中强调，如果只是为了搜寻可能毁灭证据的人，而该人又不会对警方及他人的安全构成威胁，那么就不能实施保护性扫视搜查。因为保护性扫视搜查是以保护执法者人身安全为理论基础的，而不是为了保全证据。

6. 一览无余规则（in Plain View）

（1）一览无余规则的概述。在美国，如果违禁品或者犯罪证据处于一览无余的状态，并被依法出现在某一地点的执法者发现了，那么该行为并没有侵犯公民正当的隐私期待，因此不构成第四修正案意义上的搜查。最常见的适用一览无余规则的情形是：警察持有在某一特定地点搜查某一特定物品的令状。在这一搜查过程中，警察发现了其他具有归罪性质的物品。如果导致警察一眼看见此类物品的最初侵入行为能够根据令状而正当化，或者符合令状原则的例外情形之一，那么无证扣押也是合法的。可见，一览无余规则的功能是：允许警方对处于一览无余状态的物品实施无证扣押。而且这种无证扣押只是对该物品的占有、使用、收益权的干预，而不涉及物主的隐私利益。

（2）实行一览无余规则的正当理由。一览无余规则只对第四修正案所保护的权利造成了轻微的损害，而在有效执法方面所带来的收益却是巨大的，即在合法的搜查过程中，警察无意中发现一件证据。如果要求警察忽视这一证据直到取得

---

① Maryland v. Buie，494 U. S. 325（1990）.

详细描述它的令状为止，常常会造成不必要的麻烦，有时甚至会给证据或警察自身带来危险。

长久以来，警察有权在公共场所对诸如武器或违禁品之类的物品进行无证扣押。而一览无余法则将警察的这种权力扩张至诸如住宅之类的非公共场所。扩大警察权力的现实正当性在于：首先，警察在合法搜查过程中一眼看见某一物品，与在公共场所内看见该物品是一样的，都具有正当性。其次，在符合一览无余规则要件的案件中获取令状不方便且存在危险，警察合理地享有自我保护或保全证据的权力。因此，只要具备了一览无余规则的构成要件，就可以在住宅等非公共场所内实施无证扣押。

（3）一览无余规则的适用条件。美国联邦最高法院通过审理柯立芝案[①]、希克斯案[②]和霍顿案[③]，逐步阐明了一览无余规则的适用条件。如今，如果警方主张无证扣押行为是依据一览无余规则实施的，那么必须证明案件具备了以下三个要件：

第一，警察是从一个法律允许其进入的位置看到了该物品。换言之，执法者据以进行观察的地点必须是警察有权进入的地点。如果执法者出现在观察地点本身就已违法，那么观察行为就丧失了合法性，当然就无法诉诸一览无余规则。所谓的“法律允许的位置”，既可以是执法者依照法律特别授权而进入的区域，如依照令状的授权或者根据令状原则的例外而进入某地点；也可以是无需特别授权就可以进入的区域，如从公共场所对住宅内情况进行观察。其中就法律特别授权而言，美国联邦最高法院明确确认的情形有：司法令状的执行活动、紧急情形下无证进入住宅（Exigent Entries into a Home）、财产登记搜查、同意搜查、与被逮捕人同行（Situations in Which the Police Accompany an Arrestee）等。[④]

第二，当警察看见它时，该物品应予扣押的属性（即该物品属于违禁品、赃物、犯罪工具或犯罪证据）是显而易见的。因此警察有合理根据对其实施扣押。

在希克斯案中，美国联邦最高法院澄清说，为了适用一览无余规则，扣押某物品的合理根据必须是仅仅通过观察就能一清二楚的。如果为了形成合理根据还需要进一步的搜查，而且该搜查行为已经超过了搜查令状或法定无证搜查所允许的执法活动范围，那么就不能再适用一览无余规则了。在此，进一步的搜查行为

① Coolidge v. New Hampshire，403 U. S. 443，91 S Ct. 2022（1971）.

② Arizona v. Hicks，480 U. S. 321，107S. Ct. 1149（1967）.

③ Horton v. California，496 U. S. 128，110 S. Ct. 2301（1990）.

④ 参见吴宏耀等译：《美国联邦宪法第四修正案：令状原则的例外》，中国人民公安大学出版社 2010 年版，第 468 ~ 470 页。

和扣押行为，都会受到第四修正案的禁止。

第三，警察有权进入该物品所在区域。根据一览无余规则，即使执法官员从法律允许其出现的位置看到了特定物品，而该物品的违法属性又一目了然，这些还尚不足以使警察进入他原本无权进入的区域而实施扣押。为了实施扣押，警察还必须取得进入该区域的合法授权。

正是由于上述三方面条件的严格限制，才确保了警察无法滥用一览无余规则，避免其异化为事先无特定目标的探寻式搜查（即搜查从一物扩张至另一物）。而探寻式搜查由于缺乏特定性，其搜查范围和强度不受约束，因而属于第四修正案所禁止的典型的任意搜查、不合理搜查。

7. 何时可以认定搜查完毕

很明显，当令状描述的所有物品都被找到了，警方就必须结束搜查活动。如果警察寻找的是特征明显的物品，如特定的被盗电视机，那么这一标准就能得到良好适用。但是有时很难判断令状上描述的所有证据是否都被找到了。例如，如果警方持令状搜查毒品和相关吸毒、制毒器具，那么即使警方找到了一些毒品也并不需要立即终止搜查。因为该场所可能还藏有更多的毒品。

8. 媒体介入住宅搜查

执法者在对公民住宅实施搜查时邀请媒体在场报道，这是否属于第四修正案意义上的不合理搜查？威尔森案（Wilson v. Layne）① 就涉及这个问题。该案中被逮捕人威尔森对执法官员们提起了民事诉讼，主张“媒体介入”侵犯了他的第四修正案权利。美国联邦最高法院全体一致认为，媒体在威尔森家中对执行逮捕的过程进行了观察并摄影，违反了第四修正案。

首席大法官解释道：“第四修正案要求执行令状过程中的警察行为，必须与令状授权实施干预活动的目的相关。本案中，记者出现在逮捕现场与令状授权实施搜查之目的全然无关。”首席大法官强调，本案不属于第三人在场将直接协助执行令状的情形。如果警方依据搜查被盗财产的令状而进入住宅，而第三人在场又是出于辨认被盗财产之目的，那么就是合法的。

警方主张媒体介入住宅搜查可以实现多项执法目标，但是美国联邦最高法院拒绝认可这些主张，并认为这些理由不够充分。首席大法官对此作了如下详尽的阐述：“被上诉人主张华盛顿邮报的记者出现在威尔森家的逮捕现场服务于多项合理的执法目的。首先，他们认为执法官员能够对下述问题合理行使自由裁量权，即什么时候允许新闻媒体成员伴随执法者参与令状执行过程会促进执法任务的完成。但是这一主张忽视了作为第四修正案核心的公民住宅隐私权的重要价值。媒体介入也许会促进警方达成笼统意义上的执法目标，但是这绝不等同于促

① Wilson v. Layne，526 U. S. 603（1999）.

进了搜查目的的实现。假如认为实现这种抽象的笼统意义上的执法目标本身足以优于第四修正案的规定，那么第四修正案为公民提供的权利保障将大打折扣。其次，被上诉人主张媒体的在场方便了对执法活动的准确报道，这将有助于向公众宣传政府在打击犯罪方面所作的努力。显然，为警方树立良好的公共形象，这本身并不足以证明媒体侵入私人住宅是正当合理的。而且笼统地说社会公众需要关于警务活动的准确报道，这与警方侵入住宅的宪法依据也没有直接联系。最后，被上诉人主张媒体在场有时会起到限制警察滥用权力并保护犯罪嫌疑人的作用，并且还会发挥保护执法者安全的作用。如果警方自行拍摄进入住宅搜查的过程，并以此作为侦查质量监控工作的一部分，以确保住宅主人的权利得到尊重，或者是为了保全证据，那么这样做是合理的。与此相比，本案中的媒体在场则是另一种完全不同的情况。华盛顿邮报的记者到威尔森家则是出于自身工作的需要，即为了报道新闻。他们在场并不是为了保护执法官员，更不是为了保护威尔森。私人摄影师的工作服务于私人的目的，因为事实上是报社保留着这些照片，而不是警察。因此，尽管宪法允许某些情况下执行令状时可有第三人在场，但是本案的媒体介入却是违法的。”

四、完善我国住宅搜查制度的思考

（一）发动住宅搜查的证据要件

在完善我国住宅搜查制度的过程中，仅仅从立法上笼统地规定发动住宅搜查的证据要件（如有证据证明某处可能隐藏罪犯或犯罪证据）是不够的。因为这只完成了概念表述的工作，规则制定者还需要进一步做好对此项证据条件的理解和适用的工作。因为在司法实践中，案件的具体情况千差万别，而法官对立法用语的理解也可能因人而异。为实现基本的司法统一，有必要澄清这一证据要件的本质内涵，并为搜查决定权主体提供资以判断搜查理由是否成立的基本方法。

笔者认为，应将发动住宅搜查之证据要件理解为：侦查人员掌握的证据材料和事实情况，使得一般理性、审慎之人能够相信有“相当大的可能性”在某个特定的住宅中会发现依法应拘捕的特定之人或者扣押的特定之物。既然名为发动住宅搜查的证据要件，那么就要求侦查人员在申请搜查令状时，必须有相应的证据信息或事实基础作为依据。这种依据虽不排斥普通公民所不具备的执法经验和专业知识（如警察因执法经历而具备了识别毒品化学原料或气味的能力），但必须是那种可以言说的、可以向他人清楚表达的事实情形。纯粹的怀疑、推测，所谓的资深警察的预感、直觉都难以令人信服，都不能满足此项证据要件的要求。

此外，侦查人员必须尽其所能将可以支持发动住宅搜查的所有事实和理由，原原本本地、完整准确地展现在搜查令状签发者面前，由令状签发者对这些信息从事实合理性的角度独立地进行常识性判断。因此，如果侦查人员申请搜查证时只向令状签发者提供了一种内容干瘪的结论性信息，剥夺了令状签发者对具体案情进行独立判断的机会，那么这种结论性信息也不符合发动住宅搜查的证据要件的要求。

值得注意的是，为发动住宅搜查设置证据门槛，其目的是为了防止决定搜查时的恣意滥权。上文对该项证据门槛的解释表明，它仅是一种“相当大的可能性”而非“现实确定性”；令状签发者在审查令状申请时，也只需对申请的合理性进行判断，并不要求警察的判断在客观上是正确的。

值得商榷的问题是，对被追诉人住宅的搜查和对第三人住宅的搜查其证据门槛是否应有高低之别？学界许多学者主张前者的证据要求应低于后者。理由是：犯罪嫌疑人通常极有可能待在自己家中，或将其犯罪工具、赃物等藏匿于自己的住宅或物件中，因此，若已存有犯罪嫌疑，搜查犯罪嫌疑人的住处可以说是依照侦查经验想当然的事情，合理根据比较容易构成；而对犯罪嫌疑人之外的第三人实施搜查需回答案件与第三人有何干？凭什么认为犯罪嫌疑人藏于第三人的处所？凭什么认为第三人处藏有犯罪证据等基本问题，如果说不出个所以然，当然就欠缺合理根据，这就是对第三人搜查的门槛。

尽管上述论述不无道理，但笔者以为，这种“可以说是依照侦查经验想当然的事情”的观点已经背离了重视客观证据的理性要求，立法不能仅仅因为某公民处于犯罪嫌疑人的地位就对其权利保护大打折扣。“如果承认为搜查扣押设置门槛的目的是为了防止权力滥用，那么，似乎不宜因公民的诉讼地位不同而区别对待。终究，所谓的犯罪嫌疑人与第三人之间似乎并不存在截然两分的界限；在侦查活动中，随着程序的发展，第三人也可能会变成犯罪嫌疑人，而现在的犯罪嫌疑人却可能会被澄清犯罪嫌疑、脱离诉讼”①。“合理搜查的关键不在于某物品的所有人是否具有犯罪嫌疑，而在于是否有合理根据相信拟欲搜查扣押的那个特定‘物品’就在拟欲搜查的房产之中。”②“因此，同样的标准，同样的保护，似乎更契合法律面前人人平等的现代法理念。至于同样的门槛之下，证明犯罪嫌疑人符合法定条件的难度要比第三人小，则属于法律标准的适用问题，与法律标准的立法选择无关”③。

---

① 吴宏耀等译：《美国联邦宪法第四修正案：搜查与扣押》，中国人民公安大学出版社2010年版，第197~198页。

② Zurcher v. Stanford Daily, 436 U. S. 547(1978). 转引自吴宏耀等译：《美国联邦宪法第四修正案：搜查与扣押》，中国人民公安大学出版社2010年版，第198页。

③ 吴宏耀等译：《美国联邦宪法第四修正案：搜查与扣押》，中国人民公安大学出版社2010年版，第198页。

在美国，法官审查搜查令状申请的过程就是在“合理根据”（Probable Cause）这一概念的指导下进行心证的过程。在美国这样的判例法国家，法官心证的过程可以在判例中得到反映。其中，关于合理根据测试法的最著名的判例便是盖茨案①，本案的判决推翻了之前实行的、过于僵化的双叉标准（Two - pronged Test），确立了综合全案情形的审查标准（a Totality of the Circumstances Test）。该判断标准的核心是强调警察用于支持合理根据的若干项证据或信息要素之间是紧密相联的，法官在审查令状申请时不应将其视为相互分离、彼此独立的要件。对于这些证据或信息的可靠性应从整体上加以综合判断，某一项证据或信息的不足能够通过其他强有力的证据或信息得到弥补。此外，在申请搜查令状之前，如果警方对现有证据信息实施了进一步的调查核实，那么调查核实的结果就具有重要的证据补强价值。笔者认为，这种综合全案情形的审查方法非常值得我国立法加以借鉴并应用于司法实践之中。而法官在综合全案情形对侦查人员提供的信息进行审查判断时，应着重考虑以下因素：（1）侦查人员对于拟欲搜查的住宅和物品是否作了足够充分的特定化描述；（2）侦查人员对于拟欲发现的人或物是否作了足够充分的特定化描述；（3）用于支持发动住宅搜查的证据信息是否具有“适时性”。

最后，为完善我国住宅搜查制度的司法令状化改革，立法者还需要建立一个核心的证明机制，尤其要区分严格证明与自由证明。由于法官审查搜查令状申请与正式的审判活动有很大的差异，且常常在较匆忙的情景下进行，所以笔者认为对于此种程序性证明活动没有必要恪守严格证明法则。换言之，侦查人员向法官证明发动住宅搜查有正当理由时，无需按照正式庭审程序中所适用的证据规则进行，法律也不必严格限制所使用的证明方法和证据调查程序。

（二）搜查令状的记载事项

由于搜查令状是公示搜查活动中国家与公民之间权力（权利）、义务界限的法律文书，因而搜查令状上记载哪些事项就显得至关重要。这些事项展示了司法授权的具体内容，同时也对搜查执行权的滥用起到了规制作用。

基于搜查令状的上述功能，笔者认为，对于直接关系到对公民基本权利的限制、侵犯程度的诸多因素，搜查证必须保证它们实现公开化、明确化、特定化。具体而言，搜查证上必须明确记载以下事项：

（1）犯罪嫌疑人涉嫌的罪名。

（2）搜查的具体目的。对拟欲发现并扣押的物品进行具体的描述；记明拟欲查获的犯罪嫌疑人的姓名、体貌特征，有条件的应当附上其照片。

① Illinois v. Gates，462 U. S. 213，103S. Ct. 2317（1983）.

（3）对拟欲搜查的住宅加以具体描述。搜查令状上应载明拟欲搜查住宅所在的路号及门牌号码或其他足以特定化的事项；若在多户型建筑内搜查，则必须载明要搜查的房间的居住人和门牌号，但侦查人员对该建筑物的结构特征不知情且无法从外部进行判断的除外。

（4）遵循“可能性原则”，限定执行搜查的范围和细致程度，即对于搜查证中描绘的拟欲扣押的物品或者拟欲查获的犯罪嫌疑人依常识不可能隐藏其中的空间和容器，禁止进行搜查。

（5）依据“适度性要求”规定搜查的强度，即执行搜查时运用的强制力应保持在实现搜查目的所必需的最小限度内。例如，搜查人员的强制行为不能对被搜查者的身体造成不必要的伤害，也不能对被搜查人的住宅、财产、物品造成不必要的损害。

（6）签发人的签字；申请人和执行人的签名。

（7）搜查证签发的年、月、日及其有效期限。

（8）搜查执行完毕后，搜查证应返还给哪位法官。

（三）是否引入敲门规则

敲门规则实际上是对执法者进入住宅方式的规范，意在强调进入方式的合理性、适当性、文明性，防止执法者在执行住宅搜查时直接使用粗暴野蛮的方式进入住宅，禁止强制过度或滥权。那么，在我国的住宅搜查制度中是否应当引入敲门规则呢？应当如何引入呢？我认为这些问题值得进一步的深入探讨，因为美国的敲门规则本身也存在着诸多问题，并非完美无瑕。

首先，在考虑是否引入敲门规则时，我们不仅要看到该规则的价值和功能，还应当意识到它在司法实践中所存在的问题。敲门规则的价值在于，可以避免突然闯入所带来的警民之间不必要的冲突，避免不必要的财产损失，避免给公民隐私和人格尊严造成损害。然而，由于该规则在执法实践中操作适用起来难度很大，因而理论上预设的这三方面制度功能未必总能得到有效的发挥。因为警察在敲门并告知身份权限后，等待多长时间是合理的，这是一个需要根据特定的具体案情来分析判断的复杂问题。等待的时间短了，无法让室内居民听到警察的告知并镇静下来开门或者没能为警方的进入做好准备；等待的时间长了，有可能发生犯罪嫌疑人逃逸或毁灭证据等危险。因此，对于执法者而言等待多长时间是合理的，尺度着实难以把握。

在美国就有人认为，敲门规则保护住宅神圣的功能十分有限，并论述道：“理论上之所以认为敲门规则保护了住宅居住者的隐私利益，这只是因为警方在敲门并告知身份权限后在门外等待了数秒钟。美国联邦最高法院曾认为，这数秒钟的等待就使得居民有机会为警方的进入做好身心上的准备。[1] 然而，实际情况则是这种权利保护是微乎其微的。警方没有能力判断怎么做（等待多长时间）才算是合理地履行了敲门告知义务，这使得他们以自行选择的任意一种方式来敲门，而且许多案件中居住者甚至可能直到警方进入了住宅才意识到警方的到来。在这样的案件中，敲门规则无论如何也不会为公民提供隐私保障。此外，不能简单地说警方在入室翻找证据前敲了门就维护了住宅的神圣性。在签发住宅搜查令状的那刻起住宅的神圣性就已经受到了侵犯。而警方在保护自身安全方面所享有的利益已经远远超过了敲门规则为居民提供的微乎其微的权利保护。只有将入室方式完全交给执法者来选择裁量，才能最大限度地实现这种安全利益”[2]。

其次，即使我国的住宅搜查制度引入了敲门规则，笔者认为，法律也只能倡导、鼓励执法者自觉遵守它，而不宜使用严厉的惩处措施保障强制实行。理由如下：第一，要惩处违法行为，必须先查明客观上警察是否真的违反了敲门规则。而警察进入住宅时事实上究竟发生了什么是难以查清的。第二，警方的入室方式是否合理，这一问题需要依据特定的案件事实进行分析，这种分析对于法官而言也是十分困难的，因为没有好的方法可以在这方面为法官提供帮助。第三，最重要的一点是警方几乎没有动机去违反敲门规则。非法获取证据并不是警方违反敲门规则的动机，因为违反敲门规则并不会使警方的搜查活动有意外收获，所以不宜使用排除规则。此外，警察在执法时明确知晓他们违反了敲门规则，这是严厉的制裁措施能够有效阻却此种违法的前提条件。很多时候，原本想要遵守敲门规则的执法官员可能在执行搜查令时由于高度紧张的环境氛围和工作压力，一时疏忽，过早地进入了住宅而违反了这一规则。警察还有可能只是因为并不确定等待多长时间是合理的而违反了敲门规则。可见，在许多违反敲门规则的案件中，警察并不是有意地违反该规则，甚至常常误以为自己遵循了敲门规则，并没有违法。所以在警察违反敲门规则的案件中，严厉的惩处措施不可能起到阻却违法的作用，反而会产生过度震慑的副作用，束缚了执法人员正常搜查的手脚。

综上所述，笔者以为，现实生活中进入住宅的合理方式、恰当方式有很多，而敲门并告知只是其中的一种典型方式。先敲门并告知身份和来意而后进入，这不仅是进入住宅的合理方式、恰当方式，更是一种能够体现来访者懂礼仪有修养的文明方式。因此，高度重视执法形象的英美法系的国家便将其作为执法者进入住宅的典型方式作了示范性的规定。然而，我们应当认识到法律既要注重人权保障、促进执法文明，同时又必须兼顾执法效率。所以笔者认为，我国的《刑事

① See Richards v. Wisconsin，520 U. S. 385，393 n. 5（1997）.

② See Ryan Straw，The Knock and Announce Rule：More Trouble Than It Is Worth，32 S. Ill. U. L. J. 447 . 466（2008）.

诉讼法》没有必要强求执法者恪守此规则。只要执法者进入住宅的方式在社会一般人参考具体案情后认为是合理的、不过分的甚至是文明的，那么法律就不应处罚执法者，尽管他们可能并没有遵循敲门规则。

（四）严格限制夜间实施住宅搜查

和平、安宁地生活和休息是每一个公民所享有的权利，国家不仅不能无故侵扰，而且有责任提供保护。即使在公民涉嫌犯罪，出于打击犯罪维护社会秩序的需要而不得不侵害公民的这些权益时，也应尽力将侵害控制在最小限度内。因此，笔者认为，为保证公民的正常生活秩序免受公权力的不当妨碍，对于公民的住宅原则上应禁止夜间入内搜查，并明确“夜间”是指20时至次日8时。但下列情况除外：（1）已征得居住人的书面同意的；（2）日间已经开始的搜查需要不间断地延续至夜间；（3）有充分的证据证明确实是正在用于从事赌博、卖淫等违法犯罪活动的场所。

（五）规范住宅搜查的范围与强度

一方面，法律应要求执行住宅搜查时其搜查范围应遵循“可能性原则”，即对于拟欲扣押之物或拟欲拘捕之人依常识不可能隐藏其中的空间和容器禁止进行搜查。另一方面，住宅搜查的强度应符合“适度性要求”，这包括方法适度和强制适度。方法适度，是指执法者在开始搜查住宅时，应先采取一种非强制的方法，即命令住宅居住者交出拟欲拘捕之人或扣押之物，以避免直接运用强制力给公民权利带来损害。如果被搜查人不愿交出或客观上不清楚搜查目标的藏匿情况而不能交出，那么才可以进行强制搜查。强制适度，是指执行住宅搜查时所运用的强制力、破坏力应保持在实现搜查目的所必需的最小限度内。例如，执法者的强制力不能对居民的身体造成不必要的伤害，也不能对被搜查人的住宅及其内部的财产、物品等造成不必要的损害。

第十三章　同意搜查

搜查，是指以发现被告或犯罪证据或其他可得没收之物为目的而搜查被告或第三人之身体、物件、电磁记录、住宅或其他处所之强制处分措施。① 按照强制处分法定主义及令状原则，侦查的手段应尽可能以不侵犯公民权利的方式行使，因而强制处分属于全面保留的范围，必须由法律所设定，避免侦查机关自行创设强制处分的类型，这也是令状原则存在的理论基础。令状原则的功能主要在于保障宪法所赋予公民的自由权与隐私权等基本权利。然而，刑事司法的效率也是国家所追求的目标之一。在实际的侦查过程中，各国通常也承认无证搜查存在的必要性。无证搜查包括紧急搜查、附带搜查以及同意搜查。

在搜查制度中，同意搜查是令状原则的重要例外之一。但是，与紧急搜查和附带搜查不同，同意搜查的特点在于侦查机关如果取得相对人自愿同意，则无需取得搜查票便可以进行搜查。因为同意作为公法上的正当化事由，同时也是公民行使其基本权利的一种方式，当同意人自愿承受搜查所带来的后果时，即使没有法律授权，也可以认为国家的干预行为是正当的。

在我国侦查制度改革中，引入令状原则的建议已经得到了法学界的普遍承认。但是，我们还必须看到，令状原则固然在维护公民权利方面意义重大，但是，如果不辅以必要的例外，将会严重影响侦查活动的效率。如上所述，同意搜查是令状原则的重要例外之一。更重要的是，对于侦查活动对公民基本权利的干预，同意搜查之“同意”具有独立的正当化功能。因此，为了我国搜查制度改革的全面推进，必须对同意搜查制度进行深入的分析和讨论。

然而，遗憾的是，在我国刑事诉讼法学理论研究中，同意搜查问题还远未引起学界的注意。基于此，我们无法从本土资源中寻找支撑点，而只能诉诸他山之石。为此，本章尝试结合美国同意搜查的判例和实践，对同意搜查制度的基本内容进行梳理，并据此对我国同意搜查的制度改革构建提出完善的建议。

---

① 林钰雄著:《刑事诉讼法》(上册 总论编)，中国人民大学出版社 2005 年版，第 299 页。

一、同意搜查制度概述

在同意搜查制度中，“同意”是其核心因素。为此，只有深入分析同意搜查之“同意”的性质，才能够对同意搜查制度有一个初步的认识。

（一）同意是一种公法上的正当化事由

强制处分，乃国家机关在追诉犯罪时，为保全被告或搜集、保全证据之必要，而对受处分人施加的强制措施。① 强制处分的发动会涉及宪法规定的公民的基本权利，从保障人权的角度来看，强制处分在刑事诉讼法上具有独特的地位。强制处分的目的虽然是为了实现刑事诉讼程序，但其往往违反被告方的意愿，并且对其权利有所限制。强制处分虽然是诉讼行为的一种，但并不排除其实体性质，从本质上来看，强制处分是对公民基本权利的干预行为。②

那么国家的干预行为怎样才能成为合法有效的行为呢？国家机关对于公民基本权利的干预，必须符合一定的条件，才能达到保护人权和维护法治的目的。一般来说，一个对公民基本权利进行干预的国家行为，在审查其合法性时可以分以下三个阶段进行探讨。③ 首先，应当判断该行为是否涉及宪法所保障的公民的基本权利。在这个阶段，重点应当排除一些根本不涉及公民基本权利的国家行为。这也就是说，在公法关系中首先应当看国家的行为是否涉及了宪法赋予的公民的基本权利，如果没有涉及公民的基本权利，那么国家便可以进行一定的行为。其次，再判断该国家行为是否干预了公民的基本权利。最后，审查该国家行为是否具备正当理由。如果具备正当理由，则该行为可以阻却违法；反之，则无法阻却违法，而成为违法的行为。这里的正当理由通常包括法律保留原则和比例原则，也就是说国家发动强制措施时，必须符合法律保留原则与比例原则，才能成为一个合法的行为。

宪法所保障的公民基本权利是一种客观的价值秩序，作为侦查手段之一的搜

① 林钰雄著：《刑事诉讼法》（上册 总论编），中国人民大学出版社 2005 年版，第 224 页。

② 传统的强制处分受诉讼行为论的影响，将其定位于单纯的诉讼行为，从而排除了强制处分的救济可能，德国学者 Amelung 认为，刑事诉讼应该从根本上放弃“强制处分”的传统用语，改以“刑事诉讼上基本权干预”。只有这样才能描述强制处分这种公法行为的特性。这已成为目前德国的通说，其最大的贡献在于通过重新定位强制处分的本质，开启了强制处分的救济渠道，即通过事后的特别审查程序来救济违法的强制处分。参见林钰雄著：《刑事诉讼法》（上册 总论编），中国人民大学出版社 2005 年版，第 225 ~ 227 页。

③ 林钰雄著：《刑事诉讼法》（上册 总论编），中国人民大学出版社 2005 年版，第 223 ~ 224 页。

查与宪法所赋予公民的自由权与隐私权等基本权利密切相关。侦查活动关系着未来裁判的客观性与公正性，如何平衡侦查活动的要求和公民基本权利的维护体现了一种价值取舍与判断。综观各国法律，合法的搜查可以出于两种方式：第一种是法律授权，即搜查的法律保留原则。国家干预公民受宪法保障的基本权利，必须具备法律的明文授权才有正当化、合法化的事由。第二种是同意搜查。同意可以构成与法律授权一样的合法化事由。由于搜查所侵犯的是公民的最基本的隐私权，因而同意搜查虽然没有法律的授权，但是只要同意具有自愿性，仍然是合法有效的。

同意可以说是一种公法上的正当化事由。此时的同意并非完全没有国家行为的侵害，只是由于同意人自愿承受，因而即使没有法律授权，根据同意也可以认为国家的干预行为是正当的。从公民行使同意的角度来看，同意似乎是公民在行使其权利，但是从同意之后国家以及第三人行为的介入来看，同意也可以说是公民权利的一种放弃。

（二）同意是公民行使其基本权利的一种方式

我国台湾学者认为，在同意搜查中，同意是指一种意思表示，一个人通过此种意思表示，声明其愿意忍受第三人对于自己权利的干预与介入。① 同意不仅仅是容忍他人介入自己权利的意思表示，同时也是合法的放弃法律保护的行为。正因如此，同意可以排除第三人行为的违法性。

那么在公法上同意究竟应当如何定位呢？是权利的行使还是权利的放弃呢？对这个问题的争论，德国学者已经进行了深入的研究，下面我们就来看一下德国关于同意定位的观点。在德国法中关于同意的定位存在着以下几种观点：

第一种观点认为，同意是基本权利的放弃。德国学者 Pieroth 和 Schlink 将“是否以及在何种范围内，权利人透过许可、同意的权利支配，而在基本权保护范围内，容忍国家一定作为”的问题划归在基本权利放弃的脉络之下讨论。② 所以他们认为无证搜查的同意与通讯秘密的放弃均可以视为基本权利的放弃。在德国有“自愿不构成侵害”的法谚，因而有效、自愿的同意可以使得国家的干预行为合法化。

第二种观点认为，同意是基本权利的行使。德国学者 Amelung 认为，基本权利的放弃是放弃对基本权利被干预表示异议的权利，所以这样的放弃权利在将来会产生一定的约束，即在日后不得再以此为据而有所异议或主张。③ 而同意与基本权利的放弃并不相同，因为同意并不会产生法律上的拘束力，同意可以随时撤

① 李瑞敏：《论强制处分之同意》，台湾政治大学法律学研究所硕士论文（2002 年）。

② 李瑞敏：《论强制处分之同意》，台湾政治大学法律学研究所硕士论文（2002 年）。

③ 李瑞敏：《论强制处分之同意》，台湾政治大学法律学研究所硕士论文（2002 年）。

回。因此，即使同意也仅仅是同意人当时不行使权利，并不会产生放弃权利的效果。Amelung 将同意定位为基本权利的行使，认为同意是同意人依自己的意志去决定允许国家机关的行为，而并非将自己的一切都交由国家处置。

以上两种不同的观点有其分析问题的不同出发点。如果将同意定位于公法上基本权利的放弃时，往往是从法律保留原则和比例原则的角度分析同意的范围与限度。而如果将同意定位于基本权利的行使时，分析的重点则偏向于基本权利行使的范围和限度。

笔者认为，同意在公法上的定位应当是基本权利的行使。正如德国学者 Amelung 所分析的一样，同意与权利的放弃仍然有很大的差异，最本质的区别是两者对未来的权利状态的拘束力不同，公民一旦放弃其基本权利，该权利便消失，日后也就不能行使。相反，同意可以随时撤回，并对未来的权利状态不产生拘束力。鉴于两者的本质区别，本章认为同意是由权利人自己决定允许国家干预的行为，本质上是一种权利的自由行使，即由权利人自己决定是否允许国家的干预行为，是一种自由、自愿的权利行使。

二、美国判例法中的同意搜查理论

美国在同意搜查的标准上并非一开始便采取“自愿性”标准，而是有一个发展和演变的过程。早在 1948 年，美国联邦最高法院在约翰逊案（Johnson v. United States）中正式确立了“权利放弃”的标准，也就是说要证明被告的同意是其明知有权拒绝而故意放弃该权利。该标准最大的特点是为保证同意的自愿性，避免举证上的困难，要求警察进行“有权拒绝同意”的权利告知。而到了 1973 年的施耐克罗斯案①中，美国联邦最高法院又抛弃了“权利放弃论”，正式确立了“自愿性标准”。该标准是依据个案并且综合一切情状来判断同意的自愿性，警察无需证明该同意是明知且故意的权利放弃，也不必进行权利告知。因此，在美国同意搜查制度中，施耐克罗斯案具有重要的里程碑意义。

（一）施耐克罗斯案与同意的自愿性

在美国关于同意的自愿性判断最著名的案例就是施耐克罗斯案（Schneckloth v. Bustamonte）②。施耐克罗斯案的案情如下：警察以闯红灯为由拦下了一辆汽车，发现驾驶员没有驾照后，要求车上的阿尔卡拉 同意警方搜查该汽车，但并没有告知其有权拒绝同意。阿尔卡拉说该汽车是其兄弟的，但仍然同意了警察的

① Schneckloth v. Bustamonte, 412 U. S. 218 (1973).

② Schneckloth v. Bustamonte, 412 U. S. 218 (1973).

搜查。结果警察在该车后方的左侧座位上发现了三张被盗的支票。本案中争执的关键在于同意是否应该是明知有权拒绝同意而放弃该权利，警察是否应该进行“有权拒绝同意”的权利告知。加州法院认为该同意合法，但是却不被美国联邦上诉法院所认可。美国联邦上诉法院认为州政府负有证明“一个人明知他有权利拒绝同意”的义务，因而要求警察应当进行“有权拒绝同意”的权利告知。最后，美国联邦最高法院维持了加州法院的判决，并且认可了加州法院所确立的自愿性原则，即被告是否明知其有权拒绝同意，以及警察是否进行权利告知，仅是判断自愿性的要素之一，并最终将其确立为“综合全案情形的审查标准”来具体判断个案的同意的自愿性问题。

美国联邦最高法院在本案中有三个争执点。第一个争执点是依据何种标准来认定同意的有效性？美国联邦最高法院采取“自愿性”为判断同意有效性的标准，同意必须是出于同意人的自愿。如果同意出于警察明示或暗示的强制或胁迫，就是非自愿的同意。[①] 第二个争执点是检察官为证明同意为自愿，是否应证明同意人知悉其有权拒绝警察的请求，该同意才是有效自愿的同意？[②] 美国联邦最高法院认为，同意人对权利的知悉与否，仅仅是判断同意自愿性的因素之一，但并非决定性因素。第三个争执点是在警察取得同意之前，是否应当进行“有权拒绝同意”的权利告知？美国联邦最高法院认为，同意搜查进行权利告知是完全不切实际的，警察在请求同意前无须进行权利告知。

施耐克罗斯案判决中，由大法官斯图尔特书写了法院的多数意见。其判决理由主要有以下几点：

（1）美国联邦宪法第四修正案（本章以下简称第四修正案）与美国联邦宪法第五修正案的性质与发生的场所不同。本案多数意见认为，第四修正案与美国联邦宪法第五修正案所发生的场所不同，因而应当有所区别。同意搜查一般发生在高速公路或者犯罪嫌疑人家中、办公室或者其他非正式、非政府的环境当中，其与审判性的机构气氛（the Structured Atmosphere）不同，只有后者才有告知其诉讼权利的必要。而米兰达规则是对被监禁中的被告进行的调查讯问（Custodial Interrogation）时才适用，与同意搜查的情形大不相同。[③] 因而法院认为米兰达案中所确立的原则并不适用于同意搜查之中，所以同意搜查也无须进行权利告知。

（2）第四修正案与美国联邦宪法第六修正案的性质不同，因而不适用约翰逊案（Johnson v. Zerbst）中所确立的“权利放弃”规则。本案的多数意见认为，美国联邦宪法第六修正案所确立的受律师协助的权利旨在确保公平的刑事审判

---

① Schneckloth v. Bustamonte，412 U. S. 218（1973）.

② 王兆鹏著：《美国刑事诉讼法》，北京大学出版社 2005 年版，第 122 页。

③ Schneckloth v. Bustamonte，412 U. S. 218（1973）.

(a Fair Criminal Trial)，是一种审判中的权利，因而采取严格的权利放弃标准（a Strict Standard of Waiver)，这是为了保证刑事被告以最大的可能性享有宪法所保障的一个公平审判的机会。如果没有上述权利的告知，那么宪法保障的被告在刑事审判中所享有的权利就会被架空。而第四修正案则完全不同，其与公平审判、发现真实完全无关，其目的在于保护公民的隐私，免受警察的任意侵入（The security of one's privacy against arbitrary intrusion by the police)①。

(3) 同意搜查是一种标准的侦查技术（the Standard Investigatoty Techniques)，在实务上有其重要作用，因而同意搜查不宜作严格的限制。施耐克罗斯案多数意见认为，要求警察证明同意人明知有权拒绝同意而故意放弃，则同意搜查在实务上很难运作。本案中要求检察官证明同意人明知有权拒绝同意而故意放弃是根本不可能的事情。另外，有人建议为避免证明同意人明知有权拒绝同意的困难，可以要求警察在取得同意前先告知其有权拒绝同意。法院认为这是完全不可行的建议，因为这会使多数被告不愿同意。法院必须考虑到同意搜查是一种侦查技术，在侦查中有着重要的作用，因而无须进行权利告知，更无须将同意限于明知而故意放弃该权利。②

(二) 自愿性标准的具体适用

美国联邦最高法院认为同意具有自愿性是同意搜查的有效前提，而自愿性的标准又必须依据“综合全案情形的审查标准”来判断。这也就是说，在“综合全案情形的审查标准”下判断同意是否出于自愿，需要考虑同意人的精神状况、智力水平等主观条件，还要考虑到当时的客观情况，是一种综合标准，与同意时的每一个因素都有关系，但是没有一个因素具有必然的决定性。该标准具有高度的模糊性和不确定性，因而必须通过具体个案才能适用。下面笔者针对同意搜查中常面临的情形来分析同意的自愿性问题。

1. 同意在拘禁的情况下是否为自愿（Arrest or Detention)

法院在施耐克罗斯案的判决中曾暗示，对来自警方的强制力，被逮捕的人因为处于被拘禁的状态，可能会比一般人感受强烈而出于无奈的同意，警方如果事前没有进行米兰达告知，则被逮捕之人作出的同意是非自愿的同意。

但是在三年后的瓦特森案（United States v. Watson）中，美国联邦最高法院认为要求在监禁或逮捕之中的被告同意搜查，不必进行权利告知。这也同时澄清了施耐克罗斯案中的疑义。该案中被告驾驶汽车在公路上被逮捕，逮捕之后警察问可否搜查汽车，在征得被告同意之前，警察没有告知其有权拒绝同意，但是告

① Schneckloth v. Bustamonte, 412 U. S. 218 (1973).

② Schneckloth v. Bustamonte, 412 U. S. 218 (1973).

知被告所发现的物品可能成为对其不利的证据。美国联邦最高法院认为被告处于被拘禁的状态，虽然没有告知其有权拒绝同意，但此同意仍然是自愿、有效的同意。法院判决的第一个理由是，虽然没有告知被告其有权拒绝搜查，但是警察告诉他说，“如果我们发现对你不利的物品，将作为控告你的证据”（If I find anything，it's going to against you），[①] 这句话相当于提前对被告进行了米兰达警告。另外一个理由是，被告虽然处于被拘禁状态，但是他是在公共道路上，而不是在封闭的监狱里。虽然拘禁时作出的同意是判断自愿性的因素之一，但是拘禁本身并不必然导致同意无效，并不能仅仅因为同意人被拘禁而否定其同意的自愿性。自愿性的判断标准仍然是“综合全案情形的审查标准”。但是法院将会认真地检查每一个拘禁下的同意，因为被拘禁的人更容易受到警察的强制与威胁。

对于拘禁中的同意，美国学者韦恩从拘禁的性质出发举例来分析同意的自愿性：（1）逮捕是否发生于夜晚；（2）有无警察的出现；（3）逮捕所用的武力是针对人身还是针对住所；（4）逮捕是用手铐还是将其拘禁在封闭的场所；（5）警察如何进入该住所；（6）警察是否利用拘禁来换取同意搜索。[②] 这些标准也是从“综合全案情形的审查标准”衍生而来的具体判断标准。

一般来说，当同意人被拘禁时很难证明其同意是否为自愿。因而，如果同意人被拘禁后，警察还对其采取了其他强制措施，那么随后的同意便认为是不自愿的。例如，在陈 - 希门尼斯案（United States v. Chan - Jimenez）中，法院同意了被告人陈 - 希门尼斯的观点，认为警察要求其同意搜查他的卡车的同时将一只手放在手枪上是一种强制的暗示，由于案发在一个偏僻的高速公路上，周围没有人，陈 - 希门尼斯并没有用言语作出回答，而是慢慢地打开车门，一个人对公权力的服从并不能说明他是自愿同意的。虽然同意可以通过非言语的行为推测出来，但是政府必须证明这种同意是“明确和不含糊的”（Unequivocal and Specific）并且是“自愿的和理智的”（Freely and Intelligently）。[③]

同意人被拘禁后如果有不合作的行为，这足以证明同意是非自愿的，如果逮捕是违法的，那么法官通常会认为通过非法行为获得的同意是“毒树之果”，除非非法行为与同意之间的因果链断开。如何判断因果链是否断开，法庭通常会考虑以下因素：违法行为与同意之间的时间间隔；当时在场的干涉因素以及警察违法行为的目的。在罗伊案（Florida v. Royer）中，美国联邦最高法院发现当被告

① United States v. Watson，423. U. S. 411（1976）.

② WayneR. LaFave，Search and Seizure—A Treatise on the Fourth Amendment（Volume3）3rd，（West Publishing CO.，1996），646 - 649 .

③ John N. Ferdico，J. D.，Criminal Procedure for the Criminal Justice Professional，8th edition（United States of America：Wadsworth Group，2002），348 - 349.

同意搜查他的箱子时，其正处于非法拘禁的状态，因而认为同意被非法拘禁的行为所玷污，不能用来证明搜查的合法性。[①]

2. 警察明示或暗示的宣称有权搜查（Claim or Show of Authority）

在巴姆普尔案（Bumper v. North Carolina）[②] 中，警察来到被告的住处寻找证据，房子为被告的祖母所占有，警察告诉其祖母说他们有搜查票，而事实上警察并没有取得搜查票，祖母便让他们进去，在搜查的过程中找到了一支步枪。在决定证据应否被排除的听审中，控方主张此为同意搜查，而无需提供搜查票以证明搜查的合法性。

美国联邦最高法院认为，当警察仅仅宣称他们有令状而进行搜查，得到的同意不足以证明搜查是建立在同意的基础之上的。当控方试图用同意去证明一个搜查的合法性时，他有责任证明同意是“自由的、自愿的同意”。本案中被告的祖母的行为是对警察宣称有合法搜查票的默从。一个建立在令状基础上的搜查，如果令状是无效的，则不能作为同意的基础，其结果与国家根本不想将搜查建立在令状基础之上，或者根本不能证明令状的存在一样。[③] 美国联邦最高法院的理由是被告的祖母的同意搜查建立在警察的本质上具有“强迫”意味的宣称基础之上。本案中当警察宣称有搜索票，被告的祖母只是对警察宣称有合法搜查票的默从，所谓的同意并不具有自愿性，为无效的同意。[④]

对于此问题，还应当区分“宣称有权搜查”与“将来行为的威胁”。在美国的司法实践中，经常会遇到这种情况，当警察宣称他现在没有搜查票，但是威胁说如果不同意的话将会去申请一个搜查票。此时判断同意自愿性的关键就是看警察是否有理由得到一个搜查票。如果有理由的话，并不会使同意无效，但是当他没有理由时，那么他宣称他将得到一个搜查票的威胁将带有欺骗的性质，通常会使得同意无效。由于警察的非法行为，使得警察要求被告在同意搜查与等待令状之间作出选择，那么警察的非法行为很可能导致同意无效。在威廉姆森案（State v. Williamson）中，警察在公路上设立非法路障，拦截下了被告的卡车，一个警察闻到了大麻的气味，然后问被告是否同意搜查，并告诉他如果不同意，将会扣留他的卡车，然后去申请令状。被告极不情愿地同意了搜查。法院认为被告的同意是不自愿的、无效的。当警察将被告置于同意搜查与等待令状的选择之间，警

① John N. Ferdico, J. D., Criminal Procedure for the Criminal Justice Professional, 8th edition (United States of America: Wadsworth Group, 2002), 349.

② Bumper v. North Carolina, 391 U. S. 543 (1968).

③ John N. Ferdico, J. D., Criminal Procedure for the Criminal Justice Professional, 8th edition (United States of America: Wadsworth Group, 2002), 348.

④ 王兆鹏著：《美国刑事诉讼法》，北京大学出版社 2005 年版，第 126 页。

察在滥用他们由于非法拦阻而获得的证据的权力，这种情况下获得的同意不能认为是自愿的。

宣称有权搜查并非仅仅是宣称有搜查票，还包括其他情况。例如，警察也可以宣称依据紧急情况或者第三人的同意而进行搜查。在艾伦案（State v. Allen）中，“警察要求被告同意搜查他的住处，被告拒绝，警察就威胁其可以从房东那里取得有效的同意而进行搜查，被告无奈只能同意，法院认为同意是非自愿性的，因为这是基于警察有权搜查的欺诈或宣称（Fraudulent Show of Authority of Searches）”①。

3. 警察隐藏搜查目的而进行搜查（Deception）

（1）隐瞒意图而未隐瞒身份（Misrepresentations of Intentions）。在布朗案（Commonwealth v. Brown）中，警察得知被告十分缺钱，便询问被告是否需要卖枪，被告同意并把枪交给警察，警察却拿去做弹道比对，证明了该枪支与一起谋杀案中的枪支弹道比对吻合，法院认为警察的做法合法，因为警察并没有剥夺被告的选择权。②

（2）隐瞒真正的搜查目的而告知其他的搜查目的。在施耐克罗斯案之前法院认为这种情况下的同意不具有自愿性。但是在施耐克罗斯案后建立了“综合全案情形的审查标准”，隐瞒真正的搜查目的只是其中需要考量的因素之一。对于此种情况需要依个案具体判断。例如，在安德鲁斯案（United States v. Andrews）中，“警察要求被告出示其所拥有的短枪，警察向被告表示这是为了追查一起抢劫案，但实际上警察是要侦查有关被告非法持有枪械的案件，被告没有怀疑，便出示自己所拥有的短枪，警察便以该短枪控诉被告非法持有枪械。法院认为被告所为的同意具有自愿性，因为诈欺仅仅是考量同意有无自愿性的因素之一，本案并没有证据显示，警察宣称会使被告认为其所持有的短枪仅仅会作为抢劫之用，而与非法持有枪械无关，所以被告出示枪支是一种自愿性的同意”③。

4. 隐藏身份的线民与警察卧底（Misrepresentation of Identity）

美国联邦最高法院在昂·李案（On Lee v. United States）中认为隐藏身份后被告的同意仍然具有自愿性。“本案中 C 与被告 O 是老朋友，C 以前是 O 所雇用的员工，某日 C 来到 O 的洗衣店与 O 聊天，O 在聊天中无意透漏了自己所做的违法事情，而 O 却不知道 C 是警察的线民，C 随身携带着窃听器将谈话的内容传给警察，并在法庭中作为指控被告有罪的证据。被告主张 C 的进入是一种欺诈，其同意不具有自愿性。而法庭认为 C 进入的是公共场所，无论何人都可以

① 刘芳伶：《同意搜索之研究》，台湾大学法律学研究所硕士论文（2001 年）。

② 刘芳伶：《同意搜索之研究》，台湾大学法律学研究所硕士论文（2001 年）。

③ 刘芳伶：《同意搜索之研究》，台湾大学法律学研究所硕士论文（2001 年）。

进入，因而隐藏身份的线民不影响同意的自愿性。”①

但是在 1966 年的刘易斯案（Lewis v. United States）中却抛弃了上述见解，认为隐藏身份取得的同意不具有自愿性。本案的事实是缉毒警察隐瞒了自己的身份向被告购买毒品，被告便邀请警察去家中并进行毒品交易。美国联邦最高法院认为虽然卧底警察在被告家中，但其知道被告是毒贩，对毒品交易的发生是有所期待的，因而警察隐瞒身份取得同意的行为是违宪的，因为警察隐瞒身份致使被告陷于错误，等于剥夺了被告的选择权。②

由此我们可以看出，美国法院系统是从风险承担的角度来处理隐藏身份的线民的问题的，这也就是说，被告让对方进入自己的住所是相信朋友会保护自己的隐私，那么也就应当承担被朋友出卖的风险，如果被告对警察泄露了他的私人信息，在这种情况下，便假定他已经承担了该警察可能泄露其隐私的风险。

5. 威胁申请取得令状

这种情形与此前我们讨论的警察明示或暗示的宣称有权搜查不同，此种情形是警察将要取得，能否取得搜查票还不得而知，并没有欺诈的故意在里面。巴姆普尔案所讨论的是警察宣称搜查票已经在手上了，被告的祖母的同意是一种对警察的屈从。美国法院也指出，“此种情形下取得令状的宣称，并不一定构成胁迫。因为警察本身就可以申请令状，也可以告知被告警察欲申请令状的事实，此乃依据事实告知被告其于侦查程序中所处之法律地位，故此应没有超越警方可以籍由取得自愿性同意而为搜索所容许的范围”③。除非警察根本没有申请令状的基础，却宣称有此基础，将会使被告陷于错误，以为自己没有选择权，而不得不同意，这就构成了警察明示或暗示的宣称有权搜查，导致被告同意的无自愿性。

6. 身体、精神、情感以及教育上的因素

施耐克罗斯案所确立的是“综合全案情形的审查标准”，那么在判断同意的自愿性时，身体、精神、情感以及教育等方面的因素会影响到自愿性的判断。

美国法院在考虑到这些个人性格特征的同时，还考虑到了警察对其施加的压力和引诱其合作的策略、与警察接触的时间以及接触时周围的大致环境。如果一个人身体有病的话，那么很小的强制都会影响其同意的自愿性。同样，如果一个人不成熟、没有经验的话，那么他的理解力和感知力将会导致他对权力的屈服。

在这些个性特征中，任何一个因素的单独存在都不会使非强制同意无效。例如，在盖伊案（United States v. Gay）中，被告盖伊由于醉酒而作出同意，法院仍然认为其同意是自愿的、有效的。法院的理由主要是被告可以回答警察所提出

---

① Onlee v. United States，343 U. S. 747（1952）.

② Lewis v. United States，385 U. S. 206（1966）.

③ 刘芳伶：《同意搜索之研究》，台湾大学法律学研究所硕士论文(2001 年)。

的问题，可以自觉出示驾照，拒绝警察靠近他车里的箱子，那个箱子在后来的搜查中发现有可卡因。其同意是一种基于理智而且在自由意志下作出的决定，醉酒并不足以使其失去作出有效同意的能力。① 本案的争执点在于是否因为盖伊醉酒而导致其同意无效，关键的问题在于他是否知道自己在做什么，只有当他作出同意时知道自己在做什么，同意才是自愿和有效的。

在判断同意的自愿性时，美国法院通常还会考虑到一个人的智力和教育水平。另外，语言的交流障碍也会使得自愿性的判断变得困难。美国法院认为当警察在征求同意时，仅仅提供一个翻译人员是不够的，翻译必须将其意图也就是有效信息传递给同意人，只有将相关信息清楚和准确无误地传达给同意人时，交流才是有效的。如果有效的交流不能实现，那就变成了一种强制方式。

（三）小　　结

通过上述论述，我们可以看出美国法院在判断同意的自愿性时所依据的标准是“综合一切情形的审查标准”，该标准具有一定的模糊性和不确定性，因而需要个案判断。同时该标准相对于权利放弃说更为宽松，无需同意人明知有该权利而故意放弃。美国联邦最高法院之所以在施耐克罗斯案中确立该标准主要是基于侦查实务的考虑，认为同意搜查是一种标准的侦查技术，在实务上有其重要作用，因而不宜作严格的限制，这样可以避免举证困难，否则如果必须进行权利告知则会使同意人不愿意作出同意的意思表示，这样会使得同意搜查无法进行下去。自愿性同意标准的确立，同时也表明美国联邦最高法院已经从“权利放弃论”转向“警察行为是否合理”的角度来思考同意的自愿性。

三、第三人同意搜查

（一）马特洛克案与第三人同意搜查

美国第三人同意搜查的理论基础是马特洛克案（United States v. Matlock）所确立的“共同权限”理论。本案中，美国联邦最高法院对共同权限作了如下解释：“共同权限并非仅仅限于某财物上第三人有共同的财产利益，这种权限并不需要第三人在财产上与被告有共同所有权，而取决于第三人对财产是否有共同使用权，如果大部分情形为对于财产有共同控制或者随时使用之情形，就是共同权

① John N. Ferdico, J. D. ,Criminal Procedure for the Criminal Justice Professional, 8th edition (United States of America: Wadsworth Group, 2002), 354.

限。"[①] 只要第三人基于某些目的准许他人检查该财产，这是基于第三人自身的权利而不是处分被告的权利。而且被告本人在授权第三人共同使用时，已经预见第三人可能会允许他人搜查的风险。[②]

在马特洛克案中，被告马特洛克在1971年被控抢劫威斯康辛州联邦保险银行，被告在威斯康辛州所住房屋的庭院中被捕，该房屋是由马歇尔夫妇出租给被告的。3名警察虽然知道被告住在该庭院内，但是却不知道其住在哪一个房间里以及是否同意搜查，便向同住在屋内的马歇尔的女儿告知要在屋内寻找赃款和枪支，并询问是否可以搜查房屋。她出于自愿性的同意允许警察搜查该屋，包括其与被告共同居住的二楼东侧卧室。警察最后在屋内找到了装有银行被抢的4995美金的布袋。[③]

威斯康辛州地方法院认为，在搜查中取得的证据如果要在法庭审判中使用，必须具备两个条件：第一，对于警察来说，在搜查前必须有使犯罪嫌疑人同意搜查的合理表现的事实存在；第二，搜查前使犯罪嫌疑人同意搜查的事实必须确实存在。威斯康辛州法院认为本案满足第一个要件，其同意的一个合理的表现是在被告马特洛克被逮捕之时，第三人马歇尔的女儿依据其对财产的支配关系，有充分的权利提出其财产供警察搜查，另一个合理的表现是第三人长期居住在该房屋内，该表现事实是在搜查之前，并向警察宣称其与被告马特洛克共同居住在二楼东侧的卧室内。但是本案不符合第二个条件，因为第三人说其与被告同住于屋内，只能证明警察的善意信赖，但法庭外的陈述不能作为证明事实真相的主张。

美国联邦最高法院大法官怀特在判决中引用施耐克罗斯案，认为法院在判断无证搜查时，如果得到被搜查人的自愿性同意，依据第四修正案，所进行的搜查仍然是有效的。[④] 问题是经过第三人自愿性同意而取得的证据能否在刑事审判中作为指控被告的证据来使用。美国联邦最高法院多数意见认为，基于共同权限而出于自愿性同意搜查的财产，取得的财产证据在审判中可以作为对被告不利的证据认定。其他上诉法院或州法院也在其他类似的案件中采纳了该观点，当第三人有共同权限而同意警察搜查共同使用的财产时，虽然另一个共同使用人没有在场或者没有同意，也可以认为其同意是有效的。例如，在卡普案（Frazier v. Cupp）

---

① The common authority which justifies the third – party consent does not rest upon the law of property , which its attendant historical and legal refinementes , but rest rather on mutual use of the property by persons generally having joint access or controlfor most purposes.

② It is reasonable to recognize that any of the co – inhabitants has the right to permit the inspection in his own right and that the others have assumed the risk that one of their number might permit the common area to be searched.

③ United States v. Matlock, 415 U. S. 164 (1974).

④ United States v. Matlock, 415 U. S. 164 (1974).

中，弗雷泽的堂弟同意警察搜查其与哥哥共同使用的背袋，该背袋在其堂弟的家中，由于二人共同使用该背袋，就等于其堂弟有足够的权限同意警察搜查该背袋。由于弗雷泽允许其堂弟使用该背袋，并且将其放在堂弟家中，那么弗雷泽就应当承担其堂弟很可能会让其他人来看该背袋内所放的物品的风险。

多数意见最后援引施耐克罗斯案和柯立芝案，认为第三人同意搜查有宪法上的正当性。“同意搜查本质上并非放弃审判中的权利，无证搜查的合法性，不仅仅可以是被告同意，还可以是有共同权限的其他第三人或者是对财产有其他足够关系的人同意，这样的搜查也是合法的无证搜查。”①

而以大法官道格拉斯为首的少数意见则引用了第四修正案，说明其核心目的是谨慎及明确限制在何种情况下应该签发搜查令状以及令状的范围，认为在搜查中引入司法审查是十分必要的。他认为本案中并没有紧急情况或者警察遇到危险的情形，而警察也有足够的时间去申请令状，并且对被告的逮捕是在房屋之外的庭院进行的，而不是附带搜查房屋。问题并不在于第三人是否有权同意搜查，本案的关键是既然警察有机会向法院申请令状而不申请，认定该搜查是否被法院所允许才是本案的关键所在。道格拉斯指出，除非有相当的理由描述搜查的住所，并有具体的人或物，否则依据第四修正案，不得签发搜查令状。第四修正案中的司法审查精神是非常重要的，警察应当取得搜查令状而没有取得，其所实施的搜查是不合理的。应当由事先的司法审查来限制非法侵犯人民基本权利的搜查，令状主义的精神在于限制警察的搜查范围以及是否为必要的搜查，因为宪法要求应当搜查的住所与扣押的财物必须特定。只有在迫不得已的情况下才能申请签发令状而侵犯公民的宪法权利。② 最后大法官道格拉斯指出，多数意见认为的本案中警察在可以申请令状而没有申请，将会使得第四修正案“谨慎及明确限制在何种情况下应该签发搜查令状以及令状的范围”的规定成为一纸空文。本案并没有紧急情况，如证据的立即丧失或危害他人的生命，来作为不申请令状的理由。因此，当第三人同意警察进入屋内的同时，将侵犯被告马特洛克的隐私权，这完全是以一种不适当的方式取代了司法审查的保障。③ 他还担心多数意见的解释将使无令状搜查的范围更大，甚至超越了令状搜查的情况，而且会使警察规避正当法律程序，反而以公民的同意取得搜查的权力，任意地搜查公民的住所而不受任何拘束。④

大法官布伦南和马歇尔也持反对意见，他们是从公民有知悉拒绝同意的权利

① United States v. Matlock, 415 U. S. 164 (1974).

② United States v. Matlock, 415 U. S. 164 (1974).

③ United States v. Matlock, 415 U. S. 164 (1974).

④ United States v. Matlock, 415 U. S. 164 (1974).

的角度来批评多数意见的，但并不反对多数意见中关于第三人享有充分的权利得以同意搜查。他们认为在主张第三人同意搜查的前提之下，必须使其知悉其有不同意的权利，并且引用了施耐克罗斯案中的经典评论“我完全无法想象一个不知悉其权利存在的公民，如何能够被有意义地告知其得以抛弃如此无价的宪法上的保障”。[①] 其认为如果公民无法知悉同意搜查的意义时，也就无法有效地进行抛弃权利的行为，这也就是说如果公民的同意欠缺权利告知的要件时，国家进行的搜查应该是被《美国联邦宪法》所禁止的。[②]

（二）第三人同意搜查的适用

1. 表现权限

“共同权限”还会衍生出另外一个问题，如果同意人对警察说其有共同权限，并且同意警察搜查，但是事后警察发现同意人并没有共同权限，那么警察的搜查是否合法？我国台湾地区学者王兆鹏将其称为“表现权限”[③]。这里实际的问题也就是共同权限理论是否仍有适用的余地？

美国联邦最高法院在罗德里格斯案（Illinois v. Rodriguez）中正式对“表现权限”问题作出了说明。在罗德里格斯案中，被告罗德里格斯的女友费希尔告诉警察被告打她，并且随警察到了被告的公寓内，当费希尔和警察谈到公寓时都使用“我们的公寓”，费希尔开门并同意警察进入，警察进入房间内，发现毒品，警察来到罗德里格斯的房间叫醒他并将其逮捕。事后查明虽然二人曾经同住在此公寓，但是几个星期前，被告的女友已经搬离该公寓，而且其女友是在被告不知情的情况下偷走钥匙的。州法院认为其女友实际上对该公寓没有共同权限，其同意无效，搜查到的毒品不能作为认定被告有罪的证据。[④]

美国联邦最高法院多数意见由大法官斯卡利亚执笔，判决该毒品可以作为认定被告有罪的证据。法院认为，“虽然第三人实际上没有共同权限，但是警察有理由相信第三人是有共同权限的人，以致发生事实上的错误。如果警察的错误是合理的，那么警察的搜查仍然是合法的行为。第四修正案所要求的仅仅是警察的行为必须是‘合理的’，而并非要求警察的行为总是正确的，所以本案的重点不在于被告对其隐私是否有合理的期待，而是警察是否不合理地侵害了其隐私”[⑤]。由此我们可以看出美国联邦最高法院对待“表现权限”的观点是：只要警察合理地相信第三人有共同权限，即使第三人所拥有的是表现权限，警察所进行的搜

① United States v. Matlock，415 U. S. 164（1974）.

② United States v. Matlock，415 U. S. 164（1974）.

③ 王兆鹏著：《美国刑事诉讼法》，北京大学出版社 2005 年版，第 131 页。

④ Illinois v. Rodriguez，497 U. S. 177（1990）.

⑤ Illinois v. Rodriguez，497 U. S. 177（1990）.

查仍然是符合第四修正案所要求的"合理性原则"的。同时美国联邦最高法院还指出表现权限应当以客观的标准判断，即以一般具有合理警觉之人为判断标准。①

本案由大法官马歇尔执笔提出了反对意见，他认为，"被告的女友无权同意警察进入其房间，本案中不存在紧急情况，而且警察也有足够的时间去申请令状，不符合第四修正案所要求的合理性原则。另外第三人同意是建立在风险承担的基础之上的，本案中被告根本不可能预见到这种风险"②。

在表现权限中应当注意一个问题，也就是表现权限的适用问题。表现权限只适用于事实上的认识错误，而不适用于法律上的认识错误。在布朗案（United States v. Brown）③ 中，被告布朗的房东在布朗外出时进入其房间内，将屋内的灯还有其他设备的电源关掉，这是房东常年来出租房屋的习惯，这次房东进入被告的房间时，发现两把枪，于是立即报警。警察到达现场并进入屋内，将该枪支扣押。警察主张依据表现权限原则，他们合理相信既然授予房东此种巡屋的习惯，所以房东可以为有效的同意。但是法院认为罗德里格斯案所确立的原则仅仅适用于事实上的认识错误，而不适用于法律上的认识错误。而本案中，警察错误地以为房东在法律上有一般性的权限，可以同意警察搜查她已经出租给被告的住所，并不足以使其无令状搜查正当化。因为本案中警察所误信的不是第三人宣称有权搜查或是对于第三人身份的误认，而是对于法律上房东并没有权利同意警察搜查房客的住所的法律原则有错误的认知。④

2. 第三人基于身份而进行的同意

第三人基于身份而进行的同意，主要涉及关于住宅的搜查。在这里首先要明确一个概念，那就是住居权。"所谓住居权，是指确保个人私密空间外，担保其私人活动的进行不受干扰。换言之，住居权的核心在于自由决定受保护的空间与住宅内何人可以停留或何人必须离去"⑤。

第三人的同意实质上就是多人共有的住居权由谁来行使的问题，一般来说，在同意搜查中，享有搜查所涉及的基本权利的权利主体才是适合的同意权人。但是在共同居住的情形下，原则上如果是专属区域，那么就如同个人单独空间，其使用和同意的主体应该是专属区域的拥有者。至于共同使用的区域，所有共同居住人都可以进入和使用，那么同意权人就得分情况来讨论。

---

① 王兆鹏著：《美国刑事诉讼法》，北京大学出版社 2005 年版，第 132 页。

② Illinois v. Rodriguez，497 U. S. 177（1990）.

③ United States v. Brown，961 F. 2d 1039（2d Cir. 1992）.

④ 刘芳伶：《同意搜索之研究》，台湾大学法律学研究所硕士论文（2001 年）。

⑤ 李瑞敏：《论强制处分之同意》，台湾政治大学法律学研究所硕士论文（2002 年）。

多数美国法院认为在多人共同居住时，仅需要其中一人同意，便可以合法发动同意搜查，[①] 其依据仍然是风险承担理论和共同权限理论。但是在这里我们可以换个角度来考虑，在共同居住的同意搜查时，如果每次都需要全体共同居住人同意，会大大增加实务中同意搜查的难度。另外，这样的观点也忽略了共同权利的本质所在。因为权利的共有，并非是指所有涉及权利的行为都必须由共有人行使，这也就是说在讨论共有权利的本质时，应当同时考虑涉及共有权利的行为的性质和种类，如果个人行为不会破坏共有权利，就没有必要限制该行为的行使。因为共同居住的本质并不仅仅是共同使用该住所，也不会因为个人权利的行使而使得共有权利遭到破坏。由此可以看出，共同居住人的同意搜查与共同居住人之间信赖的程度与关系的紧密程度有直接的关系。笔者将其分为家庭婚姻型共同居住中的同意搜查与临时同住型共同居住中的同意搜查两种类型，来分别讨论美国法下第三人基于身份关系而对住所的同意搜查。

（1）家庭婚姻型共同居住中的第三人同意搜查。第一，父母与子女。通常情况下，父母对其所拥有的、未成年子女的房间同意搜查是有效的。但是如果子女对房间享有独占的权利，如交付租金，那也就是说子女对该房间享有合理的隐私期待，父母就无权同意警察搜查该房间。同样，如果未成年子女明确拒绝其父母同意搜查的权利，那么其父母也无权同意进行搜查。因为宪法赋予的权利不能在他人成功的恳求下便被侵犯，除非在后来取得同意才行。[②]

在马特洛克案确立了共同权限的标准后，美国联邦最高法院逐渐开始重视对未成年子女的隐私保护，认为对于父母同意搜查未成年子女的房间必须符合两个条件：首先是第三人是基于自己所有的权利而进行的同意，其次是被告已经预见到该第三人会同意他人搜查的风险。这也正是马特洛克案所确立的标准。

而在子女同意搜查其父母的房间的效力上，美国法院系统通常考虑到两个因素：一是未成年子女的年龄；二是所同意的区域与范围。未成年人的年龄越接近成年人，那么越可以认定其与父母享有平等的共同权限。而所同意的区域与范围与家庭成员的隐私期待是否被侵犯有关系，一般来说未成年人同意的区域与范围多半限于家庭中共同使用的区域，而父母的私人区域，如卧室，法院则倾向于认定未成年人并无同意权。

第二，配偶。美国法院系统过去并不认为妻子可以同意搜查家庭成员所共同居住的房屋，但是丈夫可以同意，这是男女不平等的产物，认为丈夫是妻子的主

---

① 林锦村：《同意搜索》，载台湾《法令月刊》1997 年第 12 期。

② John N. Ferdico, J. D. ,Criminal Procedure for the Criminal Justice Professional, 8th edition (United States of America: Wadsworth Group, 2002), 366.

人也是家庭的主人，因而丈夫有权同意。[①] 但是在马特洛克案所确立的共同权限理论下，上述见解被推翻了。

在罗伯茨案（Roberts v. United States）[②] 中，警察怀疑被告是一起谋杀案的一员，被告的妻子自愿向法院报告不久前她的丈夫曾开枪击中家中的天花板，经妻子同意，警察搜查房间并且扣押了天花板中的子弹。法院认为妻子的同意有效，因为警察搜查的是妻子自己的房屋，而且搜查时房屋在其“立即和全面的控制之下”。本案的关键问题不在于妻子是否有权放弃丈夫宪法上的权利，关键在于妻子是基于自己的权利而非丈夫的权利。[③]

（2）临时同住型共同居住中的第三人同意搜查。第一，学校与同学。美国中学一般认为校方有权同意搜查，在斯坦案（State v. Stein）中，一名中学生被怀疑盗窃，警察在校方的同意下打开了该学生的柜子并发现了犯罪证据。法院认为该搜查合法，因为即使学生有权拒绝其他同学开启他的柜子，但是学校有权开启，因为学校提供柜子并不仅仅是为了让学生存放他的私人物品，更重要的目的是监督并防止学生利用柜子做违法的事情。学校有权监督、教育学生，使其遵守纪律，因而法院认为搜查是合法的。

但是对于大学宿舍，情况就不一样了。美国法院认为大学宿舍的同意搜查类似于旅馆的同意搜查，在麦克洛斯基案（Commonwealth v. McCloskey）中，警察在学校负责人同意的情况下，搜查了被告在大学的宿舍并且找到了犯罪证据——大麻。而法院认为该证据不具有可采性，因为大学宿舍应当具有“防止政府侵犯的合理的自由期待”（Reasonable expectation of freedom from govermental intrusion）。学生租住宿舍，并且承诺遵守学校的规章制度，校方具有检查房间非私人专用物品的权利，但这并不意味着被告没有“防止政府侵犯的合理的自由期待”或者不授权校方同意警察搜查的权利。[④]

第二，旅馆。美国联邦最高法院认为房东同意搜查房客的原则同样适用于旅馆管理人员与客人。在斯托纳案（Stoner v. California）中，警察来到了被告所在的旅馆，发现被告不在，在得到了旅馆管理人员的同意之后警察搜查了被告的房间，并且发现了其抢劫的证据。法院认为搜查是非法的，因为被告在宪法上的权利处于危险之中。因此，只有被告自己或者通过代理人才能放弃该权利。但是如

① 刘芳伶：《同意搜索之研究》，台湾大学法律学研究所硕士论文（2001 年）。

② Roberts v. United States，332 F. 2d 892（8th Cir. 1964）.

③ John N. Ferdico，J. D.，Criminal Procedure for the Criminal Justice Professional，8th edition（United States of America：Wadsworth Group，2002），366.

④ John N. Ferdico，J. D.，Criminal Procedure for the Criminal Justice Professional，8th edition（United States of America：Wadsworth Group，2002），366.

果客人的租期已到，那么无论其是否在屋内，旅馆管理人员都有权进入房间并且同意搜查并扣押在屋内发现的证据。①

第三，主人与客人。美国法院在对待主人与客人的同意搜查问题上，一般仍是依据马特洛克案所确立的标准来认定的。一般来说，主人有权同意搜查客人的物品，所得的证据可以用来指控被告。在霍尔案（United States v. Hall）中，一位农场主同意警察搜查在他家做工的工人的房间，法院认为主人对房间的家具享有所有权，并且有进入被告房间的通道，而且被告的房间没有上锁，被告也没有与主人签订不能进入房间的协议，因而法院认为搜查是合法的。②

但是如果客人是长期居住，并且有自己的私人房间存放私人物品，那么主人不能同意搜查其私人房间。在里维斯案（Reeves v. Warden）中，法院认为长期居住的客人对于其所控制的特定区域享有排他权，因为他对该区域享有合理的隐私期待。③ 由此可见，美国法院在判断主人同意搜查时的重点在于客人对其所占有的场所是否享有完全的排他权。

另外，在主人同意搜查时还会发生表现权限的问题，如警察无法得知某一房间是否有客人居住，依据主人的同意而进行搜查，而实际搜查的是客人的私人物品，由于警察是基于合理的理由相信主人有权同意搜查，因而依据罗德里格斯案所确立的表现权限的原则，可以判断警察的搜查是合法的。

第四，雇主与雇员。在美国法上雇主与雇员是一个很有争议的问题，首先面临的一个问题是雇员是否有权同意搜查雇主？因为雇员有经常性为雇主工作的性质，工厂或办公场所实际上是由雇员行使管理权的。法院认为，雇员能否同意搜查雇主是由其工作性质和职位高低决定的，因为职位不同所享有的权限也不同，一般来说权限越大就越有同意权，如果是一般职员则没有同意权。其次是雇主是否能够同意搜查雇员？一般来说，雇主有权同意搜查雇员。在罗宾逊案（State v. Robinson）中，法院认为雇主有权同意打开雇员上锁的箱子。因为雇主不仅拥有该财产，而且基于他们之间的合同关系，雇主享有开启所有雇员上锁箱子的权利。但是，在雇员排他的控制权限内，雇主无权同意警察搜查。例如，雇员在公司中的办公桌，法院认为雇主无权同意警察搜查雇员的办公桌，因为办公桌的抽屉以及存放的物品都是由雇员决定的，虽然雇员受雇于公司，但是对于其办公桌仍然享有合理的隐私期待，而且雇员在办公桌内放置了私人物品，因而法院认为

① John N. Ferdico, J. D. ,Criminal Procedure for the Criminal Justice Professional, 8th edition (United States of America: Wadsworth Group, 2002), 363.

② United States v. Hall, 979 F. 2d 77 (6th Cir. 1992).

③ John N. Ferdico, J. D. ,Criminal Procedure for the Criminal Justice Professional, 8th edition (United States of America: Wadsworth Group, 2002), 363.

雇员对办公桌享有合理的隐私期待。法院同时还指出，有时为了工作上的目的，雇主可以在雇员的抽屉中寻找一些与工作有关的物品，但是出于刑事犯罪侦查的目的，雇主显然无权同意警察搜查。[①]

（三）小　结

通过上述论述，我们可以看出美国第三人同意搜查的理论基础——共同权限理论，其主要有两个支撑性的观点，第一个观点就是同意人对该财产有共同控制和使用的权利，便可以同意警察对该财产进行搜查；还有就是所谓的“风险承担理论”，也就是说当被告自愿与他人共同使用该财产时，已经承担了他人可能会同意警察搜查该财产的风险。第二个观点就是“表现权限”，美国联邦最高法院对待“表现权限”的观点是，只要警察合理地相信第三人有共同权限，即使第三人所拥有的是表现权限，警察所进行的搜查仍然是符合第四修正案所要求的“合理性原则”的。因为第四修正案所要求的仅仅是警察的行为必须是“合理的”，而并非要求警察的行为总是正确的。在第三人同意搜查的具体适用中，又可以具体分为家庭婚姻型共同居住中的同意搜查与临时同住型共同居住中的同意搜查两种类型。笔者分别对每种类型的具体情形以及美国联邦最高法院的观点作出了详述。

四、同意搜查中的证据排除问题

（一）概括性同意与证据排除

概括性同意，是指同意人的同意是一种一般性的授权，如同意搜查某一特定区域，或者同意警察可以随时搜查。而同意人同意的范围到底有多大，在何时可以进行搜查，警察的搜查是否超过了同意的范围，搜查的时间是否合适等问题，便可能成为日后控辩双方的争执点所在，所取得的证据也就存在着被排除的可能。

对于时间的概括性同意，美国法院在判决中指出，不可以将被告虚张声势的“任何时间都可以搜查”解释为被告已授权警察在未来任何时间，只要被告没有明示的撤回，就可以进行搜查。因为在警察第二次、第三次的搜查中，被告往往不在场，遇到自己利益受到侵害时无法及时撤回同意来保护自己的利益。即使被告在场，对于未来时间不确定的搜查，以及所可能产生的后果根本无法预见。因而被告虽然同意警察随时可以搜查，但是基于被告利益的保护和未来搜查的不确定性，其后搜查所取得的证据将被排除。

---

① See United States v. Blok, 188 F. 2d 1019 (D. C. Cir. 1951).

关于时间的概括性同意还有一个同意可持续的时间问题。在布罗许案（State v. Brochu）中，被告同意警察在12月15号同意搜查他的房子，警察当时还不确定被告的妻子是自杀还是他杀，法院认为被告同意的范围没有授权警察日后几天也可以搜查该房子，因为如果同意仍然持续，在同意以及第二次搜查之间，被告从妻子死亡的发现者转变为谋杀妻子的嫌疑犯。① 由此可以看出同意可持续的时间是与同意和搜查之间的合理间隔、同意的范围等因素有关的。因为第一次和第二次搜查如果在时间上间隔太远，时间上的关联性就会消失，这样无法判断第一次同意的效力会及于第二次同意搜查，第二次取得的证据将被排除。

对于地点的概括性同意，应当遵循客观合理性标准，警察只能在合理的范围内解释同意的范围，并不能随心所欲任意搜查。与此同时，同意人可以用撤回同意来限制警察的搜查以保护自己的权利，如警察搜查完房间之后，想要搜查院子，此时同意人可以不同意其搜查院子来限制警察的搜查权限。

（二）同意的范围与证据排除

同意的范围关系到警察搜查是否合法，将会影响到所取得的证据是否会被排除，因而同意的范围在同意搜查中是一个十分重要的问题。同意人常常没有明确所同意搜查的范围，而且同意经常是一种“一般性”和“概括性”的同意，那么这种概括性的同意是否没有范围的限制呢？一般来说，搜查的范围应当以同意的范围为限，超过了同意的范围而进行的搜查所取得的证据应当排除。

关于同意搜查的范围限制，美国联邦最高法院在吉门欧案（Florida v. Jimeno）中确立了“客观合理性”标准。该标准是指根据一般理性之人的立场，以警察与犯罪嫌疑人之间的沟通所了解的事实作为判断依据，来判断同意的范围。也就是说同意之范围，非以同意人之主观判断，而系依客观合理性解释。②

在吉门欧案中，警察在高速公路上拦住了被告的汽车，怀疑车上有毒品，请求同意搜查汽车，被告同意了该请求。在搜查过程中，警察发现了一个未打开的纸袋，打开并发现了毒品。③ 被告辩称说只同意搜查汽车，并没有同意搜查汽车内的容器，警察虽然发现纸袋，但是不应该打开，因而警察的搜查超出了同意的范围，该搜查违法，取得的证据不能作为指控证据。本案的争议在于“对于住所同意搜查的范围是否及于该住所内未上锁的容器”。本案多数意见由大法官伦奎斯特执笔，判决认为，如果仅仅因为犯罪嫌疑人同意搜查他的汽车就推论其同意的范围及于警察打开车内的一个已经上锁的公文包，这显然是不合理的。但是

---

① 刘芳伶：《同意搜索之研究》，台湾大学法律学研究所硕士论文（2001年）。

② 王兆鹏著：《美国刑事诉讼法》，北京大学出版社2005年版，第129页。

③ Florida v. Jimeno，500 U. S. 248（1991）.

本案中警察所搜查的是一个未封口但却没有打开的纸袋，警察既然已经告知被告要搜查毒品，便可以推论被告同意的范围包括汽车内可能隐藏毒品的容器，这是十分客观合理的。由此看出，本案中被告同意的范围包括未封口但没有打开的纸袋。[①] 因而依据客观合理性标准所取得的证据可以作为在法庭上指控犯罪嫌疑人的证据而不被排除。

但是并不是汽车内所有容器警察均有权打开，同意的范围通常需要由警察告知的搜查目标来决定。例如，被告同意警察搜查汽车，这并不意味着警察有权搜查车内的未封口的纸袋。还应当看所要搜查的物品的大小，如果搜查枪支，但发现信封，此时警察不能打开信封，因为信封内不可能存放枪支。这也就是说，警察搜查的行为受到搜查目的的限制，超出搜查目的而进行搜查所取得的证据将被排除，因为警察不能以同意为名滥用搜查权。

（三）“毒树之果”理论与同意搜查

“毒树之果”理论，也就是“禁止使用非法取得的证据来取得其他证据”原则，是 1920 年美国联邦最高法院在银棘木材公司案（Silverhorne Lumber Co. v. United States）中所确立的。著名大法官霍姆斯在判决中指出：“法律之所以严禁采用某种方法取得证据，其法规范之精髓，不但在于禁止以此种法所不允许之方法所取得之证据不得提出于法院使用，抑且更应禁止其一切使用。”[②] 其中禁止其一切使用，主要是指禁止使用非法取得的证据来取得其他证据，这也就是著名的“毒树之果”理论。在“毒树之果”理论下还有许多例外规定。在同意搜查中，警察先前的违法行为是否会影响到后面同意的自愿性呢？在这里会遇到很多衍生证据的问题，这些衍生证据是否应当一并都予以排除呢？

美国法一般认为同意搜查也适用“毒树之果”理论。警察先前的行为不会影响到后面同意的自愿性。例如，在尼莫夫斯基案（State v. Niemszyk）中，甲的车在银行抢劫案附近被发现，甲告诉警察她已经把车出租给一个男人，于是警察让甲在犯罪嫌疑人的照片中作指认，发现该租车男子就是犯罪嫌疑人，警察来到甲的住所，并以抢劫罪逮捕了包括该租车男子在内的三个人，警察要求甲同意搜查该房屋。法院认为，即使先前的进入房屋和逮捕犯罪嫌疑人的行为是非法的，该同意仍然具有自愿性，因为甲之后肯定会允许警察搜查该房屋，她的理智告诉她这样会使她消除犯罪嫌疑以及免于受到讯问。警察先前的行为是违法的，但却不影响同意的自愿性，因而该搜查是合法的。[③]

---

① Florida v. Jimeno, 500 U. S. 248 (1991).

② 林辉煌著：《论证据排除——美国法之理论与实务》（第二版），台湾元照出版有限公司 2006 年版，第 117 页。

③ 刘芳伶：《同意搜索之研究》，台湾大学法律学研究所硕士论文（2001 年）。

（四）“一览无余规则”与同意搜查中的证据排除问题

一览无余规则，是指警察在进行合法搜查时，当违禁品或证据落入警察目视的范围之内，警察便可以对该物进行无证搜查。该规则是美国联邦最高法院在1971年柯立芝案（Coolidge v. New Hampshire）[①] 中所确立的。一览无余规则必须遵循两个要件，首先警察发现该物品的前提是在进行合法的搜查；其次是立即明显要件，即警察必须有相当的理由相信所扣押的物品是证据。[②]

一览无余规则的本质其实是另案搜查的问题，也就是说警察在告诉同意人其要搜查的目的，却发现了另外的犯罪证据时，那么此时发现的犯罪证据是否应当被排除，这要分两种情况讨论：

一种情况是，当警察的搜查符合一览无余规则的两个要件时，此时发现的物品可以作为犯罪证据来使用。在柯立芝案中，法院认为在警察合法搜查的同时发现的其他证据，允许警察无证扣押，这样虽然会影响到公民的权益，但是权衡利弊，仍然允许警察扣押其后发现的证据。[③] 因而此时发现的物品可以作为证据在法庭上使用，不适用证据排除法则的规定。

另一种情况是，当警察的搜查不符合一览无余规则的要件或者仅仅符合其中之一，那么此时便不适用一览无余规则，取得的证据将被排除。在黑克斯案（Arizona v. Hicks）[④] 中，有一颗子弹从某公寓射出，为了追查武器，警察进入该公寓，此时却发现了一个贵重的音响，警察便移动该音响，却发现该音响为赃物。美国联邦最高法院认为移动该音响是一种不适当的另案搜查，因为所搜查的物品与欲搜查的标的并无关系，而且警察并没有相当的理由相信该音响为赃物，本案警察仅仅是怀疑，因而不适用一览无余规则。[⑤] 同样，如果该案是同意搜查中出现的，有美国学者认为，如果警察进入该公寓是基于居住人同意，警察告诉居住人要搜查枪支，则其移动该音响就是不合理的搜查，因为这与搜查的目的无关，因为同意搜查要受到搜查目的的限制。[⑥]

五、我国同意搜查制度的改革构建

我国同意搜查制度改革的成败主要取决于新规则与某一特定国家的司法管理

① Coolidge v. New Hampshire, 403 U. S. 443（1971）.

② 王兆鹏著：《美国刑事诉讼法》，北京大学出版社2005年版，第213～214页。

③ Coolidge v. New Hampshire, 403 U. S. 443（1971）.

④ Arizona v. Hicks, 480 U. S. 321（1987）.

⑤ Arizona v. Hicks, 480 U. S. 321（1987）.

⑥ 刘芳伶：《同意搜索之研究》，台湾大学法律学研究所硕士论文（2001年）。

模式所植根于其中的文化和制度背景的兼容性。① 在引入同意搜查制度时，匆忙而全盘的引进同意搜查制度可能会导致不尽如人意的后果。笔者认为，我们首先应当认真思考同意搜查制度与我国整个搜查制度体系之间形成良性互动关系的可能性，同时认真分析一下我国搜查制度的背景中是否有同意搜查制度发挥作用的先决条件，我们是否能够接纳该制度并有所创新。只有这样，我们才有可能设计出一种适合我国的同意搜查制度。

（一）从历史的角度看我国的搜查制度

搜查是集侦查行为与强制处分于一身的制度。我们不仅要注意搜查在现今司法体制下的运作和所发挥的作用，更应从历史的角度来分析它。这样才有利于我们更加清晰地认识搜查制度。

从历史上来看，我国将搜查作为一种司法制度加以规定是清末立法者向西方学习的结果，这也在某种程度上决定了其在中国的发展不如逮捕等强制措施的发展顺利与完备。②

搜查制度首次在中国的诉讼法中出现是在 1906 年。清政府修订法律大臣沈家本主持制定了中国历史上第一部诉讼法法典《大清刑事民事诉讼法》（暂缓施行），其中第 33 条规定："凡巡警员役，或平民别项人请发拘提及搜索房院等票者，必须在承审官前具呈签押宣誓，该承审官查明所具呈词实系近理可信，始准签发。如情节支离，或迹近挟仇妄控，均有驳斥之权。"③ 由此可见当时的立法者已经认识到搜查不能任意启动，必须具备一定的条件，而且搜查时应持搜查票，搜查票的签发应由中立的审判官来签发。这在当时可以说已经是很先进的理念。

1910 年沈家本等人主持制定的《大清刑事诉讼律草案》，虽然没能正式颁行，但其历史意义却是深远。例如，其第 138 条规定："检察官于侦查中实施检证、搜索、扣押，应受有第 276 条或第 277 条之命令。但急速处分者，不在此限。"第 276 条规定："检察官于侦查中遇有实施强制处分之必要，应指定事宜请求所属地方检察长之命令。左列各款处分非受有前项命令者不得实施之。但应急速处分者，不在此限：第一检证、搜索、扣押……第一项请求不以被告案件属该地审判衙门管辖为限。"规定实施搜查，原则上应持有令状，但有例外。需要

① ［美］米尔伊安·R. 达玛什卡著，郑戈译：《司法和国家权力的多种面孔——比较视野中的法律程序》，中国政法大学出版社 2004 年版，引言。

② 刘玫、张建英：《我国大陆与台湾地区搜查要件之分析研究——比较法视野的考量》，载《比较法研究》2006 年第 5 期。

③ 尤志安著：《清末刑事司法改革研究——以中国刑事诉讼制度近代化为视角》，中国人民公安大学出版社 2004 年版，第 185 ~ 186 页。

注意的是，令状的签发机关非审判官，而是检察长。

新中国成立以后，在批判旧法的过程中，由于存在简单化和片面化，“致使从本世纪以来形成的中国诉讼法学的理论体系，研究方法和研究成果均被抛弃”①。此后至1979年的30年间，大陆都没有关于搜查的法律规定，直到1979年《刑事诉讼法》才有了关于搜查的规定，其在第79条规定：“为了收集犯罪证据、查获犯罪人，侦查人员可以对被告人以及可能隐藏罪犯或者犯罪证据的人的身体、物品、住处和其他有关的地方进行搜查。”第81条规定：“进行搜查，必须向被搜查人出示搜查证。在执行逮捕、拘留的时候，遇有紧急情况，不另用搜查证也可以进行搜查。”1996年对《刑事诉讼法》进行修正时，关于搜查的规定仅将原法第79条中的“被告人”修改为“犯罪嫌疑人”，其他内容没有做任何改动。

（二）我国引进同意搜查制度的必要性与可能性

1. 我国确立同意搜查制度的必要性

我国现行的《刑事诉讼法》关于无证搜查主要规定在第111条第2款。其规定：“在执行逮捕、拘留的时候，遇有紧急情况，不另用搜查证也可以进行搜查。”这属于紧急情况下的附带搜查。由此可以看出，我国目前没有关于同意搜查制度的规定。我国目前关于无证搜查无论是法律本身的规定还是实践运作都存在着诸多问题，既不能在有效发现犯罪方面发挥应有的功效，也不能满足诉讼效率的要求。

首先，立法规定本身存在问题。我国目前关于无证搜查的规定存在着较大的争议。有学者指出，我国《刑事诉讼法》第111条第2款对无证搜查的规定存在含义模糊的严重缺陷。该条既可以作“在执行逮捕、拘留的时候”并且“遇有紧急情况”不另用搜查证也可以进行搜查的重叠式理解，也可以作“在执行逮捕、拘留的时候”和“遇有紧急情况”的时候不另用搜查证也可以进行搜查的并列式理解。②

其次，我国目前没有明确规定无证搜查的种类，也没有明确规定同意搜查制度。根据无证搜查的法理和国外的立法例来看，无证搜查包括同意搜查和强制搜查，而强制搜查又可以分为附带搜查和紧急搜查。立法规定的不完善导致了实践当中存在着很多问题。但就同意搜查来说，在美国，大约98%的无证搜查都是以同意搜查的方式进行的。③ 英国32%的搜查都是经同意的搜查，而治安法官签

---

① 陈光中主编：《刑事诉讼法学五十年》，警官教育出版社1999年版，第4页。

② 张斌：《我国无证搜查制度法理之构建——〈刑事诉讼法〉第111条第二款质疑》，载《现代法学》2003年第4期。

③ 皇甫长城、马凌：《浅论同意搜查制度》，载《人民检察》2005年第15期。

发的有证搜查只占12%。[①] 而在我国侦查实践当中，警察经常会遇到许多似是而非的情况，但是由于立法没有明确的规定，警察经常会眼睁睁地看着犯罪嫌疑人逃走，或者以身试法进行越权无证搜查。因此，我国有必要尽快确立同意搜查制度。

再次，由于立法的模糊导致司法实践中搜查权力滥用现象严重，有证搜查流于空置。我国目前没有规定无证搜查的种类，立法也没有反映出无证搜查应当具备的条件，即必要性、可能性和适度性。这样就产生了很多问题：一方面，由于立法过严和实务部门没有明显作用的程序性规定，会影响搜查权力的应有效能；另一方面，无证搜查范围的模糊、甚至将无证搜查范围等同于有证搜查范围的做法，又可能造成搜查权力的滥用。[②] 在司法实践中，许多有证搜查并不规范，先搜查后填证的现象大量存在，使得有证搜查流于空置。

最后，违法搜查救济程序的缺失使得受害者权利得不到有效的保障。我国目前对于违法搜查并没有规定明确的救济手段。即使有《国家赔偿法》的赔偿规定，但那也仅仅是针对比较严重的致公民重伤或者死亡的情形，而大多数相对轻微的违法搜查行为并不属于国家赔偿的范围，受害人的权利也得不到有效的保障。

2. 我国引进同意搜查制度与我国搜查体系之间形成良性互动关系的可能性

我国的刑事诉讼程序与美国有着很大的区别。同意搜查制度作为美国的一种搜查制度，深受其法律理念和文化背景的影响。因此，我们在考虑引入该制度时必须保持谨慎的态度，必须考虑到引进该制度并使其与我国整个搜查体系之间形成良性互动关系的可能性。

笔者认为，我国目前有引入该制度的可能性。首先，同意搜查目前已经得到许多国家的认可，这反映了现代刑事诉讼的审前程序中强制处分权的基本分配规律。无证搜查应当包括同意搜查和强行搜查，强行搜查又可以分为紧急搜查和附带搜查。我国无证搜查制度与其他国家不同，我国《刑事诉讼法》规定的无证搜查的情形属于紧急情况下的附带搜查，可以说这是法律规定的不全面，不符合现代法治国家关于无证搜查的基本制度设计。其次，同意搜查在司法实践中可以发挥重要的作用。同意搜查是一种标准的侦查模式，我国目前的无证搜查范围狭小、条件苛刻，如果引入司法审查将会大量占用司法资源，同意搜查制度正好可以省去引进司法审查的麻烦。最后，同意搜查可以缓解警察与犯罪嫌疑人之间的

---

① 孙长永著：《侦查程序与人权——比较法考察》，中国方正出版社2000年版，第106页。

② 张斌：《我国无证搜查制度法理之构建——〈刑事诉讼法〉第111条第二款质疑》，载《现代法学》2003年第4期。

紧张关系，并且可以通过犯罪嫌疑人的反映来判断嫌疑的大小。如果犯罪嫌疑人同意搜查，那么他的嫌疑会变得小一些；如果不同意则会加深其嫌疑的程度。

但是，同意搜查最大的危险就是有搜查权力滥用的可能。如何发挥同意搜查制度的种种优越性同时又避免权力的滥用，成为引入该制度的最大难题。

（三）我国同意搜查制度的构建

目前，我国搜查体系欠缺科学性，构建同意搜查制度实际上是中国传统法律程序与西方法律理念相结合的一种尝试。笔者认为，我国在引入同意搜查制度时，不仅要满足一般无证搜查所应具备的要件，还应当具备同意搜查的特定性要件。只有一般要件和特定要件同时具备才能保障被搜查人的自愿性，防止追诉者滥用公权力侵犯被搜查者的基本权益。

在我国未来修改《刑事诉讼法》时，关于同意搜查，笔者认为可以规定为："搜查，经被搜查人自愿同意，可以不使用搜查证，但搜查人员应当出示证件，并将同意搜查的范围、物品、理由在笔录上记明。在获得同意之前，警察应当事先告知同意人其有权拒绝同意。"在此要注意以下两个问题：

1. 同意搜查的实质要件

首先，同意人应当具备同意的能力。德国学者 Amelung 认为，"同意是一种价值的判断，是同意者的主观价值决定，也是其考量自身利弊所作出的取舍"。他进一步将同意能力解释为"具备理性判断的能力；具备对于整个现实、事件的认识能力；具备能理解事物的自我决定能力；具备可以宣称同意、亦能拒绝同意的能力等"。[①] 笔者认为，对于完全民事行为能力人，可以推定其具有同意能力；对于无民事行为能力人，推定其无同意能力；而对于限制民事行为能力人，应当根据其作出同意时的主观条件和其他客观情形来决定其是否具备同意能力。

其次，关于同意的自愿性判断。笔者认为，关于此问题可参照美国关于自愿性同意的判断标准，采用"综合全案情形的审查标准"。因为同意的自愿性是同意搜查制度存在的基础，也是搜查正当化的依据。由于影响自愿性的因素有很多，因而笔者认为，应当综合同意时的各种客观情况，并且结合同意人的身体、精神、智力以及受教育程度等主观情况综合判断同意的自愿性。

最后，关于同意的内容。根据同意的内容不同可以将其区分为涉及公共利益和个人隐私来讨论同意搜查的问题。当同意的内容涉及公共利益的时候，应当实行强制搜查。此时国家利益和公共利益高于个人利益，为了保证公共安全和大多数人的利益，即使犯罪嫌疑人不同意搜查，也可以不顾其反对而强制搜查，涉及国家秘密的犯罪与恐怖主义犯罪。而在同意的内容涉及个人隐私的时候，应当充

---

① 李瑞敏：《论强制处分之同意》，台湾政治大学法律学研究所硕士论文（2002 年）。

分尊重同意人的意愿，非经同意不得搜查。在这里我们有必要讨论一下美国隐私权的概念及其对美国同意搜查制度的影响。美国宪法上并没有对隐私权下明确的定义，而所谓隐私的概念是在19世纪末才被视为是一种法律上的概念。隐私权的核心概念就是“独处的权利”和“享有个人私人事务的控制以及个人秘密的揭露的权限”。同时，美国社会对住宅受搜查的保护胜过其他处所或物品，甚至有时会超越人身。这种对住宅隐私权的重视与其个人主义的文化传统是分不开的，也影响着美国的同意搜查制度在实践中的运作。我国并没有个人主义的文化传统，对住宅的隐私权保护也不及美国，但是基于保护同意人的权利，有必要在涉及个人隐私时，充分尊重同意人的意愿。只有经过犯罪嫌疑人自愿同意后，才能进行搜查。

2. 同意搜查的程序要件

首先，搜查人员应当出示证件，将同意搜查的范围在笔录上记明。美国法中被告人在作出同意时，通常不会与警察约定范围，也没有令状那样需要载明搜查的范围。笔者认为，我国在立法时应当规定将同意搜查的范围、物品、理由记载于笔录中。这样一方面可以规制警察行使权力的范围。如果在笔录上已经明确记载了要搜查的物品、空间范围，警察便只能依照笔录上确定的内容进行搜查，对于笔录以外的其他的物品、人身、场所等不得进行搜查。另一方面也可以杜绝日后的争议，为判明搜查是否合法提供依据。将搜查范围在笔录中记明，使法官或被搜查人能够确定警察的搜查是否越界，从而为认定是否为非法搜查提供依据。

其次，关于同意的撤回，原则上允许同意人在作出同意后随时撤回同意，而且不具有溯及既往的效力，撤回同意必须书面载入笔录。因为被告撤回同意通常是出于特殊情况，而这种情况是被告在同意之前没有预见到的。并且这种同意不受即判力的约束，这里仅仅涉及公民自己行使权利的问题。撤回同意的效力不溯及既往，否则被告便可以利用先同意搜查，等警察搜出赃物再撤回同意的方式，使取得的证据有非法取证的嫌疑，从而给自己创造逃避惩罚的机会。因此，撤回同意不具有溯及既往的效力。

再次，在获得同意之前，警察应当事先告知同意人有权拒绝同意。目前，德国和美国对此采取不同的态度。在德国法院的实务运作中，有人认为仅在明确地告知同意人警方无权强行搜查时，同意人的同意才属有效的同意。[①] 笔者认为，在践行告知程序的问题上，我们应该仿效德国的做法，即事先告知同意人有权拒绝同意。这样一方面可以更加有力地保护被搜查人的合法权益，使得同意人明确同意的内涵和法律效力，从而自愿地作出选择。另一方面，从未来审判的角度来考虑，事先告知同意人有拒绝同意的权利，并记载于笔录，可以杜绝日后的争

① 李瑞敏：《论强制处分之同意》，台湾政治大学法律学研究所硕士论文（2002年）。

议。这其实是一种举证责任倒置的规定，同时也加重了搜查人员的举证责任。这也就是说在告知同意人有权拒绝同意后，可以推定其后来的同意具有自愿性。之所以要仿效德国采取这种严格的模式，与我国的文化背景和法律观念是分不开的。在目前我国侦查人员素质不高的情况下，多一道举证责任的门槛，可以防止侦查人员滥用搜查权力，从而更好地保护犯罪嫌疑人的权利。

最后，还要完善违法搜查的救济途径，法律应当明确规定非法搜查所取得证据将会被排除，同时追究违法搜查人员的责任。原则上非法搜查所取得的证据均应当排除，但是遇到重大犯罪时也可以采用该证据，不过应当在法定刑内适当减轻被告人的刑罚，这也就是减损被告人程序权利来增加其实体权利。由此看出，我们不仅要重视受害人的救济，同时还要加强对违法人员的责任追究，只有这样才能更好地在侦查活动中追诉犯罪嫌疑人的同时保障其合法的权益。

（四）小　结

我国目前关于无证搜查无论是立法本身还是实践中都存在着诸多问题，因此改革无证搜查制度势在必行。同意搜查反映了现代刑事诉讼中审前程序中强制处分权的基本分配规律。同意搜查作为一种标准的侦查模式，在我国目前无证搜查范围狭小、条件苛刻的情况下，引入同意搜查制度正好可以省去引进司法审查制度的麻烦，同时还可以缓解警察与犯罪嫌疑人之间的紧张关系。笔者在构建我国同意搜查制度时，不仅考虑到了无证搜查的一般要件，还考虑到了同意搜查的特定性要件，建议将我国的同意搜查规定为："搜查，经被搜查人自愿同意，可以不使用搜查证，但搜查人员应当出示证件，并将同意搜查的范围、物品、理由在笔录上记明。在获得同意之前，警察应当事先告知同意人其有权拒绝同意。"这样通过一定的实质要件和程序要件来确保同意的自愿性，同时对于违法搜查给予一定的救济，从而有效地防止侦查人员滥用搜查权，更好的保护犯罪嫌疑人的权利。

第十四章　汽车搜查

搜查，是基于发现犯罪嫌疑人或者取得犯罪证据或其他可得没收之物的目的，搜查犯罪嫌疑人或第三人的身体、住宅、物品或其他处所的侦查手段。搜查，作为侦查犯罪的一种有力手段，因其国家强制性，难免会对公民的个人权利造成干预或侵犯。因此，各国法律大都对搜查制度作了详细的规定和必要的法律规制。令状原则要求侦查机关在实施强制处分（搜查）时，原则上必须获得"中立、超然"的司法官员的审查批准。令状原则的主要功能在于保障公民所享有宪法赋予他们的人身权、财产权和隐私权等基本权利免受国家公权力的不合理侵犯。然而，执法的效率、对犯罪的打击以及国家安全和社会利益的维护也是国家所追求的目标。因此，各国一般都规定或承认了无证搜查，并创立了一系列令状原则的例外。

随着科技的进步，汽车工业的发展，汽车成为越来越多的普通个人或家庭生活中的必需品。《法制晚报》2010 年 6 月 2 日刊登的消息称，我国汽车保有量 2011 年底可达 7500 万辆，将超过日本，仅次于美国。[①] 以北京为例，截止到 2009 年 12 月 18 日，北京汽车保有量已突破 400 万辆。更让人吃惊的是增长速度，北京机动车保有量从 2300 辆到 100 万辆只用了 48 年时间。2003 年 8 月、2007 年 5 月，北京汽车保有量先后突破 200 万、300 万大关，分别用时 6 年 6 个月和 3 年 9 个月，而从 300 万辆到 400 万辆，仅用了 2 年 7 个月[②]。人们在享受汽车等现代化交通工具为我们的生活带来便利的同时，也不得不面对汽车成为越来越多犯罪分子犯罪的对象、犯罪的工具等现实。近年来，抢劫、盗窃汽车的犯罪案件明显增多，盗抢汽车犯罪案件居高不下并且受到人们的普遍关注[③]。另

① 钱业、陈嶒等：《我汽车保有量，明年超日成亚军》，载《法制晚报》2010 年 6 月 2 日。

② 阎晓明、王建新：《北京：汽车保有量 400 万 未来采取差别化停车收费》，载中国经济网 2009 年 12 月 21 日。

③ 王中宙：《当前盗窃汽车犯罪现象突出受关注》，载呼和浩特新闻网 2010 年 4 月 13 日。

外，犯罪分子为了便于逃跑、加强作案的机动性，在相当程度上使用汽车作为作案工具。在现实情况下，犯罪分子利用盗抢的汽车再进行其他犯罪的现象也十分普遍。为查获犯罪嫌疑人、收集犯罪证据，对汽车进行搜查的概率越来越高。鉴于汽车具有的机动性，对汽车进行搜查是否必须要事先取得搜查令状，即警察人员可否不申请搜查令状，直接对公路上的汽车、公交车等加以搜查？汽车中除了从外面看到的一些东西外，还可能承载着驾驶人或汽车主人的很多个人隐私，对汽车的搜查的范围有多大？是否可以搜查汽车上的乘客？能否搜查汽车内密闭的容器或者可移动的容器？

以上种种问题，都涉及对公民人身权、财产权及隐私权的限制或者剥夺。因此，是否需要严格要求警察遵守刑事诉讼法上的搜查证申请；或放任警察自由随意为之；抑或选择一种新的标准，使得既可保障公民权利，又不影响警察办案的效率？美国的汽车搜查制度对这些问题作出了回答。美国的汽车搜查制度比较完善，从 1925 年创立“汽车例外”（Automobile Exception）开始，经过了近百年的发展，其理论基础也从单一的“机动性理论”发展为“机动性理论”与“较少隐私期待理论”的结合。作为令状原则的例外，汽车例外在美国饱受争议。有人赞同此项制度，因为其有利于打击毒品、偷渡等犯罪目标的实现；有人反对说此项例外不利于公民权利的保护，无论是机动性理论还是较少隐私期待理论都有限缩美国联邦宪法第四修正案（本章以下简称第四修正案）所保护的公民权利的嫌疑。这一发展过程反映了美国在扩大政府权力和保护公民权利之间作出的平衡和倾斜。

我国学界对汽车搜查制度的研究尚处于起步阶段。从现有文献来看，国内学者（我国台湾地区除外）还没有关于汽车搜查制度研究的专著或论文问世，大都仅仅将其放在整个搜查制度中作概括性介绍，或者对美国等国家的汽车搜查制度作制度性介绍。总体来说，国内学者对汽车搜查制度缺乏系统性、深入性研究。这与我国现在成为汽车大国，汽车犯罪案件日益增多、汽车搜查频繁启动的社会现实是极不相称的。同时，我国《刑事诉讼法》对搜查制度的规定仅仅用了 5 个条文，对汽车搜查更是只字未提，这给实践中警察肆意启动和实施汽车搜查提供了便利，公民的基本权利遭到很大侵害。所以，对汽车搜查进行研究具有重要的现实意义和理论意义。

制度的改进和完善离不开对其他国家成熟制度的学习和借鉴。研究美国的汽车搜查制度，对构建和完善我国的汽车搜查制度，彰显公民权利的价值，发挥其人权保障功能具有重要的理论和现实意义。

一、令状原则

（一）令状原则

所谓令状原则，是指在进行强制处分时，关于该强制处分是否合法，必须由法院或法官予以判断并签署令状；当执行强制处分时，原则上必须向被处分人出示该令状。[①] 令状制度起源于英国，它的产生和发展就是司法管辖审判权中央集权化的过程。最初，令状的颁布只是在于解决具体个案中的正义性问题，所以令状多采取“我命令谁如何如何”的形式，大部分是一些以一方的主张为基础而由国王下达给地方官吏的行政性命令，实质上是国王利用令状来干预地方官吏的司法审判。[②] 而后，经过几百年的发展，令状制度逐渐演变成程序优先于权利的普通法原则，并具体演化为由司法机关对国家权力干预或剥夺个人权利进行司法审查的制度。现代意义上的令状原则主要体现在刑事诉讼中，而其又与犯罪侦查中的强制处分联系最为紧密。

第四修正案规定了令状原则：“公民的人身、住所、文件和财产不受不合理的搜查和扣押，此项权利不得非法侵犯。除非基于由宣誓或代誓言确认所支持的合理根据，并且详细记载所要搜查的地点、要逮捕的人以及要扣押的物品之外，不得签发令状。”[③] 美国以联邦宪法的高度为政府强制搜查、扣押行为设定了令状限制，要求政府在对公民宪法权利进行侵犯前，必须先由司法机关审核其实质理由，以防止无实质原因的强制处分。美国联邦最高法院对令状原则作出了这样的解释：籍由治安法官（Justices of the Peace）的审核，以消除无相当理由的搜索，因为所有的搜索扣押皆为恶害，在未事先仔细检验是否有搜索的必要性前，任何的搜索皆无正当性。[④] 然而，第四修正案只规定了“无相当理由，不得签发令状”，并未明确令状应由什么机关签发。在殖民时代的美国，由英国的皇家行政官员及皇家州长行使签发令状的权力。至20世纪初，许多州皆有所谓的治安法官执掌令状签发之权，需要注意的是，当时所谓的治安法官亦扮演检察官的角

---

① 宋英辉、吴宏耀著：《刑事审判前程序研究》，中国政法大学出版社2002年版，第39页。

② 项焱、张烁：《英国法治的基石——令状制度》，载《法学评论》2004年第1期。

③ The right of the people to be secure in their persons, houses, papers, and effects, against unreasonable searches and seizures, shall not be violated, and no warrants shall issue , but upon probable cause, supported by oath or affirmation, and particularly describing the place to be searched, and the persons or things to be seized.

④ 王兆鹏著：《美国刑事诉讼法》，台湾元照出版有限公司2004年版，第92页。

色，可以说相当于行政官员或隶属于行政体系，而非司法体系。[①] 虽然《美国联邦宪法》没有明文规定应由什么机关签发令状，但是美国联邦最高法院通过两个判例确立了签发令状的主体。在 1948 年约翰逊案（Johnson v. United States）中，美国联邦最高法院判决指出只有“中立、超然”的司法人员（Neutral and Detached Judicial Officer）才有权签发令状。但在本案中，美国联邦最高法院仅指出“警察或执法人员”不适于签发令状，而未阐明何谓“中立、超然”的司法人员[②]。这一问题在 1971 年柯立芝案[③]中得到了解决，美国联邦最高法院判决只有法官才是“中立、超然”的司法人员，检察官无权签发令状。有人认为，检察官亦接受过系统的法学教育，也经历过法律实务的锻炼，他们的法律素养并不一定比法官差，他们对个案应否采取强制处分判断正确性高于法官。[④] 然而令状原则之理论，并不在于孰较能作出正确的判断，而在于在建立“事先审查”的程序时，审查者必须是“中立、超然”的司法人员。检察官因为系案件侦查的主体，其目的在于有效打击犯罪，而就人权保障与打击犯罪之衡量而言，检察官亦非“中立、超然”的司法人员。[⑤] 另外，基于对“一般性令状”[⑥] 的厌恶，第四修正案明确要求搜查令状必须详细记载搜查的对象、范围，并经中立之法官进行审查核实是否有合理根据对特定的人、物、地进行搜查。

令状原则并非英美法系国家所独有，大陆法系国家也存在，只不过表述上略有不同而已，在大陆法系国家中令状原则的同义词是法官保留原则。法官保留原则，是指将特定的公法上的事项保留由法官行使，并且也仅由法官始能行使的原则。[⑦] 除审判事宜必须由法官保留外，基于对个人基本权利保障的考量，对特定的强制处分（如搜查、扣押等）决定权也要由法官来行使，并且也仅能由法官

① Akhil Reed Amar, Fourth Amendment First Principles, 107 Harv. L. R. 757, 772 – 73 (1994). 转引自王兆鹏著：《美国刑事诉讼法》，台湾元照出版有限公司 2004 年版，第 99 页。

② 王兆鹏著：《美国刑事诉讼法》，台湾元照出版有限公司 2004 年版，第 100 页。

③ Coolidge v. New Hampshire, 403 U. S. 443 (1971).

④ 朱楠：《检察官应拥有强制处分权之剖析》，载台湾《月旦法学杂志》1984 年第 10 期。

⑤ 王兆鹏著：《搜索扣押与刑事被告的宪法权利》，台湾元照出版有限公司 2003 年版，第 73 页。

⑥ “一般性令状”（General Warrant）是指搜查的范围、对象都不特定的令状，这一令状在美国独立前即英国殖民时期被广泛使用。英国殖民者曾以维护治安、打击异端分子之名对不特定人、物、场所进行搜查，不仅逮捕了大量犯罪嫌疑人，也对没有嫌疑的进步分子的人身、住宅进行恣意搜查，对所发现的物品任意扣押，严重侵犯了公民的住宅自由和人身、隐私等基本权利。

⑦ 林钰雄著：《刑事诉讼法》（上卷 总论编），中国人民大学出版社 2005 年版，第 78 页。

来行使，其他担当刑事诉讼程序的国家机关（尤其是检察官）仅具有申请权而已。[①] 如《德国刑事诉讼法典》第105条规定："是否搜查，只允许由法官，在延误就有危险也允许由检察院和它的辅助官员决定"[②]。从此我们可以看出，德国在刑事诉讼中规定对搜查等严重影响公民基本权利的强制处分原则上应事前获得法官的允许，但是也保留了在紧急情况下检察院和它的辅助官员也有令状的签发权。这与其传统上一直强调控制犯罪，发现实质真实的诉讼价值追求是分不开的。

令状原则在控制国家机关侦查权、保障公民权利等方面具有显著的价值。权力具有扩张性，必须给予必要的限制。孟德斯鸠曾说过："一切有权力的人都容易滥用权力，这是万古不易的经验。有权力的人们使用权力一直到遇有界限的地方为止。"[③] 在刑事诉讼中，侦查机关拥有极大的国家权力，如果不对其进行必要的控制，极易使其权力过度扩张，对公民的宪法权利构成侵害。令状原则对侦查权的控制主要通过对其将实施的强制处分进行司法审查，以决定其是否有合理根据来实行此次强制处分。"中立、超然"的法官能够根据法律和良心来判断是否应该签发令状，并在强制处分（如搜查）的必要性和保障公民基本权利的重要性之间作出权衡。

（二）依据令状之汽车搜查

令状原则要求政府在进行侵犯公民权利的强制处分时，必须要持有中立之司法官员签发的令状，除非有法律规定的紧急情况或者其他例外。搜查涉及对公民人身、财产以及隐私权的侵犯，所以按照令状原则的要求，除法律规定的例外情况外，必须签发令状才能对公民的人身、住宅以及其他处所进行搜查。汽车作为当代人们日常的交通工具，是人们"流动的住所"，它承载了人们很多个人隐私和安全期待，所以对其进行搜查理所当然要经令状之许可。

由于汽车并不像住宅那样具有固定性，它的位置时常移动，所以在申请搜查令状时，必须要根据汽车所处的位置确定搜查的对象和范围。实践中，当侦查人员申请搜查证搜查住宅时，如果该处所亦停放有汽车，此时能否对汽车进行搜查，即该搜查证的效力能否涵括汽车？对此，要具体考虑该车辆停放处与被搜查处所是否相邻且不可分，如果房屋为一人之单式住宅而非公寓式楼房，汽车停放在紧邻于房屋或者在屋内的车库，那么对住宅之搜查证的效力应及于汽车。而此

---

① 林钰雄著：《刑事诉讼法》（上卷 总论编），中国人民大学出版社2005年版，第227页。

② 李昌珂译：《德国刑事诉讼法典》，中国政法大学出版社1995年版，第36页。

③ ［法］孟德斯鸠著，张雁深译：《论法的精神》（上册），商务印书馆1982年版，第154页。

时是否能够基于已核发之搜查证对汽车进行搜查，则应视所欲搜索之证据在一般情况下是否有藏匿于车内的可能再作决定。① 如果为了搜查被盗之五头牛，就不应搜查住宅主人的一辆“迷你”轿车。如果汽车是停在公路上或他人土地上，或者停放在地下停车场等已脱离与搜查证所记载特定场所的紧密结合，则对于该车辆之搜索，必须另行取得搜查证之核发。此外，对于停在自己土地或者车库内之汽车，若认为单独对汽车搜索即已足时，则应以该汽车作为搜索场所之记载为单纯搜索状纸声请。②

搜查汽车之令状必须符合令状的三个基本要件：第一，签发者必须是中立的法官；第二，签发的令状必须具有搜查的实质理由，即侦查人员必须有合理根据相信汽车里藏有犯罪证据或违禁品，并提供证据证明；第三，搜查证必须具体特定，一定要详细记载搜查案由、应搜查的汽车（谁所有、什么牌子的车辆，以及汽车的颜色、型号等）、应扣押的物品（如毒品、凶器、枪支或其他证据）等，以使执行搜查的侦查人员能够特定化搜查对象和范围，避免对公民权利的不当侵犯。

执行汽车搜查时，侦查人员原则上必须要向汽车所有人或驾驶人出示搜查证，认真填写搜查扣押物品清单证明并呈报签发搜查证的法院。严格按照法定程序依照搜查证记载的搜查对象和范围进行搜查，不得随意扩大对象和范围。在搜查过程中要尊重和保障被搜查人的其他权利，不得恣意侵犯公民的基本权利。

二、汽车例外：机动性理论

汽车搜查涉及对公民人身自由权、财产权以及隐私权之侵犯，所以对其进行搜查原则上必须遵循令状原则。若警察等侦查人员有相当理由（如可靠线人的线报等）怀疑车内藏有犯罪证据或应没收之物，应先向法院申请搜查证，经“中立、超然”之法官审查，并对该欲搜查的汽车在搜查证上予以特定（如汽车的车牌号码、品牌类型、颜色等）后，方得对该汽车进行搜查。

然而，若遇有无法及时声请之紧急情形时，亦应对此种情形下之搜索予以肯定，以免对人权之僵硬保障而造成对犯罪侦查、追诉之不能。尤其是每天在路上大量行走之汽车、机车，若遇有犯罪嫌疑人或证据之际，是否有声请搜索票之可能性，以及若可不声请搜索票，又应如何控制执法人员之搜索行为③，凡此种种都必须予以理清。美国法之汽车搜查——“汽车例外”，为此问题的解决提供了

① 梁淑美：《机动车辆之搜索》，台北大学法律研究所硕士论文（2001 年）。

② 梁淑美：《机动车辆之搜索》，台北大学法律研究所硕士论文（2001 年）。

③ 梁淑美：《机动车辆之搜索》，台北大学法律研究所硕士论文（2001 年）。

很好的研究范本。

(一) 汽车例外之创设：卡罗尔案①

在卡罗尔案中，被告卡罗尔和柯罗曾经同意卖给联邦禁酒局的卧底执法人员3箱烈酒（威士忌），但后来并未出现。该联邦执法人员因而能认出被告及其所驾驶的车辆，后来联邦执法人员在高速路上巡逻时发现被告所驾驶的汽车，该汽车行驶于贩运烈酒者经常出没的道路上，因而有相当理由相信该汽车内载有烈酒。经拦停后检查，在车内发现了68夸脱的威士忌和琴酒，因触犯“全国的禁酒令”（the National Prohibition Act）而逮捕了被告，并扣押了烈酒。在本案中，两被告因为贩运烈酒而被起诉和定罪。初审法院将通过搜查汽车获得的68瓶酒中的2瓶（1瓶威士忌和1瓶琴酒）采纳作为证据。据此，两被告对判决提起上诉，主张采信68瓶中的2瓶作为证据是不合法的，因为搜查扣押是在没有令状的情况下进行的，违反了第四修正案。

控方对此反驳指出，警察已有相当理由足以认为该汽车内可能藏有烈酒。警方表示如果要求警察此时去申请搜查令状，那么在高速公路上拦停的汽车将会消失无踪。美国联邦最高法院判决认为，此种无令状的汽车搜查是合法的，因为如果警察还需要试图取得搜查令状，则汽车将驶离。在讨论考量了诸多法律和判例之后，美国联邦最高法院认为，②第四修正案的目的在于保障人民免受不合理搜查扣押的自由。在司法实践中，自美国联邦政府成立之初，即承认以下两种搜查之间存在必然差别：对商店、住宅或者其他建筑物的搜查，必须取得搜查令状，因为申请相应的司法令状并不存在什么困难；但对于搜查船舶、摩托艇、货车或汽车是否携带违禁品，如要求其预先必须取得搜查令状，则根本不切实际，因为交通工具可以迅速离开现场或需取得令状的管辖区。

在本案中，美国联邦最高法院以汽车具有机动性（Mobility）为理由，认为所欲搜查之物具有机动性，如果申请令状后再搜查，乃不切实际的做法，故警察得例外地为无令状搜查。在此案中，美国联邦最高法院创立汽车搜查例外的理论基础是机动性理论。

(二) 机动性理论

1. 机动性理论之创设

在卡罗尔案中，法院认为因为汽车具有机动性，无法像对商店、住宅或者其他建筑物搜查时那样，执法官员可以及时或者在有准备的情况下，向法院申请并取得令状。如果对汽车进行以搜查违禁品或犯罪证据为目的的搜查时，仍需要事

---

① Carroll v. United States, 267 U. S. 132 (1925).

② Carroll v. United States, 267 U. S. 132 (1925).

先取得令状，显然不切实际。因为在 1924 年当时，取得令状的时间，包括来回法院之车程以及完成纸上作业所需之时间。若选择留置车辆数小时至数天，亦同样破坏第四修正案所指摘的不合理之无令状扣押。① 另外，不得不考虑当汽车被扣押后，等待警察申请令状的时间内，由于汽车本身具有极大的移动能力，会极大地影响警察发现、收集犯罪证据的能力，也可能使警察处于危险之中。

基于汽车的机动性，在无法及时取得令状的情况下，可解释为具有紧急性之要件，若亦具备合理根据时，则允许对汽车立即为无令状之搜查。此一原则之建立，使得对汽车之无令状搜索，非依据逮捕权之有无，而可否附随逮捕为搜索之法则运行，则有一独立理论加以正当化，② 即对汽车搜查的权利和扣押的合法性不依赖于逮捕权的有无，而依赖于扣押官员“相信汽车内存在违法物品”是否有合理根据。③ 然而，在卡罗尔案中确立的机动性理论，法院判决中并未对其具体涵义进行阐述。实践中，这一独立性的理论在很长一段时间内对汽车搜查之法理运用影响不大，适用广泛的仍是附带搜查，即对汽车之车主或驾驶员逮捕以后，对汽车进行附带搜查，因为对警察来说，“说明因何种罪名可逮捕使用汽车者之相当理由（因而得进一步为附带搜索），远比以表示车内现在放置着具体之物件（汽车例外）之方式较为容易得多”④。但是，到了 1969 年威莫尔案（Chimel v. California）中，美国联邦最高法院判决将附带搜查的范围限定在被逮捕者的人身以及他能立即控制的区域内（under Immediate Control），该判决的作出即使巡逻之执法人员在逮捕嫌疑人或被告后，对已经脱离被告控制的汽车就不能实施附带搜查了。随后，美国联邦最高法院又通过两个判例阐述了汽车之机动性的具体意义。

2. 机动性理论之展开

（1）机动性理论之扩张。卡罗尔一案中驾驶人并未被逮捕（搜查汽车得到犯罪证据后才逮捕被告），如果不及时对其进行无证搜查，汽车的机动性会使犯罪嫌疑人迅速脱离警察的控制。而驾驶人一旦被逮捕之后，那么其所驾驶的汽车是否还具有机动性？在不具有紧急情况时，警察是否还能无证搜查汽车？美国联邦最高法院在 1970 年钱伯斯案（Chambers v. Maroney）⑤ 中对此问题作出了回应。

---

① Carroll A. Chase, Privacy takes a back: Putting the Automobile Exception Back on Track after Several Wrong Turns, Boston College Law Review, December , 1999, at 74, 75. 转引自梁淑美：《机动车辆之搜索》，台北大学法律研究所硕士论文（2001 年）。

② 梁淑美：《机动车辆之搜索》，台北大学法律研究所硕士论文（2001 年）。

③ Chambers v. Maroney, 399 U. S. 42 (1970).

④ 梁淑美：《机动车辆之搜索》，台北大学法律研究所硕士论文（2001 年）。

⑤ Chambers v. Maroney, 399 U. S. 42 (1970).

在钱伯斯案中，加油站发生抢劫案后，被害人和证人向警察报案。据加油站的服务人员和目击证人描述，抢劫者开着一辆蓝色休闲车，其中一人身穿绿色毛衣、一人身穿防水夹克等。大约在抢劫案发生一个小时后，警察在离加油站两公里处发现了符合证人描述特征的汽车。警察拦停了该汽车并发现车内四人与加油站服务人员和目击证人描述的劫匪长相相同，警察于是合法逮捕了该四人，并将汽车开回警察局。之后，在未声请令状的情况下对汽车进行了彻底的搜查，在车子仪表板下的容器内，发现了两把手枪（其中一把装有子弹）及他案抢劫的证据。本案争议的焦点是汽车已经被带到警察局，是否仍有机动性？警察无令状搜查汽车是否合法？

本案对汽车的搜查是发生在逮捕后，并且是在其他场所（警察局）实施的，因此无法认定为附带搜查，也不符合卡罗尔规则中的汽车机动性理论，然而美国联邦最高法院则认为此种情况下对汽车进行的搜查，事实上已具有相当理由。因为本应依卡罗尔规则，当场搜查汽车，但当时已为午夜，且汽车又在昏暗的停车场内，因此不可能在现场进行比较详细的搜查，因此警察将车开回警察局乃极为合理之事。当汽车被开回警察局后，警察所面临的选择为：①立即为无令状之搜查；②向法院声请令状，于等候令状核发期间，暂时扣留汽车。不论警察为哪种选择，他们最终都能搜查汽车，法院认为非但在结果上并无不同，在宪法理论上亦无差异。法院认为警察只要具备相当理由，任何一种选择在第四修正案之下都是合理的。①

这一判决的重要之处在于，它确立了判定汽车是否具有机动性的时点，不在实际被搜查之时，而在汽车被拦阻时。美国联邦最高法院在随后的判决中也曾对此作过诠释，“如果在拦阻汽车的现场，警察已具备相当理由搜查汽车，那么嗣后于警察局内，警察亦可为无令状之搜查，并不违宪”②。如果以此推论，任何被拦停的汽车，由于在被拦阻时都具有机动性，即使汽车被移往警察局或其他地方后，实际上已无机动性，但仍然视为具有机动性，可以适用“汽车例外”的原则。实际上，在这里美国联邦最高法院对汽车的机动性作了一定的扩展解释。这种解释遭到了一些学者的批评，认为这样大开例外之门，是对卡罗尔案确立的机动性含义的扭曲和破坏。③

---

① Chambers v. Maroney，399 U. S. 42（1970）. 转引自王兆鹏著：《搜索扣押与刑事被告的宪法权利》，台湾元照出版有限公司2003年版，第209页。

② “Police officers with probable cause to search an automobile at the scene where it was stopped may constitutionally do so later at the station house without first obtaining a warrant.” United States v. Waston，423 U. S. 67（1976）.

③ Joshua Dressler，Understanding Criminal Procedure，at 205（Matthew Bender，1997）.

(2) 机动性理论之限制。钱伯斯案的判决结果，似乎令人觉得汽车因其“潜在之机动性”，已不受令状原则的保护，只要具备相当理由，警察即得为无令状搜索。① 但很快美国联邦最高法院在柯立芝案②中对此观念进行了反驳和澄清。在该案中，警察将涉嫌谋杀之被告于其家中逮捕时，已有相当理由搜查被告停于车道之汽车。警察将汽车拖至警察局，并于汽车被扣押的第二天、将近一年以及一年零两个月，前后共三次对汽车进行无令状搜查。有关对汽车的搜查，美国联邦最高法院判决三次搜查都违宪。美国联邦最高法院在判决中严正宣示：“汽车”不因其为汽车，就成为警察（政府）不遵守第四修正案要求的护身符……汽车为容器的一种，与任何其他容器一样，如衣箱、手提箱、盒子、公文包等，均具有可移动的性质，为何其他容器受宪法保护，而汽车却不受宪法的保障?③

美国联邦最高法院判决认为，搜查之时点离扣押汽车之时点过远。警察早就知道汽车在本案中扮演相当角色——事前有充足的时间申请令状；被告早有（被逮捕前）无数机会能够毁灭、隐藏证据——不具备无令状搜查之紧急性；汽车并非在高速路上被拦截或扣押——亦无机动性等因素而不符合无令状搜查的条件。因此，美国联邦最高法院判决本案的汽车搜查违宪。此判决澄清了前一判决可能引起的误解，并非只要搜查的客体为汽车就当然地具有机动性而适用“汽车例外”，不受令状原则的保护。④ 机动性的判断不仅应从其固有的特性来判断，还需要依据具体情况来认定，即是否会因声请令状程序造成汽车移动而无法进行搜查。

（三）机动性的考察

1. 创立时的明智

机动性理论是美国创设汽车例外时的基本理论。在卡罗尔案中，法院判决该案中的汽车具有机动性，无可指摘。因为汽车是在高速路上被拦停的，当时警察依法无权逮捕驾驶人，所以无法对汽车进行附带搜查。当时警察所能选择的仅限

---

① 王兆鹏著：《搜索扣押与刑事被告的宪法权利》，台湾元照出版有限公司2003年版，第210页。

② Coolidge v. New Hampshire, 403 U. S. 443 (1971).

③ “The word ‘automobile’ is not a talisman in whose presence the Fourth Amendment fades away and disappears… A good number of the containers that the police might discover on a person’s property and want to search are equally movable, e. g. , trunks, suitcases, boxes, briefcases, and bags. How are such objects to be distinguished from an unoccupied automobile…sitting on the owner’s property? ” Coolidge v. New Hampshire, 403 U. S. 443 (1971).

④ 王兆鹏著：《搜索扣押与刑事被告的宪法权利》，台湾元照出版有限公司2003年版，第212页。

于：①当场立即搜查汽车；②扣押汽车至取得搜查令状为止。美国联邦最高法院认为，由于汽车具有机动性，如果警察申请司法令状时司机将汽车开走，那么汽车里的证据可能面临湮灭的危险。如果警察强制扣押汽车至令状取回，那么将严重影响被告的人身自由，也可能会为警察自身带来危险。所以，在当时紧急情况下，允许警察无令状搜查汽车并无不当。

2. 发展中的牵强

然而，在钱伯斯案中，美国联邦最高法院认为，汽车在警察局内仍有机动性，则显得太过牵强。因为汽车在公路上行驶时被拦停，不能合法逮捕驾驶人，不立即搜查汽车可能会侵犯驾驶人的人身自由、财产安全以及造成证据湮灭的危险。而本案中被告已被合法逮捕，汽车已被开回警察局，被告之人身自由权和财产权已被警察剥夺或控制，此时被告只剩下对汽车内物品的隐私权。基于对公民基本权利的保护，此时对汽车的搜查应以对被告隐私造成最小侵犯的方式为之，即先申请搜查令状再进行搜查。然而美国联邦最高法院却认为，就第四修正案而言，“在向地方法官展示本案具有合理根据支持之前就对汽车实施扣押，与没有令状授权的情况下当场对该汽车实施搜查，这两者之间并不存在什么差别”[①]。美国联邦最高法院得出的结论是，在多数案件中，在获得司法令状之前，因暂扣汽车而造成的侵害可能会比当场实施无证搜查更大。因为通过搜查，如果没有发现犯罪证据，相应的，公民可以继续赶路，而不会因为警察申请司法令状需要时间而承受相应的不便。因此，美国联邦最高法院认为，没有理由要求警察必须在对汽车进行无证扣押还是实施无证搜查之间作出选择。既然这两者具有基本等同的侵害程度，而且汽车的机动性可以作为其中的正当理由之一，那么也意味着，另外一种行为也应当予以准许。[②] 而美国联邦最高法院的解释是有问题的，因为可以实施无证扣押并不意味着可以实施无证搜查。在多数扣押汽车的案件中，搜查造成的侵害程度远大于扣押。钱伯斯案中被告已经被逮捕，他的汽车实质上已经失去机动性。就侵害程度最小而言，应由被告选择采取哪种措施：一是由警察立即进行搜查而迅速摆脱嫌疑；二是忍受汽车被扣押而等待司法令状的签发再进行搜查。相信和本案的被告一样，大多数被逮捕的犯罪嫌疑人都会选择后者。而政府宣称，“对你的汽车进行无证搜查是为你好，否则，在申请令状期间，你不

① 吴宏耀等译：《美国联邦宪法第四修正案：令状原则的例外》，中国人民公安大学出版社 2010 年版，第 343 页。

② 吴宏耀等译：《美国联邦宪法第四修正案：令状原则的例外》，中国人民公安大学出版社 2010 年版，第 344 页。

得不在这儿等很长时间”——这无疑是一种父权主义国家的说辞。①

在创立汽车例外之初，美国联邦最高法院要求适用汽车例外应存在紧急情况，即不立即搜查可能导致嗣后搜查无法进行。卡罗尔案中的汽车机动性理论也是基于此而产生的，汽车在高速公路上被拦停，没有逮捕被告，如果先申请令状，那么汽车的机动性可能导致以后无法对该汽车进行搜查。而在钱伯斯案中，当驾驶人被逮捕，汽车也被开进警察局并且在警察的控制之下，美国联邦最高法院依然认为汽车具有机动性，有随时移动的可能性，并发展出“汽车的机动性判断时点不在被搜查时而在被拦停时”的理论，这多少显得有些荒谬。因为照此逻辑推论，似乎所有的汽车，不论于何种情形，皆有机动性，皆不受令状原则的保护。如此大开例外之门，实不妥当。②

三、汽车例外：较少隐私期待理论

（一）较少隐私期待理论的创设

1. 卡兹案：第四修正案保护中心的转移

20世纪之前，第四修正案保护的中心是绝对的财产权，法院强调的也是财产权，这是美国奉行自由主义和资本主义的必然表现。在自由竞争主义理论的指导下，美国经济取得了突飞猛进的发展，并成功超越了英国，成为最大的经济体。但是，这种自由放任的发展模式也积累了不少经济问题，并最终在1929年彻底爆发了。

经济危机使人们对自由竞争主义理论的神圣性产生了怀疑，美国联邦最高法院长期以来对私有财产的竭力保护以及对政府干预经济的种种限制，被证明不能挽救美国的经济局势。③ 而奉行政府管制的罗斯福新政为美国走出经济危机作出了决定性的贡献。在罗斯福执政期间对法院的改组以及对美国联邦最高法院法官的人事变动，使得支持新政的自由派法官在美国联邦最高法院中逐渐占据主导地位。美国联邦最高法院对新政的支持，使得私有财产的绝对神圣地位在严峻的经济形势下受到了很大的削弱。在20世纪前半期，法院开始从过去强调财产权利转变为强调人身权利，到20世纪中期，美国社会制度逐渐变成“政府具有明确责任促进社会福利的制度，甚至可以牺牲个人财产权作为代价”④。在绝对财产

① 吴宏耀等译：《美国联邦宪法第四修正案：令状原则的例外》，中国人民公安大学出版社2010年版，第344页。

② 王兆鹏：《论汽车之搜索》，载台湾《月旦法学杂志》2000年第59期。

③ 向燕：《搜查与隐私权保护》，中国政法大学博士学位论文（2009年）。

④ 转引自向燕：《搜查与隐私权保护》，中国政法大学博士学位论文（2009年）。

权受到削弱的同时，个人的隐私权逐渐获得了法院的认可，并最终在 1967 年的卡兹案中取代了财产权在第四修正案中的主导地位。

卡兹案[①]的基本案情是：卡兹正在用公共电话与他人谈论有关赌博事宜，联邦官员将电子窃听和录音设备装设在公共电话亭外，窃听并录制了卡兹的通话内容。在审判中，该录音被法庭采纳为证据，卡兹因此因违反“禁止通过有线通信进行州际赌资交易”的规定被判有罪。卡兹以该录音取得方式违反第四修正案为由提出上诉，上诉法院维持了对被告人的有罪判决，否定了录音的取得违反第四修正案的主张，理由是，“联邦官员的窃听行为并没有对卡兹打电话的电话亭实施物理性侵入”。美国联邦最高法院推翻了以前法院的判决，在奥姆斯特德案（Olmstead v. United States）[②] 中，美国联邦最高法院曾判决认为，第四修正案仅限于对有形财产的搜查和扣押，没有对有形财产的物理性侵入，就不需要再进一步审查是否违反了第四修正案，所以没有对任何物体进行扣押的监听，不属于第四修正案保护的范围。但美国联邦最高法院在卡兹案中支持了卡兹的主张，判决认为，第四修正案保护的是“人”，而非“地方”，是否受到第四修正案保护，不是取决于地方，而是取决于人，即“对于个人明知会暴露于公众的东西，即使是在他自己的家中或办公室里，也不受第四修正案保护。相反，对他试图作为私密隐藏的东西，即使是在公众可以出入的场所之中，也可能会受到宪法的保护”[③]。因此，物理性侵入并不是构成非法搜查的必要条件，非法监听也应构成非法搜查。

卡兹案的重大意义不仅在于其完成了第四修正案关注重心的转移（从财产权转向了隐私权），更在于其提出了“合理的隐私期待”理论，该理论日后成为美国法律判断政府的特定行为是否构成搜查的标准。合理的隐私期待标准具体可分为主、客观两个要件：主观要件是，该人已经表现出对其隐私真实的（主观的）期待；客观要件是，社会愿意将该种期待承认为“合理的”。[④] 合理的隐私期待理论的出现不仅反应了保护个人隐私权的需求日益增强，也是对科技发展威胁个人隐私的反击。隐私权，并不是《美国联邦宪法》明定的权利，而是随着社会发展，公民权利意识的觉醒和隐私权利保护的现实需要而产生的，它也是公权力和个人权利适当平衡的结果。卡兹案以后，搜查与隐私之间的关系已经牢牢地确立了下来。更确切地说，是否侵犯了个人的合理隐私期待直接决定着特定行

① Katz v. United States，389 U. S. 347（1967）.

② Olmstead v. United States，277 U. S. 438，48 S. Ct 564（1928）.

③ Katz v. United States，389 U. S. 347（1967）.

④ Katz v. United States，389 U. S. 347（1967）.

为是否构成搜查。[①]

2. 较少隐私期待理论的创设

美国联邦最高法院在创设“汽车例外”时，仅仅依赖于“机动性”理论，并未使用嗣后耳熟能详之“隐私期待理论”（Expectation of Privacy）[②]。主要原因在于，在20世纪60年代以前，第四修正案一直以财产权理论为核心，重在保护公民的财产免受非法的搜查和扣押。直到1967年卡兹案确立隐私权是第四修正案所主要保护的对象，隐私期待理论才得以确立。伴随着这种理念的转变，在复杂的实践面前，美国联邦最高法院仅从机动性来解释汽车搜查例外规则的合理性渐感力不从心，捉襟见肘。于是美国联邦最高法院因时顺势，以较少隐私期待为理由强化了汽车搜查例外规则，这种视角的拓展始见于1974年的卡德威尔案（Cardwell v. Lewis）[③]。

在卡德威尔[④]案中，警察有相当理由相信被告涉嫌谋杀，并且有相当理由相信被告的汽车在谋杀案中曾被使用。应警察电话通知，被告在到警察局接受询问时，被警察依据逮捕令状合法逮捕。被告被逮捕后，其停放在公共停车场的汽车（即被认为有充分可疑为供犯罪使用的）也被扣押并移至警察保管之公共停车场。第二天，经专家检查，发现车后的磨痕与犯罪现场残留的痕迹一致，在被告汽车上取得的车子漆料也与附着于被害人车子上的漆料相同。美国联邦最高法院判决本案对汽车进行的无证搜查合法，其理由是汽车具有“较少隐私期待理论”（Lesser Expectation of Privacy）的特征：“汽车作为交通运输工具，很少作为居住使用，亦很少放置私人物品之用。汽车几乎无法逃避公众的窥视，在公共道路上行驶，公众能够一目了然，轻易看见其内的乘客及物品。”[⑤] 汽车具有“较少隐私期待”的另一个理由是：汽车不同于住宅，它经常行驶于公共道路之上，对公众安全威胁很大，因此它受到各种交通法规以及安全法规高度地规范。如果汽车在公路上有危险或者出现故障，警察一般都会进行干涉。因此，警察和公民之间在汽车上的接触必然比在住宅或者办公室多，其隐私期待理应比住宅等要低。

---

① 吴宏耀等译：《美国联邦宪法第四修正案：搜查与扣押》，中国人民公安大学出版社2010年版，第81页。

② 王兆鹏著：《搜索扣押与刑事被告的宪法权利》，台湾元照出版有限公司2003年版，第212页。

③ 王桂芳：《论美国刑事判例法中之汽车搜查例外规则》，载《华中大法律网》。

④ Cardwell v. Lewis，417 U. S. 583（1974）.

⑤ “One has a lesser expectation of privacy in a motor vehicle because its functation is transportation and it seldom serves as one’s residence or as the repository of personal effects. A car has little capacity for escaping public scrutiny. It travels public thoroughfares where both its occupants and its contents are in plain view.” Cardwell v. Lewis，417 U. S. 583（1974）.

在卡德威尔案中，针对汽车外部的检查以及采取少量的漆料，并没有造成对被告隐私权的侵犯，理应不在第四修正案“合理的隐私期待”的保护范围内。但是，“较少的隐私期待”在本案中首次出现后，却是造成后来全面运用“较少隐私期待理论”作为处理对汽车内部及车内物品搜查的主要依据。

（二）较少隐私期待理论的发展

在1976年的欧普曼案（South Dakota v. Opperman）[①] 中，美国联邦最高法院运用了较少隐私期待理论，并对其他情况进行说明。

在该案中，被告因违反《市政停车法令》（Municipal Parking Ordinances），其汽车被警察拖走。在市政扣押所（the City Impound Lot）内，警察依照法定程序对汽车和车内物品进行了清点盘查，包括汽车仪表上未上锁的小柜，并在其中一个塑料袋中发现了大麻。被告随后因被指控持有大麻而遭逮捕，他提出排除搜查汽车得到的证据的动议被驳回，因此被判有罪。他提出上诉，南达科他州最高法院认为对汽车的清点盘查违反了第四修正案，故推翻了对其的有罪判决。美国联邦最高法院签发了调卷令对本案进行审理，认为本案中警察依据警察部门程序对汽车实施的惯常盘点清查行为并未违反第四修正案的规定，是合理的。故推翻南达科他州最高法院的判决，发回重审。

美国联邦最高法院判决认为，因为汽车本身具有的机动性创造了一种紧急情况，从而使申请签发令状变为实际上的不可能，并且认为即使汽车没有移动到管辖区外的立即危险，同样可以进行无令状搜查。同时，美国联邦最高法院认为汽车跟住宅和办公室相比，隐私期待明显减少，理由是：汽车功能是运输，很少作为居所或用来存储个人财产；在公共道路上行驶的汽车很难避免公共窥视。另外，为了公共安全，警察经常接触汽车，并且很多接触都是无关犯罪的，如定期车检等，汽车受到了比住宅更多的监管。美国联邦最高法院因此判决，该案中警察对汽车进行的盘点清查即使属于搜查，也并不违反第四修正案。

然而，在1977年之后，较少隐私期待理论一度不再被使用。直到1985年卡尼案（California v. Carney），美国联邦最高法院首次结合了较少隐私理论与机动性理论来肯定汽车例外的合法性。从此以后，汽车较少隐私期待理论逐渐成为汽车例外的主要理论。

（三）较少隐私期待理论与机动性理论的结合

1. 对房车的搜查

在卡德威尔案中，美国联邦最高法院判决认为，汽车是作为交通工具使用，因此不同于住宅，而具有较少的隐私期待。但它留下一个问题，即如果有人把汽

---

① South Dakota v. Opperman, 428 U. S. 364, 96 S. Ct. 3092, 49 L. Ed. 2d 1000 (1976).

车作为房屋（房车）使用的话，又该如何处理呢？在1985年的卡尼案（California v. Carney）[①] 中，美国联邦最高法院同时以"机动性"和"较少隐私期待"为理论基础，就警察无令状搜查被告的"房车"问题作了回答。

该案中，被告的房车停放在公共场所，警方线民密报被告在该房车内和他人进行大麻和性交易。警察在房车附近监视，发现一个青年走出房车时，对其进行拦截，青年承认刚才在房车内为被告提供性服务，以换取被告的大麻。警察在被告下车后对房车进行了无令状搜查，发现毒品（大麻）等证据。美国联邦最高法院在本案中正式结合了"机动性理论"和"较少隐私期待"理论，判决警察对房车的无令状搜查行为合法。就汽车"机动性"部分，美国联邦最高法院认为本案之房车尽管实际上并没有移动，但只要一转动钥匙，就可以随时启动驶离，因此具有机动性；就"隐私期待"部分，美国联邦最高法院认为，行驶在公路上的汽车每天都有可能接受交通警察的例行检查，房车的牌照、司机驾照以及车况也都定期接受检查，这些显然和住宅不同。即使有人确实把房车当作住宅，但由于房车很容易被用作毒品或其他非法交易的场所，因此不能将其等同于一般的住宅。虽然该案的房车有很多地方与房子一样，但从客观方面判断，该房车应被归类为汽车，而非房屋。[②]

因本案中的"房车"同时具备"汽车"与"房屋"的特征，在未来适用上应如何判断"房车"究竟是"汽车"或"房屋"？美国联邦最高法院指出，应依具体的情形判断，并提出了数项参考因素：停放地点；是否能够随时开动抑或是以砖块垫高；汽车是否有牌照；是否接通水电；是否与公共道路相通等。[③]

2. 卡尼案的影响

一度遭到弃用的较少隐私期待理论，在卡尼案中获得了重生。因为房车运输和居住功能的模糊和重叠，仅凭机动性理论很难说明对其进行无证搜查的合理

① California v. Carney, 471 U. S. 386 (1985).

② California v. Carney, 471 U. S. 386 (1985). "First, the vehicle is obviously readily mobile by the turn of an ignition key, if not actually moving. Second, there is a reduced expectation of privacy stemming from its use as a licensed motor vehicle subject to arrange of police regulation inapplicable to a fixed dwelling. At least in these circumstances, the overring societal interests in effective law enforcement justify an immediate search before the vehicle and its occupants become unavailable… The vehicle was so situated that an objective observer would conclude that it was being used not as a residence, but as a vehicle."

③ California v. Carney, 471 U. S. 386 (1985). "Among the factors that might be relevant in determining whether a warrant would be required in such a circumstance is its location, whether the vechile is readily mobile or instead, for instance, elevated on blocks, whether the vehicle is licensed, whether it is connected to utilities, and whether it has convenient access to a public road."

性，故美国联邦最高法院聪明地将“较少隐私期待理论”和“机动性理论”进行结合并用，达到了预期的效果。从此之后，较少隐私期待理论成为美国汽车例外的主要依据。

（四）较少隐私期待理论之检讨

美国联邦最高法院所阐述的“较少隐私期待理论”在解释汽车例外时显得证明力不足。第一，汽车作为交通运输工具，很少用来居住或者放置私人物品，用这一说法来证明汽车具有较少隐私期待是难以成立的。因为汽车作为现代人代步的基本工具，它在人们生活中发挥着重要作用。很多人驾驶汽车作长途旅行，汽车是他们的移动住所，也是他们放置私人物品的场所，更不用说那些无家可归的游民了，一辆破汽车可能是他们生活的全部。另外，汽车也常用来放置私人物品，只不过放置的时间比较短暂而已。然而旅馆亦是人们短暂居住和存放私人物品的场所，它们却不因此而造成隐私期待的减少，① 而为什么单单汽车具有较少隐私期待而不受第四修正案保护？

第二，汽车在道路上行驶，公众得以窥视，造成汽车隐私期待减少，此理由也很难成立。因为一般的手提箱、背包、行李箱等也常出现于公众场所，但是公众只能窥视容器之外部，对其内的物品则不能窥视，所有人对容器内物品的隐私期待并无减少，仍受第四修正案的保护。汽车虽然行驶于公共道路之上，应与手提箱、背包的情形相同，汽车内的物品，特别是驾驶人常将物品置于座位底下或后备箱中，更别提一些人将物品放入上锁的行李箱后又将行李箱放在汽车中，驾驶人对于该物品仍有完全的隐私期待，应受《美国联邦宪法》的完全保护。否则，很难理解为什么在放上汽车之前所有人对物品具有完全的隐私期待，而放上汽车后这种隐私期待就减少了。更何况，以现代科技之发达，汽车常使用暗色玻璃或贴有防窥视的玻璃纸，一般人从汽车外面无法透过玻璃看到车内，所以无论从驾驶人主观上，还是一般人客观地评估，汽车并无隐私期待减少的情形发生。②

第三，传统理论认为，无令状搜查必须具有紧急情况，即因为汽车可能迅速驶离，申请令状有使以后无法再行搜查的危险，与隐私期待是否减少并无关联。现在美国联邦最高法院将较少隐私期待理论作为正当化无证搜查汽车的理由，却并不论述是否有紧急状况的存在，已完全背离令状原则的基础理论。③

第四，所谓汽车受到较多的行政规范，这也无法说明汽车因此就具有较少隐

---

① 王兆鹏：《论汽车之搜索》，载台湾《月旦法学杂志》2000 年第 59 期。

② 王兆鹏：《论汽车之搜索》，载台湾《月旦法学杂志》2000 年第 59 期。

③ 参见王兆鹏著：《搜索扣押与刑事被告的宪法权利》，台湾元照出版有限公司 2003 年版，第 220 页。

私期待。的确，基于汽车的机动性和对道路公共安全的影响，国家就安全驾驶、车辆登记等事项，对机动车辆进行了较为严格的监管。然而，政府对汽车的监管程度并不比政府对住宅的监管程度大多少，但美国联邦最高法院判决却认为，对于住宅，公民享有巨大的隐私期待。[①] 总而言之，无论从人们的主观期待，还是客观的社会认识来说，美国联邦最高法院提出的较少隐私期待理论用来证明汽车例外的正当性都缺乏证据支持，既不合理，也不正确。

（五）紧急情况的迷失

1. 美国联邦最高法院前期的态度变化

美国联邦最高法院在创立汽车例外时，认为如果警察有相当理由认为汽车内藏有毒品或违禁品，可以无令状搜查汽车，但是必须存在着使警察无法及时申请令状的紧急情况。美国联邦最高法院在以后的判决中也曾一度坚持适用汽车例外必须有紧急情况的存在，但在柯立芝案[②]之后，美国联邦最高法院对汽车之搜索所作出的判决，却不相一致。大部分的判决转而认为，对汽车在公众场所中有较少隐私期待以及汽车乃是广泛地受政府之规范，倾向扩大警察对汽车为无令状搜索之决定权，警察若有相当理由认为车内存在证据，不论有无紧急性，皆得对汽车径行搜索。[③]

2. 美国各州法院的坚持

然而，美国很多州却采取与美国联邦最高法院不同的做法，其州最高法院依据州宪法解释，规定如果没有汽车机动性所造成的紧急情况，当汽车未被占有使用，必须依相当理由声请搜查令状后，始能搜查。[④] 例如，宾夕法尼亚州最高法院在 1972 年林德案（Commonwealth v. Linde）[⑤] 中，即要求对汽车无令状之搜查，必须符合：①相当理由；②实际上的紧急。在 1996 年拉布罗案（Pennsylvania v. Labron）中，宾夕法尼亚州最高法院主张，“宾夕法尼亚州对于‘汽车例外’的理论发展，长期以来需要有相当理由的存在以及紧急情况的存在，而对于静止的汽车为无令状搜索，即破坏了宪法的保障”。[⑥]

---

① 吴宏耀等译：《美国联邦宪法第四修正案：令状原则的例外》，中国人民公安大学出版社 2010 年版，第 345 页。

② Coolidge v. New Hampshire，403 U. S. 443（1971）.

③ 梁淑美：《机动车辆之搜索》，台北大学法律研究所硕士论文（2001 年）。

④ 王兆鹏：《论汽车之搜索》，载台湾《月旦法学杂志》2000 年第 59 期。

⑤ Commonwealth v. Linde，293 A. 2d 62（Pa. 1972）.

⑥ 转引自梁淑美：《机动车辆之搜索》，台北大学法律研究所硕士论文（2001 年）。

3. 美国联邦最高法院立场的统一

虽然一些州最高法院一直坚持紧急情况的存在是汽车例外的必要条件，但美国联邦最高法院却坚持其一贯态度，在拉布罗案中重申："汽车例外不需要紧急情况的要件，如果汽车处于机动的情形，则第四修正案准许警察为汽车搜查，不需再具备其他要件。"① 在戴森案（Maryland v. Dyson）中，美国联邦最高法院又重申此项原则：警察如有相当理由欲搜查车辆时，并无需搜查票，即使警方有充裕的机会去取得令状。② 长期以来，美国联邦最高法院对汽车例外的发展和运用，就是在不断地扩展汽车例外，尤其是"9·11"事件之后，警察对于汽车搜查的权力扩大了很多，也使得对人民权利的严密保护受到诸多限制，因此也受到各界的很多批评。

四、美国汽车搜查的范围

传统上汽车搜查要遵循令状原则，其搜查范围是固定的，即搜查令状记载的范围。而对汽车进行的无证搜查，搜查范围则比较难确定。同意汽车搜查的范围是车主或驾驶员同意的范围，警察超出被搜查人同意的范围进行的搜查违法，其搜查得到的证据无法作为证据使用。对汽车进行的附带搜查本来要遵循戚莫尔案确立的"立即控制原则"③，然而，在1981年的贝尔顿案（New York v. Belton）④中，美国联邦最高法院通过扩大解释，使得在对机动车实施附带搜查时，"可立即控制范围"及于整个汽车内部车厢和车厢内的所有容器，即实际上扩大了警察对机动车辆附带搜查的范围。本章以下将重点讨论美国汽车例外情况下的搜查范围。关于美国汽车搜查范围的主要争论点是对汽车内部容器的搜查，亦即对符合汽车例外情形下，警察在无令状搜查汽车的过程中发现容器，警察是否可以直接搜查该容器，还是需要签发令状后才能搜查。对此，美国联邦最高法院前后的观点也不一致，从对汽车内移动容器的搜查和搜查汽车发现容器进行区分，到最后统一法律适用，经历了很多的曲折。

---

① Pennsylvania v. Labron，518 U. S. 938，116 S. Ct，2485（1996）.

② Rolando V. del Carmen，李政峰等译：《美国刑事侦查法制与实务》，台湾五南图书出版股份有限公司2006年版，第349页。

③ Chimel v. California，395 U. S. 752，89 S. Ct. 2034（1969）.

④ New York v. Belton，453 U. S. 454，101 S. Ct. 2860（1981）.

（一）移动容器的搜查——容器规则

1. 查德威克[①]案的创立

在1977年的查德威克案（United States v. Chadwick）[②]中，美国联邦最高法院讨论了对汽车内容器的搜查规则。

在查德威克案中，圣地亚哥铁路职员发现两被告所托运的军用提箱重量与形状不符，有暗藏毒品的嫌疑，就通知当地联邦警察。当地联邦警察立即通知负责托运的波士顿联邦警察。波士顿联邦警察带着训练有素的警犬前往火车站，在被告取得箱子后，警犬上前闻嗅，从其反应中可知箱子中藏有毒品。警犬的行为并未引起被告的注意，当两被告与另一人将箱子抬上在火车站外等候的汽车的行李箱时，警察于汽车行李箱尚未关闭、引擎尚未发动之际，上前逮捕了两被告与该第三人，同时扣押了箱子，并将箱子和三被告带回了警察总部。约一个半小时之后，警察在未经被告同意的情况下，无令状打开并搜查了箱子，在箱子中发现了大量的大麻。

在本案初审时，控方提出了对箱子的搜查是合法逮捕嫌疑人后的附带搜查以及属于汽车例外的观点。初审法院认为，警察合法逮捕被告后，并没有立即搜查箱子，而是等到将箱子带回警局总部后才打开搜查，并且箱子是被双锁的，被告被逮捕后不可能再打开箱子取出武器给警察的人身带来危险，所以该案对箱子的搜查不属于附带搜查。在美国联邦最高法院审判本案时，控方提出了两个理论企图说服法院警察行为是合法的。

第一，控方主张，第四修正案保护的核心只有“住宅、办公室、私人通讯等”。控方认为，从第四修正案的文句可知，在历史上第四修正案仅保护与住宅有关的利益。因为第四修正案的制定，是针对美国被英国殖民期间，英国政府签发的协助令以及一般性令状（General Warrants），对住宅进行的恣意搜查。故只有对住宅、办公室、私人通讯等进行的搜查，必须严格遵守令状原则，而对住宅以外的物品，如果已经合法扣押，只要有相当理由，可以无证搜查。控方争辩说，没有任何证据证明第四修正案意图阻止对住宅以外的地方进行无证搜查的实践。[③]本案中的箱子，并不是在住宅中被发现，并且经查也已经有搜查的合理根据，应不需要令状就能搜查。美国联邦最高法院并未采纳该理论，判决认为，第四修正案保护的是人，而非地方，这在过去的卡兹案中已经被特别强调。也就是说第四修正案所保护的对象，不能以僵化的“地方”来理解，而应以人的“隐私”来判断。故本案中的箱子，应以被告对该箱子是否具有合理的隐私期待来

① United States v. Chadwick, 433 U.S.1 (1977).

② United States v. Chadwick, 433 U.S.1 (1977).

③ United States v. Chadwick, 433 U.S.1 (1977).

判断，而不应受限于“地方”的桎梏。[①] 并且，从第四修正案的条文来看，《美国联邦宪法》禁止对“人身、住宅、文件和财产”进行不合理的搜查和扣押，并未区分“住宅”与“财产”，本案中的箱子属于宪法上的财产，本应受到和“住宅”同样的保护。故美国联邦最高法院驳回了控方的主张，认为警察虽然无令状扣押箱子是合法的，但是不能事先不申请令状，就对箱子进行搜查。

第二，控方主张，本案对箱子进行的搜查属于汽车例外，不受令状原则的约束。其理由是，箱子与汽车相似，具有机动性，能够随时移动，依据汽车例外的法理，如果具备相当理由，能够对其进行无证搜查。美国联邦最高法院运用机动性理论和较少隐私期待理论，驳斥了控方类推适用汽车例外的主张。就机动性理论而言，美国联邦最高法院认为，本案中箱子与汽车具有的机动性完全不同，汽车的机动性是指汽车在公路上可以随时启动离开，即使在钱伯斯案中，汽车被警察扣押带回警察局，但是警察并无绝对安全的储存设备以存储汽车。因为汽车具有体积大、潜在机动性大的特点，汽车虽在警察局的掌控中，仍有可能被他人偷走或破坏。[②] 但是箱子和汽车不同，它比较好存放和安全保管，且其本身并无潜在的机动性，不太可能被盗窃或破坏。就隐私理论而言，美国联邦最高法院指出汽车例外之较少隐私期待理论，源于汽车本身具有的种种特质造成汽车与房屋等相比隐私期待减少。然而，造成汽车隐私期待减少的因素，对本案中的箱子并不适用。与汽车不同的是，行李箱的内容，通常情况下一般公众很难窥视；行李箱不受惯例性的行政规范和行政检查；汽车的主要功能在于运输，而箱子的主要功能在于存储私人物品。因此，人们对箱子的隐私期待，明显大于汽车。[③]

美国联邦最高法院因此判决本案中警察暂时扣押箱子的行为合法，但是对箱子进行的无令状搜查违宪。法院指出，在箱子被扣押并被安全送到警察总部，由警察安全监控之后，在警察取得搜查令状之前，箱子和其内的物品被移动的危险可能性极小。既然箱子被安全保管且无机动性，对其进行的无令状搜查只会是在扣押之后，对公民权利造成的另一次侵害，而且是比扣押更严重的侵害，因此此种搜查行为是不合理的。[④]

2. 桑德斯案的发展

如果说查德威克案的判决确定了会移动的箱子并不等于汽车，对其进行的搜查，仍应遵守令状原则。但是该案中对箱子进行的搜查是在被扣押一个半小时之后才进行的搜查，那么对正在公路上飞驰的汽车内容器进行的立即无令状搜查，

① 王兆鹏：《论汽车之搜索》，载台湾《月旦法学杂志》2000 年第 59 期。

② Chambers v. Maroney, 399 U. S. 42 (1970).

③ United States v. Chadwick, 433 U. S. 1 (1977).

④ United States v. Chadwick, 433 U. S. 1 (1977).

是否违反宪法呢？在查德威克案两年后的桑德斯案（Arkansas v. Sanders）[①] 中，美国联邦最高法院给出了明确的答复。在桑德斯案中，美国联邦最高法院判决，即使行李箱放在公路上飞驰的汽车内，但对其进行的搜查，仍应事先取得令状，不得适用汽车例外。此案中警察有相当理由相信被告手提的绿色行李箱藏有违禁品，并观察到被告下飞机后手提行李箱进入出租车。警察在出租车启动后，开车追逐，拦住出租车，将被告手提箱扣押，并当场打开进行搜查。控方主张，手提箱放在飞驰在高速公路上的汽车内，在此情形下，对其进行的搜查，应适用汽车例外法则。美国联邦最高法院驳斥了控方的主张，指出汽车例外的理论基础是机动性和较少隐私期待。就机动性而言，法院强调判断某物是否具有机动性，应从搜查前的那一刻决定。法院同意当行李箱置于飞驰的汽车内时，其机动性和汽车相同。但是某物是否具有机动性造成的紧急状况，必须以紧接着搜查前的那一刻为判断的时点。[②] 而在本案中，手提箱在汽车内和汽车一样具有机动性，但是当被警察扣押后搜查前，其事实上已经处于警察的控制之中，也已经丧失了机动性。这种没有机动性的手提箱，它从“汽车内”取出与从“住宅或其他处所”取出没有什么实质性的差别，所以不能适用无令状搜查。而就较少隐私期待理论而言，美国联邦最高法院认为，人们常将私人物品、隐秘物品放于箱子内，自然对箱子有合理的隐私期待，不能因为把箱子放在汽车内，就因此减少对箱子的隐私期待。

3. 两个判决的影响

上述两个判决，美国联邦最高法院宣示了“容器规则”，即处于移动状态的容器性质上与汽车不同，不适用于汽车例外的规定。虽然容器放置在具有机动性的汽车内，但对其进行的搜查，仍应适用一般令状原则，而非汽车例外法则。容器规则对保护公民的隐私利益具有重要的作用，但是它仅仅适用了十多年，在1991年阿切瓦多案中被美国联邦最高法院推翻，从此弃而不用。

（二）搜查汽车发现容器：汽车搜查的例外

在1982年的罗斯案（United States v. Ross）[③] 中，美国联邦最高法院判决认为，警察在合法拦停汽车后，如有相当理由认为车内可能藏有违禁物品，警察能够对汽车进行无令状搜查。该搜查与有令状搜查同样彻底。因此，车内任何可能

---

① Arkansas v. Sanders, 442 U. S. 753 (1979).

② Arkansas v. Sanders, 442 U. S. 753 (1979). “ [T] he exigency of mobility must be assessed at the point immediately before the search - after the police had seized the object to be searched and have it securely within their control. ”

③ United States v. Ross, 456 U. S. 798 (1982).

藏有违禁品的地方皆得检查，包括后车厢，以及所有可能藏有违禁物的包裹或容器。①

在罗斯案中，警察得到可靠线人报告，称有人在某处贩卖毒品，并且贩毒者亲自告诉线人汽车内行李箱中还有毒品。警察随后赶到线人所密报的现场，果然发现与线人描述相同的汽车和长相相同的毒贩（汽车驾驶人）。警察拦阻正要驶离现场的汽车，并命令驾驶人下车，对驾驶人的身体和汽车内部进行搜查，发现武器，警察随即对其进行逮捕。同时警察取得汽车钥匙，打开汽车行李箱，在行李箱内发现一个密封的棕色纸袋。警察打开纸袋发现违禁品，并将汽车开回警察局。在警察局对汽车进行再次搜查时，发现一有拉链的皮包，警察打开皮包，发现 3200 美金现钞。

本案与前述的查德威克案和桑德斯案并不相同，前述两案的警察一开始即对容器形成合理根据，所欲搜查对象是容器，只是容器正好在汽车中。本案中警察一开始乃是对于汽车形成相当理由，所欲搜查对象是汽车，只是在搜查汽车时，发现汽车内正好有容器。本案的争点是对纸袋和皮包进行的无令状搜查是否合宪？对两容器的搜查应适用汽车例外法则还是容器规则？

美国联邦最高法院驳回了被告提出的本案应适用容器规则的主张，认为本案若要求警察声请搜查令状，仅能对隐私利益提供很小的保护，因为警察声请搜查令状必将被批准。美国联邦最高法院认为本案的争执是汽车搜查范围的问题，而解决此问题的方式应与对住宅搜查范围的解决方式相同。警察持搜查令状搜查住宅时，任何可能存储或隐藏所欲搜查的物品的地方，警察都有权进行搜查。同样，当警察搜查汽车时，对汽车内任何可能放置或藏有所欲搜查之物的地方或容器，警察皆有权进行搜查。② 美国联邦最高法院因此判决，本案中警察对两容器进行的搜查能够适用汽车例外，搜查合法。

从罗斯案的判决可以看出，警察如果对汽车具有搜查的合理根据时，若汽车内刚好有箱包容器，警察可以适用汽车例外法则，无需取得搜查令状即有权对该箱包容器实施搜查。因此，罗斯案极大地扩展了警察无证搜查的范围，只以合理性为限制。③

① United States v. Ross，456 U. S. 798（1982）. 转引自 Rolando V. del Carmen，李政峰等译：《美国刑事侦查法制与实务》，台湾五南图书出版股份有限公司 2006 年版，第 369 页。

② 王兆鹏：《论汽车之搜索》，载台湾《月旦法学杂志》2000 年第 59 期。

③ ［美］罗纳尔多·V. 戴尔卡门著，张鸿巍等译：《美国刑事诉讼——法律和实践》，武汉大学出版社 2006 年版，第 322 页。

（三）搜查汽车内容器的法律统一

1. 阿切瓦多案的选择：容器规则抑或汽车例外法则

由于汽车例外的根据是机动性理论和人们对汽车具有较少隐私期待，因此根据该项例外，不得对箱包容器进行无证搜查。在查德威克案中，美国联邦最高法院对汽车和汽车内的容器进行了区分，并判决认为，汽车的主要功能是运输，而箱包容器的主要功能是储存私人物品。况且与汽车相比，行李等类似箱包容器并非处于公众视野之下。因此，人们对于行李箱的隐私期待远大于对汽车本身的隐私期待。此外，在查德威克案中，美国联邦最高法院拒绝在对箱包容器的搜查与扣押之间画等号。理由是，对箱包容器进行扣押只是侵犯了所有人的财产权，而搜查则会对箱包容器的隐私期待造成实质性侵害。如果警察有合理根据相信箱包容器装有犯罪证据，他们可以对该箱包容器实施扣押，但是在对其进行搜查以前，原则上必须取得司法令状的授权。①

然而，在罗斯案中，美国联邦最高法院判决认为，如果警察对汽车搜查具有合理根据，那么对汽车内发现的容器可以无令状进行搜查。但是，如果人们将行李箱等容器放进了汽车，而且有相当理由相信该容器里藏有违禁品等犯罪证据，又该如何处理？如果适用容器规则，警察在获得司法令状之前，不得对该容器进行搜查，只能将其暂时扣押；如果适用汽车例外法则，警察可以无证搜查该容器。容器规则与汽车例外法则之间的冲突，最终在 1991 年的阿切瓦多案（California v. Acevedo）② 中得到解决。在阿切瓦多案发生时，美国联邦最高法院已经确立了如下规则：如果警察的合理根据仅仅针对的是汽车内的箱包容器，那么需要事先取得司法令状的授权才能对其进行搜查（查德威克案、桑德斯案确立）；如果执法官员的合理根据针对的是整个汽车，那么无需司法令状即可对汽车里的箱包容器实施搜查（罗斯案确立）。但是，这种关于针对整个汽车的合理根据与仅限于针对箱包容器的合理根据的区分，给警察带来了诸多困难。因为，这意味着如果执法官员对于犯罪活动只具有笼统的认识，搜查汽车里的箱包容器无需司法令状的授权。但是，如果执法官员有更为具体的证据（有合理根据怀疑箱包容器里藏有犯罪证据），搜查箱包容器却需要具有令状的授权。③

在阿切瓦多案中，警察观察到被告阿切瓦多从房间中走出来，手里拿着一个装满东西的棕色纸袋。警察根据前面掌握的各种证据，有合理根据相信纸袋中装

---

① 参见吴宏耀等译：《美国联邦宪法第四修正案：令状原则的例外》，中国人民公安大学出版社 2010 年版，第 388 ~ 389 页。

② California v. Acevedo, 500 U. S. 565 (1991).

③ 参见吴宏耀等译：《美国联邦宪法第四修正案：令状原则的例外》，中国人民公安大学出版社 2010 年版，第 389 页。

有毒品。被告走到停车场的一辆汽车旁，将那个纸袋放进汽车的后备箱，然后开车离去。警察在道路上拦停了该汽车，并打开被告的汽车后备箱和那个纸袋，在纸袋中发现了大麻。在州法院的审判中，被告提出动议，请求排除在汽车里发现的大麻。州法院驳回了该动议，上诉法院却采纳了该动议，认为本案和桑德斯案情形相似，警察有相当理由搜查容器，而容器放置在汽车中，应当适用查德威克案确立的规则——容器规则，而不是罗斯案的汽车例外规则。本案中的警察在未取得司法令状授权之前无权打开那个纸袋进行搜查。

美国联邦最高法院由大法官布莱克曼代表最高法院撰写了判决意见，明确推翻了桑德斯案的判决，决定将罗斯案的判决作为搜查汽车内容器所应适用的法则，即对于汽车搜查中发现的箱包容器，无论是针对放置在汽车里的特定容器，还是在对汽车进行搜查时偶然发现的容器，都应适用同样的法律规则——汽车例外法则。只要警察等侦查人员有合理根据相信该汽车里藏有犯罪证据或违禁物品，或者有合理根据相信放在汽车内特定的箱包容器里藏匿有证据或违禁品，均属于汽车搜查的例外，都可以径行实施无证搜查，而无需再事前申请司法令状的授权。

2. 美国联邦最高法院判决的理由和相关批评

推翻桑德斯案的判决是极为重大的事情，阿切瓦多案中，美国联邦最高法院提出的理由可以归纳为以下几点：第一，查德威克—桑德斯规则（容器规则）对个人隐私权的保护极其有限。因为依照该规则，当执法人员对汽车内的容器具有搜查的合理根据时，可以暂时扣押该容器至司法令状签发为止。由于警察对容器具有合理根据，警察申请令状时，法院几乎必然会签发，警察最终都可以打开容器搜查。因此，该规则对隐私权的保护微乎其微。第二，为了避免执法者适用法律的困惑。过去对汽车内容器的搜查，有罗斯规则（汽车例外规则）和查德威克—桑德斯规则（容器规则）。这两条规则在适用时，依据仅仅是在搜查时对容器具有合理根据与在搜查汽车时正好发现容器，这种区分非但没有给执法者提供明确的标准，反而造成执法者的困惑。第三，两种规则的区分和适用可能鼓励执法者滥权。有合理根据搜查整个汽车与有合理根据搜查汽车里的某个容器，这两者并非界限分明的。对于这两种搜查情形设定不同的规则，可能会让警察享有更大的无证搜查权限，从而危及个人的隐私利益。在对汽车实施截停时，执法官员究竟是对毒品藏在汽车里的提包内持有足够程度的怀疑，还是对毒品就藏在汽车里具有足够程度的怀疑，可能并不清楚。如果警察知道只有当他们事实上是对整个汽车进行搜查时，才可以打开由此发现的箱包，那么为形成罗斯案所要求的针对整个汽车的合理根据，他们可能会扩张搜查的范围——如果不是因为该项规则，他们原本不需要这么做。[①]

在阿切瓦多案中，美国联邦最高法院正确地废除了以下细微区分：合理根据究竟针对的是整个汽车还是仅限于箱包容器。明确判决，在对汽车里的箱包容器进行搜查时，上述两项规则只能选择其一：或者适用容器规则，即要求必须取得司法令状的授权；或者适用汽车例外法则，即不需要令状授权。[②] 但是，在阿切瓦多案中，美国联邦最高法院没有选择容器规则，而是选择了汽车例外法则。美国联邦最高法院的这一判决受到很多批评。大法官史蒂文斯（Stevens）在反对意见中认为，多数意见中提出的三个论据（第一，桑德斯案所形成的规则（容器规则）令人感到困惑，并且导致了反常的后果；第二，该规则无法为隐私利益提供具有实质意义的保护；第三，该规则妨碍了执法效率）都经不起推敲。个人对自己行李箱所具有的隐私毫无疑问不会因为以下行为而缩减：将大街上放置的行李或其他容器拿到公众看不到的私人汽车里面。但与大街上放置的行李相比，证据灭失的风险并不会因为行李被放进汽车里变得更大。在上述两种情况下，如果警察具有合理根据，他们都可以对行李或箱包容器实施扣押，并在获得搜查令状之前加以扣留。为界定令状原则例外而设定的任何界限，在边缘地带都会存在某种模糊性，但是如果美国联邦最高法院认为，擦掉并重画一条线就可以让这一界限变得明确，那么这种想法无疑是错误的。[③] 而对隐私权的论据，大法官史蒂文斯认为，依据美国联邦最高法院对阿切瓦多案的判决，如果箱包行李的主人拎着它进入汽车，那么他就不再享有据以保护该箱包行李里装的东西不受无证搜查的隐私利益——尽管在行李处于公众视野之下时，他还享有这一隐私利益。很明显，阿切瓦多案判决通过否定与桑德斯案一脉相承的那些判例，将会对个人隐私造成实质性的负面影响。至于桑德斯规则给执法活动带来负担的说法，并没有事实根据。相反，大法官史蒂文斯认为，恰恰是美国联邦最高法院对本案的判决及其他类似判例将会支持下述结论：美国联邦最高法院已经变成了执法机关打击犯罪的忠实仆人。[④]

3. 询问公共汽车上的乘客

另外，关于搜查涉及车上乘客的问题，美国联邦最高法院近年来认为，在一

---

① California v. Acevedo，500 U. S. 565（1991）. 转引自吴宏耀等译：《美国联邦宪法第四修正案：令状原则的例外》，中国人民公安大学出版社 2010 年版，第 357 ~ 358 页。

② 吴宏耀等译：《美国联邦宪法第四修正案：令状原则的例外》，中国人民公安大学出版社 2010 年版，第 390 页。

③ California v. Acevedo，500 U. S. 565（1991）. 转引自吴宏耀等译：《美国联邦宪法第四修正案：令状原则的例外》，中国人民公安大学出版社 2010 年版，第 383 页。

④ California v. Acevedo，500 U. S. 565（1991）. 转引自吴宏耀等译：《美国联邦宪法第四修正案：令状原则的例外》，中国人民公安大学出版社 2010 年版，第 387 页。

个理智的人能够理解他有权拒绝搜查时，第四修正案允许警察对乘客进行讯问，要求其同意搜查，第四修正案并不要求警察告知乘客其有权利拒绝合作。[①]

五、美国汽车搜查制度之借鉴

（一）我国汽车搜查的现状

1. 我国汽车数量激增

随着我国经济的飞速发展，汽车逐渐成为普通消费品进入千家万户。据报道，我国已成为汽车大国，汽车销量增长速度惊人。近几年我国汽车保有量逐年增加，2008 年的保有量为 4975 万辆，2009 年达到 6300 多万辆，预计到 2010 年底，最晚 2011 年就能达到 7500 万辆的规模。按保守估计，未来中国汽车保有量能够达到 4. 9 亿辆左右。[②]

2. 公民对汽车隐私期待的增强

在汽车日益大众化的同时，人们对汽车的期待也越来越高，而不再仅仅把它作为运输工具，尤其是随着科技的日益进步，人们对汽车的隐私期待不断提高，很多人把汽车当成自己的流动住所。汽车内的空间是个人的私密场所，不经主人同意，任何人无权进入，更不允许对其进行搜查。据笔者在暑假期间对某市某局职工进行的调查问卷可知[③]，约有 4/5 的受访者认为汽车是他们的私人空间，警察不得无故侵入搜查。

3. 我国汽车搜查的立法缺失

我国《刑事诉讼法》对搜查的规定比较笼统，仅仅用 5 个条文（第 109 条至第 113 条）规定了搜查的目的和程序，而对搜查启动的实质条件、搜查证的规定内容、搜查执行的程序（时间、保密义务等）以及非法搜查的程序性制裁等都没有规定。至于汽车搜查，更是只字未提，实践中只能按搜查物品的方式进行，而汽车本身具有的机动性特点以及人们对其的隐私期待在搜查中将无法得到应有的关注和保护。

这种立法上的空白与实践中公安机关随意启动和大量使用汽车搜查形成鲜明的反差。对汽车搜查启动实体条件的虚化（只有“为了收集犯罪证据、查获嫌

---

① 转引自［美］罗纳尔多 · V. 戴尔卡门著，张鸿巍等译：《美国刑事诉讼——法律和实践》，武汉大学出版社 2006 年版，第 304 页。

② 宦璐：《中国汽车保有量明年有望超过日本》，载新华网 2010 年 5 月 31 日。

③ 共发出调查问卷 86 份（其中，自己有车的 32 份，无车的 54 份），收回有效问卷 82 份（其中，自己有车的 29 份，无车的 53 份）。结果显示，有 68 份（其中，自己有车的 27 份，无车的 41 份）选择汽车是个人的隐秘场所，不得被无故搜查。

疑人”的目的性要件）使得汽车搜查可以随意启动，有违比例原则；搜查主体与批准主体的同一性，很难避免搜查权的滥用；汽车搜查程序立法的缺失导致执法人员在实践中实施违法搜查、进行破坏性搜查的现象经常发生；而没有必要的司法审查机制，导致公民的人身自由、财产安全以及隐私利益在遭到侵犯后缺少必要的救济途径。

4. 以行政检查之名行汽车搜查之实

我国《刑事诉讼法》和相关的司法解释对汽车搜查缺乏规定，并不意味着对汽车搜查没有法律规范，在司法实践中，汽车搜查经常是以行政检查（盘查）之名实施的。

盘查，又称职务询问、阻留搜查，指的是警察对于可疑人员和可疑场所临时进行拦阻、盘问、检视、检查，如警方对公共场所或特定营业场所进行临场检查，查看其有无色情或赌博行为，或者检查有无可疑人物或通缉犯；或者警方在特定路段设置检查站，凡是路过的车辆和人员一律都要接受盘问、检查，其目的在于检查、查看有无犯罪或者违法行为，或者可疑人员或通缉犯。[①] 汽车盘查，是指警察基于查获醉驾、无证驾驶或其他犯罪预防的目的，对于可疑车辆或者过往的全部车辆进行拦停，盘问驾驶人的身份、要求其出示驾照以及对车内进行目光检视等。

汽车搜查与盘查是有区别的：汽车搜查是基于犯罪的发生，为了查获嫌疑人或者收集犯罪证据而搜查可疑车辆；而汽车盘查多是基于行政性目标，如打击醉驾、无证驾驶以及春节期间禁止运输烟花爆竹等，多属于违法犯罪发生前或被发觉前的预防措施。另外，两者对汽车进行检查的程度也有很大的不同，汽车盘查一般限于对车辆进行拦停，要求驾驶人出示驾照或者身份证明以进行身份确认，或者对驾驶人进行酒精浓度测试，或对车内进行目光检视，一般不得对汽车进行全面深入的检查；而汽车搜查则允许对汽车进行较为深入全面的检查，有时还允许对汽车内独立的密闭容器进行搜查。然而，两者也并非泾渭分明，对汽车进行盘查时，如果发现犯罪证据或者发现在逃犯罪嫌疑人，则极可能将汽车盘查发展为对汽车进行全面搜查。并且，在实际操作中，警察对汽车进行检查的程度和范围很难进行严格控制，警察往往将搜查的强度和深度应用到对汽车进行的盘查中。

汽车搜查是一种刑事侦查手段，受刑事诉讼法的规制和调整，而汽车盘查则是介于预防性与干预性、介于行政法（警察法）与刑事诉讼法之间的处分。[②] 基

---

① 万毅：《论盘查》，载《法学研究》2006年第2期。

② 林钰雄著：《刑事诉讼法》（上册 总论编），中国人民大学出版社2005年版，第319页。

于汽车盘查这种特殊的法律定位，西方法治国家一般都对盘查的启动和实施规定了严格的条件，在发挥其维护社会秩序和保障社会安全作用的同时，也努力防止其侵犯公民的基本权利。

作为警察重要职权的盘查权，在我国刑事诉讼法中并未得到规定，只是在《人民警察法》第9条第1款作了授权性规定，“为维护社会治安秩序，公安机关的人民警察对有违法犯罪嫌疑的人员，经出示相应证件，可以当场盘问、检查”。《治安管理处罚法》第87条第1款规定，“公安机关对与违反治安管理行为有关的场所、物品、人身可以进行检查”。由此可见，我国立法上行政检查的强制性程度并不低于刑事搜查行为，常常一并进行“扫荡式”盘查。[①]

汽车盘查作为一种行政性措施，不受司法令状的约束，警察无需事先取得中立法官的授权即可实施。盘查程序降低了强制措施的程序性门槛，赋予了警察较大的自由裁量权。当代各国立法普遍对盘查措施的具体种类作出了明确的限定，以严格区分盘查与刑事强制措施。但我国立法上没有区分盘查的具体措施与刑事强制措施，导致实务中警察在盘查中大量使用刑事强制措施，[②] 或者借盘查之名行搜查之实。让人印象最深刻的是，每当特大恶性犯罪发生后，在犯罪嫌疑人可能出没的各个路口设置路障，对所有过往车辆进行拦截盘查。这种对汽车进行的拉网式排查是一种实质意义上的汽车搜查，实质上侵犯很多不特定人的人身和隐私利益，这在大多数法治国家是不被允许的。

5. 我国针对非法汽车搜查行为的司法救济制度很不完善

权利之所以能够称其为权利，是因为其在受到违法侵犯时必须有一定的救济。汽车搜查关涉到被搜查人的人身自由、财产安全和隐私利益，所以在其违法行为使公民权利受到侵犯时必须要有一定的救济途径。同时，只有通过健全的司法救济制度才能保障被搜查人的合法权利不受侦查人员的肆意侵犯。法治国家大都采取对非法汽车搜查行为进行事后司法审查的方式来为被搜查者提供相应的司法救济，通常包括：非法证据排除规则、诉讼行为无效制度、行政诉讼制度，以及对相关搜查人员进行责任追究等制度。[③]

而我国关于非法汽车搜查的事后审查措施很不完善，现有的救济措施主要依靠侦查机关的内部控制（行政监督和检察监督）。而非法证据排除制度的不完善

---

① 孙长永主编：《侦查程序与人权保障——中国侦查程序的改革和完善》，中国法制出版社2009年版，第152页。

② 孙长永主编：《侦查程序与人权保障——中国侦查程序的改革和完善》，中国法制出版社2009年版，第151页。

③ 参见孙长永主编：《侦查程序与人权保障——中国侦查程序的改革和完善》，中国法制出版社2009年版，第169页。

(非法搜查得到的实物证据不排除)、非法搜查行为的不可诉、检察监督的不得力等，使得我国事后审查机制对非法汽车搜查的救济作用非常有限。

(二) 美国经验的启示和我国的具体国情

1. 美国经验的启示

考察了美国汽车搜查制度的发展后，我们知道基于机动性和较小隐私期待两大理论，美国法创设了汽车例外法则，即只要警察对汽车具有搜查的相当理由后，可以在发现汽车之现场（汽车在公路上被拦截、汽车能够随时启动离开或客观上显示其为交通运输之用或为非供通常居住之使用[①]）无令状搜查汽车。如果在拦截或发现汽车的现场没有立即进行搜查，而是将其拖到其他场所后才进行搜查，只要警察在发现或拦截汽车的现场有权无令状搜查，那么其在其他场所的嗣后搜查依然合法，只要其拖延的时间不至于过长（美国联邦最高法院曾判决于当日、翌日或数日后的搜查皆为合法，唯若迟延至 1 年之后始搜查，则为非法)。同时，对停于道路上的“无主”车（没有司机或乘客)，警察如果具有搜查的相当理由也可以无令状搜查。但是对于停放在房屋的车库或车道内，并且汽车无人占有或使用，如果警察有时间申请搜查令状，那么不得进行无令状搜查。[②] 对其制度的优良好坏，各有评说。只是看到美国的制度经验，作为法治尚不完善的国家，我们应该从其汽车搜查制度中学习些什么呢?

(1) 对人权的尊重。人权是一个老套的话题，中西方关于人权的概念也有差别，但是无论如何，对人权的尊重和保障是现代国家法律必须予以关注的。

美国是一个注重公民权利保障的国家，在建国之初，就通过了 10 条宪法修正案（即《美国权利法案》）来保护公民的基本权利。第四修正案是保障公民免受不合理搜查和扣押的权利的。第四修正案规定，公民的人身、住宅、文件和财产不受不合理搜查和扣押的权利，不得随意侵犯。除了依照合理根据，以宣誓或代誓宣言保证，并具体写明搜查地点和扣押的人或物，不得签发搜查和扣押令状。两百多年来，第四修正案的保护中心经历了从财产权到隐私权的历程。

美国宪法和宪政赖以产生和生成的原始动机和社会动力是以财产权为核心的个人权利保护的社会需要和社会主体强烈的个人权利诉求。[③] 制宪者虽然没有在宪法条文和宪法原则中直接规定财产权的优先地位，但在设计政治制度和政府结构时却把对财产权的保护作为核心任务和至上关怀。因为他们认识到财产权本身的内在价值，即“财产权并非只是一个抽象的符号。它是一种权利，其安全对

---

① 转引自王兆鹏:《论汽车之搜索》，载台湾《月旦法学杂志》2000 年第 59 期。

② Coolidge v. New Hampshire, 403 U. S. 443 (1971). 转引自王兆鹏:《论汽车之搜索》，载台湾《月旦法学杂志》2000 年第 59 期。

③ 钱福臣著:《美国宪政生成的深层背景》，法律出版社 2005 年版，第 144 页。

于新共和国的经济和政治成功来说是必不可少的。如果财产权不能被保护，不仅是繁荣，而且自由、正义以及国家的国际力量都将最终被毁灭”[①]。美国联邦最高法院虽然具有独立的司法权，但是它也不得不照顾到社会的发展和时代的进步，所以，其判决也和时代精神及社会发展保持一致。以第四修正案为例，从美国建国到20世纪50代以前，美国联邦最高法院一直将财产权作为其保护的核心。然而，随着20世纪30年代的经济危机，加上罗斯福新政的成功，让人们意识到绝对的自由主义管理模式已经无法适应当今社会的发展。因此，政府的权力不断加大，包括对犯罪的控制和打击力度，反映到侦查领域，就是高科技侦查手段的应用，如窃听和无线监视。此时，传统上第四修正案对搜查的界定只是“对财产权的物理性侵入”的理论，这俨然无法满足保护公民隐私权的要求。故美国联邦最高法院也及时地调向，在1967年的卡兹案中明确第四修正案的保护重心是公民的隐私权。

搜查作为警察侦查的重要手段，在警察查获犯罪嫌疑人和收集犯罪证据方面具有重要作用。然而，搜查作为一项对公民权利进行限制或剥夺的强制措施，[②]如何对其进行限制和规范就显得极为重要。汽车搜查涉及公民的财产权、人身自由权和隐私权，美国在其制度形成和发展的过程中，也是经历了打击犯罪和保障人权相互博弈和权衡的过程。

汽车搜查出现于19世纪后期，根源于科技、经济的发展。汽车日益普遍的使用以及犯罪中汽车的大量参与，使得对汽车进行搜查成为警察破获犯罪、实现惩罚犯罪目的的重要手段。由于20世纪30年代以前，美国奉行自由竞争主义的理论，信仰“管的最少的政府是最好的政府”。同时，公民个人财产权具有绝对性，所以对汽车搜查进行规范和界定就要看是否对公民的财产权进行侵入或侵犯。随着现代科技的发展，政府对公民权利干预的手段日益隐蔽（如窃听）。同时，随着人们生活水平的提高，公民对权利的要求不再仅仅基于财产权，个人隐私权、发展权等成为现代公民的新要求。所以从20世纪60年代开始，隐私权成为第四修正案的保护核心。而美国的汽车例外制度以较少隐私期待理论为根据，似有扩大政府权力、压缩公民权利的嫌疑。关于此，我们不能仅仅从表面上去理解。20世纪中期以来，为了应付犯罪化浪潮的侵袭，尤其是全球恐怖犯罪活动的猛增，美国政府打击犯罪的权力不断加大。但是，美国搜查制度立法向打击犯罪的倾斜也顺应了社会公众对公共安全的期待、对提高政府打击犯罪能力的强烈呼吁。人权不仅包括个人的私权，也包括公民权利集合的社会权，对个人私权的

---

① 钱福臣著：《美国宪政生成的深层背景》，法律出版社2005年版，第162页。

② 同意搜查制度除外。除公民自愿放弃权利，同意进行搜查以外，其他情况下进行的都是强制搜查。

适当限制是为了更好地维护社会的安全，为公民创造更好的发展环境，并且这种对公民私权的适当限制得到了美国大多数公民的理解和支持。

然而，这种汽车例外并非是无限制的，它必须具有搜查的可能理由，并且由于汽车的特性使申请令状变得不可能或者没有必要。虽然汽车例外可以不经法官的事先审查，但是它必须要经受法院的事后审查，如果法院认为警察无令状搜查汽车不符合适用汽车例外的条件，那么会判定对汽车进行的搜查不合法，它所收集的证据也将被排除，公民的权利会得到相应的救济。

（2）平衡的智慧。美国汽车搜查制度的产生和发展的历程，也反映了美国人民，更确切地说是美国联邦最高法院对打击犯罪和保障人权平衡的智慧。

汽车搜查制度产生早期，美国正在推行自由竞争的发展模式，提倡保护公民个人权利，张扬个性是美国社会的主旋律，所以对公民个人权利进行干预的汽车搜查必须严格遵守令状原则的要求。在未经中立司法官员根据警察提供的证据形成合理的内心确认并签发搜查令状之前，警察对汽车进行的搜查原则上是违法的。然而，随着经济的发展，贫富差距的增大，社会不公平现象增多，美国犯罪率不断上升。随着犯罪化浪潮的侵袭，美国扩大了政府侦查犯罪方面的权力，令状原则也随之出现松动，一个个令状原则的例外应运而生，汽车搜查例外就是其中典型的一个。

汽车例外是美国联邦最高法院根据社会的变化，对第四修正案创制的例外。汽车例外的发展也是对打击犯罪和保障公民权利之间不断平衡的结果，例子之一是犯罪的严重程度和强制措施对公民权利的侵害之间的对比关系决定着搜查等强制措施实施的合理性。罗伯特·杰克逊大法官两份司法陈述是这方面的经典注释：“我应当具有足够同情心地，将字面意义上的法律有些放任地适用于那些处理危及生活或安全的威胁或暴力犯罪的官员。[①] 但是，如果我们对第四修正案创制例外……对于我来说，他们似乎应当一定程度上依赖于罪行的严重性。例如，如果我们认为一个小孩被绑架，官员在附近地区设置了障碍物，对每辆开出去的汽车进行搜查，那么它将是对搜查的一项剧烈的和一视同仁的使用。官员对于任何特定汽车的搜查来说，可能无法显示可能的理由。然而，如果这是拯救危险中的生命或侦查恶劣犯罪的唯一方式的话。那么她让游客们受制于那种侮辱可能是合理的，我应当直率地努力工作来持续这种公正的和善意的执行行动。但是对于抢救一些波旁威士忌酒的瓶子和抓住一个酿私酒者，我不应当尽力支持这种障碍

① McDonald v. United States，335 U. S. 451，459 - 60（1948）（杰克逊法官赞同）。转引自［美］阿希尔·里德·阿马著，房保国译：《宪法与刑事诉讼基本原理》，中国政法大学出版社 2006 年版，第 61 页。

物的设置和普遍的搜查。[①]”

美国汽车搜查制度是美国立法者在控制犯罪与保障人权的双重目的之间进行艰难平衡的结果，一方面必须保证政府有足够的侦查取证能力，尤其是对那些贩毒、贩卖人口以及恐怖犯罪等恶性犯罪案件；另一方面还应当防止政府对公民权利的恣意侵犯。这是一种动态的平衡，是美国联邦最高法院充分展示智慧的表现。1925 年之前严守令状原则，1925 年创立汽车例外，开始了向打击犯罪的倾斜，而这种倾斜并非一直到底，而是经历了许多的摇摆。比如，对汽车内容器的搜查，就经历了容器规则和汽车例外（罗斯规则）共存的阶段，后来才完成了法律适用的统一（汽车例外）。虽然这种对打击犯罪的倾斜遭到了很多法学专家和人权学者的批评，但是其在对抗恐怖犯罪和各种恶性犯罪中的作用却得到大多数美国公民的认可。

2. 我国的具体国情

（1）能否直接学习美国？考察了美国的汽车搜查制度，我们发现作为民主法治化程度很高的国家，美国的汽车搜查制度竟是以无证搜查为原则，汽车搜查可以不受令状原则的束缚。这跟当前我国一些学者提出的要向美国学习，确立完善的令状原则是不一致的。真正的美国法治（汽车搜查制度）都不再把令状原则作为基础，那么我们还有必要去学习它吗？如果学习美国，我们是否可以直接引入美国的汽车搜查例外制度呢？

对于这个问题，我们不能作简单化处理。因为，任何社会的发展必须遵循一定的历史规律，任何制度的发展也必须遵循一定的阶段性规律。美国的历史发展和制度演进使其搜查制度走到了今天的这个状况，这是美国两百多年的自由发展和权利彰显到一定阶段的制度调整。而我国真正的法治才走了三十多年的时间，我们的公民权利还没有达到真正完全彰显的程度，虽然公民的权利意识在改革开放后不断增强，但是公民权利意识的变化是不平衡的，并呈现出某种被动性。[②]我们与美国所处的发展阶段不同，美国是经历了对被告人权利过度保护的弊端后转向扩大警察权力的，而我国正处于要加大对公民权利保护的阶段。正如美国德肖微茨教授所说，美国司法改革的方向是要减少对犯罪嫌疑人的法律保护，而中国却应在原先的起点上，逐步增加刑事诉讼过程中犯罪嫌疑人和被告人的正当权

---

① Brinegar v. United States，338 U. S. 160，183（1949）（杰克逊法官不同意）。转引自［美］阿希尔·里德·阿马著，房保国译：《宪法与刑事诉讼基本原理》，中国政法大学出版社 2006 年版，第 62 页。

② 夏勇主编：《走向权利的时代——中国公民权利发展研究》，中国政法大学出版社 1995 年版，第 49 页。

利。①

因此，我国不能直接引入美国的汽车搜查例外制度，尽管直接引入它会使我国执法机关感到更得心应手。我国目前汽车搜查制度大部分情况下是以行政检查之名实施的，这可以避免事前的司法审查，提高行政执法效率。但是，作为刑事强制措施的汽车搜查，如果不加以司法控制的话，那么将对公民权利造成严重的侵害。由于我国司法改革的阶段还远未达到美国当前的这种程度，尽管美国汽车搜查制度运行良好，我国也不适宜直接引入其汽车搜查例外制度。

（2）何为我国当前努力的方向？谈到我国能不能直接引入美国汽车搜查例外制度时，我们必须明确什么是我国当前司法改革或者法治进程努力的方向。长期以来，在我国刑事诉讼的价值理念体系中，控制犯罪和发现案件的实体真实一直居于上位。侦查程序纯粹是在一种认识论的意义上运行，即认为侦查是国家权力单方运作的领域，侦查之目的仅仅是查明案情、揭露犯罪。而搜查仅仅是一种纯粹的侦查手段、认识手段，侦查机关可以在较大范围内自由使用。② 所以，如何在侦查犯罪中保障公民权利将是当前我国推进法治建设的着力点。

因此，在创制和完善汽车搜查制度的过程中，我们一定要将保障公民权利放在优先地位。

（三）我国汽车搜查制度的构建和完善

对美国汽车搜查制度进行研究的最终目的，是为了廓清我国汽车搜查实践运行中的混乱，以期能够对我国汽车搜查制度的创建和完善提供一些可供参考的建议。总的来说，要以保障公民权利为优先点，在《刑事诉讼法》中明确规定汽车搜查制度，并明确我国汽车搜查以有证搜查为原则，以无证搜查为例外。具体可通过以下措施来完成。

1. 厘清汽车搜查和汽车盘查

汽车搜查制度是一种刑事强制侦查行为（同意搜查除外），要受到司法的事前审查和事后审查；而汽车盘查是政府的一种行政行为，或者是介于行政行为和司法行为之间的行为，其对公民权利侵犯强度相对较小，不受或只受很少的司法审查。因此，一定要在立法上厘清汽车搜查和汽车盘查的界限和范围，改变目前以汽车盘查之名行汽车搜查之实的现状，保障公民的合法权利免受执法机关的不当侵害。明确规定汽车盘查的具体措施和实施条件，严格汽车盘查的程序，并为违法盘查制定相应的救济途径。汽车盘查制度的规范有助于汽车搜查制度的建立和完善，有利于形成汽车盘查与汽车搜查规范共存的良性局面，有利于对公民权

---

① 张卫平等著：《司法改革：分析与展开》，法律出版社2003年版，第317页。

② 潘利平：《我国刑事搜查启动程序问题研究》，载《社会科学研究》2004年第5期。

利的保障，更有利于规范行政执法和司法活动，促进预防和打击犯罪目标的实现。

2. 明确规定汽车搜查启动的实质条件

汽车搜查作为一种刑事侦查行为，其启动一般应以犯罪的发生为前提。至于新近出现的汽车炸弹等恐怖犯罪，可以为了预防重大恶性犯罪实施预防性汽车搜查，但必须有更严格的启动条件。

汽车搜查是一项侵犯公民基本权利的侦查行为，其启动必须具备一定的事实和证据条件。我国《刑事诉讼法》第109条规定："为了收集犯罪证据、查获犯罪人，侦查人员可以对犯罪嫌疑人以及可能隐藏罪犯或者犯罪证据的人的身体、物品、住处和其他有关的地方进行搜查。"从此规定可以看出，我国《刑事诉讼法》规定的搜查的实体条件仅仅是目的正当——收集犯罪证据或查获犯罪人，而在任何的侦查活动中，收集犯罪证据与查获犯罪人的目的正当性都有着不容置疑的地位。对于侦查人员而言，由于搜查目的正当性不容置疑，只要表明搜查目的就已经符合《刑事诉讼法》设定的搜查条件，而目的本身并不需要其他事实或证据来证明。在目的正当性作为搜查实体要件的情况下，搜查申请的任意性成为一种合法的逻辑结果，从而对搜查措施的启动缺乏足够的约束力。① 所以，在规定汽车搜查时，必须要明确汽车搜查启动的实体条件。

由于汽车搜查既为侦查的有效手段，又关涉公民基本权利，所以汽车搜查启动的条件不宜过高也不宜过低。第一，汽车搜查的前提条件必须是有证据证明犯罪事实已经发生，因为没有犯罪事实，就没有搜查的必要；第二，必须有证据表明有犯罪嫌疑的人或可作为证据的物品或违禁品存在于汽车之内，此时的证明标准应是"有相当的可能性"，即侦查人员根据证据形成"合理的怀疑"，相信应该启动搜查，而非仅凭其主观猜测、怀疑。②

3. 完善司法审查制度

司法审查原则，是指强制侦查权力的行使必须有独立的司法机关的授权，并且允许侦查机关的相对人通过法定的程序寻求救济，防止侦查机关违法行使侦查权力或者滥用侦查过程中的自由裁量权。③ 司法审查通常包括两个部分，一是司法授权，二是司法救济。根据令状原则的要求，强制侦查（如汽车搜查）行为必须经过中立法官的事前批准，并在司法令状的范围内进行。在紧急情形下，来

---

① 左卫民：《规避与替代——搜查运行机制的实证考察》，载《中国法学》2007年第3期。

② 参见李申：《对我国刑事搜查启动程序的思考》，载《河南公安高等专科学校学报》2010年第4期。

③ 孙长永：《强制侦查的法律控制与司法审查》，载《现代法学》2005年第5期。

不及经过司法机关批准的，侦查机关可以在系统内部的严格控制之下依法自行决定实施强制侦查，但事后必须不迟延地申请司法机关审查确认。[①] 西方法治国家司法审查的过程包括两个步骤，一是司法机关的事前授权或事后审查确认，二是开庭审理前或审理时根据被告以搜查等强制侦查违法为由提出的排除证据申请进行的合法性审查。[②]

目前，我国缺乏对搜查的司法审查。对有证搜查，决定权和执行权属于同一侦查机关；对于紧急情形下进行的无证搜查缺乏事后的司法确认；违法搜查所取得的证据在随后进行的审判中畅通无阻，被作为定罪和量刑的根据而采纳。这样的现状不符合法治国家对司法制度的要求，不利于对公民权利的保护，也不利于促使执法机关良性执法。因此，在我国确立和完善司法审查制度刻不容缓。

对于有证搜查，应将搜查证的申请主体和决定主体进行分离。而关于这个问题，侦查机关作为申请主体并无异议，而批准决定权的归属则有争议。有人主张法院作为搜查的唯一决定主体；也有人主张“法检共同审查说”（公安机关申请的搜查由检察机关决定，检察院立案侦查的案件的搜查由法院决定）；也有人囿于我国的现实，提出“折中说”（同意将司法审查权交由法院统一行使，但也同意将一些搜查的审批权交由检察院行使，只不过检察院批准实施的搜查最终仍要接受法院的司法审查）[③]。笔者认为，我国应确立由法院独立行使对搜查的司法审查权，而不能和检察院分享这一权力。理由如下：第一，检察机关虽为法律监督机关，但其在刑事诉讼中的主要职能还是公诉，与侦查机关具有难以割舍的利害关系，由其进行的侦查监督属于同质监督，这与司法审查要求的中立性相差甚远。第二，从国外的统计数字观察，法官对令状的核发仅需两分多钟，并不影响司法效率。虽然令状核发程序如此快速，甚至草率，但籍由建立“中立、超然”之第三者的事先审查程序，得节俭无必要的强制处分，保障人民的基本权利。[④] 另外，关于搜查证的申请一定要满足特定性原则，在搜查证上写明嫌疑人的姓名、涉嫌的罪名等，并对欲搜查的汽车的型号、颜色、牌子、牌照等予以记载来加以特定化。

而对于汽车搜查制度来说，最难解决的还是无证搜查的问题。汽车具有的机

① 孙长永：《强制侦查的法律控制与司法审查》，载《现代法学》2005 年第 5 期。

② 孙长永：《强制侦查的法律控制与司法审查》，载《现代法学》2005 年第 5 期。

③ 参见孙长永主编：《侦查程序与人权保障——中国侦查程序的改革和完善》，中国法制出版社 2009 年版，第 178～179 页。

④ 王兆鹏著：《搜索扣押与刑事被告的宪法权利》，台湾元照出版有限公司 2003 年版，第 73 页。

动性等特征使它不同于住宅等静止物，对其都要求事先取得搜查证将可能使嗣后搜查不能，犯罪证据无法获得，纵容犯罪。所以我们也必须学习美国，给汽车搜查创造一定的例外。具体来说，就是在十分紧急、使申请令状变得不可能的情况下，即侦查机关具有相当理由相信汽车内藏有犯罪嫌疑人或犯罪证据的，如果不立即搜查嗣后犯罪证据将无法取得时，可以立即进行搜查，但是必须在事后不迟延地去法院请求司法确认。而对于汽车炸弹等恐怖犯罪进行的预防性搜查，则可以不要求事先取得搜查证，警察能够基于合理怀疑即可对汽车进行搜查。至于什么情况属于紧急情形，可以由法律进行预先规定，也可以由警察根据自己的知识和经验进行判断，但是最终要经过法官的审查。

此外，随着科技通讯技术的快速发展，警察通过电子通讯设备向法官申请口头令状成为可能。口头令状作为将来令状发展的一个趋势，对汽车搜查制度的发展具有重大意义。

4. 细化汽车搜查的程序

一项良好的制度不仅体现在法律条文上，还体现在实际运行中，所以严格、细密的汽车搜查执行程序就显得非常重要。

第一，汽车搜查过程要贯彻比例原则。比例原则（必要性原则），是指强制侦查手段的使用与案件的情况相适应，不得超过实现侦查目的所必要的限度，特别是武力的使用，更要节制。[①] 比例原则是为了防止国家行为的过度干预，确保公民基本人权的实现，故被称为“最足以保障人民基本权利之制度，是公法里的帝王”[②]。对于汽车搜查，在进行强制搜查前，应先询问当事人是否同意配合。在进行搜查过程中，除非迫不得已，不得使用破坏性措施损害被搜查人的财产，或者使当事人的隐私受到不必要的侵犯。对于当事人抗拒搜查的，可以使用武力，但不得超过必要的程度。

第二，执行搜查时侦查人员必须有两人在场，一般情况下要请见证人在场见证。在搜查前，侦查人员应事先向被搜查人宣布搜查意向和搜查理由，除非事先宣布有可能造成侦查人员生命、肢体上的危险或证据被毁灭或嫌疑人逃跑的风险。这是保障搜查行为相对人知情权的要求，也有利于见证人对搜查行为进行监督。

第三，严格执行搜查证的要求。搜查的范围不得超过搜查证上指定的车辆、汽车内的空间范围以及物品范围。一旦搜查证上指定的物品被发现或被警察认定不在车上，搜查应该停止。对于无证搜查，执法人员一定要遵循合法性、合理性以及常识性原则（如为了搜查被盗抢的五头牛就不应当对被搜查人的微型轿车

---

① 孙长永：《强制侦查的法律控制与司法审查》，载《现代法学》2005 年第 5 期。

② 陈新民著：《德国公法学基础理论》，山东人民出版社 2001 年版，第 389 页。

进行搜查）对汽车进行搜查。

第四，有证之汽车搜查原则上应白天进行，无证的汽车搜查可以夜间进行。西方法治国家一般都规定搜查应在白天进行，除非法律另有规定。而由于汽车搜查的特殊性，对此应区别对待。对有证的汽车搜查，原则上应白天进行，除非是白天已经开始进行搜查，需要不间断地持续到夜间。而对高速公路上拦截的汽车进行的无证搜查，应允许夜间进行。

5. 完善违法汽车搜查的救济机制

完善违法汽车搜查的救济机制主要包括无证搜查的司法确认制度、非法证据排除规则和对违法侵犯公民权利的侦查人员的惩戒制度。

第一，确立无证搜查的司法确认制度。司法确认制度，是指在紧急情形下允许侦查人员在无令状的前提下实施的强制侦查行为（如汽车搜查），但需要在事后尽快地自动接受司法机关的审查，获取司法确认。[①] 由于汽车具有的机动性特点，对其进行无证搜查的概率很高，所以确立司法确认制度意义重大。经验证明，司法确认制度在保留侦查人员紧急情形下无令状实施强制侦查权力的同时，使事后的司法审查成为强制性审查，有利于防止侦查人员滥用紧急情形的侦查权。[②]

第二，完善非法证据排除规则。目前我国《刑事诉讼法》中还没有非法证据排除规则的规定，司法解释中的证据排除规则也仅限于言词证据，而不适用于非法搜查得到的实物证据。虽然警察违法进行汽车搜查，如果能得到相应的违法犯罪证据，那么其可以完全被法院采纳作为定案证据。这就导致实践中公民的人身自由、财产权利和隐私利益受到侵犯而很难得到实质性的救济。所以，应明确违法汽车搜查获取证据的效力，确立完整的非法证据排除规则。通过程序性裁判建立对违法汽车搜查的程序性制裁机制，将非法证据排除规则落到实处，如设立听证程序，实行举证责任倒置原则等。

第三，完善对违法侵犯公民权利的侦查人员的惩戒制度。一般情况下，侦查人员实施刑事侦查行为造成相对人权利损害，是不承担个人责任的。但是，对于故意违法搜查汽车侵犯公民财产权、人身权或隐私权的侦查人员，应对其进行惩戒。具体包括行政处分和刑事惩罚（构成犯罪的）等。

另外，被搜查人因为侦查人员违法进行汽车搜查给其财产等权利造成损害的，可以通过国家赔偿程序寻求司法救济。

---

① 孙长永主编：《侦查程序与人权保障——中国侦查程序的改革和完善》，中国法制出版社 2009 年版，第 192 页。

② 孙长永主编：《侦查程序与人权保障——中国侦查程序的改革和完善》，中国法制出版社 2009 年版，第 192 页。

第四编　我国刑事搜查制度的改革与完善

第十五章　我国刑事搜查使用状况的实证分析

刑事搜查作为收集犯罪证据、查获犯罪嫌疑人的一项重要法律手段，在法治发达国家的侦查实践中应用得十分广泛。鉴于搜查对公民宪法权利造成的严重威胁，各国大多对搜查的启动、实施、违法搜查的法律后果等问题进行了精密严格的规定，形成了各具特色的搜查制度。然而，搜查在中国却呈现出一种截然不同的景象：不仅法律规定粗糙简陋，而且侦查机关还在实践运用中形成了一套自己的“潜规则”。尽管近年来搜查制度在理论界已经开始受到一定的重视，但学者们对于搜查在我国实践运用中整体现状的考察却可谓凤毛麟角，以至于现有研究成果有成为“书斋理论”的可能。

笔者于2010年跟随课题组在H省Z市、X市、Y市（X市下属县级市）以及L市M区四地的实务部门进行了搜查实践的专题调研。[①] 我们通过查阅文书档案、走访座谈等方式获取了大量的一手资料。本章拟以此次调研材料为基础，尝试对现行法律框架下搜查在实践中的使用现状进行一个较为全面、细致的分析整理。

一、搜查使用呈现的总体特点

通过对相关统计数据的分析，我们发现搜查在公安机关侦查案件和检察机关自侦案件中的运用呈现出不同的特点。

首先，从整体上看，公安机关在侦查中较少使用搜查措施。根据2007～2009年Z市某县级公安机关开具的搜查证存根统计，该县2007年、2008年分别实施搜查70次和63次；2009年实施的搜查次数有所增加，达到了108次（见

---

① H省为中国中部某省，Z市为相对不发达城市，而X市属于经济中等发达城市，Y市是X市下属发展较好的县级市，L市M区则是H省经济发达城市的城区。这四个地点的选取，既考虑到地域经济社会发展水平的层次性，又考虑到基层和地级市侦查部门在搜查实践中可能会面临不同的问题，因而具有一定的代表性。

图1)。① 但即使是在搜查使用最频繁的2009年，搜查使用次数也不到当年全部案件总数的50%。

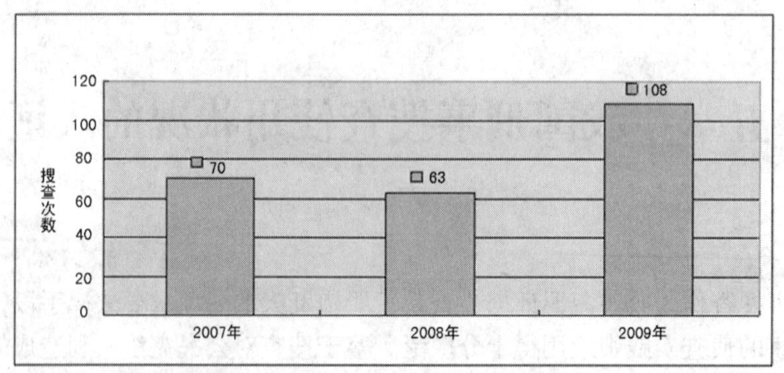

图1　Z市某县级公安机关2007～2009年搜查使用次数情况统计图

据Z市某县级公安机关侦查人员介绍，一般而言，公安机关都是在犯罪嫌疑人到案接受讯问，交代赃款赃物、作案工具去向之后，再根据犯罪嫌疑人的供述进行相应的搜查。搜查的主要目的在于起获、提取相关证据。这也就是说，在侦查实践中，公安机关大都是"先抓后搜"，实施被动搜查多，极少通过主动搜查去发现、查找新证据。而这一观点也得到其余三地公安机关侦查人员的一致认可。

相比之下，搜查在检察机关办理自侦案件（主要是贪污贿赂案件）过程中的应用就显得频繁。以X市人民检察院反贪局提供的数据为例，该局每年承办的案件中实施搜查的案件数量可占到全部案件总数的60%～70%；其下属基层人民检察院每年侦办的案件中平均也会有十二三起运用搜查手段。此外，Z市检察系统的负责同志也向我们表示，在Z市，一般由市人民检察院牵头查办的大案、要案或基层人民检察院认为重大的案件也都非常重视搜查手段的使用，几乎是案案使用，且搜查程序也相对规范。

究其原因，主要是与检察机关查办案件的性质和工作方法有关。自侦案件与公安机关办理的普通刑事案件相比有一个显著特点，即自侦案件主要是"以人找事"，多是经举报、控告、检举等途径得知某人有职务犯罪的嫌疑，并没有太多的证据材料；而普通刑事案件则主要是"以事找人"，即公安机关在案件发生后凭证据材料去寻找线索，查找犯罪嫌疑人。二者相比，前者在取证和印证方面

① 对于2009年搜查使用次数比往年陡然增多这一现象，笔者经过向当地公安机关负责人咨询得知，这是因为2009年当地公安机关开展专项行动，集中清理了五六个扒窃团伙，因此使得案件总数增加，搜查使用次数也随之增加。在正常情况下，当地每年发案大约200起，涉案人数300余人。

的难度通常要远远大于后者。① 因此，如果检察机关不能及时收集到关键的物证，自侦案件的侦破工作就很容易陷入被动。这个时候，搜查的重要性就凸现出来。简而言之，搜查在检察机关自侦案件，尤其在贪污贿赂案件的查处中主要可以起到以下几个方面的作用：

（1）有助于冲破犯罪嫌疑人心理防线，突破案件。特别是在外围初查工作不到位的情况下，通过搜查获取关键证据，从而在法律规定的短时间内冲破犯罪嫌疑人的心理防线，这是案件侦破的关键。

（2）有利于扩大战果，做大案件。通过搜查，检察机关可能会发现尚未掌握的犯罪嫌疑人其他罪行，有利于扩大战果，做大案件。

（3）对固定证据、证实犯罪起到重要作用。在贪污贿赂案件中，犯罪嫌疑人口供不仅难以获取且极不稳定，被告人在法庭上翻供的情况时有发生。通过搜查起获赃款、赃物及其他物证，对于防止犯罪嫌疑人翻供、证实犯罪具有明显效果。

正因为搜查在贪腐案件查办过程中发挥着其他侦查手段不可替代的重要作用，所以在实践中检察机关通常都会较为频繁地采取主动积极的搜查。

二、搜查措施涉及的罪名及其分布情况

由于搜查在实践中的功能主要表现为发现、起获物证（主要是指赃款、赃物以及作案工具），因而公安机关多在财产类犯罪和人身伤害类犯罪中运用搜查手段。以Z市某县为例，2007年至2009年，公安机关在盗窃、抢劫、人身伤害、假币、毒品和制造、买卖、持有爆炸物品等六大类犯罪案件中使用搜查的次数占搜查使用总数的比例分别为90%、90.5%和94.4%（见图2）。其中又以盗窃、抢劫和人身伤害三类案件所占比重最大。值得注意的是，公安机关经济犯罪

① 最高人民检察院检察技术信息研究中心副主任、主任法医师王雪梅对自侦案件取证困难和技术性证据的重要性作了较为系统的分析和阐述：“检察机关在办理自侦案件时，确定犯罪嫌疑人往往比较容易，但查明案件事实却比较困难。犯罪嫌疑人大多是国家工作人员，他们利用手中的职权进行犯罪，其掩匿罪证、逃避侦查和审判的能力相当强。况且，这类案件发案时间往往与作案时间有一段距离，犯罪分子比较容易进行毁匿证据、伪造证据、转移赃物赃款、订立攻守同盟等一系列反侦查活动，这些都为侦查工作带来较大难度……此外，由于许多职务犯罪的检举人与犯罪嫌疑人之间有恩怨情结，其控诉告发的真实程度往往很不可靠。又由于职务犯罪的犯罪嫌疑人大多手中握有一定的权力，在当地有较厚的保护层和较广泛的关系网，牵一发而动全局，因此常常会出现证人翻供的情况，证人证言往往很不稳定。这就要求检察机关侦查取证必须拓宽收集证据的途径，及时收集口供以外的证据，特别是技术性证据，不能轻信口供，盲目夸大口供的破案作用。”

侦查部门在办理相关案件时也会经常性地运用搜查措施，但在实践中这类案件所占的比例非常小。此外，据 Z 市侦查人员介绍，在涉及“组织、利用会道门、邪教组织、利用迷信破坏法律实施罪”的案件中，搜查使用得也比较频繁，不过此类案件一般都没有达到犯罪的程度，行为人大多最终被劳动教养，进入刑事程序的很少。当然，由于各地犯罪情况有所差别，搜查涉及罪名的分布自然也会呈现出多样化态势，但以侵犯财产类犯罪和侵犯公民人身权利类犯罪为主的整体趋势却是基本一致的。

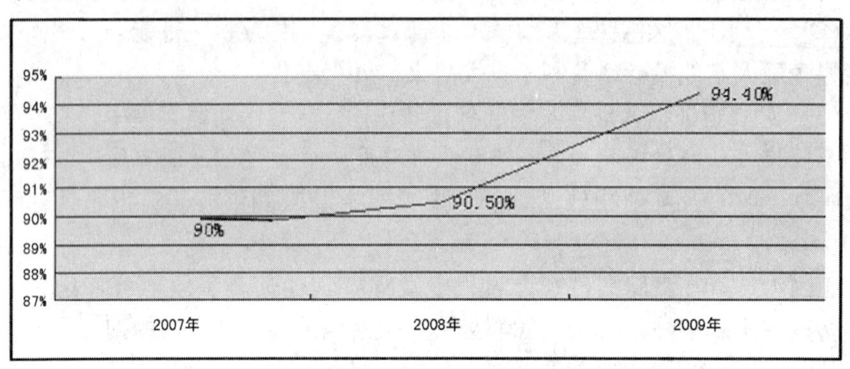

图 2 Z 市某县 2007 ~ 2009 年盗窃等六大类犯罪案件中搜查使用次数占搜查案件总数比重折线图

就检察机关而言，搜查多运用于贪污贿赂案件的侦查，纯粹的渎职侵权案件中侦查人员极少运用搜查。在谈到这一现象时，L 市 M 区人民检察院渎职检察部门负责人表示，渎职检察部门承办案件的性质与公安机关办理的普通刑事案件比较类似，绝大部分也属于“以事找人”。侦查人员多是在相关事件发生之后（如重大安全事故），根据线索溯及向上，确定是哪个环节出了疏漏，然后再对相关责任人进行查办，运用搜查手段的必要性较小。只有在一些既存在渎职犯罪又存在贪污贿赂犯罪的案件中，渎职检察部门才可能会考虑运用搜查手段来达到扩大战果、做大案件的目的。

三、对人身的搜查

（一）问题的提出：尴尬的司法实践

我们通过对 Y 市公安局 2008 年搜查证存根的调研发现，在 9 张搜查证中，仅有 1 张是针对犯罪嫌疑人的人身签发的（见图 3）。这也就是说，在实践中对人身进行的搜查中有证搜查非常少。但在实践中，几乎每起案件的侦查人员都会对到案的犯罪嫌疑人进行“搜身”。于是问题就产生了：如果不通过有证搜查，这些“搜身”行为又是以何种形态呈现于侦查活动当中的？

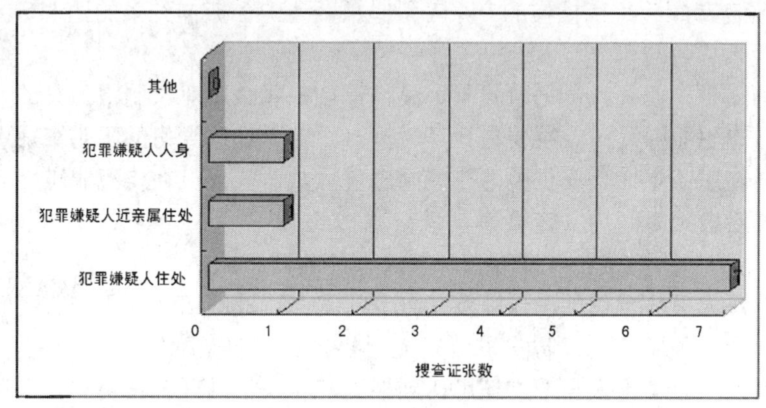

图 3　Y 市公安局 2008 年搜查对象统计图

（二）成因的初步分析

由于“搜身”行为通常都是发生在犯罪嫌疑人到案[①]之时，因此，我们有必要先对犯罪嫌疑人的到案方式进行相应的考察（见表 1）。

表 1　X 市、Y 市抽样案件犯罪嫌疑人到案措施统计表

地区 到案措施	X 市 N ＝ 40 起，84 人	Y 市 N＝140 起，194 人
抓捕（人）	63	115
拘留（人）	14	28
自首（人）	4	23
传唤（人）	1	9
拘传（人）	1	0
留置（人）	1	8
扭送（人）	0	10
逮捕（人）	0	1

表 1 显示，抓捕是侦查实践中公安机关最常使用的到案措施，在 X 市抽样的 40 起案件中，84 名犯罪嫌疑人中的 63 名都是以抓捕形式到案的，占犯罪嫌

① “到案”是侦查人员的习惯用语之一，是指通过一定方式使犯罪嫌疑人到达侦查机关的办案场所，使其能够接受侦查机关对其面对面的讯问或调查。到案措施并不完全等同于刑事强制措施，如扭送是到案措施之一，但不属于强制措施的范畴。

疑人总数的75%；Y市抽样的194名犯罪嫌疑人中，抓捕到案的达115名，约占犯罪嫌疑人总数的60%。

抓捕，是指侦查人员采取强制手段将重点犯罪嫌疑对象制服归案的一种行为方式。重点犯罪嫌疑对象主要包括经过排查而确定具体身份的犯罪嫌疑人及某些现行犯。在座谈中，公安机关的有关同志表示，侦查人员在将犯罪嫌疑人控制的同时或之后极短时间内一定会对其进行“搜身”。这种“搜身”是十分必要的，“一是探明和清除隐藏在被搜查人身上的各种凶器，以防止被搜查人利用凶器对搜查的执法人员、过往的群众以及其自身的安全造成威胁。二是查获藏匿在被搜查人身上的各种罪证，以防止被搜查人寻机销毁罪证，否认犯罪事实”①。除此之外，对现行犯实施人身搜查还可达到根据其随身物品确定嫌疑人真实身份的目的。

实际上，抓捕并不属于《刑事诉讼法》规定的法定到案措施，实施时无需办理任何法定手续，仅凭侦查人员的身份即可。而附带于实施抓捕的人身搜查一般也不会有书面记载，只有从犯罪嫌疑人身上获得有价值的证据时，侦查人员才可能会考虑补办搜查证。

此外，从表1中可以看出，拘留在到案措施体系中同样占到一定比例。我国《刑事诉讼法》第111条第2款规定，“在执行逮捕、拘留的时候，遇有紧急情况，不另用搜查证也可以进行搜查”，尽管《公安机关办理刑事案件程序规定》对“紧急情况”进行了明确界定，但仍预留很大的弹性空间。在实践中，几乎所有在执行拘留过程中实施的人身搜查都可以被侦查人员认为是符合“紧急情况”的要求，从而无需办理搜查证。需要说明的是，从我们的调研情况来看，刑事拘留作为一种到案方式绝大多数针对的都是共同犯罪中涉案在逃的犯罪嫌疑人，在其他情况下使用得很少。

留置、扭送和传唤在违法犯罪程度轻微的案件中也有相对较多的运用。其中，留置作为“当场盘问、检查”的延续，本身就意味着已经对犯罪嫌疑人进行了行政检查；而犯罪嫌疑人在被扭送之后，警察同样也会对其进行人身检查。这种人身检查可称之为到场检查，其正当性来源是《人民警察法》第9条第1

① 公安部政治部编：《警察查缉战术教程》，警官教育出版社1996年版。

款及相关解释。[①] 传唤作为一种刑事案件和行政案件共同的到案措施，虽然现有法律并未明确这种情况下侦查人员可否对犯罪嫌疑人的人身及随身携带的物品进行检查，但在实践中，出于安全方面的考虑，侦查人员一般都会进行检查或搜查。这种做法也得到了公安机关相关规章的认可。[②]

相关法规并未对人身检查的操作、限度等问题作具体的规定，实务部门的同志撰文指出，“实践中，警察检查人身与搜身的方式没有任何区别，同样是贯彻了‘由表及里、仔细彻底’的操作方法”[③]，即人身检查的方法和强度实际上与人身搜查无异，完全可以达到同样的效果。因此，行政检查消解了刑事搜查在人身方面适用的情形，当案件转入侦查程序后，人身搜查已经变得毫无必要。

笔者用一张表格（见表2）来说明侦查实践中各类人身搜查活动呈现的具体样态，通过这张表格我们就不难明白为何实践中针对人身签发的搜查证或进行相应的搜查记录会如此之少了。

表2　　各到案措施中人身搜查的具体形式统计表

到案措施	行为样态	是否持搜查证或进行相应记录
抓捕	抓捕同时进行人身搜查	无证、无记录，若获得有价值的证据可能会考虑补办手续
拘留	实施拘留同时进行人身搜查	一般符合无证搜查条件
留置	行政检查	检查无需手续，转入侦查程序后已无需进行人身搜查
扭送	行政检查	同上
传唤	行政检查或进行人身搜查	基本无证、无记录

---

① 《人民警察法》第9条第1款规定：“为维护社会治安秩序，公安机关的人民警察对有违法犯罪嫌疑的人员，经出示相应证件，可以当场盘问、检查；经盘问、检查，有下列情形之一的，可以将其带至公安机关，经该公安机关批准，对其继续盘问：（一）被指控有犯罪行为的；（二）有现场作案嫌疑的；（三）有作案嫌疑身份不明的；（四）携带的物品有可能是赃物的。”公安部《关于公安机关执行〈人民警察法〉有关问题的解释》第1条第1款进一步规定，“依照人民警察法第九条的规定，公安机关的人民警察在执行追捕逃犯、侦查案件、巡逻执勤、维护公共场所治安秩序、现场调查等职务活动中，经出示表明自己人民警察身份的工作证件，即可以对行迹可疑、有违法犯罪嫌疑的人员进行盘问、检查。检查包括对被盘问人的人身检查和对其携带物品的检查”。

② 2006年修订的《公安机关办理行政案件程序规定》第36条规定：“人民警察对查获或者到案的违法嫌疑人应当进行安全检查，发现管制刀具、武器、易燃易爆等危险品的，应当立即予以扣押。安全检查不需要开具检查证。”

③ 谢川豫：《我国警察检查权剖析——从制度建构到现实考察》，载《中国人民公安大学学报（社会科学版）》2005年第3期。

（三）问题的深层次探究——对“抓捕”附带搜查的合法性追问

前面已经提到，绝大多数犯罪嫌疑人都是通过侦查人员主动抓捕到案的，然而“抓捕”本身并非严格意义上的法律术语，我们只有在澄清其法律定义的前提下才能判断附随于它的无证搜查是否合法。

抓捕的主要作用是将某些现行犯和重大犯罪嫌疑人制服并带至公安机关。我国《刑事诉讼法》第61条规定，“公安机关对于现行犯或者重大嫌疑分子，如果有下列情形之一的，可以先行拘留……”根据《公安机关办理刑事案件程序规定》第106条的规定，公安机关对符合拘留条件的犯罪嫌疑人，由于出现犯罪嫌疑人正实施暴力活动，有可能危及在场群众安全或是在实施犯罪行为后正在逃跑、自杀等紧急情形，来不及办理拘留手续的，应将犯罪嫌疑人抓获，带至公安机关后立即办理拘留手续。上述规定为公安机关在紧急情况下适用先行拘留提供了法律依据。在现行法律形式上不承认无证拘留的情况下，所谓的“先行拘留”实际上包含了“抓获”和“拘留”两个环节，即先将现行犯或重大犯罪嫌疑人抓获控制后再办理相关法律手续执行拘留。这也就是说，单纯的抓捕并不同于执行拘留，它不是一种强制措施，执行抓捕无需任何法律手续，只需确定该人是现行犯或重大犯罪嫌疑人即可。①

法律的缺陷直接影响了搜查措施的适用。如前所述，在我国现行法律框架下无证搜查仅适用于“执行逮捕、拘留的时候，遇有紧急情况”一种情形，但这样的设计在实践中几乎没有适用的空间。因为绝大多数的拘留或逮捕都是建立在抓捕的基础之上，抓捕才是真正意义上控制犯罪嫌疑人的到案措施，拘留、逮捕只是到案后法律手续的完善而已。无证搜查大都附带于抓捕行动中，但这种无证搜查从严格意义上讲却是违法的。

实际上，从世界范围来看，基于维护各方安全、保全证据方面的考虑，几乎所有的法治发达国家都允许警察在执行逮捕时对犯罪嫌疑人人身和周围场所进行附带的无证搜查。反观我国，现行的拘留制度和只有在紧急情况下才可无证搜查的规定显然没有考虑侦查实践的正当需要，过度限制了侦查人员的无证搜查权，以至于司法实践中出现了大量有正当性的“违法行为”。为解决这一问题，立法者应当作出调整，确立我国的附带搜查制度，确认该类无证搜查的正当性。大致而言，可以从以下几方面考虑：第一，区分紧急情况下的无证拘留（也即实践意义上广泛使用的抓捕）与有合理根据而无紧急情况的有证拘留，并明确相应的启动条件。第二，删去现行法律法规关于无证搜查需有紧急情况的要求，规定只

---

① 对“先行拘留”的相关分析，可参见耿连海：《关于对现行犯适用先行拘留的思考》，载《政法学刊》2004年第6期。

要在执行拘留、逮捕过程中均可实施附带搜查。第三，限定附带搜查的实施范围。可参照美国法律的相关规定，将附带搜查限定在犯罪嫌疑人的“可立即控制的范围”，超出此范围的搜查需办理相关手续。

四、对场所的搜查

（一）搜查范围

从 Y 市公安局2008 年搜查证存根所记载的场所性质情况来看（见图3），在9 张搜查证中，对象为犯罪嫌疑人住处的达 7 张，对象为犯罪嫌疑人近亲属住处的为 1 张。由此不难看出，公安机关搜查的范围多限于犯罪嫌疑人或其近亲属的住处。

与公安机关不同，检察机关在控制犯罪嫌疑人的同时通常都会对犯罪嫌疑人的住处及其办公场所展开同步搜查。这一现象并不难理解，因为职务犯罪案件嫌疑人是国家工作人员，其办公场所相对固定，且藏匿犯罪证据的可能性相当大，自然成为侦查人员搜查的重点对象。

值得注意的是，在实践中，无论是公安机关还是检察机关都极少对犯罪嫌疑人住处和办公场所之外的其他场所实施搜查。

（二）场所取证方式分析

几乎所有案件都会涉及从有关场所获取物证，但实践中实施搜查的数量又如此之少，那么侦查人员又是以何种方式收集到相关物证的呢？对此，我们分析了案卷，并与侦查人员进行了交流。根据对案卷的统计分析结果和侦查人员的介绍，我们发现实践中从场所获取物证主要有以下几种途径：

（1）进行现场勘验，直接采用提取或扣押的方式从犯罪现场收集、固定物证。毫无疑问，这种方式完全符合法律的规定，且在侦查实践中发挥着越来越重要的作用。

（2）根据犯罪嫌疑人的交代进行“起赃”，即在犯罪嫌疑人交代了赃款、赃物或犯罪工具的具体下落后，侦查人员带着犯罪嫌疑人前往相关地点进行提取，并以扣押的方式来完成证据保全的过程。起赃这种方式在实践中有着极为广泛的运用。理论上，这种情况完全符合有证搜查的条件，但侦查人员通常很少选择进行有证搜查。因为在侦查人员看来，申请搜查手续比较繁琐费时，而且有遭遇失败、承担责任的风险。相比之下，带着犯罪嫌疑人起赃不仅省时省力，而且在犯罪嫌疑人亲自指认的情况下，提取的证据会具有更强的说服力。基于此，侦查人员取证往往遵循以下的方式：如果没有起获证据，一般就不形成任何书面材料；如果起获了证据，则直接制作提取笔录或扣押清单。

显而易见，这种取证方式的基本前提是犯罪嫌疑人交代了相关证据的下落，因此对犯罪嫌疑人的讯问就显得至关重要。而目前在实践中，犯罪嫌疑人的高认罪率为公安机关进行证据提取奠定了坚实的基础。我们在四地的抽样案卷中发现，侦查机关在讯问犯罪嫌疑人之后采取的取证次数，无论是总量上还是相对数量上均明显高于讯问前，这也从侧面反映了讯问在获取物证线索方面的重要意义。

（3）向相关机构和个人调取证据。根据《刑事诉讼法》第45条的规定，人民法院、人民检察院和公安机关有权向有关单位和个人收集、调取证据。侦查机关在发现证据之后，可以通过行使法律赋予的职权，签发调取证据通知书，要求相关机构或人员提交，如果对方拒绝提交，侦查机关可以采取强制措施，即通过强制扣押的方式获取证据。在实践中，侦查机关也经常采用这种方式来获得相关的证据，如向银行、医院、通讯公司调取账户资料、病例、短信、电子邮件，或者向保安部门调取探头录像等。在某些职务犯罪的外围侦查中，检察机关还常常会秘密联合犯罪嫌疑人所在单位的纪检监察部门先行保存、调取案件的重要材料。

（4）对场所的行政检查，即侦查人员以行政检查的方式来发现、收集存在于公共场所或第三人控制的场所中的相关证据。这种方式主要在侦查人员无法获得搜查授权的情形下使用。就我们的调研来看，这种情况在实践中很少发生，因为犯罪嫌疑人的高认罪率使得侦查机关可以比较容易地了解到证据的确切下落，从而采用调取或起赃的方式直接进行提取，而无需动用搜查。

由此可见，侦查实践中场所取证方式的多元化使得场所搜查的必要性大为降低，特别是在一些案情较为简单的小案件中，这种趋势表现得尤为明显。[①]

（三）解决问题的可能路径

前面已经提到，即使在符合有证搜查要求的情况下，侦查人员通常也会直接选择起赃来规避搜查，这一现象值得我们关注。起赃有三个明显的特点：一是有犯罪嫌疑人的明确指认。二是往往有犯罪嫌疑人的陪同。在实际操作中，通常是由犯罪嫌疑人现场指认赃物所在，并见证侦查人员的起获活动，最终还需在提取笔录或扣押清单上签字。三是不办理搜查手续。这表明，起赃行为实际上建立在犯罪嫌疑人相当程度的同意和配合基础之上，并非是纯粹的强制性侦查措施。因此，其“既具有一定的现实必要性（合理根据），也具有实质上的正当性（犯罪

---

① 以Z市某县人民检察院为例，该院2007年立案24件26人，使用搜查仅3次；2008年立案19件19人，使用搜查5次；2009年立案23件23人，使用搜查7次。相关负责人向我们解释到，由于该院侦办的多为情节简单的小案件，一般通过查账、银行查询等措施足以应对，因而搜查使用较少。

嫌疑人同意)”①。

然而，这种在实践中运用极广的侦查手段却缺乏正式的法律地位。实际上，起赃的特征完全符合西方国家“同意搜查”制度的要求，是一种实质上的同意搜查。因此，从完善刑事诉讼制度的角度出发，笔者认为，我国应当在总结实践经验、借鉴相关国家制度的基础上，增设同意搜查机制，从法律层面上认可起赃及类似行为的正当性，并加以规范。这对于弥补目前严格的有证搜查机制给侦查工作带来的不便，增强侦查工作的时效性和便宜性将会大有裨益。

① 周洪波、潘利平：《无证搜查：立法与实践的背离及其完善》，载《西南民族大学学报（人文社会科学版）》2008 年第 8 期。

第十六章 我国刑事搜查制度的改革与展望

在各国刑事诉讼普遍奉行国家追诉原则的当代，侦查机关作为积极主动地行使国家刑罚权的追诉机关，掌握着丰富的公共资源和众多强制性权力。立法之所以赋予侦查机关包括刑事搜查权在内的这些强制性权力，是为了实现有效打击、控制犯罪的目标。然而不容忽视的是，固有的强制性侦查行为这一性质决定了刑事搜查是一把“双刃剑”，其在收集犯罪证据、查获犯罪嫌疑人方面的积极作用，无法掩盖它被不当运用时对法秩序的破坏、对公民基本权利的不合理侵害。本章初步展现了我国在刑事搜查领域的立法、执法和学术研究现状，简要评析了国内专家学者对此问题的立法改革建议，并对我国刑事搜查制度未来的发展进行了建设性的思考与展望。

一、我国刑事搜查制度现状

（一）立法现状

目前，我国关于刑事搜查的立法及相关制度建设表现为《刑事诉讼法》、《人民检察院刑事诉讼规则》（以下简称《高检规则》）、《公安机关办理刑事案件程序规定》（以下简称《公安规定》）中所确立的一些程序规则。

我国法律以“侦查人员执行搜查时是否需要持有搜查证”为标准将搜查分为有证搜查和无证搜查。《刑事诉讼法》第 111 条第 1 款、《高检规则》第 178 条、《公安规定》第 206 条这一系列规定表明：在我国，从制度设计层面上看，有证搜查是原则，是搜查的常态类型。然而，在发动有证搜查的实质条件方面，我国却存在着立法缺失。《刑事诉讼法》第 109 条仅仅笼统地规定了搜查的适用情形，即“为了收集犯罪证据、查获犯罪人，侦查人员可以对犯罪嫌疑人以及可能隐藏罪犯或者犯罪证据的人的身体、物品、住处和其他有关的地方进行搜查”。无独有偶，《刑事诉讼法》也并未明确规定搜查证的签发主体。这导致在实践中只能依照《公安规定》第 205 条搜查“经县级以上公安机关负责人批准”和《高检规则》第 178 条“搜查证由检察长签发”的规定来执法。可见，我国县级以上侦查机关负责人掌控着启动有证搜查的决定权。对搜查证上应具体记载哪些事项，《刑事诉讼法》和相关司法解释都只字未提。

作为有证搜查的补充和例外，我国法律也规定了无证搜查，如《刑事诉讼法》第111条第2款、《高检规则》第179条、《公安规定》第207条。依据这些规定，实施无证搜查必须同时具备以下两个条件：第一是时间条件，即在执行逮捕、拘留的时候；第二是紧急情况条件，即必须遇有《公安规定》第207条规定的5种紧急情况之一的。此外，《刑事诉讼法》还对以下问题进行了简略的规定：被搜查人协助搜查的义务、搜查的在场见证、搜查妇女身体的执行人、搜查笔录的制作。然而，在现代法治国家中普遍受到法律规范的夜间搜查、住宅搜查、第三人搜查、紧急搜查、附带搜查、同意搜查等问题，我国《刑事诉讼法》及相关司法解释均无条款涉及。

总之，尽管搜查直接关系到对公民人身自由、人格尊严、财产权、隐私权、住宅安宁权等宪法性基本权利的限制和侵犯，但我国现行相关立法及制度设计之粗疏仍可谓“举世罕见”，且现有制度的科学性、合理性颇值得商榷。这与“建设社会主义法治国家”的目标相去甚远，与我国不断崛起的大国地位极不相称。

在美国，作为美国联邦宪法第四修正案权利的保障和救济措施，非法证据排除规则对警察的非法搜查的行为产生了极大的震慑、阻吓和预防作用，因而“举世闻名”。而我国《刑事诉讼法》中没有任何关于非法证据排除规则的规定。最高人民法院《关于执行〈中华人民共和国刑事诉讼法〉若干问题的解释》第61条和《高检规则》第265条仅对非法言词证据的排除作了原则性规定，即以刑讯逼供或者威胁、引诱、欺骗等非法的方法收集的证人证言、被害人陈述、犯罪嫌疑人供述、被告人供述，不得作为指控犯罪和定案的根据。但对非法搜查获得的实物证据是否应被排除则避而不谈。这表明在制度设计层面，我国并没有将非法证据排除规则确立为对非法搜查行为的预防措施、对非法搜查受害者的救济手段。

（二）执法现状

我国此种粗线条立法在规制警察滥用搜查权方面是如此的苍白无力，以致执法实践中的搜查活动成为了使社会公众对侦查机关产生司法专横、野蛮执法等不良印象，进而危及执法权威性和司法公信力的罪魁祸首。

近年来，媒体曝光了搜查活动中存在的许多混乱现象。例如，有的警察在没有搜查证甚至未穿警服的情况下，以抓赌抓嫖之名夜间撬门别锁或破窗入户，吓得守法公民精神失常；有的警察以怀疑对方偷钱包为由要求女士脱衣裸身进行检查；还有的警察到外来人口聚居区检查暂住证时，直接闯入出租屋，碰上住户正在卫生间洗澡，警察也直接将卫生间门踢开，要求对方出示暂住证。

2009年，笔者有幸参加了一次国内高级别的刑事搜查扣押学术研讨会。会上一位知名律师在发言时称，搜查扣押问题是我国刑事诉讼中的藏污纳垢之处。尽管并不确定是否属于实践中的普遍现象，但她在代理过的为数不多的涉及搜查的刑事案件中，亲历了多起侦查人员以侦查需要为由在搜查中任意破坏、处置，甚至盗窃公民合法财产的事件。许多当事人向她诉苦说，警方的搜查就像土匪强盗进了家，搜查人员走后家中一片狼藉。当事人对其合法财产在搜查中被损坏、被盗窃却无可奈何，因为他们大多被羁押，连自由和性命都难保，自然无法顾及这些“身外之物”。

总之，在我国的搜查实践中确实存在一些骇人听闻的现象。上述令人触目惊心的丑闻警示着我国警察执法中的以下弊病：搜查证签发便捷化、搜查启动随意化、执行方式野蛮化；在搜查权的运用中缺乏必要的执法文明，缺乏对公民人格尊严及财产权的基本尊重。

（三）学术研究现状

为展现我国学界对刑事搜查问题的研究现状，笔者仔细阅读分析了进入新世纪以来国内核心期刊上发表的二十余篇关于刑事搜查的学术论文及相关著作，现总结如下：

1. 对现行有证搜查启动程序的批判

“刑事搜查的启动之所以成为一个问题，无非是源于公民个体对国家暴力的恐惧和戒备，因此，应在国家暴力应予严格限制的理念基础上，设置一个刑事搜查启动程序，借以限制国家暴力的恣意启动，并以此评价整个搜查程序的合法性。”① 我国现行的有证搜查启动程序遭到了学界的普遍批判，批判的矛头直指两个方面：一是启动搜查决定权的归属不当；二是启动搜查实质要件之缺失。

就第一个方面而言，多数学者认为，搜查决定权与执行权同属于侦查机关，缺乏必要的司法审查和外部监督，侦查机关的内部行政性审批使得令状主义的监督功能流于形式，难以防止警察恣意滥权。此外，以下精辟的论述阐明了上述学术观点的理由，即“侦查机关肩负侦控职能，揭露犯罪是其最主要目标，甚至从某种意义上说是其本身存在之理由。能否查获嫌疑人或发现证据直接表征侦查机关的工作绩效，进而影响对侦查官员个人的评价，甚至波及其职位升降、福利待遇等切身利益问题。一边是职责所在，另一边是私利所诱，侦查官员在双重利益驱动下必然会穷尽开发其权力资源，而对犯罪嫌疑人的人权保障则沦为一种道德负担甚或不得已的忍耐。在这种前提下，把作为监督力量的搜查令状审批权赋予侦查机关本身，无异于让其既当裁判又当球员，使监督力量黯然失色，最终流

① 潘利平：《我国刑事搜查启动程序问题研究》，载《社会科学研究》2004 年第 5 期。

于形式"[①]。

尽管学界对搜查领域内应实施司法分权已达成共识，但对于"从侦查机关手中回收搜查决定权之后的再分配"问题则存有分歧。有的主张，立法应遵照令状原则的本源内涵，恪守诉讼规律，使搜查决定权回归审判机关，由法院审查启动搜查之申请，并签发搜查令状。有的主张，参照现有的审查批捕程序，由检察机关审查批准有证搜查。

就第二个方面而言，学界普遍认为现行立法对有证搜查程序的启动是"只论目的，不讲条件"，法律所关注的仅仅是侦查机关是否有控制犯罪的动机，而不论其是否具备了具体的、特定的理由，因而现行立法并没有为公民的宪法性基本权利提供必要的制度性保障。这直接导致实践中侦查机关在没有特定理由的情况下，只要披上执法者的外衣便可随意对公民实施搜查，以致不合理地侵害了无辜公民的正当权益。

因此，大多数学者从比较法的研究角度建议借鉴法治发达国家的成功经验，在立法上明确规定启动有证搜查的实质要件及证明标准。例如，有的学者认为，此项实质要件"可确定为'有证据证明有查获嫌疑人或证物的可能'，方可对其人身、物品或住处及其他有关地方进行搜查……在围绕搜查证的签发进行的程序性证明活动中，由侦查人员负证明责任，故应在提请搜查的申请中写明该案的犯罪事实、现有证据情况、证据与被搜查人或被搜查场所的关系，且应使法官相信通过搜查可能找到犯罪嫌疑人或与案件有关的犯罪证据"[②]。

2. 关于搜查证的功能及搜查证上应记载事项的研究

有学者认为，搜查证的功能不仅体现为它是搜查行为合法性的重要依据，是证明搜查执行人员身份和履行搜查职责的法律凭证，更为重要的功能，也是最值得强调的功能在于它公示了权力的行使内容，使被搜查人知悉了已获得授权的搜查活动的具体内容，从而防止搜查人员在执行过程中越位滥权。[③]

同时，学界已认识到我国目前无论在立法设计上还是在执法实践中都仅强调了搜查证的形式意义，却严重忽视了其公示权力行使内容、保障人权的实质功能。目前，在实践中使用的搜查证属于一般性令状，它对搜查对象、范围、手段、时间等关键要素的描述过于笼统，缺乏必要的特定化、细节化描述，因而留给搜查执行人员过于广阔的裁量空间，搜查执行者可以任意扩大搜查范围，随心所欲地选择搜查手段。对此，学者建议细化搜查证上记载的内容，使其特定化，

① 潘利平：《试论我国刑事搜查制度的改革》，载《学术论坛》2005 年第 4 期。

② 闵春雷：《完善我国刑事搜查制度的思考》，载《法商研究》2005 年第 4 期。

③ 参见潘利平：《我国搜查证制度的立法缺陷及其完善》，载《人民检察》2004 年第 6 期。

对侦查人员执行搜查中的自由裁量权进行必要的限制。具体而言，在搜查证上应记载具体的搜查目的和搜查理由，将搜查对象特定化，对搜查程度作出限制，明确记载搜查证有效期、搜查实施时间，事先记载侦查人员的姓名，对搜查证内容的更改、添加等设立严格规范。[①]

3. 对搜查执行程序的研究

很多学者认为，我国目前在搜查执行程序的规范方面存在严重的立法漏洞，诸多情况无法律依据。比如，没有限定搜查执行时间，夜间搜查泛滥；对封闭场所的搜查没有规定进入方式；缺乏对搜查范围、强度的必要限制；没有搜查证交回制度等。对此，学者建议，应从立法上确定搜查时间，原则上禁止夜间搜查；遵循比例原则，规范搜查方式、搜查强度、搜查范围；确立敲门并告知执法者身份和搜查意向的标准的进入程序。

4. 对第三人搜查的研究

有学者认为，在现有条件下，侦查机关的行为绝不可能百分之百地仅仅指向犯罪嫌疑人就可以完成刑事诉讼的准备工作，必然有一部分侦查行为要涉及犯罪嫌疑人以外的普通人。因此，基于追诉犯罪的目的，除了犯罪嫌疑人外，不特定的第三人在一定限度内同样要负担对强制性侦查行为的忍受义务。[②] 但由于第三人并非刑罚权的行使对象，所以对第三人发动搜查的法律要件应该更为严格。否则，若任由侦查机关以追诉犯罪为名对不特定的第三人实施搜查，任何人都会惶恐不安，人人自危，这就远远背离了我国《刑事诉讼法》的权利保障功能。[③] 因此，法律在允许侦查机关对第三人实施搜查的同时也应对其进行严格规制。

鉴于我国现行法律没有对第三人搜查的实质要件作出区别于对被追诉人搜查的特别规定，没有设置更为严格的程序要求，忽视了对第三人合法权益的应有保护，学界有人主张应对第三人搜查设立若干程序限制。例如，授权机关在批准对第三人实施搜查时，应明确搜查的对象、空间范围、有效期限、搜查方式和强度等，不可作出模糊的、不确定的授权，对第三人实施搜查必须符合比例原则等。

笔者认为，第三人搜查问题中需要重点关注的不是对搜查犯罪嫌疑人程序的准用，而是应为对第三人搜查确立特殊的程序规则。对此，已有学者提出如下建议：首先，对第三人的搜查必须有合理根据，侦查机关必须拿出能够满足合理根据的证据来证明犯罪嫌疑人或应扣押的物品存在于第三人住所，才可能被授权对

---

① 参见潘利平：《试论我国刑事搜查制度的改革》，载《学术论坛》2005 年第 4 期。

② 参见纵博、郝爱军：《论限制对案外第三人实施强制侦查措施》，载《中国刑事法杂志》2009 年第 4 期。

③ 参见纵博、郝爱军：《论限制对案外第三人实施强制侦查措施》，载《中国刑事法杂志》2009 年第 4 期。

第三人实施搜查，而且对第三人实施搜查的合理根据应该高于对犯罪嫌疑人实施搜查的合理根据。其次，第三人对侦查行为只负担有限的忍受义务，且这种义务小于犯罪嫌疑人的忍受义务。那么，法律赋予第三人的救济权利应当大于或至少等于赋予犯罪嫌疑人的救济权利，让第三人能够有充分有效的手段寻求救济。具体而言，我国的《国家赔偿法》应当扩大对第三人的赔偿范围，在侦查机关对第三人作出违法或明显不合理的搜查，造成第三人人身权、财产权、住宅安宁权等权利损害时，就应当负赔偿责任。同时，应当在程序法上赋予第三人一定救济手段。比如，第三人对施加于自身的非法搜查，可以向有权机关申请撤销，该搜查行为结果也因搜查行为被撤销而归于无效。①

5. 对无证搜查制度的研究

“现行的搜查扣押制度既无法有效发挥其对于追诉犯罪的积极功能，也不能在捍卫公民宪法基本权利方面提供必要的法律保障。”② 这一点在我国目前的无证搜查制度中体现得尤为明显。在美、英、德、日等法治发达国家中，无证搜查制度作为令状原则的例外，旨在有效应对千变万化的侦查和执法实践的需要，弥补严格的令状程序在控制犯罪方面的不足，从而最大限度地在惩罚犯罪与保障人权之间寻求适当的平衡。

反观我国的无证搜查制度，学界普遍认为不仅缺乏对重要的无证搜查类型的设计，而且现有的无证搜查适用条件过于苛刻，法律忽视了侦查人员面对高危险性、突发性犯罪威胁时高效执法的现实需要，将本应分别独立构成无证搜查条件的两种情形相互叠加，一方面，不合理地束缚了侦查职能的发挥；另一方面，忽略了对本应着重规范的无证搜查范围的界定，导致实践中将无证搜查范围等同于有证搜查范围，放纵了搜查权力的滥用。总之，我国现行无证搜查立法犯了本末倒置、脱离实际的低级错误。

---

① 参见纵博、郝爱军：《论限制对案外第三人实施强制侦查措施》，载《中国刑事法杂志》2009 年第 4 期。

② 吴宏耀等译：《美国联邦宪法第四修正案：令状原则的例外》，中国人民公安大学出版社 2010 年版，（前言）第 3 页。

对此，学界众多有识之士就无证搜查的法理基础①、附带搜查②、同意搜查③等问题从比较法的角度介绍了法治发达国家及地区的相关法学理论及立法、司法方面的成功经验，并提出了诸多具有合理性、可行性的改革建议。限于本文篇幅，笔者不作具体介绍。

6. 对非法搜查的预防与救济

很多学者认为，我国目前并没有建立一套完善的非法搜查预防措施，非法搜查的受害人救济无门。这具体表现为：（1）缺乏对非法搜查的程序性规制，尚未确立非法实物证据的排除规则。非法搜查的侦查人员从违法行为中获取了实际利益，导致非法搜查行为的蔓延。④（2）实践中广泛存在的非法搜查行为（如一人搜查、无见证人搜查、暴露隐私的搜查、侮辱人格尊严的搜查等）并不属于国家赔偿的范围，即使罕见地出现了属于法定赔偿范围的情形，但由于现行刑事赔偿程序要求赔偿义务机关先行“确认”自身之违法行为，受害人才可申请赔偿，只要侦查机关拒不确认，受害人就没有获得赔偿的可能。⑤（3）司法救济途径缺失。根据最高人民法院《关于执行〈中华人民共和国行政诉讼法〉若干问题的解释》第1条的规定，由于刑事搜查属于公安、国家安全等机关依照《刑事诉讼法》的明确授权实施的行为，因而不属于人民法院行政诉讼的受案范围。⑥

对此，有学者建议，我国应建立针对非法实物证据的排除规则。原则上非法证据均应排除，但在追究重大犯罪时，也可以不排除非法取得的实物证据。⑦ 同

---

① 参见张斌：《我国无证搜查制度法理之构建——〈刑事诉讼法〉第111条第二款质疑》，载《现代法学》2003年第4期。

② 参见张斌：《我国无证搜查制度法理之构建——〈刑事诉讼法〉第111条第二款质疑》，载《现代法学》2003年第4期。

廖荣兴、吴先春：《论刑事附带搜查制度》，载《江西社会科学》2008年第8期。

罗永红：《论附带搜查制度——以美国为范例的考察》，载《河南社会科学》2009年第3期。

③ 参见万毅：《同意搜查若干法律问题研究》，载《法商研究》2009年第3期。

皇甫长城、马凌：《浅论同意搜查制度》，载《人民检察》2005年第15期。

马静华：《合意性搜查制度：基础与应用》，载《政法论坛》2005年第4期。

汪建成、祁建建：《搜查比较研究》，载陈光中、江伟主编：《诉讼法论丛》（第9卷），法律出版社2004年版。

④ 参见闵春雷：《完善我国刑事搜查制度的思考》，载《法商研究》2005年第4期。

⑤ 参见潘利平：《试论我国刑事搜查制度的改革》，载《学术论坛》2005年第4期。

⑥ 参见潘利平：《试论我国刑事搜查制度的改革》，载《学术论坛》2005年第4期。

⑦ 参见潘利平：《试论我国刑事搜查制度的改革》，载《学术论坛》2005年第4期。

时，建立对非法搜查的程序性制裁机制，将非法证据排除规则落到实处。[①] 此外，应完善对受害人实体权利的救济机制。“其一，改革《国家赔偿法》对刑事赔偿须先由赔偿义务机关‘确认违法’的不合理规定，允许受害人直接提起赔偿申请。其二，改变目前狭隘的警察责任承担方式，增加如公开赔礼道歉、恢复名誉、消除影响等赔偿方式，弥补公民因不合理搜查、轻微违法搜查遭受的轻微物质损害或精神损害。”[②]

二、对专家立法建议稿中相关改革方案的评析

（一）《刑事诉讼法再修改专家建议稿》[③] 相关改革方案的评析

此部专家建议稿对1996年《刑事诉讼法》中关于搜查的规定进行了比较全面细致的增补和修改。其中，涉及核心问题的完善和重要制度引入的共7处；对原有条文进行局部增删、调整表达顺序或措辞、提高逻辑严密性的共4处。总体来看，它极大地丰富、完善了现行粗漏单薄的立法，但也存在个别缺憾。具体内容如下：

1. 七处重大修改

（1）启动搜查理由方面。它建议在《刑事诉讼法》第109条中“可能隐藏罪犯或者犯罪证据”前增加“有证据证明”，即针对犯罪嫌疑人及其财产、住处的搜查，设置一定的证据门槛，防止随意实施搜查。在证据门槛的立法表述上，建议与现行《刑事诉讼法》第60条关于决定逮捕的证据条件持平。（2）明确将搜查批准权赋予检察院。考虑到搜查直接关系到公民的若干重大宪法基本权利，为贯彻2004年《宪法修正案》“尊重和保障人权”的时代精神，特建议，将搜查决定权交由第三方主体行使。在具体制度设计上，为了防止对现行刑事诉讼构造产生较大冲击，利用检察机关的法律监督地位，建议与现行逮捕制度一致，采取由检察机关批准或者决定的基本思路。（3）对搜查批准决定书的记载事项提出了具体要求。为防止笼统授权，建议批准决定书应明确搜查的具体目的、搜查对象和范围、有效期限、检察院对搜查方式的限制等内容。（4）增设了同意搜查制度。基于权利人有权处分自己权利的现代法理念，为了缓解严格搜查条件对侦查活动的影响，建议增设同意搜查制度，鼓励侦查人员以非强制方法，通过说服、协商的方式获取被搜查人的合作。此外，它还明确了有权同意搜查的主体条

---

① 闵春雷：《完善我国刑事搜查制度的思考》，载《法商研究》2005年第4期。

② 潘利平：《试论我国刑事搜查制度的改革》，载《学术论坛》2005年第4期。

③ 陈光中主编：《中华人民共和国刑事诉讼法再修改专家建议稿与论证》，中国法制出版社2006年版。

件以及同意必须采用书面形式表达。（5）增设了径行搜查制度。为了有助于搜查活动的顺利进行，保证搜查的连续性，实现侦查活动的效率，建议增加对有明显嫌疑的场所实施径行搜查的规定。（6）明确了无证搜查后的审查。建议增加人民检察院对无证搜查的事后审查权，同样是为防止公安机关侦查权的泛化和引入第三方监督。这有助于抑制非法侦查和减少公安机关对相关人员人身、财产权利实施不当侵害。同时，事后对非法侦查予以纠正或否定，对非法侦查也有震慑作用。(7) 原则上禁止夜间搜查住宅。夜间是人最脆弱、防御能力最低的时候。因此，夜间搜查住宅，固然具有侦查上的便利，但是从人权保障角度看，却非常容易对被搜查人造成精神上的创伤，社会效果也极其不好。因此，为了捍卫住宅不受侵犯的宪法权利，建议立法对夜间住宅搜查予以必要的限制。此外，它还明确了 4 种例外情形和夜间的概念。

2. 四处局部调整

（1）由于人身搜查往往关系着被搜查人的人格和隐私，所以将“人身搜查时应尊重和保障被搜查人的人格尊严、隐私”这一原则单列一款加以突出强调。同时，还对搜查妇女、未成年人等弱势人群的身体设置了特别的保护措施。

（2）建议在搜查见证的条文首处增加“对住处”的表述，以示人身搜查和场所搜查的不同，明确了需要在场见证的范围不包括人身搜查。此外，建议在“家属”前增加“成年”二字，并单列一款规定其“有权在场”，这样既保障了被搜查人的切身利益，又可以达到见证的实际效果，以确保搜查的有效性、可信服性和可接受性。

（3）建议增加有关单位和个人无正当理由拒绝交付相关证据时，公安机关的处理办法，即“经公安机关要求，无正当理由拒绝交付的，可以依法强制搜查。确有必要时，也可以不经要求径行搜查”。

（4）为确保立法前后一致而建议增设向被搜查人出示搜查证的要求，即除了自愿同意搜查、附带搜查和径行搜查这 3 种情形以外，以“必须向被搜查人出示搜查证”为一般原则。

3. 一处缺憾

此版建议稿关于搜查的改革意见中唯一的明显不足就是关于附带搜查的规定。该条建议仍沿循了 1996 年《刑事诉讼法》对无证搜查设置的苛刻的适用条件，没能改变不合理的、脱离执法实践需要的立法现状。在照搬《公安规定》第 207 条所规定的 5 种紧急情况之后，美其名曰是立法的具体化，并能借此防止侦查机关的任意解释和侦查权的不当扩张，其实是自欺欺人。因为《公安规定》早已有同样规定，此种立法建议并无任何创新和高明可言。

此外，此处建议一方面未能从文字表述层面突出体现附带搜查所强调的保护性目的，即保护执法者安全及保全证据；另一方面，也没有对附带搜查的合法范围作出必要限定。

（二）《刑事诉讼法再修改学者拟制稿》[①] 相关改革方案的评析

该拟制稿关于搜查的改革建议不如前一部建议稿那么全面。尽管在若干核心问题上提出了与众不同的观点，但主要以追求更为准确的立法用语为特色，在新制度构建方面的参考价值极其有限。具体内容如下：

（1）对1996年《刑事诉讼法》第109条仅从用词上加以完善，并未明确启动搜查的实质理由。拟制稿认为，侦查机关具有客观、全面收集证明犯罪嫌疑人有罪或者无罪的各种证据的职责，仅规定收集犯罪证据与侦查机关的客观义务不符，所以建议将为了收集“犯罪证据”改为为了收集“证据”；为使措辞更符合无罪推定的要求，建议将“犯罪人”改为“犯罪嫌疑人”；建议将“地方”改为“场所”，而使措辞更为协调。

（2）对夜间住宅搜查进行了限制，但其中第一种例外情形设置的不合理，即“有证据表明犯罪嫌疑人藏身于该住所的”。因为这本应是启动住宅搜查的前提条件，不具备这一条件，即使在白天也不得对公民住宅进行搜查，它根本不能成为在夜间搜查住宅的额外的特别理由。

（3）区分住所搜查与非住所搜查的决定权的归属，即对住所进行搜查由人民检察院签发搜查证，其他情形由公安机关签发搜查证。理由是住所搜查对人权的侵犯程度较大，需要更为严格的程序，因此要由人民检察院签发搜查证。这种观点极具创意，但是否科学合理，笔者认为值得商榷。

（4）仍旧保留了1996年《刑事诉讼法》对无证搜查设置的“执行拘留、逮捕时”和“遇有紧急情况”这种双重条件。虽然增添了对无证搜查需进行事后审查的要求，但这种审查并非司法审查，而是执行者所在侦查机关的内部行政审查，使监督流于形式。

（5）规定了被搜查人的协助义务和搜查人员“先礼后兵”式的执行方式，即要求侦查人员在搜查中应先要求被搜查人配合，交出与案件有关的材料，在被搜查人不予配合的情况下，侦查人员才可以强制搜查。

（6）考虑到搜查、扣押电子资料不同于搜查、扣押一般证据，因而对相关单位和个人提供电子资料的协助义务作出专门规定。

（7）增设了侦查人员对于在收集电子资料过程中获悉的国家秘密、商业秘密和个人隐私负有保密义务的规定。

（8）明确了搜查时应当在场的两类人。第一类是被搜查人或者被搜查人的

---

① 徐静村主编：《中国刑事诉讼法（第二修正案）学者拟制稿及立法理由》，法律出版社2005年版。

成年家属；第二类是见证人。见证人可以是被搜查人的邻居，也可以是其他人。

（9）对搜查过程记录方式的修改。这主要表现为除了要求必须制作搜查笔录外，还可在条件许可的情况下进行同步录音、录像。

（三）《模范刑事诉讼法典》[①] 相关改革方案的评析

该法典中关于搜查的条文虽然仅有七条，但内容涉及许多亟须需完善的关键问题，且用词准确凝练、言简意赅、富有创新精神。具体特色内容如下：

（1）规定了启动搜查的证据条件，严守令状原则并将搜查决定权赋予法院，限定了搜查令状上应当记载的事项和搜查令的有效期限。

（2）丰富了无证搜查的种类，增设了同意搜查和附带搜查，同时将附带搜查的范围限定于犯罪嫌疑人立即可以触及的处所。此外，还规定了对无证搜查的事后司法审查。

（3）确立了执行搜查前必须向被搜查人宣布搜查令的原则，明确了若干项紧急情形下的例外。

（4）对夜间搜查住宅进行了严格限制，扩大了在场见证人的范围，使其包括了被搜查人的辩护人。

（5）强化了对被搜查人的权利保障，具体表现为新增条文规定禁止侮辱人格、对个人隐私保密、向被搜查人开具未发现与犯罪有关的物品或者违禁品的证明。

（6）对搜查律师事务所设置了特别保护程序，即要求由法官亲自在场主持搜查，并必须有律师协会会长或者其代表在场。

（四）《刑事证据法专家拟制稿》[②] 中非法证据排除规则的评析

该部拟制稿中涉及非法搜查和非法证据排除的共两个条文。首先，明确禁止以非法搜查、扣押，非法侵入公民住宅以及其他非法方法取得实物证据；其次，明确规定非法证据，是指以前一条规定禁止的非法方法收集到的证据；最后，确立了法官裁量权主导的非法实物证据排除规则，即非法实物证据是否具有可采性由法庭根据取证行为的违法程度和案件的具体情况裁定。此外，该部拟制稿还建议授权检察人员在审查起诉阶段决定非法实物证据是否可采。

（五）《中国证据法草案建议稿》[③] 中非法证据排除规则的评析

该部建议稿中有关搜查制度的内容比较丰富，不仅确立了非法搜查所获实物

---

① 陈卫东主编：《模范刑事诉讼法典》，中国人民大学出版社 2005 年版。

② 陈光中主编：《中华人民共和国刑事证据法专家拟制稿（条文、释义与论证）》，中国法制出版社 2004 年版。

③ 毕玉谦、郑旭、刘善春著：《中国证据法草案建议稿及论证》，法律出版社 2003 年版。

证据的排除规则，而且弥补了现行《刑事诉讼法》在贯彻令状主义方面的不足，完善了搜查令状程序。具体内容如下：

（1）明确了非法证据排除规则的适用范围，即仅强制适用于刑事诉讼中警察侵犯公民宪法权利的情形。此外，针对上述情形以外的，但属于以违反法律禁止性规定或者侵害他人合法权益的方法取得的证据，赋予法院自由裁量权予以排除。

（2）明确了“毒树之果”可不予排除，即由非法获得的证据引出的其他证据可以采纳。

（3）规定公民私自通过不正当途径获得的证据，原则上可不予排除，但不得免除行为人相应的法律责任。如果侦查人员介入该非法取证活动，该项证据应当排除。

（4）明确了令状主义的含义、令状主义的适用范围、签发令状的主体、签发令状的证据标准、禁止一般性令状等内容。

（5）确立了不同层次的非法实物证据排除规则。首先，违反该建议稿关于令状主义要求的搜查、扣押取得的证据不具有可采性。其次，违反《刑事诉讼法》关于搜查、扣押程序的其他规定而获得的证据，由法官根据具体违法的情形自由裁量是否予以采纳。

三、我国刑事搜查制度的研究热点

（一）有证搜查的启动程序（令状授权程序）

尽管当前的学术研究成果和专家学者的立法建议都不同程度地涉及启动搜查的实质要件，并将其表述为“有证据证明”某处可能隐藏罪犯或犯罪证据。但对于法律适用中必然会遇到的若干重要问题却鲜有充分的论述和有说服力的建议。例如，此种证明应遵循何种证明法则、达到多高的证明标准、搜查决定权主体应如何具体判断等。为完善搜查启动程序，学界和立法者还需要解决以下若干问题：

1. 在个案中如何判断是否具备了启动搜查的证据要件

在构建我国搜查制度的过程中，仅仅在立法上笼统地规定启动搜查的证据要件（如有证据证明）是不够的，因为这只是完成了概念表述工作。在实践中，案件的具体情况千差万别，对法律条文中某一概念的理解适用也可能因人而异。为了有助于对搜查证据条件的理解与适用，实现基本的司法统一，学界及立法者有责任向搜查决定权主体澄清这一证据要件的本质内涵，并为其提供资以判断法定搜查理由是否成立的基本方法。

笔者认为，应对发动搜查的证据要件做如下解释：侦查人员掌握的证据材料和事实情况能够使理性审慎的普通人确信有“相当大的可能”在某个特定的地点或特定的人的身上发现依法应拘捕的特定之人或应扣押的特定之物。这种证据材料虽不排斥常人所不具备的执法经验和专业知识（如警察因执法经历而具备了识别毒品化学原料或气味的能力），但必须是那种可以言说的、可以向他人清楚表达的事实情况。纯粹的怀疑、推测，所谓的资深警察的预感、直觉都难以令人信服，因而都不能满足此项证据要求。

尽管以上论述不无道理，但笔者以为这种“可以说是依照侦查经验想当然的事情”的观点已经背离了重视客观证据的理性要求，立法不能仅仅因为某公民居于犯罪嫌疑人的地位就对其权利保护大打折扣。“如果承认为搜查扣押设置门槛的目的是为了防止权力滥用，那么，似乎不宜因公民的诉讼地位不同而区别对待。终究，所谓的犯罪嫌疑人与第三人之间似乎并不存在截然两分的界限；在侦查活动中，随着程序的发展，第三人也可能会变成犯罪嫌疑人，而现在的犯罪嫌疑人却可能会被澄清犯罪嫌疑，脱离诉讼。”①“合理搜查的关键不在于某物品的所有人是否具有犯罪嫌疑，而在于是否有合理根据相信拟欲搜查扣押的那个特定‘物品’就在拟欲搜查的房产之中。”② “因此，同样的标准，同样的保护，似乎更契合法律面前人人平等的现代法理念。至于同样的门槛之下，证明犯罪嫌疑人符合法定条件的难度要比第三人小，则属于法律标准的适用问题，与法律标准的立法选择无关。”③

就搜查证据要件的判断方法而言，在美国，搜查令由法官签发，法官审查搜查令申请的过程就是在“合理根据”这一概念的指导下进行心证的过程。在美国这样的判例法国家，法官心证的过程可以在判例当中得到反映。其中，关于搜查合理根据测试法的最著名的判例是盖茨案④，本案的判决推翻了之前实行的过于僵化的双叉标准，确立了综合全案情形的审查标准。该判断标准的核心强调：警察用于支持合理根据的若干项证据或信息要素之间是紧密相联的，法官在审查令状申请时不应将其视为相互分离、彼此独立的要件。对于这些证据或信息的可靠性应从整体上加以综合判断，某一项证据或信息的不足能够通过其他强有力的证据或信息得到弥补。此外，在申请搜查令状之前，警方对现有证据信息展开的进一步的充分调查核实，则具有重要的证据补强价值。笔者认为，这种“综合

① 吴宏耀等译：《美国联邦宪法第四修正案：搜查与扣押》，中国人民公安大学出版社2010年版，第197～198页。

② 吴宏耀等译：《美国联邦宪法第四修正案：搜查与扣押》，中国人民公安大学出版社2010年版，第198页。

③ 吴宏耀等译：《美国联邦宪法第四修正案：搜查与扣押》，中国人民公安大学出版社2010年版，第198页。

④ Illinois v. Gates，462 U. S. 213，103 S. Ct. 2317（1983）.

全案情形”的审查方法非常值得我国立法加以借鉴并应用于司法实践之中。

令状签发官在综合全案情形对侦查人员提供的信息进行审查判断时，应考虑以下因素：

（1）侦查人员对于拟欲搜查的地点、人身、物品是否作了足够充分的特定化描述。（2）侦查人员对于拟欲发现的人或物是否作了足够充分的特定化描述。（3）用于满足搜查证据条件的信息是否具有“适时性”。因为发动搜查的合理理由是与现状有关的事实，也就是犯罪证据或嫌疑人“现在”是否可能在特定的地点被发现。所以经常需要签发令状的官员判断，据以确立搜查的合理理由及信息是否已经“过时”了？但这个问题不是简单地通过信息事实发生的时间与令状签发时间之间相隔的天数就能判断的，而必须依据每个案件的具体情况来认定。一个重要的因素是正在侦查的犯罪活动的特征。当警察在申请中所说的是一个孤立的犯罪行为时，其提供信息的价值就会随着时间的流逝而很快变弱，但如果警察表明该犯罪是一种具有延长或持续性质的活动时，时间的流逝就没有那么重要了。当正在侦查的犯罪不是一个持续性的犯罪时，要寻找的物品的性质就成了重要的考量因素。例如，在先前发生的一起银行抢劫案中，没有充分的理由认为犯罪嫌疑人在其住处仍然保留着银行装钱的袋子，但可以合理地认为他还保留着他在抢劫时所穿的衣服。如果警察在启动搜查的申请中声称某事件发生在一段特定的时间范围内，则必须通过考虑如果事件发生在该可能时间段中最早的时间，来检验该信息是否变得过时。①

2. 证明搜查证据要件时应遵循的证明法则和证明标准是什么

对搜查制度进行司法令状化改革，立法还需要建立一个核心的证明机制，尤其是要区分严格证明与自由证明。由于审查搜查申请与正式的审判活动有很大的差异，且常常在较匆忙的环境下进行。所以，笔者认为，对于此种程序性证明活动没有必要恪守严格证明法则，即不需要遵循正式庭审程序中所适用的证据规则，法律也无须严格限制所使用的证明方法和证据调查程序。

“至于合理根据要求达到何种证明程度，即‘合理根据要求多大程度的盖然性’，美国联邦最高法院从来没有给出一个具体的量化标准”②。“在申请司法令状时，控方的证据无须达到排除合理怀疑或优势证据的程度。”③“地方法官在裁

---

① 参见［美］伟恩·R. 拉费弗、杰罗德·H. 伊斯雷尔、南西·J. 金著，卞建林、沙丽金等译：《刑事诉讼法》（上册），中国政法大学出版社 2003 年版，第 179～180 页。

② 吴宏耀等译：《美国联邦宪法第四修正案：搜查与扣押》，中国人民公安大学出版社 2010 年版，第 193 页。

③ 吴宏耀等译：《美国联邦宪法第四修正案：搜查与扣押》，中国人民公安大学出版社 2010 年版，第 186 页。

判时，不得运用诸如‘排除合理怀疑’或者‘优势证据’等精心设置的适用于正式审判活动的证明标准。任何试图为合理根据确立一种普遍的、精确到可以量化的确定性标准的努力都可能是徒劳的，显然，‘只有犯罪活动的可能性，而非确凿的证明，才是合理根据的标准’。”① 可见，在美国，搜查合理根据的证明标准低于优势证据标准，即无须超过50%的盖然性，但美国联邦最高法院并没有用具体的数字百分比去描述它。至于我国是否有必要为启动搜查的证据要件设立一个具体的证明标准，这或许是个见仁见智的问题。笔者更关注的则是下面一个问题。

3. 是否应当依据搜查的不同类型为启动搜查设置多元化、多层次的证据要件

就场所搜查和物品搜查而言，公民对不同的搜查对象所怀有的合理隐私期待程度存在差别（如办公场所与私人住宅的区别；敞开的箱子与上锁的容器的差别），不同的搜查对象对被搜查人而言其经济价值也有差异。那么值得深入研究思考的是：这种期待程度上的高低差别、相对经济价值上的大小差异是否足以影响立法者呢？立法是否应当针对以搜查对象为标准划分不同类型的搜查，设置高低不同的多元化证据门槛呢？

就对人身和随身携带物品的搜查而言，基于控制犯罪，维护社会治安的需要，我们不得不承认由于实施搜查时被搜查人所处的时空环境不同，因而公民对其财产权、人身自由权、隐私权所享有的合理期待程度也有所不同。这种差异通常表现在：私人领域内的人身搜查与在公共场所的人身搜查；拦截搜查大街上的普通行人与拦截搜查近来特定犯罪频发的街区内形迹可疑的人；在一般公共场所内实施搜查与在人员密集、公共安全亟须特殊保护的场所（如机场、火车站内）实施搜查；为侦查一般犯罪而实施的搜查与在特殊环境下为重点打击某类犯罪而实施的搜查，如边境缉毒搜查，为打击走私、偷渡类犯罪而搜查。那么，值得进一步追问的是：这是否足以促成法律对公民权利保护程度的差异，即对不同时空条件下的搜查提出不同的证据要求？

对此，有学者称，尽管“合理根据”被吹捧为单一的标准，但是，随着美国联邦宪法第四修正案中搜查、扣押含义的不断延展，“合理根据”标准实质上

① 参见美国联邦最高法院大法官伦奎斯特（Rehnquist）在盖茨案中的判词：Finely-tuned standards such as proof beyond a reasonable doubt or by a preponderance of the evidence, useful in formal trials, have no place in the magistrate's decision. While an effort to fix some general, numerically precise degree of certainty corresponding to "probable cause" may not be helpful, it is clear that "only the probability, and not a prima facie showing, of criminal activity is the standard of probable cause." Illinois v. Gates, 462 U. S. 213, 235 (1983).

处于流动状态。随着司法实践的不断发展，尤其是在1968年的特里案之后，由于合理性审查标准从行政领域引入刑事诉讼程序中，使得判断对象发生变化。这种变化最后导致司法者从“合理根据”中抽象出或者高于或者低于“合理根据”的多样化的证明标准，以至于美国联邦宪法第四修正案中单一的“合理根据”证明标准被彻底瓦解。① 此外，该学者还指出我国立法应从美国的法律实践中吸取教训，在规定启动搜查的证明标准时，建立相关的配套保障措施。具体包括：（1）必须在启动搜查的证明标准中贯彻比例原则，依据不同种类搜查的侵犯程度不同为其设置不同的证明标准。（2）应允许具体执行搜查的机关在法律框架内制定统一的细则，对实施搜查的证明标准予以细化。（3）必须提高搜查执行者，特别是事前审批者的法律素养。②

4. 令状对搜查执行权作多大程度的限制才是必要而适当的

由于搜查令状是公示搜查活动中国家与公民之间权力（权利）、义务界限的法律文书，因而搜查令状上记载哪些事项就显得至关重要。这些事项展示了司法授权的具体内容，同时也对搜查执行权的滥用起到了规制作用。

基于对搜查令状上述功能的考量，笔者认为，对于在搜查活动中直接关系到对公民基本权利的限制、侵犯程度的诸多因素，搜查证必须保证它们实现公开化、明确化、特定化。具体而言，搜查证上必须明确记载以下事项：

（1）犯罪嫌疑人涉嫌的罪名。

（2）搜查的具体目标。对拟欲发现并扣押的物品进行具体的描述；记明拟欲查获的犯罪嫌疑人的姓名、体貌特征，有条件的应当附上照片。

（3）对搜查的对象加以具体描述。如果搜查的对象是物品，在可行的情况下应指明物品的名称和特征（如种类、用途、大小、重量、体积、颜色、材质等）；如果搜查的是建筑物，则应载明其所在的路别及门牌号码或其他足以特定化的事项；若在多户型建筑内搜查则必须载明拟欲搜查房间的居住人和门牌号，但侦查人员对该建筑物的结构特征不知情且无法从外部进行判断的除外；如果是人身搜查，必须载明被搜查人的姓名及体貌特征（有条件的应附上照片）；如果对车辆进行搜查，必须载明该车的车牌号、商标品牌、具体型号。

（4）遵循“可能性”原则，限定执行搜查的范围，即对于搜查证中描绘的拟欲扣押的物品或拟欲查获的犯罪嫌疑人依常识不可能隐藏其中的空间和容器，禁止进行搜查。

---

① 参见杨雄：《美国宪法第四修正案中的“相当理由”之变迁——兼论我国刑事强制措施证明标准的完善》，载《暨南学报（哲学社会科学版）》2008年第5期。

② 参见杨雄：《美国宪法第四修正案中的“相当理由”之变迁——兼论我国刑事强制措施证明标准的完善》，载《暨南学报（哲学社会科学版）》2008年第5期。

(5) 依据“适度性”要求，规定搜查的强度，即执行搜查运用的强制力应保持在实现搜查目的所必需的最小限度内。例如，搜查人员的强制不能对被搜查者的身体造成不必要的伤害，也不能对被搜查者的住宅、财产、物品造成不必要的损害。

(6) 签发人的签字；申请人和执行人的签名。

(7) 搜查证签发的年、月、日及其有效期限。

(二) 搜查审批权的归属

从权力运作的不同阶段看，搜查权可以分为搜查决定权与搜查执行权，而搜查决定权又可进一步分为发动搜查申请权和发动搜查审批权。现行司法解释及部门规章的相关规定不仅有越俎代庖之嫌，而且使得侦查机关在搜查领域集“审批与执行”两项权力于一身，搜查权的运用可谓畅行无阻，此种做法备受学界非议。

每个国家的法律制度都根植于本国的文化传统及主流价值观念之上，搜查制度的设计也不例外。具体到搜查审批权的配置问题上，立法者一方面要考虑现行法律对公、检、法三机关的性质及职能定位；另一方面，还要分析现有法律对这些机关的定位是否符合诉讼原理，是否与社会公众对这些机关的主流认识相一致。只有遵循了科学的诉讼原理，同社会主流价值观及公众的普遍认识相契合的立法，才能最大限度地获得社会公众的认同。也只有这样的法律才能唤起公民内心对社会正义的共鸣，激发公众对法治的信赖与敬仰。

就警察的法律职能而言，当今各国几乎都将其定位为维护社会治安和正常的公共秩序，并负责刑事案件的侦查。然而，不同国家的民众对警察权的传统认识则存在着极大的差异。下面一段论述便向我们展现了英国民众心目中警察形象的转变历程：“英国警察在创建之初就遭到来自各方的反对，由于普通法的传统是极为重视个人自由、权利，强调正当程序的，人们普遍担心警察会成为‘社会的恶魔’。19 世纪初，现代警察机构的创立者、英国内政部长罗伯特·比尔为了确保警察获得公众的认可，通过一系列措施，设计了低姿态、墨守成规的警务风格，警察的侦查权也被限制在最低范围内。此后，在不断变化的社会、经济和政治环境的作用下，公众对警察的满意度和需求度逐渐攀升。到 20 世纪 50 年代，公众对警察的认可达到顶点，警察终于从一个人们非常憎恨和恐惧的机关转化为不掺杂个人情感且受法律约束的必要力量。”①

在我国，包括搜查在内的整套刑事诉讼体制都是建立在对警察权高度信任这一预设前提之上的。立法者相信被亲切称为“人民警察”的侦查人员在启动搜

① 刘海鸥：《英国警察拦截与搜查权的发展变化》，载《河北法学》2006 年第 8 期。

查程序时，能够自觉地怀有正当的搜查目的和善良的搜查动机，相信侦查人员本人确信搜查行为有可能实现预想的搜查目标，不会毫无根据地恣意滥权。① 可以说，立法者的这种信任使得侦查人员承受着巨大的道德负担。然而，近年来，随着警察执法中的诸多丑闻被曝光，警察在我国民众心目中的光辉形象已大打折扣。理性公民已开始认识到随意性极强的警察权对自身的合法权益构成了令人恐惧的潜在威胁；社会也有理由相信，在控制犯罪、发现实体真实的职责和追求高破案率从而立功、受奖、升迁之私利的双重驱动下，侦查官员的道德自律性显然并不值得期待。可见，正是我国社会大众对警察认识的这种转变促使了我国学术界在“司法授权会降低侦查效率”等反对声中仍然高举“诉讼分权、外部监督”的旗帜，坚持呼吁立法应从侦查机关手中收回搜查审批权并另行分配给其他机关。

在诉讼分权制衡这一共识性的基本理念下，学术界对搜查审批权的归属却产生了分歧。主要观点有三：其一，认为法院在人员配置、专业技能方面尚不足以支撑搜查审批权，因而建议参照《刑事诉讼法》对审查批捕权的规定，将搜查审批权赋予检察机关。其二，主张恪守令状原则的本质要求，由“超然、中立”的法官对搜查令状的申请进行审查判断并签发搜查证。其三，先由检察机关行使搜查审批权，再逐步过渡到由法院行使此项权力。

为了从上述三种建议中选出一种最符合诉讼原理和我国国情的方案，学界就必须回答以下问题：为什么众多现代法治国家未将搜查证的审批权赋予检察官而赋予了法官？检察官和法官之间的哪些区别影响了搜查审批权的归属？这种区别在我国的检察官和法官之间也同样存在吗？在当今我国语境下，将搜查的审批权授予检察官与授予法官之间有哪些实质意义上的差别？目前我国的检察院或法院有无经验和能力对搜查进行此种事前的司法监督？我国的法官或法院是“超然、中立”的吗？我国是否实现了如同现代法治国家那样的司法独立？

窃以为，尽管我国《宪法》将检察机关定位为法律监督机关，但司法实践中检察机关更多承担的是审查起诉和公诉职能。换言之，检察机关与侦查机关共同担负着追诉犯罪的职能。从这个角度看侦检机关是利益共同体。在这一前提下，若将搜查审批权授予检察官，检察官是否会因为来自公安机关方面的压力及检察院自身所承担的追诉犯罪的职能，而弱化了对搜查申请的审查监督力度，产生一旦申请几乎一律批准搜查的倾向？笔者对此深感担忧。例如，由于检察官办案绩效考核等因素，“捕了就要诉”是目前我国司法实践中的一种常态。如果检察官已经批捕了犯罪嫌疑人，随后公安机关又来申请搜查证，为了完成本案证据

① 参见潘利平：《我国刑事搜查启动程序问题研究》，载《社会科学研究》2004 年第 5 期。

的收集以便支持提起公诉，检察官会更加倾向于批准搜查，这样就会有放松对证据的要求，放宽监督尺度的风险。此外，检察机关又自行侦查许多案件，赋予其搜查审批权会再次出现违背改革初衷的内部行政性监督。至于那种先由检察机关行使搜查审批权，而后再过渡给法院的观点，笔者认为，它虽貌似一种折中稳妥的方案，但却忽略了前述检察机关审批搜查之弊端，且殊不知权力一旦授予再收回移转是何等艰难!

综上所述，从长远着眼，笔者更赞同遵循令状原则的本质内涵，将搜查审批权赋予法院。但是，一项立法改革同时还需要相关配套制度的构建，否则新的制度难以运行。因此，较为可行的是做法是，在我国现行《宪法》框架下，兼顾我国检察机关法律监督者的优势地位与司法令状应当由“超然、中立”的第三方签发的法治要求，设置独立的令状审查机制。为避免审判者形成先入为主的偏见，负责签发令状的司法官员必须具有较强的独立性。同时，在人员上，应选拔具有一定年资和办理刑事案件经验的律师和检察官担任令状法官，以保证令状法官具备必要的审查判断能力和相关工作经验。

（三）关于警察借用行政权力以规避《刑事诉讼法》程序要求的担忧

在我国，公安机关一方面作为最主要的刑事案件侦查机关享有搜查权，另一方面作为行政机关在维护社会治安、查处行政违法的活动中还享有《人民警察法》所赋予的留置权、盘查权，以及其他行政性法律法规授予的公共场所治安管理权。

尽管这些行政性权力明显不属于刑事侦查权的范畴，但就其发现与收集证据的功能而言，与搜查权没有任何本质差异。尤其是盘查、留置在下列情况会构成实质意义上的人身和物品搜查：一是警察在街头日常巡逻、道路设卡临检过程中发现可疑人员时对其进行的盘查、留置；二是在将可疑人员带至公安机关办公场所后，或者行政违法者或犯罪嫌疑人被扭送到案后，警方对到案人的人身和随身物品进行的检查（二者可合称为“到案检查”）。[①] 前者的执法依据是《人民警察法》第9条第1款的规定，后者虽无任何法律依据，但实践中公安机关出于安全因素的考虑都会实施此种到案检查。

值得注意的是，《人民警察法》并未对警察行使盘查权、留置权设置必要的程序限制，并没有明确限定这种检查的方式、范围及强制性程度；而到案检查连实体法律依据都没有，更谈不上程序规范了。程序真空是滋生执法随意性、专断性的温床。由于盘查和到案检查足以替代有证搜查在发现保全犯罪证据、违禁

① 参见左卫民：《规避与替代——搜查运行机制的实证考察》，载《中国法学》2007年第3期。

品、武器等危险物品方面的作用，同时又具有程序适用上的便捷优势，加之许多刑事犯罪行为与行政违法行为之间只有“量”或“度”的界限而无“质”的差别，因而我们可以合理预测执法实践中会出现以下风险：警方通过将刑事案件先作为行政违法案件处理，并利用盘查、留置和到案检查来替代对人身和随身物品的有证搜查，那么便可以合法地规避了《刑事诉讼法》对有证搜查、附带搜查设立的严格程序要求，同时完成刑事侦查的工作任务。

此外，公安机关还可能以场所管理为名，通过治安检查的方式对许多封闭式的公共场所（如公共文化、餐饮、休闲、娱乐场所）实施实质意义上的搜查。由于相关行政法律法规规定这些公共场所都负有接受检查的义务，因此不需要搜查证。甚至在具备了法定的搜查证据条件的情况下，公安机关也不愿意适用令状程序，而倾向于选择更为便利的行政权，通过场所治安检查的方式来发现和收集证据。① 尽管执法经验表明犯罪嫌疑人常出没于此类公共场所，侦查机关在其中发现违禁品、危险品甚至犯罪证据的概率较高，但对营利性公共场所的搜查不仅会涉及对公民财产权、隐私权的侵犯，还会涉及对该场所的正常的经营权、商业自由权的限制。如果侦查机关可以如此轻而易举地规避令状程序的必要规制，那么我们的社会是否还允许公众安心自在地享受这些场所提供的服务？是否还允许此类服务业继续发展？为了控制犯罪，社会是否作出了过度的牺牲？

综上所述，在现有体制下公安机关能够以行政管理权和刑事侦查权“双拳出击”，而法律若仅在刑事诉讼领域内为公民打造一块人权保障的“盾牌”，却忽视了行政执法程序的建设，那么防止公权滥用、保障基本民权便仍是一句口号、一纸空文。

（四）对非法搜查的威慑与救济

严格的程序设计的确可以保护公民基本权利免受不合理搜查的侵犯。然而，为防止侦查人员“冒天下之大不韪”，违反法定程序实施搜查，立法者必须同时确立强有力的制裁措施从而威慑、阻吓潜在的非法搜查行为。此外，无救济就无权利，立法为非法搜查受害人提供有效的救济也是完善刑事搜查制度的题中应有之意。

当前我国众多学者主张借鉴以美国为代表的“非法证据排除规则”作为非法搜查的预防和救济措施，并各自提出了具体的立法建言。然而值得注意的是：非法证据排除规则即使在其运用最为发达的美国也是一项颇受争议的制度。而对于我国应否确立非法实物证据排除规则这一问题，笔者认为颇值得权衡、商榷。

---

① 参见左卫民：《规避与替代——搜查运行机制的实证考察》，载《中国法学》2007年第3期。

因为言词证据的取得方式会直接影响该证据的证明价值即真实可靠性，比如，刑讯逼供会导致屈打成招，欺骗引诱易酿成冤假错案。因此，非法取得言词证据的行为不仅会侵犯人权而且无助于发现实体真实。然而，实物证据具有客观性，证据取得方式一般不会直接影响其证明力（这里不包括违反勘查、提取、采集物证的技术规范和物证保管程序的情形）。所以单纯地排除非法实物证据虽能强化人权保障，但这种保障是以牺牲实体真实为代价的，在某些案件中甚至会使真正的犯罪嫌疑人逍遥法外。

刑事诉讼立法总会遇到实体真实与程序正义之间的价值冲突，也无法回避控制犯罪与保障人权之间的矛盾，但科学的立法方案总能在多元价值目标之间谋求适当的调和，实现动态的平衡，避免片面的牺牲。笔者以为，将证据排除规则作为威慑非法搜查的防范措施恐怕难称科学的立法选择，理由如下：(1）排除规则付出的代价是丧失了可靠的证据。由于排除可靠的证据可能导致“因警察的错误而使犯罪嫌疑人逍遥法外”的后果，因此，排除可靠的证据是一项沉重的代价。(2）如果有罪之人因为社会公众视为“技术性”的规定而逍遥法外，那么，刑事司法制度在社会公众心目中的廉正性将会遭受重创。排除规则会使刑事司法制度失去社会公众的尊重。(3）就收益而言，排除规则只能保护那些确实有罪的人，对于那些无辜者，几乎无法提供任何实质意义的保护。如果执法官员仅仅出于骚扰无辜公民的目的而实施了一项非法搜查行为，那么排除证据的规定就不会产生任何具有实质意义的威慑作用。(4）在犯罪侦查活动中，就绝大多数案件而言，排除规则也不具有实质意义的威慑作用。根据排除规则，实施非法行为并由此致使证据被排除的具体执法官员不会受到任何制裁。而且在该执法官员的违法行为发生几个月甚至几年之后，证据在法庭审判中被排除了，这一事实也不会对他产生任何实质影响。(5）由于排除证据的代价如此之大，因此，法院可能不愿意直接认定某搜查行为违法，证据应予排除，并且有理由认为如果用具有实质意义的损害赔偿取代排除规则，这种情况就不会发生了。(6）制定法律可以规定公民宪法性基本权利受到了侵犯，允许提起经济赔偿诉讼，而且公民胜诉了，政府还应当支付该公民的律师费用。对警察的非法搜查具有足够威慑作用的不是排除规则，而是这种经济赔偿制度。(7）如果侦查人员实施了非法搜查行为，将会受到内部的纪律惩戒，这又是一种具有威慑作用的替代手段。①

因此，笔者对我国就非法搜查建立证据排除规则持保留的态度，并建议对现有行政诉讼制度和国家赔偿制度进行局部改革完善，畅通救济渠道，从而强化对非法搜查受害人的事后权利救济。同时建立具有层次性的非法搜查责任追究机

---

① 参见吴宏耀等译：《美国联邦宪法第四修正案：非法证据排除规则》，中国人民公安大学出版社 2010 年版，第 85 ~ 87 页。

制，通过严厉的行政处分对实施非法搜查的侦查人员进行惩戒，进而实现对非法搜查的事前防范与威慑。具体而言：

第一，对行政诉讼的受案范围作必要的扩展，将侦查机关非法搜查引起的非法搜查确认之诉以及公共侵权赔偿之诉纳入其中。换言之，就是允许非法搜查受害人提起行政诉讼，请求法院在行政诉讼中解决被诉搜查行为的合法性认定问题以及国家赔偿问题。

第二，取消国家赔偿须经赔偿义务机关先行认定公权行为违法的规定。

第三，针对非法搜查细化国家赔偿的责任形式。以公开赔礼道歉、恢复名誉、消除影响等赔偿方式，弥补公民因不合理搜查、违法搜查遭受的轻微精神损害、名誉损害；对于严重的精神损害、名誉损害和物质损害进行充分合理的经济赔偿并支付其律师费用。此外，区分不同层次的非法搜查，对违法官员实施不同程度的行政处分：

（1）严重侵犯被搜查人实体权益的非法搜查。对实施了下列严重违法行为的执法人员给予最严厉的行政处分——开除，构成犯罪的还应追究其非法搜查罪、非法侵入住宅罪的刑事责任：违反令状程序搜查；非法无证搜查；侮辱人格尊严的搜查；不当侵害或暴露被搜查人个人隐私造成严重后果的搜查；不当侵犯人身自由的搜查；非法夜间搜查；搜查的范围、执行搜查中运用的强制力超越搜查证授权或明显不合理，给被搜查人造成不应有的经济损失；搜查期限不符；重复搜查等。

（2）侵犯被搜查人程序性权利的非法搜查。对于剥夺了犯罪嫌疑人在正当程序下接受刑事追诉的权利，弱化了犯罪嫌疑人的抗辩能力的非法搜查（如一人搜查；无见证人搜查；搜查执行行为与搜查的目的不符，以发现并扣押甲物为名义搜寻扣押乙物等程序违法情形）。一方面，在一定期限内禁止给予违法官员任何荣誉、精神及物质奖励，禁止其行政级别的晋升；另一方面，辩护方可以在庭审中对搜查所获证据的客观性及与案件的关联性提出质疑，从而削弱证据的证明力，但绝不应该断然排除证据。其实真正公正的法官是不会将客观性、关联性存在重大疑问的证据作为定案依据的。

第四，遵循行政诉讼的证明责任分配规则，由侦查机关对被诉搜查行为的合法性承担结果责任。

第五，无论是国家赔偿还是对违法官员的行政处分，都必须以法院行政判决的形式作出并且具有强制执行力，以保证救济手段和防范措施能得到有效的贯彻落实。

附："刑事搜查扣押制度改革与完善"研讨会综述

刑事搜查扣押制度的中国路径

刑事搜查扣押活动直接关系着公民的基本权利，所以，打击犯罪、保障人权是同样需要关照的价值目标。就此而言，完善刑事搜查扣押制度不仅是技术性问题，还是重要的价值取向问题。近日，在中国政法大学诉讼法学研究院举办的“刑事搜查扣押制度改革与完善”研讨会上，来自学术界和实务界专家们的声音，或许能够给我们足够多的启示。

——主持人的话

主持人：凌　锋

嘉　宾：陈光中：中国政法大学终身教授

樊崇义：中国政法大学诉讼法学研究院名誉院长

左卫民：四川大学教授

王守安：最高人民检察院法律政策研究室副主任

向　燕：中国社会科学院法学所博士后

牟　军：云南大学法学院教授、博士生导师

陈光中：制度的完善要体现中国特色

实际上，比起搜查扣押制度的程序构建，我国在非法证据排除方面向前推进的现实可能性更大一些，因为已经有了一定的基础，有关的实务部门如最高人民法院正牵头在各地试行相对的非法证据排除规则。而搜查扣押的正当程序，可以说在中国基本上没有确立。我国现行《刑事诉讼法》搜查扣押规定在侦查行为中，换句话说，就是由侦查机关自己决定、自己执行。对于这种缺失程序正义的现实，我们当然需要加以改变，问题的关键是如何推进改革。

一种方案是拿来主义，引入美国那样的令状主义制度，由法院签发搜查令、扣押令。但是我们马上会遇到一个问题。因为在我国，逮捕这么严重的强制措施，还是由检察机关批准的。在这种情况下，就把搜查扣押的批准权交给法院，这到底有多大的可行性？即便是把权力交给法院，也未必就比检察机关批准更为公正。如果是检察机关签发的搜查令、扣押令，有什么不公正的地方，到了法院，通过非法证据排除规则等措施还可以加以纠正。如果直接由法院签发搜查令、扣押令，中国法院内部法官的不独立性就会产生新的问题。因为搜查令、扣押令最终是由法院批准，而法院批准不是法官个人批准，而是院领导批准。到了审判阶段，同一家法院很难把搜查扣押的审查批准者和最后的判决者截然分开，这里也存在一个"既当运动员又当裁判员"的问题。可见，全盘照搬美国的令状主义制度在中国是行不通的。

另一种方案是将检察机关作为搜查扣押的审批机关。在美国，检察机关被定位为行政机关，而中国的《宪法》对于检察机关的规定和美国不同，和欧洲大陆一些国家也不同，我们的《宪法》将检察机关界定为法律监督机关，与法院同属于司法机关。所以，在中国的现实条件下，将检察机关作为搜查扣押的审批机构是可行的。对于检察机关自侦的案件，则可参照目前自侦自捕的案件改由上一级检察机关批准的方式来进行程序上的改进。总之，我国的司法改革，包括搜查扣押制度的改革，一方面要借鉴外国有益经验，另一方面要结合中国实际，体现中国特色，这才是我们的通行大道。

樊崇义：应把行政手段转变成诉讼手段

造成搜查、扣押、查封、冻结、查询、赃款移送、返还涉案款物等问题的一个最根本的原因在于立法不严、治理不严。就《刑事诉讼法》而言，在立法层面存在以下问题：第一，立法规定得非常原则，搜查扣押加起来也只有10个法律条文；第二，刑事搜查扣押的运作方式完全是行政化运作，而不是像德国、法国等西方国家那样，由第三方来审查。在我国，刑事搜查扣押是侦查手段之一，是否搜查扣押根本无须第三方的审查批准，因此，执法的随意性较大。正因为如此，如何规范刑事搜查扣押已经成了我国此次《刑事诉讼法》再修改的重中之重。在中央政法委牵头的司法改革中，建立涉案财产的救济制度、强化检察机关的检察监督等问题，已经提上议事日程。因此，讨论我国刑事搜查扣押问题需要关注此次司法改革的进程和我国《刑事诉讼法》再修改的基本趋势。

就此而言，我国刑事搜查扣押制度的改革完善至少应当注意以下几点：

第一，要把刑事搜查扣押从行政化手段改造成一种诉讼化手段，同时加强制约和监督机制。如果能够将我国的刑事搜查扣押改造成一种诉讼化手段，这将是我国刑事诉讼制度的一个重大改革。

第二，能不能建立一种中国式的司法审查制度？在程序上，能不能借鉴西方国家的经验引入法官司法审查制度呢？如果不能一步到位，是否可以逐步推进，即对于刑事搜查扣押，能不能像逮捕一样交由法律监督机关来审查批准呢？

第三，各种物权强制措施的完善。刑事诉讼制度的发展不能只是人身自由强制措施的改造，同时也应当关注那些涉及公民物权方面的强制措施。因此，一方面，应当将各种涉及物权的强制行为纳入刑事强制措施体系，一揽子加以考虑；另一方面，要从程序入手予以必要的限制，建立一个比较完整的既包括涉及人身自由又覆盖各种物权，既有事前的程序规范又有事后救济的刑事强制措施体系。

第四，法律监督如何到位？中央文件的提法是“实行同步监督”。但是，如何才能实现检察机关对搜查、扣押、冻结、查询、财产返还、财产移送等活动的同步监督呢？这是一个值得深入研究的问题。

司法改革提出基本思路后，我们的《刑事诉讼法》要及时跟进，改变现行《刑事诉讼法》立法过于简单、规范方式过于单一的缺点，将刑事搜查扣押逐渐从行政手段改造成一种需要经过第三方审查批准的诉讼手段。就此，我们既要参考西方的通行做法，同时也需要结合我国的实际国情，要有一整套的程序设计。

左卫民：增强立法对搜查实践的规范力

我国搜查制度有几个特征：

第一，就是我们立法关于搜查是非常粗疏的，重要问题或没有规定，或规定很少，对操作层面基本上不具备指导性意义。

第二，实践中经常用实质意义上的搜查，我们对实践中搜查使用情况进行调研，发现两个现象：其一，是中国搞有证搜查比例是很低的，我们做过局部区域的实证调研，在调研的100个案件中，真正有搜查证去搜查的占5%～6%，也可能在1%～3%之间。其二，这并不意味着中国没有搞搜查，因为我们发现抽查较大范围的样本，80%左右案件是有扣押文书的，换言之就是扣押了某些东西，特别是证据性的东西。因此，问题便是没有搜查证怎么有那么多的扣押文书？显而易见，实务部门从事了某种实质意义上的搜查举措，扣押证据跟搜查证之间形成一个鲜明的反差，1%～3%和80%的差距。

第三，从有限案件所反映的有证搜查情况，可以发现有证搜查基本上是对场所的搜查，80%左右的有证搜查是对场所搜查。

第四，在没有搞有证搜查或者是有证搜查很少的情况下，用什么方式搞实际意义的搜查呢？包括证据提取、到案检查、场所管理等措施成为实际意义上的搜查替代性措施。

显然，中国搜查的立法与中国搜查的实践存在着鲜明的反差，最大的反差就是立法对搜查实践没有规范力，或者是有非常弱的规范力。我国搜查制度整个运行机制的根本的特征是要求发挥侦查机关的权力作用，自由裁量的思路在起作用。

第五，法律规范是否细致，有没有、有多大程度的影响力，都存在很多差异。

实际上中国刑事诉讼制度改革应该有一个指导思想，就是"适当控制"，非常重要的就是适当的法制化，要把我们的无证搜查制度规范起来：第一，我们要承认无证搜查。第二，在承认它的基础上，我们还要构建事后审查制度。第三，要思考根本化解决问题，要搞一个外部审批制度，重大的搜查行为可以有检察监督，考虑外部审批。

王守安：搜查制度应多体现人文关怀

从刑事搜查、扣押这两种法律手段的实际应用情况来看，我国刑事搜查扣押制度的完善必须注意以下问题：

首先，要注意刑事搜查与扣押有着不同的侧重点。刑事搜查制度更多与诉讼文明相关，应更多体现人文关怀；而扣押则涉及证据保全、经济补偿和物品管理等问题，与公民财产权有着更明显、更密切的现实联系。根据我国《宪法》和《物权法》对公民财产权的规定，在诉讼过程中如何保障公民的财产权利主要与扣押制度有关。

其次，虽然《刑事诉讼法》关于搜查扣押的规范比较粗疏，实务部门却有着比较详细的司法解释和操作规程。因此，我们更应当思考的真正问题是：在详细的操作规范下，为什么有时还会发生不适当甚至是违法的搜查扣押现象？这种现状是否意味着，在我们今后的制度完善研究中，一定要有针对性，要研究怎么样才能把规范制定得更完备、更严密，以杜绝极端违法现象的发生；而且，制定的规范一定要具有可行性，特别是研究制度完善的时候不能过于理想化，不能建空中楼阁。

最后，刑事搜查扣押制度的改革完善需要提供必要的物质技术保障，而不应当仅仅是制度层面的变革。法律制度的改革绝不仅仅是简单的条文修改，法律条文的变动背后，是执法手段、执法实践的变化。因此，任何法律制度的变革都是有成本的，都是需要经济投入的。尤其是随着科技的迅猛进步，诸多科技手段早已经成了我们日常生活的一部分。因此，在我国侦查实践中，如何将这些科技手段转化成一种实实在在的侦查技术能力，理应引起我们的应有重视。

向燕：财产权不足以全面保护私人生活

在搜查涉及的基本权利体系中，隐私权占据什么地位呢？用隐私权的方法去规范搜查，有它的积极意义。美国联邦宪法第四修正案最初是用财产权的方法来界定搜查，确定美国联邦宪法第四修正案保护范围的。警察的搜索行为只有构成美国财产法上的非法侵入时，才能算作是搜查，而且只有在警察的行为构成搜查的前提下，公民才能获得美国联邦宪法第四修正案保护。不过在那个时候，财产权的方法是够用的。到20世纪后期，美国联邦最高法院在解释美国联邦宪法第四修正案时转向了隐私权的方法，其中一个原因是财产权本身从绝对化走向了相对化，另外一个非常重要的因素就是科技的发展。侦查人员利用高科技实施的一些侦查手段，完全可以在不侵犯公民财产权甚至人身权的前提下，开展搜集犯罪信息、查获犯罪嫌疑人的活动。

我们国家可能并不一定采取美国、加拿大这种广义的搜查概念，但对于以获取犯罪证据为目的并侵犯了公民基本权利的行为，不论是以搜查的名义，还是以窃听、电信截获、使用其他技术手段的名义，我们国家的法律尤其是《刑事诉讼法》都应加以程序规范的限制。同时，我们也可以考虑把非法搜查所干涉的基本权利进行价值的排序，对一些情形下的搜查，比如，脱衣搜查、住宅搜查制定更为严格的程序标准，把严重侵犯公民隐私权和财产权的搜查扣押所获证据作为排除的对象。

牟军：侦查退出机制需要更加完善

谈论中国的实际情况必然涉及我国司法资源的有限性，侦查人员本身素质的局限性等因素，因而在具体规范搜查扣押制度上应该有一定的限度，应该考虑到中国的实际困难，但这些可能还不是主要的问题。就侦查活动而言，我国的实际情况可能还存在两方面的问题：一是我国侦查活动本身的情况十分复杂，案件来源和发现的渠道多样化，侦查具有不确定性、偶然性、紧迫性，侦查的对象又有或然性，制定和推行一套较严格的搜查、扣押的法律规范尤其有证搜查、扣押的程序规范存在障碍。二是我国侦查的技术规范层面还存在相应问题。例如，我国有较宽松的侦查准入机制，也就是所谓的立案侦查条件比较低，只要有证据证明有犯罪事实发生，可能追究刑事责任就可以立案了，立案侦查的准入限制很少。

但对侦查的退出机制，目前来看不够健全，或者说基本上没有退出机制。按照现行《刑事诉讼法》的规定不构成犯罪才能退出。这导致一旦立案以后，作为侦查者来说从理论上就需要永远侦查下去，破不了案，案件就无法了结，在实践中产生无头案，或者悬而未决的案件，这些案件的存在对侦查人员会带来很大的风险，因为在评价上是负面的，对他的切身利益也有直接影响。正因为如此，实践中侦查前的初查或非正式侦查的调查活动普遍存在，搜查、扣押措施难以正常适用，法外获取证据的手段大量运用。比如盘查，还有其他强制取证的方法都被大量运用的，这是中国的现实情况。

所以，探讨搜查扣押的问题需要与中国的侦查体制、技术层面的问题联系起来加以考虑。针对我国搜查扣押制度在技术层面上的问题，改革完善的重点应放在以下几方面：一是完善搜查扣押的内外制约和控制机制，尤其须探讨如何建立和完善侦查机关内部制约机制的问题；二是明确搜查扣押适用的实体性条件，赋予侦查者在贯彻比例原则条件下一定的自由裁量权；三是建立较为宽松的无证搜查扣押体系；四是遵循侦查的固有规律，承认盘查等法外取证措施在侦查破案和案件认定中的应有作用；五是进一步规范搜查扣押物品的运用、返还和处理制度。

相关链接

令状主义，也称令状原则，是指追诉机关在采取强制性措施时，关于该强制性措施是否允许，必须由法院或法官予以批准并签署令状。其目的是使侦查这一类最容易侵犯个人权利的"具体行政行为"直接受到法官的审查，以司法权抑制侦查权，并对个人权利给予适当的救济。

（原载《法制日报》2009年12月21日）

刑事搜查扣押制度的改革路径

——“刑事搜查扣押制度改革与完善”研讨会述要

唐亚南

在现代法治国家，刑事诉讼法具有“宪法震测仪”的美誉，即刑事诉讼活动对宪法基本权利的干预必须遵循法定的规则，并体现对公民宪法基本权利的尊重。搜查扣押制度尽管只是刑事诉讼法规定的具体制度之一，但是，从公民的宪法基本权利及法治国家的角度来看，搜查扣押活动却蕴含着更为丰富的宪法内涵。现代法治国家，尤以大陆法系国家为代表，其刑事诉讼法通常将搜查扣押作为对物的强制措施纳入强制措施体系之中，并要求有关搜查扣押的立法、司法活动必须遵循法律保留原则、司法保留原则、比例原则的要求。

那么，如何协调刑事搜查扣押与“公民的合法的私有财产不受侵犯”之间的冲突？如何通过具体规则强化刑事搜查扣押活动中的私有财产保护？已经成为我国《刑事诉讼法》修改的重要议题之一。为此，由中国政法大学诉讼法学研究院主办的我国“刑事搜查扣押制度改革与完善”研讨会于 12 月 12 日在京举行。

研讨会主要围绕刑事搜查与私有财产、个人隐私等宪法权利的保护；我国搜查扣押的实施现状及存在的问题；我国搜查扣押制度的改革与完善进行研讨。中国政法大学终身教授、中国法学会副会长陈光中教授，中国政法大学副校长张保生教授，中国政法大学樊崇义教授等著名刑事诉讼法学者以及来自最高人民法院、最高人民检察院、公安部法制局、国家法官学院等司法实务界的刑事法学专家参会研讨。

一、刑事搜查扣押与公民宪法基本权利保护

刑事搜查、扣押活动直接关系着公民的一系列宪法基本权利，如公民的私有财产权、人身自由权、住宅安宁权，以及隐私权、人格尊严等。因此，在一些国

家的宪法中，明确规定了对于刑事搜查扣押的基本要求。例如，美国联邦宪法第四修正案规定："个人的人身、住宅、文件和财产不受不合理搜查和扣押的侵犯，而且，除非存在合理根据、以宣誓或代誓宣言保证并具体说明拟于搜查的地点和拟于扣押的人或物，不得签发司法令状。"《加拿大权利与自由宪章》第8条规定，"人人都有权不受不合理的搜查和扣押"。在我国，《宪法》明确规定了对于人身搜查、住宅搜查的特殊要求。我国《宪法》第37条规定："中华人民共和国公民的人身自由不受侵犯……禁止非法拘禁和以其他方法非法剥夺或者限制公民的人身自由，禁止非法搜查公民的身体。"第39条规定："中华人民共和国公民的住宅不受侵犯。禁止非法搜查或者非法侵入公民的住宅。"

此外，我国2004年《宪法修正案》强化了私有财产不受侵犯的法律理念，我国《宪法》第13条规定，"公民的合法的私有财产不受侵犯。国家依照法律规定保护公民的私有财产权和继承权"。有学者认为，尽管不同国家的搜查扣押制度可能会有所不同，但本质上却是一致的，即只要具备搜查扣押的实质，就应该遵循宪法关于搜查扣押的限制性要求。不能把搜查仅仅视为刑事侦查措施之一，而应当将刑事搜查与行政搜查等存在于刑事诉讼内外的各种搜查活动统合起来进行研究，只有这样方能落实宪法中对公民基本权利的保障。

公民的财产权、人身权存在着一个更高、更根本的个人自由与民主的概念。对于搜查行为是否合法的界定，不应当仅仅停留在是否对公民的基本财产权利实施了侵害层面上，而应当衡量该行为是否对公民更根本的个人自主地位造成了损害；应当将搜查所涉及的基本权利与确立搜查程序性规范联系在一起进行考虑。

二、刑事搜查扣押实施的现状与存在的问题

在我国司法实践中，刑事搜查扣押的问题主要集中于侦查阶段。从我国立法规定来看，我国《刑事诉讼法》关于搜查、扣押只有10个法律条文。由于立法规定得过于粗疏，搜查扣押的权力边界不明，致使侦查人员在搜查扣押活动中往往无章可循、无法可依。一些司法实务部门认为，搜查目前主要是为了提取相关证据。多用于侵财案件，如抢劫、抢夺、贪污贿赂案件等，较少对办公室进行搜查，几乎每起案件都会对到案的犯罪嫌疑人进行人身搜查，而且通常是无证进行的。在司法实践中，搜查活动主要存在以下问题：一是搜查的程序不太规范，有时办案人员自己填写即可，包括代替签字。二是搜查的范围比较宽泛，缺乏明确性。

在我国治安、刑事案件中，搜查活动的技术含量不高，致使一些基本的物证处理都可能发生问题。此外，搜查证的申请签发时间、搜查证的记载事项等细节问题，也需要立法加以明确规定。我国刑事搜查扣押制度予以进一步细化和完

善，提取扣押物品的范围、边界不明确，具有较大的伸缩性。

三、我国刑事搜查扣押制度的改革与完善

面对我国刑事搜查扣押制度实施中的现状与存在的问题，就如何改革与完善刑事搜查扣押制度，学者们提出了不同的设想和改革思路。在我国，检察机关是法律监督机关，属于司法机关，因此，不同于美国以及其他国家的检察机关的行政机关性质。而且，在我国逮捕应当由检察官批准的现行制度下，如果就刑事搜查扣押实行法官司法审查制度，显得有些不均衡。在逮捕还没有实行法院司法审查的前提下，将搜查扣押冠以令状主义之名似乎不太现实。所以，在我国的现实国情下，由检察机关来负责审批搜查扣押行为比较合适。

有学者认为，搜查制度上的最佳制度就是司法令状制度，其基本原理即在于保障公民的基本权利不受行政机关非法行为的侵害，而警察实施的搜查扣押行为是最易侵害到公民的基本宪法权利的；将司法令状加诸于搜查扣押行为之上，是解决问题的最佳途径。应当由内部审批转为外部审核，进而引进司法审查机制，要由单纯的事先审查转为事先与事后的双重审查机制。

我国刑事搜查扣押制度的改革与完善既要考虑到我国的实际情况，又要瞄准国外的一些经验教训，试图建立一种中国式的司法审查，即先交由检察机关来批准，然后再逐步过渡到法官司法审查制度。这样一来，将可以有效地兼顾我国的实际与国外的经验教训。在我国搜查扣押制度的改革完善中，需要注意以下问题：首先，要变行政手段为诉讼手段，加强制约和监督；其次，要加强公民物权方面的强制措施的完善，建立一个相对完整的既有限制公民人身自由的强制措施，又有限制公民物权的强制措施的体系；最后，要确保法律监督能够到位，要克服立法治理不严的问题，做到中央司法文件要求的“同步监督”。总之，要进行一整套的程序设计，结合刑事搜查、扣押这两种法律手段的实际应用情况。

我国刑事搜查扣押制度的改革与完善既应当注意与国际接轨，同时又要符合中国的实际情况。第一，可以采取外部监督与内部制约相结合的方式，进一步完善审批程序；第二，完善搜查扣押的技术性规范；第三，还应切实考虑到无证搜查和同意搜查的适用情形与效用问题。一些司法实务部门认为，我国刑事搜查扣押制度的完善必须注意以下问题：首先，要注意刑事搜查与扣押有着不同的侧重点。刑事搜查制度更多与诉讼文明相关，体现的是人文关怀，而扣押则涉及证据保全、经济补偿和扣押物品管理等问题，与公民财产权有着更明显、更密切的现实联系。因此，根据我国《宪法》和《物权法》对公民财产权的规定，在诉讼过程中如何保障公民的财产权利主要与扣押制度有关。其次，虽然《刑事诉讼法》关于搜查扣押的规范比较粗疏，实务部门却有着比较详细的司法解释和操

作规程。我们更应当思考的真正问题是：在详细的操作规范下，为什么有时会发生不适当甚至违法的搜查押扣现象？这就意味着在我们今后的制度完善研究中，一定要有针对性，要研究怎么样才能把规范制定得更完备、更严密，以便杜绝极端违法现象的发生；而且，制定的规范一定要具有可行性，特别是研究制度完善的时候不能过于理想化，不能建空中楼阁。刑事搜查扣押制度的改革完善需要提供必要的物质技术保障，而不应当仅仅是制度层面的变革。

还有学者认为，刑事搜查的对象、范围，以及实施搜查的时间等都需要法律予以明确的限定。必须构建和完善非法搜查的救济途径和制裁机制。同时，要依据比例原则确定搜查扣押的合理界限；可以不经过立法而通过程序设计来控制同意搜查扣押的正当程序问题。在现有制度没有得到改革的情况下，通过现在的一些制度，只要把它真正落到实处，依然可以对滥用搜查和扣押的现象起到一定的抑制作用。例如，通过完善我国现行《刑事诉讼法》规定的搜查扣押见证人制度，予以制度细节的填充，同样可以对刑事搜查扣押活动产生有效的监督和制约。

与会者一致认为，我国刑事搜查扣押制度应当适度引入外部监督机制。但是，究竟是依靠检察机关的外部监督还是借鉴英美国家的经验引入司法审查制度，学界仍存在明显的分歧。

（原载《人民法院报》2009 年 12 月 23 日）

建立搜查扣押的司法审查制度

刘 卉

在日前召开的“刑事搜查扣押制度改革与完善”研讨会上，专家提出：与各界普遍关注的逮捕羁押制度相比，搜查扣押制度一直是一个比较受冷落的研究话题。然而实践中，滥用和不当使用搜查权、扣押权，却是继刑讯逼供、高速捕羁押率之后我国刑事诉讼人权保护领域所面临的第三大障碍。公安机关、检察机关等实务部门已开始认识到这个问题并采取了相应措施，如自2009年6月以来，最高人民检察院开展了全国检察机关直接立案侦查案件扣押、冻结、处理涉案款物专项检查工作。12月12日，在中国政法大学诉讼法学研究院举办的“刑事搜查扣押制度改革与完善”研讨会上，理论界也首次在《刑事诉讼法》修改背景下对这一制度展开深度研讨，议题中心直指“为什么必须认真对待搜查扣押”。

一、搜查扣押不仅仅是一种侦查行为

刑事搜查扣押是我国《刑事诉讼法》规定的具体制度之一。中国政法大学诉讼法学研究院副教授吴宏耀认为，刑事搜查、扣押活动直接关系着公民的私有财产权、人身自由权、住宅安宁权，以及隐私权、人格尊严等。在一些国家的宪法中，明确规定了对于刑事搜查扣押的基本要求。据他介绍，美国联邦宪法第四修正案规定：“任何公民的人身、住宅、文件和财产不受无理搜查和查封，没有合理事实依据，不能签发搜查令和逮捕令，搜查令必须具体描述清楚要搜查的地点、需要搜查和查封的具体文件和物品。”我国《宪法》也明确了对于人身搜查、住宅搜查的特殊要求，规定公民的人身自由和住宅不受侵犯，禁止非法搜查公民身体，禁止非法搜查或非法侵入公民住宅。2004年《宪法修正案》还进一步强化了公民合法的私有财产不受侵犯的观念。清华大学法学院教授张建伟认为，不能把搜查扣押看成仅仅是侦查行为的一种，从公民的宪法基本权利及法治国家的角度看，搜查扣押活动蕴涵着丰富的宪法内涵。

以何种核心的基本权利理念来界定搜查扣押活动的界限，各国司法实践并不一致，有的国家在法治发展中还呈现出一定的变化。中国社会科学院法学研究所博士后研究人员向燕以搜查扣押法制较为成熟和精细的美国为例进行介绍。美国联邦宪法第四修正案最初用财产权的方法来界定搜查，进入20世纪，财产权从绝对化走向了相对化，单纯的财产权标准已经不能保护公民的权利。1967年，美国联邦最高法院作出的卡兹诉美国联邦政府的判例，将美国联邦宪法第四修正案的保护范围扩及个人的电话谈话内容。由此，“监听”被归于刑事搜查的范畴。更重要的是，该判例确立了“隐私的合理期待”标准，即凡政府行为侵犯个人对其隐私的合理期待的，该政府行为即构成刑事搜查，需要签发搜查令才可以实施。

结合我国前一阶段比较重视人身自由保护宣传的实际，中国政法大学诉讼法学研究院教授顾永忠认为，当前刑事诉讼中搜查扣押涉及的公民权利保护主要且优先解决的应是财产权利保护，只有在公民财产权得到有效保护的基础上，才能进一步谈隐私权保护。这是因为，一方面，搜查扣押活动中侵犯公民财产权的情况比较严重。北京律师张燕生根据办案经历表示，“搜查当中任意破坏处置公民财产、扣押物品保管不当致使损坏、扣押物品发还不规范等现象并不少见”。另一方面，公民保护自身财产的意识也非常强。最高人民检察院法律政策研究室副主任王守安分析，由于我国经济还不太发达，公民普遍不太富有，个人对财产权的关注远远超过对隐私权等人身权利的关注。

二、搜查扣押不该由公安机关自行审批

正因为搜查扣押涉及公民的一系列宪法基本权利，许多国家的刑事诉讼法通常将搜查扣押作为对物的强制措施纳入强制措施体系之中，并要求刑事追诉机关对公民进行强制性处分，必须由司法机关经过正当的法律程序加以审查后才能作出，从而以这种方式使公民在国家的强制权面前得到有效的法律保护。

综观目前我国刑事搜查扣押的审查体制，中国政法大学终身教授樊崇义评价：“搜查扣押由公安机关内部审批，完全是行政手段。”公安机关的审查是一种内部运作，即通过呈请搜查报告书，而不是公开的法律文书的方式，在不同的诉讼主体之间传递。上海交通大学法学院副教授万毅认为，这样的行政性内部审批机制存在以下问题：一是内部审查的特点是信赖，但往往形同虚设，容易丧失审核和过滤的作用。二是导致实践中承担侦查监督任务的检察机关难以及时发现违法搜查扣押。三是诉讼主体难以对被侵害的权利加以救济。因此，“搜查扣押的审查体制必须转型，即由行政手段转为诉讼性手段，由内部性审批转为外部性审核，由单纯的事先审查转为事先与事后的双重审查。”万毅说。

与会专家在“应”这一点上形成共识，但对由谁担当审查主体认识不一。少数学者认为，应完全按照美国、德国模式，由法官行使搜查扣押审批权。以中

国政法大学终身教授陈光中为代表的多数学者则主张，应当结合中国法制特色，由检察机关对搜查扣押进行审批，而且有若干例外。美国的检察机关是行政机关，德国的公安机关是检察机关的辅助机关，与之不同的是，我国的检察机关是独立的法律监督机关，对侦查机关的侦查活动是否合法予以监督。陈光中说："逮捕这么严厉的强制性措施目前还是由检察机关批准，而相对缓和一点的搜查扣押却要实行由法院审批的令状主义，这在实践中是否行得通值得思考。"四川大学法学院教授左卫民特别提醒，搜查扣押制度改革要注重渐进性和适当控制原则，认为可先考虑重大的搜查行为，如对住宅的搜查由检察机关审批。

云南大学法学院教授牟军则强调，搜查扣押活动的外部制约要与内部的自我监督相结合。如果公安机关内部自身监督机制不健全，即使法律规定的刑事诉讼程序再完善，实践中的活动也会存在瑕疵。可以说，侦查机关的内部监督制约是未来搜查扣押制度完善非常重要的一环。

三、搜查扣押制度完善的关键是"具体法治"

据一些检察官和参与实证研究的学者介绍，造成当前搜查扣押不规范的原因除了执法方面的原因外，还有立法方面的原因。从立法规定来看，1979 年《刑事诉讼法》关于搜查扣押的规定只有区区 9 条；在 1996 年《刑事诉讼法》中，涉及搜查扣押的修改只有 2 处。自愿同意搜查、附带搜查、径行搜查等无证搜查的界限，扣押物品的拍照或录像等许多问题，《刑事诉讼法》和相关法规都未作出明确规定。立法的薄弱导致侦查人员在侦查活动中缺乏必要程序规制，在无法可依的情况下往往从有利于打击犯罪和效率的原则出发，滥用和不当行使搜查扣押权的行为自然不可避免。中国社会科学院教授熊秋红提出从立法上完善搜查扣押制度的关键途径是"具体法治"，法治的精神体现在精细化的司法制度之中。《宪法》和法律中所规定的"公民不受不合理搜查扣押"的原则和权利，如果缺乏具体的制度和程序作为保障，将流于形式。

来自中国行为法学会的陈惊天博士则从行为法学的视角具体解析了搜查扣押行为的三个阶段：第一个阶段是行为启动，第二个阶段是行为控制，第三个阶段是行为结果的救济。行为启动阶段要解决行为启动的必要性判断标准问题。行为控制和行为结果的救济是搜查扣押制度完善的重中之重。搜查扣押活动之所以出现这么多问题，主要源于过程控制无力以及对极端案件缺乏救济。

如何解决搜查扣押行为各阶段存在的问题？我国刑事诉讼程序对于不同诉讼阶段的强制性行为都规定有不同程度的证明标准，搜查作为一种强制性的侦查手段，是国家为了侦破案件和打击犯罪对于公民隐私权和财产权的限制，国家应该承担证明责任，并且只有掌握案件证据达到一定标准，而且通过事实证明的，证明到一定情况下搜查行为才能获得正当性。与会人员纷纷献计献策。北京市人民检察院第一分院侯晓焱谈到搜查证签发的证明标准问题时说："无疑，这有利于引导侦查人员培育遵循程序的理念，认识到搜查证不是从抽屉里拿出来就可以用的，而是签发的时候需要有门槛，以此判断现在掌握的证据可不可以签发搜查证。"中国人民公安大学法律系副教授樊学勇对搜查扣押的过程提出具体立法构想，如法律应明确规定搜查证要写明搜查对象、搜查范围和搜查期限，严禁不符合条件的夜间搜查，规范对扣押物品的管理，禁止挪用、使用、调换扣押物品等。他还强调需要通过各种方式构建非法搜查扣押的救济和制裁机制，主要包括：第一，建立涉案财产救济制度；第二，要通过申诉、复议渠道进行救济；第三，扩大行政诉讼的范围，把它纳入到国家赔偿的范围；第四，建立非法搜查证据排除规则。

（原载《人民检察》2009年12月22日）